이야기
한국사

이야기 한국사

보급판 1쇄 인쇄 · 2020. 8. 15.
보급판 1쇄 발행 · 2020. 9. 1.

지은이 · 이현희 교양국사연구회
발행인 · 이상용 이성훈
발행처 · 청아출판사
출판등록 · 1979. 11. 13. 제9-84호
주소 · 경기도 파주시 회동길 363-15
대표전화 · 031-955-6031 팩시밀리 · 031-955-6036
E - mail · chungabook@naver.com

ISBN 978-89-368-1159-4 04900
     978-89-368-1158-7 04900 (세트)

* 값은 뒤표지에 있습니다.
* 잘못된 책은 구입한 서점에서 바꾸어 드립니다.
* 이 책에 대한 문의사항은 이메일을 통해 주십시오.

The History of Korea

이야기 한국사

|역사의 기원부터 대한민국의 성장까지|

이현희 · 교양국사연구회 지음

청아출판사

머리말

《이야기 한국사》의 초판이 나온 지도 20년이 지났다. 역사는 늘 새롭게 쓰여져야 한다는 유명한 역사철학자의 말을 빌릴 것도 없이 21세기로 접어들면서 격동과 큰 변화에 대처하지 않으면 안 되는 한계 상황에 놓였기에 이에 순응해야 한다. 이 책이 처음 독자들에게 선보였던 때와 지금을 비교하면 크나큰 변화가 있었다는 사실을 실감할 수 있다. 그토록 격변의 세월을 살아온 것이다.

그 동안 한국사에 관해 20권의 전집류도 저술했었고, 몇 권으로도 요약해 독자 앞에 내놓았었다. 하지만 5천 년의 한국사를 이야기 식으로 쉽게 한 권으로 풀어 쓴 이 책이 대중들에게는 가장 구미에 잘 맞는 것 같다. 이에 부합되게 전면적으로 새로 쓰고 화보도 새로운 것으로 장만하여 시대적 감각에 맞게 꾸며 보느라고 적지 않은 공을 들여 옛 명성에 걸맞는 내용으로 승부수를 던졌다.

국내는 물론이고 해외에 있는 많은 독자들도 한국인으로서 갖추어야 될 기본적인 교양과 지적 충족감에 꽤 만족해하는 것 같았다. 수시로 서신이나 전화, 이메일 등으로 갖가지 주문이 밀려오는 것을 보면 실감할 수 있다. 좁게는 자신의 위치를 파악하려는 소속 문중의 작은 역사에서부터 넓게는 역사에서 무엇을 어떻게 배울 수 있겠느냐는 연령을 뛰어넘는 질문 겸 보완 요청이 온다. 이로써 시대적 변화와 독자층의 지적 수준이 그만큼 높아졌음을 실감할 수 있어 이 책을 쓴 저자로서 매우 보람으로 생각하고 있다.

역사적 사실은 늘 진리로 통한다. 그것을 어떻게 이해하기 쉽고 흥미를 유발해서 지속적으로 관심을 갖게 하는가에 적지 않은 시간적 배려에 정성을 쏟았다. 다행스럽게 청아출판사 편집부의 불철주야 독자를 위한 서비스 정신이 나타나 이번에 새로운 스타일의 책을 꾸며 야심작으로 내놓게 되었다.

저자도 이 책을 오랫동안 손질하고 아끼며 충실하게 보완하다가 어느덧 대학 교수직에서 정년을 맞게 되었다. 저자는 이후에도 보다 더 독자의 마음속에 불요불굴의 한국사의 민족정신을 자리잡게 하고 그 맥락을 심어 주기 위해 노력할 것이다.

이현희

차례

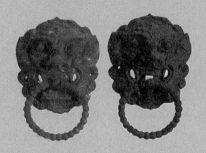

8 고려 시대의 흥성

9 조선 왕조 시대

1
우리 역사의 기원

우리 역사의 기원

우리나라의 역사가 언제부터 시작되었는가에 관한 문제는 계속 연구되고 있으므로 한마디로 단언하기는 힘들다. 그만큼 원시 시대의 역사는 기록이 없기 때문에 고고학적이고 기술적인 인접 과학의 연구방법으로 그 시대의 대강의 모습이나마 알아볼 수밖에 없는 것이다.

종합적인 연구에 따르면 우리나라에는 70만 년 전의 구석기 시대부터 인류가 살기 시작한 이래 기원전 6천 년의 신석기 시대를 거쳐 청동기·철기 시대를 거치면서 점차 발전하기 시작하였다. 이에 따라 각 시대의 연모의 발달과 함께 점차 새롭고 다양한 문화와 사회조직을 만들면서 발전하였다.

구석기 시대는 석기를 사용하고 무리를 지어 생활하였는데 이때는 고기잡이와 사냥·채집 등으로 주로 영위하였다. 신석기 시대에는 빗살무늬토기를 만들어 썼고, 농경생활을 시작함으로써 부족단위로 정착하게 되었다. 고기잡이와 사냥·채집을 하며 강가나 낮은 구릉지대 등 온난다습한 지역을 중심으로 생활해 나갔다. 이들은 해안이나 강가에 움집을 짓고 생활해 나갔는 바 혈연을 중심으로 한 부족 사회였으며 평등 사회를 이끌어 나갔던 것이 특징이었다.

신석기인들은 비록 세련되지는 못했으나 규모 있는 사회생활과 문화예술 부문에서 상당한 수준의 걸작품을 만들면서 우리나라에 민족적 뿌리를 내리기 시작한 것이다.

우리 민족의 형성

먼 옛날 우리 민족이 최초로 자리잡고 생활하기 시작한 터전은 오늘날 동북삼성(東北三省, 만주) 일대를 비롯하여 한반도에 이르는 광활한 지역이었다. 또한 그 시기는 구석기 시대부터였다고 추측된다.

이 당시의 자연 환경은 빙하기가 끝나가는 시기였으므로 기후나 주변 환경 변화가 매우 심하였다. 아직 빙하기가 끝나지 않았으므로 해수면이 매우 낮아 중국 대륙과 한반도 그리고 일본 열도가 육지로 이어져 있었을 것으로 짐작된다. 그러나 점차 기온이 올라가고 빙하가 서서히 녹으면서 해안선에도 큰 변화가 일어나기 시작했다. 이 같은 자연 환경 속에서 구석기 시대의 사람들은 먹을 양식을 찾아 이동하는 생활을 했다.

기원전 5천 년으로부터 기원전 3천 년에 이르는 동안에는 여러 가지 변화가 있었다. 특히 기온이 올라가 우리나라의 환경뿐만 아니라 전 세계적으로 해수면이 높아졌다. 그러나 기원전부터는 해수면이 또다시 낮아져 서서히 오늘날의 해안선을 형성·유지해 온 것으로 여겨진다.

그러면 우리나라에는 언제부터 구석기를 사용하는 사람들이 살았을까?

그동안 여러 가지 학설이 있었지만 가장 믿을 만한 것은 충북 단양의 금굴에서 발굴된 유적과 유물을 통해서 약 70만 년 전부터라는 사실이 밝혀졌다. 그러나 그 보다 더 앞선 시기가 될 수도 있을 것이다. 중국의 경우를 보면 약 200만 년 전이고, 시베리아의

経우 약 100만 년 전이라는 것이 밝혀졌기 때문이다. 또한 덕천의

* 호모 에렉투스 : 똑
바로 서서 다니는 사람
* 호모 사피엔스 사피
엔스 : 슬기 슬기 사람

승리산 동굴과 단양의 상시 동굴에서는 호모 에렉투스*와 호모
사피엔스 사피엔스*라는 두 가지 특징을 함께 지니고 있는 사람
의 화석이 발견되어 크게 주목받은 바 있다.

또한 충북 청원의 두루봉 동굴과 평양의 만달리 등 여러 지역
에서 호모 사피엔스 사피엔스의 머리뼈 모양의 여러 가지 화석이
발굴되어 이 지역에 구석기 시대의 사람들이 널리 퍼져 단조로운
생활을 해나가고 있었음을 짐작할 수 있는 것이다.

그 뒤 빙하기가 끝나갈 즈음에 구석기에 이어 신석기 사람들
이 나타나기 시작하였다. 그들은 구석기 사람들과는 달리 해안가
나 저지대 강가에 정착해서 수렵과 어업을 영위하면서 농사를 짓
기 시작하였다. 그들은 한곳에 정착해서 식량을 생산하고 저장하
는 등 점차 생활이 안정되어 가자 그것을 토대로 독자적인 문화를
형성하기 시작하였다. 그들은 오늘날 동북삼성의 요서 지역을 비
롯해 한반도를 중심으로 동북아시아 일대에 널리 퍼져 살고 있었
다. 이 사람들이 바로 오늘날의 민족을 형성했던 핵심체가 되었다
고 짐작된다.

고대 중국에서는 우리 민족을 예맥(濊貊) 또는 한족(韓族)으
로 부른 흔적이 여러 문헌에 나타난다. 하지만 일반적인 호칭은
동이족(東夷族)이었다. 그 뜻은 '동쪽 오랑캐'라는 뜻을 담고 있
기도 하지만, 그보다는 '해가 뜨는 동쪽에 있는 종족' 또는 '활 잘
쏘는 큰 민족'이라는 의미를 가지고 있다. 그들은 북중국과 동삼
성 및 한반도 일대에 살던 종족을 이렇게 불렀던 것이다.

원래 동이족의 거주지는 중국 서북부 섬서성 기산(岐山)의
서쪽 지방이라고 전하고 있다. 그러나 말을 타고 주변의 여러 나

라를 습격하는 북방계 유목 민족의 압력을 받아 동쪽으로 이동하기 시작하여 섬서성 한성현으로 옮겼다가 다시 지금의 북경 지방인 하북성 고안현을 거쳐 한 갈래는 산동 반도 쪽으로 내려가 회하(淮河) 이남까지 널리 퍼져 살기 시작했다. 이에 관해 중국의 고대 문헌에는 우리 민족이 우이, 내이, 회이 및 서이라는 호칭으로 기록되어 있다.

우리 민족의 또 한 갈래는 다시 동쪽으로 나가 요서와 요동 지방을 거쳐 동삼성 일대와 한반도로 내려와 자리잡게 되었다. 그러나 일부에서 주장하고 있는 것처럼 고조선이 마치 중국의 진(秦)이나 한(漢)나라처럼 통일된 큰 나라를 건설했다는 견해는 몇 가지 고려할 점이 있다.

우리 민족이 살았던 지역은 매우 광범위하지만 동으로 남으로 자주 이동해야 했기 때문에 전 지역을 통일한 국가가 세워지기는 어려웠을 것으로 짐작되기 때문이다. 또한 우리 민족이 정착한 지역마다 몇 개의 왕국들이 세워진 듯하며, 고조선을 비롯해 요동성 일대의 고죽국(孤竹國), 서주(徐州) 부근에 자리잡은 서언왕의 나라 등은 꽤나 번성했던 것 같다.

고례리 유적 경남 밀양에 위치한 우리나라 구석기 시대 유적이다. (부산대학교 박물관)

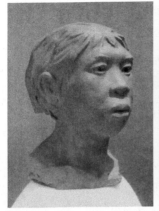

구석기 사람들의 모습 차례로 역포인, 승리산인, 만달인.

또한 중국의 3대 고대 국가인 하(夏)·은(殷)·주(周) 가운데 은나라는 중국 민족과는 거리가 먼 동이족이 세운 국가라는 주장도 있다. 왜냐하면 중국 민족이 세운 하·주나라 문명과 은나라 문명은 문화적 성격이 확연히 다르고, 은나라 문화 유적에서 나온 수십 구의 두개골이 중국 민족과는 전혀 다르기 때문이다. 은나라 유적에서 발굴된 두개골은 앞뒤 길이와 양 옆의 폭이 비슷하여 둥글둥글한 우리 민족과 매우 유사하고 앞 뒤 길이가 양 옆보다 긴 중국 민족과는 거리가 멀다는 이유에서 이 주장이 나온 것이다.

그러나 은나라가 중국 민족이 세운 나라가 아니라는 것은 확실할지 모르지만 우리 민족이 세운 나라라는 증거도 매우 희박하기 때문에 그것을 받아들이기에는 여러 가지 어려운 점이 많다.

만약 은나라가 정말 우리 민족이 건국한 나라라는 사실을 증명할 수 있다면 우리 민족은 세계 고전 문명을 건설한 매우 뛰어난 민족일 뿐만 아니라 중국 고대 문명의 뿌리를 우리 민족이 이룩한 셈이 될 것이다.

새로 발굴된 구석기 문화

과거 일본인 사학자들은 우리나라에는 구석기 시대의 문화가 없었다고 일부러 주장하곤 했다. 그러나 8 · 15 민족의 광복 이후 우리나라 고고학자들에 의해 새롭게 유물이 발굴됨으로써 구석기 시대의 존재가 분명하게 밝혀졌다. 그러므로 우리나라의 역사는 구석기 시대부터 시작되었다고 보는 것이 옳을 것이다.

구석기 시대는 그 석기의 모양에 따라 전기, 중기, 후기의 세 시기로 구분된다.

우리나라에서 발굴된 구석기 유적의 대표적인 곳은 웅기 굴포리(함북), 상원 검은모루 동굴, 덕천 승리산 동굴(평남), 공주 석장리(충남), 청원 두루봉 동굴, 단양 수양개 유적(충북), 연천 전곡리(경기) 등이 있다. 그 밖에도 단양 금굴, 제천 창내, 요령성 금우산 동굴, 길림성 석문산촌 동굴 등지에서도 발견되었다. 특히 단양 금굴의 경우 그 연대가 약 70만 년 전으로 추정되고 있다.

이들 지역에서는 사람의 두개골과 함께 포유동물의 뼈나 석기류 등이 함께 출토되기도 하였다. 이로써 한반도 구석기 시대의 자연 환경과 생활상이 밝혀지게 되었다.

한반도에 고루 분포된 구석기 유적지에서 나온 동물의 뼈는 털코끼리, 큰뿔사슴, 코뿔소 등의 큰 짐승으로부터 쥐, 토끼, 닭 등의 작은 짐승에 이르기까지 그 모습이 매우 다양했다. 이런 동물 중에는 추운 지방에 사는 북방계와 더운 지방에 사는 남방계 동물, 그리고 지금은 지구상에서 영원히 사라져버린 동물들도 섞여 있어서 그 당시의 자연 환경과 그 변천 상황을 미루어 짐작할

돌로 만든 도구들
구석기인들은 돌을
다듬어 도구를 만들
었다. 왼쪽부터 밀개,
긁개, 톱니날연모. (국
립 청주 박물관)

수 있다.

　그러면 구석기 시대의 사람들은 어떻게 생활했을까?

　처음에 구석기인들은 뗀석기를 이용하여 동물을 사냥하거나
나무 열매와 뿌리를 채집하면서 살았다. 그 후 돌을 떼어내고 다
듬는 기술이 점차 발달하게 되자 예리한 날을 세운 긁개, 밀개, 자
르개, 찌르개 등의 소형 석기와 동물의 뼈나 뿔을 이용하여 골각
기도 만들게 되었다. 이 가운데서 주먹도끼, 찍개, 찌르개 등은 사
냥도구로, 긁개, 밀개 등은 조리도구로 활용되었다.

　한반도의 구석기인들은 동굴이나 강가에 막집을 짓고 생활하
였다. 구석기 시대 후기의 집자리에는 기둥자리, 담자리 및 불 땐
자리가 남아 있다. 그 규모는 약 3, 4명 내지 10명 정도 살 수 있
는 크기였다.

　그들은 공동체 생활을 영위한 것으로 보여지는 데 그 시대는
가족단위로 무리를 이루어 떠돌아다니는 생활을 하였다. 무리 중
에서 경험이 많고 지혜로운 사람은 지도자가 되었다. 그러나 그는
권력을 가진 지도자가 아니었다. 구석기 시대는 모든 사람들이 모
여 평등한 공동체적 생활을 하였다.

또한 석회암이나 동물의 뼈, 뿔 등을 이용하여 여러 가지 조각품을 만들었는데 그것은 지역에 따라 큰 차이를 보인다. 3만 년 전으로 보이는 공주 석장리 고분에서는 개 모양의 석상이나 고래, 멧돼지, 새 등을 새긴 조각과 그림이 발견되었는데, 이를 통해 소박하나마 구석기인들의 솜씨를 엿볼 수 있다. 이러한 조각과 그림은 사냥을 주로 했던 그 당시 사람들이 동물들의 번성을 비는 주술적 의미로 새겨넣은 것으로 보인다.

빙하기가 지나고 다시 기후가 따뜻해지면서 사람들은 새로운 자연 환경에 대응하는 생활방법을 찾으려고 하였다. 이 시기는 구석기 문화에 이어, 신석기 시대로 넘어가는 과도기로 이해된다. 이 시기를 중석기 시대라고 부르기도 한다. 우리나라에는 최근에 경남 통영의 상노대도 조개더미와 거창 임불리 유적 등에서 중석기 시대의 것으로 보이는 유물들이 출토된 바 있다.

빙하기가 지나고 다시 따뜻해지면서 그들은 이제 없어진 순록 대신 토끼, 여우, 새 등 작고 빠른 짐승을 잡기 위해 활을 생각해냈다. 이 시기에 주로 쓰인 석기는 간석기였다. 여러 개의 석기를 나무나 뼈 등에 꽂아 넣어 톱이나 낫처럼 활용한 예도 빈번하게 나타나고 있다.

정착된 신석기 문화

석기를 갈아 다듬어 쓴 신석기 시대는 언제부터 시작되었을까?

알려진 바로는 대개 기원전 6천 년경부터 시작되었다고 한다. 이 시대 사람들은 과거와는 달리 돌을 갈아서 여러 가지 형태의 다양한 간석기를 만들어 사용하였다. 부러지거나 무뎌진 도구도 다시 갈아 쓸 수 있게 되었다. 이제는 단단한 것은 물론이고 무른 성질의 돌도 활용할 수 있었다. 또한 진흙을 빚어 불에 구워서 만든 토기를 사용함으로써 음식물을 요리하거나 저장하게 되어 생활이 좀 더 발전했다. 이처럼 간석기와 토기는 신석기 시대를 특징짓는 유물이라 할 수 있다.

이 시대의 대표적인 토기로는 빗살무늬 토기가 먼저 손꼽힌다. 물론 빗살무늬 토기보다 앞선 원시 민무늬 토기나 덧무늬 토기가 함북 웅기 굴포리, 강원도 양양 오산리, 부산 동삼동 조개더미 등에서 출토된 바도 있다. 빗살무늬 토기는 전국 각지에서 널리 출토됐다.

빗살무늬 토기가 나온 대표적인 지역은 평남 온천 궁산리, 황해도 봉산 지탑리, 서울 암사동, 경기도 하남 미사동, 부산 동삼동, 강원도 양양 오산리 등이다. 이 지역들은 공통적으로 살기 편한 강가나 바닷가에 위치했다는 것이 특징이다.

신석기 시대 토기들
(국립 중앙 박물관)

빗살무늬 토기는 도토리나 달걀 모양으로 밑이 뾰족하거나 둥글다. 크기나 용도도 다양하다. 당시에 이런 토기를 사용했다는 것은 농사를 지어 식량을 생산하고 저장했음을 보여준다. 이 시대 사람들은 농경 생활을 시작해 예전보다 훨씬 안정적이고 다양한 도구를 사용할 수 있었다. 봉산 지탑리에서는 탄화

된 피가, 평양 남경 유적에서는 탄화된 조가 발견되었다. 신석기 시대에 이미 잡곡류가 경작되었음을 알 수 있는 것이다. 또한 돌팽이, 돌삽, 돌보습 등이 출토되어 다양한 농기구가 쓰였음이 밝혀졌다.

　이렇게 농경 기술이 발달하면서 사냥과 어업의 비중은 점차 줄어들었으나 여전히 식량을 마련하는 데는 큰 몫을 차지하였다. 신석기인들은 주로 창이나 활을 이용해 사냥을 했고, 여러 가지 크기의 그물과 작살, 뼈로 만든 낚시 등을 이용해 물고기를 낚았다. 때로는 통나무배를 타고 바다에 나가 물고기나 바다짐승을 잡기도 하였다. 또 굴, 대합 등 조개류도 채취하여 식용으로 썼다.

　농경이나 토기 제작 이외에도 원시적인 형태의 수공업도 시작되었다. 가락바퀴나 뼈바늘이 출토되었는데 의복이나 그물도 **암사동 선사 유적지**

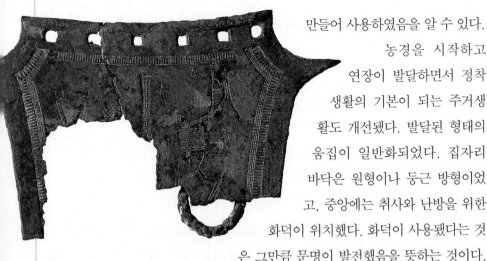

만들어 사용하였음을 알 수 있다.

농경을 시작하고 연장이 발달하면서 정착 생활의 기본이 되는 주거생활도 개선됐다. 발달된 형태의 움집이 일반화되었다. 집자리 바닥은 원형이나 둥근 방형이었고, 중앙에는 취사와 난방을 위한 화덕이 위치했다. 화덕이 사용됐다는 것은 그만큼 문명이 발전했음을 뜻하는 것이다. 움집은 또 매우 과학적으로 설계되었다. 햇빛을 많이 받는 남쪽으로 출입문을 냈으며 화덕이나 출입문 옆에는 저장 구덩이를 만들어 식량이나 도구들을 보관하였다. 대개 성인 4~5명이 살기에 적당한 크기였다.

농경문 청동기 신석기인들의 농경 모습이 나타나 있다. (국립 중앙 박물관)

신석기 시대의 사회는 부족 공동체를 이루었다. 부족은 혈연을 바탕으로 한 씨족을 기본 구성단위로 하였다. 씨족은 처음에는 각각 폐쇄적인 독립사회를 이루었지만 차츰 정착해 생활이 안정되자 다른 씨족과의 족외혼을 통하여 부족을 이루었다. 이때의 부족사회는 아직 지배, 피지배의 분명한 관계가 발생하지 않은 평등 사회였다.

신석기인은 농경과 정착 생활을 하게 되면서 점차 자연의 섭리에 대한 경외심을 갖게 되었고, 의식의 변화를 느꼈다. 그리하여 농사에 큰 영향을 끼치는 해, 구름, 비, 천둥, 우박, 홍수 등과 같은 자연 현상이나 산 · 하천 · 바위 등의 자연물에도 정령이 있다는 애니미즘이 생겨났다. 그중에서 태양과 물에 대한 숭배가 으

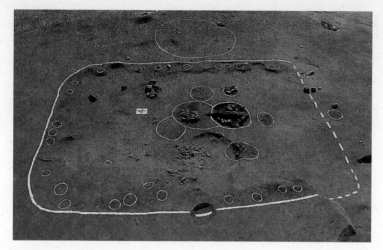

뜸이었다. 뿐만 아니라 사람이 죽어도 영혼은 없어지지 않는다는 영혼 숭배와 조상 숭배 사상이 싹텄다. 그로 인해 인간과 영혼 또는 하늘을 연결시켜 주는 재인 무당과 주술을 믿는 샤머니즘이 널리 퍼졌다. 이와 더불어 자기 부족의 기원을 특정 동식물과 연결시켜 그것을 숭배하는 토테미즘도 생겨났다.

이 시대의 예술품으로는 주로 흙으로 빚어 구운 얼굴 모습이나 조개껍데기 가면, 동물의 모양을 새긴 조각품, 짐승의 뼈나 이빨로 만든 장신구 등이 출토되고 있다. 더욱이 남녀 생식기를 자연스럽게 표현한 것을 보면 인류 창조의 역사를 음양의 조화에서 찾으려는 의식이 싹텄음을 알 수 있다.

2
국가 형성과 문화 발전

국가 형성과 문화 발전

구석기 · 신석기 시대를 지나 청동기 시대가 우리나라에 시작되면서 큰 변화가 일어났다. 평등했던 부족 사회가 무너지고 권력을 가지고 행사하는 강한 지배자가 나타나서 국가라는 단위의 권력집단을 형성하게 된 것이다.

우리 선조들은 청동기 시대에 이르러 무늬 없는 토기를 제작 · 사용하면서 한국적인 독창성을 띤 청동기 문화를 개발하고 사회를 크게 발전시켰다. 문화가 발전하면서 앞선 문화를 소유한 고대인들은 아직 뒤진 문화 수준에 머무르고 있던 씨족 사회를 흡수 · 통합하기 시작하였는데, 이를 배경으로 나타난 국가가 고조선이었다.

이어 철기 문화가 보급되자 우리나라 전역과 동삼성에 크고 작은 나라가 많이 세워졌다. 이 시기의 사람들은 인류 발전의 기반인 농지를 개간하고 농업생산력을 한껏 증대시켰다. 이때부터 농업은 주요 산업의 중심이 되었다. 나라 북쪽에 부여, 고구려, 옥저, 동예와 남쪽에 삼한 등의 작은 규모의 나라가 성립되었다.

이들은 부족 연맹적이고 읍락 군장적인 모습이었으나 주변 지역을 빼앗아 점차 삼국 형성의 기반을 닦을 수 있었다. 중국인의 침입과 위만조선의 흥망성쇠도 모두 이때 일어난 역사 발전기의 여러 특징적인 모습들이었다.

새로 보급된 청동기

한반도에서는 기원전 10세기를 전후하여 청동기 시대가 시작되었다. 동삼성(만주) 일대에서는 이보다 이른 시기에 구리로 만든 청동기가 보급되었다.

이 시대에는 신석기 시대보다 생산 경제가 발전하고, 전문적 분업이 이루어지면서 사유 재산과 상하의 계급이 나타났다. 이에 따라 사회 전반에 걸쳐 큰 변화가 일어났다.

청동기 시대의 유적은 요령, 길림성 지방을 포함하는 중국 동북 지역에서 한반도까지 넓은 지역에 분포되어 있다. 대표적인 유적지로는 함북 회령 오동리, 나진 초도, 평북 강계 공귀리, 의주 미송리, 평남 승모군 금탄리, 경기도 여주 흔암리, 파주 덕은리, 충남 부여 송국리, 충북 제천 양평리 등을 손꼽을 수 있다.

남방식 고인돌

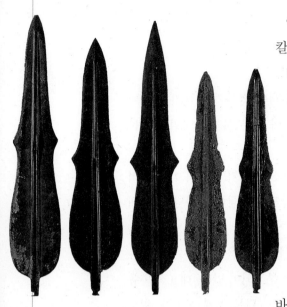

요령식 동검 중국 요령을 중심으로 발전된 청동기 문화 유물. 비파 모양으로 생겨 비파형 동검이라고도 부른다. (국립 중앙 박물관)

이 시기의 주목할 유물로는 반달 돌칼, 바퀴날 도끼를 포함하는 석기와 비파형 동검, 거친무늬 거울, 화살촉 등의 청동제품이 있다. 그리고 미송리식 토기와 전형적인 민무늬 토기 등이 있는데 고인돌, 돌무지무덤, 돌널무덤 등에서 골고루 출토되어 비상한 관심을 집중시킨다.

미송리식 토기(또는 미송리형 단지)는 의주의 미송리 동굴에서 처음 발굴돼 이름이 붙여졌다. 밑바닥이 납작한 항아리 양쪽 옆에 손잡이가 하나씩 달리고 목이 넓게 올라가다가 다시 안으로 오므라들고 표면에 집선(集線) 무늬가 있는 것이 대체적인 특징이다. 분포 지역은 주로 청천강 이북, 길림, 요령 일대이다.

비파형 동검은 중국 동북부에서 한반도 전역에 걸쳐 널리 분포되어 있다. 이는 청동기 시대에 이 지역이 같은 문화 공동체 권역에 속했음을 뜻하는 것이다.

청동기 시대의 대표적인 토기인 민무늬 토기는 지역에 따라 모양이 조금씩 다르다. 그러나 자세히 살펴보면 밑바닥이 좁은 팽이형과 판판한 원통 모양의 화분형이 기본적이며, 빛깔은 적갈색인 것이 독특하다.

위력 있는 철기의 사용

청동기를 사용했던 사람들은 지혜를 계발하고 점차 생활환경 변화에 적응하면서 기원전 4세기경부터는 철기를 쓰게 되었다.

철제 농기구를 사용하니 농업이 발전하였고, 경제적인 기반이 더욱 확대되었다. 새롭게 철제 무기와 도구를 쓰게 되면서 그동안 사용했던 청동기는 의식을 치를 때 사용하게 되었다.

이 시기에는 중국 화폐인 명도전 등도 유통되어 활발하게 교역활동을 했음을 엿볼 수 있다. 뿐만 아니라 한자도 사용되었다. 최근에 발견된 경남 의창 다호리 유적에서는 청동기, 철기 유물과 함께 붓이 발견되었다. 한반도 남단에서도 한자가 보편적으로 사용됐음을 보여주는 것이다.

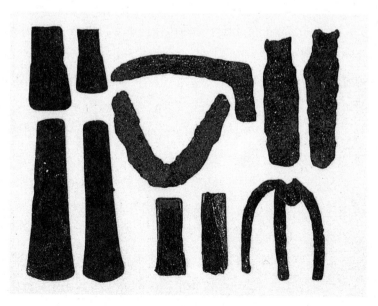

철제 농기구
(국립 중앙 박물관)

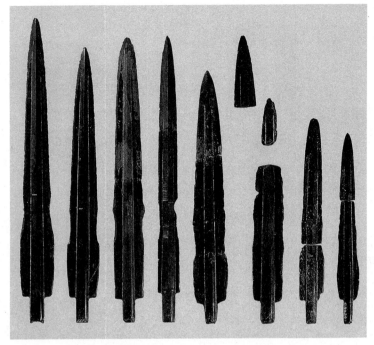

  충남 예산군 능서리에서 출토된 대쪽 모양의 동기나 충북 청주 비하동에서 나온 세형 동검, 민무늬 토기와 긴 목항아리도 이 시기의 다양성을 시사한다. 청동기 시대의 대표적 유물인 비파형 동검은 특징이 한국식 동검이라 불리는 세형 동검이며, 거친무늬 거울은 세월이 흘러감에 따라 잔무늬 거울로 형태가 서서히 변했던 것으로 보인다.

  토기도 여러 가지 모양이었다. 민무늬 토기 이외에 검은 간토기, 입술 단면에 원형 또는 타원형의 덧띠가 붙여진 덧띠 토기, 붉은 간토기 등이 대표적이다.

  이 시기에는 청동기 문화도 더욱 활짝 펼쳐졌다. 한반도 안에서 독자적으로 발전하여 우리만의 독특한 양상을 보여준 사례가

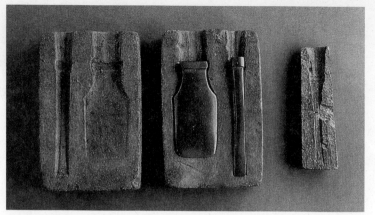

많다. 청동 제품을 제작하던 거푸집도 전국에서 발견된다. 대표적
으로 전남 영암 구림리에서 출토된 거푸집이 손꼽힌다.

청동기·철기 시대의 사회 생활

신석기 시대를 거친 뒤 청동기, 초기 철기 시대에는 이전부터 주
요한 생산도구였던 간석기의 종류가 매우 다양해졌고 기능도 개
선되었다. 이에 따라 자연스럽게 생산경제도 크게 발전하였다. 이
시기 사람들은 돌도끼나 흠자귀, 괭이로 땅을 개간하여 곡식을 심
고 가을에는 반달 돌칼로 이삭을 잘라 추수하였다. 농경 기술이
상당한 진보를 거듭한 것이다.

  농업은 조, 피, 콩, 보리 등 밭농사가 중심이었지만, 저습지에
서는 벼농사도 시작되었다. 사냥과 낚시도 여전했다. 그러나 농경
의 발달로 그 비중은 점차 낮아진 대신 돼지, 소, 말 등 가축을 사

육하는 것이 전보다 늘어났다.

생활의 터전이 된 집자리 유적은 한반도 전역에서 발견되고 있다. 대체로 북서풍을 막아주는 나지막한 야산이 뒤에 있는 게 공통적인 특징이다. 앞에는 구릉가의 시냇물이 흐르고, 집자리는 식수원인 우물을 중심으로 모여 있다. 이는 산을 배경으로 하고 물가 가까이 있는 우리나라의 전통적인 취락 여건을 갖춘 것으로, 오늘날 농촌의 자연 취락과 비슷하다.

집자리의 형태는 보통 장방형 움집이었는데 점차 지상 가옥으로 바뀌었다. 움집 중앙에 있던 화덕은 한쪽 벽으로 옮기고, 저장 구덩이는 따로 설치하거나 한쪽 벽면을 밖으로 돌출시켜 만든 것이 특징이다. 움집을 세우는 데 초석도 이용했다. 집자리는 넓은 지역에 많은 수가 밀집된 취락 형태를 이루고 있어 모여서 생활한 것으로 보인다. 농경의 발달과 인구 증가 등으로 정착 생활의 규모가 점차 확대됐음을 뒷받침하는 사실이다. 같은 지역의 집자리라 하더라도 넓이가 다양한 것으로 보아 주거용 이외에도 창고, 공동 작업장, 공공 의식의 장소 등으로 쓰였음을 알 수 있다. 보통의 주거용 집자리는 4~8명 정도의 가족이 살 수 있는 크기였다. 결혼 형태가 부부를 중심으로 한 일부일처제로 바뀌면서 가족끼리 모여 살았음을 암시하는 것이다. 당시에는 대가족 중심적인 생활이 특징이었다.

한 집안의 안주인이 되는 여성은 주로 집안일을 담당했다. 생활의 구심점이며 대외적으로 가족을 책임지는 남성은 농경, 전쟁 같은 바깥일을 맡았다. 따라서 경제활동의 중심이 남성에게 옮아갔고, 생산의 증가에 따른 잉여 생산물의 축적과 사적 소유로 인해 빈부의 차이와 계급이 발생하게 되었다.

계급의 분화는 죽은 뒤에까지 영향을 끼쳐, 무덤의 크기와 부장품의 내용에도 분명하게 반영되었다. 당시의 무덤으로 대표적인 것은 고인돌이다. 고인돌은 경제력이 있거나 정치 권력을 가진 지배층의 무덤으로 인식된다. 보통 4개의 굄돌을 세워 돌방을 만들고, 그 위에 거대하고 평평한 돌을 얹어 놓은 것이 전형적이다. 그러나 남쪽 지역에서나 시대별로는 후기로 갈수록 무덤 구조가 지하로 들어가는 것이 특징이다.

이에 따라 여러 개의 받침돌이나 돌무지로 덮개돌을 받친 형태도 나타났다. 전남 나주 판촌리의 고인돌이 대표

새 장식 뚜껑 항아리
고대에는 새가 영혼을 인도한다고 여겼다. 때문에 무덤에 새 모양의 토기를 함께 묻었다. (국립 중앙 박물관)

한반도 남부에서 주로 발견되는 무덤 양식. 여러 종류의 토기와 철기가 함께 출토된다. (국립 중앙 박물관)

적이다. 고인돌, 즉 돌멘Dolmen은 한반도 전역에 분포되어 있다.

그런데 규모가 큰 수십 톤 이상의 덮개돌을 채석하여 운반하고, 무덤에 설치하기까지에는 많은 인력이 필요하였다. 따라서 고인돌은 당시 지배층의 정치 권력과 경제력을 잘 반영해주고 있다.

고인돌에 묻힌 추장급의 힘이 있는 지도자는 주변을 아우르며 더 큰 힘을 장악하려 하였다. 따라서 경제력이나 정치 권력에서 우세한 부족들은 스스로 하늘의 자손이라고 믿었다. 이렇게 선민사상을 가지고 주변의 보다 약한 부족을 통합하거나 정복하여 공납을 요구하였다. 청동이나 철로 된 금속제 무기의 사용은 정복 활동을 더욱 활발하게 했으며 이를 계기로 지배자와 피지배자의 분화는 더욱 심화되었다. 그리하여 사회에는 커다란 변동이 일어났다.

평등 사회는 계급 사회로 바뀌었고, 권력과 경제력을 가진 지배자가 나타났다. 이 지배자를 부족장이라고 하였다. 부족장은 청동기 문화가 일찍부터 발달한 북부 지역에서 먼저 나타났는데, 이들은 주변의 크고 작은 세력을 수하에 넣고 더욱 큰 강자로 군림했다.

청동기와 초기 철기 시대에는 사회, 경제의 발전에 따라 그들의 국민정서를 담은 예술 활동도 활발해졌다. 이 시기의 예술은 종교와 밀접한 관계가 있다. 당시 제사장이나 부족장이 사용했던 칼, 거울, 방패 등의 청동제품이나 토제품, 바위그림 등에 이런 경향이 잘 드러나 있다.

청동기 시대에 한반도와 중·남부 동삼성 지역에 살던 사람들은 예·맥·한족이었다. 이 세 종족은 한국인의 조상으로 그 뒤 오랜 기간에 걸쳐 상호융합을 통해 하나의 민족이 되었다고 추측된다.

농경과 청동기 문화의 진전에 따른 사회 분화와 생산력의 증대를 바탕으로 여러 곳에서 국가가 생겨났다. 고조선은 이 땅에 가장 먼저 등장한 국가이다. 고조선이 처음 자리를 잡은 곳은 요하 하류 유역이다. 이후 일대를 전부 확보하고 오늘날의 평양으로 중심지를 옮겼다.

단군 조선의 건국

청동기 문화의 발전과 함께 부족장이 지배하는 사회가 출현하였다. 이들 중에서 세력이 강한 부족장은 주변의 여러 부족을 통합하고, 점차 권력을 강화했다.

　온 국민이 우리의 조상으로 인식하는 단군 왕검(檀君王儉)은 고려 때 일연이 쓴 《삼국유사》에 처음 나온다. 가장 먼저 국가로 발전한 고조선은 초대 단군 왕검이 건국했다고 한다(기원전2333년).

　　옛날 하느님(桓因-帝釋天王)의 서자 환웅(桓雄)이 하늘 아래로 내려가 인간 세상을 구하고자 하매 아버지가 아들의 뜻을 알고 아래로 삼위(三危) 태백(太伯)을 내려다보니 인간 세상을 이룩할 만하므로 천부인(天符印) 세 개를 주어 가서 다스리게 하였다. 환웅은 이에 3천 명의 무리를 거느리고 태백산(太伯山) 꼭대기(지금의 묘향산) 신단수(神檀樹) 밑으로 내려왔으니 이것이 곧 신시(神市)요, 이분이 환웅 천황이시라.

　　풍백(風伯) · 우사(雨師) · 운사(雲師)를 거느리고 주곡(主穀), 주명(主命), 주병(主病), 주형(主刑), 주선악(主善惡) 등 인간세상의 360여 가지 일을 주관하여 세상을 다스리며 교화하였다.

　　이때 곰 한 마리와 호랑이 한 마리가 한 굴에서 살면서 항상 신웅(神雄)에게 빌어 사람이 되기를 원하니 신웅이 쑥 한 줌과 마늘 20개를 주며 너희들이 이것을 먹고 백일 동안만 햇빛을 보지 않으면 인간이 될 것이라 하였다. 그것만 먹고 3 · 7일을 금기하여 곰은 고운 여자로 변하였으나 호랑이는 참지 못하여 사람이 되지 못하였다. 여자가 된 곰은 혼인할 상대가 없어 항상 신단수 밑에서 잉태하기를 빌고 원했다. 그래서 환웅이 거짓 변하여 결혼해서 아들을 낳으니 이가 바로 단군 왕검이다. 때는 요임금 즉위 50년 경인(庚寅)이라 하였다. 평양성에 도읍하고 비로소 조선이라 칭하였다. 이 분이 단군 조선의 시조로

서 그 이후 1500년간 나라를 건설하고 다스리다가 주나라 무왕(武王)
이 즉위한 기묘년에 기자를 조선에 봉하므로 단군은 장당경(藏唐京)
으로 옮겼다가, 뒤에 다시 아사달산 속으로 들어가 산신이 되었으니
1908세였다 한다.

건국 신화는 천지가 개벽한 후 음양이 생기고 그 속에서 사람
과 삼라만상이 발생하며 하늘로부터 사람들을 통치할 사람이 내
려와 국가를 건설하고 다스린다는 것이 일반적이다. 단군은 제정
일치의 지배자로서 고조선의 성장과 함께 주변의 부족을 아우르
고 그들의 조상을 하늘에 연결시킨 인물인 것이다.

단군 숭배사상은 고려 시대 이르러 민족 공동의 시조로 구체
화되었고, 조선 시대에 실존설로 대중화되어 세종은 평양에 사당
을 지어 고구려 시조 동명성왕과 단군을 함께 모시고 국조(國祖)
로 받들었다. 또한 구월산에는 환인·환웅·단군을 모시는 삼성
사(三聖祠)가, 강동(江東)에는 단군의 묘가 있었다는 주장도 있
다. 그 후 조선 말기부터 단군교(檀君敎)·대종교(大倧敎)가 생
겨 단군이 종교적 대상으로 등장하게 되었다. 대종교에서 시행된

**단군신화가 기록되어
있는 책들** 왼쪽부터
《삼국유사》, 《신증동
국여지승람》, 《세종실
록지리지》.

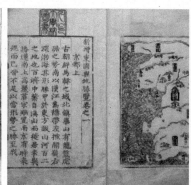

10월 3일의 개천절은 임시정부에서 처음 거행하였고 8 · 15 광복 후 국경일로 제정하여 단군의 개국과 홍익인간 · 이화세계의 건국 이념을 되새기고 있다.

단군의 건국에 관한 기록은 앞의 《삼국유사》를 비롯하여 《제왕운기》, 《응제시주》, 《세종실록지리지》, 《동국여지승람》 등에 나타나 있다. 천신의 아들이 내려와 건국하였다는 단군의 조선 건국 기록에는 홍익인간의 이념이 들어 있어 고려, 조선, 근현대를 거치면서 우리 민족의 전통과 문화의 정신적 지주가 되었다.

기자 동래설 문제

기자 동래설은 중국 《한서지리지(漢書地理志)》 등에 실려 있는 설로서, 기원전 12세기경에 주나라 무왕(武王)이 은나라의 주왕(紂王)을 멸망시키고 주나라를 세운 뒤 기자(箕子)를 조선왕으로 책봉하여 단군 조선의 뒤를 잇게 했다는 것이다. 그러나 이것은 한족(漢族)이 한사군(漢四郡)을 지배할 당시 그들의 통치를 합리화하기 위하여 조작한 것으로 보인다.

또 위만에게 멸망당한 준왕(準王)의 성이 한씨(韓氏)였다는 점으로 미루어 볼 때, 기자가 아닌 한씨가 자신의 권위를 세우기 위하여 기자를 참칭(僭稱)*한 것이 아닌가 하는 견해도 있다. 또한 기자 조선을 고조선의 발전과정에서 사회 내부에 등장한 어떤 강한 지배세력으로 보는 이도 있다. 동이족의 이동과정에서 기자로 지칭되는 어떤 부족이 고조선의 변방에서 권력을 장악한 것으

* 참칭(僭稱) : 제멋대로 스스로 임금이라고 일컬음

로 보는 것이다. 어떤 설이 진실인지는 아직도 확실하게 밝혀지지 않았다.

한인의 침입과 위만 조선

우리나라 남쪽 지역에서는 삼한족이 평화롭게 살았고, 북쪽과 동 삼성(만주)의 일부에서는 예맥족이 자리잡고 있었다. 그러던 중 중국에서 먼저 발달한 한족(漢族)이 세운 연(燕)나라가 진(秦)의 세력에 눌려 동삼성 지방으로 세력을 뻗치기 시작했다.

기원전 221년에 진의 시황제가 중국을 통일하자, 중국인은 동삼성 지방에 더욱 압력을 가했으며 그 여파로 우리나라에서도 세력이 퍼지기 시작했다. 진나라가 10여 년 만에 망하고 한(漢)나라가 뒤를 이어 세력을 떨쳤다. 이때 연나라가 한나라에 통합되자 연왕 노관은 흉노족에게 망명하고, 그의 부장으로 있던 위만(衛滿)이 천여 명의 무리를 거느리고 고조선에 망명하였다. 그는 고조선의 준왕(準王)으로부터 신임을 얻어 북방수비를 담당하였다. 그러다가 우수한 철기문화와 유랑민의 세력을 규합하여 준왕을 축출하고 스스로 왕이 되어 왕검성(王儉城)에 도읍을 정하였다 (기원전 194년).

위만은 입국할 때 상투를 틀고 조선옷을 입었다고 하는데 아마 연나라에 거주하던 조선인이 아닌가 한다. 위만은 나라 이름을 '조선'이라 했다. 당시 토착민 출신으로 고위직에 오른 이가 많았다. 그래서 위만의 고조선은 단군의 고조선을 이은 것으로 보는 견해가 있다.

　위만은 예전 준왕의 땅을 전부 차지하고 다시 영토를 확장하여 진번·임둔 등의 부족 국가를 예속시켰다. 그리고 진국(辰國) 등 한강 이남 나라들이 한(漢)과 직접 교통하는 것을 차단하여 중간 이익을 독점하기도 하였다.

　한나라 무제가 사방을 정벌하고 중국의 천자로서 위세를 떨치던 중 원봉(元封) 2년에 한무제의 사신 섭하(涉何)가 위세를 뽐내면서 당시 위만의 손자인 우거왕(右渠王)을 찾아왔다. 이것은 위만 조선이 중국에게 조공을 바치라는 수작이었으나, 우거왕은 이를 거절하였다. 그래도 우거왕은 한나라 사신을 괄시할 수 없어 접대관으로 하여금 압록강까지 배웅하라 하였다.

　섭하는 압록강 근처에 이르러 사람을 시켜 접대관을 몰래 암살하고 한무제에게 조선의 대장을 죽였노라고 과장해서 상주하였다. 내막을 모르는 무제는 만족함을 표하고 섭하의 벼슬을 높여 요동동부도위(遼東東部都尉)로 삼았다.

　이 소식을 들은 우거왕은 섭하의 괘씸한 행동을 그대로 둘 수가 없었다. 즉시 대군을 동원시켜 압록강을 건너 섭하의 목을 잘랐다. 이로써 위만 조선과 한의 싸움이 시작되었다.

　한무제는 누선장군(樓船將軍) 양복(楊僕)에게 7천 명의 군사를 주어 평양성 공격을 명하였다. 양복은 우거왕을 너무 얕잡아 보고 대동강 하류 지대에서 무리한 적전상륙을 하다가 여지없이 패하여 7천의 군사는 거의 섬멸되고 자신만 겨우 목숨을 건져 산중으로 도망치고 말았다.

　패전 소식이 전해지자 한무제는 좌장군 순체를 보내 육로로 패수(浿水) 서쪽을 공격하였으나 역시 패했다. 한무제의 높은 콧대가 여지없이 꺾이고 말았다. 한무제는 작전을 바꾸어 이번에는 사신 위산(衛山)을 보내 무력으로 위엄을 보이며 화의를 맺도록 하였다. 우거왕도 강경한 태도를 누그러뜨려 이에 동조하고 태자와 말을 보내 사례하도록 하였다. 태자가 1만여 명의 군사를 이끌고 사례길에 나서 패수를 건너려 할 때 사신 위산과 좌장군 순체가 태자에게 호위군사의 무장을 해제하라고 요구하자 신변을 걱정한 태자는 강을 건너지 않고 왕검성으로 되돌아갔고, 화의는 깨지고 말았다.

싸움은 다시 시작되었다. 그동안의 평화협상은 시간을 벌기 위한 한나라의 계책이었다. 한나라의 수만 군사는 물밀 듯 공격해 왔고, 평양성을 빼앗기지 않으려는 조선 군사 사이에 치열한 공방전이 벌어졌다. 좌장군 순체는 서북쪽을 공격하고 산으로 도망쳤던 누선장군 양복은 이때야 나타나 남쪽을 공략했다. 평양성은 그래도 쉽사리 함락되지 않았다. 이때 먼저 도망쳤던 양복이 평화협상을 제의하며 타결책을 모색하자, 화의를 주장하던 우거왕 대신 노인(路人)·한도(韓陶)·이계상 참(尼谿相參), 장군 왕겹 등이 은밀히 화의 교섭을 벌였다.

한편 한무제는 싸움이 장기화되자 다시 제남태수(濟南太守) 공손수(公孫遂)를 보내 결전을 감행하도록 하였다. 이에 공손수는 순체의 말만 듣고 양복을 잡아 가두니 한무제의 원정군은 두 갈래로 갈라져 전력이 더욱 약화되었다.

여기서 우거왕은 최후의 결전을 감행하려 하였으나 전에 양복과 은밀히 화의 교섭을 벌이던 노인, 한도 등이 한군에 투항하다가 노인은 중도에서 죽고 말았다. 싸움은 계속되어 해를 넘겼다. 1년 동안 계속된 싸움에 사람들은 지쳐 평화를 바라는 마음이 간절하였다. 그래도 우거왕은 최후까지 결전할 것을 다짐했다.

그러던 중 한군에게 투항했던 이계상 참이 사람을 몰래 보내 우거왕을 암살하고 말았다. 그러나 대신(大臣) 성기(成己)가 왕검성을 굳게 지켜 항복하지 않자 순체는 먼저 투항한 왕자 장(長)과 노인의 아들(最)로 하여금 성내의 백성들을 설득하여 성기를 죽이니 마침내 왕검성은 함락되고 위만 조선은 3대 80여 년 만에 막을 내리고 말았다.

한무제는 기원전 108년에 위씨조선의 옛 땅에 낙랑(樂浪)·진번(眞番)·임둔(臨屯)의 3군을 설치하고, 기원전 107년에 예맥 지방까지 합쳐 현도군을 설치한 것으로 보인다. 그리고 4군을 설치한 후 20여 년 후에는 진번·임둔 두 군을 폐지하여 진번군은 낙랑군에 임둔군은 현도군에 각각 병합시켰다.

이들 한사군(漢四郡)의 중심지는 낙랑군이었는데 한문화가 이곳을 중심으로 옮겨오고 주변 사회에 퍼져 한국 전 지역으로 파급되었다.

낙랑군에서 발견된 각종 문화유산으로는 동기(銅器)·옥기(玉器)·철기(鐵器)·와전(瓦塼)·직물류(織物類)가 있어 당시의 호화로운 생활상을 보여준다.

고조선은 '팔조금법(八條禁法)'에 의거하여 개인의 생명을 존중하고, 노동력의 사유 재산을 인정하였다. 이는 고조선 사회의 기본 법률로서 8조 가운데 3조만 《한서지리지》를 통해 전해지고 있다. 그 내용은 다음과 같다.

1. 사람을 죽인 자는 즉시 사형에 처한다.
2. 남에게 상해를 입힌 자는 곡물로써 갚는다.

3. 남의 물건을 훔친 자는 데려다 노비로 삼는다. 스스로 속죄하려면
   50만 전을 내야 한다.

　　이 법률을 살펴보면 생명과 사유재산을 중히 여겼음을 알 수
있다. 또 당시 사회에는 권력과 경제력의 차이가 생겨나 가부장적
인 가족 제도가 성립되었고 형벌, 노비도 생겨났다. 여성의 정절
을 귀하게 여겼다고도 한다.
　　한사군이 설치된 후 한인들의 수탈 정치가 시작되면서 한인
에 대한 저항 운동의 결과 민족적 자각 의식이 생기고, 우수한 철
기 문화가 도입됨으로써 부족 국가가 여러 개 건설되었다.

남북 여러 나라의 성장

고조선 이후 남북에는 여러 나라가 각기 독특하게 발전하였다.
　　부여는 동삼성 송화강 일대를 중심으로 일어났다. 농경과 목
축으로 생활을 꾸렸고, 말·주옥·모피 등의 특산물을 생산해냈
다. 부여는 서기 1세기 전후에 이미 왕호를 사용하였고, 중국과
외교 관계를 맺는 등 발전된 모습을 보였다. 북쪽으로는 선비족,
남쪽으로는 고구려와 접하고 있었다. 3세기 말 선비족의 침략을
받아 크게 곤욕을 치르다가 고구려에 편입되었다(494년).
　　부여에는 왕 아래에 가축의 이름을 딴 마가, 우가, 저가, 구가
와 대사자, 사자 등의 관리가 있어 각기 업무를 맡았다. 이들 가
(加)는 따로 설치된 행정 구획인 사출도(四出道)를 다스렸다. 따

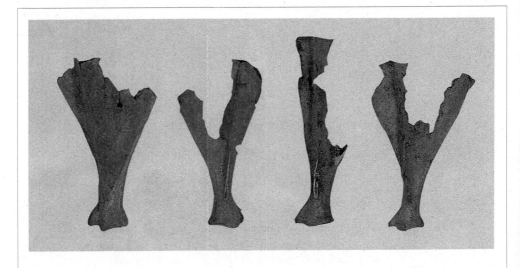

점치는 뼈 고대에는 동물의 뼈로 점을 쳐서 중요한 일을 결정했다. (부산대학교 박물관)

라서 왕이 직접 통치하는 중앙과 합쳐 5부를 형성, 통치했다.

왕이 나온 대표 부족의 세력은 강해서 궁궐, 성책, 감옥, 창고 등의 시설을 갖추었다. 부여는 왕이 죽으면 많은 사람들을 부장품과 함께 묻는 순장의 풍습이 있었다. 그것은 왕의 권한이 그만큼 컸다는 것을 의미한다.

부여의 법으로는 4조목이 전해진다. 살인자는 사형에 처하고 그 가족은 노비로 삼으며, 남의 물건을 훔쳤을 때에는 물건값을 12배로 배상하게 하고, 간음한 자와 투기가 심한 부인은 사형에 처한다는 것으로 고조선과 비슷하였다.

부여의 풍속에는 영고라는 제천 행사가 있었다. 농경사회의 전통을 보여주는 것인데 12월에 열려 온 백성이 참여하였다. 이때에는 하늘에 제사하고, 가무를 즐기며, 죄수를 풀어주었다. 전쟁이 일어났을 때에도 제천 의식을 행하고, 소를 죽여 그 굽으로 길흉을 보는 점복을 행하기도 하였으니 미래를 예측해보려는 의식도 발달하였다.

부여는 연맹 왕국으로 성장하던 단계에서 멸망하였다. 그 후 건국된 고구려나 백제는 부여의 한 계통임을 자처하였다.

고구려는 부여에서 남하한 주몽이 건국했다고 전해진다(기원전 37년). 주몽은 부여 지배계급 내의 분열과 대립 과정에서 박해를 피해 남하, 고구려를 건국한 것이다. 고구려는 압록강의 지류인 동가강 유역의 졸본 지방에 자리 잡았는데 이곳은 큰 산과 깊은 계곡으로 된 산악 지대로 토지가 척박하여 아무리 열심히 일해도 양식이 늘 모자랐다.

고구려는 건국 초기부터 주변의 소국들을 정복하고, 평야지대로 진출하고자 하였다. 그리하여 압록강변의 통구로 옮겨오면서 5부족 연맹을 토대로 발전하였다. 그 후, 활발한 정복 전쟁으로 한의 군현을 공략하고 요동 지방으로 진출하였다. 또 동쪽으로는 부전 고원을 넘어 동해가의 옥저를 정복하여 공물을 받았다.

고구려도 왕 아래에 대가들이 있었는데 그 밑에 각기 사자, 조의, 선인 등 관리를 거느리고 독립된 세력을 유지하였다. 중대한 범죄자가 있으면 제가 회의를 통해 사형에 처하고, 그 가족을 노비로 삼았다.

고구려에는 데릴사위 풍속이 있었다. 고구려인은 또 건국 시조인 주몽과 그 어머니 유화부인을 조상신으로 섬겨 제사지냈다. 10월에는 추수감사제인 동맹이라는 제천 행사를 전국적으로 성대하게 열었다. 고구려에도 점복의 풍속이 있었다.

함경도 및 강원도 북부의 동해안 지역에 위치한 옥저와 동예는 일찍부터 고구려의 압박에 시달려 크게 성장하지 못하였다. 읍군이나 삼로라는 부족장이 각자 자기 부족을 다스렸을 뿐이다.

옥저에서는 어물과 소금 등 해산물이 풍부하게 생산되었다. 토지도 비옥하여 농사가 잘 되었다. 그러나 고구려의 압력에 밀려

독무덤 고대 시대 매장 양식 중 하나인 독무덤. 어린이나 어른의 주검을 넣고 그대로 땅에 묻었다. (국립 중앙 박물관)

소금, 어물 등 해산물을 바칠 수밖에 없었다.

옥저인은 고구려인처럼 부여족의 한 갈래였다. 그러나 풍속에는 많은 차이가 있었다. 가장 특이한 것이 민며느리제였다. 또한 가족이 죽으면 시체를 가매장하였다가 나중에 그 뼈를 추려 가족 공동무덤인 커다란 목곽에 안치하였다. 죽은 자에게는 양식으로 쌀을 담은 항아리를 매달아 놓아 사후 대책도 세웠다.

동예 역시 토지가 비옥할 뿐 아니라 해산물이 풍부하여 농경, 어로 등 경제생활이 윤택하였다. 누에를 쳐서 명주를 짜고, 삼베도 짜는 등 방직 기술이 발달하였다. 특산물로는 단궁이라는 활과 조랑말인 과하마, 반어피 등이 있었다.

동예에서는 매년 10월에 무천이라는 제천 행사가 열렸다. 그리고 족외혼을 엄격하게 지켰다. 그들은 산천을 중시하고, 각 부족의 영역을 함부로 침범하지 못하게 하였다. 다른 부족의 생활권을 침범하면 노비와 소, 말로 즉시 그에 상응하는 변상을 하였다.

한강 이남 지역에는 일찍부터 진(辰)나라가 커가고 있었다. 진은 기원전 2세기경 위만 조선의 압력으로 중국과의 교통이 어려워졌다. 그러나 진은 고조선 사회의 변동에 따라 남하해오는 유이민의 새로운 문화를 받아들였다. 새로운 문화는 토착 문화와 융합되면서 발전하였고, 마한, 진한, 변한의 연맹체들이 나타나게 되었다.

마한은 오늘날 대전, 익산 지역을 중심으로 하여 경기, 충청,

전라도 지역에서 발전하였다. 마한은 54개의 소국으로 이루어졌다. 그중에서 큰 것은 만여 호, 작은 것은 수천 호로 총 10여만 호였다.

진한은 오늘날 대구 · 경주 지역에서, 변한은 김해 · 마산 지역에서 각기 성장하였다. 변한, 진한은 각기 12개 국으로 이루어졌다. 큰 것은 4~5천 호, 작은 것은 6~700호로, 모두 합쳐 4~5만 호라고 한다.

삼한 중 마한의 세력이 가장 컸다. 그중의 하나인 목지국의 지배자가 마한왕 또는 진왕으로 추대되어 삼한 전체의 영도 세력이 되었다고 한다. 삼한의 지배자 중 세력이 큰 것은 신지, 견지, 작은 것은 부례, 읍차 등으로 불렸다.

목지국(目支國)은 처음에 오늘날 성환과 직산 지역을 중심으로 발달하였다. 그러나 백제가 성장하여 지배 영역을 넓히게 되자 목지국은 남쪽으로 옮겨 예산, 익산 지역을 거쳐 나주 부근에 자리잡았을 것으로 추정된다. 목지국이 언제 망했는지는 알 수 없다. 그러나 최근까지 연구된 결과로 추측해 보건대 목지국은 근초고왕이 마한을 병합하는 4세기 후반까지 그 지역을 중심으로 해서 오랫동안 존속하였을 것이다. 나주 지역에 대형고분이 집중적으로 분포되어 있고, 금동관도 출토된 바 있어 이곳이 마한이나 목지국의 전통을 이어온 것으로 보인다.

삼한에는 정치적 지배자가 있었으나 그 외에 제사장인 천군(天君)이 있었다. 소도(蘇塗)라는 별읍(別邑)을 두고 이곳에서 천군은 농경과 종교에 대한 의례를 주관하였다. 천군이 주관하는 소도는 정치적 부족장의 세력이 미치지 못하는 신성불가침한 곳이었다. 따라서 죄인이 도망쳐 이곳에 숨더라도 잡아가지 못하였

청동방울 제사장이 제사 의식 때 사용하던 청동기. 거울, 방울 등을 이용해 미래의 길흉화복을 점쳤다. (국립 중앙 박물관)

다. 소도의 존재를 통해 원시 신앙의 변화와 제정 분리 현상을 짐작할 수 있다.

작은 나라의 일반민들은 읍락에 살면서 농업과 수공업의 생산을 담당하였다. 이들은 초가지붕의 반움집이나 귀틀집에서 살았다. 또 공동체적인 자조협동의 전통을 보여주는 두레를 통하여 공동 작업을 해나갔다.

삼한에서는 대개 공통적으로 해마다 씨를 뿌리고 난 뒤인 5월의 수릿날과 가을 곡식을 거둬들이는 10월에 계절제를 크게 열어 하늘에 제사를 지냈다. 이러한 제천행사 때에는 온 나라 사람들이 모두 모여서 연일 음식과 술을 마련하여 노래와 춤으로 즐겼다. 하늘의 섭리에 경의를 표하는 풍습이었다.

삼한은 철기 문화를 바탕으로 하는 농경 사회였다. 철제 농기구를 사용해 농경을 크게 발달시켰다. 수리(水利)를 위한 저수지가 여러 지역에 많이 만들어졌다. 김제 벽골제, 밀양 수산제, 제천 의림지, 상주 공검지, 의성 대제지 등은 삼한 시대 이래의 유명한 저수지이다.

변한에서는 철이 많이 생산되어 낙랑, 일본 등지에도 수출하였다. 철은 화폐처럼 활용되기도 하였다.

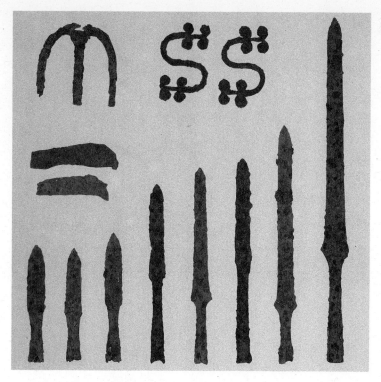

철기 문화가 발전하자 삼한 사회에 급격한 변동이 일어났다. 지금의 한강 유역에서 백제국이 커지면서 그 국력을 이용해 마한 지역을 통합했다. 남으로 낙동강 유역에서는 가야국이, 그 동쪽에서는 사로국이 커지면서 중앙집권 국가의 형태를 갖췄다.

남북의 여러 나라는 각기 다른 자연 환경과 백성들의 적극적인 호응 속에서 보다 크게 성장해서 점차 규모를 갖춘 고대국가의 모습이 되었다. 중앙집권 국가에 앞서 철기 문화를 바탕으로 한 연맹 왕국이 성립된 것이다. 연맹 왕국은 부족장 국가가 발전한 형태로서 국왕이 있고 국가 조직이 갖추어져 있었다. 그러나 종래의 부족장 세력이 여전히 자기 부족에 대한 지배권을 행사하였기 때문에 국왕의 권한은 미미한 편이었다.

고구려, 백제, 신라 삼국은 연맹 왕국의 과정을 거쳐 중앙집권적 영토국가로 발전하면서 국왕의 권력이 강화되었다. 이 야심만만한 삼국은 정치력을 바탕으로 중국 세력에 대항하면서 발전하였다. 이 과정에서 민족의 자주성이 확보되었다.

고대 사회가 성립되면서 종래의 지방 부족장은 중앙으로 통합되었다. 백성에 대한 부족장의 지배력은 남아 있었으나 점차 왕권에 흡수된 것이다. 삼국 시대의 신분 제도와 정치 제도는 바로 이러한 중앙집권적 지배 체제의 내용이 정리된 것이었다. 왕권이 확대됨에 따라 율령을 반포하는 등 고대 국가 발전의 한 요인이 되는 체제 정비작업도 추진되었다.

3
고구려의 성장

고구려의 성장

삼국 중의 하나인 고구려는 연맹 왕국의 단계를 지나 중앙집권 국가로 발전했다. 시조 동명성왕(고주몽)에 의해 오늘날 동삼성의 남쪽과 한반도 북쪽의 넓은 지역에 자리 잡은 고구려는 국왕을 중심으로 하여 일원적인 통치체제를 구비하고 크고 작은 영토를 점유하게 되었다.

고구려는 압록강 유역 일대에서 가장 먼저 크게 성장한 국가였고, 대(對)중국인과의 투쟁에서 매우 강인해지고 활달해졌다. 그리하여 중국은 고구려를 매우 두려워해서 언제 쳐들어올지 모른다는 불안감 때문에 유명한 만리장성을 쌓아 방어하게 되었다고도 전해지고 있을 정도였다. 그만큼 강용한 나라가 고구려였던 것이다.

고구려는 대내적으로 부여를 아우르고 동예와 옥저도 그 손아귀에 넣었다. 고구려의 역대 왕들은 동명성왕의 활달 용감했던 정복사업과 국내 민심안정에 역점을 두고 국가의 강역을 넓히면서 중흥을 꾀하였다. 광개토대왕이나 장수왕 등은 국토 확장의 뛰어난 주인공이었다.

고구려는 불교를 최초로 받아들여 국교화하고 학문과 문예를 장려하면서 강한 국력을 유지했다. 수·당과의 전투를 거쳐 국난을 극복했으며, 을지문덕과 같은 명장도 태어났다.

그러나 연개소문 등 부정적인 재상에 의해 방만한 정치 행정을 핀 결과 나·당 연합군에 건국한 지 800년 만에 멸망했다. 그 뒤 부흥 운동도 있었으나 실효를 거두지 못하였다.

고구려의 시조 동명성왕

시조 동명성왕의 성은 고씨요, 이름은 주몽이다. 고주몽의 탄생 경위에 대해서는 다음과 같은 이야기가 전해진다.

부여왕 해부루(解夫婁)는 나이가 많도록 아들이 없어, 명산 대천에 빌어 아들 낳기를 발원하였다. 어느 날 해부루가 타고 있던 말이 곤연(鯤淵) 연못가에 이르러, 큰 돌을 마주보고 눈물을 흘렸다. 왕이 이상히 여겨 부하들로 하여금 그 돌을 밀쳐보라 하였다. 그 돌 밑에는 노란 개구리 모양을 한 어린아이가 있었다.

"이것은 분명 하늘이 내려주신 내 아들이다."

왕은 기뻐하며 아이를 궁중으로 데려가 황금 개구리란 뜻으로 이름을 금와(金蛙)라고 하였다. 그 아이가 점점 자라자 태자로 삼았다.

그 뒤에 아란불(阿蘭弗)이라는 재상이 천도(遷都)할 것을 아뢰며 이런 말을 하였다.

"요새 하느님이 내게 현몽하여 말하기를 '장차 내 자손으로 하여금 이 땅에 나라를 세우게 할 것인즉, 너희는 속히 피해 가라. 동해가에 가면 가섭원(迦葉原)이라는 땅이 있어, 토지가 비옥하고 농사짓기에 알맞으니 그곳으로 가서 도읍을 정하라.'고 하였습니다."

왕은 마침내 그곳으로 천도하고 나라 이름을 동부여(東夫餘)라 하였다. 예전 도읍지에는 어디서 왔는지 알 수 없는 사람이 천제(天帝)의 아들 해모수라 자칭하고 도읍을 정하였다.

해부루가 죽고 금와가 왕위를 계승하였다. 금와왕은 마침 태백산 남쪽 우발수(優渤水)에 사냥하러 갔다가 미모의 한 여성을 만났다.

"그대는 누구이길래 이곳에 와 있는가?"

왕이 내력을 묻자, 소녀가 대답했다.

"소녀는 본시 하백의 딸이옵고 이름은 유화라 하옵니다. 여러 동생들과 함께 나와 노닐고 있을 때, 갑자기 한 남자가 나타나 말하기를 나는 천제의 아들 해모수라는 사람이니 나를 따라오라고 유혹하여 웅심산(熊心山) 밑 압록강가에 있는 집 속으로 데리고 가 욕심을 채운 다음 끝내 돌아오지 않았습니다. 이 사실을 알게 된 부모는 여자로서의 정절을 지키지 못하고 함부로 몸을 허락했다 하여 이곳으로 귀양보낸 것이옵니다."

금와는 이상한 생각이 들어 유화를 방 안에 가두어 두었더니 해그림자(日影)가 비치는 것이었다. 유화가 다른 곳으로 몸을 피해 가면 해그림자 역시 그대로 따라가 비치는 것이었다. 이런 일이 있은 후 유화의 몸에는 태기가 있어 얼마 후 닷되들이 만한 크기의 알을 낳으니 금와왕은 상서롭지 못하다 하여 그 알을 버리라고 명령하였다. 처음에 그 알을 개·돼지에게 주었으나 모두 먹지 않는지라 길바닥에 버렸더니 소와 말도 그 알을 밟지 않고 피해 갔다. 마지막으로 들판에 버렸더니 새가 날개로 알을 품었다. 왕이 더욱 이상히 여겨 그 알을 깨뜨리려 하였으나 깨지지 않아 도로 유화에게 갖다 주었다. 유화가 그 알을 싸서 따뜻한 곳에 얼마 동안 놓아두자 한 사내아이가 알을 깨고 나왔다. 그 아이의 생김이 비범하고 영특하여 나이 7살에 제 스스로 활과 화살을 만들어 쏘는데 백발백중이었다. 부여 속담에 활 잘 쏘는 사람을 주몽이라고 하였기에 이 아이도 주몽이라 이름 붙였다.

금와왕에게는 아들 7형제가 있었
는데 주몽과 함께 놀이를 하면 7형제
모두가 주몽을 따르지 못하였다. 장자
대소(帶素)가 주몽을 시기하여 부왕
께 은근히 아뢰었다.

"주몽은 사람에게서 태어난 아이
가 아닐 뿐더러 재주가 뛰어나고 용감
하니 미리 없애지 않으면 후환이 있을
까 염려되옵니다."

말탄 무사 쌍영총 벽
화의 일부분. 기마에
능숙했던 고구려인의
모습을 엿볼 수 있다.
(국립 중앙 박물관)

그러나 왕은 듣지 않고, 주몽에게 말 기르는 임무를 맡겼다.
주몽은 말을 식별할 수 있는 지혜가 있어 좋은 말에게는 사료를
적게 주어 여위게 하고 나쁜 말은 잘 먹여 살찌게 하였다. 왕은 그
것을 모르고 살찐 말은 자기가 타고, 여윈 말은 주몽에게 주었다.

그 뒤 왕과 함께 벌판에서 사냥할 기회가 있었다. 주몽의 활
솜씨를 잘 아는 왕은 화살을 적게 주었는데도, 주몽이 잡은 짐승
이 월등히 많았다. 왕자와 신하들이 또 음모를 꾸며 주몽을 없애
려고 하자 이를 눈치 챈 유화가 주몽을 살짝 불러 말하였다.

"여러 사람들이 너를 해치려고 하니 너의 용맹과 재주로 어
디에 간들 아니 되겠느냐. 여기서 지체하다 해를 당하기 전에 멀
리 가서 네 뜻을 펴도록 하여라."

주몽은 이 말을 듣고 즉시 뜻이 맞는 몇 사람과 함께 길을 떠
났다. 엄사수*에 이르러 물을 건너려 하였으나 다리가 없는데다
군사가 바로 뒤까지 쫓아온지라 붙들릴 곤경에 이르렀다. 주몽은
수신(水神)에게 빌었다.

"강을 건너려는데 다리는 없고 쫓아오는 군사는 다가오고 있

* 엄사수 : 지금의 압
록강 동북

호랑이 사냥 고구려 벽화에 그려진 사냥 모습. 벽화의 무사가 쏘고 있는 활은 6맥 궁이라 하며, 고구려의 시조가 활을 잘 쏘는 주몽이었다는 사실을 알 수 있다.

으니 어찌하면 좋으리까?"

　　그러자 곧 물 속에서 자라들이 수없이 나와 다리를 만들어 주었다. 주몽이 강을 건너자 자라들은 곧 흩어지니 쫓아오는 군사들이 건너지 못하여 주몽은 죽음을 면하게 되었다.

　　주몽 일행은 모둔곡(毛屯谷)에 이르러 세 사람을 만났다. 한 사람은 마의(麻衣), 한 사람은 납의(衲衣), 또 한 사람은 수조의(水藻衣)를 입고 있었는데 생김새가 비범해 보였다.

　　주몽이 자신을 따르는 무리에게 말하였다.

　　"내가 바야흐로 대명(大命)을 받들어 국가의 터전을 닦으려는 이때 마침 이 세 사람을 만나게 되었으니 어찌 하느님의 돌보심이 아니겠는가."

　　주몽은 그들의 재능을 헤아려 각자 임무를 맡기고, 그들과 함께 졸본천(卒本川)에 이르렀다. 토지가 비옥하고 강산이 험고(險固)*하여 도읍을 정할 땅으로 적합하였으나 미처 궁실을 지을 겨

＊ 험고(險固) : 지형이 험하고 수비가 단단함

틀이 없었다. 이 때문에 비류수(沸流水) 위에 살며, 나라 이름을
고구려라 하고, 성을 고(高)씨라 하였다.

이때 주몽의 나이는 22세였다. 한 효원제(孝元帝)의 건소 2
년이 되는 해이자 신라의 시조 박혁거세 21년 갑신년이었다. 사방
에서 이 소문을 듣고 몰려드는 사람이 많아, 차차 국가의 기틀이
잡히기 시작하였다.

●
안타까운 심정을 노래한 황조가

고구려의 시조 주몽은 나라를 세운 뒤 부근에 있던 송양국(松讓
國), 행인국(荇人國), 북옥저 등 여러 나라를 병합하여 국토를 넓
혀 나갔다. 그가 나이 마흔에 세상을 떠나자 유리왕이 다음 왕위
에 올랐다.

유리왕은 주몽의 원자로서 주몽이 고구려를 세우기 전 북부
여에서 정실부인 예(禮)씨에게서 난 아들이다. 유리왕은 자신이
세상에 태어나기 전에 아버지 주몽이 이미 남쪽으로 내려가 나라
를 세웠기 때문에 아버지의 얼굴을 한 번도 보지 못하였다.

소년 시절 유리는 장난이 아주 심하였다. 유리는 어느 날 활
을 가지고 놀다가 실수로 어느 부인이 이고 가는 물동이를 맞힌
적이 있었다.

"천하에 버릇없고 아비 없는 후레자식."

부인은 몹시 노하여 욕설을 퍼부었다. 너무 주눅이 든 소년
유리는 어머니에게 아버지가 누구냐고 물었다. 어머니 예씨는 더

이상 숨길 수 없음을 알고 지금까지 숨겨온 아버지에 대한 이야기를 해주었다.

"너의 아버지는 보통 사람과 달랐단다. 그래서 이 나라에서 해치려는 사람이 많았기 때문에 남쪽으로 내려가 나라를 세우셨단다. 떠날 때 나에게 말하기를 '이후 만일 사내아이를 낳거든 내가 유물을 일곱 모진 돌 위 소나무 아래 묻어두었으니, 그것을 가지고 찾아오는 자를 내 아들이라 생각하겠소.' 라고 하시었다."

어머니는 유리에게 말하며 지난날을 회상하였다.

그날부터 유리는 산과 골짜기를 두루 헤매며 유물을 찾았으나 쉽사리 찾을 수가 없었다.

어느 날 유물을 찾기 위하여 집 마루에서 일어나려는데 주춧돌 틈에서 무엇인가 이상한 소리가 들려오는 듯하였다. 귀가 번쩍 뜨인 유리는 마루 밑으로 들어가 기둥 밑을 살펴보았다. 거기에는 유리가 오매불망 찾고 있던 일곱 모진 주춧돌이 놓여 있었다.

'옳지, 이것임에 틀림없다.'

유리가 돌 밑을 파 보니 과연 부러진 칼끝이 나왔다. 돌에 한 번 쳐보니 소리가 쟁쟁하여 보통 칼이 아님을 알 수 있었다.

유리는 친한 친구 몇 사람과 함께 졸본천으로 내려와 부러진 칼끝을 부왕에게 바쳤다. 왕이 즉시 자신의 칼과 맞춰보니 틀림없이 북부여에서 도망치기 전에 묻어두었던 칼이었다. 주몽은 기뻐하며 그날로 유리를 왕자로 삼았다.

유리는 왕위에 오른 뒤 곧바로 옆 나라 송양국의 딸을 맞아 왕비로 삼았다. 이때에 이르러 졸본천 부근의 고구려국에는 한인(漢人)들이 많이 살고 있었다. 왕은 즉위한 지 3년 만에 골천에 이궁을 짓는 등 유흥에도 솜씨가 있었다. 그 후 왕비 송씨가 죽자

골천 사람의 딸 화희(禾姬)와 한인의 딸 치희(雉姬)를 계실로 맞
아들였다.

두 여자가 한 임금을 섬기게 되니 날마다 질투 싸움이 벌어졌
다. 이에 왕은 양곡에 9개의 이궁을 지어 한 궁에 한 사람씩 살도
록 하였다. 이로써 두 사람 사이의 싸움은 잠시 잠잠해졌다.

어느 날 왕은 기산(箕山)에 사냥갔다가 그것에 몰두하여 7일
간이나 돌아오지 않았다. 이 틈에 화희와 치희는 한바탕 질투 싸
움을 벌였다.

"너 같은 한인의 천한 계집이 감히 무례하게 덤벼들다니."

치희는 화희의 심한 모욕을 듣자 참지 못하고 친정으로 가고 말았다.

왕이 사냥에서 돌아와 보니 사랑하던 치희가 보이지 않는지라 아련한 그리움과 정을 잊을 수 없어 그녀의 집으로 찾아가 좋은 말로 달래보았다. 그러나 치희는 너무 분하였던지 영영 돌아갈 생각을 하지 않았다.

"상감마마 은총은 하해와 같사오나, 화희는 소녀를 한인의 천한 계집이라고 모욕하니 어찌 갈 수가 있겠습니까?"

치희는 눈물어린 얼굴로 하소연하였다. 왕은 더욱 안타까운 생각이 들어 달랬으나 치희는 끝내 돌아가지 않겠다고 버텨 왕은 홀로 쓸쓸히 환궁할 수밖에 없었다. 때마침 화창한 봄날이라 한 고개를 넘어 잠시 쉬고 있을 때 신록이 우거진 버들가지에 황금 같은 꾀꼬리들이 짝을 지어 훨훨 날고 있었다. 왕은 새들도 저렇게 화목하게 어울려 노는데 자신은 홀로 쓸쓸히 돌아가게 되니 정말 안타깝게 느껴졌다. 왕은 이 안타까운 심정을 한 수의 시에 담아 읊었다.

> 훨훨 나는 꾀꼬리들이여
> 너희들은 암수 서로 화합하는데
> 나 홀로 돌아갈 것을 생각하니
> 그 누구와 같이 노닐거나
> 翩翩黃鳥　雌雄相依
> 念我之獨　誰其與歸

그 후 유리왕은 부왕의 업을 계승하여 선비(鮮卑), 대소왕(帶素王)과도 싸우는 등 주위의 여러 나라를 정복하여 영토를 확장하였다.

낙랑 공주와 호동 왕자의 슬픈 사랑

왕자 호동은 대무신왕(大武神王)의 아들이다. 천성이 활달하고 외모가 수려하여 인근에 소문이 자자하였다. 어느 날 호동이 자신의 영토인 옥저에 놀러 간 일이 있었다. 이때 낙랑국 어떤 소국의 왕인 최리(崔理)가 우연히 호동을 보았다. 한눈에 호동 왕자의 외모에 반한 최리왕은 그를 데리고 낙랑국의 궁중으로 들어갔다. 호동 왕자를 사위로 삼기 위해서였다.

낙랑 공주의 아름다운 모습을 본 호동 왕자는 최리의 딸을 아내로 맞을 생각을 굳히고 본국으로 돌아가 부왕에게 이 사실을 상주하였다. 부왕도 별로 반대하지는 않았으나, 무엇인지 마음 한구석에 꺼리는 빛을 보였다. 애가 탄 호동 왕자는 부왕에게 간절히 호소하였다.

금제대구 대동강에서 발견된 낙랑의 유물

"부왕마마, 최리의 딸을 데려오도록 허락하여 주십시오."

"그보다도 중요한 것은 낙랑국의 한인들을 모두 정복하여 우리의 영토를 되찾아야 하는 것이다."

"부왕마마의 큰 뜻을 어찌 소자가 모르겠습니

해를 연상시키는 북
고구려 수산리 고분
벽화. 이로 미루어 자
명고의 모습도 짐작
해 볼 수 있다.

까. 아무 염려 마옵소서."

"그렇다면 네가 가서 맞아오도록 하여라."

부왕의 윤허를 받은 호동은 그날로 낙랑국으로 달려가 최리의 딸을 왕자비로 맞아들였다.

젊은 왕자 부부는 행복한 결혼생활을 보냈다. 그러나 부왕은 낙랑국을 정복하는 데 필요한 계획을 암암리에 추진하고 있었다. 여기서 가장 문제가 되는 것이 낙랑국에 있는 자명고(自鳴鼓)였다. 이 자명고는 외적이 쳐들어올 때면 저절로 소리가 나는 북이었다. 고구려로서는 어떻게 해서든지 이 자명고를 먼저 없애는 것이 가장 시급한 문제였다.

왕은 아들 호동을 불러 은근한 말로 최리의 딸에게 자명고를 없애도록 종용하였다. 호동 왕자는 부왕의 말씀을 어길 수 없어 사랑하는 아내에게 이 사실을 호소하였다. 낙랑 공주는 쾌히 응낙하였다. 사랑하는 남편을 위해서 결단을 내린 것이다.

오랜만에 딸이 돌아오자 최리는 반갑게 맞이했지만 곧 고구려 내정의 대소사를 염탐하려 하였다. 공주는 고구려왕이나 자신의 아버지인 최리왕이나 모두 똑같이 상대국을 멸망시키려는 흑심을 품었다는 사실을 알게 되었다. 나라를 다스린다는 왕이 인정이나 의리보다는 국토를 넓히고 나라를 부강하게 만들려는 야망으로 가득 차 있다는 사실도 알게 되었다.

"그렇다면 먼저 낙랑을 없애고 고구려로 돌아가야겠구나."

낙랑 공주는 이런 생각으로 즉시 고구려에 연락을 취하고 밤에 몰래 자명고를 찢어버렸다. 호동 왕자가 곧 자신을 구해줄 것으로 생각하며 사랑하는 님이 오기만을 기다렸다.

한편 선봉장이 된 호동 왕자는 부왕을 도와 낙랑으로 쳐들어갔다. 이런 일을 전혀 알지 못한 낙랑국은 평화로운 나날을 보내며 아무런 대책도 세우지 않았다. 그러던 중 갑자기 고구려가 공격해온다고 야단법석이 났다.

최리왕은 국가 전래의 자명고만을 믿고 절대 그런 일이 없을 거라고 장담하였으나 그것도 잠시일 뿐 고구려군이 물밀듯이 쳐들어왔다. 최리의 머릿속엔 자명고 생각만 떠올랐다. 자명고가 보관돼 있는 곳에 가보니 예상했던 대로 자명고는 완전히 찢어져 있었다. 딸의 소행이 분명하다고 단정한 최리는 즉시 문초하여 낙랑공주를 죽였다.

이때 벌써 고구려 군사들은 낙랑 궁중에 들어와 있었다. 호동은 왕자비를 찾았으나 그녀는 이미 죽어 있었다. 호동은 사랑하는 아내까지 죽이면서 영토를 넓혀야 한다는 것이 슬펐다.

"국경을 넘은 사랑이건만 전쟁은 막지 못하였구나."

마음속 깊이 통한의 정을 씹으면서 호동은 쓸쓸히 고구려로 돌아가야만 했다. 부왕과 여러 신하들이 호동의 공을 치하하였으나, 그의 마음속을 누가 헤아리겠는가.

이런 가운데도 왕의 원비(元妃)는 용맹한 호동의 세력이 커가는 것을 시기해 호동이 왕위를 넘본다고 왕에게 참소하였다. 호동의 마음은 설상가상으로 더욱 아팠다. 사랑하던 아내를 전쟁의 제물로 희생시키고, 또다시 억울한 참소를 당하니 호동의 안색은 점점 나빠졌다. 그러자 부왕의 의심은 더욱 깊어만 갔다. 부하들은 부왕 앞에 나아가 억울한 사정을 말하라고 권유하였으나 호동은 머리를 가로저었다.

"만약 나의 무죄함이 밝혀지면 어머니의 악이 밝혀질 것이다. 이렇게 되면 자식이 어머니를 배반하는 일이 되고, 또한 부왕에게 근심을 끼치게 되니 이 어찌 인자의 도리이겠느냐."

호동은 스스로 목숨을 끊어 한 많은 일생을 비극으로 마쳤다.

처녀와 산돼지

고구려는 태조왕 이후 대대로 내려오며 국토를 넓히기 위한 싸움을 벌이고 한민족과 번번히 충돌하여 요동태수 채풍(蔡諷)을 죽이는 등 국력 신장에 힘썼다. 특히 고복장(高福章) 같은 명신이 나와 정치적 기반을 공고히 하였다. 다만 차대왕(次大王)의 찬탈 사건으로 나라 기반이 일시적으로 흔들렸으나 신대왕(新大王)이 을파소(乙巴素)를 중용(重用)한 뒤 국력은 다시 신장되었다.

고국천왕(故國川王)이 죽자 왕후 우(于)씨는 음란한 생활을 계속하기 위하여 시동생인 산상왕(山上王)이 왕후를 들이지 못하게 하였다. 산상왕은 사실상 왕후 우씨의 포로가 되어 정치도 자기 마음대로 할 수 없는 형편이었다.

형사취수(兄死娶嫂)하는 몽골 풍속이 어느 사이에 이 땅에 들어왔는지는 알 수 없지만 산상왕으로서는 불만이 없을 리 없었다. 특히 왕후 우씨에게는 소생이 하나도 없었을 뿐만 아니라 이미 늙은 상태라 앞으로 아들을 낳을 가능성조차 없었다. 그래서 왕은 산천에 기도드려 아들 낳기를 기원하였다.

어느 날 꿈에 천신(天神)이 내려와 말했다.

"내가 네 작은 부인으로 하여금 아들을 낳게 해줄 테니 근심하지 말라."

왕은 꿈을 깨고 이상히 여겨 신하들을 불러 놓고 말했다.

"꿈에 천신이 나에게 이와 같이 말씀하였으나 작은 부인이 없으니 어떻게 하면 좋겠소."

"천신의 명령이란 인간으로서 헤아릴 길이 없사오니 기다려 보소서."

그러던 어느 날 왕은 교외로 사냥을 나갔다. 마침 산돼지가 뛰어가는 것을 보고 시종들과 함께 준마(駿馬)를 타고 쫓아갔으나 산돼지가 너무 빨라 따라갈 수 없었다. 그래도 무사들이 죽을 힘을 다하여 십여 리나 따라갔더니 어느덧 주통촌이라는 마을에 들어서 있었다. 돼지는 계속 뛰어가므로 사람들은 모두 쫓아가며 '돼지 잡아라.' 하고 소리쳤으나 이리저리 방향을 바꾸어 달아나기 때문에 아무도 잡지 못하였다. 그때 나이 20세 가량 되는 처녀가 뛰어나오며 물었다.

"무엇 때문에 그러는 거요?"

"저기 뛰어가는 돼지를 사로잡아야 한다."

무사들이 소리치자 그 처녀는 팔뚝을 걷어붙이고 힘껏 쫓아갔다. 이 처녀는 시골서 자라난 때문인지 무사보다도 훨씬 빨랐다. 처녀가 뛰어가

환도산성 고구려 초기 도읍지인 국내성을 방위했다.

앞을 가로막고 두 팔을 벌려 기다리자 산돼지는 기진맥진해서 쓰러지고 말았다. 이것을 본 시종들은 모두 환성을 질렀다.

"무사들이 이까짓 돼지 한 마리 못 잡고 계속 뛰어다니다니!"

처녀는 자못 자랑스러운 표정이었다. 모두 그 처녀를 쳐다보니 비록 시골 처녀지만 얼굴은 대리석같이 희고 아름다웠다. 시종들에게 치하를 받으며 그 처녀는 조그마한 시골집으로 들어갔다.

여러 사람들이 산돼지를 임금 있는 곳으로 가져가 어전에서 산돼지 잡은 이야기를 모두 아뢰었다. 왕은 그 말을 듣고 매우 이상스럽게 생각하며 마음 한 구석에 미지의 시골 처녀를 보고 싶은 충동을 느꼈다.

그날 밤 왕은 주통촌의 처녀를 만나기 위해 몰래 미행길에 나섰다. 낮에 그 집에 갔던 시종을 앞세우고 들어가니 안방과 건넌방이 있는 초가삼간이었다. 시종이 밖에서 조용히 주인을 찾았다.

"어가의 행차시오."

문이 열리고 잠시 후 왕의 거동임을 확인한 그 집에서는 감히 거역하지 못하고 왕을 안으로 모셨다. 왕이 처녀를 바라보니 얼굴이 희고 교양이 있었으며 목소리도 고와 마음이 흡족하였다. 처녀는 즉시 일어나 왕에게 공손히 절하였다.

"네가 오늘 낮에 산돼지를 잡아 주었다 하니 매우 기특하다. 치하할 일이로다."

"황은이 망극할 뿐이옵니다. 모두가 폐하의 선정이옵니다."

고운 입을 열어 말하는 목소리가 더욱 왕의 마음을 사로잡았다. 밤이 깊어지자 왕은 처녀가 기거하는 침실로 안내되었다. 그 방은 먼저 들어간 안방보다는 작지만 깨끗했다. 한쪽에 놓인 촛불은 말없이 타오르고 왕은 모든 체면을 잊은 듯 처녀를 바싹 끌어안았다. 수줍음을 머금은 처녀는 못이기는 듯 끌려 들어왔다.

"어서 금침을 펴도록 하여라."

왕이 조급한 듯 말하였으나 처녀는 넌지시 거절하는 태도를 보였다.

"아니되옵니다. 아무리 지엄한 왕명이라 하지만, 후일을 기약하셔야 하옵니다."

"그렇지, 후일의 기약이란 무엇이냐?"

왕의 물음에 처녀는 부끄러운 듯 이마를 다시 숙였다. 곱게 빗은 머리는 비단결같이 곱고 기름기가 흘렀으며 성숙한 여인에게서 풍기는 향기가 왕의 마음을 더욱 매료시켰다.

"마마, 만일 소녀가 다행히 아이를 가지게 되면 어찌하시겠습니까? 이것이 후일의 기약이옵니다."

"옳지, 네 말이 옳다. 그런데 근처도 가기 전에 아이를 낳는다더냐."

처녀는 부끄러워서인지 두 볼에 연분홍 홍조를 띠고 있었다. 왕은 구중궁궐 안에서 수많은 궁녀들의 겉모습만 봤을 뿐, 손 한 번 대보지 못하였다. 그만큼 왕비의 질투가 심했을 뿐 아니라 궁녀들은 모두 늙어 탄력이 없었다. 그런 가운데 이러한 숫처녀를 바로 눈앞에 대하고 보니 설레는 가슴을 억제할 수 없었다.

"대왕이시여, 소녀의 몸에서 왕자를 낳으면 소녀를 잊지 마소서."

"알았다. 그리하마."

왕의 한마디 말씀이 떨어지자 처녀는 금침을 펴기 시작했다. 왕은 스스로 촛불을 끈 다음 옷을 벗고 금침 속으로 들어갔다.

시간을 붙들어 놓고 싶은 왕의 심정은 아랑곳없이 시간은 빨리 흘러갔다.

문 밖에서 시종이 아뢰었다.

"환궁하셔야 하옵니다."

이 말에 왕은 몽둥이로 얻어맞은 듯 정신이 번쩍 들었다.

"차비를 놓아라."

왕은 명령을 내리고 옷을 입기 시작하였다. 이미 새벽이 되었는지 닭 울음소리가 길게 들려왔다. 다음날부터 왕은 새로운 정신이 드는 듯 모든 일에 의욕이 생겼으며 식욕도 왕성해졌다. 계속해서 주통촌의 처녀 생각이 간절하였으나 왕후의 질투가 심하여 뜻을 이루지 못하였다. 다만 마음속에 아련한 그리움의 정을 그리면서 세월은 흘러갔다.

이듬해 3월이 되었을 때 왕이 주통촌의 처녀와 만나 하룻밤을 쉬고 돌아왔다는 소문이 왕후의 귀에 들어갔다. 그 순간 왕후의 몸에는 불길 같은 질투가 타올랐다.

"그런 년은 즉시 없애버려야 한다."

왕후는 심복 장수와 병사 몇 사람을 주통촌으로 파견하여 처녀를 죽이라고 명하였다. 처녀가 이 소식을 듣고 즉시 남자 옷으로 갈아입고 도망치려 했지만 이미 늦은지라 자객이 서릿발 같은 소리를 크게 질렀다.

"어명을 받아라."

처녀는 죽을힘을 다해 도망쳤으나 마침내 붙잡히고 말았다. 처녀는 뒤로 돌아가서 따져 물었다.

"지금 그대들이 나를 해치려고 하는데, 도대체 누구의 명령이냐? 그 사실이나 알고 죽겠다."

처녀의 얼굴에는 땀이 비오듯 흘렀고, 머리카락은 헝클어질

대로 헝클어져 이마를 덮고 있었다. 검은 머리카락 사이사이로 나타나는 흰 얼굴이 유난히도 희게 빛났다.

병사들도 여자가 죽기살기로 덤비자 함부로 손을 대지 못하고 주춤거렸다. 한 병사가 말했다.

"왕후의 명령으로 죽이러 왔소."

그 병사의 머리는 수그러져 있었다.

"왕후의 명령은 받지 못하겠다. 상감의 명령이면 죽여라."

처녀는 팔을 들고 버티어 섰다. 소매 속으로부터 드러난 육체는 더욱 아름다워 병사들의 눈을 황홀하게 하였다. 또 한 병사가 나서며 거짓말을 하였다.

"상감의 명령이오."

"그렇다면 나는 순순히 명령을 받겠다. 그러나 나의 몸에는 대왕의 분신이 들어 있다. 내 생명은 희생되어도 관계없지만 왕자까지 죽일 수는 없을 것이다."

이 말을 듣자 병사들은 모두 어리둥절하여 손을 대지 못하였다. 병사를 인솔했던 장군은 그대로 돌아와 즉시 왕에게 전말을 상주하였다. 질투가 심한 왕후는 마음 한구석에서 석연치 않은 의심이 가시지 않았다.

한편 왕은 지난 겨울에 있었던 일이 머리에 떠올랐다. 한 번의 잠자리로 왕자가 생기다니 희한한 일이었다. 혹시 그 처녀의 행실이 나쁘지 않은가 의심이 되어 견딜 수가 없었다. 왕후와 상의하여 승낙을 받은 왕은 그날 밤 주통촌에 행차하였다.

처녀는 다시 왕을 만나게 되자 반가움에 기뻐 부끄러운 줄도 모르고 문 밖으로 뛰어나오며 상감의 손을 잡고 방으로 들어갔다. 바로 얼마 전에 왕이 처녀를 품었던 그 방이었다. 왕의 머리에는 지난날의 일들이 생생히 떠올랐다. 방의 구조는 전과 다름이 없었고 눈에 익은 모든 것이 깨끗이 정돈되어 있었다. 밖에는 전날 같이 왔던 시종과 왕후 우씨가 보낸 심복 부하들이 따라와 있었으나, 왕으로서는 그런 것이 문제되지 않았다.

희미한 불빛 아래 수줍은 듯 단정히 앉아 있는 처녀는 전날보다도 더욱 성숙한 듯 아름다움이 넘쳐흐르고 있었다.

"네 이름이 무엇이라 하더냐."

"소녀의 이름은 후녀(后女)라 아뢰오."

"오오, 후녀. 무슨 뜻이 있는 듯한 이름 같구나."

"황공하오나 소녀의 어미가 소녀를 잉태했을 때 점쟁이의 말이 이번에 딸을 낳으면 틀림없이 왕후를 낳을 것이라 하였다 하옵니다. 그래서 소녀의 이름을 후녀라고 지었다 하옵니다."

"오 그러냐. 그럴 듯한 이름이로구나. 들으니 네가 홀몸이 아니라고 하는데 그게 정말이냐. 어디 좀 보자."

그래도 후녀는 좀처럼 보여줄 생각을 아니했다. 왕은 후녀를 한번 시험해 보려고 말했다.

"지금 네가 홀몸이 아니라고 하는데, 그것이 누구의 자식인지 알 수가 없다."

후녀는 정색하고 엄숙한 태도로 대답하였다.

"소녀는 형제간에도 자리를 같이 한 일조차 없사온데 하물며 외간 남자를 가까이 할 수가 있겠습니까? 맹세코 대왕의 혈육인 줄 아뢰오."

후녀의 엄숙하고 단정한 태도에 왕은 후녀가 더없이 사랑스럽게 느껴져 다시 금침 속으로 들어갔다.

바로 그해 9월 후녀의 몸에서 아들이 태어났다. 그 아이의 이름을 교체라 지었는데 왕이 교외에 사냥 나가 산돼지를 잡다가 얻은 아들이라는 뜻이다.

이 교체가 바로 다음 대에 동천왕이 되어 위나라 장수 관구검에게 환도성을 빼앗긴 임금이다. 동천왕은 처음에는 관구검과 싸워 이겼으나 관구검의 진법(陣法)에 밀려 많은 부하를 잃었다. 겨우 밀우(密友)의 충성으로 위험한 고비를 넘긴 동천왕은 뒤에 평양성을 쌓고 백성과 사당을 옮겼다.

주체성 강한 영토 확장의 상징, 광개토 대왕

뻗어가는 고구려

5부족을 중심으로 부족 국가를 형성한 고구려는 안으로 왕권을 강화하고 밖으로 영토를 넓혔다. 왕이 전 영토를 직접 지배하는 고대 국가의 기초를 갖추기 시작하면서 고구려는 국가의 제도도 정비하였다. 고국천왕 때에는 그 이전 부족의 표시였던 소노부 등 5부를 동부·서부·남부·북부·중부로 개편하여 행정 구역을 정비하고 형제 상속의 왕위 계승을 부자 상속으로 고쳐서 왕권을 강화하였다.

고구려는 중국 세력과 맞서 싸우면서 성장하였다. 3세기에 위나라의 침략을 받아 한때 어려움을 겪었으나 그 뒤 서안평을 점령하고 이어 4세기 초 미천왕 때에는 낙랑군과 대방군을 몰아내 고조선의 옛 영토를 되찾았다.

대제국의 건설

4세기 중엽 소수림왕(재위 371~384) 때부터 고구려는 위기를 극복하고 국가 제도를 개편하여 전성시대를 맞이하였다. 그는 전진(前秦)과 통교한 뒤 불교 수입(372), 태학 설립, 율령(律令) 반포 등 집권 정비에 노력하였고, 광개토 대왕(廣開土大王, 재위 391~413)에 이르러 그 결실을 맺었다.

광개토 대왕의 성품이나 내치는 비문이나 사기에서도 엿볼 수 있다. 《삼국사기》에 의하면 왕은 태어나면서부터 대단히 씩씩하고 기상이 늠름하였다. 비문에는 "왕대에 나라가 부하고 백성이 잘 살았으며 오곡이 잘 되었다."고 기록되어 있다.

왕의 내치로서 주목할 만한 일은 재위 2년 평양에 절을 9개 지은 것이다. 왕이 불교를 적극적으로 장려하였다는 것을 뜻하는 동시에 백성들에게 정신적 양식을 주려고 힘썼음을 말해주는 것이다.

그러나 무엇보다도 왕의 위대한 공적은 주로 외정(外征)에서 나타난다. 위엄 있고 당당한 그의 기질은 온 천하를 덮었다고 전

태왕릉 광개토 대왕릉으로 추정된다.

해지며 비문도 대부분은 외정에 대한 기록으로 가득 차 있다.

　광개토 대왕은 서북쪽으로 요동의 후연(後燕)을 공격해 요하 동쪽과 현도군의 영토를 확보하고 북으로는 부여 · 숙신을 쳐 송화강 유역 일대를 장악함으로써 연해주에 이르는 드넓은 만주의 주인공이 되었다. 또 남으로는 백제를 침공하여 한강 이북의 지역을 차지하였으며 신라 내물왕의 요청으로 왜군을 격퇴하는 등 그의 치세 때 영토를 가장 많이 확장하였다.

　한편 그는 영락(永樂)이라는 주체적인 연호를 사용해서 중국과 대등한 입장임을 보였는데 그의 민족적 위업은 만주에 있는 광개토 대왕 능비(호태왕 능비)에서도 잘 나타난다.

　"나는 영락이라는 독자적인 연호를 쓰겠으니 이후 그대로 시행하라."

광개토대왕비 장수왕이 아버지의 업적을 기려 세운 것이다.

불교의 전래

　소수림왕 2년 전진왕 부견이 중 순도(順道)를 시켜 불경과 불상을 보내오자 왕은 사신을 보내 희사하는 한편 법률을 제정하여 공표하고 초문사(肖門寺), 이불란사(伊弗蘭寺)를 창건하니 이것이 불교의 시초가 되었다.

　불교는 기원전 500년경에 가비라 왕족 석가족의 태자 싯다르

타Siddhartha가 생(生)·노(老)·병(病)·사(死)의 온갖 번뇌에서 해탈하고자 부다가야의 보리수 아래에서 오랫동안 수도(修道)한 끝에 깨달음을 얻어 이룩한 종교였다. 그는 인간의 존재는 욕망을 근거로 한다고 말하였다. 만물은 고립되었거나 고정된 존재가 아니라 서로 인연을 갖고 성립된 존재로서 항상 변화하고 있음을 달관(達觀)하면 스스로가 만드는 고뇌에서 해방되고 모든 은혜에 대하여 감사하는 생활이자 고뇌를 극복한 자유 경지, 즉 열반에 들어간다고 설명하였다.

불교는 처음에는 인도 중부를 중심으로 전파됐고 아쇼카왕(阿育王)의 귀의를 얻어 멀리 여러 나라로 퍼져 나갔다. 우리나라에는 이때 들어온 것이다.

고구려는 금강사(金剛寺)와 평양구사(平壤九寺), 반룡사(盤龍寺) 등의 사찰을 지어 불교 확장에 힘

연가칠연명 금동여래입상 오늘날 남아 있는 가장 오래된 기년명 불상. 중국에서 전래된 양식과 고구려 특유의 조형미가 조화를 이루고 있다. (국립 중앙 박물관)

썼다. 백제는 고구려보다 13년 뒤인 침류왕 원년에 인도의 중 마라난타가 중국 진(晉)나라를 거쳐 들어와 불교를 전도하였다.

신라는 삼국 가운데 가장 늦게 불교를 받아들여 이차돈의 순교를 계기로 사상·문화·정치·외교·생활양식 등 각 방면에서 지도적인 이념이 되었다. 특히 신라에서는 당나라에 유학한 구법승(求法僧)이 많아 13종(宗)을 도입해 발전시켰고, 선종(禪宗)은 독자적으로 발달해 이른바 구산선문(九山禪門)의 불파를 이루었다. 이처럼 신라 불교가 융성하면서 건축·공예 방면에도 찬란한 발전을 보여 불교문화를 널리 과시하였다.

수나라와의 전쟁

영양왕이 태자 시절인 평원왕 31년에 수나라가 오랫동안 분열되어 있던 중국을 통일하는 데 성공했다. 중국을 항상 살피던 고구려 장군들은 경계를 늦추지 않았고, 방어보다는 오히려 선제공격의 기회를 노리고 있었다. 그때 평원왕이 죽고 장자인 영양왕이 왕위에 올랐다.

영양왕은 어려서부터 국방에 대한 관심이 많았으므로 왕위에 오르자 더욱 강력한 대비책을 마련하는 데 온 힘을 기울였다.

영양왕 9년에 이르러 말갈의 군사 만여 명으로 요수를 건너 영주(營州)를 공격하였다. 평원왕 때 계획하고도 이루지 못한 선제공격을 감행한 것이다. 수나라 문제는 이 소식을 듣고 즉시 한왕(漢王) 양(諒)과 왕세적(王世績)으로 원수를 삼아 30만 명의 대군으로 고구려의 공격군을 토벌하도록 하였다. 한왕 양의 군사가 임유관에 당도했을 때는 마침 장마철이라 보급로가 끊겨 군량이 떨어지고 유행병이 돌았다. 양은 주라후에게 바닷길로 평양을 공격하도록 하였으나 폭풍으로 많은 배가 침몰하고 더구나 평양 근처에서 고구려군에게 공격을 받아 전멸 상태에 이르고 말았다. 수나라의 30만 대군은 제1차전에서 완전히 패배했다. 9월에 살아 돌아간 수의 군사는 10만 명에 한두 사람뿐이었다.

영양왕 11년 봄에는 수나라에 사신을 보내 조공을 바쳤다. 대학박사 이문진(李文眞)에게 우리나라 고사(古史)를 정리하라 명하여 《신집(新集)》 5권을 만들었다. 건국 초기에 문자를 쓰기 시작하면서 어떤 사람이 기사(記事)를 기록한 《유기(留記)》라는 1

백 권의 책자가 있었는데 이것을 5권으로 정리한 것이다.

영양왕 23년에 수나라 문제의 아들 양제가 200만 명의 대군을 좌우 12군(軍)으로 나누어 평양에 집결하도록 하였다. 수제가 친히 행동요령을 내려 하루에 1군씩 파견하니 깃발은 960리에 이어졌고 어영(禦營) 내, 외, 전, 후, 좌, 우의 6군이 차례로 출발해 그 길이가 80리까지 뻗쳤다.

요수를 사이에 두고 제1차의 충돌이 일어났다. 고구려군이 도하작전을 필사적으로 저지했기 때문에 수나라는 요수를 쉽사리 건널 수 없었다. 수제는 공부상서 우문개(宇文愷)를 시켜 부교를 만들어 언덕에 연결시키고자 하였으나 한 길 남짓 모자라 언덕에 닿지 못하였다. 고구려군이 이를 공격하니 수의 용맹한 군사들도 다투어 물속으로 뛰어들어 접전을 펼쳤지만 워낙 고구려군이 유리한 고지에서 공격하므로 물에 빠져 죽는 군사가 매우 많았다.

수는 마침내 군사를 거두고 부교를 꺼내 다시 서쪽 언덕으로 나가 부교를 잇도록 했다. 이틀 만에 부교가 완성되자 인해전술로 겨우 건너는 데 성공하여 요동성을 포위하였다. 성을 포위한 수나라 군사들은 맹렬히 공격하였으나 성은 쉽사리 함락되지 않았다.

요동성이 함락될 위기까지 몰렸으나 수제가 '군사 행동은 모두 짐의 허락을 받도록 하라.'는 명령을 내렸기 때문에 수의 장수들은 일단 보고부터 하고 다시 지시를 받아 행동함으로써 공격이 더뎠다. 그 사이 성 안의 방어태세가 강화되어 항전이 계속되었다. 두세 차례 공방전을 벌이다보니 봄이 가고 여름이 지났는데도 성은 함락되지 않았다. 수나라 군대는 이미 사기가 떨어진 상태였다. 수제는 할 수 없이 요동성 서쪽에 있는 육합성(六合城)에 머물렀다.

한편 좌익위대장군(左翊衛大將軍) 내호아(來護兒)가 수군을 거느리고 패수로부터 공격해 승세를 몰아 평양성에 육박하였다. 그러자 부총관 주법상(周法尙)은 제군이 도착하는 때를 기다려 함께 진격하자고 건의했으나 내호아는 듣지 않고 정병 수만 명을 뽑아 성 밑을 치기에 이르렀다. 고구려군은 성 안의 빈 절 속에 복병을 매복시켜 놓고 싸우다가 거짓으로 패하는 척 달아났다. 그러나 내호아는 이런 계략도 모르고 성 안에 들어가 군사를 풀어 사람을 사로잡고 물건을 약탈하느라 대오가 흩어지기 시작했다. 이때를 노려 복병이 일시에 터져 나와 공격하니 내호아의 군사는 크게 패하여 죽는 자가 부지기수였다. 내호아는 겨우 목숨만 보전하여 도망쳐 해포(海浦)에 주둔하고, 그 후로는 감히 나오지도 못하였다.

한편 좌익위대장군 우문술(宇文述)은 부여도(扶餘道)로 나오고, 우익위대장군 우중문(宇仲文)은 낙랑도로 나오고, 기타 제군은 요동성을 돌아 모두 압록강 부근으로 집결하였다.

이 소식을 접한 왕은 대신 을지문덕을 시켜 적진에 들어가 거짓으로 항복하도록 했다. 이는 적의 허실을 탐지하기 위한 계략이었다. 을지문덕이 우중문의 진영에 이르기 전에 우중문은 수제가 '만약 왕이나 문덕이 오는 기회가 있거든 반드시 사로잡아야 한다.'고 써서 보낸 밀서를 받은 상태였다. 우중문이 을지문덕을 잡으려고 하였으나 위무사 유사룡(劉士龍)이 굳이 말려 우중문은 을지문덕을 놓아 보냈다.

을지문덕이 돌아가자 그들은 이내 후회하여 사람을 시켜 을지문덕을 불렀다. 그러나 을지문덕은 돌아보지도 않고 압록강을 건너와 버리니 우중문, 우문술 등은 후회막급이었다. 적진의 허실을 살피고 온 을지문덕은 우중문에게 한 수의 시를 보냈다.

그대의 신묘한 책략은 천문을 꿰뚫었고
묘산은 지리를 통달하였네
전승한 공이 이미 높았으니
그만 돌아가는 것이 어떠리.

이 시는 완전히 우중문을 조롱하는 시이다. 적장은 을지문덕을 놓아 보낸 책임을 서로 전가시키고 작전계획도 맞지 않아 옥신각신하였다. 우문술은 군량이 떨어졌다는 사실을 알고 회군하려 했으나 우중문이 공격을 주장하고 나섰다.

"10만 명의 병력으로 소적(小賊)을 깨뜨리지 못한다면 무슨 낯으로 황제를 뵙겠소."

그때 수양제는 우중문이 계획성이 있다며 그를 총사령관에 임명해 군대를 통솔하도록 했다.

압록강을 중심으로 다시 싸움이 벌어졌다. 수나라로서는 승산이 없는 싸움이었다. 요동땅 대부분의 성에서는 일진일퇴의 공방전이 계속되고 있고 우중문의 군대는 굶주린 기색이 역력한데 공격을 감행한다는 것은 섶을 지고 불에 뛰어드는 것과 무엇이 다르겠는가?

을지문덕은 수의 군사를 더욱 지치게 만들려고 싸울 때마다 달아나기만 하니 우문술 등은 하루에 일곱 번 싸워 일곱 번 모두 이겼다. 수는 이 여세를 몰아 살수(薩水)를 건너 평양성과 30리 거리에 있는 산에 진을 쳤다. 이에 을지문덕이 사신을 보내 거짓 항복서를 올리고 '만약 군사를 철회하면 왕을 모시고 행재소에 나가 조회하겠나이다.' 고 하였다.

압록강 을지문덕은 압록강을 이용해 효과적으로 수나라의 군사와 맞섰다.

우문술은 자신의 군사가 몹시 지쳐 있는데다 평양성이 험하고 견고하여 쉽게 함락할 수 없음을 참작하여 마침내 거짓 항복을 구실로 삼아 돌아가려고 행군하였다. 그러자 을지문덕은 사방으로 공격했고 양쪽은 싸우다 도망가고 도망가다 싸웠다.

수나라 군사가 7월에 살수에 도착하여 강을 반쯤 건넜을 무렵 고구려군이 총공격을 감행했다. 때문에 수나라 군사는 강을 건너다 대부분 죽고 말았다. 수나라군의 피해는 막대했다. 30만 5천 명 중에 겨우 목숨을 보전하여 탈출한 자가 2천7백 명 정도밖에 되지 않았다.

전설적인 안시성주 양만춘

수나라 양제는 살수에서 결정적인 패배를 당했음에도 불구하고 그 후에도 여러 차례 공격하였다. 물론 그때마다 용맹한 고구려군에 의하여 패퇴하고 말았다. 내란까지 겹쳐 수나라의 운명은 풍전등화 같더니 결국 멸망하고 당이 중국을 통일하였다.

당나라는 처음에는 수나라의 멸망을 교훈삼아 고구려와 화친정책을 펴 양국 간에는 별 충돌이 없었다. 그러나 당태종이 국력을 기른 뒤 당나라는 호시탐탐 고구려를 노리게 되었다.

이때 고구려에서는 연개소문이 정권을 잡고 북방의 방비를 튼튼히 하기 위하여 장성을 쌓아놓고 있었다. 연개소문은 영류왕을 없애고 보장왕을 세우는 한편 신라의 당항성을 공격하고 신라에 대한 압력을 가중시켰다. 그러자 고구려를 두려워한 신라는 당

나라에 구원을 요청하기에 이르렀다. 이것을 구실 삼아 당태종은 고구려 정벌의 길에 올랐다.

당태종은 보기 드문 영걸로서 당나라를 세우는 데도 가장 공이 컸으며 형인 건성(建成)을 죽이고 왕위에 오른 사람이다. 당태종은 우선 전대에 수양제가 고구려 정벌에 실패한 것을 보복하고 황제국으로서 연개소문이 전왕을 시해한 사건을 응징한다는 구실로 대군을 동원하기에 이르렀다.

첫 싸움은 보장왕 4년 여름에 요동성을 중심으로 한 건안성, 개모성, 비사성, 신성 등에서 있었다. 난공불락의 요동성마저 한 달 남짓한 항전 끝에 함락되고 말았다. 이제 마지막 남은 것은 오직 안시성뿐이었다. 고구려에서도 안시성을 끝까지 지키기 위해 고혜진, 고연수 등을 원군으로 보내 구원하게 하였으나 두 장수는 당나라에 항복하고 말았다.

황룡산성 고구려의 수도 평양성을 방어하는 산성. 내부에 무기고, 식량고, 병영을 가지고 있어 공격과 방어에 효과적이었다. 고구려의 발달된 축성 기술을 보여주는 유적.

이제 양만춘(楊萬春)이 지키는 안시성은 고립무원의 형세가 되었다. 그러나 안시성에서는 양만춘을 비롯하여 모두 혼연일체가 되어 죽음으로 항전하는 까닭에 3개월 동안 매일 6~7차례나 공격을 퍼부었으나 끝내 함락할 수 없었다. 그들은 마지막으로 안시성 옆에 높은 돈대를 쌓아 안시성의 상태를 살피려 하였다. 그러면 안시성에서는 밤에 몰래 성문을 열고 나가 돈대를 무너뜨리고 말았다. 그래도 적병은 포기하지 않고 50만 명의 병력을 60일 동안이나 동원해 성 옆에 높다란 산을 쌓고 그 꼭대기에 올라가 성을 내려다봤다. 이 작전이야말로 치명적이었다.

안시성에서는 이 산을 없애기 위해 적의 허실을 주시하고 있다가 마침내 기회를 포착하여 밤에 성문을 열고 나가 적이 쌓아놓은 산을 전부 파괴하는 데 성공했다. 이와 같은 안시성의 집요한 항전과 작전에 말려들어 지구전에 들어간 당군은 보급로가 끊긴

개마무사도 안악 3호분에서 발견된 벽화. 고구려 기마병의 모습이 생생하게 남아 있다.

데다 고구려군이 당군의 배후로 돌아 공격하니 아무리 불세출의 영웅이라 칭하는 당태종도 어쩔 수 없이 용감한 안시성주에게 찬사를 남기고 철군할 수밖에 없었다. 고구려군은 퇴각하는 당군을 계속 추격하여 막대한 피해를 입혔다.

영웅적인 항전을 계속한 무명의 안시성주는 마침내 당태종의 코를 납작하게 만들고 수나라 양제의 실패를 되씹게 만들었다.

그 후 당태종은 두 차례에 걸쳐 고구려를 침략했으나 그때마다 고구려군에 의해 격퇴되었다. 전후 3차에 걸친 고구려 침략으로 인하여 당은 막대한 타격을 입었으며 보장왕 8년에 당태종이 죽음으로써 한동안 대규모의 전쟁 도발을 할 수 없게 되었다.

고구려의 최후

보장왕 19년 7월에 평양 앞의 대동강물이 3일 동안 핏빛처럼 붉게 변하여 민심이 흉흉하였다. 11월에 당나라에서는 좌효위대장군 설필하력을 비롯하여 포주자사 정명진 등으로 하여금 군사를 여러 길로 나누어 공격하도록 하였다.

20년 봄 당나라는 하남 · 하북 67주의 군사를 모집하였다. 4만 4천 명의 병력을 동원하여 소정방을 평양도 행군총관으로 삼아 도합 35군의 병력을 수륙 두 길로 나누어 일제히 진격하도록 하였다.

8월 소정방이 패강(浿江)에서 고구려 군사를 격파하여 마읍산을 점령하고 평양성을 포위하기에 이르렀다. 9월 연개소문이

당나라 기마병의 행진 당나라 벽화에 남아 있다. 당나라는 압도적인 군사력을 동원하여 고구려를 함락하였다.

아들 남생을 시켜 정병 수만 명을 거느리고 압록강을 지키니 당의 여러 군이 압록강을 건너지 못하였다. 이것으로 보아 고구려의 최후 저지선이 압록강까지 내려왔고 요동 지방은 완전히 당의 수중에 들어갔음을 짐작할 수 있다.

당의 좌효위대장군 설필하력이 대군을 거느리고 압록강에 당도하니 때마침 얼음이 얼어 당나라 군사는 얼어붙은 압록강을 건너 진격해왔다. 고구려군은 저항하다가 후퇴하는 바람에 당군의 추격을 받아 3만여 명이 전사하고 나머지도 사기가 떨어져 항복하고 말았다. 이 무렵 당나라 황제는 군사를 그만 철회하라는 조서를 내려 당군이 모두 물러갔다.

그러던 중 보장왕 25년에 연개소문이 죽고 아들 남생이 막리지(莫離支)가 되어 연개소문의 직책을 대신했다. 그가 처음으로 국정을 맡아 여러 성을 순찰할 때 아우 남건(男建)·남산(男産)에게 내정을 맡아보게 하였는데 누군가 이들에게 '형 남생이 두 아우를 미워하여 제거하려고 한다.'고 이간질하였다. 두 아우는 이 말을 믿지 않았다. 그러나 남생에게도 누군가가 '두 아우가 형이 돌아와서 권력을 빼앗을까 염려하여 형을 해치려고 한다.'고 거짓으로 고하며 선수를 써 없애는 것이 좋겠다고 말하였다.

남생은 비밀리에 심복부하를 평양에 보내 아우들의 동정을 살피도록 하였다. 두 아우 남건·남산은 형의 심복부하의 정체를 알고 그를 잡아 돌려보내지 않고 오히려 왕명이라며 형 남생을 불러들였다. 남생은 겁에 질려 감히 돌아오지 못했다. 그러자 남건이 스스로 막리지가 되어 군사를 일으켜 남생을 쳤고, 남생은 달아나 국내성을 거점으로 하고 그의 아들 헌성(獻誠)을 당나라에 보내 구원을 청하였다. 이것이 고구려 멸망을 자초하는 결정적 계기가 되었다.

고구려 정복의 기회를 계속 노리던 당은 12월에 이적을 요동도행군대총관 겸 안무사로 삼아 요동의 여러 성을 함락했다. 26년 가을 이적이 고구려 서변의 요충지인 신성을 함락한 데 이어 이듬해에는 유인궤, 학처준, 이족, 설인귀 등이 평양성을 포위하니 먼저 남산이 항복하였다. 남건은 고군분투하며 끝까지 항전하였으나 마침내 항복했고 이로써 고구려는 멸망하고 말았다.

4
백제의 흥성

백제의 흥성

백제는 시조 온조왕에 의해 기원전 1세기경 오늘날 한강 유역에서 발전하기 시작하였다. 한강과 교통요지 등 유리한 지역을 차지하고 건국한 백제는 처음에는 마한 지역을 중심으로 발전했다. 그 뒤 고구려, 신라에 압박당해 오늘날 공주와 부여로 천도하면서 중흥을 꾀하였고, 일본에 우리나라의 문화를 전하기도 했다.

백제의 발전은 역시 정복과 통합에 의한 부단한 영토의 확장에서 가능한 것이었다. 그것은 강대한 왕권의 성장, 정치 조직 체계의 정비에 의해 크게 뒷받침되었다. 이처럼 백제는 중앙집권국가로서의 면모를 뚜렷이 제시하였다. 백제는 조화와 창조의 미학적 고대 문화를 창출, 이웃나라에 전파하고 독자적인 문화기반 위에 중국 등과 상호 친선 및 대립 진출을 번갈아 하면서 백제의 고유한 문화를 꽃피웠다. 백제인은 깔끔하고 조화와 예술 감각이 뛰어나 예향을 형성하였다. 그만큼 백제는 섬세함과 미려함이 동시에 온존했던 수준 있는 문화 창조의 본거지이기도 했다. 한때 중국의 산동 반도와 서해, 그리고 일본 규슈 일대까지 상권을 장악하기도 했다.

백제는 700여 년의 역사를 간직하다가 나·당 연합군에 의해 섬멸되었으나 그 유중(遺衆)이 한때 부흥 운동을 일으키기도 하였다. 그중 일부는 오늘날 일본 규슈 일대로 도항, 일본 문화의 선구자로서 특유한 체취를 남기고 있는 것이다.

백제의 시조 온조왕

백제의 시조는 온조왕(溫祚王)이다. 그의 아버지는 고구려의 시조 주몽이다. 주몽이 처음 북부여에서 졸본부여로 왔을 때 부여왕에겐 아들이 없고 딸만 셋이 있었는데 주몽을 보자 비상한 인물임을 알고 둘째 딸을 주몽의 아내로 주었다. 이 부인의 몸에서 큰 아들 비류(沸流)와 둘째 아들 온조(溫祚)가 태어났다. 그러던 중 주몽이 북부여에 있을 때 낳은 아들 유리(琉璃)가 찾아와 태자 자리에 오르자 비류와 온조는 오간(烏干) 마려(馬黎) 등 10여 명의 신하와 더불어 남으로 내려오니 그를 따라오는 백성이 많았다. 이들은 한산(漢山)에 이르러 부아악(負兒嶽)에 올라 지세를 살펴보았다. 여러 신하들이 하남땅에 이르러 말하였다.

"여기는 북으로 한수에 접하고 동으로는 높은 산을 의거하고 남으로는 기름진 평야를 바라보고 있으니 도읍하기에 가장 좋습니다."

그러나 비류는 듣지 아니하고 백성을 두 무리로 나누어 한 무리를 데리고 미추홀(彌鄒忽)로 가서 도읍을 정했다.

한편 온조는 하남 위례성(慰禮城)에 도읍을 정하고 나라 이름을 십제(十濟)라 하였다. 이때가 전한 성제(成帝) 홍가(鴻嘉) 3년이었다.

한편 온조의 형 비류는 미추홀이 토지가 습하고 물맛이 짜 생활하기에 불편함을 느껴 아우 온조의 위례성으로 와보니 도읍으로서의 면모를 다 갖추고 백성이 편안한지라 후회의 한숨을 쉰 나머지 죽으니 그 백성이 모두 위례성으로 돌아와 백제의 형세는 더

욱 군건해지기 시작하였다. 그 뒤 온조가 처음 남으로 내려올 때 백성이 즐겨 따랐다 하여 나라 이름을 백제로 고쳤다. 백제의 세계(世界)는 고구려와 함께 부여에서 나왔기 때문에 성씨를 부여라 하였고 원년 여름 5월에 동명왕(東明王)의 사당을 세웠다.

2년 봄, 왕이 여러 신하들을 불러놓고 말하였다.

"말갈이 우리 북쪽과 경계를 접하고 있어 침략의 기회를 엿보고 있으니 마땅히 무기를 수선하고 군량을 비축하여 말갈을 막고 지킬 계획을 마련하도록 하라."

고대 국가의 발전이란 언제나 싸움에서의 승리에 의존한다. 건국 초의 창업지주(創業之主)는 어느 나라를 막론하고 주변에 있는 적대 국가를 정벌, 통합하여 국기를 튼튼히 하려고 온갖 힘을 기울이는 법이다. 온조왕도 재위 46년의 긴 세월 동안 많은 영토를 확장하면서 마한의 목지국(目支國)을 호시탐탐 노렸다. 온조 이후에 그의 아들과 손자로 왕위가 이어지는 동안 삼한의 옛 땅은 마침내 모두 백제에 통합되었다.

절개 지킨 도미의 아내

도미(都彌)는 개루왕(蓋婁王) 때의 사람으로 성씨와 출신이 잘 알려지지 않은 서민이었다. 그러나 의리에 밝고 그의 아내 역시 아름답고 절행이 있어 주변 사람들로부터 칭찬이 자자했다. 개루왕이 이 말을 듣고 도미를 불러 말하였다.

"대개 여자들이란 모두 정절을 목숨보다도 더 소중히 여긴다 하지만 사람이 없는 어두운 곳에서 금력과 권력으로 유혹하면 그 마음을 속이고 굴복하기 마련이다."

그러자 도미는 자신 있게 말했다.

"사람의 마음이란 헤아리기 어려우나 소신의 아내로 말하면 비록 죽는다 하더라도 절대 변함이 없을 것입니다. 한번 시험해 보소서."

왕은 이 말에 호기심이 생겨 도미를 집에 돌려보내지 않고 측근 한 명을 왕으로 가장시켜 왕의 의복을 입히고 거마에 태웠다. 한밤중에 먼저 사람을 시켜 왕의 행차임을 알리고 그녀에게 말하였다.

"나는 오래전부터 너의 아름다움을 듣고 도미와 더불어 내기를 하여 내가 이겨 너를 차지하게 되었으니 이제부터 너는 나의 것이다."

왕으로 가장한 자는 도미의 아내를 난행하려 하였다.

"국왕께서는 농담이 없으신 것으로 아옵니다. 대왕께서 먼저 방에 들어가 계시면 소첩이 목욕을 하옵고 옷을 갈아입은 다음 모

백제 **뒤꽂이** 꽃과 새가 형상화된 왕의 머리꽂이 (국립 중앙 박물관)

시겠습니다."

도미의 아내는 이렇게 말하고 물러나와 한 계집종을 잘 꾸며 들여보냈다. 그 뒤에 왕은 도미의 처에게 속은 것을 알고 크게 노하였다.

"일개 아녀자로 감히 나를 속이다니 괘씸하기 짝이 없다."

왕은 도미에게 중벌을 내려 그의 눈을 빼고 작은 배에 태워 강 위에 띄워버렸다. 그리고 그녀를 끌어다가 강제로 추행하려 하니 그녀가 말하였다.

"지금 남편을 잃고 혼자 살아갈 일이 막연한데 왕의 은총을 받게 되었으니 몸둘 바를 모르겠습니다. 마침 월경 주기라 몹시 더러우니 다음날 목욕재계하고 모시겠습니다."

왕은 이 말을 믿고 허락하였다.

그녀는 그 길로 도망하여 강가에 이르니 배가 없어 건너가지 못했다. 하늘을 우러러 살려달라고 통곡하자 어디서 조각배가 한 척 물결을 헤치고 앞으로 다가왔다. 도미의 처가 배를 잡아타고 바람 부는 방향을 따라가자 한 섬에 도착하였다. 그녀는 섬에 올라 초근목피(草根木皮)로 며칠동안 연명하다가 천우신조로 남편을 만나게 되었다.

두 사람은 더 멀리 도망가기 위해 그 배를 타고 고구려 땅인 산산(蒜山) 아래 당도하니 고구려 사람들이 불쌍히 생각하여 음식과 옷을 주어 나그네로 일생을 마치게 되었다.

백제의 융성

온조왕이 나라를 세운 후 한수 유역의 지리적 이점을 잘 이용한 백제는 주변의 약소 세력을 규합하는 한편 문화면에서도 많은 발전을 이룩하였다.

온조왕 이후 다루왕,, 기루왕, 개루왕, 초고왕, 구수왕 등이 대를 이었고 주변의 세력들과 크고 작은 충돌을 일으키면서 영토는 날로 늘어만 갔다.

고이왕 때부터는 국가 체제를 갖춰 왕은 붉고 큰 소매가 달린 곤룡포를 입었으며 머리에는 황금색 꽃으로 장식한 검은 비단 관을 쓰기 시작하였다.

왕의 금제관식

책계왕(責稽王)은 고구려와 한인들의 군현인 낙랑군과 대방군 태수들 사이의 미묘한 국제 관계를 타개할 목적으로 대방군 태수의 딸 보과부인(寶菓夫人)을 왕비로 맞아들였다. 왕비는 용모가 아름다워 왕은 왕비의 품에서 매일매일 즐거움을 맛보았다고 한다.

이때 고구려의 서천왕(西川王)이 대방군을 침범하자 대방군에서는 백제로 사신을 보내 원병을 청하기에 이르렀다. 백제 조정에서는 왈가왈부

의견이 분분했으나 대방 태수와는 장인과 사위의 사이가 되는지라 대방의 요청을 받아들여 원군을 보냈다.

　이로 인하여 고구려와 백제는 원수지간이 되었다. 한편 낙랑군은 백제가 자신의 영토를 엿본다며 백제를 공격하였다. 이에 백제왕이 직접 나가 싸웠으나 죽고 말았다. 이로써 백제는 고구려, 낙랑 두 나라와 원수지간이 되어 국경 방비는 물론 싸움 준비에 여념이 없었다.

　뒤를 이은 분서왕(汾西王)은 책계왕의 장자로 불구대천의 원수인 낙랑국에 복수할 시기를 노리고 있었다. 그러던 중 왕은 또다시 낙랑에서 보낸 자객에 의해 피살되고 말았다. 두 임금이 계속하여 뜻밖의 죽음을 당하게 되니 백제의 대외적인 적개심은 더욱 강해졌다.

　분서왕 다음에 비류왕에 이어 근초고왕(近肖古王)이 왕위에 올라 북방의 고구려에 대한 경계를 강화하는 한편 병력 증강과 군사훈련에 총력을 기울였다.

몽촌토성의 목책 몽촌토성은 서울 송파구에 위치한 한성 백제의 유적지이다.

한수가(한강가) 백사장은 군사를 조련시키는 훈련장으로 매우 편리한 곳이다. 왕은 태자 수(須)를 동반하여 군대를 사열하는 등 규칙 있는 생활을 실천하는 데 솔선수범하였다. 이때에 이르러 백제 군사들도 상당히 많아졌으며 진용 또한 군대로서의 면모를 갖추게 되었다.

군사들은 지휘자가 흔드는 깃발에 따라 대오를 정리했다. 기병 보병 장창대 등 가지각색의 군사들이 나팔소리에 맞춰 일사분란하게 움직이는 모습은 이들이 훈련을 잘 받은 막강한 군사임을 여지없이 보여주었다. 이런 사열은 고구려에 대한 일종의 시위이며 무력을 과시하는 작전이었다.

기회를 노리던 백제는 26년 드디어 3만 명의 대군을 동원하여 고구려 침공 길에 올랐다. 패수를 사이에 두고 양군이 대치하게 되자 백제의 지휘관인 태자가 돌격을 지시해 군사들은 함성을 지르며 앞으로 돌진하였다. 백제군이 쏘는 화살은 고구려 군사의 머리 위에 비오듯 떨어졌고, 백제군이 휘두른 장창이 햇볕에 번쩍하면 고구려군의 머리는 추풍낙엽처럼 땅으로 굴러 떨어졌다.

고구려에서도 이 싸움의 중대성을 감안하여 고국원왕이 친히 진두지휘에 나섰다.

백제 태자는 눈 하나 깜짝하지 않고 명령하였다.

"저기 붉은 깃발 앞에서 지휘하는 자가 고구려의 왕이다. 저놈을 사로잡아라."

백제군이 함성을 지르며 진격하자 고구려군은 완전히 패배하여 달아나기에 바빴다.

"돌격하라!"

고함소리가 천지를 진동시켰다. 백제군은 고구려왕의 말에

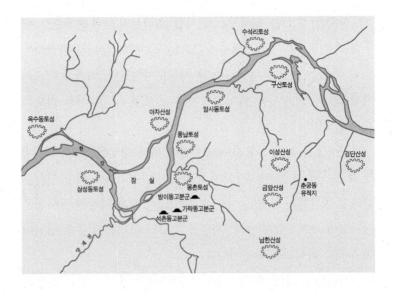

화살을 겨냥하여 집중적으로 쏘아댔다. 고구려왕도 지지 않고 용맹하게 싸웠으나 백제 태자가 임기응변에 능해 적절하게 지휘를 내렸고 백제군도 사기가 올라 고구려군을 공격해 들어갔다. 일대 혼전이 벌어지던 찰나 백제군이 쏜 화살이 고구려왕을 정통으로 맞혔다.

"아이쿠!"

비명소리와 함께 고구려왕은 앞으로 쓰러지고 말았다. 이것을 본 백제의 태자는 앞으로 힘껏 달려 나가며 외쳐댔다.

"돌진하라! 적군의 왕을 사로잡아라!"

이때 태자의 옆에서 그의 용감한 모습을 지켜보던 장군 막고해(莫古解)가 돌진하려는 태자의 말고삐를 잡았다.

이에 태자가 성을 냈다.

"적국의 왕을 사로잡으려는 찰나에 이게 무슨 짓이오!"

막고해는 아뢰었다.

"태자 저하 적국의 왕이 죽었다 합니다. 그만해도 되지 않겠습니까."

"아니될 말씀, 이 기회에 고구려를 완전히 제거해야 합니다."

"아니되옵니다. 신중히 생각해 보십시오."

태자는 무슨 생각을 하였는지 잠시 멈추고 막고해가 하는 말에 귀를 기울였다.

"옛날부터 족한 것을 알면 영화가 계속되고 위태로움이 없다는 말이 있습니다. 이제 고구려의 왕을 없앴으니 족한 것을 알고 그만 그치는 것이 좋을 듯합니다."

이 말을 듣고 태자는 고개를 끄덕였다.

"옳은 말씀입니다. 장군의 말씀은 나의 어리석음을 깨우친 좋은 말씀이오."

그리고 즉시 그곳에 전승을 기념하는 돌을 쌓고 회군하였다. 태자는 좌우 신하들을 돌아보며 이후 이곳에 다시 올 사람이 누가 있을까 하며 못내 아쉬운 표정이었다. 이후로 백제의 국력은 더욱 강해졌으며 한산(漢山)에 절을 세우니 밤낮으로 범종소리가 울려 퍼졌다.

천도해 간 곰나루성

진사왕(辰斯王)은 근구수왕의 아들이다. 근구수왕(近仇首王)이 10년간 재위하다가 승하한 후 침류왕(枕流王)이 왕위에 올랐으나 1년 만에 죽고 이어 진사왕이 왕위에 올랐다. 진사왕은 부왕이 태자 시절에 고구려와 싸워 고국원왕을 죽이고 대승을 거두어 국가의 기틀을 튼튼히 한 덕에 후광을 입어 태평성대를 누렸다. 왕은 궁궐을 신축하고 경치 좋은 곳에 연못을 파는 한편 가지각색의 아름다운 화초를 심고 사방에서 새나 짐승을 잡아와 기르는 등 사치스러운 생활을 하기 시작하였다.

한번 사치를 맛본 왕은 더욱더 사치에 빠져 수렵만 즐기는 등 정사를 소홀히 하게 되었다. 이 같은 사실을 탐지한 적대국 고구려는 끊임없이 백제를 위협하였다. 고구려는 일대 복수전을 펼치기 위해 상하가 모두 힘을 합하여 백제의 경계를 침범하였다. 사냥에만 재미를 붙인 왕은 구원(狗原)에까지 멀리 나가서 사냥을 즐기고 그곳에 행궁까지 지었다. 왕은 행궁에서의 사냥에 몰두하여 한번 사냥을 나서면 행궁이 있는 구원에서 1개월이나 10여 일씩 돌아오지도 않았다. 이것이 백제의 힘을 약화시키는 계기가 되었다.

다음 아신왕(阿莘王) 때에는 고구려에 눌려서 왜국(倭國)과 교역을 시작하고 아들을 인질로 보내는 등 남의 세력에 의지해야 하는 정도에까지 이르렀다.

개로왕 때에는 고구려의 침략을 견딜 수 없어 위(魏)에 왕의 친서를 보내 고구려를 견제하려 하였으나 뜻을 이루지 못하였다. 이런 형편이면서도 왕은 한강에 토성을 쌓고 강물을 이용하여 돌을 깎아 축대를 쌓는 등 웅장한 궁궐까지 지었다. 바람에 따라 한강의 흰 물결이 출렁이고 달 밝은 밤이면 드높은 궁궐의 그림자가 물에 잠기니 그 장관은 용궁을 무색케 할 정도였다. 이 같은 왕의 사치로 백성들의 원성은 높아갔고 창고는 텅 비어 굶주림을 면키 어려웠다. 이러한 상황에서 고구려 장수왕과의 일전에서 왕이 목숨까지 잃으니 고구려 백제간의 싸움은 일대일로 비긴 셈이다.

이 싸움을 전후하여 백제는 신라와 동맹관계를 맺고 고구려의 침략에 두 나라가 함께 대처하기로 하였다. 백제왕이 죽기 전에 원병을 청하니 신라에서는 1만 명의 대병을 내어 백제를 구원하도록 하였으나 전쟁은 이미 끝나버린 상태였다. 따라서 신라군은 한산성으로 들어가지도 못한 채 돌아갔으며 백제는 도읍을 곰나루성으로 옮기게 되었다.

개로왕의 뒤를 이은 문주왕(文周王)은 부왕의 참혹한 전사를 생각하며 복수의 기회를 노렸으나 패전의 정신적 타격을 이기지 못하고 정권을 좌평 해구(解仇)에게 위임하였다. 한번 정권을 쥐게 된 해구는 정권을 영원히 잡기 위해 왕을 시해했다. 해구가 정권을 잡은 지 4년 만에 백제의 궁중은 더욱 소란해졌다.

문주왕의 아들 삼근왕(三斤王)은 13세의 소년으로 왕위에 올랐으나 전왕을 시해한 해구가 실권을 쥐고 있는 형편이었다. 해구는 다시 왕위를 탐내어 대두성(大豆城)에서 반기를 들었다. 궁중이 소란한 가운데 귀신이 마음대로 정권을 농락하고 반기를 드니

공산성 웅진 백제의 도읍을 수호하기 위해 쌓은 산성.

나라의 앞날은 더욱 암담할 뿐이었다.

이듬해 진로(眞老)가 해구를 죽여 안정을 회복하려 하였으나 해구와 한패인 연신(燕信)이 고구려로 달아나 백제의 내정을 자세히 보고하였다.

이런 상황에서 백제의 어린 왕이 15세의 나이로 죽고 동성왕이 뒤를 이어 왕위에 올랐다. 왕은 의협심이 매우 강하여 어려서부터 활쏘기와 말타기에 능했다. 당시 정세로는 북쪽의 고구려를 막기 위하여 신라와의 동맹관계를 더욱 공고히 할 필요가 있었다. 동맹을 튼튼히 하려면 양국 간에 혼인하는 것이 최선이라고 생각한 왕은 즉시 신라의 소지왕(炤智王)에게 사신을 보내 국혼을 청했다. 신라에서는 여기에 응하여 왕실의 가까운 친척인 이찬 비지(比智)의 딸을 시집보내기로 결정하였다.

동성왕 15년 봄, 백화가 만발한 백제의 서울 웅진성은 앞으로 웅진강이 유유히 흐르고 삼면이 산으로 둘러싸였으며 오직 한 곳만이 트인 요충지였다. 그동안 정치적으로는 동요가 심했으나 호남평야의 곡창지대를 차지했으므로 일반 백성들의 생활이 안정되고 풍족하여 불안할 것이 없었다.

이러한 춘삼월 호시절에 국혼이 성립되어 신라의 여성을 왕비로 맞게 되니 백성들도 신라와의 관계를 개선해 평화스러운 앞날을 기대할 수 있다는 흡족한 마음에서 거국적으로 혼인을 경축하였다.

멀리 신라에서 올라온 왕녀의 혼인 행렬이 여러 날 만에 백제의 서울 웅진성에 도착하였다. 당시 신라 궁궐의 규모는 백제에 비할 정도가 못 되었다. 백제의 서울에 도착한 일행은 궁궐의 장엄하고 화려함에 놀라는 표정들이었다. 백제가 아무리 정치적으로 불안하다 하나 신라의 서울보다는 웅진성이 훨씬 크다는 사실에 그들은 마음속으로 느끼는 바가 컸다.

백제에서 마중 나온 일행은 화사한 의상을 입고 머리에는 깃을 꽂은 운두 높은 모자를 썼다.

"먼 길에 수고가 많습니다."

첫 인사말을 보내며 정중하게 읍을 올렸다. 이 읍은 신라의 사신 일행에게 하는 읍이 아니라 왕비가 될 사람에게 올리는 읍이다. 뒤에 따르던 일행이 일시에 허리를 구부리며 읍을 하자 신라에서 온 사신들도 답례의 읍을 하였다.

백제의 접빈관은 외국에 여러 차례 왕래한 경험이 있는 사약사(沙若思)가 담당하였다.

"이제 양국이 혼인의 의를 맺게 되니 양국의 경사이며 양국의 행운이외다. 다시는 고구려의 침략이 없을 것입니다."

"감사하옵니다. 앞으로 양국의 무궁한 발전을 기약할 수 있게 되었습니다."

인사말과 치하가 오갔다. 두 사람은 서로 자기 나라의 이야기를 주고받으며 화기애애한 가운데 친숙해졌다. 이렇게 의식이 진행되는 동안 긴 봄날의 해도 어느덧 기울었다.

저녁이 되자 왕녀를 맞이하는 친영식(親迎式)이 벌어졌다. 이전까지는 백제의

고유 풍습에 따라 신 앞에서 절하고 맞이하였으나 이제부터는 중국 의식에 따라 상을 가운데 놓고 마주 절하는 친영의 절차를 밟았다. 왕은 곤룡포에 면류관을 쓰고 내신좌평이 왕에게 읍하고 납징물목(納徵物目)이 적힌 종이를 왕녀 앞에 전한다. 다음에 서로 절한 후 수레 위에 공주를 앉히고 왕이 잠깐 동안 수레를 끄는 시늉을 한다. 이 의식이 끝나면 왕은 시조의 묘소에 나가 고제를 올리고 이내 신방으로 안내된다. 신방에 들어서니 이미 신부인 신라의 왕녀는 등불 앞에 단정히 앉았다가 시녀들의 부축을 받으며 얌전히 일어나 왕을 맞이한다. 키가 크고 몸집이 뚱뚱한 왕은 이국의 정서가 넘쳐흐르는 왕녀의 모습에 도취되었다. 잠시 후 시녀들은 모두 나가고 왕과 왕녀 두 사람만의 세계가 되었다.

봄밤은 점점 무르익어 궁전 후원의 꽃도 요염한 자태를 활짝 띄운 채 나비를 기다리는 듯했다. 서라벌 처녀에 매혹된 왕은 부드러운 말을 몇 마디 주고받은 후 수줍어하는 공주를 비단 원앙금침 안으로 끌어안았다. 천금같은 봄바람이 흘러가는 것이 안타까울 뿐 등불이 꺼진 신방에는 훈훈한 봄바람에 한 쌍의 원앙이 도원경(桃源境)을 방황하고 있었다.

백제와 신라의 동맹관계는 이로써 더욱 공고해졌다. 이듬해 고구려가 신라를 공격한다는 소식을 들은 백제왕은 3천 명의 대군을 보내 신라와 함께 고구려를 물리쳤다. 또 고구려가 백제를 공격하자 이번에는 신라가 덕지(德智)라는 장군을 보내 구해주었다. 왕과 공주의 사랑의 밀도에 비례하여 양국 간의 국교는 더욱 친밀해졌다.

고구려로부터 위협이 완화되자 왕의 유흥은 도를 더해갔다. 웅진강 언덕에 임류각(臨流閣)을 짓고 왕비와 아름다운 궁녀들을 데리고 세월 가는 줄 모르게 유흥에 빠졌다. 이렇게 되니 국고는 고갈되고 백성들의 원성은 점점 높아갔다. 설상가상으로 흉년이 들어 도처에서 도적 무리가 일어나고 이리저리 유리걸식하는 유랑민이 늘어갔다.

"왕은 유흥을 그만두고 정사에 전념하소서."

신하들의 간청에도 왕은 조금도 반성하는 기색을 보이지 않았다. 마침내 위사좌평인 백가가 왕을 쓰러뜨리고 말았다. 유흥 뒤에 오는 당연한 결과였는지 모른다.

무령왕릉에서 출토된 유물들 차례로 유리로 만든 동자상, 청동거울인 방격규신수문경, 석수이다.

이후 무녕왕(武寧王)이 어느 정도 난국을 수습하려 하였으나 기강을 완전히 회복하지는 못했다. 무녕왕 뒤에 성왕이 신라와의 동맹관계를 공고히 했지만 고구려의 강력한 침입에 못 견뎌 성왕 16년에는 더 남쪽인 소부리(所夫里)로 도읍을 옮겼다.

아름다운 부여의 풍물

백제가 나라를 세운 뒤 세 번째로 옮긴 수도가 소부리성이다. 소부리성은 지금의 부여로 금강이 뒤로 흘러 감싸는 곳에 자리 잡고 있다. 백제는 중국 양나라와 교역을 강화하여 남조의 문화를 받아들임으로써 문화를 꽃피웠다.

한편 국제 정세는 자꾸 변하여 대수롭지 않게 여겼던 신라의 국력이 크게 신장하여 한강변에까지 진출하였다. 신라는 백제를 견제하는 한편 북쪽의 고구려와 대항하기에 이르렀다. 백제와 신라가 국혼을 맺고 화친한 후 일시적으로 평온이 유지되었으나 신라 진흥왕이 왕위에 오르면서부터 백제의 국경을 침범하여 한산주를 차지하고 여세를 몰아 삼년산성을 탈취하더니 옥천까지 진격해왔다.

이 소식이 백제의 성왕에게 알려지자 성왕은 노하였다.

"신라는 우리와 동맹을 맺어 서로 힘을 합하여 고구려에 대항한 것이 근 백년이나 되거늘 이제 감히 동맹을 짓밟아 버리고 배신을 하다니 그놈들의 행동은 천벌을 받아 마땅하다. 내 친히 나가 응징하리라."

성왕은 그동안 백제의 궁중에 머물던 신라 여성을 모두 돌려 보냈다.

성왕 32년 7월 왕은 구천성(狗川城)을 빼앗을 생각으로 기병 50기를 인솔하고 단숨에 쳐들어갔다. 백제군은 비록 숫자는 적지만 용기백배하여 일당백의 용맹으로 용감히 싸웠다. 그러나 수많은 복병이 일시에 쏟아져 나와 백제군은 모두 전사하고 왕마저 숨지고 말았다.

이후부터는 백제의 대외전략에 일대 변화가 생겼다. 지금까지는 신라와 동맹국인 까닭에 고구려만을 적으로 여기고 대항했으나 정세가 뒤바뀌어 이제 백제에게 가장 큰 적은 고구려가 아니라 신라가 된 것이다.

위덕왕(威德王)이 다음 왕위에 오른 뒤 백제는 신라의 국경을 자주 위협하였으며 무왕(武王) 때는 신라의 아막성(何莫城)*

삼년산성 신라가 백제를 공격하기 위해 전초기지로 삼았던 산성이다. 사적 제235호로 충북 보은에 자리하고 있다. (국립청주 박물관)

* 아막성(何莫城) : 모산성(母山城)

을 총공격하였다. 이때 백제의 병력은 4만 명으로 전에 성왕이 신라를 공격했을 때 수적인 열세 때문에 참패했던 것에 대한 복수전을 전개하여 일대 격전이 벌어졌다. 백제는 백제대로 신라는 신라대로 그야말로 양보할 수 없는 일전을 치렀다. 이 싸움에서 백제는 어느 정도 승리는 거두었으나 결정적 승리는 거두지 못하고 돌아왔다.

왕은 한편으로는 당나라와의 외교를 강화하는 정책으로 신라의 힘을 압도하는 데 성공했다. 불교를 널리 보급하기 위해 왕흥사(王興寺)를 지었는데, 법왕 때 짓기 시작하여 무왕 35년에 준공하였다. 성대한 준공식을 치르기 위해 백마강에서 대궐 앞까지 물을 끌어들이는 길이 20리의 거대한 운하를 팠다. 왕흥사가 바로 백마강 연안에 있기 때문에 왕의 거동이 매우 편리해진 것이다. 운하 양 둑에는 버드나무 개나리 모란꽃 등 각양각색의 기화요초(琪花瑤草)*를 심고 운하 군데군데에 작은 섬을 만들었다. 또 옛날 신선만이 왕래하고 살았다는 봉래산이나 방장산이라 이름 붙여 한층 흥취를 돋웠다. 옛날 수양제가 환락의 극치를 즐기다가 급기야 망국의 원인이 되었다는 그 거대한 운하의 규모만큼은 아니라고 해도 당시 백제의 국력으로 이런 운하를 지었다는 것 자체가 놀라울 뿐이다.

드디어 왕흥사의 낙성식 날이 다가왔다. 왕은 의관을 정제하고 용선에 거동하여 좌정한다. 만조백관은 차례에 따라 왕을 모시고 서 있다. 왕의 좌석 위에는 흰 포장을 드리워 용선은 바람에 따라 펄럭이는 이 포장과 장단이라도 맞추는 듯 서서히 움직인다. 꽃 같은 궁녀들은 저마다의 아름다움을 자랑하며 왕을 모시어 둘러서 있고 이 꽃밭 속으로 행행(行幸)*하는 왕의 일행을 구경하기

* 기화요초(琪花瑤草) : 곱고 아름다운 꽃과 풀

* 행행(行幸) : 왕이 궁궐 밖으로 거동

궁남지 유적 사비 백
제의 궁궐이 있던 곳

위하여 양 언덕의 꽃밭 제방에는 서울의 남녀노소들이 몰려나와
제각기 몸단장을 하고 늘어서 있다. 모두가 아름다움을 뽐내려는
한 토막 미의 경연장을 이룬다.

풍악소리 은은히 울리는 가운데 20리의 긴 운하를 지나 백마
강으로 들어서면 맑은 강물은 잔잔하여 뱃놀이에 알맞은 파도를
이룬다. 왕의 도착을 알리는 마지막 풍악소리가 더욱 질탕하게 울
리면 왕흥사 큰 절문 밖에는 수백 명의 승려들이 줄줄이 늘어서
왕의 일행을 마중한다.

"대왕마마 행차시오."

이 소리와 함께 왕을 선두로 여러 신하들이 차례에 따라 들어
선다. 왕이 정전에서 예불하면 여러 승려들이 다함께 염불을 왼
다. 이 법회가 끝나면 반승회(飯僧會)라 하여 오늘 차려놓은 음식
이 주어진다. 향기로운 산나물 맛이 구미를 한결 돋운다. 모든 의

식이 끝나면 왕은 환궁길에 오른다. 동행했던 신하들이 왕을 좌우에서 부축하여 산문까지 나가면 거기서부터 얼마 안 되는 곳에서 용선을 탄다.

용선은 비단 같은 물결을 서서히 헤치고 내려간다. 백마강에서 운하에 접어들면 기화요초가 만발한 양 언덕을 사이에 두고 용선은 대궐을 향하여 서서히 움직인다.

대왕은 왕흥사의 낙성법회를 무사히 끝낸 것을 기뻐하며 대신들에게 잔치를 베푼다. 준비하였던 음식이 큰상 위에 올려지고 꽃 같은 궁녀들이 바삐 움직인다. 제일 높은 대신인 상좌평이 왕에게 술을 받들어 올리며 말했다.

"대왕폐하 만수무강 하옵소서."

그러자 모든 신하들이 소리 높여 합창했다.

"성수만세!"

"군신들은 마음껏 즐길지어다."

왕이 이렇게 말하자 잔치가 무르익었다. 취흥이 더해지자 왕은 손수 거문고를 타며 군신들과 함께 즐기고, 신하들은 일시에 환성을 올려 성수만세를 외쳤다.

당시 백제의 군사력은 매우 강성하여 신라의 수도 근처 옥문고(玉門谷)까지 기습한 일이 있었으나 신라 장군 김유신이 선방해 뜻을 이루지 못하였다. 무왕의 재위 40여 년 동안은 백제가 부여로 천도한 이후 군사력이 가장 강했지만, 동시에 왕이 유흥을 즐긴 수준이나 규모 또한 대단하였다.

피어린 충신의 절규

의자왕은 무왕의 장자로 영웅적인 자질과 결단성을 갖춘 용감한 장부였다. 효로써 어버이를 섬기고 형제간에 우애가 두터워 당시 사람들이 해동증자(海東曾子)라고 부르기까지 하였다. 당나라와의 친교정책을 맺어 당태종이 사부낭중 정문표(鄭文表)를 보내 주국대방군공 백제왕(柱國帶方郡公百濟王)이라고 책봉하였다.

의자왕 즉위 초년에는 부왕의 업적 덕에 국력이 여전히 강했다. 숙적 신라를 응징하기 위하여 국경지대인 대야성을 습격할 때 백제의 장군 윤충은 1만 명의 대군을 거느리고 대야성의 성주 품석(品釋)을 일격에 잡아 죽이는 대승을 올렸다.

의자왕은 즉위 3년이 되자 고구려와의 적대관계를 청산하여 화친을 도모하고 신라를 통합하겠다는 굳은 결의에 차 있었다. 그는 11월에 당항성(黨項城)을 공략해 탈취하고 신라가 당에 입조(入朝)하는 것을 막으려고 하였다. 그러자 신라가 당나라에 사신

마곡사 대광보전 의자왕이 642년 창건한 사찰. 백제의 멸망과 함께 약 200년간 문을 닫았다.

을 보내 구원을 요청하였다. 이 사실을 눈치 챈 백제는 분을 삭이며 신라를 공격하려던 계획을 철회하였다. 의자왕 11년 백제가 당에 사신을 보내 조공했더니 당고종은 사신편에 신라와의 적대관계를 풀고 친목을 돈독히 하라는 유시를 내렸다.

의자왕 15년 이후 왕이 궁녀와 더불어 '향락에 빠져' 정치가 해이해지자 충신 좌평 성충(成忠)이 극진히 간하였으나 왕은 듣지 않고 오히려 성충을 옥에 가두었다. 이를 계기로 백제는 멸망의 길을 걷게 되었다. 옥중에 갇힌 성충은 일편단심 나라를 위하여 충직한 마음으로 왕이 다시 정치에 정진하기만을 바랐으나 한번 음탕의 구렁텅이로 빠진 왕은 점점 그 도를 더해 갔다. 게다가 날마다 울려 퍼지는 질탕한 풍악소리는 멀리 성충이 갇힌 옥중에까지 들려 왔다.

"아 저 질탕한 풍악소리! 국가의 엄숙한 대례(大禮) 때나 쓰여야 할 풍악을 유흥의 도구로 사용하다니!"

성충은 한탄을 금치 못했다. 성충은 옥중에서 음식을 일체 먹지 않았다. 성충이 말라 죽어가다가 죽음에 임하여 상소를 올려 간하였다.

"충신은 죽음에 임하여도 임금을 잊지 못하는 법인즉 마지막으로 한 말씀 아뢰고 죽겠습니다. 신이 항상 국제 정세를 살피건대 반드시 국난이 닥쳐올 것입니다. 무릇 군사를 쓰는 법이란 반드시 그 지형을 잘 골라야 하는 것인즉 수전에 있어서는 강의 상류에서 적을 대항해야 승리할 수 있는 법입니다. 만약 타국의 군사가 공격해오거든 육로로는 침현(沈峴) 일설에는 탄현(炭峴)을 넘지 못하게 하고 수군은 기벌포(伎伐浦)의 언덕을 들어서지 못하게 하여 그 요새에 자리를 잡고 방어해야 할 것입니다."

그러나 왕은 끝내 이 말을 듣지 않았다.

의자왕은 17년 봄, 왕의 서자 41인을 등용하여 좌평(佐平)* 으로 삼고 각기 식읍(食邑)*을 주었다. 19년 봄에는 뭇 여우가 궁중에 들어왔고 흰여우 한 마리가 상좌평의 책상에 앉았다는 소문이 나돌았다. 4월에는 태자궁의 암탉이 작은 참새와 교미하는 등 각지에서 요사스러운 일이 꼬리를 물고 일기 시작하였다.

이듬해 봄에는 서울의 우물물이 핏빛 같았고 서해에서는 작은 고기가 떼죽음을 당했으며 사자수의 물빛이 붉어 마치 핏빛 같다는 소문마저 돌았다. 백성들은 크게 놀라 마음의 안정을 갖지 못하고 어수선하기만 하였다.

6월에는 왕흥사의 여러 중이 다 보는데 배 돛대가 큰 물을 따라 절문으로 들어오는 것 같았으며 노루같이 생긴 개 한 마리가 서쪽에서 사자수 언덕으로 올라와 대궐을 향하여 짖다가 자취를

* 좌평(佐平) : '백제 때 십육품 관계의 첫째 등급'
* *식읍(食邑) : 공신에게 주는 땅. 이곳에서 거둔 세금은 그 공신이 개인 용도로 쓸 수 있었다.

감추었다. 또한 귀신 하나가 대궐 안으로 들어와 '백제가 망한다, 백제가 망한다.'고 크게 외치곤 곧바로 땅으로 들어갔다는 등 해괴망측한 소문이 돌고 돌아 백제의 멸망을 예고하는 듯하였다.

이렇게 백제의 도성 안팎의 인심이 흉흉한 가운데 당나라 고종은 좌위대장군 소정방(蘇定方)을 신구도행군 대총관(神丘道行軍大摠管)으로 삼아 좌위대장군 유백영(劉伯英), 우무위장군 풍사귀(馮士貴), 좌효위장군 방효공(龐孝公) 등과 함께 13만 명의 대군을 인솔해 수로로 백제를 공격하도록 했다. 또 신라왕 김춘추는 우이도행군총관으로 당군과 합세하도록 하였다.

당나라 장군 토용

소정방이 13만 명의 군사를 이끌고 성산(城山)에서 출발하여 바다를 건너 백제의 도성 서쪽 덕물도(德物島)에 도착하니 신라왕 김춘추는 김유신을 보내 정병 5만 명을 거느리고 당군과 합세하도록 했다.

사태가 이에 이르자 의자왕은 신하들을 모아놓고 대비책을 논의했다. 이때 좌평 의직(義直)이 나아가 아뢰었다.

"당군은 멀리 바다를 건너왔으니 물에 익숙하지 못한 군사는 배에 머물러 있기가 매우 곤란할 것입니다. 그들이 육지에 내려 대오가 정리되기 전에 일거에 무찌르면 승산이 있을 것입니다. 이렇게 당군이 우리에게 패하는 것을 보면 신라군도 용기 있게 나오지 못할 것입니다. 그러므로 당군과 먼저 결전하는 것이 상책인 줄 아옵니다."

그러나 달솔 상영(常永) 등의 의견은 이와 달랐다.

"당군은 멀리서 왔기 때문에 속히 싸우고자 할 것인데, 그 기세를 당할 수 없을 것입니다. 반면 신라는 예전에 우리에게 자주 패했으므로 우리의 군세를 보면 사기가 꺾일 것입니다. 그러니 먼저 당병의 길을 막아 그들이 힘이 빠질 때까지 기다리는 한편 일부 군사는 신라군을 공격하여 그들의 사기를 꺾은 뒤에 기회를 봐 전군이 함께 싸우면 군사도 온전하고 나라도 안전할 것입니다."

왕은 어느 쪽의 말을 들어야 할지 몰랐다. 왕은 고민 끝에 당시 죄를 얻어 고마미지(古馬彌知) 고을에 유배 중이던 좌평 흥수(興首)에게 사람을 보내 대책을 물었다.

흥수는 말했다.

"당병은 수가 많고 군율이 엄격한 데다 신라와 함께 의각의 형세를 이루고 있으니 만약 들판에서 대진한다면 승패를 예측키 어렵습니다. 백강(白江) 탄현(炭峴)은 우리 백제에게 요긴한 길

목입니다. 용사를 뽑아 보내 일당백으로 싸워 당병이 절대 백강에
들어서지 못하도록 하고, 신라병은 탄현을 넘지 못하게 하십시오.
대왕은 성문을 굳게 닫고 지켜 그들의 군량이 다 떨어지고 군사가
지칠 때까지 기다렸다가 일시에 무찌르면 반드시 사직을 보존할
수 있을 것입니다."

이때 대신들은 흥수의 말을 믿지 않고 왕에게 아뢰었다.

"흥수가 옥중에서 오래 고초를 겪었기 때문에 임금을 원망하
고 나라를 배신하려고 함이니 그 말을 들을 수 없사옵니다. 당병
들이 백강에 들어온다 하더라도 여러 배를 나란히 하여 올 수 없
을 것이며 신라군이 탄현을 넘어온다 하여도 지름길을 지나야 하
기 때문에 여러 말이 일시에 오지 못할 것이옵니다. 이때를 노려
군사를 풀어 치면 독안에 든 쥐와 같이 전멸하게 될 것입니다."

왕은 신하들의 작전을 받아들여 그대로 시행하기로 했다.

한편 신라의 김유신이 이끄는 5만 명의 군사는 7월에 아무런 저항 없이 탄현을 지나 황산벌로 진출하였다. 이곳에서 백제의 유일한 명장 계백(階伯)이 이끄는 5천 명의 결사대와 마주쳤다.

계백 장군은 그동안 신라군과 여러 번 싸워 그들의 힘을 잘 알고 있었다. 마침내 황산벌판에서 최후의 결전이 벌어졌다. 먼저 신라 흠순(欽純)의 아들 반굴이 나가 싸웠으나 전사하였다. 이번에는 좌장군 품일(品日)이 16세의 어린 아들 관창을 불러 신라의 화랑으로서 충성을 다하라고 명했다.

부친의 이 말을 들은 관창은 죽기를 각오하고 단기(單騎)로 적진을 향하여 돌진하였다. 그러나 계백군의 힘을 당하지 못하고 사로잡히는 신세가 되었다. 계백이 관창의 갑옷과 투구를 벗겨보니 아주 새파란 소년이었다. 계백은 소년을 죽이기 아까워 신라군의 진영으로 돌려보냈다.

되돌아온 관창은 부친에게 화랑으로서 면목이 없음을 한탄하고 다시 말에 올라 적진으로 돌진했다. 그러나 또다시 잡히자 백제군은 이번에는 관창의 목을 베어 말꼬리에 매달아 보냈다.

이것을 본 신라군은 적개심이 치솟아 계백군을 엄살하기 시작했다. 수적으로 열세인 백제의 5천 결사대는 죽을힘을 다하여 치열하게 싸워 신라군 만여 명을 섬멸하였다. 그러나 5천 결사대는 한 사람도 남지 않고 장렬히 산화하였다. 황산벌판에는 피 끓었던 무명 용사들의 충혼만 남아 있을 뿐이다.

역사에 영원히 남을 낙화암

황산에서 백제의 군대가 전멸하였다는 소식이 전해지자 신라군은 소부리성을 향하여 총공격을 감행하였다. 때를 같이하여 당나라 군사가 백강 어귀에서 싸워 실패하자 상륙작전을 감행하여 30만 명 대군이 일시에 물밀듯 쳐들어왔다. 백제군도 최후의 혈전으로 맞섰으나 나 · 당 연합군은 부근의 산세를 교묘히 이용하여 점점 도성으로 압축해왔다.

이제 최후의 순간이 다가왔다. 의자왕은 친히 군대를 지휘하여 모두 나가 싸우기를 명하였다. 백제의 군사들은 어명을 받들어 일당백의 용기로 최후의 일각까지, 최후의 일인까지 죽음을 각오하고 싸웠다. 그야말로 시산혈해(屍山血海)*를 이루는 피비린내 나는 결전이었다. 양군의 고함소리가 천지를 흔들고, 시민들은 어찌할 바를 몰라 허둥댈 뿐이었다. 백제군은 1만 명이 넘는 희생자를 내면서 최후까지 항전하였으나 중과부적의 흐름을 막을 길이 없었다. 밀리고 밀려 궁성문 밖까지 적군의 깃발이 펄럭이기 시작했다. 왕은 이제 최후가 다가왔음을 알았다.

"아! 충신 성충의 말을 듣지 않은 것이 한이로구나. 7백년 사직이 나에게서 끝나다니."

그는 한탄소리와 함께 눈물을 흘렸다.

궁성문 밖에는 당나라 군사들의 아우성이 들려오는데 저들이 언제 성 안으로 몰려 들어올 지도 모를 일이었다.

"폐하 잠시 옥체를 피하셔야 합니다."

좌평 각가(覺伽)가 몹시 급한 어조로 아뢰었다.

* 시산혈해(屍山血海) : 사람의 시체가 산처럼 쌓이고 피가 바다를 이룬다는 뜻으로 수많은 목숨이 무참히 살상됨을 비유해 이르는 말.

"어디로 가면 좋은가?"

"잠시 곰나루로 피하심이 좋을 것 같습니다."

어느덧 대궐 정문에는 당나라 기가 꽂혀 있었다. 의자왕은 황망히 태자 효(孝)를 데리고 궁궐 뒷산 부소산으로 올라갔다. 밤은 이미 깊어 달이 서쪽으로 기울어지기 시작했다. 도성 안에서는 아비규환의 아우성이 들려왔다.

"아! 저 아우성치는 소리를 듣고서도 나만 가야 하다니."

이때 궁녀들도 왕을 모시고 가겠다며 나섰다.

"벌써 궁성 정문이 무너졌다 하옵니다."

왕은 정신을 가다듬으며 말했다.

"저 군창에 쌓여 있는 쌀을 적에게 넘겨주어서는 안 된다. 빨리 불을 질러라."

명이 떨어지자 즉시 군창에서는 불꽃이 일었다. 왕은 이 불빛을 이용하여 웅진성으로 도망갈 수 있었다. 궁녀들도 뒤를 따랐으

낙화암에서 바라본 백마강

나 길은 험하고 일시에 많은 사람이 뒤엉켜 갈팡질팡 방향을 찾지 못했다. 뒤에서는 적병이 마구 몰려왔다. 궁녀들은 적병에게 붙잡히면 욕을 당해 몸을 더럽히게 될 것이 자명하기에 죽을힘을 다해 달렸으나 푸른 강물이 앞을 가로막았다.

"적군에게 몸을 더럽히고 구차하게 살 바에야 차라리 죽는 편이 낫다."

궁녀들은 이렇게 말하며 누가 먼저라 할 것 없이 앞을 다투어 강물로 뛰어들었다. 아까운 꽃송이는 피어보지도 못하고 떨어지고 말았다.

의자왕이 태자 효와 함께 곰나루성으로 달아난 후 셋째 아들 융(隆)은 좌평 각가를 통해 당나라 소정방에게 글을 보내 군사를 물려 달라고 청하며 좋은 음식까지 보냈으나 소정방은 이를 받지 않았다. 융은 하는 수 없이 대좌평 천복(千福) 등과 함께 항복하

였다. 이때 신라의 세자 법민(法敏)은 백제
왕자 융을 말 앞에 꿇어앉히고 그 얼굴에 침
을 뱉으며 말하였다.

"네 아버지가 내 누이동생을 죽여 20년
동안이나 나의 마음을 아프게 하고 원한에
쌓이게 하였다. 지금 네 목숨은 내 손에 달
려 있다."

융은 땅에 엎드린 채 아무 말도 할 수
없었다.

이보다 앞서 의자왕이 곰나루성으로 도
망하자 그 둘째아들 태(泰)가 스스로 왕이
되어 성을 굳게 지켰다. 그러자 태자 효의
아들 문사(文思)는 융에게 말하였다.

정림사지 5층 석탑
탑의 기단부에는 소
정방이 백제를 멸망
시킨 후 새긴 글씨가
남아 있다.

"임금이 세자와 함께 도성을 비우자 숙부가 마음대로 임금이
되었는데 만약 당나라 군사가 포위를 풀고 가버린다면 우리는 생
명을 보존할 수 있겠습니까."

그리고는 좌우에 있던 신하들과 함께 성 위에 줄을 매고 나오
니 백성들이 모두 그 뜻에 따랐으며 왕자 태도 이를 만류하지 못
하였다.

소정방이 당나라 군사들로 하여금 성을 넘어 들어가서 당나
라 깃발을 꽂게 하니 태는 더 버틸 힘이 없어 마침내 성문을 열고
항복하고 말았다. 며칠 후 의자왕도 잡히어 태자를 거느리고 소부
리성으로 들어오게 되었다. 신라 태종무열왕은 의자왕이 항복했
다는 말을 듣고 곧 곰돌성에서 백제의 서울로 와 큰 잔치를 베풀
어 장사들을 위로하였다. 소정방 및 모든 장수들은 함께 당상(堂

上)에 앉고 의자왕과 태자 효를 당하(堂下)에 앉혀 의자왕으로 하여금 술을 부어 올리게 하였다. 의자왕이 허리를 구부리고 술을 부어 올리니 이것을 본 백제의 좌평과 여러 신하들은 다 흐느끼며 눈물을 흘렸다.

소정방은 의자왕 및 태자 효 왕자 태 · 융 · 연과 대신 장사 80명과 백성 2천 8백 명을 당나라 서울로 보내니 이로써 백제는 32대 678년 만에 멸망하고 말았다.

계백 장군의 충성

계백(階伯)은 백제 의자왕 때의 장군이다. 벼슬이 달솔(達率)에 이르렀다.

의자왕 20년에 당 고종이 소정방을 신구도행군 대총관으로 삼아 대군을 인솔하고 바다를 건너와 신라와 합세하여 백제를 침략하였다. 백제에서는 계백으로 하여금 결사대 5천 명을 뽑아 황산벌에서 최후의 일전을 벌이도록 하였다. 싸움터에 나가기 전에 계백이 말하였다.

"이제 신라의 대병과 결전을 벌이게 되니 국가의 앞날을 예측할 수 없다. 불행할 경우 내 처자가 적의 노예가 될지도 모른다. 욕되게 사는 것보다 차라리 죽는 것이 낫다."

계백은 처자를 다 죽이고 싸움터로 향했다. 그는 지형을 살펴 삼영(三營)을 쌓고 신라병과 싸우기 전에 군사들과 맹세하였다.

"옛날 월왕(越王) 구천(句踐)이 5천 명으로써 오나라의 70만

대군과 싸워 이겼으니 우리 백제의 군사가 비록 적지만 죽기를 각오하고 각자 분발하여 승부를 결단하여 국은(國恩)에 보답하자."

백제군이 일당백의 용기로 싸우니 신라군은 마침내 퇴각하였다. 이와 같은 피의 결전이 네 차례나 되풀이되었으나 신라군이 수적으로도 우세하고 사기도 만만치 않아 마침내 백제군은 힘이 꺾이고 계백은 부하들과 함께 장렬한 최후를 마쳤다.

끈질긴 백제인의 저항 운동

백제가 멸망하자 당나라는 백제를 웅진(熊津), 마한(馬韓), 동명(東明), 금련(金連), 덕안(德安)의 다섯 도독부로 나누어 각각 주·현을 통솔케 하는 한편 도독·자사·현령을 뽑았다. 낭장 유인원(劉仁願)에게 도성을 지키게 하고 좌위낭장 왕문도(王文度)

를 웅진도독으로 삼아 남은 군중을 통치하도록 하였다. 소정방은 승리한 군사를 정비하여 본국으로 돌아갔으며 신라 태종무열왕도 또한 제감(弟監) 천복(天福)을 당나라에 보내 승리한 사실을 보고하였다.

의자왕이 병으로 세상을 떠나자 당고종은 그에게 금자광록대부위위경(金紫光祿大夫衛尉卿)이라는 벼슬을 추증하였다. 의자왕의 옛 신하들에게는 장례에 참여하는 것을 허용하고, 손호(孫皓), 진숙보(陳叔寶)의 무덤 곁에서 장사를 지내도록 했다. 한편 왕문도가 바다를 건너 임지에 도착하자마자 죽으니 유인궤(劉仁軌)에게 왕문도의 직책을 대리하도록 하였다.

용삭 원년(龍朔元年)에 백제 무왕의 조카 복신(福信)이 군사를 거느리고 중 도침(道琛)과 함께 주류성(周留城)에 웅거하여 백제를 회복하고자 항전하기 시작하였다. 일본에 볼모로 가 있던 옛 왕자 부여풍(扶餘豊)을 임금으로 추대하고 서 · 북부가 이에 호응하여 도성에 집결하여 유인원을 포위하였다. 당나라 유인원의 도성부대는 승리감에 도취되어 백제의 군사를 대수롭지 않게 여겨 경계를 게을리 하였다. 덕분에 도성이 완전히 포위돼 아주 위급한 상태에 이르렀다.

백제의 군사들은 신라군을 몰아내 백제를 다시 찾을 수 있다는 기대로 여기저기서 모여들어 군세가 날로 증가하였다. 이에 도성을 지키던 유인원은 형세의 위급함을 웅진도독 유인궤에게 알렸다. 그는 병법을 아는 사람이었다. 유인궤는 신라 군사와 합세하여 도성을 멀리서 포위하는 한편 복신과 담판을 벌여 여유 있는 싸움을 벌였다. 백제군이 웅진강 어귀에 두 개의 책을 세워 항거했지만 신라군과 함께 공격하니 백제의 군사가 패하여 책 안으로 들어오다가 강물이 가로막히고 다리가 좁아 서로 짓밟혀 죽고, 싸워 죽고 하여 만여 명의 전사자를 냈다. 복신 등은 하는 수 없이 도성의 포위를 풀고 물러가 임존성(任存城)을 지켰고 신라 군사도 군량이 다 떨어져 돌아갔다.

이때부터 복신은 작전을 바꾸어 한편으로는 전쟁을 하고 한편으로는 유인궤에게 사자를 보냈다.

"들건대 당나라는 신라와 더불어 백제의 유민들을 다 죽이고 백제 땅을 신라에게 주기로 했다 하니 우리가 가만히 앉아서 죽기를 기다리는 것과 힘을 합하여 싸워 삶을 도모하는 것이 어찌 같겠는가? 이것이 군사를 모아 끝까지 굳게 지키는 목적이다."

이러한 말을 들은 유인궤는 그들의 전법인 유화책을 내세워 사신을 보내 항복하라고 타일렀다. 도침 등은 유인궤의 생각이 자기들의 생각과 거리가 너무 먼 것을 알고 그대로 돌려보냈다.

"사자로 보낸 사람의 벼슬이 너무 낮다. 우리는 한 나라의 대장이니 답서를 보낼 수 없다."

유인궤는 군사가 적으므로 유인원의 군사와 합하여 쉬게 하고 신라에게 합세하여 칠 것을 청하였다.

신라왕은 당 고종의 요청에 따라 장군 김흠(金欽)으로 군사를 거느리고 가서 유인궤 등을 돕도록 하니 김흠이 군사를 거느리고 고사(古絲)에 이르자 복신 등에게 격파당하고 갈령도(葛嶺道)로부터 도망하여 돌아갔다.

그 후 얼마 안 되어 복신이 도침을 죽이고 그 무리를 합병하니 부여풍은 복신의 행동을 저지하지 못하고 다만 자리만 지키고 있을 따름이었다. 복신은 유인원 등이 외로운 성에서 원군이 없음을 알고 사자를 보내 말하였다.

"그대들은 어느 때쯤 고국으로 돌아갈 예정이오. 전송을 해 드리리다."

이 말은 유인원에게 여기에 오래 머물러 있다간 죽기 쉬우니 빨리 돌아가라는 뜻이다.

이듬해부터 다시 싸움이 벌어졌는데 이번에는 유인원·유인궤 등의 군사가 복신의 군사를 웅진 동쪽에서 크게 파하고 여러 성책을 빼앗고 많은 군사를 죽였다. 복신 등이 험준한 진현성(眞峴城)으로 쫓겨왔으나 적의 야습을 받아 진형성마저 떨어졌다. 이로써 신라 군대가 마음대로 양식을 운반할 수 있게 되었다.

한때 백제 회복의 꿈에 부풀었던 형세는 다시 변하여 곤경에 몰리게 되었다. 설상가상으로 복신이 권세를 전제하여 부여풍과 사이가 점점 멀어져 서로 시기하는 사이가 되었다. 복신은 병을 핑계로 깊숙한 방에 누워 있다가 부여풍이 문병을 오면 잡아 죽이려고 측근과 모의하였다. 그러나 부여풍이 이 계교를 먼저 알고 갑자기 들이닥쳐 복신을 죽이고 사신을 고구려·일본에 보내 군사를 빌어다가 당병을 막아 싸웠다. 이를 당나라 장수 손인수(孫仁帥)가 중도에서 차단해 유인원군과 합세하는 데 성공했다.

풍왕은 고군분투하며 홀로 주류성, 임존성, 가림성 등으로 돌아다니며 최후까지 독려하였다. 당나라 군대는 유인원, 유인궤, 두석(杜奭), 손인수, 신라왕 김법민(金法敏) 등이 수륙 양군을 거느리고 백제 풍의 수륙 양군과 최후의 결전을 벌이게 되었다.

좁은 백강에서의 배 싸움은 군사들의 부르짖는 소리와 활시위 소리, 창 던지는 소리 등이 뒤엉켜 천지를 흔들었으며 배와 배가 서로 부딪치며 불도 났다. 강물까지도 붉게 물들어 처참한 광경을 더욱 고조시켰다.

아비규환의 피비린내 나는 싸움은 당군의 승리로 막을 내렸다. 풍왕은 응원군까지 모두 패망한 것을 보자 더 지탱할 길이 없음을 알고 홀로 빠져 나갔는데 행방은 알 길이 없다. 동족 왕실인 고구려로 망명하였다는 설이 있다. 임존성에서 끝까지 항전하던 지수신(遲受信)도 마침내 아내와 자식을 남겨둔 채 고구려로 달아나니 흑치상지(黑齒常之)도 더 저항하지 못하고 그의 별부장 사타상여와 함께 유인궤의 진영에 항복하고 말았다. 이로써 8년간 계속되었던 항전은 성과 없이 끝나고 말았다.

5
신라의 발전

신라의 발전

신라는 박혁거세에 의해 기원전 1세기경 지금의 경주에서 건국되어 1천 년의 역사를 과시하면서 중앙집권 국가로 발전하였다. 국왕을 중심으로 일원적인 통치 체계를 갖추어 영토를 병합 지배하였던바 변한 지역에서 성장한 가야의 여러 나라를 합병하며 국력을 키워 나갔다.

신라 등 한반도에서 3국이 발전하고 있을 때 중국에서는 후한, 위·진·남북조, 수·당의 통일 제국으로 연결되는 혼란과 대립 갈등의 시기에 처해 있었다. 따라서 신라 등 3국의 상호간 투쟁은 국제적인 환경과 연결되어 민감하게 일어났다. 신라는 특이하게도 대당 외교를 통해 고구려와 백제를 합병하고 우리나라에서 당의 세력까지도 무력으로 국외로 축출함으로써 7세기에 주도권을 잡고 3국을 통일하는 데 성공하였다.

통일 신라는 확대된 영토와 함께 왕권의 전제화가 이루어지면서 전성기를 맞이하였다. 화백의 민주회의나 성골, 진골 그것이 곧 화랑의 멸사봉공의 국가관과 민족관으로 연결되어 천 년의 역사를 유지할 수 있었던 민족의 저력이었던 것이다.

신라의 시조 박혁거세

신라 시조의 성은 박씨요, 이름은 혁거세이다. 전한(前漢) 효선제 (孝宣帝) 오봉(五鳳) 원년 4월에 왕위에 오르니 명칭은 거서간 (居西干)이고 나이는 13세였다.

혁거세의 탄생에 대해서는 다음과 같은 이야기가 전해진다.

진한에는 여러 백성들이 마을을 이루어 살았는데 1은 알천 (閼川)의 양산촌(楊山村)이고, 2는 돌산(突山)의 고허촌(高墟村)이고, 3은 취산의 진지촌(珍支村)이고, 4는 무산(茂山)의 대수촌(大樹村)이고, 5는 금산(金山)의 가리촌(加利村)이고, 6은 명활산(明活山)의 고야촌(高耶村)이다. 이것을 진한(辰韓)의 6부라고 말한다.

어느 날 고허촌장 소벌공(蘇伐公)이 양산 기슭 나정(蘿井) 옆의 수풀 사이에서 말이 엎드려 울고 있음을 이상히 여겨 그 말이 우는 곳으로 달려가니 말은 어디론가 달아나 보이지 않고 그 자리에 커다란 알이 하나 놓여 있었다. 그 알을 깨보니 그 속에 어린아이가 들어 있는지라 소벌공은 기쁨을 이기지 못하고 집에 데려다 길렀다. 아이는 크면서 점차 기골이 장대하고 숙성하여 비범한 재질이 있으므로 6촌 사람들이 신기하게 여기던 중 13세가 되던 해에 이르러 그를 임금으로 추대하였다. 진한 사람들은 호(瓠)를 박(朴)이라고 하였다. 거서간이란 말의 뜻은 진한 말로 임금이란 뜻이다.

제3대 유리왕 5년에 왕이 국내를 순시했을 때 한 할머니가 춥고 배고파 쓰러져 죽게 된 것을 보고 불쌍히 여겨 옷과 음식을 나누어 주었다. 왕은 또 아랫사람에게 명하여 홀아비와 홀어미, 고아, 늙은이, 병자 가운데 자활할 능력이 없는 사람은 모두 나라에서 먹을 것을 대주도록 했다. 이 소문을 들은 이웃나라 백성들 중 옮겨오는 자가 부지기수였다. 이때에 백성들이 편안하고 풍년이 들어 비로소 도솔가(兜率歌)를 지어 불렀다. 이는 왕의 선정을 기리고 백성들의 편안함을 내용으로 한 노래로 바로 우리나라 정형시(定型詩)의 시초이다. 집단적 서사시와 개인적 서사시의 중간 형식이며 이로써 민요가 정착(定着)된 것으로 추측된다.

오릉 박혁거세, 알영, 남해왕, 유리왕, 파사왕 등 5명의 왕족이 함께 묻혀 있는 분묘. 《삼국유사》에는 박혁거세의 시신이 다섯 부분으로 나뉘어 땅에 떨어졌는데, 큰 뱀이 나타나 합장을 방해하여 나눠 매장한 것이라고 기록되어 있다.

　　유리왕 9년 봄, 6부의 이름을 고치고 성을 주었다. 이후 6부의 여성을 두 편으로 갈라 왕녀 두 사람이 각각 한 편씩 거느리고 7월 16일부터 날마다 대부(大部)의 뜰에 모여 밤늦게까지 길쌈을 하다가 8월 15일에 길쌈 성적을 매겨 진 쪽에서 술과 음식을 장만해 이긴 쪽에게 사례하도록 하였다. 그날 밤에는 노래와 춤 그리고 온갖 놀이가 벌어져 즐겁게 놀았다. 이것이 가배(嘉俳)이다.

이때 진 쪽의 여성이 나와 춤추고 탄식하며 회소회소(會蘇會蘇-모이라는 뜻)라고 하는데 그 소리가 애절하고 청아하였다. 후대인들이 이를 토대로 노래를 짓고 이것을 회소곡(會蘇曲)이라고 하였다.

신라의 꽃 화랑도

자비왕 때 삼국의 정세를 살펴보면 고구려가 강성하여 조령(鳥嶺) 근처까지 차지했고, 신라와 백제가 이에 대항하기 위해 동맹을 맺었다.

신라의 중요한 성 가운데 요충지는 삼년산성(三年山城)이었다. 이 성은 지금의 보은군에 있는데 다 쌓는 데 3년이나 걸렸다 하여 삼년산성이라 불렀다 한다. 이를 전후하여 백제가 구원병을 청하자 신라는 이를 받아들여 원병을 보냈다. 뒤를 이은 소지왕은 고구려와 자주 충돌이 일어나자 국력을 튼튼히 해야 한다고 굳게 생각하게 되었다.

그 다음 왕인 지대로(지증왕)는 내물왕의 종손이며 소지왕(炤知王)의 재종제(再從弟)이다. 지증왕은 체격이 장대하고 담력이 월등하였다. 소지왕이 죽었는데 아들이 없어 그가 왕위에 올랐는데 그때 나이 64세였다.

지증왕은 워낙 키가 컸기 때문에 청년 시절에는 그에게 맞을 만한 여자가 없어 배우자를 고르는 데 어려움이 많았다. 배우자를 고르기 위하여 각지로 사람을 보냈는데 짚신도 짝이 있듯이 다행히 모량부에 신장이 7척 5분이나 되는 처녀가 있어 배우자로 정하였다.

지증왕 4년에 처음으로 국호를 신라라 정하였는데 신(新)은 '덕업을 일신(日新)한다.' 는 뜻이고 라(羅)는 '사방을 망라한다.' 는 뜻이다. 지증왕 13년에는 울릉도까지 영토를 넓히는 등 국력의 신장에 힘을 기울였다.

다음에 즉위한 법흥왕은 불교를 정식으로 믿게 하고 율령(律令)을 제정해 반포하는 등 문화 진흥에 힘을 썼다.

진흥왕(眞興王) 때는 이사부(異斯夫), 거칠부(居柒夫) 등의 명신이 나와 국가 발전에 크나큰 공을 세웠다. 마침 고구려가 국내의 왕위 다툼으로 국력이 약해지자 이때를 노려 북쪽으로 쳐들어가 한강 연안을 차지하였다. 신라는 한강 하류를 차지함으로써 중국과의 교역을 활발히 진행할 수 있었다. 중국 문화가 급속도로 수입되어 문명국으로서의 면모를 갖추게 되었다.

진흥왕은 한산주에 국경순수비를 세워 북한산비라 하였다. 나아가 서남쪽으로 가야국을 병합하고 지금의 창녕에 척경비(拓境碑)를 세우고 이원(利原) 근처의 황초령(黃草嶺), 마운령(磨雲嶺) 등

북한산 진흥왕 순수비와 창녕 진흥왕 척경비 (국립 중앙 박물관)

지까지 국경을 넓히는 데 성공했다.

이때 신라의 국력이 비로소 강대해졌고 국토도 넓어졌다. 육촌(六村) 중심의 작은 분지에서 일약 웅비하여 대국의 면모를 갖추게 된 것이다. 동시에 불교가 정식으로 인정되어 국가의 보호 아래 사찰이 각지에 세워졌다. 자연스레 범종 치는 소리가 신라 천지를 메아리치게 되었다. 이때를 전후하여 신라의 국력을 더욱 신장시키고 나아가 삼국통일의 기반이 된 화랑들이 배출되어 더욱 아름답고 풍류적인 기상을 자아냈다.

화랑이 생겨난 유래에 대해서는 재미있는 이야기가 전해진다. 처음에 사람을 등용할 때 그 사람됨을 알 수 없게 되자 임금과 신하가 고민한 끝에 남자와 여자를 끼리끼리 떼지어 놀게 하였다. 그 속에서 행동을 관찰하여 인재를 등용할 목적으로 신라 천지에서 가장 아름다운 남모(南毛)와 준정(俊貞)이란 여성을 골라 그녀들을 중심으로 300여 명의 무리를 모아 놀게 하였다.

한 여자를 중심으로 여러 남성들이 따라다니며 서로 자기의 특기를 자랑하며 뽐내었다. 특히 산수의 경치가 아름다운 곳에서 음식을 나누어 먹으며 노래와 춤으로 호연지기를 길렀다. 때로는 학문적인 토론을 했고, 도의적인 면도 기탄없이 논의하였다.

남모와 준정은 자신의 아름다움에 도취되어 여왕처럼 군림하였다. 그런 가운데 두 여자는 한 남성을 놓고 무서운 질투의 불길을 태웠다. 한번 질투의 불길이 붙기 시작하자 두 여성은 더욱 아름답게 보이기 위해 몸맵시를 곱게 꾸몄고 마침내 경쟁자를 없앨 음모까지 계획했다. 준정은 마침내 남모를 자기집으로 유인하여 억지로 술을 먹

임신서기석 화랑이 유교 경전을 익히고 따르겠다는 맹세를 새긴 신라 시대의 비석 (국립 중앙 박물관)

여 취하게 한 뒤 끌어다가 강물에 던져 수장을 시키고 말았다. 이로써 준정이 남자의 사랑을 독차지하는 데 일시적으로 성공했으나 사필귀정으로 남모를 죽였다는 사실이 발각되어 준정도 사형에 처하게 되니 그 무리들도 일시 해산하게 되었다.

그 뒤 여자 대신 미모의 남자를 모아 곱게 꾸며 화랑(花郎)이라 칭하고 떠받들게 하니 지원자가 구름같이 모여들었다. 이들 화랑은 도의로써 연마하고 노래와 춤을 즐기는 한편 명산대천을 유람하며 기상을 펼쳤다. 이 과정에서 개별 화랑의 사람됨을 본 뒤 유능하고 올바른 인재를 뽑아 조정에 천거하여 등용하도록 하였다. 김대문(金大問)의《화랑세기》에는 '어진 재상 충신이 모두 이에서 나왔다.'고 하였고 최치원의《난랑비서(鸞郎碑序)》에는 '나라에 현묘한 도가 있으니 그 이름은 풍류다. 교를 만든 근원은 선사(仙史)에 자세히 실려 있거니와 그 핵심은 유불선(儒佛仙) 3교를 포함하고 중생을 교화하는 것이다.'라고 적혀 있다. 바로 진흥왕 때 이런 화랑이 유행한 것이다.

백결 선생의 방아타령

눌지왕 때부터 가악(歌樂)이 성행하기 시작하여 자비왕 때는 서라벌의 서울도 제법 길거리가 호화로웠고 백성의 생활도 풍족해졌다. 자연히 이곳저곳에서 가악의 소리가 은은하게 흘러나왔다. 섣달 그믐께가 되면 조상에 제사지내고 새해를 맞이하기 위하여 떡을 만들어 먹는 풍습도 생겨났다.

이때 백결 선생이란 사람이 살고 있었다. 집이 너무 가난해 누더기 옷을 백번 이상 기워 입었기 때문에 붙여진 이름이다. 그는 젊은 시절에는 출세하여 장부로서 포부를 펴보려 하였으나 뜻대로 되지 않아 세상을 비관한 나머지 거문고나 뜯으며 한가롭게 지냈다. 날이면 날마다 거문고와 벗하며 지냈으므로 희로애락의 감정이나 세상만사를 거문고 곡조에 맞춰 표현할 수 있는 경지에까지 도달하였다.

어느 해 섣달 그믐께가 되자 이웃집에서는 떡방아 찧는 소리가 요란스럽게 들려왔다. 그러나 백결 선생의 집에는 아무것도 없어 착잡한 기분으로 할 일 없이 그대로 앉아 있어야만 했다. 거문고 소리만 들리면 부인은 가슴을 에는 듯 상을 찡그리고 당장 먹을 끼니 걱정이나 해야 했다. 이웃집의 방아 찧는 소리는 백결 선생의 가난을 비웃는 듯 더욱더 극성스럽게 높아만 갔다. 마침내 부인도 참다못해 바가지를 긁기 시작했다.

"여보 당신은 저 소리도 들리지 않소?"

"왜 들리지 않겠소. 내 귀가 가장 영리하여 음률의 곡조를 잘 만든다오."

"또 먹지도 못하는 그 거문고 곡조 말씀이군요. 거문고 소리는 그림의 떡이나 마찬가지지요."

"쿵쿵 쿵쿵덕궁 소리가 마치 무슨 곡조처럼 들려오는구려."

백결 선생은 그 소리를 생각하며 무슨 곡조를 만들 것을 생각하고 있었다. 사방에서 방아 찧는 소리가 어딘지 모르게 음악소리처럼 들려왔다.

부인은 그만 화가 나서 참을 수가 없었다.

"내일 아침 당장 먹을 양식도 없어요. 어떻게 구해다 끼니를

현금을 타고 있는 선인 집안 무용총에서 발굴된 고분 벽화에는 거문고의 원형으로 보이는 4현금의 그림을 볼 수 있다.

이어야 할 텐데."

부인은 옆에 앉은 백결 선생을 원망하는 듯 쳐다보았다. 부인의 얼굴은 수심으로 가득 차 있었다. 선생은 한숨을 내쉬고 길게 탄식한 다음 한마디 건네었다.

"그러지 마오. 인명은 재천이란 말이 있소. 또 부귀도 하늘에서 주시는 것이니 부귀가 올 때가 되면 저절로 오는 것이고 갈 때가 되면 또 저절로 가는 것이오. 인력으로 잡으려 해도, 막으려 해도 되지 않는 법이니 너무 걱정 말고 천명에 맡깁시다."

매우 낙천적인 사상이다. 옛날 선비들은 가난하다 하여 누구를 원망하거나 또는 도둑질할 생각을 하지 않는 법이었다.

"우선 당장 끼니가 없는데 상심하지 말라니요."

부인은 여전히 마음이 풀리지 않았다.

"우리집에서는 떡방아를 찧을 수 없으니 내 거문고에 방아 찧는 곡조를 만들어 보리다."

백결 선생은 거문고 줄을 고르고 방아 찧는 곡조를 뜯기 시작하였다. 한 곡 한 곡 넘어갈 때마다 무의식중에 부인도 곡조에 맞추어 장난을 치고 나중에는 덩실덩실 춤까지 추었다. 그뿐 아니라 이웃집 아이들까지도 방아타령만 나면 저절로 모여들어 한바탕 신나게 춤을 추어댔다. 가난한 중에서도 이 곡조가 생겨나 후세에 길이길이 전해져 누구나 이 곡조에 맞추어 흥겹게 놀게 되었다.

거문고집을 쏘아라

제21대 소지왕이 왕위에 올라 10년째가 되던 해 왕이 천천정(天泉亭)에 거동했을 때의 일이다. 난데없이 까마귀와 쥐가 몰려와 울부짖었다. 그 가운데 한 쥐가 사람의 말을 하는 게 아닌가.

"까마귀가 날아가는 곳을 놓치지 말고 쫓아가면 반드시 무슨 일이 있을 것입니다."

왕이 이상히 여겨 기사에게 따라가도록 명령했다. 까마귀는 남쪽으로 날아가더니 피촌(避村)*에 이르렀다. 기사는 잠시 돼지 두 마리가 싸우는 것을 보다가 그만 까마귀가 날아가는 곳을 놓치고 말았다. 하는 수 없이 길가에서 방황하고 있는데 때마침 한 노인이 연못에서 나와 편지를 건네주며 말하였다.

> * 피촌(避村) : 지금의 남산 동쪽 기슭에 있음.

"만약 이 편지를 열어보면 두 사람이 죽고 열어보지 않으면 한 사람이 죽게 될 것입니다."

사신이 돌아와서 왕에서 이 편지를 바치고 그 사실을 말했다.

"두 사람이 죽는 것보다 보지 않고 한 사람이 죽는 편이 낫다."

왕은 편지를 열지 않기로 하였는데 점치는 관원이 아뢰었다.

"두 사람이란 서민을 말함이오. 한 사람이란 왕을 이름입니다. 하오니 떼어보는 것이 좋겠습니다."

왕이 그 말을 옳게 여겨 편지를 열어보니 '거문고집을 쏘아라.'라고 쓰여 있었다.

왕이 내궁으로 들어가서 즉시 거문고집을 화살로 쏘았더니 내전의 분수승(焚修僧)이 궁주(宮主)와 은밀히 간통하고 있었다. 왕이 크게 노하여 두 사람을 사형에 처하였다.

그 후로부터 매년 첫 해일(亥日) 자일(子日) 오일(午日) 등에는 모든 일을 꺼리며 조심하여 움직이지 않는 풍습이 생겼다. 15일은 까마귀의 제삿날이라 하여 찰밥으로 제사하는 풍습이 지금까지 행해지는 곳도 있다. 노인이 연못에서 나와 편지를 전했다 하여 그 연못은 서출지(書出池)라 불렀다.

선덕여왕의 세 가지 지혜

제27대 선덕여왕은 진평대왕(眞平大王)과 마야부인의 딸이다. 정관(貞觀) 6년에 왕위에 올라 16년 동안 신라를 다스렸다. 선덕여왕은 매우 총명하여 보통사람들이 도저히 생각할 수 없는 어려운 일을 능히 해결하는 능력이 있었다.

선덕여왕은 어떤 일이 일어나기도 전에 미리 알아차린 것이 세 가지 있었다.

첫째는 당나라 태종이 진홍색, 자색, 흰색의 세 가지 색으로 그린 모란 그림과 그 씨앗 석 되를 보내온 일이 있었다. 선덕여왕이 그림을 보고는 뜰에 꽃씨를 심도록 하였다.

"이 꽃은 보기에 아름다우나 반드시 향기가 없을 것이다."

싹이 자라 꽃이 피고 꽃이 질 때를 기다렸더니 과연 그 말과 같이 향기가 없었다.

군신들이 이상히 여기며 왕에게 물었다.

"어떻게 꽃이 향기가 없음을 알았습니까?"

"꽃을 그리되 나비가 없으니 향기가 없는 것이 아니겠소. 이것은 당나라 태종이 내가 배우자가 없음을 업신여긴 것입니다."

첨성대

미소 지으며 답하자 군신들이 그의 뛰어난 판단력에 감탄하였다.

둘째, 왕위에 오른 지 5년째 되던 어느 날 영묘사(靈廟寺) 앞 옥문지(玉門池)에 난데없이 개구리가 모여 3~4일간 떠들어댔다. 시내 사람들이 여기저기 모여들어 구경하였다. 이 소식을 전해들은 선덕여왕은 급히 알천(閼川) 장군을 불러 군사 2천 명을 거느리고 속히 서쪽으로 나가서 여근곡(女根谷)이라는 곳을 물어 가면 반드시 적병이 있을 것이니 습격하여 잡으라고 명하였다. 알천장군이 명령을 받들어 서쪽으로 가 여근곡을 물으니 부산(富山)

밑에 과연 그런 곳이 있었다. 백제 군사 500명이 잠복했음을 발견해 모두 사살하고, 남산 고개 위에 숨은 백제장군 우소를 찾아내 포위하여 사살했다. 계속해서 백제군의 후속부대 1,300명이 진격해오는 것을 모두 사살하여 크나큰 전과를 올렸다.

이와 같이 백제군의 잠복 장소를 미리 알게 된 이유를 선덕여왕은 다음처럼 설명하였다.

"개구리가 성내는 형상이니 군사를 상징하는 것이고 옥문이란 여근이요, 여자는 음인데 그 색은 희고 흰 것은 서쪽이라. 그러므로 서쪽에 군사의 움직임이 있음을 알았고 남근(男根)은 여근에 들어가기만 하면 반드시 항복하기 마련이므로 쉽게 물리칠 수 있음을 알았다."

이 말에 군신들이 모두 그 지혜에 탄복하였다.

셋째, 왕이 국사를 돌볼 때 측근의 신하들에게 말하였다.

"내가 아무 해 아무 달 아무 날에 죽을 것이니 내가 죽거든 도리천에 장사지내라."

신하들이 도리천이 어디냐고 물었다.

분황사 석탑 분황사는 선덕여왕의 명에 의해 634년에 창건된 절이다. 분황사의 3층 모전석탑은 국보 제30호로 지정되었다.

"낭산(狼山) 남쪽이다."

과연 예언한 그 날에 죽으니 신하들이 그 유언에 따라 낭산 남쪽에 장례하였다.

그 후 10여 년이 지난 뒤 문무왕(文武王)이 사천왕사를 선덕여왕의 무덤 밑에 세웠다. 불경에 사천왕천의 위에 도리천이 있다 하였으니 이로 미루어 선덕여왕의 신령스러움을 알 수 있다.

손발 맞는 김유신과 김춘추

무력이간(武力伊干)의 아들 서현각간(舒玄角干) 김씨의 장자는 유신이요, 그 아우는 흠순(欽純)이며 맏누이는 보희로서 아명은 아해요, 누이동생은 문희(文姬)인데 아명은 아지였다.

김유신은 진평왕 17년 을묘에 탄생하였는데 그의 등에 일곱 별의 무늬가 있었다. 신기하게도 일월성 일곱별의 정기를 받고 태어났다는 것인데 그 밖에도 신통한 일이 많았다. 김유신은 18세 때 검술을 익혀 화랑이 되었는데 당시 신라사회에서는 신분 제도가 엄격하여 성골이나 진골이 아니면 높은 벼슬자리에 오를 수 없었다.

'어떻게든 신라의 귀족들과 혼인을 해야 한다. 그렇지 않으면 출세의 길이 막혀버리고 만다.'

김유신은 이런 생각으로 진골인 김춘추에게 접근할 계획을 짜냈다.

때마침 정월 보름이 되어 김유신은 김춘추를 자기 집에 초대하고 근처 넓은 뜰에서 축국(蹴鞠)을 즐겼다. 한창 흥이 익을 무렵 김유신은 계획적으로 김춘추의 당의(唐衣) 옷자락을 힘껏 밟았다. 옷은 우지직 소리를 내며 뜯어지고 말았다. 김춘추는 놀이에만 정신이 팔려 옷이 터진 줄도 몰랐다.

김춘추는 한참 놀고 난 뒤 집에 돌아가려다 소맷자락이 뜯어진 것을 알고 혼자말로 중얼거렸다.

"너무 재미있게 노느라고 옷이 터진 줄도 몰랐군!"

기회를 노리고 있던 김유신이 말을 건네었다.

"상공, 옷이 터졌으니 어찌 그대로야 돌아가실 수 있겠소. 이 근처에서 꿰매도록 하시죠."

"괜찮소. 대단치 않으니 집에 가서 꿰매도록 하겠소."

"아니올시다. 제 집에 오셨다가 그대로 가서야 되겠습니까. 소생의 집에서 꿰매도록 하는 게 좋겠습니다."

"그럼 그렇게 합시다."

유신은 김춘추를 집으로 안내하였다. 방에는 맏누이 보희와 누이동생 문희가 앉았다가 일어나 춘추공을 맞이하였다.

김유신이 보희에게 말했다.

"상공의 옷이 조금 찢어지셨으니 바늘을 가져다가 꿰매드리도록 하여라."

신라 시대의 생활용품 바느질을 하기 위한 각종 도구들이다. 청동 단추, 가위, 방울, 꽃 모양 장식 등이다. (국립 경주 박물관)

"어찌 하찮은 일로 귀공자를 가까이 하겠습니까?"

보희는 다른 방으로 갔다. 이에 문희에게 시키니 춘추공이 유신의 뜻을 알고 문희 앞으로 다가갔다. 문희는 자기 반짇고리에서 비단실과 바늘을 가지고 와 얼굴을 다소곳이 숙인 채 터진 곳을 꿰매기 시작했다.

곱게 그린 아미(蛾眉)는 나비가 날아갈 듯 부드러운 곡선을 나타냈고 높지도 낮지도 않은 코는 매력이 있었으며 흰 양볼은 부끄러움을 머금은 듯 홍조를 띠고 있었다.

이 모습을 바로 앞에서 바라보는 춘추공의 가슴은 설레기 시작했다.

"천한 소녀가 귀공자의 옷을 꿰매드리게 되어 영광이라 생각되옵니다."

목소리 또한 쟁반에 옥을 굴리듯 고운 목소리였다.

문희는 바늘에 실을 꿰어 춘추공 앞으로 다가갔다. 문희의 몸에서 풍겨나오는 향기가 미풍에 흔들려 김춘추의 코를 스쳤다. 이때 김춘추는 나이 30여 세의 장년으로 그는 문희의 아름다운 자태에 뇌쇄당할 지경이었다. 문희도 마찬가지로 설레기 시작했다. 두 사람은 어느덧 이심전심으로 사랑이 싹트고 있었다. 김춘추는 돌연히 꿈꾸는 듯 취한 듯 문희의 손을 덥석 잡았다.

"상공! 이러시면 아니되옵니다."

문희는 손을 빼려고 하였으나 그럴수록 김춘추는 문희의 손을 더욱 힘있게 쥐었다.

"손도 곱고 얼굴도 고우니 마음씨 또한 착하겠구나."

"오라버니가 밖에 계시옵니다."

잡은 손을 놓으라는 암시였다. 말은 그렇게 하면서도 문희의 몸은 김춘추의 씩씩한 품안으로 빨려 들어가고 있었다.

"아주 성숙한 몸매구나."

"부끄럽습니다. 다음날 다시 오시는 게 좋겠습니다."

"진골의 몸으로 함부로 나다닐 수가 없단다."

"그러시면 천한 가야의 왕손은 아무렇게 다루어도 괜찮겠습니까?"

매우 영리한 말이었다. 후일의 사태를 다짐하자는 용의주도한 문희의 생각이었다.

"걱정말아라. 장부의 말은 천금과 같은 것이다."

김춘추는 더욱 힘있게 문희를 끌어안았다. 두 사람의 심장은 걷잡을 수 없이 뛰고 있었다.

"소녀의 몸은 약속 없이 허락할 수 없습니다."

활짝 핀 꽃에 나비가 저절로 날아들듯 두 사람의 정염은 타올랐다.

한 번 김춘추의 사랑을 받은 문희는 밤만 되면 김춘추의 품이 그리워졌다. 날이 갈수록 두 사람 사이는 더욱 가까워졌다. 이러한 사실을 알고 있는 김유신은 회심의 미소를 지었다.

'이제 뜻대로 되어가는구나. 일만 잘되면 장차 왕비가 될 수 있으며 그 속에서 왕자가 태어나면 다음 대의 왕이 된다. 그렇게 되면 우리 집안도 비로소 진골이 되는 것이다.'

김유신은 이 생각을 하면 저절로 미소가 떠올랐다.

문희는 김춘추를 보고는 몸부림치기 시작했다.

"상공, 이제 나는 홀몸이 아니니 어찌하시겠습니까? 천금 같은 장부의 말을 헌신짝처럼 버리지는 않으시겠지요."

이 사실을 알아차린 김유신은 어떻게 하든지 문희를 정실로 들여보내야 한다고 다짐했다. 당시 김춘추는 이미 본실이 있고 자녀까지 두었으므로 문희는 첩이 될 수밖에 없었다.

"문희를 첩으로 들여보내기 위해서 일을 꾸민 내가 아니다. 삼국통일의 큰 지모를 갖춘 사람이 제 누이를 진골의 정실로 보내지 못한 데서야 말이 되는가."

김유신이 이렇게 기회를 노리고 있을 때 마침 선덕여왕이 궁중의 중신들을 거느리고 김유신의 집 앞에 있는 남산으로 거동하였다. 이 기회를 놓칠세라 김유신은 또 한 가지 계략을 꾸몄다.

선덕여왕과 중신들의 놀이가 한창일 때 김유신은 자기 집 마당에 나무를 쌓아놓고 불을 질렀다. 연기가 솟아오르는 것을 보고 선덕여왕이 물었다.

"저게 무슨 연기냐?"

"김유신의 집에서 솟아오르는 연기이온데 자기 누이동생을 태워 죽인다 하옵니다."

각본에 따라 미리 내정되어 있던 신하가 아뢰었다.

"무슨 까닭으로 그런다더냐?"

"남편 없이 아기를 밴 까닭이라 하옵니다."

"그러면 그게 누구의 소행인가?"

"어느 진골의 소행이라 하옵니다."

이 말에 옆에 모시고 있던 신하 가운데 김춘추의 얼굴이 벌겋게 달아올랐다. 눈치를 챈 왕이 김춘추를 보고 말했다.

"아무래도 춘추공의 안색이 좋지 않으니 무슨 곡절이 있는 듯하구려."

"황공하옵니다. 소신이 불민하여 크나큰 잘못을 범했나 보옵니다."

"무릇 사람이란 자기의 행동에 책임을 져야 하는 법이니 즉시 어명으로 혼인하도록 전하고 김유신의 누이동생을 구하도록 하시오."

왕명을 받은 사자(使者)가 김유신에게로 급히 달려가 어명을 전하니 김유신은 또 한 번 회심의 미소를 지었다. 이렇게 김춘추와 문희의 혼인은 정략적으로 이루어졌으며 김유신은 출세의 길이 탄탄대로와 같이 열리게 되었다.

훗날 김춘추는 진덕여왕이 죽자 영휘(永徽) 5년 갑인에 왕위에 올라 8년 동안 신라를 다스리고 59세로 일생을 마쳤다. 그는 김유신과 함께 신묘한 책략과 용기로 삼국을 통일하여 나라에 큰 공을 세웠다. 후대 사람들은 그의 묘호(廟號)를 태종(太宗)이라 하였다. 태자 법민(法敏) 각간, 인문(仁問) 각간, 문왕(文王) 각간, 노저(老且) 각간, 지경(智鏡) 각간, 개원(愷元) 등이 모두 태종과 문희의 소생이니 그녀는 일찍이 언니 보희의 꿈을 산 것이

태종무열왕릉 신라의 29대 왕 김춘추는 삼국 통일의 위업을 달성하였다. 그 업적을 기려 경북 경주에 능이 조성되었다.

헛되지 않았던 모양이다.

문희의 언니 보희가 꿈에 서산에 올라가 소변을 보니 서울이 그 소변으로 가득 찼다. 보희는 꿈이 하도 이상해서 다음날 아침 동생 문희에게 꿈 이야기를 하였다.

"언니, 그 꿈을 나에게 파시오."

"무엇으로 내 꿈을 사겠느냐?"

"비단치마를 드리겠어요."

보희가 좋다고 말하자 문희가 곧 앞자락을 벌려 꿈을 받을 준비를 하였다. 보희가 던지는 시늉을 하며 말했다.

"지난 밤 꿈을 너에게 준다."

그리하여 보희의 꿈은 문희의 꿈이 되었다. 이 꿈이 나중에 태종의 부인이 되는 운명이었음을 알았더라면 보희는 아마 꿈을 팔지 않았을 것이다. 문희가 김춘추와 혼례를 치르던 날 밤 보희는 비단치마를 찢으며 눈물을 흘렸다.

신라의 황금 시대

29대 태종무열왕은 삼국통일의 기반을 굳건히 만들어 놓고 재위 7년 만에 백제를 멸망시키는 데 성공했다. 태종의 아들 문무왕은 재위 20년 동안 북쪽의 고구려를 멸망시키고 점차 당을 몰아내면서 대동강 이남의 영토를 점령하여 신라의 국력을 다졌다. 다음 신문왕은 부업을 계승하여 국력을 기르는 데 힘썼으며 효소왕을 거쳐 성덕왕(聖德王) 때에 이르러서는 당나라의 문화를 받아들여

신라의 왕경복원도

신라의 문화를 빛냈다.

　35대 경덕왕(景德王) 때는 당나라의 제도를 본받아 신라 전국을 9주 5소경으로 나누고 지명도 당나라식으로 고쳤다. 이러한 영향을 받아 불국사와 석굴암이 김대성에 의해 완성되었다.

　불국사 경내에는 다보탑과 석가탑을 세워 세련되고 장중한 맛을 풍겼으며 신라인의 독특한 미를 자랑하였다. 또한 봉덕사의 종도 이 시대에 만들어진 것으로 그 은은한 소리는 모든 사람을 극락으로 이끄는 듯하였다.

　평화가 오래 계속되면 기강이 해이해지게 마련이다. 경덕왕비는 바로 순정(順貞)의 딸로서 왕비의 어머니 수로 부인(水路夫人)은 당시 미인으로 이름이 높았다. 성덕왕(聖德王) 때 순정이

다보탑과 석가탑

석굴암 통일신라의 불교에 대한 믿음을 보여주는 석굴 사찰. 조형적인 아름다움에 깃들어 있는 통일신라인의 염원은 세계 문화유산으로 지정되었다.

강릉태수로 부임하기 위하여 수로 부인과 함께 강릉으로 가다가 해변가에서 점심을 먹으며 쉬었다. 진달래꽃이 만발한 절벽의 경치가 매우 아름다웠다. 수로 부인은 꽃을 가지고 싶은 충동을 느껴 측근에게 꽃을 꺾어오라고 졸랐다. 이때 암소를 끌고 가던 어떤 노인이 고삐를 놓고 절벽 위에 올라가 꽃을 꺾어다 수로 부인에게 바치며 간단한 노래를 지어 불렀다.

붉은 바위 끝에 암소 잡은 손을 놓게 하시고
나를 부끄러워하지 않으신다면 꽃을 꺾어 바치오리다.

이것이 헌화가(獻花歌)이다.

일행이 다시 바닷가에서 쉬고 있을 때 용왕이 수로 부인의 아름다움에 반하여 그녀를 물속으로 잡아갔다. 순정공은 천신만고 끝에 부인을 구해냈다. 부인은 용궁에서 지낸 이야기를 다음처럼 말해 듣는 이로 하여금 황홀감을 갖게 했다.

"바닷속의 용궁은 참으로 화려합니다. 음식과 옷이 향기롭고 칠보로 장식한 궁전은 인간 세상에서는 도저히 상상할 수 없는 곳이었습니다."

수로 부인은 용궁을 그리워하는 듯했다. 이처럼 수로 부인의 용모는 너무 아름다워 역신이 흠모하여 어디를 가든지 잡아갔다 한다.

경덕왕비는 바로 이런 수로 부인의 딸로서 어머니를 닮아 아름다웠으나 행실에 대한 소문은 좋지 않았다.

한편 경덕왕은 옛날 지대로왕의 후손으로서 체격이 장대하고 옥경(玉莖)의 길이가 8촌이나 되었다 한다. 이러한 옥경에 제대로 맞는 여인은 그리 흔하지 않았다. 그 많은 궁녀 가운데 한 사람도 합당한 여자가 없었다. 이로 인하여 왕비가 아들을 낳지 못하자 왕비를 내쫓고 의충(義忠)의 딸 만월부인(滿月夫人)을 후비로 맞아들였는데 얼굴이 둥근달같이 생겼으며 왕의 옥경에 넉넉히 맞았다. 만월부인에게서 왕자를 낳으니 이가 혜공왕이다.

혜공왕은 8세의 나이로 임금의 자리에 오르자 어머니 만월부인이 수렴청정하기에 이르렀다. 왕은 18세쯤 되자 여색을 탐하기 시작하여 궁녀들을 마음대로 취하였다. 궁중은 환락장으로 변했고 만월부인에게서도 좋지 않은 소문이 날 정도로 기강이 문란해졌다.

그동안 태종무열왕의 계통을 이은 지정(志貞), 대공(大恭), 김은거(金隱居), 염상(廉相), 정문(正門) 등과 내물왕의 계통을 이은 김경신(金敬信), 김양상(金良相), 김순(金順), 김주원(金周元) 등과의 정권 싸움이 치열하여 90명의 각간이 목숨을 잃었으며 마침내 혜공왕도 피살되고 말았다. 여기서 태종무열왕의 계통은 거세되고 승리를 거둔 김양상이 왕위에 오르니 이가 바로 선덕왕(宣德王)이다.

신통한 만파식적

제31대 신문대왕(神文大王)의 이름은 정명(政明)이요, 성은 김씨다. 아버지 문무대왕을 위하여 동해가에 감은사(感恩寺)를 지었다. 절의 기록을 참고하면 문무왕이 왜병을 진압하기 위해서 이 절을 지었으나 완공을 보지 못하고 죽어 해룡(海龍)이 되었으므

문무왕의 수중릉

로 아들 신문왕이 왕위에 올라 2년 만에 공사를 마쳤다. 부왕의
유언에 따라 동쪽을 향해 구멍을 뚫어 놓았다. 뼈를 묻은 곳을 대
왕암(大王巖)이라 했고 절의 이름을 감은사라 한 것도 부왕의 유
조(遺詔)에 따른 것이다.

　이듬해 5월 해관 파진찬 박숙청이 아뢰었다.

　"동해 가운데에 있는 조그만 산이 물결을 따라 감은사 쪽으
로 향하여 떠옵니다."

　왕이 이상히 여겨 점성관에게 명하여 점을 쳐보라 하였다.

　"돌아가신 부왕께서 바다의 용이 되시어 삼한을 보호하며 또
김유신은 33천의 아들로서 신라에 내려와 대신이 되었으므로 두
성인의 덕을 합쳐 성을 지킬 보배를 내려주시려고 함이니 폐하께
서 해변에 거동하시면 반드시 큰 보배를 얻을 것입니다."

　점성관이 점을 친 결과를 말하자 왕이 기뻐하여 그달 7일에
해변가에 친히 가 사자를 보고 산을 자세히 살펴보라 하였다. 명
을 받은 신하가 돌아와 아뢰었다.

"산세는 마치 거북이의 머리 같사옵고 그 위에 대나무가 하나 있는데 밤이면 둘이 되고 낮이면 하나로 합쳐집니다."

왕은 그날 밤을 감은사에서 보내고 다음날 대가 합쳐지기를 기다렸다.

과연 정오쯤 되어 대가 하나로 합쳐지며 천지가 진동하고 비바람이 일고 사방이 어두워졌다. 그 뒤 7일 만에 비바람이 개고 물결이 가라앉았다. 왕이 바다를 건너 그 산에 들어가니 용이 검은 옥대를 바치는지라 왕이 그 띠를 받으며 물었다.

"이 산과 대나무가 갈라졌다 합쳐지는 것이 무슨 까닭인고?"

용이 대답했다.

"손뼉도 마주쳐야 소리가 나듯이 이 대나무도 합쳐진 연후에야 소리가 나게 마련입니다. 이는 대왕께서 소리로 천하를 다스릴 상서이옵니다. 지금 대왕의 아버님께서 바다의 용왕이 되시고 유신도 다시 천신이 되어 두 성인이 같은 뜻으로 이 보배를 내어서 나로 하여금 대왕께 바치도록 한 것입니다."

피리를 부는 토우 (국립 경주 박물관)

왕이 기뻐 놀라 오색의 비단과 금옥으로 치하하고 칙사를 시켜 대를 베어가지고 바다를 떠나니 산과 용이 모두 일시에 사라져 버렸다.

왕은 감은사에서 그날을 지내고 다음날 지림사(祗林寺) 서쪽 시냇가에서 오찬을 들고 있을 때 태자 이공(理恭)이 소문을 듣고 달려와 하례를 드리고 나서 옥대를 자세히 살펴보고 말했다.

"이 옥대의 모든 장식은 전부 살아 있는 용입니다."

"네가 그걸 어찌 아느냐?"

왕이 놀라며 장식 하나를 떼어서 물에 넣으니 곧 용이

되어 하늘로 올라가고 그곳은 못이 되어버렸다.

　　왕이 환궁하여 그 대나무로 적(笛)*을 만들어 월성 천존고(天尊庫)에 보관해두었다. 이 적을 불면 병란도 물러가고 병이 나으며 가뭄에는 비가 오고 장마 때에는 비가 개며 바람과 파도가 잔잔해지는지라 이름을 만파식적(萬波息笛)이라 하고 국보로 지정하였다.

* 적(笛) : 대로 만든 관악기의 한 종류

살벌한 정권 다툼

선덕왕은 왕위에 오른 뒤 처음에는 김경신(金敬信)을 중용하였으나 얼마 가지 않아 가까운 친족 김주원(金周元)을 다시 등용하므로 김경신은 벼슬을 버리고 한가롭게 지내고 있었다.

　　어느 날 밤 김경신이 꿈을 꾸었는데 사모를 벗고 갓을 쓰고 12줄 거문고를 끌어안고 천관사 우물로 들어갔다. 꿈을 깬 뒤 사람을 시켜 점을 쳐보니 사모를 벗은 것은 실직할 징조이고 거문고를 안은 것은 형벌을 받을 징조이며 우물에 들어간 것은 옥에 갇힐 조짐이라 했다. 가뜩이나 꿈자리가 사나워 출입을 삼가고 있을 때 이런 소리를 들으니 기분이 좋을 리 없었다. 김경신은 더욱 문을 굳게 닫고 두문불출하여 사람과의 접촉을 끊었다.

　　그렇게 며칠을 지냈는데 얼마 전부터 출입이 잦았던 여삼(餘三)이란 사람이 찾아왔다. 김경신은 만나기를 꺼려 몸이 아프다고 거절하였으나 여삼은 물러가지 않고 굳이 만나기를 원했다. 하는 수 없이 만나기로 하자 여삼이 김경신에게 물었다.

"무슨 일로 소생을 만나지 않으려 하십니까?"

김경신은 꿈 이야기를 하고 한숨까지 내쉬었다. 그러나 꿈 이야기를 들은 여삼은 일어나 절을 하였다.

"이것은 상서로운 꿈이로소이다. 공이 후일 큰 자리에 오른 후 나를 버리지 않으신다면 내 공을 위하여 해몽을 해드리이다."

김경신이 옆 사람을 물리치고 해몽을 청하였다.

"사모를 벗은 것은 더 이상 높은 사람이 없다는 것이고 갓을 쓴 것은 면류관을 쓸 징조이며 12줄 거문고를 안은 것은 12대손까지 대를 전할 징조이고 천관사 우물로 들어간 것은 대궐로 들어갈 징조입니다."

여삼은 말을 마치고 두 번 세 번 절했다.

김경신이 말하였다.

"나보다 한 등급 위에 주원이가 있으니 그가 왕위에 오를 것일세."

여삼이가 목소리를 낮추었다.

"몰래 북천의 신에게 정성껏 기도하십시오. 그러면 될 수 있을 것입니다."

얼마 후 선덕왕이 죽으니 왕의 아들이 없어 왕과 가장 가까운 주원을 맞아들여 왕으로 세우려고 하였다. 이때 주원의 집은 북천의 북쪽에 있었는데 때마침 비가 내려 물이 불어서 북천을 건너지 못하게 되었다. 할 수 없이 경신이 먼저 들어가 왕위에 오르게 되니 주원의 무리들도 모두 따라 왕의 즉위를 하례하게 되었다. 이가 곧 원성대왕이다. 좋은 꿈이 들어맞은 것이다. 그러나 그 후 왕위 계승 싸움이 약 40년 동안이나 계속되어 궁중을 중심으로 많은 인명이 피해를 입었다.

피 뿌린 왕위 싸움

김경신은 재위 4년째에 독서삼품과(讀書三品科)를 두어 과거법을 제정하였다. 왕은 태자를 두 번이나 세웠으나 둘 다 먼저 세상을 떠나는 슬픔을 맛보았다. 셋째 아들 예영(禮英)이 있었으나 태자로 세우지 않고 장손 준옹을 태손에 봉하였다.

왕이 재위 14년에 죽고 장손 준옹이 왕위에 오르니 이 분이 소성왕(昭聖王)이다. 소성왕은 재위 1년도 못 되어 승하하고 태자인 애장왕(哀莊王)이 13세의 나이로 왕위에 올랐다. 그러나 삼촌 김언승(金彦升)이 병부령의 벼슬자리에 올라 정사를 모두 맡았다. 왕의 숙부 김언승과 그의 동생 제옹은 왕이 나이가 들어 친정을 하게 될 경우 자기들이 거세될까 염려한 나머지 애장왕 10년 7월에 난을 일으켰다. 이때 가뭄이 심하여 백성들의 생활이 아주 곤란하였고 이러한 틈을 이용하여 김언승 형제가 궁중으로 쳐들어갔다. 이때 왕은 22세로서 청년다운 기백이 있었으며 왕의 동생 체명(體明) 역시 용기가 있어 형인 왕을 호위하고 나섰다. 2대 2의 숙질 간의 결투가 벌어지니 궁중은 수라장으로 변했다.

싸움의 결과 김언승 형제의 승리로 막을 내렸다. 애장왕과 동생 체명이 김언승의 칼에 원귀가 되고 말았다. 숙질 간에 죽고 죽이는 상서롭지 못한 전례를 만든 것이다.

이후 김언승이 왕위에 올라 헌덕왕이 되었다. 왕은 전부터 노리던 왕위를 차지하자 크게 잔치를 벌여 신하들에게 춤까지 추게 하는 등 호탕한 유흥을 벌이니 궁중이 어수선했다.

헌덕왕의 이 같은 처사에 불만을 품고 있던 주원의 아들 헌창이 웅천주 도독으로 있으면서 반기를 들었다. 그는 나라 이름을 장안(長安), 연호를 경운(慶雲)이라 하고 웅천주에서 독립을 선언하였다.

헌덕왕은 신라 서울에서 이 소식을 듣고 균정(均貞), 웅원(雄元), 우징(祐徵) 등을 보내 웅진에서 결전을 벌인 결과 김헌창이 패하여 그의 종족이 대량으로 피살되었다.

헌덕왕이 죽은 후 그의 아우 흥덕왕(興德王)이 즉위하였으며 왕이 재위 11년 만에 죽자 또다시 왕위 싸움이 벌어져 궁중은 아수라장으로 변했다. 왕의 사촌동생 균정과 균정의 형의 아들 제융(悌隆) 사이, 그러니까 숙질 사이에서 싸움이 벌어졌다. 균정은 아들 우징과 조카 예징, 김양 등의 지원을 받은 반면, 제융 쪽에는 이홍, 김명, 배훤백 등이 버티고 있어 3대 3의 호각지세(互角之勢)를 이루었다. 양쪽은 궁중에서 일전을 벌였다. 김명이 먼저 화살을 맞고 달아나 제융이 위태해지는가 싶더니 곧 균정의 아들 우징이 겁을 먹고 도망갔고, 균정은 제융의 화살에 명중되어 왕위의 꿈은 허사가 되고 말았다.

이에 승리한 제융이 왕위에 오르니 그가 곧 희강왕(僖康王)이다. 왕위 싸움 때 자신을 도운 공로로 김명을 상대등으로 삼았는데 김명은 2년도 못 되어 희강왕을 없애고 스스로 왕위에 오르니 그야말로 악순환의 연속이었다.

한편 균정의 아들 우징과 예징, 김양 등은 청해진으로 도망가 장보고에게 의탁하였다. 이들은 2년도 못 되어 장보고의 군사를 거느리고 서울로 들어와 민애왕 김명을 죽이고 왕위에 올랐다. 곧 신무왕(神武王)이다.

그러나 신무왕은 왕위에 오른 지 7개월 만에 등창이 터져 세

청해진 지금의 장도에 청해진의 본영이 남아 있다. 장보고는 청해진을 중심으로 외국과의 무역을 주도했다.

상을 떠나고 말았다. 이어 문성왕(文聖王) 경응(慶膺)이 왕위에 올랐다. 문성왕은 일찍이 청해진에서 장보고에게 의탁했을 때 장보고의 딸을 마음대로 농락하면서 훗날 만약 왕이 되면 그녀를 왕비로 삼겠다고 굳게 약속한 바 있다. 이에 왕위에 오른 문성왕이 장보고의 딸을 왕비로 삼으려고 하자 군신들이 말렸다.

"장보고는 비천한 사람이니 그의 딸로 왕비를 삼는 것은 불가합니다."

왕은 그들의 말에 따랐다. 여기에 불만을 품은 장보고는 군사를 일으켜 신라의 서울을 공격하려 하였다. 그러던 중 무주(武州) 사람 염장(閻長)이 청해진으로 내려가 장보고를 암살함으로써 싸움을 모면했다. 이로써 왕위를 중심으로 한 싸움은 잠잠해졌으나 신라의 국력은 회복하기 어려운 지경으로 흘러갔다.

당나귀 귀 경문대왕

＊ 국선 : 화랑의 총지
도자. 국선 밑에 화랑이
전국적으로 3~4명, 혹
은 7~8명 있으며 그 아
래 낭도가 있었다.

경문대왕(景文大王)의 이름은 응렴으로 18세 때 국선＊이 되었다.
그가 왕위에 오르기 전에 헌강왕(憲康王)이 응렴을 궁중으로 불
러들여 잔치를 벌이면서 물었다.

"그대는 국선으로서 사방으로 다니면서 무슨 이상한 일이라
도 본 일이 있는가?"

응렴이 공손히 대답하였다.

"신은 선행이 있는 사람 셋을 보았습니다. 어떤 사람은 남의
윗자리에 있으면서 겸손하여 남의 밑자리에 앉으니 이것이 하나
요, 어떤 사람은 부자이면서도 검소한 생활을 하는 이가 있으니
이것이 둘이요, 어떤 사람은 막대한 권력을 가졌으면서도 그 위엄
을 부리지 않는 사람이 있으니 이것이 셋입니다."

왕이 이 말을 듣고 보통 사람과 다른 큰 인물임을 알아보고는
감탄하며 말했다.

"나에게 두 딸이 있으니 하나를 골라 그대의 아내로 삼으라."

응렴이 자리에서 일어나 절하며 물러나 집에 돌아와 부모에
게 이 사실을 말하였다. 부모들이 이 말을 듣고 기뻐하며 맏공주
는 용모가 별로 예쁘지 않고 둘째 공주는 대단히 아름다우니 둘째
공주를 맞이하는 것이 좋겠다고 결정을 내렸다.

낭도의 우두머리 모범사(模範師)가 이 소문을 듣고 찾아와
응렴에게 물었다.

"대왕께서 공주로 하여금 그대의 아내를 삼으려 한다 하니
그게 정말인가?"

"그렇습니다."

"그렇다면 두 공주 가운데 누구를 취하려는가?"

"부모의 말씀에 둘째 공주가 좋다 하옵니다."

"그대가 만일 둘째 공주를 취하면 내가 맹세코 그대의 면전에서 죽을 것이고 만공주를 취하면 반드시 세 가지 좋은 일이 있을 것이니 내 말을 헛되이 듣지 말라."

응렴이 모범사의 말에 따라 만공주를 취하겠다는 의사를 밝혔다. 얼마 후 응렴은 만공주와 결혼을 하였다. 결혼한 지 3개월 후 왕의 병이 매우 위독하매 군신을 불러놓고 말했다.

"내 아들도 손자도 없으니 장사를 치른 뒤에는 마땅히 만딸의 남편 응렴으로 왕위를 계승케 하라."

다음날 왕이 죽자 응렴이 곧 유조(遺詔)를 받들어 왕위에 올랐다. 이때 모범사가 와서 말하였다.

"제가 말하던 세 가지 좋은 일이 다 성사되었습니다. 만공주를 취하였기 때문에 왕위에 올랐으니 이것이 하나이옵고, 미모의 둘째 공주도 취할 수 있으니 이것이 둘이요, 만공주를 취했기 때문에 전왕과 왕비가 기뻐했으니 그 셋이옵니다."

왕이 모범사의 지혜에 감탄하여 대덕(大德)이란 벼슬을 내리고 많은 상을 주었다.

왕의 침전에 날이 저물면 밤마다 무수한 뱀들이 떼를 지어 모여드니 궁인들이 공포에 질려 쫓으려 하면 왕이 말했다.

"과인은 만일 뱀이 없으면 잠을 편히 자지 못하니 쫓아버리지 말라."

왕이 잘 때마다 뱀의 혀가 나와 가슴까지 덮어주었다.

처음 왕이 왕위에 오른 뒤부터 왕의 귀가 갑자기 길어져 나귀의 귀같이 되었다. 왕후나 궁인들은 이 같은 사실을 전혀 몰랐고 오직 사모장 한 사람만 알고 있었다. 그러나 이 사실을 남에게 절대 말하지 말라는 왕의 명령도 있고 해서 말을 못하고 지내다가 왕이 죽자 도림사(道林寺) 대숲에 이르러 사람 없는 곳에서 대나무를 향하여 소리쳤다.

"우리 임금의 귀는 당나귀 귀 같다."

그 뒤부터 바람이 불면 대나무숲에서 이런 소리가 들렸다고 한다.

"우리 임금의 귀는 당나귀 귀 같다!"

역신을 감동시킨 처용의 노래

제49대 헌강왕(憲康王) 때에는 서울 거리가 당나라 도시를 본떠 큰 길이 좌우로 바둑판처럼 벌어져 있었다. 그 사이에 백성들의 기와집이 즐비하게 들어섰으며 2층집도 간간이 섞여 있었다. 거리에는 피리소리와 노랫소리가 끊이지 않아 평화와 문화를 자랑하였다. 또 바람과 비의 양이 적당하여 해마다 풍년이 들었고, 백성들은 태평성대를 노래하였다.

헌강왕이 재위한 지 얼마 안 되어 개운포(開雲浦)*에 놀러갔다가 돌아오는 길에 잠시 해변가에서 쉬는데 난데없이 구름과 안개가 캄캄하게 덮어 지척을 분간할 수 없게 되었다. 왕이 이상히 여겨 시신(侍臣)들에게 물으니 점성관이 점을 쳐 보고 아뢰었다.

"이것은 동해의 용이 변괴를 일으키는 것인즉 대왕께서는 좋

* 개운포(開雲浦) : 학성(鶴城) 서남쪽에 있다. 지금의 울주(蔚州)

이야기 한국사

은 일을 행하시어 풀어야 합니다."

왕이 관리에게 명하였다.

"용을 위하여 이 근처에 절을 지어라."

왕명이 내리자 바로 바람이 가라앉고 안개가 걷혔다. 용이 기뻐하여 아들 7명을 데리고 왕 앞에 엎드려 대왕의 덕을 칭송하며 노래를 부르

처용무 처용무는 후에 음력 12월 악귀를 몰아내고 신년을 맞는 세시풍속으로 자리 잡았다. 조선 시대 기록화에는 처용무를 보며 연회를 즐기는 모습이 그려져 있다. (고려대학교 박물관)

고 춤을 추었다. 왕은 원래 춤을 즐겨오던 터라 그들의 춤추는 모습을 자세히 지켜보고 있다가 물었다.

"그게 어느 나라의 춤인고?"

"소신들은 본래 바닷속에 있는 용왕의 아들이옵니다. 오늘 어가가 왕림하신다 하옵기에 이곳에 왔사온데 왕이 선정하시므로 대왕의 덕을 찬양코자 춤을 추고 노래하는 중이옵니다."

그중에서 한 청년이 나와 왕에게 절하고 이렇게 말하더니 더욱 신나게 춤을 추어댔다. 왕은 용왕이 자신의 선정을 알아주는 것이 기뻐 만족한 얼굴로 춤과 노래를 감상하였다. 어가가 환궁할 때 용왕의 아들 중 한 사람이 왕에게 청하였다.

"신의 이름은 처용(處容)이라 하옵는데 부왕의 명령으로 신라의 신하가 되어 화려한 신라를 배우고자 하옵니다."

왕은 곧바로 그 청년을 신라의 서울로 데려와 미모의 여성으로 아내를 삼아주고 그의 마음을 사로잡기 위하여 급간의 벼슬까지 내렸다.

처용이 서라벌로 들어와 춤을 추자 그의 춤이 황홀하여 청춘 남녀들이 그의 춤을 배우기 위해 구름처럼 모여들었다. 달 밝은

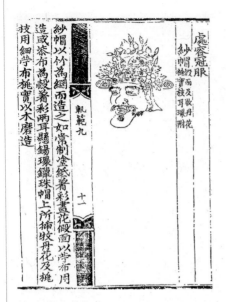

《악학궤범》에 실린 처용의 모습 (서울대학교 박물관)

서라벌의 밤 아래서 처용무를 추어대며 삼삼오오 짝을 지어 사랑을 속삭였다.

자고로 나라의 정치가 문란하고 기강이 해이해지면 남녀의 풍기가 문란해지고 불륜한 행동이 싹트며 도색유희에 빠지게 된다. 처용의 아내는 신라에서 가장 아름다운 여자였으므로 그녀를 뒤따르는 남성이 많았고, 남성들과의 교제가 빈번하였다.

어느 날 처용 아내의 아름다움을 탐낸 역신(疫神)이 사람으로 변신하여 밤에 처용의 집으로 들어가 처용의 아내와 즐기고 있었다. 밤새도록 춤과 노래로 시간을 보내다가 집으로 돌아온 처용은 혼자 있어야 할 아내의 침실에 두 사람이 있음을 보고는 노래를 부르고 춤을 추며 물러갔다. 그 노래는 다음과 같다.

새불 발기 다래
밤드리 노니다가
드러아 자리 보곤
가라리 네히어라
둘흔 내해엇고
둘흔 뉘해언고
본디 내해다마른
아아늘 엇디엇디흐릿고
〈梁柱東 譯〉

이 노래를 듣고 역신이 모습을 나타
내며 처용의 무릎 앞에 엎드렸다.

"내가 공의 아내를 흠모하여 죄
를 범했는데도 공은 노하지 않고 노
래를 부르니 공의 미덕에 감탄하였습
니다. 차후로는 공의 얼굴을 그린 상만
보아도 그 집에는 절대 들어가지 않기
로 맹세하겠습니다."

이렇게 말하고 물러갔다.

도깨비 장식 문고리
안압지에서 출토된
도깨비 장식 문고리.
잡귀를 쫓고 불길한
일을 막는 부적 역할
을 하였다. (국립 경
주 박물관)

이 말에 따라 후에 처용의 모습을 문에 붙여서 사기(邪氣)를
물리치고 경사스런 일을 맞는 풍습이 생겼다 한다.

그 후 왕은 영취산(靈鷲山) 동쪽의 좋은 땅을 골라 절을 짓고
그 이름을 망해사 또는 신방사(新房寺)라고 하였다. 이는 용을 위
해서 지은 것이다.

한편 왕은 남산 밑 포석정에 자주 나가 춤과 노래로 세월을
보냈다. 하루는 남산신이 나타나 어전에서 춤을 추었으나 측근에
있던 사람들은 보지 못하고 왕만 볼 수 있었다. 그래서 왕이 직접
신이 추는 춤을 추어 그 춤의 원형을 보여주었다. 어떤 사람이 신
의 이름을 상심(祥審)이라 하였다 하여 지금까지 그 춤은 어무상
심(御舞祥審) 또는 어무산신(御舞山神)이라 한다.

혹은 이미 산신이 나와 춤을 추므로 그 모습을 본떠 공장(工
匠)에게 그 모습을 조각하도록 해 후세에 전했기 때문에 상심무
(祥審舞) 또는 상염무(霜髥舞)라 했다 하는데 이것은 그 모양에
서 유래된 말이다.

6
발해의 번영

발해의 번영

7세기경 신라가 삼국을 통일하였을 때 고구려의 장수 대조영이 고구려 유민과 말갈족을 모아 길림의 동모산을 근거로 나라를 세운 것이 발해이다. 발해는 고구려의 전통을 계승함으로써 통일신라와 함께 독자적인 세력을 구축하여 삼국 시대에 뒤이어 우리나라에서의 남북국 시대를 형성할 수 있었다.

발해는 동삼성의 대부분과 연해주에 걸치는 광활한 영토를 점유, 8세기 초에는 당과 대결 구도를 보이면서 국가의 기반을 탄탄히 정비해 나갔다. 발해는 9세기에 이르러 크게 융성하였는바 국력을 효과적으로 관리하기 위해 중앙과 지방의 행정조직을 정비하여 한때 해동성국이라고까지 불릴 정도였다. 독자적인 연호를 사용하여 중국과의 정치적 차별화를 분명히 선언하고 왕권의 전제화를 국력유지에 적절히 활용하였다. 발해는 이와 같은 기반과 수준 위에서 당과 신라의 공격을 독자적으로 격퇴하면서 오히려 그들과 문화교류를 행하였다.

발해는 당·신라의 협공으로 일본과는 그 대비책의 일환에 따라 우호관계를 유지하였다. 때때로 적대관계에 있었던 신라와는 동족이라는 대범한 민족 공동체 의식 속에서 사신과 무역이 제한적이나마 이루어졌다. 그러나 발해는 10세기 초 차츰 국력이 쇠약해지면서 거란족에 쫓겨 건국한 지 228년 만에 그 막을 내리게 되었다.

고구려 정신을 계승한 대조영

668년에 고구려가 멸망한 뒤에도 10년 동안은 수많은 고구려 유민들이 요동 지역에서 당나라에 항거하며 재기의 기회를 노렸다. 당나라는 고구려가 망한 뒤 10여만 명을 생포하여 영주(營州)에 집결시켜 이곳을 이질(異質) 종족 통솔지로 삼았었다. 고구려의 보장왕을 요동 도독으로 삼아 친당적인 소고구려국을 수립한 일도 있었다. 이는 고구려 유민에 대한 당나라의 무자비한 이민정책이었다.

이때 영주에 있던 거란이 반란을 일으켜 이곳을 점령하였다. 따라서 7세기 말 고구려 유민의 지도자 대조영(大祚榮, 698~719, 高王) 장군은 거란 세력을 몰아내고 그 무리와 말갈족의 일

동모산 대조영이 발해를 건국한 이래 50년간 발해의 수도였던 곳이다.

부를 거느리고 옛 땅인 동모산(길림성 돈화)을 근거로 698년 나라를 세우니 이것이 우리나라 역사의 맥을 잇는 정통국가인 발해였다. 처음엔 국호를 진(震), 연호를 천통(天統)이라 칭하였다. 이로써 남쪽의 신라와 북쪽의 발해가 함께 존재한 남북국 시대가 열렸다.

발해는 친고구려적인 성격의 나라인 만큼 고구려 정신을 계승, 유지하려 노력했다. 그래서 처음에는 당에 항거하였으나 그 뒤에 차차 교류하였다. 그러나 신라와는 시종일관 적대적인 관계를 유지했다. 물론 신라도 발해에 대해서 마찬가지였다. 발해를 2세기 동안 유지하게 한 시조 고왕 대조영은 기세 좋게 이렇게 외쳤다.

"나는 고구려의 후손이다. 고구려가 나·당 연합군에게 망한 뒤 이 넓은 땅은 우리 눈에서 멀어져가고 있는 것 같다. 매우 안타까운 노릇이다. 이에 나는 고구려의 헌걸찼던 대제국의 모습을 다시 찾고 정신을 계승하고자 이 땅에서 일어나게 되었노라!"

이 얼마나 믿음직스러운 고구려인의 기상인가.

대조영은 걸걸중상(乞乞仲象)의 아들로 당나라에 적대적인 감정을 갖고 저항하는 삶을 살아왔다. 결국 그 덕분에 고구려 계승과 발해국 건설이 구체화되었다고 말할 수도 있겠다.

대조영은 발해를 건국한 뒤 돌궐족과 손잡고 당을 견제할 세력을 튼튼히 구축했다. 마침내 705년 당나라가 시어사 장행급을 보내 화해를 청하였다.

"우리나라와 귀국은 앞으로 화친함이 좋을 것이오."

이에 대조영은 답례로 아들 대문예(大文藝)를 파견해 당나라에 입시(入侍)*하도록 해 평화가 계속되었다. 발해가 당나라의 제

* 입시(入侍) : 대궐에 들어가 임금을 알현함.

도에 영향을 받아 문물을 발전시킨 것도 그 때문이었다. 이후 713년(천통15) 당나라로부터 발해군왕에 봉해지고 국호를 '발해'라고 고친 뒤 고구려의 옛 땅을 거의 회복하여 해동성국을 이룩하였다. 대조영은 죽음에 이르러 "후대 왕들은 고구려 정신을 잊지 말고 잘 계승하도록 하라."고 당부하였다. 발해는 동삼성과 연해주 일대를 차지하는 큰 나라로 발전하였다.

눈부신 발해의 문화

발해 시조 대조영이 21년간 기반을 닦은 뒤 아들 2대 무왕(719~737)과 3대 문왕(737~793) 때에 이르러 국토가 확장되고 문화가 발달하였다. 721년에는 동북경에 큰 성이 구축되기도 하였다. 중경에서 상경으로 수도를 옮긴 것도 국내 지배 체제를 정비하고 발전시킬 거점 도시를 확보하기 위해서였다.

정효공주 묘의 현실 벽화 인물도

* 성당(盛唐) : 당나라
문학사를 융성 단계에
따라 초당(初唐), 성당
(盛唐), 중당(中唐), 만당
(晩唐)으로 나눴다. 성당
은 그 둘째 시기임

발해의 전성기는 9세기 초 10대 선왕(818~830) 때로 성당
(盛唐)* 문화를 받아들여 해동성국으로 불렸다. 이 시기의 발해
는 동북쪽으로 연해주를 지나 흑룡강·송화강에 이르고 서쪽으로
는 압록강 하류로부터 구련성·개원·농안의 서편을 통하여 거란
과 요동에 접하고 남으로는 대동강·원산만에까지 뻗쳐 신라와
접하였다. 이렇게 강성했던 발해도 10세기 초 동몽골에 근거를 둔
유목민족인 거란의 추장 야율아보기가 중국을 점령하기 위해 공
격한 이후 기울기 시작하였다(925). 마침내 14대 애왕(901~926)
때 거란의 급침을 받아 상경용천부가 함락됨으로써 14대 228년
만에 망하였다(926).

발해의 각종 제도는 당의 제도를 참고하였다. 중앙에는 세습
되는 왕 밑에 3성 6부제가 있었으며 지방은 5경 15부 62주로 분
할, 통치하였다. 그 밖에 중앙에 소속된 특별관청으로 중정대(감
찰), 문적원(도서편찬·보관), 사빈사(외교), 주자감(교육) 등이
있어 왕을 보좌하였다. 관리는 8등급으로 나누었으며 지도층은

대부분 고구려 귀족 출신이 차지하였다. 군제는 10위를 두고 국민개병제를 원칙으로 하여 강하고 질서 있는 상비병 10만 명을 확보하였다. 발해는 인안, 대흥, 건흥 등 독자적인 연호를 사용할 정도로 그 위치가 뚜렷하였다.

발해는 당 또는 일본과 문물을 교류함으로써 산업을 육성하였고 외국 문물을 모방했지만 창조적인 부분을 가미해 전혀 새로운 문화를 완성하였다. 문화를 생산하고 향유한 주체는 고구려 유민인 귀족으로 5경을 중심으로 불교적인 색채를 띠며

상경의 돌등 상경 용천부의 절터에 남아 있는 발해의 돌등. 이 역시 고구려의 기술을 이어받았다.

발달하였다. 그중에서도 8세기 말 3대 문왕이 상경 동경성(東京城)으로 옮겼는데 이곳은 오랫동안 정치·문화의 중심지가 되어 크게 번성하고 발달했다. 최근에 발견된 유적에 의하면 수도 상경에는 주위 40리 가량 되는 토성이 있었다. 이는 내성과 외성으로 구성되어 있고 중앙에는 주작대로를 중심으로 질서정연한 시가지가 구획, 정리되어 있었다. 지금도 그곳에서는 왕궁을 비롯하여 돌계단·석등·기와·벽돌 같은 것이 많이 나오고 있어 발해가 2세기 동안 누렸던 번영상을 보여주고 있다. 미술품과 공예품의 공통적인 특색은 고구려의 영향을 받아 대륙적이고 진취적이며 야성미가 흐르는 가운데 발해 특유의 소담한 맛도 풍긴다. 분묘는 횡혈식(橫穴式)의 고구려 계통임을 알 수 있다.

발해의 교육기관으로는 주자감이란 국립대학교 같은 전문기관이 있었다. 학생 중에는 입당 유학생들도 많았다. 당시 고구려나 백제, 발해의 후예로 중국에서 활약한 인물도 적지 않았는데 파미르 고원을 누빈 고구려의 후예 고선지의 활약은 눈부신 것이었다.

고구례 계통의 상류 귀족은 인습대로 불교와 유교를 믿었으나 말갈족이 근간이 되는 평민들은 여전히 샤머니즘shamanism의 테두리 안에서 벗어나지 못하였다. 농업과 광철업이 성하였고 베·명주도 생산하였다.

고선지 장군 복원도

발해는 고구려 옛 땅인 동삼성 지역에서 일어났으나 우리 역사에서 소외되는 일이 많았다. 삼국을 통일한 신라는 발해가 고구려의 유민이라고 생각하긴 했지만 발해 초기에 잠시 교류했을 뿐 말갈족이 대부분이라는 이원적인 조직 관념에 따라 같은 동포로 보지 않았고, 따라서 하나로 융합할 필요도 느끼지 못했다. 그러나 발해 건국세력과 지배계층은 고구려 문화를 받아들였을 뿐 아니라 10세기 초 발해가 망한 뒤 고구려 계통 사람들은 고려로 들어가 한국 민족의 재통일을 촉진하는 저력을 보였다. 유민인 열만화(烈萬華)는 압록강가에 정안국(定安國)을 세웠다.

그러다가 18세기 실학자들이 한국학에 대한 관심을 높임에 따라 한국사의 정통성이 강조되었고, 발해사를 연구하려는 경향이 나타났다.

조선 시대의 실학자 유득공은

그의 명저《발해고》에서 고구려와의 관련성을 거듭 강조하였다.

"그 대(大)씨는 누구인가. 곧 고구려 사람이었다. 또 그들이 차지하고 있던 땅은 어디였던가. 곧 전통적인 금수강산, 우리의 고구려였다. 이곳은 아름다운 우리의 얼이 뛰노는 고장이다."

유득공은 또 고구려의 옛 땅을 회복하는 큰 명분을 상실한 것은 한국 정통사에서 발해가 제외되는 데 있다고 격분하면서 우리의 역사를 다시 찾아야 한다고 주장했다. 최근에는 발해에 대한 연구가 진행되면서 신라와 발해는 당시 남북에 공존했던 우리의 동일 민족으로 보고 있다.

7
후삼국 시대의 사회상

후삼국 시대의 사회상

후삼국은 10세기 초 망해가는 신라와 새로 일어난 후백제, 후고구려를 말한다. 이때는 호족들에 의해 장악되었던 혼돈과 과도기적인 현상이 뚜렷하였다.

신라는 9세기 말에 와서 화랑정신도 퇴색하였고 골품제 역시 의미가 없어졌다. 왕권의 권위는 지방 세력인 궁예, 견훤, 왕건 등 호족에 의해 땅에 떨어졌고 중앙 귀족은 방탕해지고 국가 재정은 궁핍해졌다.

호족은 토착적인 지방 세력과 지방에 내려간 중앙귀족으로 양분된다. 호족의 세력이 점차 강화되자 스스로 성주(城主)나 장군이라 부르면서 사병, 토지, 노비를 과다하게 소유함으로써 그 권력이 크게 신장하였다. 그들은 지방의 행정권, 군사권, 징세권 등을 손아귀에 넣어 더욱 힘이 강화되었다. 그 대표적인 인물이 견훤과 궁예였다. 이들은 백제, 고구려를 부흥시킨다는 명분하에 망해가는 신라에 저항하고 각기 나라를 세웠다. 두 호족의 세력이 커가자 신라 영역은 경주 일대로 좁혀져 멸망 직전에까지 몰렸고, 역시 이 시기에 나타난 호족 출신의 왕건에 의해 918년에 건국된 고려에 흡수되었다.

태봉국의 궁예

애꾸눈 궁예(弓裔)의 출생에 대해서는 여러 가지 설이 있어 확실한 것을 알 수는 없다. 일설에는 헌안왕의 후궁 소생이라 하고 혹은 경문왕의 후궁 소생이라고도 한다. 궁예는 10여 세 때부터 승려 생활을 시작했는데 당시 신라는 국정이 문란하여 도처에서 도적이 일어나 왕명이 지켜지지 않았고 오직 도성 근처만이 나라의 명맥을 유지할 뿐이었다. 이렇게 나라가 어지러우면 도덕과 법령보다는 힘과 간사한 꾀가 앞서게 마련이다.

궁예는 중노릇만 하다가 일생을 마칠 위인은 아니었다. 가슴에는 항상 큰 꿈을 간직하고 있었는데 어느 날 까마귀가 궁예 앞에 왕(王)자가 새겨진 부적을 떨어뜨리고 날아갔다. 궁예는 이것을 보고 자신이 장차 왕이 될 것이라는 기대에 은근히 부풀었다.

청년으로 성장한 궁예는 천하를 한번 호령해보고 싶은 충동에 휩싸였다. 그는 지금까지의 승려생활을 청산하고 도적의 괴수기훤(箕萱)의 부하로 들어갔다. 그러나 기훤은 사람됨이 거칠어 궁예를 무례하게 대했으므로 궁예는 그를 버리고 북원의 도적 양길 아래로 들어갔다. 양길은 궁예를 신임하여 군대의 일부까지 내어주는 등 융숭하게 대접하였다. 궁예는 용맹할 뿐 아니라 빼앗은 물건을 여러 사람에게 골고루 나눠주는 등 덕도 갖춰 여러 사람들로부터 추대를 받아 장군이 되었다.

이후 궁예 휘하에는 군졸의 수가 점점 늘어났다. 궁예는 싸우기만 하면 이기는 전과를 올려 강원도 여러 고을을 차지하였다. 진성왕 9년경에는 궁예의 부하인 송악 출신 왕건이 신라의 북변 지방을 휩쓸었다. 이후 궁예는 효공왕 원년에 송악군(松岳郡)을 수도로 정하고 옛 고구려를 회복할 목적으로 나라 이름을 후고구려라 하였다.

북원의 양길은 부하가 크게 성공한 것을 시기했으나 궁예는 이미 옛날의 궁예가 아니었다. 두 사람이 양립할 수 없게 되자 양길이 먼저 궁예의 땅을 침범했는데 궁예는 이에 반격을 가해 양길의 점령지를 모두 합병하는 데 성공했다.

효공왕 5년에 궁예는 처음으로 정식 왕위에 올랐고, 이후 세력이 점점 커져 효공왕 8년(904)에는 나라 이름을 마진(摩震)이라고 지었다. 마진은 '동방을 전부 무마하여 평안히 한다.'는 뜻이다. 그는 정식으로 광평성(廣評省)을 두어 정사를 토의하였으며 각 지방에 관청을 두어 마진의 기초를 튼튼히 다졌다. 효공왕 9년(905)에는 궁궐과 각종 누대 등을 호화롭게 꾸미고 궁궐의 신축을 기념하는 뜻에서 연호를 성책(聖冊)이라 하였다. 다시 대동강까지 올라가 평양을 점령하게 되니 이로써 궁예는 신라의 북부 영토를 거의 다 차지하게 되어 신라보다 국력이 우위에 서게 되었다. 이에 용기를 얻은 궁예는 신라를 아주 없앨 계획을 세웠다. 그는 신라에서 도망쳐온 장군이나 문인 등이 자기 마음에 거슬리면 모두 죽여 버렸다. 그의 잔악한 본성이 나타나기 시작한 것이다.

효공왕 15년(911)에는 국호를 태봉(泰封)으로 고치고 연호를 수덕만세(水德萬歲)라 하였다. 궁예는 이때 나주를 쳐 견훤이 외부와 소통할 길을 차단하는 데 성공했다. 이만하면 일대에서 가장 큰 세력을 확보했다고 자만심에 빠진 궁예는 불제자가 되겠다며 미륵불이라 자칭하였다.

그는 어려서 애꾸눈이 되어 마음 가운데 항상 원망이 있었다.

일국을 호령하는 왕이 되었으나 애꾸눈에 대한 마음의 상처는 더욱 심해만 갔다. 이러한 심정을 달래기 위하여 그는 남은 여생을 불교에 의지하려 하였다. 자칭 미륵불인 왕은 머리에 금관을 쓰고 방포(方袍)를 걸치고 다녔으며 맏아들은 청광보살, 막내는 신광보살이라 불러 참다운 불제자 가족처럼 만들었다.

왕은 스스로 불경을 20권이나 만들었는데 당시의 승려 석총(釋聰)이 "이것은 불경이 아니라 사설괴담(邪說怪談)에 지나지 않는다."고 평하자 격분하여 석총을 죽이기까지 하였다. 이때부터 궁예는 성질이 더욱 포악해졌으며 남을 믿지 못하고 시기하는 마음만 늘어갔다.

왕후는 왕의 이 같은 행동을 염려하여 간곡한 말로 청했으나 이 역시 허사였다. 오히려 왕은 왕후를 의심하였다.

"너는 다른 사람과 간통하지 않았느냐?"

왕의 입에서 이런 말이 터져 나왔다.

"망측하여이다. 무슨 당치 않은 말씀을 하십니까?"

왕후는 부드러운 말로 대하였다.

"무슨 거짓말을 그렇게 하느냐. 나는 부처님의 가르침을 받아, 보지 않아도 다 알 수 있다. 이실직고하라."

그래도 왕후는 억울하고 원통한 마음을 진정시키고 왕의 흥분한 마음을 가라앉히려고 노력하였다. 그러나 포악한 본성이 폭발하여 궁예는 욕설을 퍼부으며 손에 쥔 철장을 왕후에게 휘둘렀다. 왕후는 '아이쿠' 외마디 소리를 지른 채 달아났다. 그래도 화가 풀리지 않은 왕은 단근질*로 왕후의 몸에 고통을 주고, 음부까지 파열시키는 등 미치광이처럼 날뛰었다. 보다 못하여 아들 청광보살과 신광보살이 만류하였다.

"네놈의 새끼들도 누구의 자식인지 알 수 없다."

왕은 결국 두 아들까지 죽이고 말았다. 이후부터 왕의 행동은 걷잡을 수 없이 난폭해졌다.

이대로 두었다가 무슨 일이 일어날지 몰랐다. 이에 군신들이 덕망이 높은 왕건(王建)을 추대하니 왕건은 1만 명의 군사를 거느리고 왕궁을 포위하였다. 궁예는 몰래 도망쳐 부양(斧壤)까지 가다가 도중에서 살해되고 말았다. 이로써 태봉국 28년간의 영화는 한낱 꿈으로 사라지고 말았다.

후백제의 견훤

고려 태조 10년(927) 9월에 후백제의 견훤이 신라 깊숙이 침범하여 고울부(高鬱府)까지 쳐들어오니 당시 신라의 경애왕(景哀王)

은 도저히 막을 능력이 없어 고려에 지원을 청하였다. 고려의 왕건 태조는 즉시 정병 1만 명을 거느리고 출병하였으나 신라에 미처 도착하기도 전에 견훤이 한발 앞서 신라의 서울을 엄습했다. 당시 경애왕은 비빈과 후궁, 종척들과 함께 포석정에서 질탕하게 주지육림(酒池肉林)을 벌이다가 순식간에 밀어닥친 견훤군에 놀라 어찌할 바를 몰랐다.

왕과 왕비는 후궁으로 달아나 숨었고 종척과 공경대부들은 사방으로 흩어져 도망치다가도 견훤의 군사에게 잡히면 귀천에 관계없이 모두 "목숨만 살려주면 무슨 짓이라도 시키는 대로 하겠다."고 애걸하였다. 벼슬아치의 정신상태가 이 지경이었으니 신라의 국정이 얼마나 부패해고, 질서 또한 문란했는지 여실히 짐작할 수 있었다.

이에 용기를 얻은 견훤은 군사를 풀어 공사재물을 마구 약탈하고 왕궁에 들어앉은 뒤 군사를 시켜 왕을 찾았다. 이때 신라의 왕은 비빈 몇 사람과 후궁에 숨어 있다가 잡혀오니 견훤은 왕에게 스스로 자결하도록 하였다. 그리고 스스로 왕비를 농락하고, 군사들에게는 후궁과 비첩을 유린하도록 하였다. 견원은 이어 경애왕의 족제(族弟)*인 김부를 왕으로 삼았다. 견훤의 천거를 받은 왕은 경애왕의 시신을 거두어 서당(西堂)에 빈소를 만들고 부하들과 조문하였다.

* 족제(族弟) : 아우뻘 되는 남자

신라의 도성이 함락되었다는 소식을 들은 고려의 왕건이 급히 내려왔다. 견훤의 군대와 왕건의 군대는 팔공산(八公山)에서 마주쳐 일대 격전을 벌였다. 이 싸움에서 고려의 명장 김락과 신숭겸이 전사했으며 왕건 태조도 겨우 목숨만 보전하여 패주하였다. 그 후로도 여러 차례의 충돌이 있었는데 고려의 왕건이 패하

여 견훤의 세력만 점점 강성해졌다.

원래는 신라의 군신이 모여 국운이 다시 일어나기 어려우니 고려의 왕건을 맞아들여 화친을 맺자고 의논했는데 그만 견훤이 선수를 쳐서 왕도에 들어가 버린 것이다. 견훤의 군세는 매우 강했으나 경순왕 5년 견훤의 신하 공직(龔直)이 고려로 귀순하면서부터 전세가 역전되었다. 이후 고려 왕건은 청태(淸泰) 원년에 웅진 이북 30여 성을 차지하는 등 그 세력이 날로 강성해졌다.

견훤에게는 아내가 많아, 아들만 10여 명이나 되었다. 견훤은 그 가운데 키가 크고 지혜가 많은 넷째 아들 금강(金剛)을 특별히 사랑하여 장차 자리를 물려주려고 하였다. 그러자 형 신검(神劍)·양검(良劍)·용검(龍劍) 등이 이를 눈치 채고 못마땅하게 여겼다. 때마침 양검은 강주도독, 용검은 무주도독이 되어 떠나니 신검만 홀로 견훤 옆에 남아 있었다. 신검은 이찬 능환(能奐)과 모의해 두 동생이 있는 강주와 무주에 사람을 보내 음모를 꾸몄다. 이들은 아버지 견훤을 금산사(金山寺)에 가두고 사람을 시켜 금강을 죽였다. 그리고 신검은 대왕으로 자칭하며 명령을 내렸다.

견훤은 40여 년간의 왕업이 아들들 덕에 일시에 무너지자 다시 한 번 인생무상을 깨달았다. 이를 견디지 못한 견훤은 금산사에 유폐된 지 3개월 만에 금성(錦城)으로 달아나 고려로 들어갔는데 이것이야말로 결정적인 실책이었다.

고려 태조 왕건은 제 발로 들어온 견훤의 환심을 사기 위해 극진히 대접하며 상부(尙父)라 칭하였다.

이듬해에는 견훤의 사위 영규(英規)가 내통해 들어왔고 왕건과 견훤이 10만 명의 대군을 거느리고 후백제국 정벌에 나섰다. 양군은 일리천(一利川)에서 만나 격전을 벌였는데 후백제군이 대패하는 동시에 신검의 3형제가 모두 잡혀 죽고 말았다. 이 비참한 최후를 본 견훤은 분을 삭이지 못했고 끝내 등창이 터져 황산(黃山-連山)의 어느 무명 초가에서 일생을 마쳤다. 이로써 견훤의 후백제국은 45년 만에 패망하고 말았다.

신라 경순왕 9년에는 나날이 국토가 고려로 편입되었고, 국세마저 약해지니 국가로서 면모를 갖추기 어려웠다. 왕은 할 수 없이 군사들을 모아놓고 신라의 전 국토를 고려 왕건에게 바쳐 항복하는 게 어떠냐고 하문하였다. 군신들은 모두 묵묵히 앉아 있을 뿐 제대로 의견을 내세우는 사람이 없었다.

이때 왕태자가 분연히 일어나 말하였다.

"국가의 존망은 반드시 천명(天命)에 의하는 것입니다. 충신과 열사들이 합심하여 죽을힘을 다하면 반드시 국세를 회복할 수 있을 것입니다. 어찌 천년의 사직을 경솔하게 남에게 넘겨 줄 수 있단 말입니까."

그러나 왕은 이렇게 말했다.

"이렇게 형세가 약하고 위태로워 보전할 수 없으니 강하지도 못하고 약하지도 않아 죄 없는 백성을 죽게 하는 것은 나로서는 차마 할 수 없는 일이다."

경순왕이 시랑(侍郞) 김봉휴(金封休)에게 항복문서를 쓰도록 해 항복을 자청하자 태자는 통곡하며 부왕에게 하직하고 바로 금강산으로 들어가 마의(삼베옷)와 초식(채식)으로 일생을 마쳤다. 이가 바로 마의태자이다. 경순왕의 막내아들은 머리를 깎고 화엄경을 공부하여 중이 되었는데 그 이름이 범공(梵空)이다. 범공은 법수사(法水寺)와 해인사(海印寺) 등을 왕래하였다 한다. 이로써 신라는 나라를 세운 지 992년 만에 자멸하고 말았다.

같은 해 11월, 고려 태조는 항복한 신라에게 고려로 들어오도록 명하였다. 이에 경순왕이 백관을 거느리고 태조에게 가는데 향거(香車)와 보마(寶馬)가 30리나 되어 구경꾼들이 모여들어 길을 메울 정도였다. 태조가 교외까지 나가 영접하여 위로하며 궁 동쪽에 있는 한 구간(지금의 정승원)을 주고 장녀 낙랑 공주를 경순왕의 아내로 삼게 했다. 경순왕은 자기 나라를 버리고 남의 나라에 와 있으므로 난조(鸞鳥)*에 비유하여 낙랑 공주의 이름을 신란 공주(神鸞公主)로 고쳤다. 왕건은 경순왕 김부를 태자보다 높은 위치의 정승(正承-政丞)에 봉했고, 1천 석의 녹을 하사하였다.

이미 마흔 살이 넘은 김부는 젊고 아름다운 공주를 아내로 맞이하자 어찌할 줄을 몰랐다. 낙랑 공주의 치마폭에 싸인 망국의 늙은 군주는 신라 천년의 사직과 맞바꾼 그녀를 지극히 사랑했다. 둘 사이의 소생으로는 헌숙 왕후(獻肅王后)가 있다.

* 난조(鸞鳥) : 중국 전설에 나오는 상상의 새. 모양은 닭과 비슷하며 울음소리는 오음(五音)에 해당한다고 함

개태사 고려 태조 왕건이 후백제를 멸망시킨 후 창건했다.

8

고려 시대의 흥성

고려 시대의 흥성

고려는 475년간 유지한 비교적 주체성과 개성이 뚜렷했던 귀족 중심의 통치 국가였다. 그 건국의 주체는 30여 명으로 손꼽히는 호족세력이었다. 이들은 고대 사회의 모순과 비리를 극복하고 청산하기 위해 교종에 대신하여 불립문자(不立文字)의 선종을 사상적 기반으로 삼았다. 또한 새로운 사회에 대응할 정치 사회 이념으로 유교를 받아들임으로써 올바른 사회 개혁의 이념적 바탕과 방향을 제시하게 된 것이다. 유교적 정치 이념을 새로이 받아들인 것은 중세 사회의 성립을 시사하는 것이다.

고려의 사회가 안정되면서 지방의 호족들이 중앙 정치에 참여하면서 점차 문벌 귀족화되었다. 이들 귀족들은 정치·경제·사회·문화의 주인공이 되고 광대한 토지를 소유하면서 기반을 공고히 쌓아갔다. 호족의 세력이 통합되어 중앙집권 체제가 완성되고 문화 능력이 크게 확대되어 고려 시대의 독자성이 형성되었다. 그러나 안으로는 사회가 보수화되고 밖으로는 거란, 여진, 몽골 등 외세의 침략과 파괴를 감수하면서 정변이 자주 일어났다. 사회의 동요가 채 수습되기도 전에 크게 충격을 받은 것은 몽골의 수차례에 걸친 처절한 침략과 그 간섭이었다. 따라서 고려 사회는 크게 변질되어 갔다. 이러한 위기적 상황 속에서 고려 말에 나타난 신진 사대부들은 불교를 배척하고 성리학(유학)을 수용하여 통치권 차원에서 현실의 모순을 극복하고자 다각적인 노력을 경주하였다.

용의 후손 왕건

고려 태조 왕건은 개성 근처 예성강 부근에서 태어났다. 그의 아버지는 왕륭(王隆)인데 지방의 호족으로 덕망이 있었다. 소년 왕건은 어려서 아버지를 따라 예성강에서 수군 훈련을 많이 받았다. 왕건이 20세가 되었을 때에는 궁예의 세력이 강성해져 개성 부근까지 그 위용을 떨치게 되었다. 이때 왕건은 아버지 왕륭과 함께 궁예의 부하로 들어가 충성을 다할 것을 맹세하였다.

궁예의 부하가 된 왕건은 그 부근의 땅을 점령하여 궁예의 신임을 받기로 결심하였다. 우선 장군이란 신분이 되어 개성과 정주를 차지하였다. 이어 광주·청주·충주 등을 점령하였으며 27세 때에는 금성(金城-羅州)을 공격하러 나갔다. 금성을 육로로 내려가 치는 것이 아니고 수군으로 공략을 하게 되니 어려서부터 예성강에서 닦은 수전의 실력을 충분히 발휘할 계기가 되었다.

왕건은 서해 연안을 따라 내려가 견훤의 해외통로를 봉쇄하는 한편 상륙작전을 감행하여 금성에서 적을 일거에 무찌르고 인근의 10여 고을을 차지하였다. 궁예는 이 승전보를 듣고 더욱 왕건을 신임하게 되었다.

왕건은 29세 되던 효공왕 9년(905)에 잠시 철원에 들어갔다가 다시 전쟁터로 나가 궁예의 부하로서 쉴 새 없이 싸웠다. 또 광주로 내려가 2년간 수전을 벌여 진도(珍島)를 차지하는 등 이름을 떨쳤다.

그러나 이후 궁예가 점차 뼈아픈 실정을 되풀이하면서 민심은 자연스레 왕건에게로 향했다. 결국 왕건은 42세가 되던 해에 홍유(洪儒)·배현경(裵玄慶) 등의 추대를 받아 왕위에 올랐다.
그는 국호를 고려, 연호는 천수(天授)라고 했으며 이듬해 송악으
로 서울을 옮겼다. 관제를 개혁하여 국가의 토대를 굳건히 하였으
며 발해의 유민을 받아들이는 무마정책도 썼다.

왕건은 또한 불교를 호국신앙으로 삼아 각처에 절을 세웠고
신라의 경순왕을 맞아 평화적으로 신라를 통일했다. 이후 후백제
의 견훤을 공략하여 마침내 후삼국을 통일하였다.

왕건은 정식 왕후만 헤아려도 천궁의 딸인 유화 부인, 신혜
왕후(神惠王后), 장화 왕후(莊和王后)를 비롯하여 신명 왕후, 신

고려 왕궁의 복원도
왕건은 고려를 창건
하고 송악산에 도읍
을 정했다. 왕궁을 지
으면서 고구려의 건
축 양식을 도입했다.

이야기 한국사

정 왕후, 정덕 왕후 등 6명이나 거느렸다. 후궁은 24명이나 되니 궁중은 여성들로 꽃밭을 이루게 되었다.

천수 26년에는 훈요십조(訓要十條)를 유훈(遺訓)으로 남겨 후세의 왕들이 치국(治國)의 근본으로 삼도록 하고 67세의 나이로 세상을 떠났다. 이후 태조의 많은 자손들이 서로 왕통을 계승하여 고려는 475년 동안이나 귀족 사회의 역사를 이루게 된다.

심각해진 질투와 왕위 다툼

태조 왕건이 세상을 떠나자 여러 왕자 가운데서 가장 나이가 많은 혜종(惠宗)이 왕위에 올랐다. 혜종은 장화 왕후 오씨의 소생으로, 오씨는 원래 신분이 낮았다. 그럼에도 혜종이 왕위에 오른 것은 대광(大匡) 박술희의 주선 덕이었다.

혜종은 32세에 왕이 되었다. 그때 궁중에서는 왕규(王規)라는 자신의 외손자를 왕으로 세우려는 계획을 세우고 있었다. 왕규는 원래 광주 사람으로 두 딸을 모두 태조에게 출가시켰다. 큰 딸은 광주원부인(廣州院夫人)이고 작은 딸은 소광주원부인이라 하였다. 이중 소광주원부인이 광주원군을 낳았는데 왕규는 이 광주원군을 임금으로 세우려고 음모를 꾸몄다.

왕규는 대광의 지위로 혜종을 가까이에서 모셨으므로 왕의 신임이 두터웠다. 왕규는 외손자를 왕으로 만들기 위해 유력한 경쟁자인 신명 왕후의 소생 요(堯)와 소(昭)를 없애라고 혜종에게 상주하였다. 그러나 혜종이 끝내 듣지 않자 이번에는 혜종을 없애기로 결심하였다.

　왕규는 혜종 2년 어느 날 밤 몰래 심복을 궁중에 들여보내 왕의 침전에서 혜종을 살해하려고 하였다. 그러나 천만다행으로 왕은 그날 밤 침전을 옮겨 화를 면했다. 이런 음모를 알면서도 혜종은 왕규를 벌하지 못하였으니 당시 왕규의 횡포가 얼마나 심했는가를 짐작할 수 있다.

　이런 일이 있은 뒤부터 왕은 사람을 의심하여 갑사(甲士)들에게 침전을 호위하도록 하였다. 이렇게 경계를 철저히 하였음에도 혜종은 갑작스런 죽음으로 세상을 뜨게 되니 이 불상사 속에는 무서운 음모가 숨어 있는 것이 아닐까 하는 의심을 갖게 한다.

　다음은 정종이 23세의 나이로 혜종의 뒤를 이어 왕위에 오르니 그가 바로 낙랑 공주의 손아래 남동생이다. 왕은 즉시 왕규를 처단하고 궁중의 기강을 일신시켰다. 그러나 정종도 오래 가지 못하고 임금의 자리에 오른 지 4년 만에 승하하였다.

　다음은 정종의 동모제(同母弟)인 광종이 왕위에 올랐다. 그가 왕위에 오르면서부터는 왕위 싸움이 치열했던 궁중이 잠잠해졌다. 예전의 왕위 계승자들이 많이 없어졌기 때문이다. 점차 궁중의 평화가 계속되자 사치의 풍조가 유행하였다.

　광종 9년에는 후주(後周)사람 쌍기(雙冀)를 불러다가 과거 제도를 처음으로 실시하여 인재등용의 길을 열었으며 불법을 진작시키는 일을 많이 하였다.

　왕은 남이 참소하는 말을 잘 들어서 죄 없는 사람을 많이 죽였으므로 그 죄를 용서받기 위하여 사찰에서 재회(齋會)*를 많이 열었다. 이 영향으로 각 절간은 먹자판이 되어 음식점을 방불케 했다. 한편 광종은 노비안검법(奴婢按檢法)을 제정하여 권력과

* 재회(齋會) : 음식을 차려놓고 모든 중과 모든 넋을 위로하는 법회

이야기 한국사

돈으로 다른 사람을 노비로 만들지 못하게 하고, 기존 노비는 모두 풀어주었다. 법의 취지는 매우 좋았으나 이를 악용하여 대대로 내려온 종들이 집단으로 난동을 부리는 등 일시적으로는 사회적인 혼란도 일어났다.

광종이 승하한 다음 경종이 왕위에 올랐다. 경종은 정치에는 무관심하고 주색에 빠져 소인배들과 바둑과 장기를 즐기는 등 사치스러운 생활만 즐겼다. 다만 그는 관리들의 봉급을 제정하는 전시과(田柴科)를 두었다.

은진 미륵 보살 관촉사는 광종 재위 시절 혜명 스님이 창건했다. 이 절의 은진 미륵을 보고 중국의 승려 지안이 "촛불처럼 빛난다."하여 절의 이름이 관촉사가 되었다. 고려 시대에는 불교를 호국 신앙으로 삼아 전국 각지에 사찰이 세워졌다.

경종 다음에 성종이 즉위하자 왕의 탄신일을 천춘절(千春節)이라 하여 잔치를 크게 벌이고 왕권의 위엄을 과시하는 풍습이 처음으로 생겼다. 이때에 이르러 송나라와의 교역이 활발해져 문물이 많이 수입되었으며 송나라를 본떠 각종 제도가 정비되었다.

특히 성종 때에는 효자나 열녀 등 미풍양속을 지킬 제도가 뒷받침되어 이런 품행을 자랑으로 여기는 사람이 많이 나왔다.

전라도 구례에 사는 손순흥(孫順興)이란 사람은 모친이 병환으로 세상을 떠나자 어머니를 못 잊어 직접 어머니의 초상을 그려 하루에 세 번씩 그 앞에 절하고 3일에 한 번씩 산소에 성묘하며 간소한 음식을 생시와 같이 차려 놓고 분향하였다. 이러한 효행이 널리 세상에 알려지자 나라에서도 표창하였다.

또 송도 서부 모란리에 사는 박광렴(朴

光廉)은 어머니가 세상을 떠나자 어머니를 생각한 나머지 매일 산소에 나가 절하고 돌보았다. 그러던 어느 날 산소 옆에 있는 고사목(枯死木)이 마치 어머니의 모습처럼 보이는 것이었다. 의심이 나 자세히 살펴보았더니 역시 틀림없는 나무였으나 때때로 어머니의 환상이 나타났다. 박광렴은 어머니를 잊을 수가 없어 그 나무를 업고 집으로 돌아와 마루 위에 정성스레 올려놓았다. 다시 쳐다보니 어머니의 부드러운 모습이 역력히 나타났다.

"어머님."

큰소리로 불러 보았으나 대답은 들리지 않고 오직 모습만 나타났다. 다시 손으로 만져 보았으나 다만 딱딱한 나무만 서 있을 뿐이었다. 이러한 소문이 한번 퍼지자 방방곡곡에서 꼬리에 꼬리를 물고 온 나라 사람들이 모여들었다. 사람들이 모인 중에도 박광렴이 어머니를 부르면 그 모습이 여전히 나타났다. 이 광경을 본 많은 사람들은 모두 어머니에 대한 효성이 지극하여 하늘이 감동한 것이라고 칭찬을 아끼지 않았다.

이 밖에도 효행과 선행이 줄을 이어 일어났으며 수절(守節)한 여자도 많아 모두 국가에서 표창하여 국가적으로 권장하였다.

거란의 침입

제1차 침입

성종 12년에 서북쪽의 여진이 조정에 소식을 전했다.

"거란(遼)이 군사를 일으켜 고려를 치려고 한다."

그러나 고려 조정은 별로 대수롭지 않게 생각하였다.

"여진이 우리 고려를 속이려는 짓이다."

결국 이렇게 논의해 아무런 방비책을 세우지 않았다.

"거란군이 침입했다."

8월 들어 또다시 그런 말이 들렸다. 이에 조정에서는 비로소 사태가 위급함을 알고 여러 도의 군마제정사(軍馬齊正使)를 보내기로 하였다.

11월에 시중 박양유(朴良柔)를 상군사(上軍使), 내사시랑 서희(徐熙)를 중군사(中軍使), 문하시랑 최량(催亮)을 하군사(下軍使)로 삼아 북방의 거란을 방비하도록 하였다.

거란의 1차 침입

고려왕은 10월에 서경에 행차하여 안북부에 이르렀는데 거란의 부마 소손녕(簫遜寧)이 군사를 이끌고 봉산군을 침공한 반면 고려군 선봉인 윤서안(尹庶顔) 등은 사로잡혔다는 패전 소식을 접하고 서경으로 돌아왔다. 이때 서희가 군사를 이끌고 봉산을 구하려고 하자 소손녕이 콧방귀를 뀌며 큰소리로 말하였다.

"우리는 이미 고구려 옛 땅에 나라를 세웠는데 이제 고려가 우리의 영토를 침범하여 빼앗으려 하니 너희들을 토벌하겠다."

소손녕은 또 글도 보내왔다.

거란의 군사들 깃발을 든 기마병들의 행진

"우리나라는 인접한 여러 나라를 모두 통일하고 아직 복정하지 않는 나라를 기어이 소탕할 계획이니 속히 항서를 올려라."

그 글을 본 서희가 돌아와 거란과 화친하는 게 마땅하다고 아뢰자 왕은 할 수 없이 이몽전에게 거란의 병영에 들어가 화친을 교섭하도록 하였다. 이렇게 되자 소손녕은 콧대가 더욱 높아져 또 글을 보내 항복을 권유하였다.

"80만 명의 군사가 집결되어 있다. 강을 건너와 항복하지 않으면 모두 도륙하겠다. 마땅히 진전(陣前)에 나와 항복하라."

소손녕의 거만한 태도에 이몽전이 물었다.

"너희들이 고려를 침범한 이유가 무엇이냐?"

"그대들의 나라 고려는 백성의 일을 잘 보살피지 않으므로 하늘을 대신하여 곧 천벌을 행하려는 것이다. 만약 화친하기를 원하거든 속히 와서 항복하라."

이몽전이 돌아오자 왕은 군신들을 모아 대책을 논의했으나 군신들의 의견이 엇갈려 결론이 나지 않았다.

"임금께서 서울로 돌아간 다음 중신들이 군사를 거느리고 나가 항복하는 것이 좋겠습니다."

"서경 이북의 땅을 그들에게 갈라주고 화친하는 것이 좋겠습니다."

모두들 의견이 제각각이었다. 왕은 장차 서경 이북의 땅을 갈라주는 의견을 따르기로 하고 창고에 비축되어 있는 곡식을 백성들이 마음대로 가져가도록 하였다. 그래도 남은 것이 많아 적의 군량으로 충당될 것을 염려하여 모두 대동강에 던지도록 하였다. 이때 서희가 나와 아뢰었다.

"식량이 넉넉하면 성은 가히 지킬 수 있고 싸우면 반드시 이길 수 있습니다. 전쟁의 승패는 강약에 있는 것이 아니고 적의 허약한 틈을 노려 용병하는 데 달려 있습니다. 하물며 식량이라는 것은 백성의 생명입니다. 만약 적의 군량이 될지라도 헛되이 강물에 버려서야 되겠습니까? 또한 이렇게 하면 하느님의 뜻을 어기는 결과가 되지 않을까 두렵습니다."

왕이 서희의 말을 옳게 여겨 창고에 남은 곡식을 강에 버리는 일을 중지시켰다. 서희는 또 한 가지 계책을 왕에게 아뢰었다.

"거란의 동경(東京)으로부터 우리 안북부에 이르기까지 수백 리 땅이 모두 여진의 근거지가 되었으므로 광종께서 가주(嘉州), 송성(松城) 등에 성을 쌓았는데 지금 거란의 군사가 온 것은 이 두 성을 빼앗으려는 계획에 지나지 않습니다. 그들이 고구려의 옛 땅을 빼앗겠다는 것은 사실은 우리를 두려워하기 때문입니다. 지금 그들의 군세가 강대해 보인다 해서 서경 이북의 땅을 갈라주고 화친을 한다는 것은 좋은 계책이 아닙니다. 또한 삼각산 이북의 땅도 역시 고구려의 옛 땅인데 거란은 욕심이 많은 자들이므로 생떼를 써 삼각산 이북의 땅도 달라고 하면 그대로 또 내줄 것입니까? 더구나 땅을 갈라준다는 것은 참으로 자손만대의 치욕입니다. 바라옵건대 대왕께서는 서울로 환궁하시옵고 신 등으로 하여금 그들과 한번 결전을 벌인 후에 이 일을 논의하여도 늦지 않을 것입니다."

전민관 이지백(李知白)이 앞에 나서며 말하였다.

"태조께서 나라를 세우시고 임금들이 대를 이어 오늘에 이르렀는데 한 번 싸워 보지도 않고 갑자기 땅을 적국에 주려고 하니 어찌 통탄할 일이 아니겠습니까? 옛날 유비의 아들 후주(後主)가 촉나라를 다스릴 때 그의 신하 초주(焦周)가 후주에게 권하여 땅을 위나라에 바치도록 하여 만고의 웃음거리가 되었다는 사실을 알고 계십니까? 통촉하옵소서."

소손녕은 이몽전이 돌아간 뒤 오래도록 소식이 없자 마침내 안융진(安戎鎭)을 공격하였는데 고려의 중랑장 대도수(大道秀)와 낭장 유방(庾方)이 나와 소손녕을 맞아 싸워 크게 이겼다. 이에 소손녕은 감히 다시 나오지 못하고 사람을 보내 빨리 와서 항복하라고 독촉하였다.

서희의 담판

이에 왕은 장영(張瑩)을 화통사(和通使)로 삼아 거란군의 병영으로 파견하였다. 소손녕이 장영에게 말하였다.

"대신을 군전으로 보내 면담하도록 하자."

장영이 돌아와 이렇게 전하니 왕이 신하들에게 물었다.

"누가 거란의 병영으로 들어가서 말로써 옳고 그름을 따져

적병을 물리치고 공을 세우겠는가?"

여러 신하 가운데서 서희가 홀로 앞으로 나오며 말하였다.

"신이 비록 민첩하지 못하오나 감히 명령을 받들어 거란군의
진영으로 가겠습니다."

왕이 강 어귀까지 나와 서희의 손을 잡고 위로하여 보냈다.
서희는 왕의 글월을 받들고 거란의 진중으로 들어가 통역에게 만
날 절차를 물으니 소손녕은 거만하게 말하였다.

"나는 큰 나라의 귀한 사람이니 마땅히 뜰에서 절을 하라."

서희는 다음과 같이 말하였다.

"신하가 임금에게는 뜰 아래서 절하는 것이 당연하나 두 나
라의 대신이 서로 만나는데 어찌 뜰에서 절을 할 수 있겠는가?"

이 문제를 가지고 두세 번 실랑이가 벌어졌으나 소손녕이 끝

용주성 강동 6주 중
한 곳인 용주에 거란
의 침략을 막기 위해
쌓은 성.

내 허락하지 않았다. 서희는 돌아와 객관에 누워 버렸다. 그러자 소손녕은 곧 당에 올라 예를 행하도록 하므로 서희는 영문에 이르러 말에서 내려 소손녕과 서로 읍하고 당에 올라 예를 행한 다음 서로 마주 대하고 앉았다. 소손녕은 서희가 신하의 예를 다하라는 자신의 주장에 항거하며 조금도 마음을 굽히지 않는 것을 이상하게 여기며 말하였다.

"당신의 나라는 신라의 땅에서 일어났으며 고구려의 땅은 우리의 소유인데 그대들이 침략하였고 또 우리나라와 경계를 접하고 있으면서 바다 멀리 송나라를 섬기고 있으니 이런 까닭으로 와서 치는 것이다. 만약 내가 먼저 말한 대로 땅을 갈라주고 화친을 한다면 무사할 것이나 그렇지 않으면 무사하지 못할 것이다."

이 같은 소손녕의 말에 서희는 다음과 같이 말하였다.

"그렇지 않다. 우리 고려는 바로 고구려의 후신이므로 나라 이름도 고려라 하고 평양에 도읍하였다. 만약 경계를 논한다면 그대 나라의 동경(東京)도 모두 우리의 땅인데 어째서 이것을 침략이라고 하겠는가? 또한 압록강 안팎도 역시 우리의 땅이었는데 여진들이 훔쳐 살면서 간사하게 길을 막으므로 바다를 건너 송나라와 사귀는 것보다 힘드니 우리 고려가 지금 그대 나라와 교역하지 않는 것도 여진 때문이다. 만약 여진을 쫓아내고 우리 도읍지를 돌려주고 성을 쌓아 도로를 통하게 된다면 어째서 수교하지 않겠는가? 만일 나의 말을 장군이 당신 임금께 알린다면 어찌 받아들이지 않겠는가?"

서희의 말은 조리가 있었고 사기는 자못 강개하였다. 소손녕은 더 이상 말을 해야 소용이 없음을 알고 강화(講和)할 것을 허락하고 한편으로 잔치를 베풀어 서희를 위로하려 하였다. 서희가 말했다.

"우리나라는 도리에 어긋나는 일은 없다고 하더라도 당신 나라의 군사들이 멀리 와서 수고롭게 하고 있으므로 윗사람이나 아랫사람을 막론하고 모두 황황하여 어찌할 바를 모르고 있으니 어찌 감히 잔치를 즐길 수 있겠소."

소손녕이 말하였다.

"두 나라 대신이 만났는데 어찌 대접하는 예가 없으리요."

그러면서 소손녕이 굳이 청하므로 잔치가 벌어졌다. 소손녕은 모든 실정을 상세히 기록하여 거란주(渠丹主)에게 알리며 말하였다.

"고려국에서 이미 강화하기를 청하였으니 군사를 파하는 것이 좋겠습니다."

서희는 거란의 진영에서 7일 동안이나 머물러 있다가 돌아왔는데 소손녕은 서희에게 낙타 10마리와 말 100필, 양 1천 마리, 비단 500필을 선물로 보냈다.

서희가 돌아올 때 왕은 강어귀까지 친히 나와 맞고 시중 박양유(朴良柔)를 시켜 예물을 마련하여 거란주를 예방하려 하니 서희가 말하였다.

"신이 소손녕과 말하기를 여진을 다 평정하여 우리의 옛 땅을 다 수복한 뒤에 찾아보는 것이 옳다고 말했습니다. 지금은 겨우 강안을 수복하였으니 강 밖의 모든 땅을 수복한 뒤에 수교하여도 늦지 않을 것입니다."

왕이 서희의 말을 듣고 한마디 하였다.

"오랫동안 강화하지 않으면 뒤에 무슨 근심거리가 생기지 않을까 염려되오."

드디어 고려에서는 박양유를 거란주에게 보내 수교하기에 이르렀다. 이로써 서희의 충성으로 한 치의 땅도 갈라주지 않고 거란을 물리쳤다.

성종 13년에 왕은 서희에게 군사를 이끌고 나가 여진을 정벌하여 장흥(長興)·귀화(歸化)의 두 진(鎭)과 곽주(郭州)·귀주(龜州)에 성을 쌓고 처음으로 압록도구당(鴨綠渡句當)을 설치하도록 명하였다.

거란의 제2차 침입과 강감찬의 귀주대첩

1010년 11월 거란의 성종은 40만 대군을 이끌고 압록강을 건너니 이것이 거란의 제2차 침입이다.

거란은 제1차 침입 이후 계속 고려에 침입할 기회를 엿보고 있던 중 강조(康兆)의 정변이 일어나자 성종이 강조의 죄를 묻겠다는 구실을 내세워 친히 대군을 거느리고 침입하였다.

고려 조정에서는 강조에게 30만 명의 대군을 주어 통주(桶州)에서 거란군을 격퇴하도록 하였다. 거란의 성종은 거란의 제2차 침입이 있을 때 흥화진을 포위하였으나 고려의 장수 양규 등에게 귀주 남쪽 산악 지대에서 대패하였다.

이에 성종은 군사를 두 부대로 나누어 20만 대군을 이끌고 통주로 진격하여 강조의 군과 충돌하였다. 강조는 거란군을 보기 좋게 무찌르고 잔치까지 벌였지만, 다시 거란군의 기습공격을 받고 패했다. 강조를 비롯한 부하 장수들은 모조리 포로로 잡혀 죽임을 당했다.

거란의 성종은 기세 좋게 남쪽으로 진군해 개경을 유린할 상

황에 이르자 고려 조정은 긴급 중
신회의를 열어 대책을 논의하였
다. 중신 대부분은 항복할 도리밖
에 없다는 쪽으로 의견이 기울고
있었다. 이때 강감찬이 단호히 반
대하고 나섰다.

"항복이라니 그게 무슨 말씀
이시오. 만약 강동 6주를 내주고
항복한다면 고려는 영원히 오랑
캐의 노예가 되고 말 것입니다."

"그러면 어찌해야 좋단 말씀
이오?"

"먼저 강화를 제의해서 시간
을 벌고 상감께오서는 남쪽으로
피난하시어 적이 지칠 때를 기다

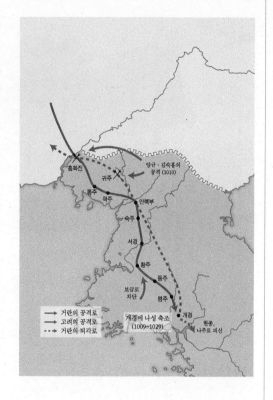

거란의 2차 침입

리는 것이 상책인 줄 아옵니다. 적의 기세가 아무리 높다 하더라
도 지칠 때가 있을 것이니 그 기회를 노려 일시에 공격하면 되옵
니다."

현종은 강감찬의 의견에 따라 남쪽으로 피난을 떠났다. 그리
고 이듬해인 1011년 1월 1일 개경은 함락되었다.

이에 고려 조정에서는 하공진(河拱辰)을 거란 진영에 보내
화평을 제의했다. 거란의 성종은 고려 임금을 사로잡아 항복을 받
으려고 하였으나 임금이 멀리 피난을 가버린 데다 질질 끌어온 싸
움 덕에 그동안 몹시 지쳤으므로 하공진의 제의를 받아들이지 않
을 수 없었다.

대흥산성 수도인 개경을 지키기 위해 쌓은 성.

"철군을 하는 대신 고려 임금이 우리 요나라에 직접 찾아와 문안을 올려야 한다."

거란 성종은 이렇게 약속하고 하공진을 볼모로 잡아 군대를 이끌고 돌아갔다.

현종이 1월 21일 나주를 떠나 개경으로 돌아오니 거란에 짓밟힌 개경은 쑥밭처럼 되어 있었다.

이때 강감찬은 임금을 옆에서 모실 만큼 높은 벼슬에 올랐다.

강감찬이 아뢰었다.

"거란은 강동 6주를 찾으려고 침입했다가 뜻을 이루지 못하고 철군하였으니 또 쳐들어올 것입니다. 그런즉 그들을 물리칠 수 있도록 힘을 기르고 그때까지 거란을 구슬려야 합니다."

현종 6년(1015) 4월 야율행평이 고려에 와서 협박조로 말하였다.

"강동 6주를 내놓아라. 그렇지 않으면 가만히 있지 않겠다."

강감찬이 야율행평을 가둬버리니 이때부터 고려와 거란 사이에 긴장이 고조되었다. 마침내

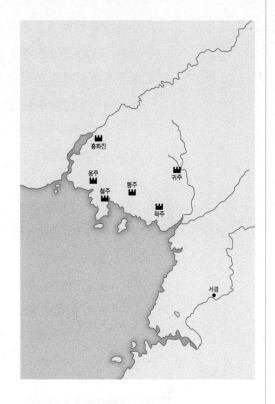

강동 6주

1018년 12월 거란의 성종은 사위인 소배압(蕭徘押)에게 10만 명의 군사를 주어 고려를 공격하도록 하니 이것이 거란의 제3차 침입이다.

소배압이 거느리는 10만 대군이 압록강을 건넜다는 소식을 접한 고려는 강감찬을 상원수, 강민첨(姜民瞻)을 부원수로 삼아 거란군을 물리치도록 하였다. 강감찬은 이미 20만 8천여 명에 달하는 군사를 훈련시켜 거란에 대비하고 있었으므로 1, 2차 침입 때와는 상황이 매우 달랐다. 강감찬은 홍화진에 진을 치고 작전을 하달하였다.

홍화진 동쪽에는 삼교천이라는 큰 냇물이 흐르고 있었다. 강

감찬은 이 냇물을 이용하여 적을 물리칠 계획이었다.

"날쌘 군사 1만 2천 명을 데리고 산골짜기에 매복해 있다가 신호가 울리면 일제히 적을 공격하시오."

강감찬이 강민첨 부원수에게 내린 명령이었다. 그리고는 쇠가죽 수백 장을 밧줄로 매어 삼교천 상류를 막도록 하고 강 양쪽에 군사를 매복해 두었다.

소배압의 거란군은 삼교천의 얕은 곳을 골라 건너기 시작하였다. 거란군이 강을 반쯤 건넜을 때 강감찬은 상류에 매어놓았던 밧줄을 일시에 끊어 물을 터놓았다.

"아악, 물벼락이다!"

거란군은 난데없이 쏟아져 내려오는 급류에 휩쓸려 아우성을 쳐댔다. 이때 강 양쪽에 숨어 있던 고려군이 일제히 화살을 쏘아댔다.

"속았구나!"

강감찬

이야기 한국사

소배압은 이때서야 강감찬의 작전에 말려든 것을 깨닫고 한숨을 쉬었으나 어쩔 도리가 없었다. 거란군들의 비명소리가 천지를 울렸다. 소배압은 수많은 병사들의 시체를 급류에 맡긴 채 남은 군사를 수습하여 남쪽으로 향했다. 바로 이때 미리 산속에 숨어 있던 강민첨의 1만 2천 명 군사들이 튀어나와 공격을 퍼붓자 거란군은 정신을 잃고 그저 도망치기에 바빴다.

첫 교전에서 참패한 소배압은 개경을 함락해 고려 임금의 항복을 받을 속셈으로 말머리를 개경으로 돌렸다. 강민첨의 군사는 지름길로 달려 대구산에 숨어 있다가 진군해 오는 적을 무찔렀다. 소배압은 여기서도 참패를 하고 서경으로 내달았다.

그러나 마탄에서 대동강을 건너다 고려군의 기습을 받아 또다시 1만여 명의 부하를 잃었다. 소배압이 남은 군사를 모으니 그래도 5, 6만 명이나 되었다. 소배압은 다시 대오를 정비해 개경을 목표로 진군하기 시작하였다. 강감찬은 이를 저지하기 위해 김종현에게 명령을 내렸다.

"군사 1만 명을 이끌고 빨리 개경으로 가 그곳을 지키시오."

그리고 동북면 병마사에게도 3천여 명의 군사를 이끌고 개경을 지키도록 하였다.

소배압은 가까스로 신은현에 이르렀으나 고려군은 '청야 전술*'을 써 사람은 물론 곡식 한 알도 남겨두지 않았으므로 거란군은 굶주릴 수밖에 없었다.

"아이고, 이거 굶어 죽겠군. 이제는 지쳐서 한 발짝도 움직이지 못하겠어!"

소배압은 개경에 염탐꾼을 보내 방비 상태를 살피도록 했다.

"개경은 수많은 군사들이 철통같이 지키고 있습니다."

* 청야 전술 : 성 안에 먹을 것을 하나도 남기지 않고 달아나버리는 작전

귀주성 압록강에서 창천의 길목에 위치한 귀주성은 거란이 고려를 침입한 첫 관문이었다.

"이번의 작전은 완전 실패다. 돌아가서 다시 계획을 세우는 수밖에 없다."

이렇게 생각한 소배압은 사람을 개경에 보내 거짓으로 화의를 제의하는 한편 도망갈 길을 엿보았다. 그리고 기병대를 남쪽으로 내려보내 고려군의 추격을 저지하도록 하였다.

그러나 기병대는 금교역에 도착한 날 밤에 고려군의 야습을 받아 전멸했다. 당황한 소배압은 군사를 이끌고 북쪽으로 달아나기 시작했다. 이들은 지나는 곳마다 매복해 있던 고려군의 기습을 받아 많은 군사를 잃고 가까스로 귀주에 도착하였다. 이때 강감찬은 이미 귀주의 동쪽 들에 포진하여 소배압의 군사를 가로막고 있었다. 강감찬은 부하 장졸들을 격려했다.

"이제 남은 것은 지쳐 있는 거란의 주력 부대를 처치하는 일이다. 한 놈도 남기지 말고 섬멸하여 고려의 기상을 보여라!"

마침내 귀주 벌판에서 양군 사이에 결전이 벌어졌다. 이때 강감찬의 명령을 받고 달려온 김종현의 부대가 거란군의 배후를 공격하자 거란군은 질서를 잃고 흩어져 달아났다. 고려군은 거란군을 추격하여 마구 무찔렀다. 거란군의 시체가 들과 산에 널려 있는 것을 바라본 소배압은 혼비백산하여 갑옷과 투구도 벗어버린 채 도망치기에 바빴다.

이때 압록강을 건너 살아남은 거란군은 수천 명에 불과하였다. 고려군의 대승이었다. 이것이 유명한 강감찬의 귀주대첩이다.

뜻하지 않은 패전 소식을 들은 거란의 성종은 소배압에게 사신을 보내 힐책하였다.

"네가 무모하게 적지에 너무 깊이 들어가 이 지경이 되었다. 네 무슨 면목으로 나를 만나려는가. 너의 낯가죽을 벗겨 죽이고 싶다."

이 귀주대첩이 지니는 의의는 매우 컸다. 그 후 거란은 무력으로 고려를 굴복시키려는 야망을 버렸을 뿐 아니라 다시는 고려 왕의 내조(來朝)와 강동 6주 반환을 요구하지 않게 되었다.

최충과 구재학당

최충은 고려 문종 때의 문신이자 학자로 호는 문헌(文憲)이다. 목종 때 문과에 장원급제하여 여러 관직을 역임하고 문종 초에 문하

최충의 글씨

시중이 되었다. 문종 9년 내사령(內史
令)을 마지막으로 관직에서 물러난 뒤
구재학당을 열어 후진양성에 힘썼다. 당
시의 대유학자로서 해동공자라는 칭호
까지 얻었다. 최충에 의해 확립된 우리
나라 유학의 정통은 안향(安珦)에 의해
계승되었다.

최충이 관직에서 물러난 뒤 사학(私
學)을 세워 운영하자 당시 국자감(國子
監)의 교육이 유명무실했던 관계로 많은
과거 응시자들이 구름처럼 모여 들었다.
이에 학반(學班)을 요성(樂聖) · 대중
(大中) · 성명(誠明) · 경업(敬業) · 호도(浩道) · 솔성(率性) · 진
덕(進德) · 대화(大和) · 대빙(待騁)의 구재(九齋)로 나누어 교육
하였으며 학과는 오경(五經)과 삼사(史記 漢書 後漢書)를 중심
으로 하고 시 · 부 · 사 · 장(詩賦詞章)의 학문을 추가하였다.

학문의 발전과 외척 정권

현종 10년 이후 평온한 세월이 계속되고 국가가 발달하면서 고려
는 독창적인 문화를 꽃피웠다. 거란의 침입으로 궁궐이 타버리고
문화재가 상실되었지만 현종이 왕위에 오른 지 10년 이후부터는
거란과 친교를 맺어 백성들로부터 거둬들이는 세금을 줄이고 자

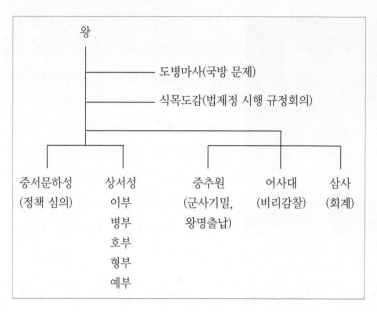

신도 검소한 생활을 하였으므로 국가 중흥의 기틀이 마련되었다.

덕종은 재위 3년 동안에 정치적인 성과는 별로 없었고 정종은 재위 12년간 북방의 거란과 친교를 맺었기 때문에 평온무사하였다.

문종 36년간은 고려의 전성기로 불리는 태평성대였다. 특히 문종은 인재를 고루 등용하여 학문을 장려하고 신상필벌(信賞必罰)로 백성을 다스렸다. 국가의 재정은 넉넉하였고 창고에는 곡식이 쌓였으며 백성들은 태평성대를 구가하였다.

그러나 문종 때부터 외척 이씨가 두각을 나타냈고 16대 예종 때부터는 외척이 정권을 잡기 시작하니 권문세가가 득세하였다. 자연히 권세 있는 가문 사이에서 정권을 둘러싼 싸움이 벌어졌다.

평화로운 세월이 백년 가까이 흐르는 동안 권신들의 세력이 강성해져 학문 분야는 해주 최씨가, 정치 분야는 경원(慶源-仁

고려의 관리 고려의 관리들은 관직의 고저에 따라 관복을 구분하여 입었다. 조복과 공복을 입은 관리들의 모습.

＊ 유종(儒宗) : 유학자들이 우러러보는 유학에 통달한 큰 학자

川) 이씨가 세력을 잡았다. 최충(崔沖)은 해주 최씨로 문종 때 급제한 후 문하시중으로서 국가의 원로격이 되었다. 최충의 아들 최유선(崔惟善)과 최유길(崔惟吉)도 아버지의 학문을 이어받았다. 최유선은 유종(儒宗)＊이 되었고 유길은 성서령을 지내는 등 세상이 다 우러러볼 정도로 형제가 나란히 출세해 이름을 떨쳤다. 최유선의 아들 최사제(崔思齊)도 높은 벼슬에 올랐을 뿐만 아니라 문장이 뛰어났고 덕망이 높았다.

한편 이자연(李子淵)의 집안도 크게 번창하여 그의 딸이 문종의 왕비가 된 후 대대로 왕실과의 혼인이 끊이지 않아 외척으로서 권세를 떨쳤다. 이자연은 문종 때 이부상서(吏部尙書) 참지정사(參知政事)로서 내사시랑 평장사를 지냈으며 그의 동생 이자상(李子祥)은 상서우복야를 역임하는 등 형제의 자손이 크게 번창하였다.

이자연의 손자로는 이자겸(李資謙)과 이자량(李資諒) 등이 있다. 이자량은 예종 때 윤관(尹瓘)을 따라 여진을 정복하여 나라에 공을 세웠으며 송(宋)나라에도 들어가 문명(文名)을 떨쳤다.

윤관의 집안도 크게 번창하여 그의 아들 언인·언이·언민 등이 있고 손자 윤인첨(尹仁瞻)·윤자고(尹子固)·윤순신(尹淳信)·윤자양(尹子讓) 등이 있어 계속 번창하였다.

이처럼 경원 이씨와 해주 최씨, 파평 윤씨, 경주 김씨 등이 크

게 번창하였고 이들은 서로 혼인을 맺어 귀족 사회를 이루었다. 이러한 기반을 바탕으로 훗날 왕권을 능가하는 세력을 구축하려 하였다.

대각국사 의천의 불교 사상

신라 때의 초기 불교는 여러 종파로 갈렸으나 고려에서는 선종(禪宗)이 성행하였다. 여기에 문종의 아들 의천이 불교에 몰두하여 고려의 불교는 재흥의 길에 들어섰다.

부석사 무량수전 불상

의천은 11세 때 영통사(靈通寺)의 왕사(王師) 난원(爛圓) 스님으로부터 낙채(落茶)한 후 화엄교관(華嚴敎觀)을 배웠다. 13세 때 문종으로부터 우세승통(祐世僧統)을 받았다.

의천은 선종 때에는 송나라로 들어가 불교를 연구하려 하였으나 태후가 어린 자식을 먼 곳으로 보내지 않으려고 하여 뜻을 이루지 못하였다. 그러나 그 결심을 바꿀 수는 없었다. 남몰래 제자 수개(壽介) 한 사람만을 데리고 예성강 하류지대에 있는 송나라 상관(商館)으로 숨어들어 가 보통 승려와 같은 차림으로 송나라로 돌아가는

고려 불화 고려의 불화는 정교하고 세련된 아름다움으로 그 가치가 높다. 일본에서 소장 중인 이 그림은 〈미륵하생성불경〉을 토대로 그려졌다.

* 국궁재배(鞠躬再拜) : 존경하는 마음으로 몸을 굽히고 두 번 절함

상선을 탔다.

의천은 구법(求法)의 일념에 불타 배가 파도에 흔들리는 것도 모르고 염주알을 굴리며 화엄경을 외웠다. 송나라 상인들까지도 그를 보통 승려로만 알았을 뿐 전혀 눈치를 채지 못하였다.

한편 태후는 나중에야 이 사실을 알고 사람을 시켜 의천을 도로 환국시키려 하였으나 송나라 배를 따라잡지 못해 실패하였다.

의천은 무사히 밀주항에 내리어 곧바로 송나라 서울을 향하여 길을 재촉하였다. 불법의 진리를 구하려는 그의 마음은 한 치의 시간도 소중하였던 것이다.

송나라 철종은 나중에야 고려의 왕자임을 알고 의천을 궁중으로 불렀다. 수공전(垂拱殿) 높은 곳에 황제가 앉아 있고 시신들이 좌우에 모시어 서 있는 가운데 의천이 섬돌 아래에서 국궁재배(鞠躬再拜)*하고 그 자리에 꿇어앉자 황제는 정전으로 올라오도록 명하였다. 의천이 감격하여 올라앉자 황제가 친히 마중하며 읍하였다.

"송나라 황제께서는 외국의 명승에 대하여 대등한 예로써 맞이하오."

통역이 아뢰는 말이다.

이야기 한국사

의천은 감격하여 다시 고개를 숙였다.

황제는 의천의 뜻을 가상히 여겨 군신들에게 명하였다.

"송나라 천지에서 의천이 공부하기를 원하는 곳이 있다면 어디서든지 수학하는 데 소홀함이 없도록 하시오."

황제의 목소리 또한 낭랑하게 들려왔다. 가장 융숭한 대접이었다. 의천은 황제를 배알한 후 각엄사(覺嚴寺)에서 화엄법사 유성(有誠)의 문하로 들어가 천태종과 화엄종의 공통점과 차이점을 연구하였다. 당시 고려의 선종에 만족하지 않고 송나라까지 온 의천의 야심은 더욱 커졌다. 천태종의 길은 진리를 탐구하면 할수록 깊은 것을 깨닫게 되었다.

의천은 어느 날 유성과 나란히 번화한 거리를 걸었다. 주루(酒樓)와 찻집이 즐비한 주작문가(朱雀門街)는 등불과 채붕(彩棚)이 휘황찬란하게 빛났으며 한 모퉁이를 돌자 음식점이 널려 있었다. 큰 백병을 파는 곳이 있는가 하면 고기를 파는 곳, 국수를 파는 곳 등이 있어 사람의 왕래가 끊이지 않았다.

대각국사 의천

의천은 생전 처음 보는 일이라 어찌하여 송나라 서울이 이렇게 번화한지 주의 깊게 관찰하였다. 당시 고려에서는 일반 백성들은 물물교환으로 거래를 할 뿐이었는데 송나라에 와 보니 일반 서민들까지도 돈을 사용하니 그만큼 서민들의 생활이 향상되었음을 알았다.

의천은 다시 상국사(相國寺)로 옮겨 원소종본(圜炤宗本)의 문하에서 잠시 화엄을 연구하였다.

그런데 상국사는 바로 번화한 거리에 위치하고 있어 매월 여섯 차례에 걸쳐 절 안에서 물건의 매매를 하고 있었다. 그 날이 되면 남녀노소들이 모두 절 경내에 모여 들어 상가와 같은 거리를 이루고 있었다. 애국심이 강한 의천은 다시 한 번 고려의 번영을 생각하게 되었다.

고려 본국에서는 의천이 송나라에 있음을 알고, 송나라 황제에게 사람을 보내 의천의 귀국을 요청하였다. 의천은 고려왕의 명령을 받고 1년 2개월간 송나라의 각 명승지를 돌아다니다가 고려로 돌아왔다.

귀국할 때 의천은 불경은 물론 유학서적까지 가지고 돌아왔는데 흥왕사(興旺寺)와 각지에서 고서를 수집하여 4740권에 달하는 책을 모았다.

대각국사비

한때 국청사(國淸寺)에 머물렀을 때는 의천의 고명한 불설을 배우기 위해 천여 명의 학자가 모인 일까지 있었다. 의천은 모친이 지은 국청사에 있으면서 조카 원명국사(圓明國師)를 낙발(落髮)시켰다. 이로써 고려 왕실에서는 또 한 사람의 명승이 나오게 되었다. 의천은 국사가 된 후부터 정치에 참여하였다. 고려에서도 숙종 때부터 돈을 사용하게 되었는데 이는 의천이 건의한 것이다.

의천이 46세로 세상을 떠나니 고려 사람들이 모두 애석해했다. 숙

이야기 한국사

종이 의천에게 대각(大覺)이라는 시호를 내리려 하자 중서문하성은 "대각은 바로 부처님을 말하는 것이니 불가능하다."고 반박하였다.

그러나 정당문학 이오는 의천이 왕실과는 아주 가까운 친족이므로 대각의 시호도 가능하며, 출가한 승려가 죽었을 때는 상복을 입지 않으나 의천의 구법과 행실이 송나라와 요나라까지 알려졌으니 국사로 추증하고 백관이 상복을 입어 마땅하다고 건의하였다. 이로써 백관은 상복을 입고 3일간 조례를 금하였으며 후한 부의를 내려 장사를 치렀다.

유흥으로 지새운 의종

놀기 좋아하는 의종

문약한 의종은 풍류남아로 놀기를 좋아하는 귀공자였다. 부왕인 인종과 임 왕후는 그런 의종이 항상 걱정이었다. 왕자 5형제를 두어 후사는 튼튼했으나 태자(의종)의 사람됨이 너무 경박했기 때문이었다. 왕후는 태자의 약점을 염려한 나머지, 둘째 아들 대령후(大寧侯)를 임금으로 내세우려고 하였다. 그러자 당시 태자 시독(侍讀)으로 있던 정습명(鄭襲明)이 왕에게 태자의 장래를 보장하는 약속을 하였다.

"폐하! 한번 세운 태자를 쉽사리 바꿀 수는 없습니다. 후일 신이 태자를 잘 보살펴 드리겠습니다."

이런 일이 있은 후부터 태자는 부왕과 임 왕후에 대하여 불만을 품게 되었다.

의종이 왕위에 오르자 정습명은 의종 앞에 나아가 다음과 같이 아리었다.

"폐하 신은 선왕으로부터 부탁을 받은 신하이옵니다. 전날 선왕께서는 폐하를 믿지 않으셨지만 신은 폐하를 성군으로 모실 작정입니다."

"경의 마음은 나도 익히 알고 있는 터이지만 태후께서 항상 과인을 못마땅하게 여기시니 앞날이 걱정되오."

"왕태후마마께 대하여 그런 말씀을 하시면 아니 되옵니다. 신은 죽음으로써 폐하를 보필할 것이니 조금도 태후마마에 대한 말씀은 하지 마시옵소서."

이때 왕태후는 왕의 침전 뒤에서 이 말을 들었다. 아무리 왕이라 하여도 어머니에 대하여 불만을 가지고 있다면 왕태후로서도 가만히 있을 수 없었다. 태후는 떨리는 몸으로 맨발로 뛰어 내려와 왕의 침전에서 머뭇거리다가 밖으로 뛰어 내려가며 하늘을 보고 맹세하였다.

은도금탁잔 (국립 중앙 박물관)

"하느님 맙소사! 아무리 폐하를 못 믿은들 내보내려고 하는 왕태후는 아니라오."

왕태후는 하늘을 향하여 무수히 절하였다. 그러자 난데없이 뇌성벽력이 일어나며 번갯불이 번쩍하였다. 동시에 번갯불은 왕의 침전까지 들어오는 듯하였고 천둥소리에 침전의 산기둥이 울렸다.

"폐하! 태후마마를 모시어 들여야 하옵니다."

정습명이 황급히 말하자 왕이 놀라며 태후가 있는 곳으로 달려가 태후의 옷자락을 잡고 그 아래 엎드렸다.

정습명이 급히 달려와 아뢰었다.

"폐하! 태후마마께 사과하십시오."

"어마마마 소자가 잘못했습니다. 어서 침전으로 드십시오."

왕은 할 수 없이 태후를 모시고 침전으로 들어갔다.

"태후마마! 폐하를 믿으셔야 하옵니다."

정습명이 옆에서 부복하며 아뢰었다.

이 말을 들은 다음에야 태후는 노여움이 약간 풀리는 듯 걸음을 옮기어 전각 안으로 들어갔다.

그러나 태후의 이러한 제재에도 아랑곳없이 의종의 호탕한 생활은 가시지 않았다. 뿐만 아니라 의종은 가장 충성을 다하는 정습명마저 불신하기 시작하였다. 충신 곁에는 간사한 무리들이 기회를 노리는 법이다. 왕의 앞에서 아양과 간사를 떠는 김존중(金存中)과 정함 등은 이런 기회를 놓치지 않았다.

"정습명은 폐하의 불충한 신하이오니 멀리 귀양보내심이 마땅한 줄로 아뢰오."

그들은 정습명을 참소하였다. 이러한 가운데 정습명은 병을 얻어 목숨이 위독해졌다. 그의 자녀들이 약을 권하였으나 끝내 말을 듣지 않고 약그릇을 내던지며 그대로 세상을 떠났다.

이때부터 왕의 행동은 더욱 무궤도하게 되었다. 누구 하나 바른말로 직언하는 신하가 없었다. 반면 환관(宦官) 정함과 김존중 일파가 득세했는데 정함은 왕의 유모의 남편으로서 그의 세력을 당할 사람이 없었다.

의종 5년에 왕비 장경김씨를 흥덕궁주로 봉하며 피로연을 베풀 때 좌간의대부 왕식(王軾)이 환관 정함의 서각띠(犀角帶)를 보고 눈꼴이 사나워 대원(臺員)들을 나무랐다.

"너희들은 눈도 없느냐?"

그러자 어사잡단 이작승(李綽升)이 분개하여 대리(臺吏) 이분을 시켜 정함의 서각띠를 잡아 끌렀다.

"환관이 어찌하여 서각띠를 두르느냐?"

정함은 이분의 손을 뿌리쳐 반항하며 말했다.

"이 서각띠는 폐하께서 내리신 하사품이다. 네가 감히 손을 대느냐!"

이분도 지지 않고 덤비며 말했다.

"남보다 하나 없는 놈이 건방지게 대관들이나 갖는 띠를 두르다니."

한참 실랑이를 벌인 끝에 정함의 띠를 빼앗고 말았다. 정함이 이 사실을 왕에게 아뢰자 왕은 노하여 이분을 잡아들이라 하였다. 그러나 이분은 왕의 노함을 보고 그 자리를 피해 달아났다.

연회가 파하자 왕은 다시 자신의 서각띠를 풀어 친히 정함에게 하사하고 동시에 합문지후(閤門祗侯)의 벼슬을 내렸다. 이러한 처사에 대해 어사대에서는 강력히 반대하였다.

"환관에게 합문지후의 벼슬을 내림은 고례에 어긋나는 일이오니 어명을 거두소서."

왕도 할 수 없이 정함의 벼슬을 거두었으나 정함을 신임하는 마음은 더욱 높아졌다.

정함은 반대세력이 예상 외로 많다는 사실을 알게 되자 이번에는 어사대에서 대령후가 왕위에 오를 뜻을 품었다고 무고하였다. 이 말을 들은 왕은 자기의 적대자인 대령후의 세력을 견제하려고 우선 태후 쪽 사람들을 내쫓기 시작하였다.

이 축출사건에 휘말린 정서는 태후 임씨의 여동생의 남편으로 원래는 왕의 신임을 받고 있었다. 그러나 김존중이 정서를 모함하여 "정서는 대령후와 친교를 맺고 큰 뜻을 품고 있다."고 아뢰자 왕은 가뜩이나 대령후 쪽을 싫어하고 있던 터라 정서에게 고향인 동래로 내려가 있으라고 명하였다. 정서가 떠날 때 왕에게 하직인사를 올리니 왕은 정서의 어깨를 두드리며 말했다.

"오늘 그대를 고향으로 보내게 된 것은 짐의 뜻이 아니니 오래지 않아 다시 부를 것이다. 잠시 내려가 있도록 하라."

이런 말을 들었기 때문에 정서는 동래로 내려와 멀리 바다를 바라보며 돌아오라는 어명만을 기다렸다. 그러나 좀처럼 부른다는 소식이 없자 날마다 거문고를 뜯으며 심정을 노래하였으니 이 노래가 정과정곡(鄭瓜亭曲)이다.

울음바다가 된 중미정

왕의 유흥은 점점 더 심해갈 뿐 그칠 줄을 몰랐다. 정자나 누각도 한 곳에만 짓는 것이 아니고 이곳저곳 놀러 다니다가 경치가 아름다운 곳을 발견하면 백성들의 괴로움은 생각지도 않고 누각을 세웠다.

청녕재(淸寧齋) 남쪽에 정자형(丁字形)의 정자를 짓고 그 앞에 다시 인공호수를 만들어 중국의 서호를 본떠 화려하게 장식하였다. 호수 언덕에는 여러 군데에 모정(茅亭)*을 지어 놓고 남쪽에서 갈대를 캐다가 심었다. 그러니 가을이 되어 갈대가 피면 더욱 장관을 이루었다.

* 모정(茅亭) : 짚이나 새 같은 것으로 지붕을 인 정자

갈대꽃 핀 물가에는 기러기와 원앙새를 기르고 그 사이에 작은 배를 띄워놓고 어부들로 하여금 배 위에서 뱃사람들의 노래를 부르게 하였다. 때로는 펄펄 뛰는 서호의 농어를 연상하듯 큰 고기를 잡아 즉석에서 어회를 쳐 탁주를 마시며 뱃노래에 장단을 맞추어 놀았다.

이 남지(南池)는 그 규모가 커 연못을 팔 때 수많은 인부를 동원했는데 끼니도 제대로 챙겨주지 않고 일만 시켰다. 그런 까닭에 부역에 참여한 농부들은 일을 열심히 하지 않고 그저 시간만 보내는 상태였다. 공사가 진척되지 않은 채 세월만 흘러갔다.

한 농부는 집안이 가난하여 점심을 가져와 먹을 형편이 못 되었다. 그는 점심 때가 되면 늘 남이 먹는 음식이나 바라볼 뿐이었다. 인심이 순후했던 당시 인부들은 이 가난한 농부를 동정하여 여러 사람이 자기 밥그릇에서 조금씩 나누어 함께 식사를 하도록 권했다. 그 농부는 너무나 감격하여 그 은혜에 감사하여 눈물을 흘렸다. 다음날도 또 그 다음날도 십시일반(十匙一飯)으로 여러 사람이 조금씩 나누어 준 점심을 먹게 되었다.

만월대의 터 개경에 있는 고려의 궁궐터. 터의 규모를 볼 때 당시 왕의 화려한 생활을 짐작할 수 있다.

너무 여러 날 점심을 얻어먹은 농부는 밤에 부인에게 자세한 이야기를 하였다.

"고마운 사람들에게 보답을 해야 할 텐데…."

농부는 말끝을 흐렸다. 그 말을 들은 부인은 무엇인가 결심한 듯 깊은 생각에 잠겼다.

"여보 내가 무리한 말을 했나 보오. 너무 걱정 마오."

남편은 부인을 위로하며 한숨을 쉬었다.

남편이 일터로 나간 후 부인은 음식을 장만하여 일터로 나갔다. 남편은 아내가 음식을 가져오는 것을 보자 놀라지 않을 수 없었다. 가벼운 줄 알았던 음식 광주리가 묵직한 것이었다.

"아이구. 이게 웬 음식이오?"

남편은 이외라는 듯 넋을 잃고 광주리를 열었다. 거기에는 밥은 물론 떡과 술, 고기반찬까지 들어 있었다.

"오늘은 내가 여러분에게 신세진 빚을 갚게 되었습니다. 어서들 이리 오십시오."

모두 모여들어 음식을 보자 놀라는 표정들이었다. 농부는 집

형편과 음식을 비교해 보며 의아한 생각이 들기 시작했다. 여러 가지 궁리를 하다가 부인에게 물었다.

"여보! 우리 형편이 어려운데 이런 음식은 어디서 얻어온 것이오?"

"얻어온 것이 아니니 염려 마세요."

"그렇다면 훔쳐 왔단 말이오?"

"원 별 말씀을!"

그래도 의심이 풀리지 않자 남편은 아내를 채근했다.

"혹시 남과 은근한 사랑을 속삭여 얻어온 게 아니오?"

그래도 여자는 아무 소리 않고 조용히 앉아 있을 뿐이었다.

"바른대로 말하오. 어떻게 된 음식이오. 혹시 새 서방질이라도 한 게 아니오?"

농부의 얼굴에는 분노마저 떠올랐다.

"그런 억측은 하지 마세요. 내가 얼굴이 못 생겼을 뿐 아니라 행실이 곧음을 당신도 잘 알고 있는 터에 그런 억지 말씀을 하시니 내 실정을 다 말하리다. 당신이 남에게 신세진 것을 하도 걱정하시길래 어떻게라도 당신의 걱정을 덜어드리기 위해 내 머리를 잘라 판 돈으로 음식을 장만했지요."

그녀의 눈에서는 눈물이 핑 돌았다. 그제야 남편이 아내를 다시 쳐다보니 아내의 머리 위에는 수건이 푹 씌워져 있었다. 아내가 머리에서 수건을 벗으니 과연 까까머리가 아닌가! 깜짝 놀란 농부는 음식이 넘어가지 않았다.

"미안하오. 당신의 고운 마음을 의심하다니 내가 잘못했소."

옆에서 이 광경을 지켜보던 사람들도 모두 눈물을 흘리며 음식을 먹지 못했다. 그럴수록 농부의 눈에서는 더욱 뜨거운 눈물이 그칠 줄 몰랐으며 부인도 역시 흐느껴 울었다. 구경하던 사람들도 역시 흐느껴 일터는 잠시 울음바다로 변했다.

이와 같은 농민들의 고충은 추호도 염두에 두지 않고 연못과 누각을 지어 유흥장소를 만드는 데만 급급하니 정사는 부패의 도가 점점 심해져만 갔다.

4월 11일은 의종의 탄생일이다. 의종은 이 날을 하청절(河青節)이라 하여 만춘정에 행차하여 중신들을 이곳에 모아 큰 잔치를 벌였다. 왕의 탄생을 축하하는 갖가지 장식과 기생들의 가무는 환락의 극치를 이루었다. 왕은 특히 타구(打毬) 놀이를 즐겨 하였기 때문에 풍악 중에서도 특히 포구악(抛毬樂)을 좋아했다. 만춘정에서의 연회가 끝나면 왕은 다시 정자 앞에 만들어 놓은 남포(南浦)에 배를 띄우고 밤늦도록 놀았다.

하회탈 고려 시대 처음 만들어진 하회탈은 귀족의 싸움, 정치판 등을 풍자하고 즐기는 데 사용되었다.

무인들의 발호

정중부의 난

의종의 유흥은 날이 갈수록 더해갔다. 왕위에 오른 지 24년 그해 4월 왕은 화평재(和平齋)로 놀러갔다. 왕은 가까운 문신들과 술잔을 나누며 시를 읊고 노래를 부르며 시간이 가는 줄 몰랐다. 그

럴 때면 호위하는 군사들은 밥도 제대로 먹지 못했는데 문신들의 술주정까지 받게 되니 불평불만이 거의 폭발할 지경이었다. 이때 견룡대의 인솔 책임자는 정중부였다. 정중부가 견룡대를 한 바퀴 돌고 오자 수하 군졸인 이의방(李義方)과 이고(李高)가 정중부에게 다가가 은근하게 말했다.

"장군님 오늘은 문신놈들이 취할 대로 취하고 마음껏 먹고 있습니다. 하온데 우리 무신들은 무엇이옵니까. 배불리 먹기는 고사하고 굶주려 죽을 판이니 이대로 가만히 지낼 수 있겠습니까?"

"나도 잘 알고 있다. 때가 오면 저 문신놈들을 모두 물고를 내야 한다."

"때는 무슨 때입니까. 쇠뿔도 단김에 빼어야 한다지 않습니까. 이 자리에서 없애 버립시다."

"아니다. 아직 좋은 시기가 오지 않았다. 좀 더 기다려 보자."

이의방과 이고는 즉시 거사를 하고 싶었으나 정중부의 만류로 뜻을 이루지 못하고 다음 기회를 노리기로 하였다.

8월 30일 왕은 장단 보현원(普賢院)으로 거동하기 위해 오문(五門)을 나섰다. 신하들을 불러 술을 따르게 했을 때 마침 맑은 날씨에 가을바람이 불어 주흥을 더욱 돋웠다. 왕은 좌우를 돌아보며 말하였다.

"아! 날씨도 좋고 땅도 또한 장대하구나. 이런 좋은 장소에서 무신들이 한번 충분히 놀도록 해야겠다."

왕은 무신들에게 오병수박희(五兵手搏戱)를 시키도록 명했다. 신이 난 군졸들은 서로 권법을 자랑하며 힘껏 뛰고 놀았다. 한참 어울려 놀던 중 대장군 이소응(李紹膺)이 한 젊은 군졸과 씨름을 하기 시작하였다. 이소응은 이때 나이가 예순에 가까운 노장이었다. 아무리 대장군이었지만 젊은 군졸의 힘을 당할 수 없어 그만 넘어가고 말았다. 이것을 본 문신 한뢰(韓賴)가 연회장에서 뛰어 내려와 이소응의 뺨을 보기 좋게 한대 갈겼다.

"이 늙은 무인 놈아. 그래 대장군으로서 어찌 군졸놈한테 넘어가느냐. 할 일 없이 녹만 받아먹는 좀 도적놈이로구나."

한뢰는 이소응을 톡톡히 망신주기 위해 어전 앞에서 이소응을 그 아래로 내리밀었다. 이소응은 또 한번 넘어져야 했다. 왕과 문신들은 이 꼴을 보고 손뼉을 치며 웃어댔다. 문신 임종식(林宗植)과 이복기(李復基) 등도 장단을 맞추고 나섰다.

"저 이소응의 꼴을 보아라. 태평성대가 계속되니 무신놈들은 놀고먹어 비계살만 쪄 힘을 못 쓰는구나."

이 꼴을 본 정중부는 가만히 있을 수가 없었다. 한뢰가 시시

덕거리고 있는 곳으로 뛰어가 한뢰의 멱살을 잡고 한대 갈겼다.

"이놈! 이소응 장군이 아무리 시세 없는 무관이지만 품계로 보아 3품 대장이 아닌가. 네 따위 6품짜리 젊은 놈이 감히 손찌검을 하다니."

매우 당당한 태도였다.

한뢰는 아무리 젊지만 문신인지라 무신인 정중부를 당할 수가 없었다. 무신 이고는 칼을 뽑는 시늉을 하며 한뢰를 죽여 버리라는 신호를 보냈다. 사태가 심상치 않음을 직감한 한뢰는 벌벌 떨면서 왕에게로 달려가 살려달라고 애원하는 눈짓을 보냈다.

"장군 왜 이러오. 오늘은 무신들을 흥겹게 놀도록 하기 위해 마련한 잔치이니 문신을 놓아주오."

왕이 정중부에게 타일렀다. 이리하여 험악한 분위기는 잠시 가라앉았다. 여러 무신들은 이 자리에서 거사하여 문신을 죽이자고 하였다. 그러나 정중부는 아직 때가 되지 않았으니 조금 참으라는 눈짓을 보냈다.

왕은 앞으로의 일이 염려되어 불길한 예감마저 들었으나 아직도 취기를 이기지 못하고 문신들과 함께 콧노래를 부르며 행진하였다. 뒤에서는 정중부와 이고, 이의방 등 무신들이 모의를 하고 있었다.

"저녁 때 보현원에서 거사하여 문신놈을 모조리 없앱시다."

"그렇게 합시다. 우리 편과 문신들을 구별하기 위하여 모두 복두*를 벗도록 합시다. 그래서 복두를 쓴 놈은 모조리 없애도록 합시다."

먼저 이고와 이의방이 선발대로 나가 행동을 개시하도록 했다. 보현원은 상당히 거리가 멀어 이고와 이의방이 도착했을 무렵

* 복두 : 과거에 급제한 사람이 홍패를 받을 때 쓰던 관

이야기 한국사

에는 벌써 어두워져 있었다. 이고와 이의방은 문 밖에서 기다리고 있다가 왕과 문신들이 원문 안으로 들어서 다시 밖으로 나오자 우선 임종식와 이복기 등을 손으로 때려 죽였다. 이 틈에도 약삭빠른 한뢰는 미꾸라지처럼 빠져 나가 어느 틈엔가 왕의 처소로 뛰어들어가 용상 밑에 숨어버렸다.

밖에서는 아비규환의 도가니 속에 문신들이 비명을 지르며 하나둘씩 쓰러졌다. 왕을 모시고 다니던 문신들이 거의 다 죽어 보현원은 시산혈해(屍山血海)를 이루었다.

왕은 환관을 불러 살상행위를 즉시 중지시키도록 명령했으나 왕의 명령을 따라야 한다는 신하로서의 이성을 가진 사람은 아무도 없었다.

정중부가 어전으로 다가서며 말했다.

"폐하, 아직도 숨어 있는 자가 있소. 어서 내놓으시오."

매우 위협적인 말투였다.

"바로 용상 밑에 한 놈이 숨어 있으니 그 자를 내놓으시오."

왕이 차마 한뢰를 내놓지 못하고 주저하자 이고가 달려들어 용상 밑에 숨어 있는 한뢰를 끌어내었다. 한뢰는 어의(御衣) 자락을 꽉 붙잡고 살려달라고 애걸복걸하였으나 이고가 힘찬 발길로 한뢰를 차니 한뢰는 여지없이 문 밖으로 나가떨어지고 말았다. 땅에 떨어지기가 무섭게 한뢰의 몸은 두 동강이 나고 말았다.

왕은 벌벌 떨며 사방을 둘러보았으나 주위에는 무신들만 있을 뿐 목숨을 걸고 왕을 호위하는 신하는 한 사람도 보이지 않았다. 왕은 행여 무사들이 해칠까봐 그들을 위로한답시고 가지고 있던 보검을 풀어 상으로 주었다.

평소 무신을 괄시하던 문신들은 거의 다 죽었으나 오직 김돈중(金敦中) 한 사람이 보이지 않았다. 이미 그는 정중부와 이고 등의 음모를 알아차리고 중도에서 일부러 낙마(落馬)하여 다친 시늉을 하다가 달아나 버렸다.

정중부는 김돈중을 즉시 잡아오라고 하였다. 이고가 나서서 말하였다.

"김돈중은 이미 낌새를 알아차리고 도망간 듯하오."

"그렇다면 일이 잘못되기 쉽다. 김돈중이 만약 궁성으로 들어가 태자를 옹립하고 우리를 역적으로 몰면 형세가 어찌될지 모른다. 즉시 김돈중을 찾아 없애 버려야 한다."

정중부가 이의방으로 하여금 급히 성 안에 들어가 김돈중의 집을 뒤져 잡아오라고 명하였으나 김돈중은 집에 없었다.

"그렇다면 우리가 먼저 궁중으로 쳐들어가자."

이고와 이의방, 이소응 등이 군사를 거느리고 궁궐을 습격하여 내직하던 관리들을 모두 죽이고 다시 태자궁으로 들어가 문신을 모두 죽였으며 최보칭, 허홍재, 서순, 최온 등도 다 죽였다.

이로써 무신들의 쿠데타는 성공하였다. 정중부는 왕을 모시고 궁궐로 들어와 무신들을 모두 한 계급씩 승진시켰다. 다음날 정중부는 왕과 태자를 내쫓고 김돈중마저 죽였다.

새 임금으로 의종의 동생 명종을 내세우고 정중부와 이고, 이의방, 등이 전왕의 사제(私製)를 나누어 차지하였다.

청동으로 만든 말

피로 물든 곤원사

정중부가 집권하게 되자 동조자인 이고와 이의방이 다같이 대장군의 서열에 올라 집주(執奏)의 직책을 겸하게 되었다. 이들은 항시 임금을 배알하고 자기들의 의견을 주청하였다. 그중 이고는 이의방이 자기보다 더 높은 지위에 오른 것이 불만이어 은연 중에 이의방을 제거할 계략을 꾸몄다. 이고는 우선 심복을 많이 만들어 동조자 세력을 규합하여 정권을 독점할 생각을 품었다. 그는 개성 시내의 불량 소년들을 규합하는 한편 법운사(法雲寺)의 중 수혜(修惠)와 개국사(開國寺)의 중 현소(玄素) 등을 자기편에 가담시켰다.

가마를 타면 말타고 싶은 생각이 든다는 속담과 같이 이고는 작은 집에서 살다가 졸지에 왕의 사택을 얻었으니 이번에는 정권을 손아귀에 넣고 싶은 욕망이 생긴 것이다. 그는 자기의 무리들을 불러놓고 은밀하게 음모를 꾸몄다.

"여보게들, 큰 일만 일단 성공하면 자네들의 앞날을 보장할 수 있네. 높은 지위는 말할 것 없고 모든 것을 마음대로 할 수 있네. 우선 먼저 이의방을 제거하기로 하세."

"당연한 말씀이지요. 장군께서 마음의 결정만 하시면 무슨 일이든 성공할 수 있습니다."

수혜와 현소는 이고 밑에서 아첨하며 앞날에 큰 기대를 걸었다. 그러던 중 태자가 관례식(冠禮式)을 올릴 때 기회를 보아 이의방을 제거할 계획을 구체화시켰다.

여정궁(麗正宮)에서 관례의식을 거행할 때 이고는 선화사(宣花使)로서 일을 보게 되었다. 이 기회에 이고는 심복을 궁 안에 미리 대기시켜 놓았다가 궁중에서 이의방을 죽이려고 하였다. 그러나 이고의 심복인 김대용(金大用)의 아들이 이 비밀을 알고 김대용에게 말하고 김대용은 다시 친구인 내시 채원(蔡元)에게 말해 버렸다. 그러자 채원은 이 사실을 직접 이의방에게 알렸다.

명종 원년 여정궁에서 관례식이 끝나고 잔치가 벌어지자 이 기회를 이용하여 이고의 심복들이 속속 궁 안으로 잠입하였다. 이고는 느릿한 걸음걸이로 들어갔다. 바로 이때 이의방이 선수를 써서 이고가 문 안으로 들어서자 일격에 처단하였다. 이고는 눈 깜짝할 사이에 죽고 말았다.

한편 동북면 병마사 간의대부(諫議大夫) 김보당(金甫當)은 정중부, 이의방 등 무신들이 공모하여 의종을 몰아냈다 하여 휘하 군사를 거느리고 공격해 내려오는 한편 전왕 의종을 경주로 모셔 오도록 하고 남북에서 서로 호응하기로 하였다. 그러나 얼마 가지 않아 김보당은 잡히고 말았다.

"문신들 가운데 나와 공모하지 않은 자는 한 사람도 없다."

그는 문초당할 때 터무니없는 말을 함부로 지껄였다. 이 때문에 문신들은 또 한번 된서리를 맞았다. 정중부는 이렇게 하여 김보당의 무리를 제거하였으나 경주에 남아 있는 전왕이 마음에 걸렸다. 어떻게 하든지 전왕을 없애야 되겠다는 마음에 정중부는 심복 이의민(李義旼)을 보내 전왕을 죽이라고 하였다.

이의민은 원래 경주 사람으로 기운이 장사였으며 이번 보현원 거사에도 한몫을 단단히 하였다. 이러한 관계로 그는 정중부의 심복으로 경주로 내려가게 되었다.

경주 사람들은 옛날 경주의 파락호(破落戶, 깡패)가 내려온다는 소문을 듣고 무슨 큰 일이 난 듯하여 앞을 다투어 마중하기에 바빴다. 그 가운데에는 아첨까지 하는 사람도 있었다.

"장군이 경주 출신으로 나라에 공을 세우고 출세한 것을 진심으로 축하하오. 그러나 소문에 의하면 이번 경주로 내려온 것은 경주를 도륙하기 위한 것이라 하니 그건 안 될 말이외다. 전왕이 비록 경주에 계시다 하나 이것은 김보당의 부하 장순식과 윤인준이 한 짓이니 다른 사람들이야 무슨 죄가 있겠소."

"나도 익히 알고 있는 사실이오. 도대체 그들의 세력은 어떠하오."

"몇백 명에 불과하지요. 그나마 모두 오합지졸이니 염려할 것 없소이다."

"잘 알았소. 내 아무리 지난날에는 부랑자로 행세했지만 지금은 다르오. 고향사람들을 괴롭힐 생각은 추호도 없으니 다만 내 일에 협조나 좀 해주시오."

모두 그의 의견에 찬성하니 이의민은 그날로 전왕을 객사에 유폐시켰다. 이의민은 힘 안들이고 전왕을 곤원사로 모시고 가 연못 앞에 전왕을 앉히고 자신이 술을 따라 올렸다. 의종은 오랜만에 맛보는 술이라 두세 잔 받아 마시니 전날의 회포가 되살아났다. 꽃 같은 궁녀들이 굽실거리는 사신들과 함께 아름다운 정자나 누각에서 유흥에 잠겼던 지난날의 생각이 머릿속을 스쳐 지나갔다. 그 언젠가 금나라 사신이 들어 왔을 때의 일도 떠올랐다. 금나라 사신이 신수를 썩 잘 본다는 소식을 듣고 의종도 물어 보았다.

"과인의 신수는 어떠한지 한번 봐주오."

사신은 한참 동안 생각하더니 천천히 입을 떼었다.

"폐하의 수명은 길고 길어서 만조백관이 모두 죽은 후에야 임천(臨川)의 환(患)이 있을 듯하오이다."

왕은 그 말을 듣고 기뻐하며 오래 살 수 있다는 환상에 사로

잡힌 적이 있었다.

　그 후도 임천의 환이 무엇인지 몰랐더니 이제 눈앞에 연못이 있음을 보니 왕은 언뜻 임천의 환이 눈앞에 다가온 듯하여 등골이 오싹함을 느꼈다. 바로 이때 이의민의 부하 박존위(朴存威)가 큰 이불로 왕을 쌌다. 왕은 혼비백산하여 어찌할 줄 몰랐다. 큰 가마솥 두 개를 내 놓고 왕을 그대로 한 솥에 집어넣고 솥을 합한 다음 연못에 던져 버리니 이로써 의종은 호유 20년 끝에 47세로 세상을 떠났다.

　의종이 비록 문신을 좋아하고 유흥을 일삼아 무인들에게 희생되기는 하였으나 이 시대에는 청자와 기와의 기술이 최고로 발달하여 세계 속에서 자랑할 만한 찬란한 고려자기 문화를 이룩하였다. 의종이 만일 좀 더 절제 있게 생활해 선정을 베풀었더라면 그 문화는 더욱 빛났으리라는 아쉬움이 남는다.

권력 싸움의 희생자 은평 왕후

이고가 먼저 이의방을 해치려다 역습을 당해 제거되자 이번에는 이의방이 정권을 독점하려고 명종의 태자(후일 강종)와 자신의 딸을 결혼시켰다. 이때는 태자의 나이가 많아 이미 태자비가 있었으나 이의방은 그의 권력으로 태자비를 내쫓고 기어이 자신의 딸을 새로운 태자비로 삼았다. 장차 태자가 왕위에 오르면 자신이 권력을 독점하겠다는 계략에서 나온 처사였다.

　시골에서 자란 새 태자비는 아버지의 권력으로 궁중으로 들어와 고려 왕실의 전통을 깨뜨리고 처음으로 태자비가 된 것이다.

　이와 같은 정략결혼과 때를 같이 하여 북쪽에서는 조위총(趙

位寵)이 군사를 일으켜 세력을 펴니 사태의 긴박함에 비추어 이의방이 직접 나가 싸웠으나 승리하지 못하고 윤인첨(尹仁瞻)과 두경승(杜景升)이 조위총의 세력을 저지하는 데 급급했다.

한편 정중부의 아들 정균(鄭筠)은 이의방의 세력이 나날이 커지는 것을 주의 깊게 관찰하였다. 그러다 이의방이 더 커지기 전에 그를 제거해 버리려고 기회를 노렸다. 명종 4년에는 조위총의 반란군을 진압하기 위해 윤인첨이 개성 서교에서 군대를 사열하고 있었다. 반란군 진압을 위한 군대인 만큼 자발적으로 의용군이 되어 나가는 승병도 많았다. 이의방도 군대 책임자로서 선의문 밖에까지 나와 사열 겸 진용을 구경하였다.

"내가 기회를 만들 테니 이의방을 죽여라."

정균과 종참은 이의방의 뒤를 따라다니면서 기회를 보았다.

정균은 주위를 살피다가 이의방을 불렀다.

"상장군! 드릴 말씀이 있습니다."

"무슨 일인데?"

이의방은 의아해 하면서 뒤를 돌아보았다. 바로 이때 종참이 칼을 들어 이의방을 한칼로 베었다. 선혈이 낭자하게 흐르는 가운데 이의방은 외마디 비명과 함께 죽어갔다. 계속하여 정균 일파는 이의방의 형제 이준의(李俊義)와 그의 일당 고득원(高得元) 등을 모두 죽였다.

이제 남은 것은 태자비 문제였다.

"역적 이의방의 딸을 태자비로 둘 수 없으니 쫓아내야 하오."

조정에서는 정균 일파의 세력에 동조하는 주장을 내세웠다. 태자는 비록 역적의 딸이라 하지만 그동안 같이 지낸 정도 있어 태자비를 내보내고 싶은 생각이 없었다. 그러나 이의방이 죽고 난

당시의 형편으로는 태자비를 옹호할 세력이 아무도 없어 부득이
하게 태자비를 내보낼 수밖에 없었다.

　　태자비는 차마 떨어지지 않는 발걸음을 옮기며 몇 번이고 뒤
를 돌아보면서 한 많은 궁궐을 떠났다. 그 후 그녀는 어느 한가한
절간에서 외롭게 살았다. 이의방의 딸이기 때문에 억울하게 쫓겨
난 자신의 신세를 생각하며 쓸쓸히 지내는 태자비를 옛 정을 잊지
못한 태자가 때때로 찾아와 위로해 주었다.

　　세상이 또 바뀌어 명종이 왕위에서 쫓겨나고 신종이 왕위에
오르니 태자도 역시 그 자리에서 밀려 다만 왕족으로서 대우밖에
받지 못하는 처지가 되었다. 태자비의 몸에서는 딸까지 태어났다.

　　정치의 소용돌이는 또다시 일어나 신종의 태자 희종(熙宗)이
즉위하니 전의 태자는 희미한 존재가 되었다. 그러한 가운데 희종
이 최충헌에게 쫓겨나니 이제는 명종의 태자가 강종으로 즉위하

였다. 이때 강종의 나이가 이미 예순이 가까웠다. 이의방의 딸이 었던 은평 왕후는 그때까지도 생존해 있어 궁중으로 들어가려 하였으나 뜻을 이루지 못하고 딸 수녕 공주(壽寧空株)만 남긴 채 세상을 떠났다.

경대승과 정중부의 경쟁

물불 모르고 날뛰는 정중부의 세력은 날이 갈수록 오만해졌다. 정중부의 아들 정균과 사위 송유인(宋有仁) 등이 권세를 부리며 부귀의 극치를 이루었다.

그러던 중 조위총이 자비령 이북의 40여 성을 가지고 금나라에 가 복종하겠다고 했지만 금나라에서는 이를 거절하였다.

"짐은 남의 나라의 역적을 받을 수 없으며 또 그 땅도 차지하고 싶지 않다."

이 소식을 듣고 기운을 얻은 윤인첨과 두경승이 서경을 포위 공격하여 조위총을 죽이니 어수선했던 정국이 안정되었다.

이때 정중부의 나이가 일흔이 넘었으나 그의 아들과 사위 송유인이 정중부의 후광을 입어 득세하게 되었다.

더구나 정균은 승선(承宣) 벼슬에 올랐다. 승선이란 관직은 원래 왕명을 출납하는 것이었지만 지금은 왕의 행동을 감시하기 위한 것에 지나지 않았다.

정균은 예전에 장가든 아내는 너무 신분이 낮고 미색이 아니라는 이유로 내쫓아 버리고 상서(尙書) 김이영(金貽永)의 딸을 유혹하여 아내로 삼았다. 개구리 올챙이 시절 생각 못하는 어리석은 처사였다.

그 후 그는 승선 벼슬로 궁중에서 지내니 자연 아름다운 궁녀들을 상대하게 되었다. 그러자 그는 궁녀를 손에 넣고 한 걸음 더 나아가 공주까지 차지하고 싶은 충동이 일었다. 고려의 전통에서는 공주는 다른 사람과 결혼하지 못하고 오직 왕손에게만 출가하는 법이었다. 이 때문에 왕도 매우 난처하여 쉽사리 승낙하지 못하고 그 대신 궁녀들과의 음란한 행동을 묵인해 주는 형편이었다.

이러한 발호와 세도에 불만을 품어 정균 일파를 쓸어버리려는 사람이 있었으니 그는 청년 장군 경대승(慶大升)이었다. 경대승의 심복으로는 견룡대의 허승(許升)과 대정 몇 사람이 있었다. 허승은 기운이 천하장사여서 경대승이 특히 사랑하였다.

경대승은 어느 날 허승을 집으로 불러 정균 일파를 제거할 계책을 논의하였다. 경대승이 허승에게 말하였다.

"요즈음 정균이란 놈이 궁중을 무사출입하면서 궁녀들을 마음대로 농락하고 있다지."

청자투각칠보문향로
(국립 중앙 박물관)

"그렇습니다. 정중부 세력을 믿고 그런다 하옵니다."

"그런 놈을 그대로 둘 수는 없다. 네 생각은 어떠하냐?"

허승의 속마음을 타진하기 위한 말이었다.

"장군께서 의를 위하여 역적놈들을 제거하신다면 저희들이 어찌 가만히 있을 수 있겠습니까?"

"그렇다면 좋은 계책을 말해 보아라."

"저희들이야 무슨 좋은 계책이 있겠습니까? 그저 시키는 대로 할 따름입니다."

"그러면 내가 세운 계획을 들어보아라.

궁중에서 장경회(藏經會)가 열리는 날에는 호위하는 군사들도 피곤해 모두 자고 있으니 이런 날을 이용하여 내가 결사대를 이끌고 들어갈 것이다. 너는 미리 잠입했다가 정균을 죽이고·휘파람을 불도록 하라. 그러면 그 휘파람 소리를 신호로 궁성 담을 일제히 뛰어넘겠다."

"참 좋은 계책이십니다. 장경회가 끝나는 날이 9월 16일이니 그 날 새벽에 거사하도록 결정하시지요."

이렇게 모의한 후 경대승은 16일 저녁 궁성 담 밖에서 안의 동정을 주의 깊게 살피며 기다리고 있었다. 며칠을 계속하여 경비한 까닭으로 호위하던 군사들은 장경회가 끝이 나자 음식을 나누어 먹고 모두 깊은 잠에 빠졌다.

외부와 긴밀히 연락을 하던 허승은 장경회가 끝난 후 모두가 자는 틈을 이용하여 살금살금 정균의 처소로 들어갔다. 정균은 옆에 아리따운 궁녀를 낀 채 깊은 잠에 빠져 있었다. 희미한 달빛에 궁녀의 둔부가 유난히 희게 보였다. 허승은 한 칼에 정균을 죽이고 궁녀마저 처단해 버렸다.

휘파람 소리를 내자 밖에서 기다리고 있던 경대승의 복병이 일시에 궁성 담을 뛰어넘었다. 그들은 우선 숙직대장 이경백(李慶伯)과 지유 문공려(文公呂)를 죽였다. 그제야 군사들이 잠에서 깨어나 경대승의 결사대와 싸움을 벌였으나 죄 없는 수비병의 목만 달아날 뿐이었다.

왕은 졸지에 당하는 일이라 벌벌 떨며 어찌할 바를 몰랐다. 경대승이 즉시 침전 밖에 이르러 왕에게 아뢰었다.

"신 등이 사직을 보전하기 위해 정균을 죽였습니다. 이제부터 역적의 무리를 모두 없애 버리겠으니 폐하께서는 아무 염려 마시옵소서."

정균을 죽였다는 말을 들은 다음에야 왕은 겨우 궁문까지 나와 경대승에게 술까지 하사하며 위로하였다. 경대승은 즉시 어명을 받고 금군(禁軍)을 인솔하여 먼저 정중부의 사위 송유인을 죽이고 정중부를 찾았다. 이때 정중부는 벌써 알아차리고 어느 민가로 뛰어들어가 숨으려 하였다. 그러나 백성들까지도 정중부를 미워하니 마침내 붙잡혀 죽고 말았다.

경대승은 다음날 정중부, 송유인, 정균 등의 머리를 거리에 매달고 "역적 정중부는 죽었다."고 선포했다.

왕은 매우 흡족해하며 경대승을 불러 치하했다.

"경이 아니면 누가 사직을 구하겠소. 승선 정균이 죽었으니 그대에게 승선의 직을 주노라."

"신은 문자를 모르옵니다. 문자를 모르는 사람이 승선의 직을 맡을 수 없습니다."

"그러면 마땅한 사람을 경이 천거하도록 하오. 아부시랑 오광척(吳光陟)이 어떻겠소."

"오광척이 문자를 조금 이해한다지만 승선될 자격은 없소."

왕은 묵묵부답 바라볼 뿐이었다. 경대승은 생각하기를 오광척이란 놈이 벌써 왕에게 승선의 자리를 달라고 아뢴 것이 틀림없다 하여 그 뒤 오광척을 죽였다.

이 밖에도 사가(四家)의 당(黨)이라는 김광영(金光英), 석화(石和), 습련(襲連), 송득수(宋得秀), 기세정(奇世貞) 등 정중부의 무리를 모두 죽였다.

이와 같이 기분 내키는 대로 사람을 마구 죽이니 무신들의 불평이 대단하였다.

"정중부는 대의를 위하여 문신을 억압하고 우리들의 울분을 풀어주었다. 그 공은 마땅히 크다고 할 수 있다. 그런데 경대승은 하루아침에 장군을 죽였으니 누가 이 원한을 풀어줄 것이냐?"

이러한 소문이 떠돌자 경대승은 언제 어디서 누구의 손에 해를 당할지 몰라 겁을 집어 먹었다. 몸을 보호하기 위해 집에 결사대 백여 명을 배치하고 그들이 자는 곳을 도방(都房)이라 하였다.

이제부터의 세력은 경대승 일파의 손아귀에 모조리 들어갔다. 그 가운데서도 거사에 직접 참여하여 공을 세운 허승은 장군으로 승격함과 동시에 태자부의 지유가 되었다. 김광립(金光笠)은 어견룡의 행수가 되었다. 이들 두 사람은 나름대로의 세력을 기르면서 동궁의 궁녀를 데리고 태자의 방 근처에서 술 마시고 노래 부르며 방자하게 놀았다. 경대승은 이 소문을 듣자 즉시 두 사람을 잡아다가 문초한 후 처단했다.

경대승의 세력이 비대해지자 왕의 마음은 불안해졌다. 언제 또 악순환이 되풀이될지 몰랐기 때문이다. 겉으로는 경대승을 위하였으나 속으로는 경원시할 수밖에 없었다.

경대승은 나이 30세 되던 해 우연히 병에 들었다. 천하를 호령하던 청년 무사도 병 앞에서는 무력한 존재에 불과했다. 자꾸만 몸이 야위더니 7월의 폭염이 내리쬐는 어느 무더운 여름날 노곤하여 낮잠을 자고 있을 때 꿈에 정중부가 칼을 들고 나타났다.

"경대승, 이 못된 놈아! 당돌하게도 나를 죽였지. 너도 한번 죽어 보아라."

정중부는 칼로 경대승의 등을 찔렀다.

"앗!"

청자상감국화모단문과형병 (국립 중앙 박물관)

비명소리와 함께 경대승은 잠에서 깨어났다. 불길한 꿈이었다. 온 몸에 식은 땀이 쭉 흘렀다. 얼마 후 등 전체가 달아오르며 등창이 심해지더니 경대승은 며칠 지나지 않아 세상을 떠나고 말았다.

경대승이 죽고 나자 그의 도방에 살았던 결사대는 그동안 경대승이 축적한 물건을 마구 가져가는 추태를 보였다.

한편 국정은 더욱 어지러워지고 아무 권력도 없는 왕은 궁중에서 그저 먹고 마시며 아름다운 궁녀들 품에서 지낼 뿐이었다. 누구든 세력을 잡는 자가 권세를 부리며 재산을 긁어모으는 악풍조가 날이 갈수록 늘어만 갔다.

무장들의 횡포

실세 무신들은 갈수록 행패를 부렸다. 정중부와 함께 무인집권에 가담했던 여러 장수들은 10여 년의 세월이 흐르자 거의 다 고인이 되고 이의민 한 사람만이 남았다. 그는 출신이 미천하여 아버지가 소금장사로 생계를 유지하였고 어머니는 종노릇을 했다. 의민은 키가 8척이나 되고 기운센 장사로 자라났다. 그를 포함해 세 형제가 경주에서 함께 부랑자 생활을 하며 나쁜 일도 서슴지 않고 자행하였다. 형 두 사람은 김자양(金子陽)이 그들의 죄상을 밝히기 위해 고문할 때 죽었으나 이의민만은 혹독한 고문도 넉넉히 견뎌 낼 만한 강한 체력의 소유자였다.

김자양도 그의 기운을 칭찬하며 경주에서 지내게 하는 것보다 경군(京軍)으로 일하는 것이 좋겠다고 하여 그를 서울로 보냈다. 이제 이의민은 주먹의 힘으로 출세할 길이 열린 셈이다.

서울로 올라와 경군에 편입된 이의민은 씨름에도 출중한 솜씨를 보여 의종의 사랑을 받았고, 대정(隊正)의 직책에 올랐다. 얼마 후 다시 별장(別將)으로 승격하니 시골 깡패로서는 파격적으로 출세한 것이었다. 앞서 정중부의 보현원 거사 때 문신을 가장 많이 죽인 공로로 장군에 승격되고 명종 3년에는 경주에서 전왕 의종을 죽인 공로로 대장군에 올랐고 조위총의 반란 때에도 출정하여 연전연승한 행운을 안아 상장군이 되었다. 명종 9년 경대승이 정중부를 죽이자 전왕을 직접 죽인 이의민은 겁을 먹고 숨어 살며 두문불출하였다. 그 후 경대승이 또 허승을 죽이자 누군가가 경대승을 죽였다고 헛소문을 퍼뜨렸다.

　　"내가 경대승을 죽이려 하였는데 어떤 놈이 선수를 쳤구나."

　　이의민은 후회하는 말을 하였다. 그러나 경대승이 살아 있다는 사실이 알려지자 잘못했다간 경대승이 자기를 해칠까 염려하여 벼슬까지 내놓고 고향으로 내려가 은거생활을 하였다. 그러다 경대승이 죽었다는 소식을 들었다.

　　"이제야 내 세상이 돌아오는구나. 조정에서 나를 부르는 사신이 올 것이 틀림없다."

　　이의민의 말을 전해들은 왕은 만약 이의민을 불러들이지 않으면 난을 일으킬까 염려하여 즉시 중사(中使)를 보내 입조하라는 명령을 내렸다. 왕은 이의민에게 이부상서의 벼슬을 내리고 얼마 후 수사공(守司空) 좌복야(佐僕射)의 직을 제수하고 다시 판병부사(判兵部事)로 삼으니 병권이 그의 손에 들어갔다. 병권을 장악

청자양각승반 (국립 중앙 박물관)

하게 되자 이의민은 욕심이 생겨 용상을 노려보게 되었다.

고려 사회에서는 무슨 일만 일어나면 유언비어가 퍼져 민심을 교란시켰다. 이즈음에는 '용손(龍孫)이 12대에 진(盡)하면 다시 십팔재(十八子)가 있으리라.'는 참언(讖言)이 떠돌았다. 이 참언에 기대를 가진 사람이 바로 이의민이다. 그는 아들 3형제를 두었는데 그 가운데 이지순(李至純)이 가장 영민하여 큰 기대를 걸고 있었다.

어느 날 이의민은 이지순의 양쪽 어깨 밑으로 일곱 빛깔의 무지개가 올라오며 날개가 돋더니 천천히 승천하는 꿈을 꾸었다.

'길몽임에 틀림없다. 용이 승천하였으니 왕이 될 꿈이다.'

이의민은 이지순을 불러 꿈 이야기를 하고 앞날에 대해 희망을 품었다.

이때 남도에서 도적의 무리가 일어나 세력을 확장하였다. 운문(雲門)에서는 김사미(金沙彌), 초전(草田)에서는 효심(孝心)이 부하 수천 명씩 거느렸다.

조정에서는 관군을 보내 응징하도록 하였다. 여기서 이지순은 자신이 경주 출신인 만큼 신라를 부흥시켜야겠다는 욕심에 도적의 무리와 내통하여 은연중에 세력을 양성하였다. 이렇게 되고 보니 도적을 섬멸할 길이 막연해졌다. 이지순은 도적의 무리가 물건을 바치면 그것으로 자기 세력의 확장에 사용하였다. 이러니 도적의 떼가 줄어들 리 만무하였다. 이처럼 남부 지방 일대는 관군과 도적을 구별하기 어려울 정도로 기강이 문란한 상태였다.

이 광경을 목격한 관군의 총사령관 전존걸(全存傑)은 다음과 같이 말하며 독약을 먹고 자살하였다.

"원칙대로 따지면 이지순은 사형감이다. 그렇게 되면 이의민이 나를 죽일 것이다. 내 목숨이 두려워 그대로 둔다면 도적의 무리는 더욱 극성을 부릴 것이니 이 죄를 누가 질 것이냐."

고려 정치의 중추적 임무를 담당하는 추밀원(樞密院)은 무신들로 들끓었다. 지추밀원사(知樞密院事) 김영존(金永存)과 부사 손석(孫碩)은 모두 무신으로 추밀원에 같이 있으면서도 서로를 못마땅하게 여겼다. 중서성에서는 이의민과 두경승이 모두 무신출신으로 힘자랑만 하고 있었다. 무신들은 분이 폭발하면 주먹으로 기둥을 후려쳤다. 그러면 집이 울리기도 하고 때로는 벽이 무너지는 등 정치적 중추인 추밀원이 이렇게 힘자랑만 하는 장소로 변하니 그 꼴이 가관이었다.

이의민 열전 《고려사》 〈역신전〉 편에 실려 있다

명종 24년부터는 이의민을 공신으로 봉하게 되니 문무 대신들이 그의 집에 찾아가서 축하의 인사를 올렸다. 이의민은 더욱 방자해지고 독재를 감행하여 관리 임명까지도 자기 마음대로 하였다. 자신에게 동조하는 벼슬아치들은 사방으로 임명하고 백성의 토지까지 강제로 빼앗는 등 행패가 극에 달했다.

이의민의 처 최씨도 질투가 심하고 음란하였다. 자기가 부리던 여종을 죽이고 그녀의 남편과 간통한 일까지 있었다. 이 소식을 들은 이의민은 그 종을 죽이고 처마저 쫓아냈다. 처를 쫓아낸 다음부터 정식 결혼을 하지 않고 양가의 처녀를 빼앗아 아내로 삼았다. 그러다가 싫증이 나면 도로 내쫓는 등 1년에도 몇 번씩 부인을 바꿔치기 하였다.

부전자전으로 이의민의 아들 이지영과 이지광도 여자에 대한 음행이 심했다. 이 형제를 불러 쌍칼(雙刀子)이라 할 정도로 그들의 행동은 무서웠다. 특히 이지영은 남의 집 부인이 미색이라는 소문을 들으면 남편을 밖으로 유인한 다음 그 부인을 강간하는 등 행패가 심했다. 심지어 길을 가다가 아름다운 여성을 보면 자기의 종자를 시켜 겁탈하는 등 그 만행은 천벌을 받아도 부족할 지경이었다.

일찍이 이지영이 견룡대(牽龍隊)의 박공습(朴公襲)과 화원옥이라는 기생을 놓고 쟁탈전을 벌인 일이 있었다. 이지영은 박공습을 죽인다고 칼을 빼어 들고 궁성문 안까지 쫓아갔다. 이때 이의민은 아무리 자기 아들이지만 죄를 받아 마땅하다고 왕에게 아뢰었으나 왕은 그대로 묵인해 버렸다.

이런 형제들보다는 이지순이 그나마 조금 양심이 있었다. 지순이 아버지에게 간하였다.

"우리 집안은 대대로 곤란하고 보잘것없는 사람으로서 벼슬이 장상(將相)의 위에 올랐습니다. 자제들을 도리에 맞게 가르쳐야 부귀영화를 오래 누릴 수 있습니다. 만약 자손들이 남에게 원한을 사면 반드시 그 보복이 있을 것입니다."

매우 이치에 맞는 말이다. 명종 26년 4월에 이지영이 최충수(崔忠粹)의 집비둘기를 잡아가자 최충수가 노하여 즉시 비둘기를 돌려달라고 할 때 그 언동이 매우 거만하였다. 이지영은 최충수의 행동을 그냥 방관할 수 없다며 종을 시켜 최충수를 결박지었다. 최충수는 용기를 내어 반발하였다.

"장군! 이런 일이 어디 있습니까? 장군이 직접 나를 결박한다면 모르오나 나도 벼슬자리에 있는 몸인데 어찌 하인을 시켜 결박한단 말이오."

"네 용기가 대단하다 풀어주마."

이지영이 잠시 생각하더니 종에게 명하여 풀어주었다. 풀려 난 최충수는 형 최충헌의 집으로 찾아가 의논을 하였다.

"형님, 이의민 부자를 그대로 둘 수는 없습니다. 그 자들은 역적이니 내가 죽여 없애야겠습니다."

"쓸데없는 소리 말게 말조심해야 되네."

최충헌은 아우 최충수를 달랬으나 동생은 듣지 않았다. 그동안 이지영의 형제들에게 당한 억울함을 하소연하며 이야기를 계속했다.

"형님, 내 뜻은 이미 결정되었습니다. 아무리 설득해도 소용없습니다."

최충수의 결심이 움직일 수 없다는 사실을 알게 된 최충헌도 결연히 일어날 뜻을 보였다.

"그래 자네의 결심이 옳으이!"

형제는 뜻을 같이 할 것을 굳게 다짐했다.

4월 8일은 석가탄신일로서 이날 왕은 보제사(普濟寺)에 행차 하였다가 환궁하지 않았다. 이의민이 호가(扈駕)*하는 것이 당연 하였으나 그는 병을 핑계 삼아 자기 집에 있지 않고 미타산 별장 에서 하룻밤을 새우고 돌아갈 예정이었다. 그의 행방을 뒤쫓던 최 충헌 형제와 그의 생질(甥姪) 박진재(朴晋材), 노석숭(盧碩崇) 등은 비수를 가슴에 품고 미타산 별장으로 잠입해 들어갔다. 이들 이 막 들어서자 이의민이 대문 밖으로 나와 말에 올라탈 준비를 하고 있었다. 그 순간 최충수가 앞으로 나서며 비수를 던졌으나 빗나갔다. 계속하여 최충헌이 칼을 던졌다.

* 호가(扈駕) : 임금이 탄 수레를 모시고 따라 가는 일

"도적이다!"

소리를 질렀으나 이미 이의민은 칼에 맞아 비틀거렸다. 박진재가 또 칼을 던지자 이의민도 칼을 빼어 최후의 일각까지 대항하였으나 세 사람이 일시에 달려들어 공격하니 이의민은 쓰러지고 말았다. 그제야 밑에 있던 이의민의 군사들이 달려들었으나 검술이 뛰어난 최충헌 형제를 당하지 못하고 모두 달아났다. 최충헌은 즉시 노석숭으로 하여금 이의민의 머리를 잘라 칼끝에 꿰어 들고 시내를 돌아다니며 소리를 질렀다.

"역적 이의민의 목을 베었다."

그리고는 그 목을 사방으로 돌리게 하였다. 이러한 소문이 퍼지자 시내는 또다시 소란스러워졌고, 보제사에 행차했던 왕은 즉시 환궁하였다.

최충헌은 칼을 빼들고 말을 몰아 십자가(十字街)까지 나와 장군 백존유(白存儒)에게 전후 사실을 고하고 군대 소집을 요청했다. 백존유는 마음에 내키지 않았으나 최충헌 형제의 위세에 눌리어 즉시 군사를 동원하도록 하였다.

한편 이 소식을 들은 이지순과 이지광은 사병들을 거느리고 싸웠으나 최충헌의 군세를 보자 도망가고 말았다. 이지영 형제가 도망치자 최충헌 형제는 군사를 인솔하고 궁성으로 들어가 왕에게 상주하였다.

"적신 이의민은 일찍이 시역의 죄를 지은 자로서 백성을 돌보지 않고 제 자신의 영달만을 꾀했을 뿐 아니라 용상을 넘겨다보고 있었습니다. 소신들이 미리 상주코자 하였으나 자칫 실수하면 기밀이 누설될까 염려하여 상주하지 못하였으니 신 등을 치죄하여 주옵소서."

왕이 즉시 위로의 말을 내리자 용기를 얻은 최충헌은 다시 대장군 이경유와 최문청을 설득하여 나머지 잔당을 공격하도록 하니 이로써 최충헌은 군대를 소집한 후 성문을 굳게 닫고 이의민의 잔당을 모조리 체포했다. 이지영은 황주에 숨어 있다가 장군 한유에게 피살되어 서울로 보내졌다.

그 뒤 최충헌은 이의민과 가까이 지낸 사람을 제거하였는데 그 가운데는 억울한 사람도 끼어 있었다. 군인 아닌 문관 30여 명도 몰살당했다.

조정에서는 최충헌 형제에게 공신의 호를 내렸고, 이로부터 최충헌이 정권을 휘두르게 되었다.

만적의 난

최충헌은 동생의 세력을 제거한 후 더욱 강해졌다.

신종 원년 5월에 종의 무리 만적 맛장이, 연복이, 성복이, 소삼, 효삼 등 여섯 명이 주동이 되어 북악에 나무하러 올라가 공사의 노비를 모아놓고 거사를 논의하였다. 그중에서 힘세고 똑똑한 만적이 먼저 선동하는 일장연설을 하였다.

"여러분, 우리나라는 무신 정중부가 난리를 일으킨 후 높은 벼슬자리가 천한 신분에 있던 사람한테 많이 돌아왔소. 옛날부터 왕후장상이 어찌 씨가 있겠느냐는 말이 있습니다. 때만 오면 모두 그 자리에 앉을 수 있습니다. 그동안 우리들은 있는 힘을 다하여 일했으면서도 정당한 대우는커녕 무서운 매에 시달려 왔습니다.

우리는 언제까지 이러한 고통을 받아야 한다는 말입니까? 즉시 일어나 우리의 살 길을 찾아야 합니다."

이 말에 귀가 솔깃해진 종들은 즉석에서 찬동하였다.

"옳소! 그렇습니다."

일은 일사천리로 이루어져 거사 일자는 5월 17일로 정했다. 일을 진행하는 순서로는 우선 황색 종이 수천 장을 잘라 가운데 정자(丁字) 표지를 붙이기로 하고 다시 행사할 순서를 정하였다.

"거사하는 5월 17일에 우선 흥국사 보랑(步廊)에 모여 궁중의 구정으로 들어가 소란을 일으키면 궁중에서 우리들과 같이 고생하는 처지에 있는 환자(宦者)들이 일시에 호응하여 일어난다. 그러면 궁중의 관노들 또한 들고 일어나 고관들을 죽이게 될 것이다. 그렇게 되면 우리들은 즉시 성중에서 들고 일어나 먼저 최충헌을 죽이고 종문서를 모두 불태워 천인(賤人)들을 해방시키자."

이처럼 노비들은 자못 기세가 등등하였다.

그러나 모두 허황된 것이었다. 안방에서 호랑이 잡는 격이었으니 뚜렷한 책임자도 없을 뿐 아니라 서로 연락도 되지 않았다.

거사 날짜가 되자 만적 등이 흥국사로 나갔으나 모여든 자의 숫자가 겨우 몇백 명도 되지 않았다. 서울 천지에 이렇듯 종의 숫자가 적을 리 만무하다. 벌써부터 꽁무니를 빼는 자가 있었다.

만적 등 주모자들은 일이 여의치 않아 다시 대책을 의논했다. 모인 사람은 적지만 즉시 단행하자는 자가 있는가 하면 날짜를 연기하여 많은 인원이 모인 다음에 거사해야 한다는 등 의견이 엇갈렸다. 모든 일에 있어 한번 정한 날짜를 연기하는 것은 쉬운 일이 아니다. 또 한번 연기하게 되면 실패가 따르기 마련이다. 만적이 앞으로 나서며 말했다.

"아무래도 사람의 수효가 너무 적어 이런 형세로는 승산이 없소. 다시 이달 21일을 기하여 거사하기로 하겠소. 다음 거사일에는 어떠한 일이 있더라도 단단한 각오로 나와 주기 바라오. 절대 연기하는 일이 없을 것이니 반드시 비밀을 지켜 주기 바라오."

고려 시대 노비문서

결의에 찬 말을 하였으나 불길한 예감이 들었다.

"일은 다 글렀다. 쓸데없이 헛된 죽음을 당하겠구나. 왕후장상은 아무나 하는 줄 알았더냐."

여기저기서 불만의 소리가 터져 나왔다. 이 가운데 종 순정(順貞)이란 사람이 두 번이나 모임에 참가해 보았으나 도저히 성사될 것 같지 않았으며 또 각자 주인을 죽이고자 한 말이 도무지 마음에 걸리었다.

'종의 신분으로 주인에게 매를 맞는 일은 있을 수 있다. 자기의 잘못으로 매를 맞고 주인을 원망해서는 안 된다. 더구나 우리 집 주인 한충유(韓忠愈)는 매우 후덕한 사람으로서 나를 때리는 일이 없었다. 그런데 죽이라니 말이 안 된다.'

이런 생각 저런 생각이 엇갈려 고민하고 있는데 누구인가 뒤에서 소리쳤다.

"가자."

깜짝 놀란 순정은 집으로 돌아섰다.

'죽일 놈들, 공연히 모이라고 하면서 쑥덕공론만 하고 있군.'

순정의 마음은 불만으로 가득 찼다.

'그렇지만 같은 처지에 있는 불쌍한 사람들을 고자질할 수는 없지.'

이렇게 자문자답하면서 집에 도착하였다.

"어디를 갔다 이렇게 늦게 돌아오느냐. 고단하겠다. 어서 자도록 해라."

부드러운 주인의 말소리가 들려왔다.

'혹시 늦게 왔다고 꾸지람을 내릴 줄 알았는데 후덕한 말로 대해주다니. 주인에게 매를 맞는 것은 모두가 제 잘못이다. 오늘 일을 고해바칠까?'

순정은 여러 가지 생각을 하던 끝에 마음을 결정하고 주인의 처소로 들어갔다.

"왜 자지 않고 왔느냐?"

주인은 순정을 보며 부드럽게 말했다.

여기서 순정은 지난 일을 그대로 고해 바쳤다.

"이것 큰일 났구나. 너는 아예 밖에 나갈 생각을 하지 마라."

한충유는 순정에게 한마디 이른 후 즉시 최충헌에게로 달려갔다.

"종놈들이 난리를 일으키려고 하다니 세상이 망해 가는구나. 즉시 체포하라."

최충헌은 놀라며 명령을 내렸다.

얼마 후 만적을 비롯하여 1백여 명의 주모자급 종들을 일망타진하였다. 그들은 꽁꽁 묶인 다음 임진강에 수장되어 버렸다.

다만 순정은 밀고한 상으로 은 80냥의 후한 상금을 받고 양민으로 승격되었으며 한충유는 벼슬이 높아져 합문지후가 되었다. 종들이 희생해 두 사람의 길을 열어 주었을 뿐이었다.

면밀한 계획도 없이 즉흥적으로 일으킨 이 사건은 너무나 허황된 일이었다. 다만 시세를 타고 반항해 보려는 정신만이 시대상을 반영했을 뿐이다.

무인 집권 시대

최충헌의 집권

최충헌은 세력을 굳히기 위해 다음 일들을 착착 진행시켰다. 우선 왕을 갈아치우고 반대당을 모두 제거하니 이제는 최충헌의 천지가 되었다.

신종 5년에 이르러 최충헌은 자기 집에서 문무관을 임명하는 등 조정대사를 집에서 대행하였다. 이로 인해 왕은 한낱 허수아비가 되었다. 희종 때에는 최충헌을 은문상국(恩門相國)이라 칭한 뒤 진강후(晋康侯)에 봉하고 왕도 최충헌을 받드는 세상으로 변했다. 이때부터 최충헌의 집을 흥녕부(興寧府)라 하였으며 막료(幕僚)까지 두게 되었다. 최충헌은 궁중을 출입할 때에도 평복을 입고 일산(日傘)*을 받치게 되니 그의 문객이 3천 명이나 되었다.

최충헌이 이렇게 집권하게 되자 그의 일문은 말할 것도 없고 친척들까지도 기세가 등등하였다. 최충헌의 생질 박진재도 전에 최충수를 없앨 때의 공으로 대장군이 되었다. 대장군이 되면서 그의 문객이 차츰 늘기 시작하더니 그 숫자가 최충헌의 문객과 비슷

* 일산(日傘) : 왕과 왕후, 왕세자 등 왕족들에게 햇빛을 가리도록 받쳐준 큰 양산

하게 되었다. 문객이 많으면 그중에는 별의별 재주를 가진 사람이 있기 마련이다. 박진재의 문객 중에 용맹스럽고 지모 있는 자들이 많음을 최충헌은 못마땅하게 생각하였다. 최충헌이 이 같이 박진재를 경계한다는 소문은 바로 박진재의 귀로 들어갔으며 박진재 또한 외숙 최충헌에게 불만을 가지게 되었다.

"외숙 최충헌만 없으면 내가 정권을 잡아 보겠는데."

박진재는 은근히 본심을 털어놓았다.

"외숙은 장차 왕이 될 생각을 품고 있다. 그 전에 내 앞에 영광이 올 날이 있을 것이다."

박진재는 은연중에 최충헌을 제거할 생각을 품었다. 이 소문을 들은 최충헌은 더욱 불안해하며 미리 조치하지 않으면 안 되겠다고 마음을 굳혔다.

최충헌 묘비문

어느 날 최충헌은 박진재를 불렀다. 그는 외숙의 부름을 받자 불길한 예감이 들었지만 안 갈 수도 없었다. 긴장된 마음으로 흥녕부로 들어가니 최충헌이 크게 호통을 쳤다.

"너는 어찌하여 나를 해치려고 하느냐?"

이 말에 박진재는 기가 죽었다.

"어찌 그런 마음을 먹겠습니까. 잘못 들으신 것입니다."

"이놈, 내가 네놈한테 속을 줄 아느냐. 발칙한 놈."

"그렇지 않습니다. 중간에 시기하

는 무리들이 참소한 것 같습니다."

"잔소리 말아라."

한마디로 일축하고 최충헌은 좌우에 있던 부하들을 불러 박진재를 포박하여 다리의 근육을 끊어버리고 귀양을 보내버렸다. 박진재는 오래 살지 못하고 곧 죽었다.

이와 같이 최충헌은 자기의 반대파에게는 추호의 사정도 두지 않고 즉시 처단하는 방법을 썼다.

희종 7년 12월에 최충헌이 관리 임명을 왕에게 상주하려고 수창궁으로 들어갔다. 이때 중관(中官)이 나와 최충헌의 종자를 데리고 갔다. 잠시 후 중과 평민 10여 명이 병기를 가지고 최충헌의 처소로 나와 먼저 최충헌의 종자를 때려 눕혔다. 최충헌은 흉계가 있음을 알고 바삐 왕이 있는 어전으로 들어서며 말했다.

"폐하, 신을 구해 주십시오."

그러나 왕은 문을 닫고 열어주지 않았다. 최충헌은 '왕이 주동이 되어 나를 제거하려는구나.'고 생각하자마자 급히 지주사(知奏事)의 방으로 들어가 안전한 곳을 택하여 반침(半寢)*에 몸을 숨겼다.

얼마 후 중 한 사람이 지주사 방문을 열며 여기저기를 두리번거리고 돌아갔다.

얼마 있다가 다시 중 몇 사람이 자꾸 방 속을 뒤졌다. 최충헌은 다락 안에 엎드려 숨도 크게 쉬지 못하고 응원군이 오기만 기다렸다.

이때 중방에 있던 최충헌의 부하 김약진(金躍珍)과 정숙첨(鄭叔瞻)이 최충헌이 돌아오기를 기다리다가 오랜 시간이 지나도 돌아오지 않자 수상히 생각하여 다시 군사 몇 사람을 데리고 궁중

* 반침(半寢) : 큰 방에 붙여 만들어 물건을 수납할 수 있게 한 작은 방

을 뒤졌다. 이들은 중 몇 사람을 만나 결투를 벌였다. 그리고는 즉시 도방에 연락하여 군졸로 하여금 궁성 밖에서 지키도록 하였다.

마침 노영의(盧永儀)가 먼저 최충헌을 따라가 이 광경을 보고 즉시 지붕 위로 뛰어 올라갔다. 자기 편 사람들이 눈치를 채고 모여들자 큰소리로 외쳤다.

"진강공은 무사하다."

이 말에 최충헌이 살아 있다는 것을 알고 도방의 군대들이 일시에 뛰어 들어왔다. 궁정문에서 저항하는 승도(僧徒)와 격투가 벌어졌으나 도방의 군대를 당하지 못하고 달아났다. 사태가 이에 이르자 김약진이 앞으로 나섰다.

"영공, 내가 나가 군대를 이끌고 궁으로 들어와 대사를 거행하겠소."

그러나 최충헌이 만류하였다.

"그 자들의 소행으로 보면 그래도 좋겠지만 후세 사람들이 내가 왕을 시살했다고 할 것이오. 내가 책임지고 범인을 잡겠소."

이 말에 김약진도 겨우 진정하였다. 즉시 사약 정윤시와 중관을 잡아 인은관에 가두고 관련자를 조사해 처벌하였다.

이 사건으로 희종은 영종도로 축출되고 주모자 왕준명(王濬明)과 우승경(于承慶) 등은 귀양을 가게 되었다. 다음 왕으로 명종의 아들 강종(康宗)을 세웠으나 강종은 이때 나이가 많아 3년 만에 승하하였다.

다시 강종의 아들 고종이 왕위에 오르게 되니 최충헌은 명종, 신종, 희종, 강종, 고종 등 다섯 임금을 만들어낸 셈이 되었다.

고종 4년 정월에는 흥왕사, 홍원사, 경복사 등 여러 사원의 승려들이 암암리에 결합하여 최충헌을 제거하고자 거란병으로 가장해 선의문으로 공격해 들어오는 작전을 폈다. 이들은 완강히 버티는 문지기를 죽여 없애고 최충헌의 집으로 밀어 닥쳤다. 승병들의 음모를 직감한 문지기 군사는 서울을 순시하던 최충헌 휘하의 순검군이었다. 그는 승병들의 움직임을 저지하는 한편 급보를 알렸고, 최충헌은 즉시 가병(家兵) 수백 명을 파견하여 수검군과 합세하여 승병을 섬멸하도록 하였다. 이에 승병은 선의문 쪽으로 달아나려 하였으나 문지기들이 퇴로를 봉쇄하므로 뜻을 이루지 못하고 시가지에서 격렬한 싸움을 벌였다. 그러던 중 승병장이 쓰러지니 그의 부하들은 훈련이 안 된 오합지졸인지라 더 싸우지도 못하고 모두 참살되고 말았다.

최충헌이 잔당을 모두 잡아 문초한 결과 중군원수 정숙첨이 주동이라는 사실을 알게 되었다. 이에 최충헌은 정숙첨을 귀양보내는 한편 시내에 잠복해 있던 승병 3백여 명을 색출하여 죽였다. 이때 승려로서 피살된 자가 8백여 명이나 될 만큼 최충헌의 목을 노리는 자가 많아진 것은 그만큼 그 시대가 문란했음을 반영하는 것이라 할 수 있다.

고종 6년에 최충헌은 나이 71세였다. 그동안 그는 송청(宋淸)의 딸을 취하여 그 몸에서 아들 우(瑀)와 향(珦)을 낳았으며 다시 손홍윤(孫洪胤)의 처 임씨의 자색이 출중하다는 소문을 듣고 그녀를 강제로 취하여 아들 성(珹)을 두었다. 집권 후에는 다시 강종의 딸 왕씨를 취하여 구(球)와 선사(禪師)를 낳았다. 이와 같이 이복형제가 많아 후사 문제를 걱정하던 중 최충헌은 9월에 이르러 병을 얻어 병세가 점점 악화되자 큰 아들 우를 불러 아무래도 형제간의 골육상쟁이 염려되니 다시 문병도 오지 말라고 하였다.

한편 상장군 지윤심(池允深)과 유송절(柳松節) 등은 향을 내세우려고 모의를 하고 있었다. 그러던 중 최충헌이 위독해지자 최우는 선수를 쳐 지윤심과 유송절 등을 죽이고 기회를 살폈다.

　　최충헌은 운명이 가까워지자 악공 수십 명을 불러 주악하라 하고, 아악소리가 길게 울려 퍼지는 가운데 세상을 떠났다. 그는 임종 때에도 아악소리를 들으며 행운에 싸여 일생을 마쳤다.

　　왕은 백관에게 흰 옷을 입고 회장하도록 명령하였으며 장례의 절차도 국상과 같은 위의(威儀)를 갖추었다. 시호를 경성(景成)이라 내리었다.

최우의 유화책

최우는 고종 7년에 아버지 최충헌을 대신하여 집권하게 되었다. 그는 최충헌이 집권시 저질렀던 여러 가지 폐단을 수습하기 위하여 강제로 약탈했던 공사전을 모두 원래 주인에게 돌려주었다. 이로써 그의 명성은 높아졌다. 물론 최우도 아버지 최충헌과 마찬가지로 정방을 사저(私邸)에 두고 관리들의 성적을 평가하는 제도를 실시하였다. 이로써 백관은 최우의 정방에 나가 성적을 평가받고 결재를 받았다. 성적을 평가할 때 최우는 청상에 앉아 마치 용상에 앉은 왕과 같이 행동하였으며 6품 이하의 관원들은 감히 최우를 쳐다보지도 못하고 땅에 엎드려야 했다.

　　최우는 동생 최향을 홍주로 내쫓아 자기의 세력을 군혔기 때문에 최향은 형에 대한 불만이 대단하였다. 최향은 홍주에서 고루거각(高樓巨閣)을 지어놓고 미녀들을 모아 즐기며 난폭한 행동을 일삼았다. 그의 포악한 행동은 그칠 줄을 몰랐다. 고종 17년에는 홍주의 군민을 규합하여 난을 일으켜 우선 홍주 부사(府使), 판관(判官), 법조(法曹) 등을 죽이고 최우에게 축출당한 무리들을 불러 모아 서로 연락하면서 반란을 일으켰다. 최우는 즉시 병마사 채송년(蔡松年)과 왕유(王猷) 등을 보내 최향을 공격하도록 하였다. 전날 최충헌과 최충수 형제의 싸움이 재판(再版)된 것이다. 최우의 관군이 홍주에 도착하자 최향의 나쁜 행동에 피해를 본 군민들이 일제히 일어나 최향을 잡으려고 포위해 버렸다.

"최향은 우리 고을의 관장을 모두 죽였고 그것도 부족하여 역적 행위를 하니 살려둘 수 없다. 어서 나와 칼을 받아라."

"잔소리를 하는구나. 형은 나를 귀양보낸 지 여러 해가 되도록 불러들이지 않았고 홍주의 관리들도 나를 능멸하니 견딜 수 없었다. 나는 와신상담 기회를 노렸으나 힘 있는 데까지 싸우겠다. 나에게로 올 자는 나를 따르라."

최향이 외쳤지만 민심을 잃은 그를 따르는 자는 한 사람도 없었다. 완전히 외톨이가 된 그는 소리쳤다.

"나는 후회하지 않는다."

이 한마디 말만 남기고 최향은 스스로 세상을 떠났다.

이 싸움에서 전의(全懿)가 최향의 무리들을 없애는 데 공이 많았고 계속하여 잔당을 모두 숙청하여 점차 세력이 강해지자 최우는 그의 환심을 사기 위해 애첩까지 주어 그를 위로하였다.

그러나 최우는 아무래도 전의를 그대로 서울에 머물게 하는 것이 마음에 걸려 상주의 지방관으로 내보냈다.

고종 18년에 최우의 처 정씨가 세상을 떠나자 조정에서는 좋은 비단 70필을 하사하였으나 최우는 이를 거절하고 10필만을 대렴 · 소렴용으로 받았다.

얼마 후 최우는 상장군 대집성(大集成)의 딸을 계실로 맞아들였는데 이 부인은 이미 출가했다가 과부가 된 여자였다. 인물이 뛰어나 정식 부인으로 맞이한 것이다.

이때 국제 정세는 매우 불안하여 몽골이 거듭해서 침략했기 때문에 최우는 강화도로 천도하였다. 그는 천도한 후 강화도의 서울을 크고 번화하게 만들었다. 강화도로 천도한 공을 논할 때 최우는 진양후(晋陽侯)가 되었다. 만조의 백관이 그의 저택에 나가 치하하였다. 그런데 그 저택이 예전 개성의 저택만큼은 크지 않았으므로 각군에 영을 내려 재목을 징발하여 새로 저택을 짓도록 하였다. 지방관들은 그에게 호의를 보이려고 앞을 다투어 좋은 재목을 바쳤으며 역사에까지 사령군(四領軍)을 징발하니 최우의 저택은 빠르게 완성되었다. 그의 정원은 봄이면 푸른 송백이 수십 리에 뻗쳤으며 기화요초가 아름답게 만발하여 별천지를 이루었다.

그의 호사스런 생활은 여기에 그치지 않고 다시 서산(西山)의 백성들을 동원하여 얼음을 뜨는 역사를 벌였다. 이 때문에 백성들의 원성은 높아만 갔다.

고종 30년에 이르러 최우는 이름을 최이(崔怡)로 고쳤다. 그 후부터는 몽골군의 침략이 없었으므로 강화도의 생활은 평온무사하였다. 자기 자신만의 사치생활에 양심의 가책을 받았음인지 궁중에 강안전(康安殿)을 개축하고 황금색 능라주로 벽을 바르고 서예의 명가 최환으로 하여금 《서경》 무일편(無逸篇)을 행서로 써서 아름답게 장정하여 붙였다. 왕은 이것을 보고 기뻐하며 최환에게 후한 상을 내렸다.

4월 8일이 되자 그동안 전쟁으로 열지 못했던 연등회를 예전에 송도에 있을 때보다 더 성대히 꾸몄다. 오색이 빛나는 비단으로 이리저리 교차하게 하여 채붕(綵棚)을 매고 그 중간 중간에는 등불을 달아 대낮같이 밝혔다. 그리고 이날 하루만은 최이의 저택을 개방하여 일반 백성들도 구경할 수 있게 하였다.

소문을 들은 사람들이 이날을 기하여 구름같이 모여들었다. 수만 명이나 되는 사람들이 후원을 메웠다. 밤이 깊어갈수록 기악(妓樂)이 흥을 돋워 여러 가지 특기를 보였으며 만장의 환호 속에 상품이 내려지자 기녀들은 더욱 재주를 뽐내었다.

"야 그 여자 참 미인이로군!"

"저게 바로 최이 장군의 애첩이라네."

"그럼 서련방이란 여자군."

"아닐세. 서련방은 옛날 이야기이고 요즈음 새로 맞이한 안심이라네."

모두들 그녀의 아름다움에 취한 듯 흠모와 체념의 눈을 교차하였다.

얼마 후에는 일반 사람들에게 음식이 나왔다. 주육과 유밀과 기타 산해진미가 산더미처럼 풍부하게 나오니 오랜만에 호식한 일반 백성들은 칭찬을 아끼지 않았다.

"진양후 오래 오래 사셔서 우리에게 밥이나 떡을 주소서."

백성들은 취기가 어린 얼큰한 얼굴로 축하의 말을 아끼지 않았다. 밤이 깊어 갈수록 풍악소리는 더욱 질탕하여 훈훈한 봄바람은 상하의 구별 없이 모두의 얼굴을 스치고 지나갔다.

5월이 되자 이번에는 종실과 친척 중 고관만을 초청하여 잔치를 벌였다. 채색 칠한 비단으로 산같이 결붕(結硼)하여 그 위에 높은 나무에 그네를 매고 주위에는 작약 수백 개를 꽂아 꽃향기가 멀리까지 퍼지도록 장식하고 팔도에서 모은 산해진미와 기녀 수십 명이 노래와 춤으로 흥을 돋우니 그 비용만 하여도 수만 냥이 되었다.

뿐만 아니라 선원사(禪源寺)에서 왕을 모시고 놀 때에도 그 비용이 굉장하였다. 최이는 글씨도 잘 써 문아(文雅)한 취미를 가졌으며 주연을 베푸는 자리에서는 부하들의 창우(唱優) 놀이까지 구경하는 등 서민적인 면모도 보였다. 비록 몽골에게 쫓겨 강화섬에서 지냈을망정 사치스런 생활은 전보다 오히려 더하였다. 덕분에 난리에 시달린 일반 백성들의 고통만 극심하였다.

최항의 집권

최이는 적실에게서는 아들을 못 얻고 애첩 서련방의 몸에서 만종(萬宗)과 만전(萬全) 두 형제를 두었다. 최이는 두 아들에게 병권을 주지 않으려는 의도에서 그들을 중으로 만들었다. 큰 아들 만종을 단속사(斷俗寺)로, 작은 아들 만전을 쌍봉사(雙峯寺)로 보냈는데 그들 앞에 무뢰승(無賴僧)들이 모여들어 재물을 약탈하고 행패를 부리니 민폐가 극심하였다. 아들 형제의 행동을 면밀히 살피고 있던 최이는 그대로 방치해 두었다간 무슨 좋지 못한 일이 생길까 염려하여 어사 오찬(吳贊)과 행수(行首) 주영규(周永珪)를 쌍봉사와 단속사로 보내 그동안 수탈했던 곡식을 모두 풀어 백성들에게 나누어 주고 행악하던 무뢰승들을 모조리 체포하여 옥에 가두니 백성들이 이 같은 처사에 찬사를 보냈다.

서울로 올라온 만종은 자기 아버지에게 용서를 빌었다.

"아버님께서 아들을 이렇게 억압하시면 백세후(百歲後)* 자식들은 갈 곳이 없습니다. 제 잘못을 용서해 주십시오."

최이는 그 후 만전을 항으로 개명시켜 시서와 예를 가르치고 얼마 후 호부상서의 벼슬을 주었다. 말하자면 중이 환속하여 정권을 잡은 셈이다.

* 백세후(百歲後): '사람이 죽은 뒤'를 에둘러 이르는 말

최이의 병이 악화되자 최항은 군대를 인솔하고 경계를 튼튼히 하여 무사히 정권을 계승하였다. 이틈을 타 상장군 주숙(周肅)이 왕정을 회복한다고 난을 일으켰으나 최이의 나머지 세력이 아직도 강하여 무난히 평정되었다.

고종 36년에 최이가 죽으니 왕과 같은 예우로 엄숙하게 장사 지냈다.

그 후 최항이 집권하자 자기를 반대하던 일파를 모두 제거하고 아버지와 친근하던 자를 모두 없앴다. 자기 자신의 세력을 굳건히 하자는 의도에서였다. 최항은 심지어는 계모 대씨(大氏)까지 독살하는 등 대씨 일파에게도 모두 해를 입혔다.

최항도 자기 아버지 때와 마찬가지로 강화도에서 나오지 않고 몽골에 대해 반항적인 태도를 취했다.

몽골과의 전쟁 위협이 다시 엿보이자 최항은 강화도에 중성(中城)을 쌓아 방비를 튼튼히 하는 한편 승천포(昇天浦)에 궁궐을 지어 몽골과 평화교섭을 하도록 하였다.

고종 42년 11월에는 왕이 조서를 내리어 최항 부자의 공을 치하하였다.

* 금성탕지(金城湯池) : 방어 시설이 아주 탄탄한 성

강화도 방비를 튼튼히 한 데 대한 공적을 치하하며 식읍을 더 내리겠다는 내용이었다. 최항이 이를 거부하자 더욱 칭찬을 한 몸에 받았다. 그러던 중 최항은 고종 44년에 병이 들어 일어나지 못하고 세상을 떠났다.

종말 고한 최씨 집권 시대

최항이 아직 집권하기 전 승려였을 때 그는 송서의 집 종과 관계하여 최의를 낳았다. 최의는 어릴 때부터 용모가 아름다웠으며 손

에서는 은은한 황금색이 돌았다. 최의의 세상이 되려고 그랬는지 최항에게는 적실 소생도 없었다. 최항은 이 아들을 극진히 사랑하여 당시의 석학들을 최의의 스승으로 삼아 학문을 닦도록 하였다.

최항이 세상을 떠나던 날 선인열(宣仁烈)과 유능(柳能)을 불러놓고 최의의 뒷일을 부탁하니 이로써 최의가 옹립되어 집권하게 되었다. 왕은 즉시 최의에게 차장군(借將軍)의 직함을 내리니 명실 공히 최고의 집권자로 군림하게 되었다. 최의는 자기 어머니의 출신이 미천하였기 때문에 신분에 대해서는 별로 말을 하지 않았다.

최의가 집권하게 되자 전부터 세도를 부리던 송길유(宋吉儒), 김인준(金仁俊), 김승준(金承俊) 등은 자신들이 언제 어떻게 될지 몰라 불안하게 지내던 중 송길유가 너무 재물을 탐하고 함부로 세도를 부리다가 몰락하고 말았다. 이때 최의의 장인 거성원발(巨城元拔)이 공을 세우려고 "유경(柳璥), 유능(柳能), 김인준 등이 공모하여 정권을 잡으려 한다."고 밀고하였다. 최의는 노하여 유경 등을 불러놓고 크게 꾸짖었다.

"나는 너희들을 심복으로 믿었더니 너희들은 음모를 꾸며 상전을 해치려 하느냐?"

그들은 땅에 머리를 조아리며 자백하였다. 이들 가운데 김인준은 대대로 최씨 문중에서 자라난 종이었다. 그의 아버지는 최충헌의 집에 들어와 친시(親侍)라는 이름으로 항시 주인을 모시고 다녔다. 이 종의 아들이 김인준과 김승준이다. 그들 중 김인준은 최우의 신임을 받았다. 그러던 중 최우의 애첩 안심(安心)과 간통하다가 발각되는 일까지 있었으나 죽음은 면하고 멀리 귀양가는 데 그쳤다. 이후 최우는 김인준만큼 믿을 만한 사람이 없다고 생각하고 그를 다시 불러들였다. 김인준은 재생지덕(再生之德)에 감복하여 충성을 맹세하고 최항을 옹립하는 데 온갖 힘을 다하였으므로 최항의 집권 시절에는 심복으로 더욱 신임을 받았다.

김인준의 세력이 약화되었을 때는 반대로 거성원발이 득세하였다. 이렇게 세력 분포가 바뀌고 보니 거성원발의 세력과 유경, 유능, 김인준 등의 일파가 암투하기 시작하였다.

"최의가 집권한 후 소인배들과 어울려 정사를 그르치고 있소. 우리들이 먼저 제거하지 않으면 언제 우리가 저 사람들에게 죽을지 모르오. 이번 4월 8일 밤에 거사하는 것이 좋겠소."

신의군의 도령낭장(都領郎將) 박희실(朴希實), 이연소(李延紹) 등이 구체적인 음모계획을 유경, 김인준, 박송비(朴松庇) 등에게 말하자 이 말을 중랑장 이주(李柱)가 엿들었다.

"옳지 저놈들이 반역 음모를 꾸미고 있구나!"

이주는 즉시 자기의 공을 세우기 위해 최문본(崔文本), 유태(庾泰), 박훤(朴暄) 등과 함께 의논한 후 최의에게 알려 주려고 하였다.

한편 김대재는 장인 최양백(崔良佰)에게 4월 8일에 거사할 것을 알리고 동조해 줄 것을 요청하니 사위가 간청하는 일인지라 최양백은 즉석에서 응낙하였다. 그러나 사위가 돌아간 후 혹시 일이 실패로 돌아가면 자기의 목숨이 달아날 것을 생각하니 소홀히 할 수 없었다. 밤새도록 생각한 끝에 최양백은 최의에게 알리는 것이 상책이라는 결론에 이르렀다.

최의는 이 사실을 알자 심복인 유능을 급히 불러 의논하였다. 유능은 음모가 다 밝혀진 것을 짐작하고 다행히 자기의 이름이 제외되었다는 사실에 안도의 한숨을 쉬며 말했다.

"오늘밤은 너무 늦었습니다. 즉시 야별초 지유 한종궤(韓宗軌)를 시켜 내일 아침에 이일휴(李日休)로 하여금 치도록 하심이 좋겠습니다."

"그럼 내일 아침에 즉시 반역의 무리를 치도록 하라."

최의가 명령을 내렸다.

그리하여 다행히 그날 밤의 위기는 모면하였다.

이때 최의의 옆방에 있던 최양백의 딸이 이 말을 엿들었다. 그녀는 조용히 빠져 나와 남편 김대재에게 사실을 전하였다.

김대재는 놀라 즉시 이 사실을 아버지 김인준에게 전하니 김인준은 일이 경각에 달려 있음을 깨닫고 그동안 최양백이 고자질한 사실까지 알렸다. 즉시 김인준 부자는 신의군에게 달려가 박희실과 이연소에게 이 사실을 알렸다.

"일이 아주 급하게 되었소. 최의가 우리의 음모를 알고 내일 아침 일망타진한다 하니 앉아서 죽는 것보다 한번 일어나 싸워야 하오. 당장 일어납시다."

전일 함께 모의했던 자들이 순식간에 모두 모여들었으며 그 가운데 임연을 중심으로 한 몇 사람은 먼저 그날 밤으로 한종궤를 잡아 죽이는 데 성공했다. 초전(初戰)은 승리한 셈이다.

"최의가 우리의 음모를 알게 되었소. 즉시 모이시오."

임연이 다시 삼별초를 사청으로 부르자 삼별초가 모두 무장한 채 모여들었다. 이와 때를 같이하여 유정, 박송비, 김인준도 모여 우선 대신 중에서 덕망이 있는 사람을 내세워야 한다고 말하고 추밀원사 최온(催溫)을 불러들였다. 계속하여 여러 사람이 모여드는 사이에 최양백도 모여들었다. 최양백이 들어선 것을 본 김인준이 삼별초군에게 눈짓하자 즉석에서 없애버렸다. 딸은 남편인 김대재를 도운 까닭에 평생을 부유하게 지냈지만 최양백은 양다리를 걸친 관계로 먼저 희생되었다. 그 다음으로 이일휴를 제거해 버리니 이로써 최의 일파는 모두 제거된 셈이었다.

이제는 최의의 집으로 쳐들어갈 차례이다. 삼별초의 군대를 정리하여 밤중에 횃불을 들고 궁궐 같은 최의의 집으로 쳐들어가니 그날 밤은 마침 안개가 짙게 덮여 군대가 행진해도 지척을 분간할 수 없을 정도였다.

어느덧 날은 여명에 이르렀다. 김인준이 지휘하는 군대는 잽싸게 담을 뚫고 공격해 들어갔다. 거성원발은 무슨 낌새를 알아차렸던지 그날 밤 최의의 처소를 철통같이 경계하고 있었다. 불의의 습격을 받자 즉시 대항하여 몇 놈은 죽였으나 김인준 군대의 수가 점점 많아지는 것을 보자 용기를 잃고 최의를 업고 달아나려고 하였다. 그러나 최의는 원래 몸이 비대하였으므로 좀처럼 업을 수가 없었다. 거성원발은 급한 대로 최의를 우선 다락 속에 집어넣고 문을 지키어 들어오는 졸개들을 막아냈다. 졸개들은 추풍낙엽처럼 떨어져 나갔다. 이러한 광경을 본 임연과 오수산(吳壽山)이 뛰어와 거성원발과 대치하여 칼과 칼로 일대 승부를 가리게 되었다. 모두가 당대의 명장들이었으므로 용호상박 칼끝에서는 불꽃이 튀어나왔다. 몇 십 합을 싸우다가 오수산이 먼저 이마에 칼을 맞아 피를 흘리고 쓰러지자 이틈을 타서 거성원발은 담을 뛰어 넘어 달아나고 말았다. 아슬아슬한 찰나였다.

"저 놈 잡아라."

밖에서 이를 본 군사 수십 명이 동시에 쫓아왔다. 그래도 거성원발은 그들을 무찌르고 달아났다. 한 사람의 힘으로 여러 사람을 맞아 싸우니 아무리 천하장사인 거성원발도 온몸에 피로가 엄습하여 견딜 수 없었다. 그래도 죽을힘을 다하여 강까지 10여 리 길을 달아나다가 기진맥진하여 쓰러져 세상을 떠나고 말았다.

수염이 유난히 빛났던 최의는 거성원발의 용감한 싸움에 힘입어 다락에서 나와 다시 싸우려고 하였으나 임연의 칼이 한번 빛나자 몸이 두 동강이 나고 말았다. 동시에 최의 일파는 완전 소탕되었다.

고종 45년 3월 26일 날씨도 쾌청한 날 정오쯤 최씨의 무신 독재는 4대 61년 만에 막을 내리고 말았다. 즉시 유경, 김인준, 최온, 임연 등이 대궐로 들어가니 백관들은 어느 사이에 태정문(泰定門) 밖에 모여 치하의 말을 올리려고 하였다. 먼저 유경과 김인준이 들어가 왕께 배알하고 대정 봉환(大政奉還)의 예를 올리니 왕은 감격한 나머지 눈물까지 흘렸다.

"경들이 종묘사직을 위하여 크나큰 공을 세웠노라."

김인준이 다시 일어나 절하였다.

"최씨의 장기 집권으로 백성은 도탄의 구렁텅이에 빠졌사옵니다. 신 등이 이 광경을 보고 분연히 일어나 역적을 죽이고 충성을 다하였사옵니다. 요컨대 곡식을 풀어 백성을 진휼하옵소서."

왕은 이를 시행하도록 하였다.

다음날 이들은 강안전에서 다시 백관의 치하를 받았다. 이어 김인준 등이 이번 거사에 참여했던 삼별초를 인솔하고 들어와 넓은 뜰에서 모두 일제히 만세를 불렀다.

"만세 만만세."

소리는 대궐 안이 터질 듯 멀리까지 메아리쳤다. 왕은 최씨4대 집권의 축재를 모두 풀어 주린 백성들을 진휼하고 다시 유경, 김인준, 임연에게 공신의 호를 내렸다.

몽골과의 40년 항쟁

고려를 침입한 몽골군

고종 12년에 몽골의 사자 저고여(著古與) 일행이 나라의 보배를 가지고 몽골로 돌아갈 때 압록강을 건너는 도중에 도적에게 살해당한 일이 일어났다. 몽골에서는 이것을 모두 고려 사람의 소행이라 여겨 격분한 나머지 서신과 사자의 왕래를 6년 동안이나 중단하였다.

그 후 고종 18년에 몽골의 태종(太宗)은 그의 장수 살리타로 하여금 군사를 거느리고 고려를 침범케 하였다. 살리타는 8월에 함신진(咸新鎭)*을 포위하고 다음과 같은 전갈을 보냈다.

*함신진(咸新鎭) : 지금의 의주

"나는 몽골의 장수다. 빨리 항복하라. 내 말을 듣지 않으면 모두 없애고 말겠다."

부사(副使) 김한은 벌벌 떨며 방수장군(防守將軍) 조숙창(趙淑昌)과 함께 항복하였다. 조숙창이 살리타에게 일러 말하였다.

"나는 조원수 충(조충)의 아들입니다. 일찍이 귀국의 원수(합진)와 형제가 될 것을 약속하였습니다."

그는 곧 글을 써서 삭주 선덕진(宣德鎭)으로 보내 항복하라고 타일렀다. 그러자 몽골군은 조숙창으로 하여금 가는 곳마다 성지키는 책임자를 불러내어 항복을 권유하도록 하였다. 그들은 철주성(鐵州城) 밑에 이르러 서창낭장(瑞昌郎將) 문대(文大)를 사로잡고 성을 포위해 공격하니 이때 성 안에는 양식이 다 떨어져 형세가 매우 위급하였다. 판관 이희적(李希勣)은 성안의 부녀자와 어린아이를 모아 창고 속에 넣고 불을 지른 다음 장정을 거느리고 결사적으로 싸웠으나 승산이 없자 스스로 자결해 성은 함락되고 말았다.

그해 9월, 중신들은 최우의 집에 모여 몽골군을 격파할 대책을 논하고 대장군 채송년(蔡松年)을 북계병마사(北界兵馬使)로 삼아 여러 도의 군사를 징발하였다.

몽골군이 이르자 귀주병마사 박서(朴犀)와 삭주분도장군 김중온(金仲溫), 정주분도장군 김경손(金慶孫) 등이 정주·삭주·위주·태주의 수령들과 군사를 거느리고 귀주성에 집결하였다.

몽골군은 성을 여러 겹으로 포위하고 밤낮을 가리지 않고 성의 서문·남문·북문을 공격하였으나 박서와 김경손 등이 끝까지 선전하였으므로 귀주성을 포위한 지 30일이 지나도록 함락하지 못하였다.

박서의 귀주 항전

몽골군은 계속 귀주를 공격하여 성랑(城廊) 200여 칸을 부쉈다. 그러자 성민들은 즉시 수리하였다. 그 다음날 몽골군은 여러 고을에서 항복한 군사를 거느리고 성을 포위하는 한편 대포를 신서문의 28개소에 세워놓고 또 성랑 50칸을 파괴하고 드디어 성을 넘어 물밀듯이 쳐들어왔다. 고을 사람들은 죽을힘을 다하여 이를 격퇴하였다.

당시 삼군은 안북성(安北成)에 주둔해 있었는데 몽골군이 성 밑에 이르러 도전하여도 성문만 굳게 지킬 뿐 나가서 싸우지 않았다. 그러나 점차 시간이 지나자 나가서 싸워야 한다는 쪽으로 의견이 기울었다.

후군의 진주 대집성(大集成)이 말하였다.

"언제까지 성 안에만 있을 수는 없소. 나가서 싸웁시다."

고려군은 마침내 싸울 태세를 갖추어 성 밖으로 나갔다. 이를 본 몽골군은 모두 말에서 내려 대오를 나눈 뒤 일부 기병이 고려의 우군을 공격하니 고려 군중이 어지러워졌다.

이에 고려의 중군이 나가 우군을 구하였으나 적병의 공격을 받고 질서를 잃게 되었다. 이 틈을 타서 몽골군이 성 안으로 쳐들어와 저돌적으로 공격하자 성 안에서 일대 격전이 벌어져 양군의 사상자가 많이 났다. 고려의 장군 이언문(李彦文)과 정웅(鄭雄), 판관 채식(蔡植) 등이 전사하기에 이르렀다.

몽골 기마병

11월에는 몽골군이 북계 여러 성의 군사를 이끌고 귀주성을 총공격하였다. 적은 포차 30대를 동원하여 성랑 50칸을 파괴했다. 박서는 임기응변으로 파괴된 곳을 철사로 얽어 수리했고, 몽골군은 감히 다시 공격하지 못하였다. 이 틈을 타 박서는 군사를 이끌고 성 밖으로 나가 적을 무찔러 대승을 거두었다. 왕은 5군의 군대를 더 징발하여 몽골군을 막도록 하였다.

그해 12월에 몽골군은 다시 큰 포차를 동원해 귀주성을 공격하였다. 이번에는 박서도 포차로 돌을 날려 적을 헤아릴 수 없이 많이 죽였다. 그러자 몽골군은 할 수 없이 물러나 책(柵)을 세우고 지켰다.

살리타는 통사 지의심(池義深)으로 하여금 회안공 정의 글을 가지고 가서 항복을 권유했으나 박서는 일언지하에 거절하였다. 살리타는 다시 사람을 보내 항복하라고 타일렀으나 박서는 더욱 성을 굳게 지키며 항복하지 않았다.

몽골군은 사다리를 만들어 성을 공격하려 하였다.

박서가 대우포(大于浦)로 적을 받아치니 적은 감히 접근하지 못하였다. 대우포는 큰 칼을 멀리 던질 수 있는 무기이다.

이때 몽골군에는 한 노장이 있었는데 나이가 70세나 되었다. 그는 귀주성 밑에 이르러 성루와 기계를 두루 살펴보고 감탄하며 다음과 같이 말하였다.

"내 어려서부터 군대에 들어가 여러 번 싸워 보았으나 일찍이 이렇게 공격을 당하고도 끝내 항복하지 않은 사람은 보지 못하였다. 이 성을 지키고 있는 여러 장수들은 후일 반드시 유명한 장군이나 재상이 될 것임에 틀림없다."

그 노장의 말과 같이 박서는 뒤에 문하평장사가 되었고 김경손은 추밀원 부사가 되었다.

"국가에서는 회안공(淮安公)을 보내 몽골과 강화하였으므로 우리 삼군이 모두 항복하였는데 오직 너희만 항복하지 않았으니 싸움을 그만두고 나와 항복하는 것이 마땅하다."

이렇게 네 차례나 거듭 타일렀으나 박서는 끝내 항복하지 않았다. 민희는 박서가 끝까지 지킬 것을 고집하는 데 격분하여 칼을 빼어 자결하고자 하니 최림수가 다시 항복을 권유하였다. 그러자 박서는 나라의 명령을 어길 수 없다는 점을 중히 여겨 마지못해 항복하였다. 이로써 몽골군은 군사를 거두어 돌아가게 되었다.

고려에서는 김취려(金就礪), 기윤숙(奇允肅)으로 하여금 몽골군을 위로하여 보내도록 하고 서울의 계엄령을 풀었다. 삼군은 군사를 돌리고 삼령군(三領軍)을 머물러 지키게 하였다.

탄압 심한 몽골군

그동안 오랜 시일을 두고 몽골이 전후 6차례나 침략해 고려의 피해는 이만저만이 아니었다. 몽골에 잡혀간 사람만도 20만 명이 넘었고 죽은 사람은 얼마나 되는지 숫자조차 알 수 없을 정도였다.

고려에서는 그동안 득세했던 최씨 정권이 무너지고 대권이 왕에게 돌아오자 장군 박희실(朴希實)과 조문주(趙文柱), 산원 박천식(朴天植)을 몽골 장수 차라대(車羅大)의 진영으로 보내 다음과 같이 말하였다.

"우리나라는 그동안 권신(최씨)이 마련하는 바에 따라 제명(帝命)을 거역한 것이 여러 해가 되었습니다. 이제 권신 최의를 죽이고 장차 옛 서울로 돌아와서 태자를 보내 조회코자 합니다."

차라대는 이 말을 듣고 크게 기뻐하며 박천식으로 하여금 그의 사자 온양가대(溫陽加大) 등과 함께 오게 하였다.

왕은 그를 강안전으로 불러 만나보자 온양가대가 태자가 입조할 시기를 물었다.

"어느 때 태자를 입조시키겠습니까?"

"5월쯤 하는 것이 어떻겠소."

온양가대가 크게 노하여 말하였다.

"우리 군사의 진퇴가 태자의 입조 시기에 달려 있습니다. 지금부터 5월까지 기다리게 하다니 그건 너무 늦소이다."

왕은 부득이하여 4월로 약속하였다.

4월에 왕은 태자 전으로 하여금 글을 받들고 몽골로 입조하게 하였는데 참지정사 이세재(李世材)와 추밀원부사 김보정(金寶鼎) 등이 수행하였다.

5월에 차라대가 갑자기 죽으니 태자는 동경(東京)에 이르러 백은(白銀) 50근과 은술잔, 술, 과일 등의 물건을 여수달(余愁達) **해인사 대장경고**

과 송길대왕(松吉大王)에게 주었다. 그러자 송길이 물었다.

"황제(헌종)는 송나라를 친정(親征)하며 우리들에게 명령하시기를 고려를 공격하라 하므로 이미 군사를 징발하였다. 그런데 대관절 그대가 온 뜻은 무엇인가?"

태자는 다음과 같이 말하였다.

"우리나라는 오직 황제와 대왕(송길대왕)의 덕을 입어 겨우 국가의 운명을 보전하며 장차 술잔을 대왕과 여러 관인에게 올리고 그런 뒤에 제(헌종)를 배알코자 온 것입니다."

"그대 나라는 이미 강화섬에서 떠났는가?"

"주현의 일반 백성들은 모두 섬에서 나왔으나 도읍을 옮기는 것은 황제의 처분을 기다리는 중입니다."

"서울(王京)이 그대로 섬 속에 남아 있는데 어찌 가볍게 군사를 파할 수 있겠소"

"대왕께서는 항상 말씀하시기를 태자가 입조하면 즉시 군사를 파한다고 말씀하셨으므로 지금 내가 왔는데 만약 파하지 않는다면 백성들이 그 처사를 두려워하여 도망할 것입니다. 한번 도망한 후에는 아무리 좋은 말로 타일러도 대왕의 말을 믿지 않을 것입니다."

송길 등은 이 말이 옳다 생각하여 군사의 발병을 거두고 곧 주자(周者) 등을 보내 강화의 내성(內城)을 헐도록 하였다. 이 역사의 감독관인 객사의 행패가 어찌나 심하였던지 영부(領府)의 군사들이 그 괴로움을 견디지 못하여 울며 하소연하였다.

"만약 이와 같은 괴로움이 있을 줄 알았더라면 성곽을 쌓지 않는 것만 못하다."

괴로운 역사가 계속되어 마침내 성이 무너지자 그 소리가 마치 우레소리와 같았다. 도성 사람들은 모두 슬피 울었고, 몽골 사람들은 외성(外城)을 헐지 않고 그대로 둔 것을 못마땅하게 생각하여 외성마저 헐어버리라고 명하고는 돌아갔다. 조정에서는 여러 가지 보배를 뇌물로 바치고 한편으로 외성을 헐도록 하였다.

7월에 이르러 서경에 있던 몽골군은 청송(靑松)*, 안악(安岳), 풍주(豊州), 해주(海州)에 침입하여 재물과 인명을 빼앗아 달아났다.

* 청송(靑松) : 지금 송화현

11월에 서해도(西海道) 백성들 가운데 육지에 나온 사람은 모두 몽골군에게 사로잡혀 끌려갔다. 이어 몽골군이 송도로 들어와서 강안전(康安殿)을 수비하던 자들을 밀어내고 약탈을 감행하자 별장 대금취(大金就)가 울분을 참지 못해 몽골군을 몰아내고 사로잡혔던 사람들을 빼앗아 돌아왔다.

한편 박희실(朴希實)과 조문주(趙文柱) 등은 촉산을 넘어 헌종이 남정(宋나라를 치는 것)하는 행재소(行在所)로 쫓아가 합주(陜州)에서 헌종을 만났다. 헌종이 온 까닭을 물었다.

"그대 고려국의 임금은 여러 차례 식언을 밥 먹듯 하였는데 그대들은 무슨 일로 왔는가?"

박희실은 자기가 온 뜻을 자세히 설명하고 난 다음 서경, 의주에 주둔하는 군사를 회군시켜 고려 백성들로 하여금 편안한 생활을 할 수 있도록 해 달라고 간곡히 말하였다.

"그대들의 마음이 나의 마음과 같다면 어찌 우리 군사가 고려 땅에 머무르는 것을 싫어하겠는가. 또한 서경 이북은 일찍이 우리 군사들이 주둔하는 곳으로 정하여졌는데 그대 고려국의 임금이 조속히 강화섬에서 환도하면 다만 고려 백성들에게 해를 끼치거나 요란하게 하지 말도록 할 따름이다. 태자의 행차가 아직 그대 나라를 떠나지 않았거든 함께 돌아가고 만약 우리나라 땅으로 들어왔으면 혼자서 입조하도록 하라. 그러면 군사를 파하도록 하리라."

헌종은 이 두 사람에게 금부(金符)를 주어 보내고 조어산(釣魚山)에 머물렀다. 태자는 그 행재소에 가려고 육반산(六槃山)에 이르렀는데 헌종은 여기서 세상을 떠났다.

이때 아우 쿠빌라이는 군사를 강남(江南)에서 사열하고 있었으므로 태자는 그를 만나고자 남쪽으로 향하여 양나라와 초나라의 국경에 이르렀다. 쿠빌라이는 마침 양양(襄陽)에 있다가 군사를 돌려 북으로 올라오고 있었다. 태자가 그를 길에서 만나니 쿠빌라이는 크게 기뻐하며 말하였다.

"고려는 만 리 밖에 있는 나라로 당태종이 몇 번 친정했어도 능히 굴복시키지 못하였는데 지금 그 나라의 태자가 스스로 여기까지 이르렀으니 이는 곧 하늘의 뜻이다."

쿠빌라이는 태자를 칭찬한 다음 함께 개평부(開平府)에 이르렀는데 이때 고려에서 고종(高宗)이 승하하셨다는 소식을 전했다. 쿠빌라이는 즉시 태자를 귀국하도록 하는 한편 고려 국왕(元宗)으로 삼고 다루하치와 속리대(束里大) 등으로 하여금 군사로 호위하도록 하여 보냈다.

이듬해 쿠빌라이가 원나라 황제가 되었다. 그가 곧 세조(世祖)이다. 세조는 명령을 내려 서경에 주둔하던 군사를 회군시키고 이어 경내의 죄수를 용서하는 한편 포로가 되었던 백성들을 본국으로 돌아가게 하고 변방의 장수들에게 함부로 약탈하지 말라는 엄명을 내렸다.

몽골의 일본 원정

몽골의 세조 쿠빌라이는 고려가 복종하자 이번에는 바다 멀리 일본까지 손에 넣으려고 계획을 세웠다. 그러던 중 고려인 조이(趙彝)가 몽골 황제의 궁전에 자주 드나들며 고려를 참소하는 말을 하고 다녔다. 자기 민족을 배반하는 야만적인 행동이었다.

더구나 조이란 자는 처음에는 중으로 행세하다가 환속한 후 진사시험까지 합격한 자였다. 그는 본국을 배반하고 원나라에 들어가 여러 나라 말을 잘하는 것을 기회로 몽골 황제의 신임을 받게 되었다.

그는 고려와 일본이 서로 뜻을 합하여 공동 전략을 펴고 있다고 고자질하여 몽골 황제를 움직였다. 이에 몽골 황제 쿠빌라이는 병부시랑 흑적, 예부시랑 은홍(殷弘) 백덕(伯德), 효선(孝先) 등을 국신사(國信使)로 삼아 고려로 보내 일본까지 향도 역할을 하도록 하였다.

원나라의 태조 쿠빌라이

고려에서는 할 수 없이 송군배(宋君裵)와 김찬(金贊) 등을 보내 거제도까지 갔으나 풍랑이 심하여 더 나아가지 못했다. 그러자 몽골은 이듬해 8월에 다시 흑적과 은홍을 파견하였다. 고려에서는 또 번부(藩阜)와 이정(李挺)을 보냈으나 일본이 이에 응하지 않자 몽골은 고려에 일본을 공략할 병선을 준비하라고 요청하였다.

원종 9년에 몽골의 사신 흑적과 은홍이

다시 와서 이번에는 자기들은 일본까지 갈 터이니 다시 향도를 내놓으라고 하였다. 고려에서는 또 번부를 대표자로 하여 70여 명을 일본으로 보냈다. 그들은 겨우 대마도까지 가서 일본 사람 2명을 잡아 왔을 뿐이다.

원종 11년에는 몽골의 사신 조양필(趙良弼)이 와서 일본으로 가겠다고 하므로 고려에서는 장운소를 딸려 보냈다. 그래도 일본에서는 원나라로 정식 사신을 보내지 않으므로 몽골 황제는 무력으로 일본을 굴복시킬 계획을 세웠다.

원종 15년 봄부터 몽골은 고려에 대하여 병선을 건조하라는 독촉을 매우 심하게 하였다. 이때 큰 병선 300척을 만드는 데 동원된 인부와 목수만도 3만 명을 훨씬 넘었다.

이 해에 원종이 죽고 충렬왕이 즉위하였다. 10월에 원나라 도원수 홀돈(忽敦), 우부원수 홍다구(洪茶丘), 좌부원수 유복형(劉復亨)이 원나라 군사 2만 5천 명을 거느리고 들어왔으며 고려에

일본을 공격하는 몽골의 군선

서는 김방경이 총지휘자로서 군사 8천 명을 인솔하고 합포에서 원나라 군사와 합세하여 10월에 출발하니 군함의 수가 모두 9백 척에 이르렀다.

원나라와 고려의 연합군은 일거에 대마도를 소탕하고 그 여세를 몰아 이끼(壹岐) 섬을 가볍게 소탕하였다. 다음은 일본의 구주로 상륙하여 하까다(博多)를 공격하고 초반전은 승리로 이끌었다. 그러나 그날 밤 갑자기 폭풍이 불어와 군함이 바위 언덕에 부딪쳐 파선하는 등 대오를 잃고 표류하여 침몰하는 배가 부지기수였다. 이 싸움에서 고려군과 원나라 군사 1만 3천5백 명이 물에 빠져 죽었고 1차 원정은 실패로 돌아갔다.

충렬왕 원년 원나라 세조 쿠빌라이는 다시 일본 원정을 하겠다며 은세충(殷世忠) 하문저(河文著)를 고려로 보내 일본에 서신을 전하라고 하였다. 이에 고려 조정에서는 서찬(徐贊)을 보내 일본으로 가게 하였으나 그는 그만 일본에서 피살되고 말았다. 이에 격분한 원나라에서는 대규모의 일본 원정을 계획하고 착착 준비를 진행하였다. 충렬왕 6년에 고려 합포에 원나라의 정동행성(征東行省)을 설치하고 충렬왕을 좌승상(左丞相) 행중서성사(行中書省事)로 임명했다. 다음 7년 5월에 홍다구, 김방경 등이 잘 정비된 군함을 이끌고 합포를 떠나 일본의 큐슈(九州)로 건너갔다. 원나라의 강남군이 도착하기 전에 동로군과 일본군과의 싸움이 여러 차례 있었는데 원나라의 동로군이 불리한 상황이었다. 일진일퇴의 공방전이 계속되던 중 마침내 강남군이 합세하게 되자 전쟁은 다시 치열해졌다. 그러던 중 7월에 태풍이 일어나 원나라 15만 명과 고려군 1만이 거의 다 죽고 생환한 자는 겨우 1만 9천여 명에 불과했다. 이와 같은 결정적인 참패로 원나라의 세계 통일의 야망은 사라졌다.

　그러나 그동안 원나라의 전쟁 준비를 뒷받침하느라 고려 백성들은 고래 싸움에 새우 등 터지는 격으로 하루도 편할 날이 없었다. 고려 백성들은 몽골이 침략하기 시작한 고종 18년 이후 약 50년간을 싸움의 소용돌이 속에서 생활하는 비운을 맛보았다. 이로 인하여 고려의 문화는 발전하지 못하였고 민심 또한 편한 날이 없었다. 약소민족의 숙명적 치욕이었던 것이다.

원과의 저항 시대

사라지는 무신 정권

고종 45년 최의가 죽자 최씨의 4대 정권이 무너지고 유경, 김인준, 임연 등이 대권을 왕에게 바쳤으나 실제로는 김인준이 정권을 잡았다.

　원종 6년에는 김인준에게 해양후(海陽侯)를 봉하니 이것은 전에 최우를 진양공으로 봉군하는 일과 조금도 다를 것이 없었다.

　한편 원나라에 부속된 이후 압력이 점점 강해지자 김인준은 왕실과 사직을 위한다는 핑계로 몽골 사신의 말을 거절하진 않았으나 내심으로는 몽골을 의아한 눈으로 관찰한 것이 사실이다. 원 세조 쿠빌라이는 고려의 실권이 권신 김인준에게 있다는 것을 알고 김인준 부자와 김승준을 한번 불러보고자 하였다. 이 소식을 전해들은 김인준은 장군 차송우(車松祐)를 불러들여 여러 가지 대책을 논의하였다.

"몽골의 세력이 아무리 강하다지만 우선 여기 있는 사신을 죽이고 우리들은 달아나는 게 어떠한가?"

김인준이 차송우의 의향을 떠보며 말했다.

"괜찮은 생각인 듯하오마는 왕이 잘 들을 것 같지 않소."

"여러 가지 말로 왕을 설득해 본 다음 그래도 듣지 않으면 어떻게 한다?"

"왕손이 어찌 왕뿐이겠소. 왕건 태조도 궁예의 부하로서 왕이 된 사람이외다."

이 말을 들은 김인준은 차송우의 말이 의미심장하다는 것을 알았다. 은근히 용상을 바라보는 욕심이 생긴 것이다.

이렇게 되고 보면 왕과 권신은 동상이몽으로 각자 다른 속셈을 품는 셈이다. 왕은 몽골을 어루만져 별 충돌 없이 평화를 계속 유지하려는 생각인 반면 김인준은 원나라와 한번 싸움을 벌여 바닷속 섬으로 들어가 최후까지 항전하여 자기의 권세를 유지하려는 속셈이었다. 이런 관계로 왕실과 장군은 사사건건 의견이 일치하지 않았다.

이런 일이 있은 후 김인준은 백성들의 토지를 수탈하기 시작했다. 그의 행실이 나쁘다는 소문이 나돌자 임연과 김인준의 아들 사이도 분쟁이 끊이질 않았다. 그럴수록 임연은 김인준이 미워하는 사람들과 친교를 맺으니 그들 사이는 점점 나빠지게 되었다. 원종도 김인준이 혹 자신을 해치지나 않을까 항상 걱정하였다.

어느 날 원종의 심복인 강윤소(康允紹)가 임연의 집으로 찾아가 김인준이 왕을 해치려 한다는 말을 전했다.

"폐하, 여러 공신들이 모두 김인준과 친근한 사이지만 임연만은 그렇지 않습니다."

임연은 이렇게 왕을 안심시켰다.

또한 강윤소는 임연의 심중을 떠보았다.

"국가의 형세가 매우 위급하게 되었는데 장군은 어찌할 작정 이시오."

"왕의 명령만 계시면 우리들이 어찌 목숨을 아끼겠소."

"그랬다가 실권자인 김인준에게 가시면 어찌되나요."

이렇게 하여 임연과 김인준은 완전히 원수지간이 되었다. 원종 9년 12월에 임연은 마침내 궁중으로 입궐하는 김인준을 격살하고 말았다.

이제 임연의 집권 시대가 열렸다. 임연은 진척 출생으로 일찍이 몽골군을 몰아낸 공로로 대정(隊正)벼슬에 올랐다. 당시 임효후(林孝候)란 사람이 있어 임연의 처와 간통하였는데 이 사실을 안 임연은 대신 임효후의 처와 간통하여 보복하였다. 그 후 임효후가 임연을 관에 고발하여 처벌을 받게 되었을 때 김인준이 구해 주었으므로 김인준을 아버지라고 부를 정도로 가까워졌다. 김인준이 최의를 살해할 때 임연은 김인준을 도운 공으로 출세의 길이 열렸으며 다시 김인준을 제거한 후로는 권신이 되어 정권을 장악하게 되었다.

임연은 원종 10년부터 왕의 좌우에 가까이 있던 환관들을 모두 몰아내는 한편 왕을 내쫓고 안경공(安慶公)을 왕으로 내세웠다. 이는 몽골에 대하여 반기를 드는 것이었다. 이 때문에 서경의 최탄(崔坦)이 임연을 공격한다는 구실로 반기를 들어 서경 이북 60여 성을 장악한 후 몽골에 투항하였다.

한편 몽골에서는 사신을 보내 전왕을 다시 왕으로 모시라고 압력을 가해왔다. 이에 임연은 몽골이 지나치게 내정을 간섭한다고 불평했으나 어쩔 수 없이 전왕을 다시 왕으로 내세웠다. 원나라의 압력은 이에 그치지 않고 임연이 직접 원나라에 들어와 사실을 해명하도록 하니 임연은 할 수 없이 아들 임유무(林維茂)를 대신 보냈다. 그러자 원나라는 임연의 아들을 볼모로 사로잡았다. 이에 임연은 울분을 이기지 못해 병들어 죽었고, 아들 임유무도 얼마 뒤 고려로 돌아왔으나 반항하다가 죽고 말았다. 이로써 최의가 정권을 잃은 후 10년이 지나서 무신들의 정권은 모두 사라지게 되었다.

일부 무신들이 원나라에 부속되는 것을 끝까지 반대하여 삼별초의 난을 일으켜 장군 배중손, 노영희 등이 왕족 온(溫)을 모시고 진도까지 내려가 항쟁했으나 모두 허사였다.

삼별초의 난

삼별초란 최씨 정권의 최우(崔瑀)가 집권하고 있을 때 도둑이 들끓자 용사를 모아 매일 밤 도둑을 순찰, 단속하는 임무를 맡기고 야별초(夜別抄)라 한 것이 시초이다. 그 후로도 전국적으로 도둑이 일어나자 기구를 확대하여 좌별초(左別抄)와 우별초(右別抄)로 나누었고, 몽골과 항전하던 중 포로가 되었다가 도망쳐온 자들을 모아 신의군(神義軍)을 조직하여 좌별초·우별초·신의군을 삼별초라 하였다.

이들은 최씨 정권을 유지하기 위한 사병(私兵)이었으나 경찰·전투 등 공적 임무도 수행하였으므로 공적인 군대에 준한다 하겠다. 1232년(고종 19) 몽골의 침략을 피하여 최씨 정권이 정부를 이끌고 강화도로 천도한 뒤 몽골과의 항전은 이 삼별초군에 의해 강행되었다.

1259년 고려의 태자 전(나중의 원종)이 부왕 고종을 대신하여 몽골에 입조(入朝)한 것을 계기로 고려 조정은 출륙문제(出陸問題), 즉 개성으로 천도하는 문제를 둘러싸고 대립하고 있었다. 원종을 중심으로 한 문신들은 천도를 희망하였고, 무신들은 이에 반대하였다.

"만약 천도를 한다면 이는 몽골에 완전히 굴복하는 일이니 결사 반대한다."

무신들의 반대에도 불구하고 사실상 천도가 단행되자 삼별초의 지휘관 배중손(裵仲孫)은 왕족인 승화후(承化侯) 온(溫)을 왕으로 옹립하고 반란을 일으켰다.

삼별초는 그들의 반란을 반몽골·반정부의 자주·독립 수호 운동으로 제고하였다. 새로 왕을 세우고 관부를 설치한 삼별초는 강화도에 오래 머무르지는 못하였다. 그저 도내(島內)의 인심이 동요했을 뿐이다. 문무관 중에 탈출하는 자가 많았기 때문에 몽골군의 반격이 있을 것도 우려되었다.

배중손은 강화도에 남아 있는 귀족, 고관의 가족들과 공사, 재물을 싣고 진도

용장산성 배중손과 삼별초가 항쟁을 한 곳. 진도에 위치해 있으며, 사적 제126호로 지정되었다.

(珍島)로 향하였는데 이때 동원된 선박이 1천여 척이나 되었다. 진도로 이동한 삼별초는 그곳에 강력한 군사기지를 설치하여 해상권을 모두 장악함으로써 해전에 미숙한 몽골군을 압도할 계획이었다. 얼마 되지 않아 삼별초는 거제·탐라(제주) 등을 비롯한 30여 도시를 세력권 안에 넣어 해상왕국을 이루었다.

1270년 고려 조정은 김방경(金方慶)을 전라도 초토사에 임명하여 삼별초를 토벌하도록 하였는데 이때 몽골의 원수 아해(阿海)도 동행하였다. 고려·몽골 연합군은 몇 차례 진도를 공격하였으나 성과를 올리지 못하였다. 이듬해인 1271년 5월 홍다구(洪茶丘)가 몽골군 지휘관이 되고 김방경, 흔도의 지휘하에 고려·몽골 연합군의 진도에 대한 총공격이 다시 감행되었다. 삼별초군은 끝까지 항전했으나 전력의 열세는 어찌할 수가 없었다. 왕으로 옹립되었던 승화후 온은 홍다구의 손에 죽고 배중손은 전사하였다. 이때 포로로 잡힌 자가 1만여 명이나 되었다고 하는데 주로 인질로 잡힌 귀족, 고관의 가족이 많았다.

삼별초는 결정적인 타격을 받았으나 완전히 굴복하지는 않았다. 살아남은 삼별초는 김통정(金通精)을 수령으로 받들어 탐라(제주도)로 본거지를 옮겨 항전을 계속하였다. 방어진지를 구축한 이들은 1272년부터 본격적인 활동을 시작하여 전라도와 경상도의 요지를 기습하는 등 큰 피해를 주었다.

11월에는 안남도호부(경기도 부천)를 공격하여 부사와 그의 처를 납치하는가 하면 합포(마산)를 공격하여 전함을 불태웠다. 또한 남도의 세미(稅米)를 운송하는 도중에 약탈해 큰 피해를 주었다. 이처럼 삼별초는 최후까지 항전하였으나 한번 기울어진 대세는 만회할 수 없었다.

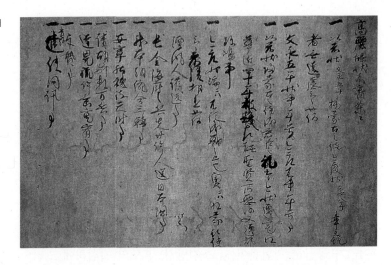

　　1273년 2월 김방경, 흔도, 홍다구는 병선 160척에 1만 명의
수륙군을 거느리고 탐라의 삼별초를 공격하여 평정하였다. 수령
김통정은 산중으로 피신하였다가 죽고 나머지 1,300여 명은 포로
가 되었다. 이로써 삼별초의 난은 약 3년 만에 완전 진압되었다.

고려 왕실과 원나라와의 국혼

충렬왕과 원나라 공주의 국혼

몽골이 고려를 굴복시킨 후 다시 등을 돌리는 일이 없도록 하기
위해 원나라는 고려와의 국혼을 강요하였다. 즉 원나라의 공주를
장차 고려의 왕이 될 태자에게 시집보내는 정책이다.

　　고려 원종이 태자 시절에 원나라에 들어간 적이 있었고, 왕위
에 오른 뒤에도 여러 차례 원나라를 출입하였다. 왕이 못 가면 왕

세자를 대신 보내는 일도 있었다. 이런 가운데 원종 15년 5월에 세자와 원나라 공주 간에 국혼이 이루어졌다.

신록이 우거진 5월의 북경 궁전에서 고려의 세자는 몽골의 풍습대로 변발한 채 몽골의 예복을 입었다. 초례 시간이 되자 몽골식의 요란한 풍악이 울려 퍼지는 가운데 새로 단장한 공주가 시녀들에 둘러싸여 나왔다. 세자는 이국의 풍습을 구경하며 옆에서 시신들이 시키는 대로 예를 행하였다.

세자와 공주는 서로 이마가 맞닿을 정도로 가까이 서서 팔을 들어 길게 읍한 후 다시 같은 읍을 두어 차례 반복한다. 요란한 음악이 장내에 울려 퍼진 가운데 식이 끝나면 세자는 공주를 한번 번쩍 들었다 놓았다. 이것은 환영한다는 뜻으로 우리 풍속의 친영(親迎)예와 같은 것이다.

밤이 되자 신방을 차렸다. 공주의 침전은 화려하게 장식되어 황색 밀초에 달아 놓은 촛불이 너울너울 춤을 추었다. 침상에는 비단으로 수놓은 원앙금침이 깔려 있었다. 공주는 시녀 두 사람의 부축을 받으며 조심스럽게 걸음을 옮기며 들어왔다. 세자는 낮에는 여러 사람들의 시선 때문에 공주를 똑똑히 바라볼 수가 없었지만 이제 방 안에서 공주를 자세히 보니 더욱 아름다워 보였다. 시녀들이 몽골말로 무엇이라 말하고 생글생글 웃으며 나갔다. 잠시 후 촛불이 꺼지고 세자는 공주를 덥석 안아다가 침상에 올려놓았다. 그러자 공주는 손짓하며 가까이 오라고 하였다. 세자가 미소 지으며 가까이 다가섰다. 공주가 친히 웃옷을 벗으며 옆에 있는 옷걸이에 걸라고 하였다. 세자는 즐거운 표정으로 시키는 대로 하였다.

이때 세자의 나이는 39세이고 공주의 나이는 16세이었으나 몽골의 여성은 어려서부터 말을 타고 활을 쏘는 유목생활로 몸을 단련해서인지 그녀의 육체는 터질듯 탄력이 있었고 피부는 희고 부드러워 세자의 마음이 흡족했다. 이국(異國)의 정서를 한껏 느낀 세자는 만면에 웃음을 띠었다. 세자는 불현듯 소년 시절에 정화 궁주(貞和宮主)를 맞이할 때의 추억이 떠올랐다. 수줍어하던 정화 궁주는 왕실의 혈통으로서 전부터 잘 알았던 관계로 부끄럽고 어색한 일이 없었으나 이번에는 그때의 경우와 달라 미지의 상념들이 자꾸 머리에 떠올랐다. 냉정히 생각하면 희비가 엇갈리는 순간이기도 하였다.

5월의 밤은 짧았다. 5월의 밤이 아니라 동지섣달의 밤이라도 짧게 느껴졌으리라. 어느덧 날이 훤히 밝아 방문 밖에서는 벌써 시녀들이 원나라 말로 인사를 건넸다.

"안녕히 주무셨습니까?"

공주가 무엇이라 대답하니 시녀들이 들어와 옷을 하나하나 챙겨준다. 이 사이 세자는 손수 옷을 입고 의자에 앉았다. 잠시 후 양젖과 양고기를 다진 음식으로 아침 식사를 끝냈다.

다음날 황제와 황후를 배알하고 여러 왕족과 인사를 나누며 음식을 대접받았다. 한달도 못 되어 고려의 왕이 승하했다는 소식이 전해지자 세자는 먼저 고려로 돌아와 왕위를 이었다. 신정이 미흡한 가운데 공주를 떼어놓기가 섭섭하였으나 어찌할 도리가 없었다. 원종의 장례가 끝나자 얼마 후 원나라에서 공주가 온다는 소식이 전해졌다.

왕은 멀리 서북면까지 나가 마중하였다. 어린 공주를 보고 싶은 마음이 간절했던 왕은 평원역에서 공주를 만나자 몽골의 풍습대로 얼싸안아 주었다. 공주의 총명한 얼굴에 금세 화색이 돌며 기쁨의 표정이 감돌았다.

서울로 들어오는 날 서울에 있던 비빈은 물론 궁주 재상의 부인들까지 마중 나와 길을 메웠고 다시 일반 백성들도 구경나와 국청사(國淸寺) 앞에는 수만 명이 넘는 인파가 모여들었다.

왕과 공주는 여기서 같은 연(輦)을 타고 궁중으로 들어왔다. 청아한 음악이 들리는 가운데 공주의 모습을 지켜보던 사람들은 칭찬이 대단하였다.

"총명하고 얌전하게 생긴 공주님이구나."

"나이는 어리지만 아주 영특하게 생기셨네."

"이제는 그 지긋지긋한 싸움이 일어나지 않겠구먼. 백년 가까이 고려를 괴롭히더니 이제는 딸까지 주었으니 싸움이야 다시 일어나지 않겠지."

사람들은 평화를 갈망하는 부푼 기대에 '만세'를 외치며 좋아했다. 연 속에서 이 광경을 지켜보던 공주도 미소를 지으며 답례하였다.

이듬해 9월에 공주가 옥동자를 낳으니 궁중에서는 이 경사를 축하하기 위해 백관이 하례를 올리려 들어왔다. 공주는 경성전(敬成殿)에서 하례를 받기로 하였다. 왕족부터 차례대로 들어와 공주에게 읍하고 간단한 예물을 내놓자 공주는 기쁜 얼굴로 인사를 받았다. 모두들 하례석으로 들어갈 때는 입구에서 자기가 입고 있는 웃옷을 몽골식 긴 예복으로 갈아입고 들어가 축하를 드려야 했다. 차례로 들어가 간단한 인사말을 드리면 몽골식 주연상을 베풀어 놓고 술을 대접했다.

동궁시강학사(東宮侍講學士) 주열(朱悅)의 차례가 되었다. 그는 술을 잘 마시는 까닭에 코에 주독이 들어 검푸른 빛을 띠었으며 얼굴이 흉측하게 생겼다. 주열이 들어서며 두 손을 들어 읍하였다.

"공주마마, 왕자 아기씨 탄생을 하례 드리옵니다."

공주가 주열의 얼굴을 바라보다가 비명을 질렀다.

"으악!"

놀란 왕이 그 연유를 물었다.

"대왕마마, 어찌 저런 흉측한 사람을 가까이 하시나이까. 어서 물리치도록 하십시오."

이 말을 들은 왕은 껄껄 웃으며 말했다.

"모르시는 말씀입니다. 저 늙은 신하의 얼굴은 추하지만 그 마음은 맑기가 명경지수와 같다오. 더구나 동궁을 가르칠 시강학사라오."

공주는 주열을 다시 보았다. 조금 전에 있었던 자기의 경솔함을 후회하는 마음이 들었다.

"그러시면 내가 사과하는 뜻으로 술잔을 올려야겠습니다."

공주는 친히 술을 부어 주열에게 권하였다.

"시강학사, 나는 겉모양만 보고 학사에게 결례를 하였소. 그 고운 마음씨로 고려에 충성을 다해 주시오."

"황은이 망극하오이다."

"술을 좋아하십니까?"

"많이 먹는 편입니다."

공주는 시녀에게 명하여 큰 술잔을 가져오게 하여 술을 부어 권하며 앞으로 세자를 잘 부탁한다는 당부의 말을 하니 매우 총명한 공주였음을 알 수 있다.

마지막으로 왕의 전 부인이었던 정화 궁주의 차례가 되었다.

궁주의 잔 심부름을 하는 여자들이 궁주의 자리를 동상에 놓았다. 이것을 본 왕이 정침(正寢) 앞에 놓으라 명하였다. 공주가 이 사실을 모르고 들어와 보니 자기가 앉을 자리에 정화 궁주가 어엿하게 앉은 것을 보고 노하여 심부름하는 여자들을 꾸짖었다.

"내 자리를 더 높은 서상(西廂)에 놓도록 하여라."

공주의 명을 거역할 수가 없어 일단 높은 곳에 공주의 자리를 놓아 주었다. 궁주가 일어나 축하의 술을 공주에게 올리니 왕도 함께 술잔을 받으며 힐끔 곁눈질로 공주의 눈치를 살폈다.

"상감 어찌하여 나를 마땅치 않게 흘겨보고 계십니까?"

"누가 공주를 흘겨본다 하시오."

힘 빠진 왕의 대답이었다. 공주는 발끈 화를 내며 연석도 파하기 전에 밖으로 나와 자기 분을 참지 못하고 울고 있는 것을 공주의 유모가 말리어 겨우 진정시켰다.

이미 자기의 자리를 빼앗긴 정화 궁주는 아무 소리도 못하고 밖으로 나왔다. 일만 가지 생각이 뒤엉키는 가운데 슬픔을 억제할 수 없었으나 꾹 참았다. 일종의 체념 비슷한 것인지도 모른다.

"왕비의 자리도 빼앗고 그것도 부족하여 나까지 못살게 구는구나. 어쩔 수 없이 굽실해야 하는 왕의 신세도 가련하구나."

혼잣말을 씹으며 처소로 향하니 눈물이 앞을 가리어 몇 번이고 멈추었다가 갔다.

공주는 나이가 어린 만큼 작은 일에 신경을 많이 썼지만 때때로 왕의 유흥에 대하여도 책망의 말을 보냈다. 충렬왕 19년에 공주는 왕과 함께 원나라로 가게 되었다. 금교역에 도착하여 하룻밤을 지내게 되었는데 음식이 입에 맞지 않는다는 이유를 들어 왕은 서해 안렴사(按廉使) 유서(庾瑞)에게 벌을 내렸다. 다음날 봉주에서 대접이 융숭하자 왕은 기뻐하며 칭찬하였다. 왕의 이 같은 행동을 지켜보던 공주는 매우 못마땅하게 생각하여 말했다.

"어제는 금교에서 음식과 대접이 좋지 않다는 이유로 벌을 주시고 오늘은 상을 주시는구려. 상감께 바치는 물건이 누구의 것인지 알고 계십니까? 모두 백성들의 피와 땀입니다. 앞으로는 그리 마시옵소서."

왕은 다만 웃음을 띨 뿐 아무 말이 없었다.

충렬왕 20년에는 원나라 세조가 승하하니 왕과 공주는 원나라에 들어가 부왕의 죽음을 슬퍼하였다.

다시 22년에는 공주의 소생 세자의 혼인 문제로 원나라에 들어갔다. 왕과 공주가 황제를 배알하고 예물로 금과 은으로 만든 병, 주전자, 술잔 등 진귀한 물건을 바치니 황제는 더욱 공주를 위해 주었다.

* 납채(納采) : 아들 가진 집에서 신부 집에 혼인을 청하는 의례

또한 세자의 납채(納采)*조로 백마 80필을 바친 뒤 진왕(晉王)의 딸과 세자를 혼인시켰다. 이때의 연회에는 고려의 풍악을 처음으로 연주하니 몽골 사람들의 궁중에 고려의 색채가 차츰 번지게 되었다.

고려로 돌아오기 전 사돈되는 진왕의 관저에서 송별연이 베풀어졌다. 이 자리에는 황제도 참석하여 잔치가 더욱 성대해졌다. 술이 몇 순배 돌자 흥에 겨운 고려의 왕이 춤을 추고 공주는 노래를 불러 화답하였다. 이어 원나라 황실의 친척들이 돌려가며 왕과 공주를 청해 송별연을 열어주니 공주로서는 최대의 환영을 받은 셈이었다.

5월에 공주가 고려로 돌아왔다. 5월이면 고려의 절기로 따져 초여름이다. 공주가 기거하던 수령각(壽寧閣)에는 작약이 만발하

였다. 작약은 원래 원나라에서 가져다 심은 것이다. 20년의 세월
이 흐르는 동안 작약은 온 궁중에 옮겨 심어졌으며 원나라 풍속으
로 변했으나 고려의 독특한 토속적인 화초는 그대로 유지되고 있
었다.

공주는 이 작약을 바라보며 향수 어린 원나라 황실을 떠올렸
다. 자기를 그렇게도 극진히 사랑해주던 부왕이 승하한 뒤부터는
어딘지 모르게 쓸쓸함을 느꼈다.

여러 가지 정감이 엇갈리는 가운데 알지 못하는 사이에 감상
적인 눈물이 떨어졌다. 한숨과 동시에 기침이 났다. 감기에 걸린
듯하였다. 그날 밤부터 열이 나며 두통이 심해지자 시의들이 진맥
하여 탕제를 먹였으나 아무런 차도가 없었다. 다음날도 여전히 불
편하여 이런 상태가 10여 일 계속되더니 마침내 공주는 세상을 떠
나고 말았다. 이때 공주의 나이 39세였다. 작약과 같은 한 송이의
꽃은 영원히 지고 말았다.

사연 많은 충선왕과 계국 공주

충렬왕 23년 원나라에 있던 세자는 어머니의 부음(訃音)을 듣고
즉시 고려로 돌아왔다. 세자는 어머니의 갑작스런 죽음은 우연한
일이 아니고 반드시 후궁들의 질투 때문일 것이라고 막연하게 판
단해 환관과 궁녀들을 고문하여 많이 죽였다.

이듬해 정월에 세자가 왕위에 오르니 충렬왕은 세자에게 양
위하고 말았다. 젊은 충선왕은 정치풍토를 새롭게 한다는 뜻에서
·학자들을 우대하는 한편 전왕의 측근에서 아첨하던 무리들을 모
두 몰아냈다.

그러던 중 계국 공주와의 불화는 점점 심해진 반면 조인규(趙仁規)의 딸 조비(趙妃)와는 무척 가까워지고 그녀를 편애하였다. 이에 불만을 품은 계국 공주는 충선왕의 총비(寵妃) 조씨가 자기를 저주한다고 원나라에 보고하는 한편 조인규와 그의 일가족을 가두고 문초하는 것에 그치지 않고 이들을 원나라로 압송하도록 하였다.

이에 충렬왕을 따르던 무리들이 모의하여 충선왕을 참소하니 원나라에서는 단사관을 파견하여 왕위를 다시 충렬왕에게 넘기게 한 다음 얼마 후 충선왕을 원나라로 끌고 갔다.

이때부터 충렬왕 측근에는 간신배들이 모이기 시작하였다. 오기(吳祈) 김원상(金元祥), 석천보(石天補) 천경(天卿) 등은 관현방(管絃坊)에 재인의 수가 모자란다 하여 각 도에 사람을 보내 꽃 같은 예기들을 모아들였다. 그래도 부족하여 성중의 관비나 무당 가운데 춤을 잘 추고 노래를 잘 부르는 명창들을 궁중에 불러모아 비단옷을 입히고 노래와 춤을 연습시켰다. 이 가운데서 우수한 자를 다시 선발하여 머리에 마미립(馬尾笠)을 씌우고 남장(男裝)을 시켜 새로운 노래를 가르치니 이것이 신성(新聲)이다. 이 노래는 일종의 유행가로서 당시의 시대상을 표현하고 있다.

그들은 왕과 함께 삼장사(三藏寺)에 나가 놀면서 다음과 같은 노래를 불렀다.

삼장사에 점등하러 가니
사주놈이 이내 손을 잡았네
이 말이 밖에 새 나가게 되면
상좌놈아 ! 네 입에서 나온 말이리라.

三藏寺裏點燈去　有社主兮執吾手
儻此言兮出寺外　謂上座兮是汝語

또 다음과 같은 노래도 많이 불렀다.

뱀이 용의 꼬리를 물고
슬그머니 태산을 지나가는 듯
여러 사람이 한마디씩 할 때
너와 나와 두 마음 짐작할게로다.
有蛇含龍尾　聞過太山岑
萬人各一語　斟酌左兩心

이들은 곡조에 맞춰 이러한 노래를 부르며 음탕한 놀이를 즐겼다. 노래 자체가 삼장사를 중심으로 한 남녀간의 음란한 행동을 상징하였다. 이런 노래가 민요로서 불렸다니 당시의 문란한 기강을 엿볼 수 있다.

아부하는 무리들은 이 노래를 부르며 왕과 함께 삼장사나 혹은 수강궁으로 다니며 놀았고 밤이 되면 기녀들과 어울렸다. 이런 꼴을 본 왕은 그래도 너털웃음만 웃을 뿐이었다.

충렬왕 32년에 왕은 원나라에 들어가 계국 공주를 서흥후(瑞興侯)에게 개가시키고자 서흥후를 공주의 방에 집어넣었다. 이 일로 부자지간의 사이가 더욱 험해졌다. 그뿐 아니라 충선왕까지 내쫓으려고 하는 등 궁중의 부패상은 말할 수 없이 극에 달했다.

원나라 무종이 즉위하자 충선왕은 공이 있는 사람 편을 들게 되어 무종의 명으로 왕을 경수사(慶壽寺)로 내몰고 왕의 측근에

서 간사를 떨던 왕유소, 송방영, 송린 등을 잡아 가두고 서흥후를
잡아 죽였다.

궁합 안 맞는 충숙왕과 복국 공주

충렬왕이 왕위에 오른 지 35년 만에 승하하자 아들인 충선왕이 왕
위에 올랐다. 그러나 왕은 학문 연구에만 전념할 뿐 정치에는 전
혀 무관심하였으므로 재위한 후 5년 동안이나 원나라에 머물렀고
고려 조정에는 왕 대신 대신들이 정치를 해나갔다. 마침내 왕은
아들 충숙왕에게 왕위를 물려주었다.

　　충숙왕 역시 원나라 영왕(營王)의 딸 복국 공주를 왕비로 맞
아들여 고려로 들어왔다. 고려로 돌아온 충숙왕은 고려인 홍규(洪
奎)의 딸을 얻어 덕비(德妃)라 하였다. 그런데 충숙왕은 계국 공
주의 소생이 아니고 몽골 여자 예스진(也速眞)의 몸에서 태어났
다. 그러므로 왕은 고려 말보다 몽골 말을 더 잘 했으며 모든 생활
풍습이 몽골식에 젖어 있었다.

　　그런데 고려에 와보니 쓸쓸하고 사막이 많은 몽골보다는 산
천이 수려한 고려가 더 마음에 들었다. 산천과 풍경뿐만 아니라
고려 여자 덕비를 대하고 보니 덕이 있고 총명하여 더욱 사랑에
빠지게 되었다.

　　충숙왕 9년 왕의 유흥은 점점 심해졌고 오로지 덕비만을 사
랑하여 항상 묘련사(妙蓮寺)에 드나들며 유흥에 빠졌다. 9월 어
느 날 왕은 공주 몰래 덕비만을 데리고 묘련사로 놀러 나갔다. 이
에 복국 공주는 시기하는 마음을 진정하지 못하고 왕이 시녀 몇
사람을 데리고 쫓아갔다.

공주는 짐작으로 왕이 법당 아닌 다른 방에서 놀 줄 알고 이 방 저 방 찾던 중 바로 법당 뒤 아늑한 방에서 왕이 덕비와 속삭이는 소리를 들었다. 공주는 살금살금 엿듣다가 분통이 터져 문을 활짝 열어젖혔다. 눈앞에는 상상했던 대로 진풍경이 벌어지고 있었다. 왕은 깜짝 놀라 공주를 노려보았다.

"공주, 이게 무슨 짓이오. 남의 방문을 함부로 열다니."

"무슨 말씀이오. 일국의 왕이 정치는 돌보지 않고 유흥에만 잠기다니요. 그것도 성스러운 법당 앞에서 추잡한 행동을 하시다니 그게 될 말씀이오?"

"잔소리 마시오."

왕의 말씨는 더욱 거칠어지고 있었다.

"어서 환궁하옵소서."

"공주나 환궁하도록 하시오. 나는 가지 않겠소이다."

공주는 더 이상 분을 참을 수 없었다. 공주를 모욕하는 것은 즉 원나라 황실을 모욕하는 것과 같았기 때문이다.

"즉시 원나라에 이 사실을 알리어 단사관을 파견하도록 요청하겠소이다."

공주가 친정의 세력을 배경으로 보복하려는 태도는 왕의 마음을 더욱 불쾌하게 했다. 왕과 공주의 다툼은 여기서 그치지 않고 더욱 격렬해졌다. 공주는 폭발하는 감정을 누르지 못하고 질투의 대상인 덕비의 머리채를 낚아챘다. 알몸이 된 덕비는 겁에 질려 부들부들 떨고 있을 뿐이었다. 문 밖에는 공주의 시녀와 고려의 궁인들이 숨을 죽인 채 공주의 행동을 지켜보고 있었다. 공주는 분통이 터지는 듯 덕비에게 화풀이를 하니 충숙왕이 보다 못해 말리는 도중 서로 실랑이를 벌이다가 공주는 왕의 팔에 한 번 채

이고 그냥 방바닥에 쓰러졌다. 동시에 시뻘건 코피를 쏟았다.

시녀들이 달려 들어와 공주를 밖으로 모셨다. 어느 사이에 구경꾼들이 모여들어 윗목 쪽에 나체로 있는 덕비를 바라보곤 눈을 가렸다.

그날 밤 왕과 공주가 다시 티격태격 싸움을 벌여 공주가 또 상처를 입었다. 이것이 원인이 되었는지 공주는 이듬해에 세상을 떠나고 말았다. 원나라에서는 이 사정을 몰랐으나 공주의 장례에 참석했던 원나라 조문사절 귀에 이런 사실이 들어갔다.

원나라에서는 이상지(李常志)를 단사관으로 보내 사실 여부를 조사하게 하였다. 이상지는 우선 공주의 시녀와 음식을 맡아 보던 책임자 한만복(韓萬福)을 문초하였다. 한만복이 어쩔 수 없이 자초지종을 모두 털어놓으니 왕은 겁이 나 측근에 있던 백원항(白元恒)과 박효수(朴孝修) 등의 신하를 시켜 한만복의 고백은 무고라고 원나라 중서성에 상주하도록 하였다.

당시 원나라 조정에는 고려에서 들어간 환관(宦官)들이 많았기 때문에 환관에게 뇌물을 주어 무사히 처리하는 데 성공했다.

이러한 일이 있은 후 부왕인 충선왕도 아들을 믿지 못하였으며 불화는 점차 심해졌다. 이때 원나라에서는 새로 영종(英宗)이 황제가 되니 고려의 환관으로 원나라에서 득세하던 백안독고사는 충선왕을 참소하여 서장(西藏)지방으로 귀양보냈다.

충숙왕은 아버지 충선왕이 귀양간 틈을 이용하여 부왕 때의 권신 권한공(權漢功)과 채홍철(蔡洪哲), 배정지(裵廷之) 등을 귀양보냈다.

이렇게 되어 충숙왕과 백안독고사의 사이는 더욱 친근해졌다. 여기에 심양왕(瀋陽王) 왕고도 가담하여 고려의 왕위를 노리게 되었다. 심양왕이란 충선왕이 공이 있다 하여 받은 봉작(封爵)이다. 충선왕이 모든 직위를 형의 아들 고에게 봉한 것이다. 이로 인하여 심양왕의 뒤에는 항상 충선왕의 힘이 작용하였다.

공민왕과 노국 공주의 사랑

충목왕, 충정왕이 모두 어린 나이로 왕위에 오르니 고려의 정치는 간신들의 손에 농락되어 매우 어지러웠다. 이럴 때 충숙왕의 왕비인 덕비 소생의 공민왕이 왕위에 올랐다. 공민왕은 어려서부터 원나라에서 자랐기 때문에 몽골의 풍속은 물론 그들의 내정 사정도 잘 알았다. 그는 원나라 황실의 근친인 위왕(魏王)의 딸 노국 공주(魯國公主)를 아내로 맞이하였고, 이 인연으로 원나라 황실과 가까워져 고려의 왕으로 돌아오게 되었다.

노국 공주는 왕과 같이 고구려에 와 공민왕이 정치를 하는 데 많은 도움을 주었다. 이때에는 초기에 그렇게 강성했던 원나라의 세력이 약화되어 중원 여러 지방에서 반란이 일어나고 있었다. 공민왕은 귀국하여 먼저 몽골식 변발을 없애고 예전 고려 식으로 머리를 위로 올리도록 했다.

왕은 또 고려 조정에 원나라의 권신이 많음을 마땅치 않게 생각하여 먼저 기황후(奇皇后)의 친척과 그 일파를 없애고 나아가 쌍성총관부를 고려의 영토로 만드는 등 대원 정책에 획기적인 변화를 주었다. 원나라의 구속에서 벗어나 자주적인 입장을 취하려는 정책이었다. 이것이 곧 공민왕의 배원 정책이었다. 그러나 아무리 동의를 했다 하나 노국 공주의 마음이 편안할 리 없었다.

공민왕 10년에는 원나라의 세력이 약해진 틈을 타서 홍건적

공민왕과 노국 공주

이 개성으로 쳐들어왔다. 왕은 이 난을 피하여 공주와 함께 남쪽으로 피신하였다. 이렇게 되자 충렬왕 이후 세워놓은 서울의 모든 건물과 시설들이 파괴되어 폐허가 되었다.

이듬해에 이르러 정세운(鄭世雲)과 이방실(李芳實) 등이 겨우 서울을 회복하였으나 권신들의 싸움이 다시 벌어져 하루도 편할 날이 없었다. 평장사 김용(金鏞)과 정세운은 서로 충돌하여 공민왕 12년에 왕이 흥왕사에 있음을 알고 급습하였다. 김용이 덕흥군을 내세우기 위해 난을 일으킨 것이다.

이때 왕은 흥왕사에 숨어 태후가 거처하는 밀실에 들어가 담요를 쓰고 있었는데 문 앞에는 노국 공주가 당당한 태도로 버텨 왕을 보호하였다.

이 난리에 공민왕과 얼굴 모습이 비슷한 환관 안도적(安都赤)이 피살되고 수습되었다.

왕과 공주와의 사이는 아무런 마찰도 없었다. 둘은 화목한 사이로 화창한 날이면 손을 맞잡고 사랑을 속삭였다. 그러던 중 공주의 몸에 태기가 있어 왕자를 기다리던 고려 조정은 만세를 부르며 왕자 탄생을 기다렸다.

공민왕 14년 2월 공주는 산전(産殿)으로 들어갔다. 왕은 대사령을 내리는 한편 각 사찰에 불공을 드리라는 명령을 내렸다. 왕의 간절한 기대와 명산대찰의 기도에도 불구하고 공주는 난산 끝에 세상을 떠났다.

왕의 슬픔은 말로 형용할 수 없었다. 최영은 왕에게 간곡히 상주했다.

"전하 다른 궁궐로 옥체를 옮기십시오. 애통이 지나치시니 성체에 이상이 생길까 염려되옵니다."

그러나 왕은 고개를 가로저었다.

"나는 공주와 언제나 같이 있기로 약속했소. 여길 떠나고 싶지 않소."

왕은 슬픔을 억제하지 못하였으며 철조 3일을 명하고 4도감과 13색(色)을 만들도록 명하여 공주의 마지막 가는 길에 소홀함이 없도록 하였다. 특히 왕은 불교를 신봉하였으므로 불공을 잘 드리라 하였고 7일마다 큰 재를 올려 노국 공주의 명복을 빌었다.

장삿날에는 공주가 묻힌 정릉(正陵)까지 반개(幡蓋)와 당(幢), 기치(旗幟)가 하늘을 가렸고 바라와 북소리가 천지를 진동하였다.

왕은 공주의 화상을 보며 눈물로 세월을 보냈다. 3년간이나 고기를 먹지 않고 국가의 중대한 일이 있을 때는 모두 정릉에 가서 배례하도록 하였다.

공민왕 15년에는 왕륜사 동쪽에 공주의 영전을 지었는데 영전의 재목을 운반하는 소리가 천지를 진동하였으니 공주의 장례식 이후에 국고가 탕진했음은 말할 필요도 없다.

그래도 부족하여 정릉 앞 정자각에서 군실들을 모아놓고 밤새도록 원나라 음악을 연주하여 공주의 영혼을 위로하였다.

노국 공주가 세상을 떠난 후 공민왕은 성격이 아주 바뀌어 예전의 공민왕이 아니었다. 공주의 장례도 끝나고 세월이 어느 정도 흘러 혜비의 처소로 들어가 새로운 생활을 시작하는 것이 당연하

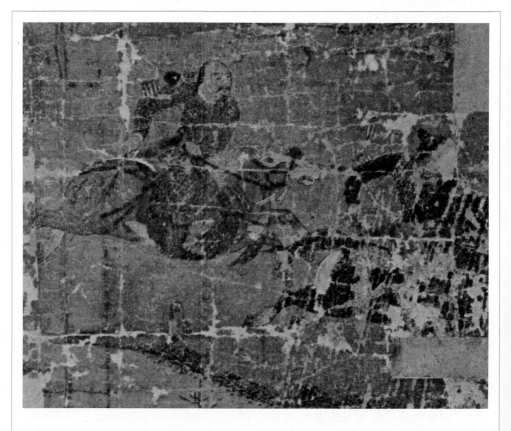

천산대렵도

였으나 공민왕은 전연 그런 기미가 보이지 않고 한번 비뚤어진 성
격은 고쳐질 줄을 몰랐다.

혜비는 가문이 좋았던 관계로 궁중에 들어왔으나 10년이 되
도록 남편 공민왕의 사랑을 받아본 적이 단 한 번도 없었다. 후일
왕이 죽임을 당하자 삭발하고 비구니가 되어 한양으로 올라왔다.
그 후 정업원에서 조선 왕조의 세자 싸움을 몇 번이고 구경하게
되니 공교로운 운명이라 하겠다. 방석(芳碩)의 누이 경순 공주와
같이 인생의 무상함을 하소연한 일도 있으니 얄궂은 운명의 장난
은 후세에 아쉬움 감정을 더하게 한다.

신돈의 등장

공민왕 때는 정치적 변혁이 일어나 구세력을 모두 없애고 새로운 정치풍토를 바라는 희망이 나타났다. 구시대부터 세력을 잡았던 세신이나 명족들은 자기와 인연 있는 친당(親黨)만을 벼슬길에 올려 서로 규합하였으며 학자들도 또한 파벌을 이루어 자기 계통의 문생들끼리 출세를 보장하는 등 폐단이 많았다. 이러한 구습에 물든 인사를 배제하고 새롭게 등용된 인물이 바로 신돈(辛旽)이었다. 그는 삼중대광영도첨의(三重大匡領都僉議)의 벼슬에 진평후(眞平侯)라는 봉작을 받았다.

신돈은 양반들을 싫어하여 훈구대신이나 공신을 모두 몰아내고 새로운 정책을 시행하였다. 첫째로 전민변정도감(田民辨正都監)을 만들어 구세력들이 차지하고 있던 토지를 도로 농민에게 돌려주도록 하였다. 이 때문에 고려의 백성들은 성인이 나왔다며 그를 떠받들었다.

이 정책에 첫 번째로 반대한 사람은 정추(鄭樞)와 이존오(李存吾)이다. 그들은 다음과 같은 상소를 올려 신돈을 탄핵하였다.

"신 등이 전내에서 문수회(文殊會)가 열렸을 때 바라보니 신돈은 재신(宰臣)들의 자리에 있지 않고 감히 전하와 같은 자리에 앉아 있었습니다. 이것이 어찌 군신의 예라 할 수 있겠습니까? 이는 신돈이 전하의 하해 같은 은혜를 고마운 줄 모르고 업신여긴 때문이며 신돈에게 처음 영도첨의 판감찰(判監察) 명령이 내려질 때 그는 감히 대궐에서도 머리를 숙이지 않고 말을 탄 채 홍문을 출입하며 전하와 같이 호상에 걸터앉는 등 무례하기 짝이 없었습니다. 이 때문에 천재지변이 자꾸 일어나니 진정 신돈을 위하시려면 그를 도로 절로 보내 사원에 두고 공경하소서."

그러나 오히려 상소를 올린 두 사람만 쫓겨나고 말았다. 대학자 이제현(李齊賢)은 당시 국가의 중신이었다. 그도 공민왕이 신돈을 가까이 하는 것을 보고 왕에게 간하였다.

"신이 신돈의 상을 보건대 옛날 사람 중 흉악한 자의 골상과 비슷하옵니다. 후환이 있을까 두렵사오니 너무 가까이 마소서."

이 말이 신돈의 귀에 들어가자 신돈은 여러 가지 말로 이제현을 모함했으나 왕은 당시 이제현이 늙었으므로 그대로 두었다. 그러자 신돈은 왕에게 다음과 같이 말하였다.

"근자에 유학자들의 행동이 방자하옵니다. 이제현의 문생들은 지금 전국에 널려 있어 나라를 해롭게 하고 있사옵니다. 유학자들의 해독이 매우 크옵니다."

신돈이 정권을 쥐게 되자 그의 문하에는 벼슬을 얻으려는 군상들이 몰려들었다. 신돈은 세상 사람들의 추잡하고 메스꺼움을 피부로 느꼈다. 염량세태(炎凉世態)*란 바로 이런 것을 의미하는 것임을 실감하게 되었다. 예전 같으면 돌아보지도 않던 사람들이 서로 다투어 친해지려고 하니 그 매력에 이끌리면서도 인심의 비열함을 한탄하지 않을 수 없었다. 신돈의 집은 송악산 궁궐 뒤 조용한 곳에 위치해 있었다. 이곳은 고급주택가로서 이웃에는 고관의 집들이 즐비하게 늘어서 있었다.

신돈의 집 바로 옆에 이운목(李云牧)이란 사람이 살고 있었다. 이운목은 일찍이 관직에 있던 자로 지금은 한가롭게 놀고 있는 사람이었다. 그는 자신의 벼슬을 구할 엽관 운동(獵官運動)*을 위해 어느 날 신돈을 자기 집으로 초대하였다. 신돈이 쾌히 초

* 염량세태(炎凉世態) : 무수하게 변하는 세상 형편

* 엽관 운동(獵官運動) : 관직을 얻기 위해 동분서주 하며 서로 다투는 것

대에 응하자 이운목은 코가 땅에 닿도록 절을 하였다.

"대감께서 초대에 응해주시니 감격하여이다."

"원, 별 말씀을. 어서 편히 앉아 이야기나 나눕시다."

"소인이 먼저 찾아뵙고자 하였으나 이목이 번다하여 이루지 못하고 저희 집으로 모시게 되었습니다. 오늘이 마침 저의 생일인지라 간단한 음식이라도 대접할까 하여 청한 것입니다."

"생일이 아주 좋은 때군요."

잠시 후 음식상이 들어왔다. 상다리가 휘청하도록 차린 어마어마한 진수성찬이었다. 신돈은 내심 '이 자가 필시 계획적으로 나를 초청한 것이구나.' 라고 생각하며 술을 몇 잔 받아 마셨다. 술이 얼큰해지자 뒤쪽 방문이 스르르 열렸다. 아리따운 처녀가 미소를 지으며 상 앞으로 내려왔다.

"너 도첨의 대감께 인사 올려라."

처녀는 수줍은 기색 없이 일어나 큰 절을 하였다. 아무리 보아도 처녀답지 않게 여유가 있어 보였다.

처녀는 시키는 대로 노래도 부르고 춤도 추었다. 신돈은 처녀의 춤 솜씨에 매료되어 그녀를 자세히 살폈다. 춤이 무르익어 갈수록 신돈의 마음이 끌리었다. 밤이 깊어지자 이운목은 자취를 감추고 처녀만 그대로 남아 앉았다.

'옳지! 나에게 넘겨주는 처녀로구나.'

이렇게 생각하고 신돈은 말을 건네었다.

"너는 주인과 어떠한 사이냐?"

"소인의 아버지올시다."

신돈은 너무나 야박한 인심에 또 한번 놀랐다. 술상을 물리라 하고 처녀와 함께 침실로 들었다.

"너 아직 혼인한 일이 없느냐?"

"예 그러하온 줄 아뢰오."

신돈은 마음속으로 미안한 마음이 들어 양심의 가책을 느꼈으나 처녀는 침실에서 아주 익숙한 면을 보여 주었다. 아무래도 처녀는 아닌 것 같은 느낌이었다. 얼마 후에야 안 일이지만 그녀는 기혼녀였다.

이 일이 있은 후 이운목은 응양군 대호군이란 벼슬에 올랐다. 벼슬을 위해서는 딸까지도 바치는 세상이 된 것이다.

처음 세상맛을 본 신돈은 이젠 본격적인 계획을 실천하기로 하였다. 정식으로 부인을 얻을 생각에서 문벌이 좋은 허강(許綱)의 처 김씨를 마음에 두고 그 여인을 직접 자기 집으로 불렀다. 그녀가 들어오자 신돈은 단도직입적으로 말을 꺼냈다.

"부인, 듣자하니 과부가 되었다 하는데 나와 결혼합시다."

"무슨 말씀을 그렇게 하시오? 세상이 아무리 변했다 하여도 법도 있는 집안에서는 개가하는 일이 없소이다."

"홀로 지내기가 쓸쓸하지 않소?"

"우리 남편은 생존시 남의 계집이나 유부녀 따위는 한 번도 쳐다본 일이 없던 사람이오. 이런 남편이 죽자 팔자를 고치다니 말이 되오?"

"그 말이 진정이오?"

신돈은 능글맞은 눈빛으로 여자를 흘겨보았다.

"도첨의께서 나에게 손을 대시면 나는 자결할 생각이오."

그녀는 말을 마치자 그 자리에서 머리카락을 싹둑 잘랐다. 신돈은 진정 정절부인감이라고 칭찬하며 그녀를 보냈다. 이렇게 정절을 생명보다 더 소중히 여기는 사람이 있기도 했지만 당시의 음란한 풍속은 극한 상황에 다다라 국가의 멸망을 부채질하는 듯하였다.

신돈은 궁궐을 출입할 때 궁궐 정문으로 출입하는 것이 불편하다는 이유로 궁성 뒤에 조그마한 문을 내고 그곳으로 출입하였다. 궁궐 뒤쪽에 봉선사라는 절이 있었다. 이 절을 넘어서면 궁궐의 높은 담을 끼고 공터가 있었는데 신돈은 이 한적한 곳을 골라 아담한 집을 짓고 그 곳에 거처하였다. 목적은 여러 사람의 이목을 피하여 왕을 자주 자기 집에 모시기 위한 것이었다. 이렇게 되니 왕의 출입이 더욱 간편하게 되었다. 거리가 가깝고 남의 눈에 띄지 않기 때문에 왕 홀로 신돈의 집에 드나드는 경우도 있었다. 신돈은 두 칸밖에 안 되는 집을 정결하게 지어놓고 가운데에는 부처님을 모셔 놓았다. 신돈은 왕이 홀로 오게 되면 으레 부처님 앞에 꿇어앉아 분향, 합장하고 불경을 외었다.

왕은 신돈의 이러한 생활을 목격하자 신돈을 더욱 존경하게 되었다. 신돈은 이러한 분위기 속에서 불교에 대한 이야기와 정치에 관한 이야기를 상주하니 왕은 그저 듣고 신돈에게 맡기기만 하였다.

왕이 환궁한 후에는 신돈 혼자의 세상이 되었다. 조그마한 선방(禪房)은 모든 사람의 출입이 통제되었고 오직 기현(寄顯)의 처만이 출입할 수 있었다.

이러한 사실을 아는 간상배들은 벼슬자리나 기타 이권을 얻기 위해 신돈을 만나려면 먼저 기현에게 통하고 다시 기현의 처를 거쳐야만 뜻을 이룰 수 있었다. 그러므로 기현의 처소에는 항시 사람들이 몰렸다.

왕은 이러한 사실을 전혀 모르고 신돈의 처소를 드나들다가 반야(般若)라는 여인과 가까이 지내게 되었다. 신돈은 정권을 손에 넣은 후 반대세력을 모두 없애고 점차 자기의 세력을 굳혀 나갔다. 신돈의 횡포가 점점 심해지고 세력이 너무 비대해지자 왕은 신돈을 꺼리게 되었다. 이러한 낌새를 알아차린 신돈은 자기가 언제 어떻게 될지 알 수 없어 불안해하였다.

신돈은 공민왕 20년 7월 왕이 헌릉(憲陵)과 경릉(景陵)에 거동할 때를 기하여 거사하기로 하였으나 왕의 의위(儀衛, 호위병)가 너무 강대하여 손을 대지 못하였다. 이러한 기미를 알게 된 이인(李靭)이란 사람이 왕을 위하여 밤에 재상 김속명(金續命)의 처소로 들어가 투서하였다. 김속명은 즉시 왕에게 상주하니 왕은 긍정도 부정도 하지 않았다. 그러나 그대로 둘 수가 없는 일인지라 신돈의 무리 기현을 잡아 심문한 결과 신돈의 역모가 백일하에 드러나고 말았다. 공민왕은 신돈과 그 일당을 모두 잡아 죽여 버렸다. 신돈의 횡포는 이처럼 기울어가는 고려의 멸망을 더욱 재촉하였다.

공민왕은 신돈이 죽은 뒤에는 수시중(守侍中) 이인임(李仁任)을 신임하게 되었다.

"이 시중, 나는 이제 죽어도 한이 없소."

이인임은 황공하여 몸들 바를 몰랐다.

"전하, 춘추 아직 전성하시온데 무슨 일로 이 같은 황공한 말씀을 하시나이까."

"이 시중, 궁중에 혜비, 익비, 정비, 신비 등이 있으나 후사가 없어 항상 걱정하였소."

"황공하여이다."

"내 말을 잘 듣도록 하오. 전번 신돈의 집에 출입하다가 한 여자를 가까이 하여 그 몸에서 모니노(牟尼奴)라는 아이를 낳았소. 내가 불교를 믿다가 낳은 아이인 까닭에 그렇게 이름 지었소. 내가 죽은 후에 잘 보살펴 주도록 하오."

"망극하나이다. 어의(御意)를 받들어 모시겠습니다."

이로 인해 모니노는 명덕태후궁에서 자라게 되었다.

비참하게 죽은 공민왕

신돈이 죽자 공민왕의 마음은 더욱 허전하였다. 궁중에는 여러 비빈들이 있었으나 모든 것이 뜻대로 되지 않아 죽은 노국 공주만 생각하며 비통해했다. 비통한 마음을 달래기 위하여 과음하다 보니 몸은 더욱 쇠약해졌다. 어쩌다 후궁의 침소에 들면 음한한 후궁들은 왕을 못살게 굴어 정신적 고통이 심해갔다.

"여자는 가까이 할 것이 못 되는구나."

이렇게 생각한 왕은 재위 21년경부터 젊고 잘 생긴 미남자를 골라 왕의 좌우에서 시중들도록 하니 이것이 곧 자제위(子弟衛)이다. 이 자제위들은 항상 왕의 침전에서 일하고 기거하였다.

이 풍습은 몽골에서 들어온 것으로 '용양(龍陽)'이라고 하는데 지금 말로 하면 동성애(同姓愛)이다. 일찍이 충선왕 때부터 유행하였으며 이 자제위들이 용양의 대상자가 되기도 하였다.

자제위들은 왕을 측근에서 모셨기 때문에 후궁이나 왕비의 방에 자주 출입하기 마련이었다. 왕은 자기가 후사를 낳을 가망이 없자 여러 비빈들 침소에 자제위를 보내 간통시켜 후사를 얻으려

하였다는 소문도 있었다. 그러나 이것은 고려사를 쓸 때 어느 사가의 잘못된 판단에서 나온 편견인지도 모른다.

왕은 익비의 침전에 여러 번 출입하였으나 젊은 익비의 정열을 만족시키지 못하였다. 익비가 왕의 거동을 고대하면서 지내던 어느 날이었다.

"어명이오."

오매불망 기다리던 왕의 거동에 익비는 뛰어나와 맞이할 준비를 하였다. 그러나 왕은 없고 자제위 홍륜과 한안이 익비의 처소로 들어왔다.

"상감마마의 행차는 뒤에 오십니다."

그러나 아무것도 보이지 않았다.

"상감은 어디 계시오."

"지금 정비 방에서 나오고 계십니다."

익비는 단장을 고치고 잠시 기다렸으나 상감은 끝내 나타나지 않았다. 홍륜은 무엄하게도 익비의 침전 깊숙이 들어가며 음식을 차리도록 하였다. 익비는 그들이 시키는 대로 음식을 차려 방으로 들어갔다.

"익비마마. 앉아서 기다리십시오. 상감보다도 우리가 익비마마께 여쭐 말씀이 있습니다."

"무슨 말인지 어서 해 보시오."

"술이나 한 잔 먹고 난 다음에 말씀드리겠습니다."

옆에서 한안이 홍륜을 거들며 술을 마신다.

"우리들은 상감을 모시고 다니느라 늘 시장합니다. 인정 많으신 익비마마께선 우리들에게 음식을 주지만 딴 비빈들은 그렇지 않습니다."

익비는 치켜 세워주자 기분이 좋아졌다.

"시장하면 가끔 들려도 좋소. 있는 대로 대접하리다."

두 사람은 술을 서로 권하며 마시었다. 시간이 꽤 지났는데도 왕의 거동은 소식이 없자 익비의 마음은 불안하였다.

"상감의 행차가 왜 이다지도 늦으시오."

"정비가 마음에 드는가 보옵니다."

계속하여 불손한 말투였다. 그들은 술을 더 요구하며 자꾸 마셨다. 익비는 매우 못마땅하여 자제위를 쫓아내려 했다.

"갈 데가 없으니 여기서 자야겠습니다."

"무엄하오. 어서 나가시오."

익비가 소리치자 홍륜이 일어나 익비의 손목을 잡았다.

"이게 무슨 해괴한 짓거리냐. 당장 놓지 못하겠느냐."

익비는 날카롭게 꾸짖으며 손을 빼려고 하였으나 거센 남자의 힘을 당할 수 없었다. 익비는 결사적으로 반항하였으나 옆에 있던 한안마저 홍륜과 합세하여 익비의 입을 막았다. 이제는 꼼짝없이 당하게 되었다. 홍륜이 힘껏 익비를 품 안에 안았다. 반항한들 소용이 없었다. 다만 한숨만 쉴 따름이다. 이러한 음란한 행동이 궁중에서 자행될 정도로 기강이 문란해 있었다.

이런 일이 있은 후 홍륜은 이따금 익비의 침전을 찾아들었다. 그럴수록 익비는 전율을 느꼈으나 익비의 뱃속에서는 새로운 생명이 태동하고 있었다.

익비는 생명을 끊으려고 여러 번 생각했으나 그것도 뜻대로 되지 않아 한숨 속에 속절없는 세월만 보냈다.

공민왕 23년 9월에 왕은 자제위들을 데리고 노국 공주가 묻힌 정릉으로 찾아갔다.

"가지고 온 물건을 상석 앞에 내려놓고 제사 준비를 하여라."

왕의 분부가 내리자 만생은 제물을 진설하였다. 왕은 그 앞에 조용히 앉아 합장하고 무슨 말을 중얼거리며 명복을 빌었다. 왕의 용안에는 어느덧 두 줄기 눈물이 소리 없이 흘러내렸다. 옆에서 시중 들던 자제위들도 따라 눈물을 흘렸다.

"상감마마, 그만 환궁하사이다."

최만생이 아뢰자 임금은 일어나더니 다시 산소 앞 잔디 위에 앉았다.

"만생아, 차려 놓은 음식을 가져오너라."

만생이 석상 위에 놓여 있는 음식을 가져가자 임금은 친히 술을 부어 술을 산소 위에 뿌렸다.

"공주, 내가 왔소. 함께 먹읍시다."

왕은 슬픔을 참지 못하여 술을 부어 또 산소 위에 뿌리는 일을 되풀이하며 울었다. 어느덧 해가 기울어 저녁노을이 지기 시작했다.

"상감마마, 환궁하옵소서."

자제위들이 몇 번 재촉하였으나 왕은 그대로 앉아 있었다.

"가지고 온 술이나 먹고 가자."

술을 먹을수록 왕의 마음은 서운함이 더해갔다. 술이 다 없어지도록 마신 후 비틀걸음으로 밤늦게야 환궁하였다.

가을의 날씨는 사람의 마음을 더욱 쓸쓸하였다. 왕은 낮술을 너무 많이 마신 까닭에 좀처럼 술이 깨지 않았다.

"만생아, 화장실에 가야겠다."

만생이 등롱에 촛불을 담아 왕을 모시고 밖으로 나갔다. 바깥 공기는 매우 차가웠다. 왕은 아직도 술이 깨지 않아 고개를 가누

지 못하였다. 만생도 오늘따라 술기가 깨지 않아 무슨 말이든지 하고 싶은 충동을 느꼈다.

"상감마마, 아뢸 일이 있습니다."

"무슨 일이냐. 어서 말해 봐라."

"소인이 듣자오니 익비마마께서 수태하셨다 하옵니다."

"뭐라고!"

매우 놀라는 눈치였다.

"몇 달이나 되었다더냐?"

"한 5개월쯤 되었다 하옵니다."

"그것 참 잘 되었구나."

왕은 무슨 생각에서인지 잠시 손을 꼽아 보고 있었다.

"누구의 소행이라 하더냐?"

"홍륜이라 들었습니다."

"알았다. 내일 당장 홍륜이란 놈을 없애야겠다. 이 비밀을 누가 또 아는 사람이 있다더냐?"

"아무도 없는 줄로 아뢰옵니다."

"그러면 너도 함께 없애야 이 소문이 퍼지지 않겠지."

이 말을 들은 만생은 깜짝 놀라 기절할 지경이었다. 함부로 놀린 제 입을 원망하였으나 이미 엎질러진 물이었다. 언제 죽을지 모르는 위험한 순간이었다.

만생은 허둥지둥 왕을 침전으로 모신 다음 홍륜의 방으로 뛰어가 자세한 전말을 이야기 하였다.

"이거 큰일이구나. 우리 모두 죽게 되었어."

공동운명에 처한 두 사람은 살아날 방도를 생각해 보았으나 선뜻 머리에 떠오르지 않았다.

"별 수 없다. 우리가 선수를 쓰는 수밖에."

두 사람은 결심하고 만생이 앞장서 왕의 침전으로 들어갔다.

왕은 이때 생명을 노리는 두 그림자가 들어온 줄도 모르고 술에 취해 코를 골고 있었다. 만생이 살금살금 들어가 침전의 문을 열었다. 왕은 침상에 누운 채 여전히 코를 골고만 있었다. 그 순간 만생은 칼을 들어 왕의 머리와 목을 쳤다.

"으악!"

비명소리와 함께 붉은 피가 흘러내렸다. 왕은 무슨 말을 하고 있었다. 뒤이어 홍륜 한안이 칼로 이곳저곳을 난자하였다.

왕은 이렇게 하여 한 많은 세상을 하직하고 그리던 노국 공주를 따라갔다. 시해의 현장은 피비린내와 술 냄새가 뒤범벅이 된 목불인견의 수라장이었다.

한참 후 최만생이 고함을 지르며 뛰쳐나왔다.

"도둑이야! 도둑이 들었소!"

고함소리를 들은 자제위의 총지휘관 김흥경이 뛰어왔다.

"도둑이 어디 들었느냐?"

최만생과 홍륜 등이 일제히 말했다.

"지금 막 저편 담으로 넘어갔소."

비상이 걸리자 궁궐의 경비를 맡은 위사(衛士)들이 모여들었으나 공포에 질려 몸을 사렸다.

잠시 후 시중 이인임, 경부흥(慶復興) 등이 급히 침전으로 들어왔으며 명덕태후도 소식을 듣고 급히 들어왔다. 태후는 왕의 참혹한 현장을 보자 그만 통곡의 눈물을 흘렸다. 이인임은 사태의 중대성을 직감하고 태후 앞에 나서 아뢰었다.

"태후마마, 진정하시고 수습책을 속히 마련해야겠습니다."

"어떻게 하는 것이 좋겠소. 막중한 책임을 맡은 이 시중이 잘 처리해 주시오."

"이럴 때일수록 신중히 처리해야 합니다."

궁중에서 숙직하던 관원들도 공포에 떨어 한 사람도 들어오지 않았다.

얼마 후 새벽이 되자 태후는 뒷일을 위하여 강녕대군(江寧大君-牟尼奴)을 데리고 침전으로 들어와 왕의 죽음을 비밀에 붙이고 중신들과 도적을 잡을 대책을 의논하였다.

"짐작컨대 도적은 밖에서 온 것이 아니고 안에 있는 자의 소행인 듯싶소."

이인임의 말에 모두들 그를 쳐다보았다.

"그렇다면 누구의 짓이라 생각

공민왕릉

하오."

"궁중에 신조(神照)라는 자가 있어 여러 가지 꾀를 잘 낸다 하오니 우선 이 자를 문초해 보는 것이 좋겠소."

이인임은 즉시 신조를 잡아 옥에 가두는 한편 전하의 지밀(至密)*에서 일하는 자들을 모조리 조사하기 시작하였다. 이인임은 최만생의 옷고름에 핏자국이 있음을 발견했다.

"만생아, 이리 가까이 나오너라."

최만생은 얼굴빛이 백지장같이 변했다.

'옳지. 이 놈이 틀림없구나.'

최만생을 문초하자 연루자들이 모두 밝혀져 하옥되었다.

시해범들이 일망타진되자 다음은 후사를 결정하는 문제가 시급하였다. 태후와 경부흥은 종친 중에서 후사를 골라 뽑자고 하였으나 이인임이 반대 의견을 제시했다.

"수년 전에 대행하신 전하께오서 강녕대군을 유일한 현손이라 하셨소. 그러니 강녕대군을 왕으로 모시는 것이 유지를 받드는 일이오이다."

그 말에 모두 찬성의 뜻을 표하였다. 이로써 강녕대군이 공민왕의 뒤를 이어 왕위에 올랐는데 이때의 나이 겨우 10세였다.

다음날 최만생, 홍륜 등 왕의 시해사건에 관련된 자제위들은 모두 역적의 죄목으로 처형당하고 공민왕의 유해는 노국 공주의 능 옆에 나란히 모시니 이승에서 못 다 한 사랑을 저승에서는 마음껏 누렸으리라. 왕의 능은 현릉이고 공주의 능은 정릉이다.

요동 정벌의 실패

앞서 명나라 사신 채빈을 죽인 이후 명나라는 채빈이 얼마나 오만 무례했는지는 전혀 고려하지 않고, 고려 조정에 대해 맹렬한 비난을 퍼부었다.

"고려국의 처사는 믿을 수 없다. 친교를 거부한다."

명나라는 이런 말을 계속했고 채빈을 죽인 값으로 부녀자 1천 명과 학생 1천 명, 내시 1천 명, 우마 각 1천 필을 보내야 한다는 등 고려에 위협적인 행동을 자행하였다. 이런 소식을 들은 고려의 실권자 최영이 비장하게 각오했다.

"사태의 심각성에 비추어 우리가 선수를 치는 수밖에 없다. 전날 고구려의 땅이었던 요동은 현재 비어 있는 상태이니 이때를 놓치지 말고 옛 땅을 회복하자."

이때 명나라에서는 요동땅에 철령위(鐵嶺衛)를 둔다고 하였는데 이 철령위에 고려의 북쪽 땅이 거의 포함된다고 하였다.

여기에 최영은 우왕에게 요동 정벌의 필요성을 상주하였다. 이 공료계(攻遼計)*는 급진적으로 추진되어 팔도도통사(八道都統使)에 최영, 좌군도통사에 조민수, 우군도통사에 이성계를 각각 임명하고 그 밑에 수십 명의 장군과 7만여 명의 군사를 배속시켰다.

이때 우군도통사 이성계는 다음과 같은 불가론을 내세워 요동 정벌을 반대하고 나섰다.

첫째 소국으로서 대국을 치는 것이 불가하고, 둘째 여름철에 군사를 동원하는 것이 불가하고, 셋째 전 병력을 동원하면 이를

* 공료계(攻遼計) : 고려 32대 우왕 14(1388) 최영이 중심이 되어 요동 정벌을 꾀했던 계획

틈타 허점을 노린 왜구의 침입이 걱정되고, 넷째 여름 장마철이라 활의 힘이 약해지고 전염병이 염려된다는 것이다.

중책을 맡은 우군도통사의 이 같은 반대는 불길함을 예고하는 것이나 다름없었다. 그래도 최영은 계획대로 요동 정벌군을 출동시켰다.

5월 초순에 좌우군은 위화도에 이르러 일단 휴식을 취했고 왕과 최영은 안주에 이르러 총지휘를 하고 있었다. 최영은 도통사 자격으로 작전명령을 내려 선봉부대로 하여금 즉시 압록강을 건너 진격하라고 하였다. 그러나 이성계는 이와는 반대로 강을 건너지 않고 회군하겠다고 주장하니 이 같은 의견의 불일치는 요동 정벌에 어두운 그림자를 던져 주었다. 며칠을 두고 실랑이를 벌이다가 주모자 이성계는 마침내 회군을 단행하기에 이르렀다.

이성계의 일파는 오래 전부터 내려오는 목자득국(木子得國)이라는 도참설을 믿고 고려에 대하여 반기(反旗)를 든 것이다.

왕과 최영은 뜻하지 않은 소식을 듣고 즉시 서경으로 들어가 지휘하려고 하였으나 이성계가 회군하는 속도가 너무 빨라 수습할 길이 없었다.

"고려는 망하는구나."

최영이 탄식을 하며 왕을 모시고 개성 화원(花園)으로 들어가니 이때 최영의 휘하에는 50여 명의 군졸밖에 없었다.

개성에서 다시 군사를 모아 천여 명의 군사로 반란군을 저지하기 위한 첫 전투를 벌였다. 처음에는 역적을 토멸한다는 대의명분과 의기로 용감히 싸웠으나 중과부적으로 결과는 뻔했다.

시간이 흐를수록 왕이 있는 화원은 고립상태가 되었다. 화원 팔각정 안에는 왕과 영비(寧妃, 최영의 딸) 및 최영 등 몇 사람만

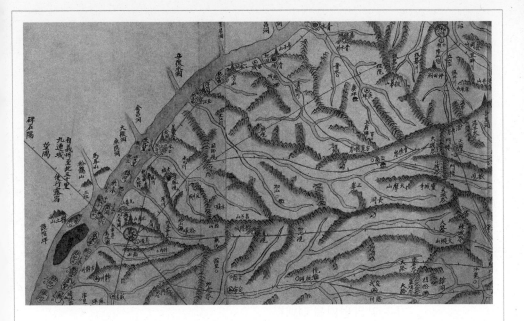

이 남아 최후의 사태를 지켜보았다. 화원 밖에서 소리가 들렸다.

"최영은 나오너라."

"임금의 총명을 가리고 우리를 죽음의 땅으로 몰아넣으려는 최영은 즉시 나오너라."

사면초가로 최영을 위협하니 고려 최후의 날은 시시각각으로 다가왔다. 최영이 어전에 나아가 왕 앞에 엎드렸다.

"전하, 신이 나가 죽겠습니다. 종묘사직을 잘 보전하소서."

왕은 차마 최영을 내보낼 수가 없었다. 떨리는 손으로 최영의 손을 잡으며 울먹였다.

"나만 남겨두고 나가면 사직은 어떻게 하란 말이오."

왕은 차마 최영의 손을 놓지 못한다. 영비도 따라 울다가 결연히 말하였다.

"아버지, 충성을 다할 시각이 다가온 듯하옵니다. 소녀는 전하와 함께 운명을 같이 할까 하옵니다."

〈동여도〉에 나타난 **위화도** 압록강에 위치한 작은 섬으로 왕조 교체의 무대가 되었다.

이때 이성계 휘하의 선봉 곽충보(郭忠輔)가 최영을 잡기 위해 담 안으로 뛰어들었다. 그러나 그는 최영을 보자 아무 말도 못하고 서 있을 뿐이었다. 최영이 한발 한발 걸어갔으나 아무도 감히 대적하는 자가 없었다. 한참 후에 이성계가 나서며 변명하는 말을 늘어놓았다.

"이번 거사는 나의 진심에서 나온 것이 아니오. 요동을 정벌한다는 것은 대의를 저버릴 뿐 아니라 고려가 위태롭고 국민이 원하는 바가 아니므로 원한이 하늘에까지 닿았기 때문이오. 나로선 부득이한 일이었소."

"쓸데없는 소리다. 옛날 이인임의 말만 들었더라면 오늘과 같은 일은 없었을 텐데!"

최영의 한마디 말이 있을 뿐 더 이상 아무 말이 없었다.

마침내 최영은 명나라에 대한 역적이란 죄목으로 고봉현에 귀양갔다가 두 달 후에 처형되었다. 이날 형장에서의 최영의 태도는 너무도 당당하여 보는 사람들의 마음을 움직이고도 남음이 있

최영 장군 묘

었다. 최영이 죽었다는 소식이 서울에 전해지자 시민들은 모두 시장을 파하고 슬퍼하였다. 최영의 시체가 버려진 곳에는 누구나 말에서 내려 경의를 표하고 지나갔다.

"내가 만약 조금이라도 남에게 억울한 일을 했으면 내 무덤에 풀이 날 것이고 그렇지 않았다면 풀이 나지 않을 것이다."

최영이 최후를 마치면서 한 말이다. 과연 그의 무덤에는 풀이 나지 않았다. 때문에 그의 무덤을 적분(赤墳)이라 불렀다. 그러나 세월이 오래 흐르는 동안 후손들이 사초를 하여 잔디가 무성하게 깔렸다고 하니 최영 장군의 본뜻을 저버린 듯한 느낌을 준다.

후일 변계량은 최영의 충성을 기리는 시를 읊어 후세 사람들로 하여금 충성심을 북돋았다.

> 위엄을 떨쳐 나라를 구할 때 백발이 성성했구나
> 삼척동자도 모두 그의 이름을 알고 있소
> 한 조각 붉은 마음 영원히 죽지 않아
> 그 이름 천추까지 태산과 같으리.
> 奮威匡國鬢星星　學語街童盡識名
> 一片丹心應不死　千秋永與太山橫

왕위 계승한 공양왕

이성계의 위화도 회군이 성공하자 고려의 국운은 사실상 종말을 고한 것이나 다름없었다. 이성계의 세력에 밀려 우왕이 왕위에서 물러나자 다음 왕위를 놓고 의견이 엇갈렸다. 조민수는 우왕의 아들 창(昌)을 내세우려 한 반면 이성계는 자기편에 가까운 사람을 밀려고 하였다. 그러나 아직도 구신들의 세력이 남아 있어 이성계의 힘을 어느 정도 견제하였다.

의견이 통일되지 않자 당대의 유학자 목은 이색(牧隱 李穡)의 의견을 듣기로 하였다. 목은은 이미 고려의 국운이 쇠퇴하는 것을 알았으나 왕위를 계승할 분은 역시 창이라는 그의 의견을 제시했다. 조민수의 의견과 같은 것이다. 그러나 이에 반대한 이성계는 조민수에게 계속 반발하는 의견을 내세웠다.

"우리가 위화도에서 회군할 때 다른 왕통을 세우기로 하였는데 이제 와서 그렇게 할 수 있소?"

"우리나라는 대대로 선왕의 아들이 왕위를 계승하도록 하는 것이 원칙으로 되어 있소. 때문에 목은 선생도 그렇게 말씀하신 것이죠."

"조 시중, 무슨 딴 생각이 있어 그러시는 거요? 나는 찬성할 수 없소."

"이미 정해진 일이외다. 재론하지 마시오."

우여곡절 끝에 마침내 우왕의 아들 창왕이 왕위에 올랐으니 당시 왕은 9세였다. 창왕의 어머니 되는 조비 이씨도 왕대비로 승격되었다. 이 왕대비가 바로 이인임의 친척이고, 조민수는 이인임의 옛 심복이었기 때문에 이성계가 꺼려했던 것이다.

조정의 세력은 날이 갈수록 이성계의 부하로 채워졌으며 얼마 후에는 조민수도 내쫓겼다. 이성계는 도총중외제군사(都摠中外諸軍事)가 되어 병권을 완전히 장악하기에 이르렀다.

일찍이 우왕이 여주로 쫓겨나 유배생활을 하던 창왕 원년에 김저(金佇)와 정득후(鄭得厚)가 몰래 여주에서 쓸쓸히 지내는 우왕을 만나본 일이 있었다. 그런데 김저는 최영의 생질되는 사람으로 왕비 최씨와는 아주 가까운 친척이다. 우왕은 천만 뜻밖의 방문을 반가이 맞으며 그동안 궁금했던 송도의 사정을 물어 보았다.

"요즈음 서울의 형편은 어떻게 돌아가고 있나?"

"근자에 이르러 이성계가 세력을 장악하고 있습니다. 예전의 원로대신과 권신들은 그동안 가지고 있던 토지를 토지개혁을 한다는 이유로 모두 빼앗겼습니다."

"그럴 수가 있나. 이젠 본격적으로 역적질을 하려는 수작이다. 나는 이 외로운 땅에서 울화가 치밀어 견딜 수가 없다. 이대로 있다가 그대로 죽을 일을 생각하면 진정 고려를 위한 충신이 하나도 없는가 하고 의심한 적이 한두 번이 아니다."

"전하 충신은 아직도 많이 있습니다."

"그렇다면 충성을 맹세하는 장사 몇 사람만 구해 주게. 한 칼에 이성계를 죽여 없애야겠다."

"전하의 뜻을 잘 알아 받들겠습니다."

왕은 잠시 동안 무엇을 생각하더니 무슨 좋은 계책이라도 생각한 듯 무릎을 치며 좋아했다.

"전부터 내가 신임하던 곽충보란 자가 있다. 네가 가거든 이 뜻을 곽충보에게 전해다오."

왕은 즉시 소중히 간직했던 칼 한 자루를 김저에게 넘겨주었다. 김저는 칼을 받아 들고 곰곰이 생각해 보았다. 이번 거사만 성공한다면 판서 자리 하나쯤은 문제가 없다고 마음속으로 다짐하며 송도에 올라와 즉시 곽충보에게 칼을 전했다.

"곽 판서대감, 전하의 간곡한 부탁이오. 성공을 빌겠습니다."

"간곡하신 전왕의 부탁을 어떻게 거역하겠소. 신하로서 당연한 일이니 무슨 공을 바라겠소. 염려하지 마시오."

곽충보가 칼을 빼어보니 대대로 궁중에 전해 내려오던 보검이다. 이제 칼을 받았으니 응당 거사를 해야 한다. 그러나 야심이 많은 곽충보는 욕심이 생겼다.

김저가 돌아간 후 곽충보는 여러 가지 이해득실을 생각해 보았다. 과거에는 우왕의 신임을 받아 가까이서 모셨으나 지금의 형편으론 화원에 맨 먼저 뛰어 들어간 공로로 이성계의 편에 들어가 판서의 자리에 오르게 되었다.

'일이 성사되면 몰라도 만의 하나 실수라도 한다면 하나밖에 없는 목이 달아날 것이 아닌가.'

자신의 목을 한번 만져보니 죽음에 대한 두려움이 생겼다.

"안 될 일이지. 지금 형편으로는 이성계를 당할 사람이 없지. 잘못하다간 나만 죽게 되지. 그보다도 김저가 역모한다고 고자질하면 이성계의 신임을 더욱 받아 부귀영화를 누릴 것이 아닌가."

이렇게 생각한 곽충보는 슬쩍 마음을 돌려 이성계에게 이 사실을 고백하였다.

이 사실을 전혀 모르는 김저와 정득후는 곽충보가 거사하기로 약속한 날 이성계의 집 근처를 배회하며 하회를 기다렸다. 한편 곽충보의 제보로 사전에 음모를 알게 된 이성계는 힘 안 들이고 김저와 정득후를 체포하여 문초한 결과 전 판서 조방흥(趙方興), 변안열(邊安烈), 이림(李琳), 우현보(禹玄寶), 우인열(禹仁烈), 왕안덕(王安德), 우홍수(禹洪壽) 등이 연루된 사실을 캐내어 모두 하옥시키고 우왕을 강릉으로 귀양보냈다.

이성계는 심복들과 의논한 끝에 우왕과 창왕은 왕씨의 자손이 아니고 신돈의 자식이라 하여 우왕과 창왕을 폐함과 아울러 참하기로 결정하였다.

지신사 이행(李行)과 정당문학 서균형(徐均衡) 등이 강릉 우왕의 적거(謫居)*로 내려가 우왕에게 처형한다는 말을 전하고 즉시 집행하라고 하였다.

정지 장군 갑옷 고려 말 왜구의 토벌에 앞장선 정지 장군은 김저의 옥사에 연루되어 옥에 갇혔다. 최초로 발견된 고려 시대의 갑옷

우왕을 처형하던 날 강릉 사람들은 무슨 구경거리나 있나 하고 구름같이 모여들었다. 이행이 왕의 죄를 논했다.

"신우는 본래 왕족이 아니고 신돈의 자식으로서 왕위에 있을 때 많은 사람을 죽였다. 이제 그 죄를 물어 처형하노라."

이행의 논죄가 끝나자 우왕은 여러 사람을 보고 말했다.

"우리 왕씨는 용손(龍孫)이라 하였다. 내 왼쪽 어깨 밑에 있는 비늘 흔적을 확인해봐라. 왕족이 분명함을 알 수 있을 것이다."

우왕은 큰 소리로 외친 다음 웃옷을 벗어 팔을 번쩍 들었다. 사람들이 그것을 확인하기 위해 모여들었다.

과연 어깨 밑에는 비늘 흔적이 역력히 나타나 있었다.

"보아라. 이래도 내가 왕씨가 아니란 말이냐?"

왕이 다시 큰 소리를 지르던 찰라 이행의 칼이 번쩍하더니 왕의 목이 날아갔다. 이행은 왕의 시체를 그대로 버려두었다.

왕비 최씨는 우왕을 따라 귀양 왔다가 왕이 처형되는 것을 보자 그 자리에서 혼절하고 말았다. 근처 백성들의 도움으로 겨우 정신을 차렸다. 정신을 가다듬은 최씨는 왕의 시체를 안고 추운

* 적거(謫居) : 귀양살이 하는 곳

줄도 모르고 밤새도록 울기만 하였다. 그 이튿날도 역시 계속하여 울기만 하였다. 백성들도 그녀를 돌봐주고 싶은 마음이 간절하였으나 후환이 두려워 그대로 방치해 두었다가 너무 불쌍하여 밤에 몰래 부인들이 음식을 권했으나 왕비는 거절했다.

"왕비마마, 눈물을 거두시고 음식을 좀 드셔요."

"죄인의 몸으로 무슨 음식을 먹겠소. 도로 가져가시오."

"그래도 조금 잡수셔야 정신을 차릴 수 있습니다."

"왕이 돌아가셨으니 나 홀로 살아 무엇 하겠소. 왕의 영전에나 바치오리다."

왕비는 남편인 왕을 더 위하였다.

이러한 소문을 들은 백성들은 더 많은 음식을 가지고 와서 왕비를 위로하였으나 여왕은 여전히 먹지 않고 왕의 영전에 바치었다. 이렇게 10여 일을 지내니 백성들은 모두 왕비 최씨의 지성에 감복하였다. 그 후 최씨는 어디론가 떠나갔으며 얼마 후 세상을 떠났다는 소문이 돌았다.

이름뿐인 왕위

우왕과 창왕이 왕씨의 혈통이 아니고 신돈의 핏줄이라 하여 쫓아낸 후 왕위를 이을 사람을 왕씨의 종친 중에서 물색하게 되었다. 당시 물망에 오른 사람이 정창군(定昌君)이다. 정창군은 이성계와 사돈지간이므로 왕으로 옹립하는 데 별 어려움이 없었다. 이때 정창군은 장단 시골에서 유유자적한 전원생활을 즐기고 있었다.

왕으로 추대되었다는 소식을 듣자 그는 천만 뜻밖의 일에 어찌할 바를 몰랐다.

왕위를 차지하려고 갖은 모략과 흉계를 쓰는 사람도 있고 형제간에도 서로 죽이는 등 쓰라린 역사를 잘 아는 늙은 정창군은 기쁨보다도 두려움이 앞섰다.

'역적 이성계가 왕을 내쫓더니 제 권세를 마음대로 휘두르기 위하여 나를 그 자리에 앉히려는 수작이구나.'

이러한 생각을 해보았으나 실권이 없는 정창군으로선 안 갈 수도 없었다. 그날 밤은 잠을 이루지 못하고 꺼져가는 고려의 국운을 슬퍼하였다.

아침이 되어도 혼몽한 정신은 여전하였다. 정양군 왕우(王瑀)가 군사를 대동하고 들어섰다.

"형님을 모시러 왔습니다. 곧 보위에 오르셔야 합니다."

"내 시골 생활이 편안하여 의식이 족한데 막중한 임무를 맡기니 나로선 감당할 수 없다."

"무슨 말씀을 그리 하시오. 왕씨의 종사를 생각해야 합니다."

"그런 자리에 나는 앉기 싫다. 네가 들어가 앉으려무나."

"아니 되옵니다. 이 시중의 명령임을 아셔야 합니다."

이 시중이란 말에 정창군은 아무 말도 못하고 울 뿐이었다.

왕우는 정창군을 위로하여 강제로 모시고 개성으로 돌아왔다. 두 사람 다 슬픈 생각은 마찬가지였다.

'나는 망국지주(亡國之主)가 되었구나.'

정창군은 슬픈 생각이 머리에서 떠나지 않는데 좌우의 시신들이 면류관과 곤룡포를 강제로 입히다시피 하여 강경전으로 데리고 갔다. 그 자리에는 공민왕의 후궁이었던 정비가 아직도 젊은 나이로 앉아 있었다. 전부터 궁중의 풍기를 문란하게 만들었다는 비난을 받은 정비가 왕에게 옥새를 건네주며 사람을 시켜 왕으로 봉한다는 내용의 교서를 읽어 내려갔다.

"태조 이래 공민왕에 이르기까지 대대로 왕손이 대를 이었다. 불행하게 공민왕이 서거한 후 정권을 잡았던 이인임이 역적의 아들 우를 공민왕의 아들로 조작하여 왕위에 오르게 하였다. 우왕은 무도하여 사람을 많이 죽이고 명나라에 항거하였으므로 쫓겨났다. 또 조민수는 우의 아들 창을 내세웠으나 역시 무도하여 내쫓고 종친과 조정 대신들이 태조의 혈손이며 신종의 7대손인 정창군을 공민왕의 후사(後嗣)로 정하노라. 이제 요(瑤, 정창군)에게 왕위를 계승케 하노라."

교서를 다 읽은 다음 왕의 즉위식을 거행하였다.

그날 밤 정창군(공양왕)은 궁궐 안에서의 첫날밤을 맞이하였다. 궁궐은 어딘지 모르게 공양왕에게는 어울리지 않았다. 궁궐은 번화한 데다 호화의 극치를 자랑하였다. 아름다운 궁녀들이 가벼운 걸음으로 치마를 끌고 다니는 등 모든 것이 신기하였으나 왕의 마음은 쓸쓸할 뿐이었다. 밤늦게 사위 우성범(禹成範)이 그의 아버지와 함께 들어왔다. 강회계(姜淮季, 왕의 사위)의 아버지 강기(姜耆)와 사위인 우성범(禹成範)이 들어왔다. 아마도 하례 인사를 하기 위해 들어온 모양이다.

강기는 왕의 침실에까지 들어와 인사하고 무엇인가 은밀하게 말해야 한다는 눈치를 보였다. 왕은 좌우를 모두 물리치고 조용한 방으로 안내하여 두 사람만이 대좌하였다. 눈치를 살피고 있던 강기가 말하였다.

"전하, 옥체를 조심하셔야 하옵니다."

"이미 늙은 사람이 조심해 무엇하겠소?"

"전하, 오늘 전하를 왕으로 내세운 것은 지금 조정에 있는 무리들이 자기의 죄를 은폐하기 위해서입니다. 절대로 고려의 왕씨를 위한 처사가 아닙니다."

"나도 대강은 짐작하오."

"우왕이나 창왕이 신돈의 자식이라고 한 것은 그자들이 조작한 것입니다. 전하를 앞세워 자기들만의 세상을 만들고자 하는 심산에서 나온 계책이오니 이 자들을 조심하셔야 합니다."

"너무 염려하지 마시오. 사태를 면밀히 지켜보겠소."

강기는 몇 번이고 되풀이하고 물러갔다. 그러나 옆방에서 우성범이 엿들은 사실을 까맣게 몰랐다. 세상 인심은 그렇게도 야박한 것인가.

우성범은 무슨 좋은 일이라도 생긴 듯 좋아하며 어머니 윤씨에게 강기의 말을 고해 바쳤다. 그런데 윤씨는 바로 윤소종의 사촌누이인지라 즉시 윤소종에게 이야기했다. 윤소종은 이성계의 일파다. 즉시 이성계와 9공신에게 알리니 9공신들은 자기들의 하는 일이 임금에게 알려진 사실이 불쾌하여 왕에게 항의하였다.

"전하, 즉위하시던 날부터 참소하는 무리들이 있으니 신 등은 황공할 따름이외다. 만일 참소하는 말을 믿으시거든 신 등에게 죄를 주시고 그렇지 않으시면 참소한 자에게 죄를 주시옵소서."

왕은 어제 강기와의 대화가 벌써 새어 나갔음을 알았다. 왕의 자리가 얼마나 무서운 자리인가를 피부로 느꼈다.

다음부터 조정의 원로격인 이색을 등용하여 올바른 정치를 펴고자 하였으나 1개월도 못 가서 이색 부자를 파면시키고 조민수마저 벼슬자리에서 내쫓았다. 이성계 일파의 독무대임을 뜻하는 일이다.

국내에서 일어나는 모든 일이 즉시 명나라에 알려졌다. 윤이와 이초는 이성계의 처사에 불만을 품고 명나라에 들어가 모든 진상을 하소연하기 시작하였다.

"고려국의 이성계는 정창군을 임금으로 내세웠소. 정창군은 고려의 종실이 아니고 이성계의 인척이 되는 자로서 왕과 이성계는 장차 명나라를 배반하려 하고 있소. 이에 대해 이색이 불가하다고 주장하자 이성계는 이색을 비롯하여 문신들을 죽이거나 혹은 귀양보냈소. 쫓겨난 원로대신들이 신 등을 보내 상주하도록 하였으니 폐하께서는 즉시 군사를 파견하여 이성계 일파를 치도록 하소서."

이러한 행동은 이성계에 불만을 품은 일종의 반항 운동이었다. 그러나 이 사건은 오히려 역효과를 가져와 이색을 비롯한 문치파(文治派) 학자들이 하옥되거나 귀양살이를 하게 되었다.

이 밖에 조준(趙浚)의 전제 개혁으로 구세력들이 공사 토지를 모두 이성계 일파의 소유로 만드는 등 그들의 세력을 점점 굳혀 나가자 왕은 눈물을 흘리며 탄식하였다.

"역대로 내려오던 사전의 법이 과인의 대에 이르러 이렇게 되다니!"

왕은 사실상 아무런 실권이 없었고 대신 이성계 일파의 신진 무사계급이 마음대로 정권을 휘둘렀다.

피맺힌 선죽교의 충절

공양왕(恭讓王) 4년 왕세자 석(奭)이 명나라에 다녀온다는 소식을 들은 수문하시중(守門下侍中) 이성계는 국가의 원훈으로서 황주(黃州)까지 마중을 나갔다.

다음날이면 왕세자 일행과 황주에서 서로 마주치는 날이니 하루의 시간적 공백이 있는 셈이었다. 이성계 일파는 실로 오랜만에 사냥으로써 장부의 호연지기를 풀 기회를 맞이하였다.

예로부터 범이 많기로 유명하여 인적이 미치지 못한 봉산의 숲은 우거질 대로 우거져 문자 그대로 원시림을 이루고 있었다.

백발백중 명궁 중의 명궁 이성계의 활시위가 소리에 따라 나는 꿩, 뛰는 노루 등이 허공에 솟아올랐다가 힘없이 아래로 떨어졌다. 이성계는 말을 달려 이리저리 뛰는 찰나 쓰러진 고목(枯木) 나무에 말발굽이 걸려 바위 아래로 그만 떨어지고 말았다.

얼굴과 팔뚝이 보기에도 흉하리만큼 벗겨져 유혈이 낭자했고 몸을 전혀 움직이지 못하였다. 허리를 단단히 다친 모양이었다. 부하들이 급히 모여들어 지혈하는 한편 황주로 옮겨 치료하도록 하였다. 이성계가 사냥하다가 낙마하였다는 소식은 곧바로 서울 송도에 퍼졌다.

"이 시중도 할 수 없이 늙었군. 전 같으면 그런 일이 없었을 텐데."

사람들은 이성계의 용태를 주의 깊게 지켜보는 눈치였다.

반면 이성계 일파의 걱정은 태산 같았다. 이 칼날 같고 어렵기만 한 처지에서 하루 동안 호연지기를 풀기 위한 사냥이 이렇게

정몽주 조선의 이한
철이 그린 초상화.
(국립 중앙 박물관)

큰 화근으로 바뀔 줄이야. 놀란 이지란
과 남은, 정도전 등은 계속 혼수상태에
빠진 이성계를 지켜보고 있었다. 이성
계는 겨우 신음소리만 낼 뿐 생사를 예
견할 수 없는 중태였다.

한편 정몽주는 9공신의 한 사람으
로 친명파의 거두이며 대학자로서 덕
망이 일세를 뒤덮은 사람이었다. 그는
전부터 권신들이 발호하여 정권을 마
음대로 농락하는 것이 비위에 거슬렸
다. 우왕 때부터 권세를 잡았던 이인
임·최영이 없어지자 악순환은 계속되
어 결국은 이성계 일파가 득세하여 정
권을 농락하기에 이르렀다.

더구나 정도전처럼 학문의 길을
닦는 사람도 이성계에게 동조하여 새 세상을 꿈꾸니 세상 돌아가
는 것이 모두 정몽주의 마음에 맞지 않았다.

이성계가 낙상하여 병환 중에 있으니 문병을 아니 할 수 없어
정몽주는 이성계의 사저로 문병을 가게 되었다. 이성계의 아들 방
원은 조영규를 데리고 이성계 옆을 떠나지 않고 지키고 있었다.

"정몽주 대감의 병문안은 겉으로는 명분이지만 그 속셈은 다
른 데 있을 것입니다. 조심하셔야 하옵니다."

조영규가 이성계에게 들으라고 하는 말이다.

"당치 않은 소리, 정대감과 나는 오랜 친구 사이인데 그럴 리
가 있나?"

이야기 한국사

이성계는 자리에 누워 일축했다.

"아닙니다. 아버님."

답답한 듯 이방원이 침상에 두 손을 짚으면서 말했다.

정몽주가 문병을 마치고 이방원과 대좌하게 되었다.

"포은 선생, 술이나 한잔 드시며 여러 가지 좋은 말씀이나 해 주십시오."

"내가 무슨 대학자라고 좋은 말이 있겠소."

"대감께서는 당대의 대학자이신데 성리학에 대해 좋은 말씀을 좀 해주시오."

"성리학이라면 심신의 수양이 으뜸이지요."

학문에 대한 이야기는 잠시일 뿐 화제는 바뀌어 고려조의 정치에 대하여 이야기가 나왔다. 이방원은 좋은 기회라 생각하고 정몽주를 떠보기 위해 시조 한 수를 유려하게 뽑아 내려갔다.

이런들 어떠하며 저런들 어떠하리

만수산 드렁칡이 얽혀진들 어떠하리

우리도 이같이 얽혀 백년까지 누리리라

如此亦何如 如彼亦何如

城隍堂後垣 頹圮亦何如

代輩若此爲 不死亦何如

후세에 널리 회자되는 이방원의 만수산(萬壽山) 노래였다. 다 썩어져가는 고려 왕실만 붙들기 위해 고집을 부리지 말고 칡덩쿨처럼 얽혀서 사이좋게 사는 것이 어떠냐는 노래이다.

정몽주는 다 듣고 나서 좋은 시라고 칭찬하였다.

"젊은 사람의 노래만 듣고 그대로 있을 수야 없지. 화답(和答)하는 것이 인사이니 내 노래도 들어보게."

이몸이 죽고 죽어 일백 번 고쳐 죽어

백골이 진토 되어 넋이라도 있고 없고

임 향한 일편단심이야 가실 줄이 있으랴

此身死了死了 一百番更死了

白骨爲塵土 魂魄有也無

向主一片丹心 寧有改理也歟

시조도 시조였지만 방원에게는 호령처럼 들렸다. 이로써 두 사람은 서로의 뜻을 알고 헤어졌다.

이방원과 헤어진 정몽주는 돌아오는 길에 전부터 자주 출입하던 술집에 들렀다. 때는 4월이니 초여름의 싱그러운 신록이 송도 서울을 곱게 물들였고 숲 사이에서는 이름 모를 새들이 노래하고 있었다.

"대감마님, 오래간만에 오십니다. 오늘은 마침 좋은 생선을 지져 놓았으니 많이 잡숫고 가시지요."

"고맙네. 한 잔 먹고 가야겠네."

정몽주는 한마디 대답하고 주막 마루에 걸터앉았다. 눈앞에는 얕은 울타리에 꽃이 만발하여 나비가 날아들고 있었다. 그리고 낯선 사람들이 여기저기서 수군거리는 것이 눈에 띄었다.

"주모, 술을 가져오게."

한참 후에야 술상이 나왔다. 뿌연 막걸리에 생선 지지미가 구미를 돋우었다. 일배일배부일배(一杯一杯復一杯) 대작하는 사람은 없지만 연거푸 석 잔을 마신 후 지는 해를 바라보며 정몽주는 혼자 울고 있었다.

언제까지고 일어서려는 기색이 없자 보기가 딱한 녹사(錄事)가 곁으로 다가섰다.

"대감마님, 해가 서산에 지고 있습니다. 그만 진정하십시오."

어느덧 만수산에 서늘한 산그림자가 점점 드리워져 정몽주는 할 수 없이 말에 올라야만 했다. 무심한 말은 정몽주를 싣고 선죽교 돌다리를 향하여 걸어갔다. 말이 선죽교에 다다랐다.

"멈추어라!"

노을이 지기 시작한 선죽교의 돌다리 위에서 판위위시사(判衛尉寺事) 조영규가 가로막아 서며 외쳤다.

"누구요? 누가 우리 대감마님 행차를 가로막는 게요. 정몽주 대감의 행차임을 모르시오."

겁에 질린 녹사가 조영규의 앞을 막으며 외쳤다.

"조영규가 여기서 기다린 지 오래였느니라. 비키지 못하겠느냐. 철편의 맛을 보아야 하겠느냐."

녹사가 울면서 조영규의 몸을 안으려고 뛰어 덤벼들었으나 몸이 닿기도 전에 조영규의 철편이 녹사를 힘껏 갈겼다. 녹사는 비명을 지르며 쓰러져 버렸다.

"자 대감! 이미 천명이 다하였으니 말에서 내려 철편을 받으시오."

정몽주가 태연한 자세로 말에서 내리는 것을 본 녹사가 숨을 헐떡이며 말했다.

"시중대감, 어서 도망가십시오. 역적 조영규는 소인이 막겠습니다."

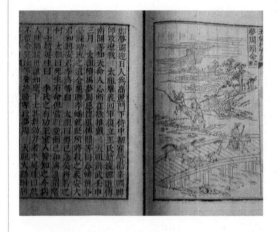

피를 쏟으면서 땅에 쓰러졌던 녹사가 조영규의 두 다리를 잡고 덤볐으나 조영규의 철편은 여지없이 녹사를 정통으로 맞추었고 녹사는 그만 시체처럼 나뒹굴고 말았다.

이때 말에서 내린 정몽주가 태연히 조영규에게 다가서며 말을 던졌다. 추호도 당황하

〈오륜행실도〉 조영규가 철퇴를 휘둘러 정몽주를 죽이는 장면이 그림과 함께 실려 있는 부분.

는 빛이 없는 정몽주의 얼굴에서는 오히려 미소마저 감돌고 있는 듯했다.

"이 시중 대감이 나를 죽이라고 자네를 보내던가?"

정몽주의 태산과 같은 무거운 압력이었다. 그러나 이 자리에서는 조영규도 물러설 수 없었다.

"이 시중 대감이 시킨 게 아니라 이 나라 삼천리의 명령이오. 어찌할 수가 없습니다."

이를 악문 조영규가 철편을 바짝 바꾸어 공격 자세를 취했다.

"이놈, 천하에 죽일 놈!"

이성계의 분부가 아니라는 말을 들은 정몽주가 천둥 같이 호령하였다.

"쥐새끼만도 못한 네놈이 천명을 사칭하다니… 고려 조정의 녹을 먹는 신하가 할 짓이 고작 이것이더냐?"

그러나 조영규의 손에 들린 철편은 이미 원을 그리고 있었다.

"컥…."

우뚝 선 자세로 조영규를 노려보던 정몽주의 입·코·눈에서

는 피가 쏟아져 나왔다.

철편이 정몽주의 머리를 친 것이다.

"에익!"

다시 한 번 무서운 뼈 부서지는 소리가 어둠의 장막이 드리워진 주위에 울려 퍼졌다.

"이놈 역적놈들…."

겨우 한마디 꾸짖는 소리가 쓰러지는 정몽주의 입 밖으로 새어 나왔을 때 조영규의 철편은 세 번째의 원을 그렸다.

만고의 충신 정몽주가 선죽교 돌다리 위에서 털썩 쓰러졌다.

다리 밑에 숨어서 이 광경을 지켜보던 방원의 무리가 우르르 달려 나와 넋을 잃고 서 있는 조영규와 나란히 서서 장엄한 충신의 최후를 지켜보았다.

이때 정몽주의 나이는 66세로 이성계보다 한살 아래였다.

정몽주는 영일현 출신으로 지주사(知奏事) 정습명(鄭襲明)

선죽교

의 후손이며 어머니 이씨가 잉태했을 때 난초 화분을 안는 꿈을 꾸었기 때문에 몽란(夢蘭) 몽룡(夢龍)이라고도 불렀다. 타고난 성품이 매우 고매했으며 성리학의 시조였고 고려 왕실의 기둥이었다.

그는 선죽교의 돌다리를 점점이 피로 물들이면서 오늘까지 영면한 것이다. 이때가 공양왕 4년 4월 4일이었다.

조용한 고려 최후의 날

만고의 충신 정몽주가 선죽교에서 살해된 후 공양왕의 전도는 더욱 암담하기만 하였다. 언제 어떻게 이성계의 손에 원혼이 될지 알 수 없는 일이었다. 우왕과 창왕의 역사가 이 사실을 더욱 실감나게 하였다. 불안과 공포에 휩싸인 왕은 목숨이라도 살리려는 궁

공양왕릉

여지책으로 이방원과 조용(趙庸)을 불러들였다.

"나는 앞으로 이 시중(이성계)과 동맹을 맺고자 하오. 경들이 나의 말을 이 시중에게 전하고 그 말을 들어 맹서(盟書)를 작성해 오도록 하오. 아마 그런 선례가 있을 듯싶소."

공양왕은 그들의 의향을 떠 보았다.

조용은 난처한 입장이 되었다. 예로부터 나라와 나라끼리 동맹하는 일은 있었지만 임금과 신하 사이의 동맹은 있을 수 없기 때문이었다.

그래도 왕은 조용으로 하여금 서로 동맹한다는 내용의 맹서를 작성케 하여 7월 12일 이성계의 집으로 행차하려 하였다. 밖에는 의위(儀衛)를 갖춘 시신들이 뒤따르려 하였다. 백관이 늘어서 있는 가운데 미리 연락된 우시중 배극렴이 왕대비전으로 들어가 아뢰었다.

"지금 왕은 혼미하여 임금의 도리를 잃은 지 이미 오래이니 임금의 자리에 그대로 둘 수 없습니다. 폐위시키십시오."

이 교서를 남은과 정희계(鄭熙啓)가 가지고 왕이 막 행차하려던 별궁으로 들어가 왕이 그동안 지은 여러 가지 죄를 논죄하며 우부대언 한상경(韓尙敬)으로 하여금 교서를 읽게 하였다.

왕은 또 한번 눈물을 흘리며 원주로 쫓겨나니 이로써 고려는 태조 왕건 이래 475년(918~1392) 만에 멸망하고 말았다.

9
조선 왕조 시대

조선 왕조 시대

재상 중심적 양반 관료제의 조선 사회로의 전환은 정치를 비롯하여 경제, 사회, 문화 등 여러 방면에 걸쳐 새로운 시각의 진전을 가져오게 되었다.

15세기에는 조선조의 왕권이 강화되고 양반관료 재상 중심의 지배통치 구조가 정비되면서 국가 재정이 제도적으로 충실해졌다. 이에 따라 민생의 안정과 권농 정책의 적극적인 추진책을 통해 인구와 농지가 증가하면서 국력이 크게 신장하였다. 이러한 정치적 안정과 사회 경제적 기반 위에 민족의식의 발달과 실용적인 학문의 숭상 그리고 단군 성조의 실존적 존숭(尊崇)의 이념이 바탕이 되어 긍지 높은 민족 문화가 창달되었다.

16세기에 와서는 농업, 상공업, 광업, 수산업의 발전과 함께 새로 성장한 사림 세력이 성리학적 질서와 의지를 지방 사회에까지 확산시켜 향촌 사회의 발전을 가져왔다. 그러나 16세기말 국내에서의 붕당 정치와 일본의 조선 침략 야욕이 맞물려 7년간의 임진왜란이 일어났고, 17세기 초 청나라가 침략한 병자호란 등 외침을 잇달아 겪게 되어 그간의 발전에 큰 타격을 입게 되었다.

실학이 발흥했으나 이를 수용하지 못하고 일본 등 구미의 침략을 받았다. 19세기말 대한제국이 새로운 활력으로 나라를 발전시키려 했으나 근대화되고 제국주의 침략수법을 익힌 일제에 나라를 빼앗기게 되어 500여 년 만에 종말을 고하였다.

이성계와 무학대사의 만남

지금은 가볼 수 없는 북한의 안변 어느 깊은 산골짜기에 이름 모를 큰 토굴이 있었다. 이곳에는 어디서 왔는지 근본을 알 수 없는 중이 살고 있었다. 그러나 그 중은 예언을 잘 하고 영험이 있다 하여 안변 일대의 사람들이 많이 모여들었다.

일찍이 맹호출림(猛虎出林)의 영흥 출신으로 코가 오똑한 이성계는 소년 시절부터 용감하고 기골이 장대한데다 활을 잘 쏘아 그의 용맹을 당할 사람이 없었다. 아버지 이자춘(李子春)은 쌍성총관부(雙城摠管府)의 무사였는데 고려의 공민왕이 쌍성을 수복할 때 공을 세워 출세의 길이 열렸다. 이성계 역시 아버지 이자춘

무학대사

을 따라 무술을 연마하였다. 무술을 연마하기 위하여 명산대찰을 두루 돌아다닐 때 안변에 명승이 있다는 소문을 듣고 이성계는 안변으로 무학을 찾아갔다. 무학은 이성계를 반갑게 맞이하였다.

"젊은 분이 무슨 일로 오시었소?"

"명승이 계시다는 소문을 듣고 찾아왔소이다."

"나는 집도 절도 없는 엉터리 중이오이다. 명승이라니 잘못 찾아 온 것 같소이다."

이성계는 찾아온 이유를 말했다.

"다름이 아니오라 꿈 이야기를 하러 왔습니다. 해몽을 좀 해주셨으면 해서요. 꿈에 우연히 쓰러진 집에 들어갔다가 서까래 셋을 등에 짊어지고 나왔습니다. 무슨 꿈인지 도무지 알 수가 없습니다."

무학은 잠시 눈을 감고 깊이 생각하듯 앉아 있다가 천천히 입을 열었다.

"세 서까래를 짊어졌으니 왕(王)자가 분명하오이다. 후일 왕가와 인연이 있을 꿈이외다. 자중하시오."

야심 많은 이성계는 속으로 기뻐하며 집으로 돌아왔다.

아버지의 출세길을 따라 송도로 올라온 이성계는 고려 조정에서 벼슬을 했다. 그는 공민왕 10년에는 홍건적의 난에 출전하여 크게 공을 세웠으며, 다음에 원나라의 나하추(納哈出)가 쳐들어왔을 때도 출전하여 역시 승리하였다. 또한 공민왕 18년에는 동녕부(東寧府)를 습격하여 북원과의 관계를 끊어버렸다.

우왕 때부터 왜구의 침공이 잦았으나 그때마다 이성계가 격퇴하여 이름이 널리 알려지게 되었으며 이로써 탄탄대로의 출세길을 달려 마침내 군권을 장악하기에 이르렀다.

위화도 회군 이후부터는 사실상 정권을 잡게 되었으며 그 밑에 많은 재사(才士)와 학자들이 모여들어 이성계의 창업(創業)을 도왔기 때문에 조선 왕조의 건국이 수월하였다.

태조 이성계는 등극한 후 2년에 무학을 왕사(王師)로 삼고,

그가 먼저 있던 토굴터에 석왕사(釋 王寺)라는 절을 지어 주었다. 꿈의 해 몽이 적중한 것이 인연이 되어 무학은 왕사로서 궁중 출입이 빈번하였으며 나중에는 함흥차사로 부름을 받아 이 성계의 마음을 돌리는 데 성공한 일까 지 있었다.

태조는 왕씨 문제에 관하여는 가 혹하게 다루는 정책일변도로 나갔다. 다만 왕우(王瑀)만은 그의 딸이 태조

태조 이성계 어진

의 아들 무안군(撫安君)의 부인이었으므로 죽음을 면하였고 귀의 군으로 봉하여 고려 태조의 능을 지키도록 하였다.

나머지 왕씨들은 처음에는 여러 곳으로 귀양보냈다가 서로 연락할 것을 두려워하여 모두 한 섬으로 모아놓으려고 하였다. 왕 씨를 모두 몰살시키려는 계획이었다. 이것을 모르는 왕씨들은 살 길이 생겼다고 모두 모여들었다.

"이제 여러분을 살기 좋은 새로운 섬으로 보낼 터이니 모두 들 배에 오르시오."

이 말에 왕씨들은 앞을 다투어 배에 올랐다. 배가 육지에서 얼마큼 떠나 바다로 향할 무렵, 사전에 계획한 대로 뱃사공이 배 밑바닥을 뚫어놓아 왕씨들은 모두 물귀신이 되고 말았다.

그날 밤 이성계의 꿈에 고려 태조가 나타났다.

"나는 삼한을 통합하여 한 나라를 만들었다. 때문에 백성들 은 살기가 편안하고 태평한 세월을 보내게 되었는데, 너는 어찌하 여 내 자손을 모조리 죽였느냐? 인과응보를 알고 있으렷다. 반드

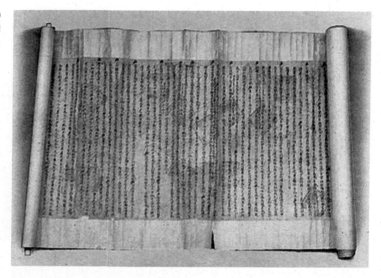

이성계의 호적 1300
년 이성계의 고향 영
흥에서 작성되었다.
(국립 중앙 박물관)

시 보복이 있으리라."

태조는 이 꿈 때문에 때때로 고심하였다.

"서울을 옮겨 보자."

이렇게 생각한 태조는 서울의 터를 고르기 위해 이름난 곳을
찾아 나섰다. 먼저 도읍터로 지목된 곳은 계룡산이었다. 산악이
겹겹이 쌓여 있어 바닥은 좁으나, 외적을 막기에는 금성탕지였다.
공사를 급속도로 추진하여 축성(築城) 장소와 궁궐터를 닦는 한
편, 계속하여 궁궐의 역사를 서둘렀다. 이때 반대하는 상소문이
올라왔다.

"계룡산의 형세는 그 바닥이 너무 협소하여 백성들이 들어가
살기에 불편할 뿐 아니라 토지가 비옥하지 못하고 교통이 불편하
여 물건을 운반하기에도 적당치 않으며, 금강이 멀어 백성들만 고
생하게 되오니 다른 곳으로 옮기심이 옳은 줄 아옵니다. 자고로
내려오는 전설에 따르면 도읍할 곳은 송도가 아니면 한양이라 하

였으니 통촉하시옵소서."

이에 태조는 다시 한양을 서울로 정하였다. 도선비기(道詵秘記)에 한양이 이씨의 도읍지라는 말이 있었다. 이러한 일 때문에 고려 문종 때부터 한양을 남경이라 불러, 유수를 두었던 일이 있었다. 고려 숙종 때 김위제가 도선비기의 내용을 들추어 설명하며 건의하자 숙종이 친히 사찰한 일까지 있었고, 다시 최사추와 윤관으로 하여금 살펴보도록 하였다. 두 사람은 백악산 여러 산줄기 가운데 큰 맥을 쫓아 임좌병향(壬坐丙向)에 궁궐을 짓도록 건의한 일이 있었다.

태조 이성계는 3년에 한양의 도읍터를 살펴보았다.

"무악(毌岳, 안산) 너머로 한수가 흘러들어가는 곳이 좋으니 그곳을 도읍터로 삼으십시오."

하륜이 건의하였고, 지사(地師) 이양달(李良達)도 아뢰었다.

"붉은 글씨가 새겨진 석벽을 찾으십시오."

찾아본즉 과연 인왕산에서 붉은 글씨의 석벽이 나왔다.

이때 무학도 어명을 받들고 새 왕도를 찾아 길을 떠났다. 무학이 처음 올라간 산은 삼각산이었다. 삼각산의 지세는 용(龍)을 닮아 있다. 무학은 지세를 따라 남으로 발길을 옮겼다.

과연 지세를 살피건대 왕도의 자리로 합당한 곳이었다. 그러나 만일 전설대로 장자가 힘이 없고 둘째, 셋째가 득세하게 된다면 그 또한 두통거리가 아닐 수 없다.

무학은 서둘러 삼각산을 내려와 이번에는 남산(南山, 목멱산) 위로 올라가 보았다. 멀리 바라보이는 벌판의 한계가 뚜렷하여 왕도로서 적당한 곳이 틀림없었다. 무학은 마음속으로 쾌재를 외쳤다.

"좋다! 가장 좋은 터를 이제야 고르게 되었구나."

길가에 앉아 잠시 쉬고 있는데, 때마침 한 노인이 소를 타고 지나가다가 꽥 소리를 내지른다.

"이놈! 이놈의 소! 미련하기가 무학이와 꼭 같구나, 바른 길을 버리고 굽은 길을 찾아가다니, 이럇!"

그 소리에 무학이 깜짝 놀라 노인을 돌아다보았다. 첫눈에 보아도 범상한 노인이 아님을 알 수 있었다. 무학은 벌떡 일어나 노인 앞으로 달려가 절을 올렸다.

"노인장, 소승이 미련한 무학이 놈입니다. 성상의 명을 받자와 도읍터를 찾아 나선 몸이오니 노인장께서 길지를 가르쳐 주시지요."

"여기서 서쪽으로 십 리를 더 가면 알 일이다."

노인은 손에 든 채찍을 들어 한 곳을 가리키고는 길을 재촉하며 떠나버렸다.

노인이 가리킨 곳에 이르러 보니 오얏나무가 무성하게 우거져 있었다. 고려 때 남경부가 있던 바로 그 자리였다.

'하필이면 고려 충숙왕이 이궁(離宮)을 지었던 자리를 새 왕도로 정할 수야 없지.'

무학은 이런 생각을 하며 길을 재촉했다. 무학은 다시 삼각산에 올라가 지세를 살피기로 하였다. 땀이 비 오듯 흘러내려 가사와 장삼 속으로 배어들었으나 그런 것은 안중에도 없었다.

무학이 걸음을 재촉하여 백운대(白雲臺)에서 산맥을 따라 만경대(萬景臺)에 이르러 보니 산세가 빼어나 무척 마음에 들었다.

"옳지, 이렇듯 수려한 산세 아래에는 반드시 좋은 궁궐터가 있을 것이다."

흐르던 땀을 장삼 소매 끝으로 닦으
며 주위를 살펴보니 무학의 눈에 성큼 들
어오는 것이 있었다. 그것은 비석이었다.

"이 높은 산 속에 비석이 있다니."

무학은 비석 쪽으로 달려갔다. 작은
비석에 새겨진 글을 읽어 내려가다가 무
학은 무엇엔가 한 대 얻어맞은 사람처럼
머리가 지끈지끈 아파오는 것을 느꼈다.

《삼봉집》 삼봉 정도전
이 쓴 것으로 조선 왕
조의 건국 이념과 정
도전의 사상을 엿볼
수 있는 문집. (서울
대학교 규장각)

'무학이 잘못 찾아 이곳에 당도할 것이다.'

정말로 놀라운 일이었다.

무학이 이곳에 당도할 것이라는 것을 미리 알고 있던 사람이
라면 신라의 고승 도선(道詵)밖에 없을 것으로 생각했다. 무학은
도선의 신통력에 저절로 머리가 숙여졌다.

다시 산세를 살펴 방향을 꺾어 정남쪽 맥을 따라 바로 백악산
밑에 도착해 보니, 세 곳의 맥이 합쳐져 하나의 돌로 된 것을 볼
수 있었다. 산에 올라 자세히 살펴보니 한양의 전편에는 한강이
유유히 흐르고, 서쪽으로 난 길 하나만이 송도로 통하게 되어 있
어 이보다 좋은 자리는 더 없을 것 같았다.

'과연 궁궐터로는 이 자리가 틀림없다. 도선비기의 명당이
바로 이곳이로구나.'

무학은 태조 이성계에게 한양 답사에 대한 이야기를 소상하
게 아뢰었다.

"빈도의 소견으로는 인왕산으로 진산(鎭山)을 삼고 백악산
(白岳山)과 남산이 좌우의 용호(龍虎)가 되어야 한다고 생각합
니다."

옆에서 정도전이 지금까지의 이야기를 경청하고 있다가 반대의 의견을 비쳤다.

"예로부터 제왕은 모두 남면(南面)하여 나라를 다스려 왔음이 사실이고, 동향(東向)을 하였다는 말은 한 번도 들어본 일이 없소이다."

그의 말에 따라 다시 남향 자리를 잡기로 하였다.

여기서 다시 잡은 자리가 바로 북악산 밑으로 지금의 경복궁 자리이다. 무학은 처음 지금의 필운동 뒤를 궁궐터로 잡았다. 지금도 인왕산에 올라가 보면, 필운동 근처는 궁궐터로 의심할 정도로 산세로 둘러싸여 있다. 경복궁은 산세로 보아 너무 앞으로 나오고 뒤가 짧다.

태조 3년에 서울을 확정짓고 본격적인 역사가 시작되었다. 가장 먼저 낙성을 본 것이 경복궁(景福宮)이다. 궁궐의 이름은 정도전이 지었다. 정전을 근정전(勤政殿)이라 하였고, 그 뒤에 왕의 침전을 강녕전(康寧殿), 동소침(東小寢)을 연생전(延生殿), 서소침을 경성전(慶成殿), 연침 남쪽을 사정전(思政殿)이라 하였다.

궁궐문 이름은 정남을 광화문(光化門), 북문은 신무문(神武門), 동쪽은 건춘문(建春門), 서쪽은 영추문(迎秋門)이라 하였다.

태조 5년에는 성곽을 쌓기 시작하여 1년여에 완성하였다. 남쪽문은 숭례문(崇禮門), 북은 숙청문(肅淸門), 동은 흥인문(興仁門), 서는 돈의문(敦義門), 동북은 혜화문(惠化門), 서북은 창의문(彰義門), 동남은 광희문(光熙門), 서남은 소의문(昭義門)이라 하여 여덟 개의 소문을 세웠다. 광희문은 수구문(水口門) 또는 시구문(屍口門)이라고도 하는데 서소문(소의문)과 함께 시체의 반출이 허용되었다. 이로써 조선 왕조 창업의 기반이 다져지기 시작하였다.

역사에 빛나는 두문동의 충절

역사는 또다시 바뀌는 것인가. 500여 년이 지난 지금에 이르러 고려가 망한 후 두문동으로 들어간 사람이 누구인지 자세히는 모르지만, 조선 왕조의 창업에 끝까지 반항하여 그곳으로 들어가 다시 나오지 않은 무명의 신하들이 많았다.

포은 정몽주와 목은 이색 같은 사람은 성리학자로서 조선에 출사하지 않고 끝까지 고려에 충성을 다하였다. 그 밖에도 이름 없는 선비나 지사 가운데 조선에 대하여 반항적인 행동을 취한 사람이 많았다.

서견(徐甄)은 김진양(金震陽)의 당이라 하여 금천으로 쫓겨났다가 고려가 망했다는 소식을 듣고 울면서 고려를 그리워하는 시를 지었다. 후일 이 글이 고려에 대한 충성을 읊었다 하여 서견을 처형하려 하였으나, 태종의 아량으로 겨우 목숨을 보존하였다

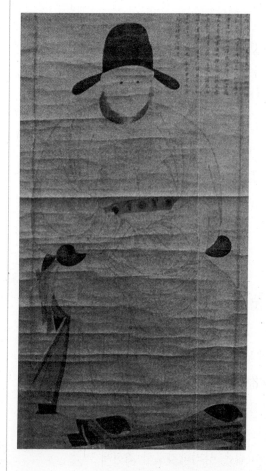

이색 영정

한다.

원천석(元天錫)은 고려 말기에 정치가 문란해짐을 보고 치악산으로 들어가 나오지 않았고, 후일 목은과 서로 왕래하며 고려의 망국을 못내 서러워하였다. 태종은 원천석이 옛날 스승이었으므로 찾아가 뵈려고 하였으나 만나주지 않았다. 태종은 선생의 절개에 깊이 감탄하였다.

도은 이숭인(李崇仁)은 정도전과의 불화 때문에 피살되었고, 조윤은 조준의 아우로서 고려의 국운이 기울자, 청계산에 들어가 숨어 살면서 이름을 '개견'이라 하여 견변(犬邊)을 달았다.

김주(金澍)는 명나라에 사신으로 갔다가 돌아오던 중 고려가 망했다는 소식을 듣고, 자기의 조복과 신까지 벗어 종에게 들려 보내고 다시 명나라로 들어가 살았다.

이 밖에도 고려를 위하는 충신들이 많아 이들은 두문동으로 들어가 살았다. 후에 두문동 온 동네를 불바다로 만들었으나 한 사람도 나오지 않고, 그대로 불타 죽은 참사를 빚었다. 이런 연유에서인지 조선 왕조는 모략과 중상이 그 어느 때보다도 많았다.

벌벌 떨던 사문사 사건

조선 왕조가 탄생하는 과정에서 저질러진 고려 왕실에 대한 좋지
않은 소문은 명나라에까지 전해져 명나라 태조는 사문사(査問使)
를 보내 그 진상을 알아오도록 명하였다. 이 소식을 들은 조선 왕
조의 조정에서는 사문사를 맞이할 대책을 마련하느라 우울한 분
위기에 휩싸여 있었다.

"누가 사문사로 온답디까? 판삼사사."

판삼사사(判三司事) 정도전이 어전에 있다가 허리를 굽혀 아
뢴다.

"내사 황영기(黃永奇)를 수반(首班)으로 정했다 하옵니다."

"황영기?"

"황영기라니요, 명나라 사람이랍디까?"

옆에 있던 강비가 묻는 말이다.

"아니올시다. 본시 이 나라 황해도 사람으로 그의 가족들이
지금도 안악땅에 살고 있다 합니다."

이성계는 귀가 번쩍 띄었다.

"정 판삼사사, 이러고 있을 때가 아니오. 빨리 그 형 황영국을
불러들여 벼슬을 내리고, 아우 황영기로 하여금 트집을 잡지 못하
도록 조치합시다. 만약의 경우 황영기가 사문사의 책무를 이행한
답시고 괴팍을 떨기라도 한다면 어찌하겠소."

"알겠습니다. 어명을 받들어 모시겠습니다. 황영국을 즉시
불러오도록 하겠습니다."

아까부터 이야기를 자세히 듣고 있던 강비가 나가려는 정도

전을 불러 세운다.

"황영국만을 불러들일 것이 아니라 어미와 아낙네도 있는가를 조사해서 함께 불러들이십시오. 여자가 끼어야 일이 손쉽게 이루어지는 법입니다."

"그도 좋은 생각이오. 실수 없게 거행하도록 하시오."

황영기 일행이 서울로 들어와서 왕씨 일족을 강물에 빠뜨린 일, 두문동 이야기, 공양왕 부자를 교살한 일 등등을 고약하게 따지고 들면 이야말로 큰일이라 조정은 발칵 뒤집힌 것이다.

형조전서 손흥종(孫興宗)이 왕명을 받들고 안악 고을로 향하여 길을 떠났다. 말과 수레에 예물을 가득 싣고 황영기의 형 황영국을 찾은 것이다.

안악군수가 혼비백산해서 정신없이 앞을 인도했다. 자기 고을에 그렇게 귀하신 분이 살고 있는 것을 미처 알지 못한 죄가 태산만큼이나 큰지라 등골이 오싹하여진 것이다. 그런데 막상 황영국의 처소를 찾은 행차는 모두 놀라 자빠질 지경이었다.

집이 게딱지만한 오막살이라서 선물들은 마당에 쌓아도 못다 쌓을 정도였던 것이다.

"왜들 넋을 잃고 있느냐? 예로부터 귀하신 분은 오막살이에서 사시는 법이니라. 얼른 주인을 찾아라."

"여보시오, 주인."

"서울에서 어명을 모신 봉명사신의 행차시오. 속히 나오셔서 영접하시오."

아무리 불러도 대답이 없다. 신발이 뜨락에 흩어져 있는 것으로 보아 분명 주인이 방 안에 있는 모양인데 대꾸가 없는 것이다.

손흥종은 더럭 겁이 났다. 두문동의 고려 충신들처럼 왕실의

사신을 따돌리거나, 아우 황영기로부터 사전에 연락을 받고 저러
는 것이 아닌가 하고 겁이 났던 것이다.

"애들아, 안에 들어가서 더 간곡히 여쭈어 보아라."

벼슬아치와 병사들이 마당 안에 들어서서 한마디씩 외친다.

"주인어른 나오십시오. 상감마마 분부 받들어 손홍종 대감께
서 찾아오셨습니다. 어서 문을 여시고 어명을 모시십시오."

그래도 아무 대꾸가 없다. 참다못한 손홍종이 방문을 열고 들
여다보니, 방 안에서는 예상치 못했던 일이 벌어져 있었다.

"나으리님들, 살려주십시오. 우리 모자는 아무 죄도 없습니
다. 살려주십시오."

머리가 하얗게 센 노파를 아들이 꼭 안고 앉아서 벌벌 떨고
있었다. 자기네들을 잡아 죽이려고 온 관속들로 알고 미리 겁을
먹고 사색이 되어 있는 것이다.

손홍종은 이들 모자를 설득시키느라 애를 먹었다.

푸짐한 예물을 오막살이에 선사하였음은 물론, 서울에 모셔
오기까지 그야말로 칙사 대접이었다. 날이 저물어 잠자리에 들면
행여나 불편한 점이라도 있을세라, 비단 이부자리에 대접이 이만
저만이 아니었다. 그래도 이들은 어리둥절하기만 할 뿐 전혀 마음
이 놓이지 않았다.

드디어 4월 25일 명나라 칙사 황영기 일행이 서울로 들어왔
다. 황영기는 내시였다. 어려서부터 집안이 가난하여 배고픔을 견
디지 못하고, 고자를 골라 뽑아 명나라로 보낸다는 소문을 듣고
자기 스스로 압록강을 건너간 것이었다. 이 황영기가 20년이 지난
오늘에는 명나라의 칙사가 되어 송도로 들어온 것이다.

조정에서는 이들 일행을 맞아들이기 위하여 벽란도까지 나갔

는데, 천만 뜻밖의 상황을 목격했다. 정안군 이방원이 칙사 황영기와 친숙한 사이가 되어 함께 건너오고 있었던 것이다.

"쓸개 빠진 조정대신들, 무슨 할 짓이 없어 황영기의 가족을 대궐까지 불러들였단 말인가?"

황영기의 형 황영국과 그의 어머니가 대궐로 와 있다는 말을 듣자 방원이 이맛살을 찌푸리면서 한마디 했다.

두문동의 고려 충신들을 잿더미로 만들어버린 방원인지라 책임도 있었지만, 성미 급한 그가 가만히 있을 리가 없었다. 또 아버지의 난처한 입장을 보고만 있을 수 없어 팔을 걷어붙이고 나선 것이다.

야심만만한 이방원은 말을 달려 황주 고을까지 가 조정에서 보낸 접반사와 함께 황영기 일행을 마중하였다. 왕자 방원이 친히 황주까지 나와 환영하니 황영기 일행은 그만 감격하였다. 게다가 황주에서 서울로 오는 동안 방원이 능숙한 솜씨로 구워삶으니, 황영기 일행은 그만 종이호랑이처럼 되어버리고 말았다.

서울에 들어와 자기의 어머니와 황영국을 보자 황영기는 입이 딱 벌어질 정도로 기뻐하며 우리 조정의 말이라면 팥으로 메주를 쑨다 해도 믿을 정도가 되었다.

"어찌해서 왕씨 일문을 죽여야 했던가…."

"알고 있습니다. 그들이 반란을 꾀했기 때문이었답니다."

"왜 두문동 선비들을 죽였던가?"

"그도 또한 알고 있습니다. 대역무도한 죄인들이었답니다."

"왜 공양왕 부자를 죽였던가?"

"고려 왕실을 부흥시키려고 은밀히 동래 고을까지 밀사를 보냈었습니다."

이렇게 문답하는 형식으로 사문을 마치니, 참으로 진땀이 흐르는 한 고비를 넘긴 것이다.

황영기 일행이 물러갈 때 태조는 성문까지 나가서 전송을 했고, 후한 선물을 20수레나 실어 보냈다. 이로써 벌벌 떨던 사문사의 사건은 아무 탈 없이 수습되었다.

왕자의 난

정권욕 강한 왕자 방원

고려를 무너뜨리고 조선 왕조를 창업한 일등공신을 한 사람만 지적한다면 그는 바로 정도전이라 할 수 있다. 정도전은 한미(寒微)한 집안에서 태어났으나 학문을 좋아했으며, 태조 이성계를 도와 일등공신의 서열에 오른 사람이다. 태조와 강비(康妃)의 심복이었으므로, 태조의 제5자 방원은 정도전을 매우 못마땅하게 생각하여 호시탐탐 처치할 기회를 노리고 있었다. 앞으로 있을 세자책봉 문제가 논의될 때 강비의 편을 들 것이 뻔하기 때문이었다.

태조의 정실 한씨(韓氏)는 일찍 세상을 떠났기 때문에 남편인 이성계가 왕위에 오르는 것도 못 보았다. 다음 왕후 강씨는 정식으로 왕후 노릇을 하며 궁중 안의 모든 권력을 손아귀에 넣었다. 태조의 장자

정도전 글씨

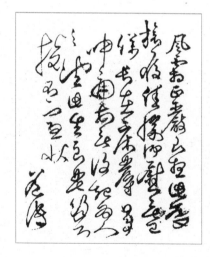

방우가 봉군(封君)하는 것조차 마다하고 한 통의 편지를 남긴 채 행방을 감추자 세자책봉 문제는 불을 뿜기 시작했다. 태조와 가장 가까운 정도전이 왕에게 막내아들 방석(芳碩)을 세자로 책봉하라고 건의하였다. 이 같은 배후에는 왕후 강씨의 힘이 크게 작용하였다. 마침내 방석이 세자의 자리에 올랐다. 이방원은 마땅히 자기가 아니면 자기의 형이 될 줄 알았던 세자 자리가 방석에게 떨어지자 불만을 품게 되었다.

이방원의 뜻이 크다는 것을 안 하륜은 방원의 장인 소개로 이방원을 만나보았는데, 몇 마디 말을 주고받는 사이에 서로 의기가 통하여 여러 가지 일을 의논하였다. 점차 방원의 문하에는 장사들이 모여들어 영향력이 커지고 있었다.

정도전은 이방원의 처사가 못마땅하고 힘이 더 커지면 자기 자신이 위태롭다 생각하여, 태조에게 왕자들을 각 지방으로 봉하

건원릉 태조 이성계의 능이다.

여 내보내라고 주청하였다. 이러한 낌새를 안 하륜은 마침 충청도 관찰사가 되어 부임하게 되었다. 이방원도 하륜의 전도를 축하하기 위하여 찾아가 술을 권하며, 서로 떨어져 있게 된 것을 아쉬워했다. 하륜은 이방원에게 무슨 계책을 말하려는 눈치였다. 옆에 온 손님들도 모두 주인에게 전별을 고하며 술잔을 주고받았다.

이방원도 술을 권하며 말하였다.

"하 관찰, 충청도 관찰사로 가시면 재미 많이 보겠소."

"예, 고맙습니다."

하륜은 술잔을 받는 척하다가 이방원의 옷에 끼얹었다. 이방원은 노하여 아무 말도 없이 그 자리에서 일어나 집으로 돌아갔다. 하륜은 여러 손님들에게 말했다.

"정안군 나리께서 옷에 술이 묻었다고 노하시어 도로 가셨소. 내가 잘못했으니 찾아가 뵙고 사과해야겠소."

한마디 인사말을 하고 즉시 따라갔다.

정안군을 불러 보았으나, 듣지 않은 채 안으로 들어갔다.

"정안군 나으리."

하륜은 다시 한 번 불러보았으나 이번에도 아무 대답이 없었다. 중문에 이르자 정안군의 소매를 잡았다.

"왕자의 일을 잊으셨소."

그때서야 정안군도 알아듣고 웃었다.

"대강 짐작했지요."

"짐작이 아니오라 일이 매우 급하오이다."

"그래요? 밀실로 가십시다."

이방원과 하륜은 뒷채 작은 방으로 들어갔다.

"정안군 나리, 일은 속히 처결해야 하오."

"나도 그렇게 생각하오."

"나는 왕명을 받았으니 즉시 서울을 떠나야 하오. 나 대신 안산군수 이숙번(李叔蕃)을 추천하겠소. 그와 함께 먼저 일을 일으키시오. 그러면 내가 바로 진천에서 들어오겠소."

두 사람은 면밀한 작전을 세워놓고 다음날 안산군수 이숙번을 보냈다. 이숙번은 그때 서울에 주둔하고 있는 이안군(移安軍)을 거느리고 있었다.

방석을 세자 자리에 앉혀 놓은 정도전, 남은은 태조의 병이 위중하다는 핑계를 내세워 모든 왕자들을 어명으로 궁중에 불러들여 한씨 소생의 전실 왕자들을 일격에 죽여 없앨 계략을 꾸몄다. 그리하여 모든 왕자들을 불러들였으나 사전에 이 음모를 알아차린 이방원과 이방원의 부인 민씨의 기지로 모든 왕자들이 목숨을 구했다. 이것을 계기로 하여 방원은 남은(南誾)의 소실집에서 술을 마시고 있던 정도전, 남은, 심효생 등을 모두 죽였다.

하늘처럼 믿고 있었던 정도전, 남은 등의 계략이 빗나가 오히려 역습을 당하자 세자 방석은 반격의 기회도 놓치고 말았다. 이복형 이방원의 군사가 장안 가득히 깔려 있다는 말을 듣고 형세가 불리함을 직감했다. 더 이상 버틸 힘이 없음을 깨달은 방석은, 마지막 수단으로 상감마마를 움직여 목숨이라도 보존해야겠다고 생각했다. 그는 경순 공주의 남편인 부마 이제(李濟)의 부축을 받아 방번과 함께 태조가 누워 있는 청량전으로 나아갔다.

"아바마마, 목숨만은 살려주옵소서. 세자자리도 싫고 왕자 이름도 귀찮습니다. 빈과 아기, 형님과 매부 내외를 그저 살려만 주옵소서. 목숨만 건질 수 있다면 궁궐을 벗어나 저희들끼리 깊은 산속에서 살아가겠습니다."

눈물이 뒤범벅이 된 목멘 소리로 세자가 태조 앞에 엎드려 애걸복걸하자 태조는 번뜩 정신이 들었다. 아까 정도전 등이 무슨 일을 꾸미는 듯하더니, 일이 잘못되어 역습을 당한 것이 틀림없다고 생각한 태조는 벌떡 일어났다.

"정도전은 어디 있느냐?"

"모두 비명에 간 줄 아옵니다. 정 정승·남 대감·부원군께옵서도."

"뭣이! 그게 모두 정말이란 말이냐?"

이성계는 벌떡 일어나 부들부들 떨었다. 끝까지 조정 중신들과 의논하여 세자 방석의 자리를 지키려고 하였으나, 하륜이 미리 벼슬아치들을 방원의 편으로 끌어들여 조준, 김사형은 물론 삼사(三司)에 이르기까지 세자의 경질을 요구하는 여론이 빗발치듯 일어나니 태조도 어찌할 수가 없었다.

"내가 다스리는 삼천리 강토, 대궐 안인 줄 알았더니 이렇게도 인심이 내 곁을 떠났단 말인가!"

태조는 진정 마음의 갈피를 잡을 수 없었다. 방석을 폐세자하자니 차마 생각조차 할 수 없는 일이고, 그대로 견디자니 지탱할 만한 힘이 없었다. 방석 형제와 부마 이제에게 더 나쁜 사태가 생기지 않는다고 누가 장담할 수 있겠는가?

"세자야!"

태조는 막내아들을 불렀다. 마지막일지도 모르는 이름이었다. 주르르 더운 눈물이 두 볼을 적셨다. 늙고 외로운 군왕이 어린 아들을 위하여 흘리는 피맺힌 눈물이었다.

다음날 아침 만조백관이 모인 자리에서 태조는 다음과 같은 내용의 조서를 내렸다.

"조정대신들은 방원을 세자로 책봉하라고 고집하나 그럴 수 없고, 형제의 차례에 따라 영안대군 방과로 삼겠노라…."

방과는 부왕 이성계의 환후를 근심해서 소격전(昭格殿)에서 재(齋)를 올리고 있다가 방원의 변고가 일어나자, 행여 해를 입을까봐 양주고을로 피신해 있었다. 손가락 하나 까닥 않고 덩굴째 굴러 떨어진 세자 자리이니 기뻐함직도 하련만, 방과는 오히려 역증이 났다. 그러나 어명을 어길 수는 없었다. 방과는 대궐 쪽을 향하여 사은사배(謝恩四拜)를 올리고 바삐 대궐로 떠났다.

한편 영안대군 방과가 세자로 책봉되었다는 소식을 들은 황토마루 이방원의 사저에는 어두운 분위기가 드리워져 있었다. 조준, 김사형, 하륜, 이숙번 등이 우울한 표정을 짓고 있는 데 반해, 방원은 오히려 통쾌하고 기분 좋은 웃음을 터뜨렸다. 주위 사람들은 어안이 벙벙하여 그의 속마음을 헤아릴 수 없었다.

"천명이야 어디로 가겠소! 방과 형님이야 천성이 유약하고 욕심이 없는 분이니, 내가 두 눈만 치떠도 놀라 왕위에서 피신할 사람이 아니겠소."

주위 사람들은 이 말을 듣고 그제서야 안도의 한숨을 내쉬었다. 이 말은 과연 적중되어 방과가 정종의 왕위에 오른 지 얼마 되지 않아 방원이 세자 자리에 올랐으며 후일 태종으로서 많은 치적을 남겼다.

침통에 잠겨 있던 조준, 하륜 등에게 방원의 한마디 말은 그들의 마음을 후련하게 해주는 청량제와도 같았으며, 자기네들이 생각지 못한 것을 꼼꼼하게 엮어 나가는 방원에게 존경심마저 갖게 했다. 민씨는 단정히 자리에서 일어나 주안상을 들이도록 명령했다. 주흥이 도도해지자 방원은 저절로 어깨춤을 추었다.

민씨는 이런 중에서도 마음속으로 계책을 짜내고 있다가 이숙번에게 입을 열었다.

"방석, 방번, 이제 등이 대궐에서 물러나고 있다던데요."

"예, 그렇습니다. 지금쯤…."

"그 위인들을 앞으로 어떻게 하겠습니까? 그대로 두고 보아야 하겠습니까?"

민씨의 제의는 이숙번으로 하여금 경복궁의 서문 영추문 밖에서 방번, 방석, 이제 세 사람의 목숨을 빼앗게 하는 결과를 가져왔다.

무모하게 거사한 왕자 방간

정종이 왕위에 오른 지 1년이 지났을 무렵 이방원의 형 방간은 자기 형 대신 왕위에 오를 생각을 가지고 있었다. 그러기 위해서는 동생 이방원을 제거해야만 했다. 왕의 자리를 위해서는 형제 도 안중에 없었다.

방간은 처조카 되는 이래(李來), 처의 양부 강인부(姜仁富)와 의논한 끝에 그해 1월 30일에 거사할 계략을 꾸몄다.

이래는 동지들을 규합하기 위해 전부터 조선에 대하여 반대 감정을 갖고 있던 우현보(禹玄寶)의 처소를 왕래하면서 자랑삼아 이야기하였다. 이래는 원래 우현보의 문인으로서 스승인 우현보를 믿고 이야기한 것이다. 그러나 우현보는 만약 일이 성사되지 못하는 날이면, 자기의 신변이 위태롭다는 생각에서 아들 우홍부(禹洪富)를 방원에게 보내 이 같은 사실을 고자질하였다.

이로써 왕위를 놓고 형제간의 싸움이 또다시 벌어지게 되었

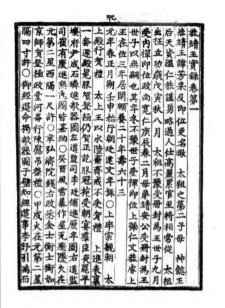

恭靖王諱芳果及卽位更名曔 太祖之第二子母 神懿王
后天資溫仁恭謹勇略過人仕高麗累官至將相常從 太祖
出征立功 戊寅秋八月 太祖不豫癸卯春二月母彝安公受冊封爲王世子九月 太祖
受內禪卽位 庚辰春二月冊封爲王世子九月 太祖
王在位三年閑養二十年壽六十三
元年春正月朔 壬申始行朝建文年號○上率宗親朝 太

정종실록

다. 전번 방석과의 싸움은 서울에서 있
었지만, 이번 싸움은 송도에서 있었다.
그동안 서울을 일시 송도로 옮긴 일이
있었기 때문이었다. 싸움은 선죽교 근
처에서 시작되어 가조가(可祚街)까지
걸쳐 치열하게 벌어졌다.

방간은 자기가 친히 진두지휘하여
민유공(閔有功), 이성기(李成奇), 아
들 이맹종(李孟宗)을 거느리고 수백
명의 군대로 싸움에 임했고, 방원 편에
서는 이숙번이 총지휘를 맡았다. 양쪽
에서 방간과 방원이 모두 선두에 나서
자 형제 싸움을 보려는 구경꾼들이 모여 들었다.

방원 편의 총지휘자 이숙번은 방석과의 싸움에 경험이 있는
사람으로, 형제간 싸움에서 지휘를 하게 된 것이 두 번째이다.

잠시 치열한 싸움이 벌어졌으나 방간이 불리하였다. 백금반
가(白金半街)에서 무너지기 시작하여 방간 홀로 고군분투하였으
나, 적경원(積慶園) 터에서 더 지탱하지 못하고 말에서 내려 갑옷
을 벗고 활까지 내던지며 쓰러지고 말았다.

방원의 군사들이 즉시 몰려들어 방간을 사로잡으니 이때 방
간은 눈물을 흘리며 하소연하였다.

"나는 남의 말을 듣다 이 지경이 되었다. 목숨만은 보전하여
여생이나마 시골에서 보내고 싶다."

왕은 승지 이숙을 보내 교서를 내렸다.

"대낮 서울 거리에서 난을 일으킨 죄 용서할 수 없다. 그러나

이야기 한국사

형제지간의 정으로 네가 원하는 대로 귀양에 처한다."

후일 태조는 이 소식을 듣고 잇따라 일어난 형제간의 싸움을 못내 서러워했다.

이방원은 그해에 세제(世弟)가 되고 왕위에 올랐다.

한번 가면 못 오는 함흥차사

태종은 그동안 문안 사신을 자주 보내 부왕의 하회를 기다렸으나, 이성계는 번번이 화살을 쏘아 이 사신들을 모조리 죽였다. 한번 가면 돌아올 줄 모르는 이 사절을 일컬어 함흥차사라 하였고, 지금까지도 이 말이 널리 인구에 회자되고 있다. 가면 돌아올 수 없는 길이었기에 사신으로 가겠다는 사람이 없었다. 그리고 아무리 상감이라 하더라도 더 이상 죄 없는 생명을 버리게 할 수는 없는 노릇이었다.

태종은 자기의 잘못으로 인하여 죄 없는 신하들이 여러 사람 죽었다는 죄책감과 부왕이 자신의 과오를 용서하지 않고 계속 돌아오지 않는다는 상심 때문인지, 용안이 수척해지고 성격도 우울해졌다. 태조의 함흥 주필과 그 고집은 점차 나라의 큰 골칫거리가 되었다.

아무도 함흥차사로 가지 않으려고 한다는 사실을 알게 된 판중추부사 박순(朴淳)은 마음속으로 굳게 다짐했다. 가사를 수습하고 행장을 간단하게 차린 후 태종께 알현을 청하였다. 태종은 놀랍고도 반가워 박순을 맞이하였다.

"소신이 하는 일 없이 국록만 먹고 있었사온데 죽을 나이도 되었으니, 감히 목숨을 아끼지 않고 함흥차사로 떠나겠습니다. 작은 꾀가 있어 최선을 다해 볼까 하오니 명을 내려 주옵소서."

태종은 충성스런 신하의 생사가 염려스럽긴 하지만, 그 작은 꾀라는 것을 캐묻지 않고 박순을 떠나보내었다. 박순은 하인도 거느리지 않고 혼자서 함흥 길을 떠났다. 다만 새끼가 달린 어미말을 타고 그는 함흥땅에 이르러 잠시 깊은 생각에 잠겼다.

송도 서울에 있는 미운 아들 태종을 애달프게 만드는 태상왕은 이때 측근 부하들과 함께 놀이를 구경하며 즐기고 있는 중이었다. 연회장은 풍악소리와 기생들이 나비처럼 추어대는 춤에 주흥이 도도하여 온갖 시름을 다 잊게 해주었다.

그런데 이것은 대체 무슨 연고일까? 말의 울음소리가 흥겨운 연회장 안을 뒤흔들고 있었다. 그대로 들어 넘기기에는 너무 애절한 울음소리였다. 태상왕이 곁에 있는 젊은이에게 묻는다.

"가만, 아까부터 웬 말이 저렇게도 구슬프게 우는고? 차마 듣기 거북하구나."

젊은이는 송구스러워서 어쩔 줄을 몰라 쩔쩔 매었다.

"존엄한 어전이거늘 말 우는 소리로 소란을 피우다니, 어서 달려가서 저 소리를 그치도록 조처하시오."

그런데 박순의 말이 울음소리를 내고 있었던 것이다. 박순은 달려온 두 사람에게 빙그레 웃음을 보내었다.

"저기 건너다보이는 저 정자 위에 계시는 분이 태상왕 전하이시오?"

박순이 당황하지 않고 질문을 던지자 두 군사는 어이가 없다는 듯 박순의 행색을 유심히 살폈다.

"먼 길을 오느라 남루한 옷차림이 되었소만, 전날 판중추부사를 지낸 박순이란 사람이외다."

소임을 맡고 달려 온 두 군사는 머뭇머뭇 난처해하며 말한다.

"말 울음소리가 시끄러워서 왔습니다."

"오, 알겠소. 말 울음소리는 내가 바로 손을 써서 막을 터이니 두 분께선 돌아가시오."

손을 뻗쳐 말의 얼굴을 쓰다듬으며 박순은 쾌히 말했다. 말은 또 뒷다리를 떨며 울어댄다. 무척이나 구슬프고 간장을 에는 듯한 소리였다.

"송도 서울에서 옛 신하 박순이 찾아왔다고 여쭈어 주시오. 아마 반가워하실 것입니다."

돌아서는 두 군사에게 박순은 비로소 간곡히 부탁하였다.

두 군사는 박순의 연령과 너그러운 인품에 마음이 끌려 공손한 말투로 응낙을 하였다.

태상왕 이성계는 군사들의 말을 듣자 깜짝 놀랐다. 순간 본능적인 경계의 빛을 띠기는 하였지만, 박순이 혼자 누추한 행색을 하고 있더라는 말을 듣고 오히려 측은하게만 여겨졌던 것이다.

"어서 가서 그분을 모셔 오너라. 나의 옛 친구이니 정중히 모시도록 하여라."

박순은 수행하는 사람도 없이 남루한 옷차림으로 태상왕을 만나뵙게 되었다. 그러나 태종이 보낸 사신이라 하면 불문곡직 강궁으로 쏘아 죽이니 과연 살아서 돌아갈 수 있을지 혹은 태상왕을 함께 모시고 갈 수 있을지 예측하기 어려운 처지였다. 박순은 안내하는 군사들을 따라 조심스러운 걸음으로 정자에 들어섰다. 태상왕이 의연하게 교의에 앉아 있는 모습을 볼 수 있었다.

막상 그 용안을 뵈자 박순은 무엇보다도 먼저 통곡이 터져나왔다.

"전하, 전 판중추부사 박순 문안 사배이옵니다. 그동안 보체 강녕하셨습니까?"

이성계는 두 손을 덥석 뻗치어 박순의 떨리는 손을 잡아 흔들었다. 울컥 회오리치는 옛정, 박순의 마음은 한편 착잡하기도 하였지만 태상왕은 실로 진정 그대로였다.

"벼슬을 그만두고 사해를 두루 돌아다니시는구려."

태조는 자상한 어조로 박순에게 물었다.

"예, 전하, 전하가 아니 계시는 조정은 텅빈 집과 같사옵니다. 그리고 황공하옵신 말씀으로 신도 이미 나이 늙어 노망한 머리를 편히 쉬어야 하겠기에 그리되었사옵니다."

박순의 아뢰임은 결코 거짓이 아니었다. 박순의 허심탄회하고 간곡한 말에 태상왕은 한층 더 심금을 풀어 놓았다.

"늙기로 말하면, 과인보다 더 늙었겠소. 내가 몇 살 위가 아니오?"

이때 갑자기 말 우는 소리가 들린다. 말이 가까이에서 우는 탓도 있었겠지만, 아까의 울음소리보다 몇 배 더 소란스럽고 구슬펐다. 박순의 계획대로 일은 진행되고 있었다.

"존엄한 어전에 새끼 버린 말을 어찌 감히 끌고 오겠습니까? 조금 후에 신이 길을 떠나면 조용해질 것이오니 짐승이라 할지라도 모자간에 서로 못 잊는 골육지정을 생각하시와 널리 통촉하시옵소서."

박순의 아뢰는 소리에 이성계의 가슴이 찌르르 해왔다. 축생들에게도 그토록 혈육의 정이 있거늘, 태조의 가슴 한구석에서는 애수가 고요히 나래를 펴고 있었다.

오랜만에 만난 이성계와 박순은 그날부터 침식을 같이 하면서 장기로 소일을 하였다. 그러던 어느 날 쥐 한 마리가 처마 끝에서 뚝 떨어졌는데 새끼 두 마리가 달려 있었다. 이것을 본 군사들이 죽여 없애려 하자 박순이 말리고 나섰다.

"맞아 죽을 지경에 이르러서도 새끼를 끌고 도망치려는 어미 쥐의 정경이 너무 불쌍합니다. 더욱 어전이오니 미물일망정 살생은 금해야 할 줄 아옵니다."

"하하, 박 판추는 여전히 인정이 후하구먼. 어미 쥐가 불쌍하다구요?"

태상왕은 무언지 뿌듯해지는 마음을 느껴 장기판을 옆으로 밀쳤다. 세 모자 쥐의 가련한 모습들이 자꾸 두 눈 속에 역력히 어른거린다.

박순은 재빨리 태상왕의 기색을 알아차렸다. 기회는 바로 이때다 하고 박순은 엎드려 울음을 터뜨렸다.

"전하!"

"아니, 박 판추, 왜 이러는 거요. 갑자기."

박순은 울음 섞인 말로 아뢰었다.

"전하께서도 보시었지요. 말 같은 축생도 어미 새끼가 그리워 그와 같이 울며 헤어져 있음을 슬퍼합니다. 그리고 어미 쥐도 보시옵소서. 새끼 쥐를 버리고 혼자 도망치지는 않았습니다. 전하께선 어찌하여 송경 금상을 버리시고 혼자 오셔서 안연히 나날을 보내십니까? 날이면 날마다 애통하시어 서산에 해가 지면 북쪽 하늘 함흥땅을 우러르면서 혼자 울고 계시는 금상 정경을 왜 염두에 두지 않으십니까? 전하, 언제까지나 이러실 수는 없사옵니다.

전하, 이것을 보시옵소서. 죽음을 무릅쓰고 아뢰옵니다."

박순의 간언은 구구절절이 명언이며 진실이었다.

박순은 더듬더듬 품을 뒤져서 두루마리 하나를 꺼내서 태상왕 이성계 앞에 정성스레 놓았다. 태상왕은 벙벙한 채로 말없이 두루마리를 두 손으로 펼쳤다.

"청해백 이지란 장군의 유서이옵니다. 붓을 떼자 곧 돌아가셨습니다."

그 두루마리는 진실로 청해백의 충정이 담긴 편지 글이었다.

이성계는 아찔해져 손에서 두루마리를 떨어뜨렸다.

"이 장군이 죽었다구요?"

"예, 금상께오서 성대히 장례를 치르도록 하시고, 양렬공(襄烈公)이란 시호도 내리셨습니다."

"그렇소. 정녕 애가 끊기는구려. 그가 나보다 먼저 가다니…."

이성계의 슬픔은 남다른 것이었다. 태상왕의 주름진 눈시울은 맺히는 눈물에 작은 시내를 이룬다. 박순도 곁에서 오열을 누르고 있다.

'태상왕 전하, 신 청해백 이지란 사배계수 이 글을 올리옵니다. 동북면에서 함께 의로써 뭉쳐 몸을 일으킨 뒤 우금 50년, 그림자처럼 모시고 수족과 같이 따르던 신이 이제는 혼비(魂飛) 세상을 하직할 단계에 이르렀습니다. 모름지기 전하께서 이 글을 읽으실 즈음에, 신은 이 세상 사람이 아닌 혼백의 모습으로 전하의 주위에 머물러 있다 여기시옵소서. 떨리는 손에 힘을 모아 마지막 탄원을 하지 않을 수 없는 일은 부자간의 도타운 정과 의리만은 저버리지 마옵소서 하는 것입니다. 만일 임금 부자분께서 서로 화합하지 못한다면 그 본을 신하들이 받을 것이옵고, 신하들이 또 수신제가를 못하오면 백성들은 또한 어찌되겠습니까? 성상께오서는 천성이 영민하신 어른이시니, 이 늙어 죽음을 앞둔 소신 이지란의 정성어린 소원을 이루어 주시옵소서….'

뼈에 사무치고 피를 끓이는 이지란의 글발은 이성계로 하여금 울음을 터뜨리게 하고 말았다.

이윽고 태조는 가슴을 진정시키고 자리를 박차고 벌떡 일어섰다.

"전하 어디로 가시려 하옵니까?"

"지란과 내가 처음으로 대면하던 울창한 숲이 그다지 멀지 않소."

"하오나 좀 더 기력을 차리신 연후에 거동하시옵소서."

"안 되오, 가야겠소. 놔 주오."

"하오시면 소인 이대로 절명이옵니다."

박순은 혓바닥을 이로 깨물려 한다.

이성계가 깜짝 놀라 주저앉고야 말았다. 박순도 따라 앉았다.

"여보게, 순. 자네도 역시 방원의 명을 받아 내게로 왔나?"

"아니옵니다. 결코 아니옵니다."

박순은 단호히 고개를 흔들었다. 방원에 대한 태조의 뿌리 깊은 원한을 아는 터라, 굳이 참말을 해서 막중대사를 그르칠 수는 없었다. 다행히 태조는 그 이상의 추궁은 하지 않았으나, 태조의 차고 날카로운 안광이 박순의 등골을 오싹하게 만들었다.

"청해백이나 자네가 어째서 내 입장을 이해해 주지 않고 한결같이 방원이 편을 드는가?"

"전하, 이 장군과 소인처럼 전하의 은총을 후히 입은 자도 없을 것이요, 또한 이 장군과 소인처럼 전하를 우러러 사모하는 신하도 없을 것입니다. 이런 자부심과 깨달음으로 인하여 노여움을 무릅쓰고 죽음을 각오하면서 기탄없는 말씀을 올리는 것이 아니옵니까. 전하, 금상께오서 비록 불충불효가 많으셨다 하오나 사사로운 정으로 따지면 아버지와 아들 사이입니다. 온 백성이 욕을 하고, 온 조정이 불목한다 하여도 전하께오서 감싸고 어루만져 주셔야 할 어린 자식이 아니옵니까. 이제 전의 잘못을 눈물로써 뉘우치고 전하 돌아오시기만을 애타게 기다리고 계시옵니다…"

길고도 꾸밈없는 박순의 충간이었다.

태상왕은 만가지 시름이 교차되었다. 박순의 말대로만 하면 일신이 안락해질 듯싶은 묘한 감정이 드는 것이다.

청해백 이지란의 편지와 박순의 권유는 처음으로 태상왕의 마음을 움직이는 데 성공했다. 자손 그리운 정이 폭발한 것이다.

잠시 망설이다가 불쑥 뱉듯 말했다.

"며칠 있다 나도 돌아가겠소. 박 판추가 먼저 가서 상감에게 말 전하시오. 특히 방과와 경순 공주에게."

박순은 감동을 이기지 못해 몸둘 바를 몰랐다. 불가능하던 일, 전연 생각지도 못했던 일이 비로소 가능해진 것이다.

"성은이 하해와 같사옵니다."

수백 번을 절하고 난 후 용안을 우러러 보니 태상왕 이성계는 고요히 아주 조용하게 두 눈을 감고 깊은 생각에 잠겨 있었다.

날은 이미 저물어 함흥에서 하룻밤을 더 보내고 밝아오는 아침 박순은 행장을 차려 천천히 함흥 땅을 떠났다.

태상왕은 거실 미닫이 안에서 잘 가라는 인사 한마디로 작별을 했고, 벼슬아치며 군사들이 많이 나와 전송하였다.

그러나 태상왕을 모시고 있던 신하들의 인심이 태상왕의 마음을 움직여 송도로 돌아오려던 한가닥 마음을 뒤바꿔 놓고, 박순마저 용흥강에서 불귀의 객으로 만들 줄이야 누가 짐작이나 했겠는가.

송경에서부터 따라와 태상왕을 모시던 신하들은 느긋한 마음, 느긋한 걸음으로 귀로에 오른 박순을 뒤쫓았다. 그들은 막 배에 오르려는 박순을 용흥강에서 목을 벤 후 그가 타고 갔던 말 위에 관을 싣고 돌아갔다. 함흥땅 본궁에선 이성계가 박순이 강을 건넜으리라 믿고 있다가 그만 눈물을 뚝뚝 떨어뜨렸다.

　반은 강 속에 있고,
　반은 배 안에 있네.
　半在江中半在船

후인은 박순의 이 기막힌 사연을 시구로 읊었거니와 운명의 장난이라는 것이 이토록 짓궂다니….

태조가 마음을 바꾸어 박순을 추격하라는 분부를 내릴 때 태조는 박순이 이미 용흥강을 완전히 건넜으리라 믿고 명하였던 것이다.

"용흥강을 이미 건너갔으면 그대로 내버려두고, 아직 강을 건너지 못하였으면 목을 쳐 가져오라."

박순의 느긋한 걸음걸이가 황천행이 될 줄이야. 사람의 힘으로는 미루어 알 수 없었으니, 정말 짓궂은 운명의 장난이었음을 실감나게 한다.

송도에 이 사실이 전해지자 태종도 박순의 공과 충성을 높이

사 벼슬을 추증하고, 또 화공에게 명하여 용흥강의 일을 그림으로 그려서 박순을 기념하도록 하였다.

박순의 함흥행이 실패로 돌아가자 찬성 성석린(成石璘)을 또 함흥으로 보냈으나 태조에게 자손을 걸고 거짓말을 한 업보였는지 운명이었는지 그의 자손이 모두 소경이 되는 비운을 맞았을 뿐 태조는 돌아올 줄을 몰랐다.

이성계는 그 후 무학대사의 설득으로 겨우 돌아오게 되었으며 태상왕을 맞이하는 날 왕후 민씨와 하륜의 지략으로 태조가 쏜 백우전(白羽箭)의 환을 면할 수 있었다.

조선 왕조의 융성

전제정치하에서의 임금의 지위는 절대적인 것으로 임금이 총명하면, 그 밑에 있는 신하들도 충성을 아끼지 않는 것이 고금의 역사이다. 조선 제4대 세종대왕은 민족 문화의 기초를 확립한 보기 드문 성군이었다. 형 양녕대군이 세자 자리에서 쫓겨나자 세자로 책봉되었고, 태종의 양위를 받아 왕위에 올랐다.

임금이 학문을 좋아하니 그 밑에 학문을 좋아하는 신하들이 모여들어 글 읽는 소리가 각처에서 낭랑하게 울려 왔다. 조선 왕조가 창업된 지도 벌써 30년 가까이 되었다. 조정에 출사한 원로 대신들은 거의 모두가 고려 말기에 벼슬하던 옛 신하들이었다. 그들은 실권을 잡지는 못하였으나 고려 말기의 정치적 부패상을 잘 알고 있었다.

이러한 옛날의 부패상을 되풀이하지 않기 위해 조정의 원로 격인 황희(黃喜), 맹사성(孟思誠), 변계량(卞季良), 유관(柳觀), 허조(許稠) 등 재주 있는 대신과 돈후(敦厚)한 신하들이 많이 모여들어 왕의 선정을 도왔다.

왕이 학문을 좋아하는 정도는 너무 대단하여 새벽에 일어나면 정당에 나가기 전까지 꼭 독서를 하였다. 독서를 함에 있어 왕이 항상 강조한 것은 한 책을 백 번 이상 읽어야 한다(讀書百遍意自通)는 것이었다.

왕위에 오르자 정음청(正音廳)과 집현전을 설치하여 국내의 우수한 학자들을 총망라하여 학문을 강론케 하는 등 고문 일을 하도록 하였다.

측우기

집현전의 10명의 학자에게는 경서를 읽히고 또 다른 10명에게는 문학을 연구하게 하여 매일 20명이 번갈아가며 독서를 하게 하였다. 그들은 형식적인 독서가 아니라 문리를 관통하고 옛날 성현의 학문을 실제로 이용해 보고자 하였다.

집현전의 영전사는 박은, 이원(李原)이고 대제학에는 변계량(卞季良), 유관(柳觀), 제학에는 탁신(卓愼), 이수(李隨), 부제학에는 신장(申檣), 김자, 응교에는 어변갑(魚變甲), 김상직(金尙直), 교리에는 설순, 유상지(兪尙智), 수찬에는 유효통(兪孝通), 안지(安止), 박사에는 김돈(金墩), 최만리(崔萬理) 등으로서 당대의 이름 있는 학자들이 총망라되었다.

이러한 사람들이 집현전에서 충성을 다하니, 학문의 길은 일취월장하였다. 집현전의 특징은 젊은 학자들에게 도전시키는 것으로서 이들은 아침에 일찍 들어와 학문을 연구하고 밤늦게 파하였다. 그러므로 때때로 궁중에서 음식을 가져다가 대접하는 일도 있었다.

어느 날 밤 왕이 내시를 보내 집현전 학사 중에 오늘 누가 숙직하며 글을 읽고 있나 보고 오라는 명을 내렸다. 내시가 어명을 받들고 집현전에 이르러 살펴보니 신숙주가 독서하고 있었다.

"신숙주가 홀로 독서하고 있는 줄 아뢰오."

"그래, 신숙주가 누구더냐?"

"집현전 직제학 신장의 아들이옵니다."

"신장도 글을 잘 하더니 아들도 역시 공부를 열심히 하는구나. 부전자전이로다."

감탄하며 또다시 나가 보고 오라고 하였다. 여전히 신숙주는 자지 않고 글을 읽고 있었다.

조선통보

밤중이 되자 이번에는 왕이 친히 내시를 데리고 집현전의 글 읽는 소리가 나는 곳으로 찾아갔다. 신숙주는 촛불을 켜놓고 단정한 자세로 여전히 글을 읽고 있었다. 왕은 독서하는 소리에 취하여 밤이 깊어 가는 줄도 모르고 계속 지켜보고 있었다.

젊은 선비들이 글 읽는 것이 몹시 대견스러워 지켜보고 있는 가운데, 어느덧 새벽을 알리는 닭의 울음소리가 은은히 들려오고 있었다. 왕은 추운 줄도 모르고 신숙주의 모습에 도취되어 있었다. 그러던 중 신숙주가 고단하여서인지 꾸벅꾸벅 졸고 있었다. 어떻게 하나 하고 왕은 계속 지켜보았다. 그는 책상에 엎드린 채 그대로 자고 있었다. 조금 눈을 붙이고 나서 다시 독서를 하려는 모양이었다.

왕이 살며시 문을 열고 들어가도 그는 여전히 자고 있었다. 왕은 자기가 입고 온 수달피 웃옷을 벗어 자고 있는 신숙주의 등 위에 그대로 덮어주었다. 선비를 아끼는 성군의 따뜻한 인정이었다. 그래도 청년 신숙주는 모르고 잠에 빠져 있었다. 아마 따뜻한 기운에 잠이 깊이 든 모양이었다.

아침에 잠에서 깨어 다시 책을 읽으려던 신숙주는 자기 몸 위에 걸쳐 있는 수달피 웃옷을 보고 깜짝 놀랐다.

'아무래도 보통 사람이 입는 옷이 아니다.'

이렇게 생각하고 있을 때 밖에서 말이 들렸다.

"상감의 웃옷을 덮고 잘 잤으니 갖다가 바쳐야 하오."

"어찌된 영문이오?"

"어젯밤 상감이 들어오셨소."

신숙주는 어의(御衣)를 받쳐 들고 어전으로 들어갔다.

"전하, 황공하오이다."

신숙주의 눈에서는 감격의 눈물이 소리없이 두 뺨을 적시고 있었다.

이러한 소문이 궁중에 퍼지자 젊은 선비들은 더욱 감격하여 독서에 열중했다. 세종 때 집현전에서 좋은 책이 많이 나온 것과 훈민정음의 창제는 우연한 일이 아니었다.

세종과 나라의 글 훈민정음

세종의 여러 가지 업적 가운데서도 특기할 것은 훈민정음의 창제였다. 세종은 집현전 학사인 최항, 신숙주, 성삼문, 박팽년 등과 더불어 운(韻)과 문자에 관한 연구를 거듭한 끝에 자음 17자 모음 11자를 만들었다. 자음과 모음을 아울러 쓰면 어떠한 발음도 모두 나타낼 수 있다. 이 가운데 현재 4자는 사용되지 않고, 24자만 사용되고 있다. 이로써 어려운 한문을 이해 못하는 서민층과 부녀자들도 문자 생활을 누릴 수 있게 되니, 민족 문화의 기반이 더욱 확고해졌다.

이 밖에 서적 편찬에도 힘을 써 훌륭한 서적을 많이 펴냈다. 세종 자신이 지은 《월인천강지곡》을 비롯해 정인지 · 권제의 《용비어천가》, 정초 · 변계량의 《농사직설》, 정인지 · 김종서의 《고려사》, 설순의 《삼강행실도》, 윤희 · 신색의 《팔도지리지》, 이석형의 《치평요람》, 수양대군의 《석보상절》, 김순의 · 신석조 등의 《의방유취》 등 연각 분야의 서적이 쏟아져 나왔다.

그런가 하면 관습도감(慣習都鑑)을 두어 박연(朴堧)으로 하여금 아악(雅樂)을 정리케 하였으며 농사와 밀접한 관계가 있는 대간의(大簡儀), 소간의(小簡儀), 혼의(渾儀), 혼상(渾

훈민정음

象), 일구(日晷), 앙부일구(仰釜
日晷), 자격루(自擊漏), 누호(漏
壺), 일성정시의(日星定時儀) 등
천문기계를 제작하였다.

농잠(農蠶)에 관한 서적의 간
행, 환곡법의 철저한 실시, 조선통
보의 주조, 전제상정소(田制詳定
所)를 설치하여 공정한 전세제도
확립 등 경제생활의 안정에도 전력하였다.

또 무기 제조, 병선 개량, 병서 간행에도 힘썼으며, 왜구가 침
입하자 이종무(李從茂)를 시켜 왜적의 소굴인 대마도를 정벌하게
하였다.

왕은 재위 32년 동안 내정 · 외치 · 문화 등에 크게 기여하여
우리나라 역대 군주 가운데 가장 찬란한 업적을 남겼다.

국토 넓힌 육진의 개척

백두산에서 흐르는 물의 한 줄기는 동북쪽으로 뻗어가서 두만강
을 이루고 있다. 이 두만강 부근은 조선 왕조의 발상지로 태조 이
성계 이전의 조상들이 살면서 야인들과 자주 싸웠던 곳이다.

이 여진족과의 싸움에서 크게 승리하여 명성을 떨친 이성계
의 부친 이자춘은 후일 대성하였다. 이성계 역시 당시 두만강 부
근에서 가장 강하던 야인의 부족 우량하, 알타리 두 부족과 자주

충돌이 있었다.

그러던 중 이성계는 화주(和州)로 내려와 함흥에 터전을 닦으며 북쪽을 돌아볼 겨를도 없이 조선 왕조를 창업하게 되었다.

이 소문이 북쪽의 야인들에게 전해지자 두 부족의 추장은 많은 선물을 보내 축하하였고 이성계는 그들을 서울까지 초대하여 서로 우의를 두텁게하여 지내기로 다짐하였다.

태조는 아들 이방원을 보내 그들에게 인사도 하고 경흥 부근에 있는 공주(孔州)에 들러 목조(穆祖)의 능에 참배케 하였다.

그 뒤 이지란과 정도전을 보내 성을 쌓고 공주를 경원부(慶源府)로 승격시키는 한편, 여러 곳에 행정구역을 나누어 군현(郡縣)을 설치하였다. 이로써 함길도 북쪽은 두만강까지 조선의 영토로 확정되었다.

그러나 태종 때에 이르러 야인들은 여러 부족이 힘을 규합하여 공주를 함락하고 영흥 지방까지 내려올 기세를 보였다.

세종 4년에 이르러서는 야인들의 세력이 더욱 강성하여 경원부가 위협을 받자 더 남쪽으로 옮기자는 주장도 나왔으나 세종은 이를 거절하였다.

"선조가 차지한 땅을 한 치도 버릴 수 없다."

세종은 틈만 있으면 동북 지방을 북진하여 조상들의 발상지를 수복하겠다는 결의를 다졌다.

세종 15년, 두만강 부근의 여진족간에 서로 알력이 생겨 힘이 약해지자 이때를 놓치지 않고 김종서를 함길도 도관찰사로 임명하여 조상들의 발상지를 회복하라 명하였다.

세종은 삭풍이 휘몰아치는 겨울이었건만 친히 백관을 거느리고 광화문에 전좌를 내리어 전송하였다. 왕은 여기서 부월(斧鉞)

을 하사하니, 다른 관찰사와는 달리 왕을 대신하여 생사 여탈권을 부여한 것이었다. 김종서는 감격하여 있는 힘을 다하여 충성할 것을 재삼 다짐했다.

과연 세종은 인재를 등용하는 혜안이 있었다. 김종서가 한번 삭방으로 나가자 백두산 호랑이가 되었고, 여진족의 염라대왕이 되었던 것이다. 김종서는 부임 첫날부터 일선을 샅샅이 돌아보고 육진의 설치를 건의했다. 왕의 허락이 있자 이듬해부터 인마를 동원하여 곳곳에 크나큰 역사를 벌였다.

석막(石幕)의 영북진(寧北鎭)을 당시의 행영(行營) 땅인 백안수소(伯顔愁所)로 옮겨 종성(鍾城)이라 개칭해 설치하게 하고 경원부를 지금의 경원 땅인 회질가(會叱家)로 옮겨 설치했으며, 전의 공주를 경흥(慶興)으로 고쳐 진을 쌓게 하였다.

그 후 김종서는 두만강 근처에 온성(穩城)과 부령진(富寧鎭)을 두어 육진이라 했는데, 그가 부임하자마자 서둘러 앞의 사진(四鎭)을 쌓도록 명령하였다. 진(鎭)이란 군사기지를 겸한 행정 소재지를 말하는 것으로, 적의 세력권 안에서 적을 저지하여 그 지역을 지배할 요새지를 만드는 것이니 결코 쉬운 일이 아니었다.

그러나 김종서는 북방의 야인들이 칩거하는 겨울철에 이 역사를 서둘도록 명령한 것이다. 부하들이 일의 어려움을 들어 반대 의견을 제시했지만, 김종서의 뜻은 굳건했다.

"군은 신속이 제일이라 하였거늘 날씨가 춥고 일이 어렵다 하여 성 쌓는 일을 멈추라니, 그렇다면 추운 날씨에는 적이 공격해와도 싸우지 않고 가만히 있을 텐가?"

이렇게 말하며 성 쌓는 일을 독려하였다.

다시 압록강 상류지대에 여연군(閭延郡)을 두고 최운덕을 보

내 자작리(慈作里)에 자성군(慈城郡)을 개척하였으며, 세종 22
년에 무창군과 우예군(虞芮郡)을 두었다. 이로써 압록강과 두만
강이 국경으로 확정되었다. 일은 용이한 것 같지만 이 지방의 야
인들이 기습해 오는 일이 많아 때때로 손해를 많이 보았다.

세종의 결단과 김종서의 용감성이 아니었다면 도저히 해낼
수 없었을 것이다.

구중 궁궐 속 두 세자빈의 비운

일찍이 문종이 동궁으로 있을 때 김오문(金吾文)의 딸을 취하여
세자빈(世子嬪)을 삼으니 곧 휘빈(徽嬪)이다. 휘빈 김씨는 나이
가 세자보다 많아서인지 시집 온 후부터 남성을 안 데 비하여 동
궁은 아직 여자를 아는 눈이 트이지 않았다. 정열적인 휘빈은 세
자의 정열을 북돋아주기에 골몰하였다.

밤이 되어 세자가 침소에 들면 세자빈은 무르익어가는 탄력
있는 육체로 세자를 매혹시켰다.

"동궁마마 왜 이리 늦으셨습니까? 날씨가 몹시 춥사옵니다."

세자빈은 금침 안으로 모셔들여 품안에 안아주었다. 세자는
이 같은 동궁빈의 훈향이 싫지 않았다. 이러는 사이에 여자의 유
열(愉悅)을 느껴본 세자는 육체의 유혹을 뿌리칠 수 없었다.

봄이 되면 궁녀들은 화장을 더욱 아름답게 하고 교태를 부리
며 꽃이 벌과 나비를 유혹하듯 남성을 유혹한다.

여성을 알기 전까지는 궁녀들의 모습에 별로 관심이 없었던

세자였건만, 여자를 알고부터는 궁녀들의 아름다운 모습과 걸음 걸이에 관심이 갔고 난숙한 궁녀의 몸매에서는 치마 속의 육체까지도 상상하였다.

세자는 가장 관능미 넘치는 궁녀의 뒤를 따랐다. 이를 눈치 챈 궁녀는 세자의 시선을 한몸에 집중시키기 위해 능소능대하게 대해 주었다. 정염(情炎)은 아무곳에서나 타오르기 시작하였고, 자연 세자빈 김씨의 처소에는 발길이 뜸해질 수밖에 없었다.

날이 갈수록 세자의 몸은 약해져 갔다. 세종은 이러한 동궁의 건강이 염려되어 동궁의 궁녀 중에 혹시 세자를 매혹시키는 여인이 없나 하고 지켜보도록 명하였다. 이러한 것도 전혀 눈치채지 못한 세자빈은 동궁이 들르지 않는 밤이면 더욱 쓸쓸하게 보내며 시녀들과 세자를 끌어들일 궁리를 하게 되었다.

"동궁마마를 다른 궁녀의 방에 들지 못하시도록 하는 방법이 없을까?"

근심 어린 어조로 시녀에게 세자빈이 물었다.

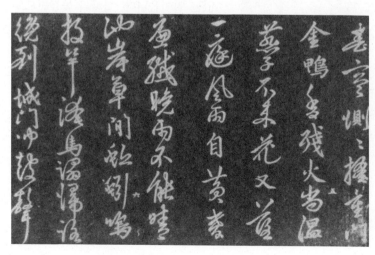

문종 어필

"마마, 좋은 방법이 있다고 하옵니다."

"그래! 그게 무슨 방법인데?"

"세자가 자주 출입하시는 궁녀의 신을 훔쳐다가 그 신을 태워 세자가 잡수시는 술이나 차(茶)에 섞어 잡숫게 하오면, 다시는 그 궁녀의 처소에 출입하시지 않는다 하옵니다."

"정말로 그럴까? 그렇게 해보도록 하여라."

그러나 아무 소용이 없었다. 이날저날 기다려 보았으나 세자의 발걸음은 더욱 뜸해만 갔다.

다음엔 교미하는 뱀을 잡아 가루를 만들어 먹으면 남자가 따라온다고 하여 그 방법을 써보았다. 그랬더니 과연 그날 밤은 성공이었다. 그러나 낮말은 새가 듣고, 밤 말은 쥐가 듣는 법이다.

후에 이 사실이 탄로나자 정원에서는 대신들이 들고 일어났다.

황희 태종, 세종, 문종의 3대를 섬긴 조선 전기의 명재상. 청렴결백함으로 많은 칭송을 받았다.

"장차 이 나라의 국모 되실 분이 그러한 처사를 행하였음은 용납할 수 없는 일이옵니다. 일국의 동궁빈으로서 질투가 심하오니 그대로 둘 수는 없사옵니다."

노재상 황희와 맹사성 등이 세자빈을 구하려 여러 가지로 노력하였으나, 대신들의 중론 앞에 그들의 노력은 수포로 돌아가고 세종은 마침내 다음과 같은 명을 내렸다.

"세자빈 김씨는 작위를 거두고 폐서인하여 친가에 내쫓고, 그의 아비 부원군 김오문은 삭탈관직하여 근신하도록 하며 전 동궁 시비는 참형에 처하노라."

　이윽고 김오문의 집에서는 눈물 없이는 볼 수 없는 비극이 벌어지고 말았다.

　"세자빈 마마!"

　엎어질듯 버선발로 뛰어나와 가마 문에 매달리는 어머니 이씨였다.

　"이게 무슨 날벼락입니까? 마마, 금지옥엽 높으신 마마께오서 폐서인이 되시다니요!"

　김오문의 집은 삽시간에 통곡의 바다로 변하여 지붕마루가 들썩였다.

　"어머니, 용서하십시오. 죄를 짓고 쫓겨나 물러왔습니다."

　이때 삼군부 도총재인 김오문이 들어왔다.

　"아니 이게 무슨 짓이냐, 썩 울음을 그치지 못하겠느냐?"

　대문을 들어서는 김오문은 칼집에 손을 대고 호령했다. 초상집처럼 울음바다가 되어 있던 김오문의 집은 물을 끼얹은 듯 조용해졌다.

　김오문은 대궐에서 나온 시비들로 하여금 딸에게 세자빈의 정장을 입히게 한 다음 찬 우물 그릇을 각 상에 받쳐 떠다가 북쪽을 향해서 아랫목에 놓도록 명하였다.

　찬물 두 그릇이 들어오자 부인 이씨는 이미 짐작했던 일이지만, 황겁하여 눈을 부릅떴다. 생각지 못한 죽음에 직면한 몸부림이었다.

　"아니 대감…, 어찌하시려고 찬물을 등대하라 하십니까? 우리 모녀를 죽으라는 말씀입니까?"

"몰라서 묻는게요? 부인은 욕된 삶이 그토록 소원이란 말이오? 자식의 잘못은 부모에게도 있는 것이니 우리 세 사람이 모두 함께 죽어 속죄함이 당연하오. 자, 어서들 마음을 가다듬으시오. 우리 집안이 왕실과 혼인하여 번창하려는가 기뻐하였더니 오늘 뜻하지 않게 이 모양이 되었으니 엎질러진 물이 되었소."

"하오나 대감, 너무 억울하고 원통합니다. 다시 한 번 생각해 봄이 어떠신지요."

"그게 무슨 말씀이오. 조금 있으면 대궐에서 폐빈의 첩지(牒旨)와 나에 대한 파직의 교지가 내려올 것이오. 아직은 첩지와 교지를 받지 아니하였으니 휘빈마마는 아직도 세자빈이요, 나와 당신은 이 나라 세자 저하의 장인과 장모인 것이오. 아직은 성상의 분부만 계셨지 절차는 지금 진행중일 것이오. 그러니 대궐에서 사람이 와 첩지를 받기 전에 서두르는 것이 좋을 것이오."

너무도 원통하고 한맺힌 일이었기에 죽음을 반대하던 부부인 이씨였으나, 남편 김오문의 강경한 태도에는 더 이상 반대할 힘이 없었다. 마침내 체념하고 죽음에 직면한 각오를 가다듬었다.

부친의 강직한 성품을 익히 잘 아는 세자빈 김씨였으나, 일이 이렇게 확대될 줄은 전혀 생각지도 못했던 것이다. 집에 들어서자마자 갑자기 당하는 일이라서 숨 돌릴 시간도 없었고 마음가짐을 차분히 수습할 수가 없었다.

북향사배가 끝나자 김오문은 비상 두 봉지를 꺼내 각기 마시라고 상 위에 놓았다.

세자빈 김씨가 조용히 한마디 한다.

"아버님, 어머님, 중전마마께서는 후일을 다시 기다려 보라 하시었지만, 이는 떠나는 나를 위로하신 말씀이었을 것입니다. 제가 스스로 목숨을 부지하여 쫓겨나온 것은 행여나 젊은 생과부의 원귀라도 되어 죽은 뒤에라도 남의 입에 오르내릴까 염려해서이옵니다. 그러나 이제는 할 수 없는 일, 이 불효막심한 딸자식 하나로 인하여 집안이 망하게 되었으니 이 끝없는 죄와 사무친 한을 어디 가서 푸오리까!"

딸이 약을 먹는 것을 차마 볼 수 없었던지 부부인 이씨가 먼저 약봉지를 털어 넣었고, 그와 동시에 세자빈도 약을 털어 넣고 물을 마셨다.

부인과 딸의 최후를 조용히 지켜본 김오문은 정일품 승록대부삼군부 도총재의 관복을 단정히 갖춰 입고 대궐을 향해 사배를 올린 다음 3척 언월도를 뽑아 무관답게 배를 갈라 최후를 마쳤다.

이어 이 사건에 관련된 동궁 시비와 중전 시비도 모두 죄의 경중에 따라 유배를 당하거나 참형에 처했다.

세자는 본래 여색을 탐하지 않는 터에 이처럼 여자로 인해 엄청난 풍파를 겪게 되자 여자란 요물이라고 생각하여 가까이하지 않았다. 그런데 사람의 마음속이란 정말로 헤아리기 어려운 것이었다.

세자가 이번에는 중전 시녀 순임(順任)과 정을 통하게 되었다. 행인지 불행인지 세자와 순임의 이러한 관계는 아무도 눈치 채지 못한 채 비밀로 붙여졌다. 비밀을 알 길 없는 세종임금 내외는 새 세자빈을 맞아들이는 일에 분주하였다. 간택의 절차가 끝나 가례가 치러지고 친영례가 베풀어졌다.

새로 간택된 세자빈은 종부소윤 봉려(奉礪)의 딸로 세자와는 동갑이었다. 나이가 위이고 몸집이 컸던 폐빈 김씨에 놀란 세종임금 내외는 이번에는 몸집이 작고 유약한 봉씨를 새며느리로 간택한 것이다.

이것은 폐빈 김씨가 미인이지만 몸이 완숙하고 정열이 넘쳤기 때문에 몸이 약한 세자가 이를 감당하지 못하여 불상사가 일어난 것으로 판단했기 때문이었다.

봉씨는 과연 체질로 보나 무엇으로 보나 세자가 휘어잡을 수 있을 것 같았다. 가장 문제되는 잠자리에서의 트집을 없을 것 같아 세종임금 내외는 마음을 놓았다.

그러나 앞서 세자에게 승은한 순임이 멀뚱멀뚱 지켜보고 있으니 아무 일이 없을는지 두고 볼 일이었다.

순임이가 세자에게 첫 정조를 바친 것은 겨우 열두 살 때의 일이다. 그때에 마구 떨리며 너무도 놀란 순임이는 그 뒤로 세자만 보아도 무서워서 벌벌 떨었었다. 그러나 지금은 달랐다. 그녀의 나이도 15세가 되었고, 세자와의 만남이 거듭될수록 남성을 알게 되었다. 그 후부터는 세자의 사랑이 얼마나 소중한 것인가를 뼈저리게 느껴 온몸으로 받아들이게끔 육체적으로 성숙했다.

이 일은 매우 쉬쉬하여 동궁의 시녀들 몇 사람만 알고 있었다. 지난번 폐빈 김씨의 일이 하도 기억에 생생한 비극이었기 때문에 입을 꼭 다물고 소문을 내지 않았다. 그러나 아무리 쥐도 새도 모르게 두 사람이 즐긴다 하더라도 이목이 번다한 궁중에서의 일인지라 비밀이 지켜질 리가 없었다.

그런데 새 세자빈 봉씨는 사람이 겉보기와는 아주 달랐다. 몸은 약하고 몸집도 작았으나 보기 드문 색광(色狂)이요, 음탕한 여자였다.

세자도 세자빈을 맞이한 이후 지난번의 불미스런 일도 있고 해서 처음에는 거의 매일 밤을 세자빈의 침소에 들러 성실한 남편이 되려고 하였다. 그러나 세자는 얼마 후 체력으로는 왕성한 아내의 욕구를 도저히 충족시킬 수 없음을 알게 되었다.

이렇게 되니 세자빈 봉씨는 항상 욕구불만이 되어 짜증과 신경질이 마음 한구석에 도사리게 되었고, 세자는 점점 그 침소에 드는 것이 부담스러워 자연 발길이 뜸해졌다.

어느 날 세자가 밤늦게 공부를 끝내고 동궁의 외전에서 자리에 누운 뒤의 일이다. 모두가 잠든 기척을 확인한 시녀 순임이가 미닫이를 열고 살짝 들어왔다.

"큰일이 났사옵니다. 말씀 여쭙기 창피합니다만, 잉태를 하온 듯하옵니다. 소인은 어찌하면 좋습니까?"

"어찌하다니?"

"소인 하나 죽는 것은 괜찮사오나 이제 배가 불러 올 것이니이 일은 숨길 도리가 없는 일이 아니옵니까? 지난번 폐빈 김씨가쫓겨난 일을 생각해 보옵소서. 이 일이 알려지면 세자마마의 체면은 또 어떻게 되구요."

"하여간 알았느니라. 내가 알아서 할 터이니 몸조리를 잘 하고, 누구도 눈치채지 않도록 조심하여라."

이렇게 장담은 하였으나 세자는 덜컥 겁이 나서 음식이 제대로 넘어가지 않았다. 그리고 이 일이 마음에 걸려 세자빈의 처소를 더 멀리하게 되었다.

그러나 매우 놀라운 일은 세자에게서 일어난 것이 아니라 세자빈 봉씨에게서 일어나고 있었다.

밤 삼경이 넘어서의 일이다.

"세자마마는 오늘도 외전에서 주무신다구?"

"예, 낮의 행사로 해서 몸이 무척 피로하시다 하옵니다."

"나도 몸이 나른한 것이 무릎도 쑤시고 어깨도 무겁구나."

"그래서 이렇게 주물러 드리는 것이 아니옵니까."

그런데 탈은 바로 이 몸 주무르기에서 끝나는 게 아니었다. 동궁 시비의 안마 솜씨가 프로급 경지에 이르러, 세자빈의 어디를 어떻게 주무르면 무슨 소리가 나오는지 훤히 알 정도까지 되었다. 시비의 손이 세자빈의 몸을 무슨 예술품이나 다루듯 기막힌 묘기를 다하여 주무르고 두드리니, 손놀림이 속도를 더해 갈수록 세자빈은 얼굴에 홍조가 짙어지며 호흡이 거칠어졌다.

마침내 시비의 한 손은 세자빈의 가슴에서 뛰놀고 있었고 또 한 손은 남자 구실을 열심히 하고 있었다.

이와 같은 일은 처녀로 한 평생을 살아야 하는 구중궁궐 속의 궁녀들 간에 은밀히 행해지는 동성간의 애정 행위였다. 이런 행위는 어디까지나 신분이 낮은 궁녀들 세계에서나 행해지는 일이요, 궁녀들 간에도 만약 이와 같은 행위가 발각되면 그 궁녀는 회초리를 맞고 궁중에서 추방하게 되어 있었다.

하물며 장차 국모가 될 세자빈이 천한 시비와 그와 같은 행위를 한다는 것은 기절초풍할 일이었다. 그러나 어느 귀신이 시킨 것인지, 아니면 시비의 손놀림이 마술사 같고 최면술을 하는 것과 같은지, 정욕을 채우지 못해 신경이 이상하게 팽창된 세자빈 봉씨는 그 성욕에 분명 일종의 변태성을 일으키고 있음이 분명했다.

지난번 폐빈 김씨가 친정에서 데리고 온 시비로 인하여 사고가 일어났다 하여 이번에 소헌 왕후는 동궁의 궁녀를 모조리 경복궁에서 뽑아 보냈다. 그런데도 이 지엄한 궁중에서 일어나는 일들은 참으로 희한한 일이었다.

몸에 실오라기 하나 걸치지 않고 금침 속에 든 두 몸뚱이는 바로 짐승 그것이었다. 처음에는 누가 눈치챌까 보아 조심하였으나, 나중에는 거칠은 교성까지 지르며 밤을 거의 반짝 새웠다.

시비는 남자 역할이었고 세자빈은 여자의 역할이었다. 아주 손발이 착착 맞는 놀음이었다.

"말은 바른 말이지, 이제는 세자마마가 내전에 아주 안 듭시는 게 좋겠다. 공연히 내전에 들어오셔서 남의 사랑을 방해하시는 것보다는, 언제까지나 너와 함께…. 가슴속이 재가 되도록 활활 태우면서 사는 게 낫겠다."

세자빈 봉씨의 변태성 동성애는 맹렬한 열도를 더해 갈 뿐 그칠 줄을 몰랐다.

얼마 후 순임이가 세자의 아이를 잉태하였다는 소문을 들은 세자빈 봉씨는 질투심을 누르지 못하고 자기 처소로 불러다가 매질을 하였다. 이 사실과 세자빈의 동성애가 중전에 알려지자 소헌 왕후의 노여움은 대단하였다. 세자빈의 행투가 사나워 거상(居常)에 벗어나는 것은 익히 알고 있던 바이지만 실로 이렇게까지 어마어마한 짓을 했을 줄은 꿈에도 상상치 못한 소헌 왕후였다.

왕후는 세자빈을 불러다가 사실 여부를 문초하였다. 세자빈 봉씨는 하나의 부끄러움도 없이 자기의 소행을 당연히 여기는 듯 속시원하다는 식으로 털어놓았다. 보다 못해 안 상궁이 세자빈의 말을 가로막았다.

"중전마마께서 진노가 크시옵니다. 어찌하여 그렇게 함부로 말씀을 올리십니까?"

"안 상궁, 너는 나서지 말라! 네가 어디라고 감히 가로막고 나서느냐?"

일언지하에 호통을 치니 입심이 세고 경우가 바른 제조상궁

안탁갑도 혀를 내둘렀다.

"대관절 애야, 세자빈. 넌 부끄러움도 체면도 모르더냐? 시어머니요, 중전인 내 앞에서 주저하는 빛도 없이 감히 그런 말을 쏟아놓으니 말이다."

"하옵지만 궁중에서는 예로부터 그런 일이 행해지고 있는 것 아니옵니까. 추야장 긴긴 밤이나 춘삼월 꽃피는 호시절에 초부와 필부도 다 제 짝이 있는 것을, 소빈 혼자만 무슨 죄로 밤마다 전전반측 잠을 이루지 말라는 법이 있사옵니까? 그렇다고 소빈이 사내를 불러들인 바도 아니었구요."

"치워라!"

소헌 왕후는 더 이상 말이 나오지 않았다.

"물러가 있거라."

그리고는 그 일의 자초지종을 세종께 여쭈었다.

"무엇이, 맷돌부부라구요! 과인이 살고 있는 이 궁중이 그렇게 타락했단 말이오."

"신첩이 부덕한 소치이옵니다. 전번의 폐빈 김씨는 그래도 얌전한 편이고 염치도 부끄러움도 아는 사람이었습니다. 지금의 세자빈은 오히려 사내를 불러들인 것도 아닌데 무엇이 잘못이냐는 것이옵니다. 시어머니인 신첩 앞에서 말입니다."

괴로운 일은 또 그 일을 조정대신들과 의논해야 한다는 것이었다. 세자빈을 폐하여 내쫓는 일은 좋든 싫든 간에 조정의 대신들과 의논하여 결정해야 하니, 그 창피한 왕가의 내막이 백일하에 드러날 것이기 때문이다.

세종은 창피를 무릅쓰고 여러 대신들을 불러놓고 의견을 물었다. 대신들의 의견은 다음과 같은 내용으로 집약되었다.

"지난번 폐빈 김씨는 신발 일, 뱀 가루 일만으로 폐출하였습니다. 이번 일은 차마 입에 올리기조차 난감하옵니다만, 시비를 데리고 남자들도 얼굴이 화끈할 해괴한 음행을 자행했다 하오니 그 추악한 죄가 하늘에 솟구칠 일이옵니다. 사사로운 정에 이끌리지 마시옵고 극형으로 다스리고 한 여자로 인하여 더럽혀진 궁중의 오점을 씻어내소서."

"음…. 하지만 과인이 차마 어찌 과인의 자식이었던 며느리의 목숨을 빼앗으리오. 참으로 괴롭도다."

세종은 극형을 면하게 하려고 신하들에게 사정조로 말하니 영의정 황희가 아뢰었다.

"성상의 어지신 성성(聖性)이야 오죽이나 아프시겠습니까마는, 눈 딱 감으시고 폐서인하여 내보내시옵소서."

이날 논의된 세자빈 봉씨의 죄상은 다섯 가지 조목이었다.

1. 시비와 동성애를 한 죄
2. 시비로 하여금 음탕한 남자들의 노래를 부르게 한 죄
3. 궁중에서 술을 마신 죄
4. 중전이 내린 효경(孝經)·열녀전(烈女傳) 등을 내팽개친 죄
5. 시기·질투를 해서 내명부에게 매질을 한 죄

극형은 면하였지만, 세자빈 봉씨는 마침내 폐출이 결정되었다. 세자빈 봉씨는 서인이 되어 소복을 입고 동궁을 나왔다. 경복궁 중전으로 들어가 중전께 하직 인사를 드리려 했으나, 소헌 왕후는 크게 노하여 일언지하에 뿌리쳤다. 폐빈 봉씨는 그래도 일루의 희망을 걸어보았으나, 중전이 하직인사조차 받지 않는 것을 보

고 그만 체념했다.

한편 폐빈 봉씨가 친정집에 이르자 그 친정집에서는 몇 해 전 김오문의 집에서 일어났던 참상이 되풀이되고 있었다. 울음소리 가 지붕마루를 들썩이고 봉씨의 어머니가 딸을 얼싸안았다.

폐빈 봉씨는 자기의 잘못을 뉘우치는 기색이 추호도 없는지라, 이를 지켜보던 그의 아버지 봉려는 자기 딸이지만 기막힐 노릇이었다.

"저하도록 자신의 죄를 회개할 줄 모르니 멸문지화를 당함이 마땅하구나. 한심한 일이로다!"

이때 봉려의 나이는 육순이었다. 그는 일찍이 음보(蔭補)로 사헌부의 감찰에 올랐다가 딸이 세자빈으로 간택되면서 출세의 길이 열려 지금은 지돈녕부사의 관직에 있었다.

봉려는 사랑에서 안채로 들어오자 큰소리로 꾸짖은 다음, 모든 사람을 모두 집 밖으로 쫓아 내보냈다. 봉려의 아내가 이상한 느낌이 들어 두려운 마음으로 그의 행동을 지켜보고 있었다.

남편보다 나이가 17살이나 아래였던 봉려의 부인에게는 아직도 귀여운 젖먹이가 딸려 있었다.

"부인도 나가시오!"

"예! 저보고 나가라구요?"

"서둘러 나가시오. 딸이 죄를 짓고 패가망신을 하게 된 것을 생각하면 다 함께 죽어 마땅하지만 젖먹이 자식이 있는 것을 생각해서 차마 부인은 함께 죽을 수가 없구려. 빨리 나가시오."

"그게 무슨 말씀이오. 여필종부라 하였으니, 저도 운명을 같이 하리다."

"여필종부라 하였으니 나의 뜻을 따르시오. 어찌 부인은 지

아비의 마지막 유명을 거스르려 하오. 썩 나가지 못하겠소."

남편이 꾸짖는 서슬에 기가 눌린 부인이 밖으로 나가자, 봉려는 문을 모두 잠그고 딸이 있는 안방으로 들어갔다. 자기의 허리띠를 풀어 딸에게 넘겨주며 조용히 말했다.

"이미 너는 폐빈의 첩지까지 받고 쫓겨 나왔으니, 먼저번의 폐빈 김씨처럼 세자빈 신분으로 죽는 복마저도 타고 나지 못하였다. 이젠 죽음만이 있을 뿐이다."

생의 강렬한 애착에 눈물을 흘리며 애원하는 폐빈 봉씨에게 봉려는 고개를 가로저어 반대의 뜻을 분명히 하였다.

"새 세상에서나 부디 잘 살아라. 다시 태어날 때는 남자로 태어나서 말이다. 너를 목 졸라 죽이는 아비의 마음은 어떻겠느냐."

마지막 절명단계에서도 봉씨는 생에 대한 미련을 버리지 못했다. 두 손으로 아버지의 손을 떨치려고 버둥거리다가 마침내 숨을 거두었다.

봉려는 딸의 시신을 단정히 수습하여 눕히고 옷깃을 가다듬은 다음 북향사배로 임금께 하직을 고하고 자결하였다.

세종 18년 10월의 일이었다.

이때는 이렇게 기강과 법도가 서 있었다. 봉려는 김오문처럼 죽음으로써 영원한 정신의 삶을 택한 것이다.

폐빈 김씨가 생죽음을 한 뒤 다시 맞아들인 세자빈 봉씨마저 폐출당하여 생죽음을 하였고 세자는 나중에 왕위에 오른 지 2년 만에 승하하였다.

또 조선 500년 역사상 너무도 쓰라린 비극 단종의 애사가 있었으니, 이들 원혼의 사무친 한이 그 같은 엄청난 비극을 빚어낸 지도 모르는 일이었다.

역모 부른 황표 정치

문종이 왕위에 오른 지 2년 만에 승하하자 다음 임금 단종의 즉위식이 거행되었다. 나라에는 한시도 임금의 자리를 비워둘 수 없기 때문이다. 문종 2년 5월 경복궁 근정전에서 옥좌에 오른 왕의 나이는 12세였다. 궁중의 법도에 따라 문종의 비빈과 궁녀들은 경복궁에서 거처할 수가 없었고, 세종의 후궁·비빈들도 궁에서 자리를 비워주어야 하기 때문에 경복궁에는 어린 임금만이 적적하게 지낼 뿐이었다. 금상이 장가를 들지 않아 중전도 없으니 경복궁의 내전도 텅텅 비어 있을 수밖에 없었다. 중전을 맞이하려면 상복을 벗어야 하기 때문에 2년의 세월이 지나야만 가능하였다.

또한 어린 임금이 아무리 총명하다 하나, 그 나이에 국사를 친히 결재하고 만기를 보살필 수는 없었다. 더욱이 왕에게는 어머니와 할머니도 없으니 수렴청정(垂簾聽政)을 할 수도 없었다.

임금이 수많은 관리를 임명하고 파면시키는 데 누가 누군지 알 수 없었으므로 친재를 올릴 때 의정부의 세 정승이 이름 위에 노란 표시를 해서 올리면 그대로 결재하도록 하였다. 이것을 황표 정치(黃標政治)라 불렀다.

그러므로 의정부의 세 정승인 영의정 황보인, 좌의정 김종서, 우의정 정분은 무엇이든 자기 마음대로 할 수 있게 되었다.

조정의 정사가 이렇게 되니 이를 지켜보는 종친들은 불만이 늘어났고, 그중에서도 특히 임금의 숙부인 수양대군의 불만은 대단하였다. 이러한 가운데 분경(奔競)을 금한다는 영이 내리자 수양대군은 영의정 황보인, 좌의정 김종서를 만났다. 분경이란 뜻은 분주히 경쟁하여 드나든다는 뜻으로, 권문세가에 드나들면서 엽관 운동(獵官運動)을 한다는 의미이다.

황보인과 김종서를 만난 수양대군은 불만을 토로했다.

"오늘 분경을 금한다는 첩지를 받았습니다. 조정의 당상관 이상과 대군의 집에 출입하며 분경하는 자는 법으로써 다스린다 하였습니다. 아무리 성상의 재결을 받은 국법이라지만 대군의 집까지 분경을 금한다면 대군의 집 문전이 풀밭이 되어 버릴 것이니 이는 우리 왕실 종친의 활동을 묶어 집안에 가두자는 것과 같소이다. 이것은 조정에서 우리 대군들을 견제하기 위해서 만든 법이 아니고 무엇이겠소? 말이 나온 김에 말이오만 금상이 어려서 즉위하신 이후, 정사를 돌볼 수 없는 금상을 에워싸고 왕실의 우익을 제거하려는 속셈이 어디에 있는 것입니까?"

무섭게 덤벼드는 수양대군 앞에서는 영의정 황보인, 좌의정 김종서도 할 말이 없었다. 황보인이 짐짓 놀라며 조용한 말로 타일렀다.

"대감, 나는 잘 모르는 일이었소. 아마 사헌부에서 그렇게 정한 듯하니, 진상을 알아보아 대군들께만은 그 법을 해제하도록 조치하리다. 오해를 풀도록 하시오."

"정녕 믿어도 되겠습니까?"

"예, 다짐을 하겠습니다. 그러한 일로 인하여 조정과 종실 간에 대립이 생겨서야 되겠습니까?"

"알았소이다. 그렇다면 오늘은 이만 물러갑니다만 남아일언이 중천금이라, 빈 말씀은 아니겠지요?"

이로써 분경 금지법은 유명무실하게 되었고, 수양대군의 위세는 더욱 높아만 갔다.

한편 왕손인 안평대군도 글을 좋아하고 서도에도 뛰어나 그의 문하에는 많은 선비들이 출입하였다. 그러나 재승덕박(才勝德薄)으로 재주에 비하여 문하에는 특출한 인물들이 별로 없었다. 수양대군의 문객과 비교한다면 지모(智謀)를 다 갖춘 문객이 없었던 것이다.

태종의 안정된 정치에 이어 명군 세종의 정치가 오래 계속되었기 때문에 나라는 태평성대를 이루게 되었다. 더욱이 개국 초기에는 개국공신의 후예들이면 누구나 벼슬을 얻어 세도를 부리는 경향이 있었으나, 태평성대가 계속됨에 따라 그러한 관념이 점차 희미해지기 시작하였다. 정치가 안정되고 사회질서가 잡혀감에 따라 유능한 인재들이 등용되고, 실력 없는 사람들은 벼슬에 오르지 못해 지난날의 세도를 그리워하며 불평과 불만으로 세월을 보내는 사람이 많아졌다.

청주 한씨(淸州韓氏)의 개국공신 한상질(韓尙質)은 대제학을 지냈고, 명나라 사신으로 가서 조선(朝鮮)이라는 국호를 받아온 사람이었다. 그의 아들 한기(韓起)는 본시 똑똑치 못하여 끝내 높은 벼슬자리에 오르지 못하였다. 한상질의 손자인 한명회(韓明澮)는 하도 못생겨 어릴 때부터 칠삭동이라는 별명으로 아이들의 놀림감이 될 정도였다.

그래도 한명회는 명문의 후광을 입어 열살이 넘자 중추부사 민대생(閔大生)의 사위가 되었다. 한명회의 장모인 허씨(許氏) 부인은 한명회가 몹시 마음에 들지 않았다.

"여보, 대감. 한명회는 사람 덜된 칠삭동이가 분명합니다. 딸아이의 앞날이 걱정이옵니다. 다른 사람을 골라 보도록 합시다."

"허허, 부인. 그게 무슨 말씀이오. 겉만 보고 사람의 앞일을 점치는 게 아니오. 지금은 칠삭동이 같지만, 후일 크게 될 것이니 두고 보시오. 그 애의 뒷머리가 지금은 미숙하지만 후일 대성할 게요."

사실 한명회는 머리가 남달리 컸기 때문에 대갈장군이란 별명도 가지고 있었다.

"아무리 그렇지만 곱디고운 우리 딸아이가 불쌍하옵니다. 글도 배우지 못한 그 사람에게 어찌 우리 딸을 시집보내겠습니까?"

민대생은 부인의 반대에도 끝내 한명회를 사위로 삼았다. 민대생의 딸은 보기 드문 미인이었다. 그래서인지 한명회의 딸은 어머니를 닮아 미모가 뛰어났고 훗날 왕비로 시집갈 수 있었다.

어쨌든 한명회는 나이 서른이 되도록 벼슬 하나 못하고 떠돌아다니는 낭인의 신세가 되니 처가에선 좋아할 리 없었는데도 민대생만은 그를 잘 대접해 주었다.

한명회의 친구 집현전 학사 권람은 과거에 삼장장원(三場壯元)으로 문명을 떨쳤으나, 웬일인지 출세길이 열리지 않았다. 말이 삼장장원이지 추리고 추려서 세 번 시험을 보아 급제하기도 어려운 판국에 장원을 세 번 계속했다는 것은 무슨 귀신 힘으로나 이루어지는 것이지, 사람의 힘으로는 불가능에 가까운 일이었다.

"여보게, 과거는 봐서 무엇하나. 삼장장원을 한 내 신세도 요모양 요 꼴이 아닌가?"

권람과 한명회는 이러한 말로 서로를 위로하면서 지냈다. 한명회는 권람의 주선으로 송도의 경덕궁(敬德宮) 궁지기 자리를 얻어 한때 송도로 갔으나 그 자리가 마음에 찰 리 만무했다. 그는 큰 뜻을 품고 다시 서울로 돌아왔다.

서울로 돌아온 한명회는 권람의 추천으로 수양대군의 장자방

(張子房)이 되어 수양대군을 왕위에 올려놓는 주인공이 되었다.

한명회는 이후 수양대군의 가신(家臣)으로 들어가 본격적으로 일을 꾸미기 시작했다. 그는 거사할 무인으로 홍달손(洪達孫)·양정(楊汀)·유수(柳洙)를 불러들여 거사에 필요한 훈련과 작전을 연마하였다.

그리하여 운명의 날인 계유년 10월 10일 무서운 음모의 불길은 타오르고야 말았다. 1453년 단종 1년 늦가을의 일이었다.

수양대군 사저에는 이날 활쏘기를 한다는 구실로 무사들 60명이 한자리에 모여 차린 음식을 나누어 먹으며 하루를 즐겁게 보냈다. 후원에 따로 마련된 주석에는 오늘 거사의 주역들이 모여 있었으니, 수양대군을 위시하여 권람·한명회가 상좌에 좌정해 있었다.

그 다음 자리에는 내금위에 속하는 무장인 강곤(康袞)이 앉아 있었고 차례에 따라 홍윤성(洪允成), 안경손(安慶孫), 송순로(宋純老), 민발(閔發), 곽연성(郭連城) 등 무예에 뛰어난 장사들이 술잔을 기울이며 흥을 돋우고 있었다.

다만 이날의 주역인 권람과 한명회는 술잔을 기울이면서도, 치밀한 작전을 머릿속에 굴리느라 긴장된 표정이었다.

그 밖에도 권언·홍달손·유수·양정 등과 권람의 아우 권경도 그 자리에 나와 있었다.

최후의 결론을 내리기에 앞서 수양대군은 먼저 홍달손을 김종서의 집 근처로 보내 동정을 살피도록 했다. 그들은 먼저 백두산 호랑이라는 김종서를 없애기로 의논하였으나, 반대하는 의견이 나와 의견이 분분하자 불길한 예감마저 감돌았다. 이때 김종서의 집까지 동정을 살피러 갔던 홍달손이 돌아왔다. 김종서의 집 근처에 많은 무사들이 배치되어 있다는 제보에 거사를 뒤로 미루자는 의견이 지배적이었으나, 한명회가 적극 반대하여 거사에 착수했다.

수양대군은 무사를 데리고 김종서의 집에 들어가 우선 김종서를 격살하고, 곧바로 궁중으로 들어가 어린 왕 단종을 찾았다. 그러나 단종은 마침 자형 정종의 처소에서 놀고 있었다.

입직승지 최항이 문을 열고 수양대군을 맞이한 다음 단종을 모셔다가 용상에 앉히니 수양대군이 방금 있었던 김종서 척살의 전말을 아전인수격으로 아뢰었다.

"김종서, 황보인 등은 오래 전부터 나라의 정사를 제멋대로 하던 중 이번에는 함길도 도절제사 이징옥, 평안도 관찰사 조수량, 충청도 관찰사 안완경 등과 공모하여 역모를 꾀하였습니다. 일이 원체 급하였던 관계로, 그 우두머리 김종서를 먼저 척살하고 선참 후계로 품고하옵니다."

단종은 금세 파랗게 질렸다. 낮까지만 해도 좌우에서 어버이처럼 믿고 있던 김종서였다.

"수양 숙부님."

"예, 전하"

"김종서는 역적이 아닙니다. 역적질을 할 사람이 아닙니다. 그럴 리가 없습니다."

"그건 모르시는 말씀입니다. 성상께서 보령 유충하신 것을 노려, 그 사이 안평대군을 내세워 왕위를 찬탈하려 하였소이다."

옆에서 듣고 있던 정종이 보다 못해 한마디 참견하였다.

"아무리 상감께서 보령이 유충하신들 충신과 역적을 구별 못하시겠습니까?"

"어허, 영양위는 답답도 하구려. 나이 많은 사람도 알기 어려운 것을 성상께서 어떻게 아실 수가 있겠는가?"

정종은 더 이상 입을 열지 못했다.

"전하, 조금도 두려워하지 마옵소서. 이렇게 신이 옆에 있습니다. 이제 승지를 시켜 즉시 역적의 무리들을 주살하라 영을 내리십시오. 궁성과 사대문은 철통같이 지키고 있으니 조금도 염려하지 마옵소서."

"나는 누가 역모를 하였다는 게 도무지 믿어지지 않습니다."

"여기 있는 승지 최항에게 명령만 내리시면 됩니다. 어명만 내리시면, 신이 모든 일을 다 알아서 처리하겠습니다."

형식이나마 왕명을 얻어 시행하기 위한 꿍꿍이속이었다.

"그럼, 숙부님이 알아서 잘 처리하도록 하시오."

마침내 왕의 윤허가 떨어졌다.

수양대군은 어명을 빙자하여 승지 최항에게 정승·판서급의

안평대군 묘

각 대신들을 모조리 입시하도록 하였다.

나라에 위급한 변란이 있으니 즉시 입궐하라는 초패(招牌)가 돌려졌다. 그리고 궁문에는 이날의 거사를 총지휘하게 된 한명회가 생살부(生殺簿)를 들고 지켜섰다. 대신들의 이름을 적어 놓고 그 이름 위에 누구는 살리고, 누구는 죽인다는 표시를 해놓은 염라대왕의 명부였다.

한명회의 곁에는 하수인 홍윤성(洪允成), 유수, 구치관(具致寬) 등 세 사람의 권신들이 핏발이 선 눈으로 철퇴를 꼬나 쥔 채 대신들의 입궐을 기다리고 있었다.

맨 먼저 영의정 황보인이 궁문에 들어서자 한명회가 신호를 보냈다.

"쳐라!"

"에익!"

"으윽!"

"몹쓸놈들…. 영의정을 죽이다니…."

살해당한 황보인은 김종서와 함께 10여 년간 북방 개척에 공이 큰 충신이었으나, 그의 두 아들과 손자도 함께 효수되었다.

이조판서 조극관(趙克寬), 우찬성 이양(李禳) 등이 초패를 받고 부랴부랴 입궐하다가 불귀의 객이 되었다.

그 다음으로는 안평대군 부자를 하옥시켰다. 또 병조판서 민신(閔伸)은 문종의 능인 현릉(顯陵)의 비역(碑役) 공사장에 나가 공사를 감독하느라 서울에 없었는데 수양은 서조(徐遭)를 시켜 현릉 현장에 이르자마자 그대로 참살하고 말았다.

다음날도 수양대군 일파의 허울 좋은 정난(靖難)의 과업은 계속되었다.

안평대군 부자는 귀양보내고, 격살당한 이조판서 조극관의 아우인 조수량도 파직시켜 귀양보냈다. 그리고 충청감사 안완경은 귀양보냈다가 사사했다.

다음에 가장 두려운 사람은 변방의 병권을 한 손에 쥐고 있는 이징옥이었다. 이징옥은 김종서의 심복이었고, 안평대군과도 친교가 있는 사이였다. 수양대군은 박호문(朴好問)을 이징옥의 후임으로 보내고, 이징옥이 서울에 도착하면 다짜고짜 참살할 계획이었다.

이처럼 타도 계획을 끝낸 수양대군 일파는 바로 새 정부를 이끌어갈 인선에 착수하였다.

수양대군은 형식상 뒤로 빠지고 권람, 한명회가 주관하여 승지 최항을 시켜 임금에게 재결을 올렸다.

"전 영의정 황보인, 좌의정 김종서 등이 안평대군과 더불어 대역죄를 범하였기로 이들을 주살하고, 새로운 조정대신을 다음과 같이 임명하노라."

수양대군 유는 영의정부사·영경연서운관사 겸 판이병조사(領議政府使·領經筵書雲觀事·判吏兵曹事)가 되었다. 영의정부사는 영의정의 직무를 보는 사람이니 영의정이라는 뜻이고, 영경연관사는 임금과 자주 만나 글을 가르치고 논하는 경연관의 우두머리이다. 영서운관사는 지금의 관상대장인데 이 직책이 또한 임금과 밀접한 관계가 있었다. 판이병조사는 이조와 병조의 판사로서 판서보다 그 지위가 높은 것이다.

그러니까 영의정과 이조·병조판서를 겸하고 경연의 영사까지 겸하니 사실상 정권과 군권을 한 손에 다 쥐어 사실상의 왕이 된 것이다.

그리고 정인지 · 한확 · 정창손 · 이계천 · 권준 · 박중손 · 최항 · 민건 · 기건 등 수양대군 일파가 요직에 모두 앉게 되니 황표정치는 종지부를 찍게 되었다.

임금의 자리를 빼앗은 수양대군

그동안 단종은 송현수의 딸 송씨를 택하여 가례를 치르고, 가례가 끝나자 송씨는 바로 중전마마가 되었다. 그의 아버지 송현수는 정이품 지돈녕부사에 여량군(礪良君)으로 책봉되었다.

왕비 송씨의 나이 15세로 단종보다 한 살 위였다. 단종은 아버지 문종을 닮아 몸이 약한데다 나이가 어려 음양을 몰랐다.

이 부부는 이름만 부부였지 부부간의 의미를 모르는 채 지냈으니 부부다운 생활을 하기에는 2, 3년이 지나야 될 모양이었다.

단종 3년 봄이 다가오자 그동안 움츠렸던 사람의 마음도 서서히 움직이기 시작했다. 수양대군을 용상에 앉히려는 권람과 한명회는 암암리에 그 일을 추진하고 있었다. 수양대군이 용상에 오르기 위해서는 먼저 장애물을 제거해야 했다. 가장 큰 장애물은 대군과 군들이었다. 이들은 모두 수양대군과 형제간이므로 가벼이 볼 수 없었다.

수양대군 일파는 이들 대군과 군들을 여러 가지 구실로 침소봉대(針小棒大)하여 참하거나 귀양보내고, 그와 친하거나 연고관계가 있는 자들은 모두 힘을 못 쓰게 했다. 궁중의 내시와 나인들까지도 수양대군이 두려워 눈치만 살피니 진정으로 어린 왕과 중전을 위할 사람은 하나도 없었다.

외로운 단종은 그저 왕비 송씨와 단둘이서 생활했고 어쩌다 궁금한 일을 물어도 누구 하나 속시원히 아뢰는 사람조차 없었다.

수양대군 일파의 음모는 이렇게 단종을 고립시키고, 정신적으로 짓눌러 하루빨리 선위하도록 하자는 계략이었다.

단종 3년 6월 어린 단종은 마침내 왕비와 선위할 것을 의논한 다음 내시 전균(田畇)을 불러 선위하겠다는 뜻을 써 주었다.

"과인은 아직 어려 중외의 많은 일을 감당할 수 없도다. 지금까지 용상의 자리에 있는 동안 과인이 덕이 없어 많은 사람이 처형되었고 아직도 옥사가 계속되고 있으니 이제 더 이상 용상에 머물러 있을 수 없노라. 수양대군에게 왕위를 전코자 하오니 조정 중신들은 과인의 뜻을 저버리지 말고 새 임금을 모시어 백성을 잘 다스려주기 바라노라."

수양대군은 낯빛이 긴장되어 아무 말도 없었고, 정인지·한확 등은 내심 환호했으나 체면상 꾹 참고 있는 눈치였다.

수양대군은 형식상 선위를 받을 수 없다며 몇 번 양위의 뜻을 거두어 달라고 임금에게 호소하였으나 그것은 어디까지나 체면치레에 불과했다. 어린 임금은 이러한 숙부의 태도를 물끄러미 바라볼 뿐이었다.

단종 3년 윤달로 6월 11일, 경회루 너른 대청에는 문무백관 200여 명이 엄숙히 도열했으며 양위를 받을 영의정 수양대군이 맨 앞에 서서 임금이 오기를 기다리고 있었다.

이윽고 왕이 나타나자 백관은 모두 허리를 굽혔고 맨 앞의 수양대군도 부복하여 고개를 들지 아니했다. 소년왕의 용안에는 창연한 빛이 역력했다. 백관을 한동안 둘러본 다음 충신이라고 믿는

청령포 단종이 노산군으로 강등된 후 유배된 곳이다. 강원도 영월에 위치해 있으며 기념물 제5호로 지정되었다.

동부승지 성삼문을 불렀다. 성삼문은 선왕의 고명대신으로 자기에게 충성을 다하고 있음을 잘 알고 있었다.

"성삼문 승지!"

"예, 전하…."

"그대는 상서사(尚瑞司)에 가서 대보(大寶)를 가져오시오."

성삼문은 눈앞이 캄캄하여 어쩔 줄을 모르다가 복받쳐 오르는 감정을 억누르고 왕명을 받들었다. 이윽고 성삼문이 대보를 받들고 들어오자, 단종은 수양대군에게 말하였다.

"숙부가 이 대보를 받으시오. 어찌 과인만이 세종대왕의 자손이 되겠소. 숙부도 왕위를 이을 권한이 있습니다."

수양대군은 차마 고개를 들지 못하였다. 너무도 엄숙한 긴장의 순간이었다. 그리고 정인지·한확 등 여러 신하들도 기침 소리

하나 내지 못하고 있었다.

옥새를 가진 성삼문은 이 일을 어찌할까 망설이다가 마침내 수양대군 앞에 내놓았다. 성삼문은 참지 못하고 울음을 터뜨렸다.

성삼문의 이 같은 통곡 소리에 백관들은 저도 모르게 창연함을 느꼈다. 그러나 수양대군은 성삼문을 그윽히 노려보고 있었다.

성삼문이 울음을 삼키자 수양대군의 눈길은 다시 옥새 쪽으로 옮겨졌다.

"황공하여이다. 전하."

한마디 하고는 옥새를 집어들었다. 그리고 천천히 일어나서 경회루를 나왔다. 내시와 궁녀들이 그를 뒤따랐다.

"여러 중신들은 신왕(新王)을 받들어 모셔 태평성세를 이루도록 힘쓰시오!"

단종 임금은 한마디 말을 남기고 용상에서 내려 밖으로 나가니 이것이 용상의 자리에 마지막 앉은 최후의 날이었다.

경복궁 근정전에서는 신왕의 즉위식이 올려졌다.

신왕은 일어서서 교지(敎旨)를 스스로 읽어 내려갔다.

"생각컨대 우리 태조 대왕께서 창업하여 왕위에 오르신 후 명군과 성군이 계계승승하여 이제에 이르렀다. 그동안 국사가 다난하여 뜻하지 않게 오늘 선왕이 과인에게 대위를 물려주시니, 과인이 재삼 사양하였으나 종친과 대신들이 종사를 위한 대계(大計)라 하여 권하므로 부득이 대위에 오르노라."

만조백관은 묵묵히 듣고 있을 뿐이었다.

"영명하옵신 전하! 국사가 다사다난한 이때에 보위에 오르시니 종묘사직이 반석같이 튼튼하여지오리다."

좌의정 정인지가 백관을 대표하여 올린 하례 인사이다.

'이 나쁜놈들, 너희놈들이 다 짜 놓은 장난이었구나!'

뒷전에 있는 뼈 있는 관원들이 속으로 내뱉은 욕이었다.

이 날로 새 임금은 여러 교지를 발표하였다.

단종은 상왕(上王)으로서 창덕궁 수강전(壽康殿)에 거처했고 단종비 송씨는 의덕대비(懿德大妃)로 존호를 올렸다.

사육신의 충절

단종이 선위하던 날 경회루 난간에서는 삼경이 지났는데도 홀로 착잡한 심경에 사로잡혀 있는 사람이 있었다. 낮에 그곳에서 옥새를 신왕에게 전할 때 그 옥새를 가져다 준 승지 성삼문이었다. 오늘 낮 그는 옥새를 붙들고 통곡했었다. 그는 비감한 생각에 잠겨

다른 사람이 다 자고 있는 이 시각에 하늘을 우러러 보고 연못을 내려다보며 깊은 생각에 잠겼다. 자기를 아끼던 세종대왕과 친구처럼 사귀며 단종의 뒷일을 부탁하던 문종 임금의 얼굴이 떠오르자 그는 의분을 참지 못해 금방이라도 연못에 투신하고 싶은 심정이었다. 그 순간 또 한 사람이 나타났다. 그도 낮에 있었던 일이 하도 허망하여 잠을 이루지 못하고 이곳에 와 기둥을 어루만지고 있던 중이었다.

"여보게 근보(謹甫), 무엇을 하고 있나?"

성삼문이 놀라 돌아보니, 바로 박팽년이었다.

"자네가 죽으면 상왕은 누가 돌보아 드리겠는가? 목숨은 중한 것, 헛되이 버려서는 안 되네."

"나 같은 목숨도 중히 쓸 곳이 있단 말인가?"

"암 있고 말구. 수강전에서 외로이 지내시는 성상을 어찌 버리고 죽음을 택하려 하는가? 선대왕의 고명을 생각해야지."

그런데 이때 또 한 그림자가 어른거렸다. 두 사람은 소스라치게 놀랐다.

"어느 놈이냐?"

"누가 남의 말을 엿듣는 게지?"

그림자가 성큼 나서며 말했다.

"놀랄 것 없소. 나 유응부(愈應孚)라는 사람이오."

불쑥 나온 사람은 백발이 희끗희끗한 동지중추원사 유응부였다. 그도 세조의 왕위 탈취사건에 울분을 이기지 못하여 기둥도 만져보고 하늘에 떠 있는 달도 쳐다보며 정처 없이 배회하던 참이었다.

이보다 앞서 함길도 절제사를 지낸 김문기(金文起)가 단종

복위운동에 앞장서서 병력동원의 책임을 지게 되었으니 이것이 사육신의 단종 복위 거사의 태동(胎動)이었다.

세조가 즉위한 지 만 1년 만에야 명나라 황제로부터 왕과 왕비의 책봉을 승인하는 고명(誥命)이 오기로 되었다. 이 고명을 받아야만 떳떳하고 권위 있는 이 나라 백성의 임금이 되는 것이다.

고명칙사가 오는 것을 천재일우의 좋은 기회라 생각하여 단종 복위의 거사를 하려는 사람이 있었다. 지난날 집현전 출신의 문인들로 세종·문종에게서 받은 은고를 기어코 갚으려는 의리를 아는 선비들이었다.

형조참판 박팽년의 사랑방에는 박팽년을 비롯하여 좌부승지 성삼문, 성균관 사성 유성원, 집현전 직제학 이개 등이 모여 거사 계획을 의논하고 있었다.

먼저 성삼문이 말을 꺼냈다.

"이번에 명나라 사신이 오면 체면상 상왕과 수양, 수양의 아들 등이 한자리에 모여 명나라 사신을 접대한다 하니 그때를 이용하여 거사하도록 하는 게 어떻겠소."

"좋소! 세부적인 계획은 어떻게 하지요?"

"그날은 마침 부친과 두 분의 어르신네가 별운검으로 입시한다 하니 이는 하늘님이 주신 기회라 생각하오."

"그러니까 운검을 들고 뒤에 입시해 있다가 수양과 그 아들의 목을 단칼에 날려 버리고…."

"그렇소. 그 길로 그 자리에 모여 있는 역적의 일당을 모두 없애버리는 거요."

"천우신조의 좋은 기회요!"

"우리 상왕 전하를 버리시지 않으려는가 보오!"

운검이란 의장용 큰 칼로써, 이 칼을 차고 임금이 거동할 때 수행하고 시립하는 사람을 별운감이라 하였다. 성삼문의 아버지 성승(成勝)은 무관으로서 지난번 수양대군이 명나라에 다녀올 당시 의주목사로 있었기 때문에 세조와는 낯이 익은 사이였다. 세조는 왕위에 오르자 성승을 동지중추원사로 벼슬을 높여 주었다. 그리고 금년에는 지중추원사로 벼슬을 높여 주었으나, 성승은 그 벼슬을 받지 않으려고 병을 핑계 삼아 나가지 않았다.

성삼문은 승지의 직책에 있었기 때문에 이러한 조정의 내부 사정을 다 알고 있었다. 박팽년은 심복 하인을 보내 장군을 청해다가 별운검으로 왕을 시립하게 되었다는 사실과 그날 거사할 것을 말하니 쉰이 넘은 늙은 장수는 고개를 끄덕이며 말하였다.

"젊은 학자들의 생각이 참으로 충성되오. 그러면 내가 그 자리에서 수양과 그의 아들을 단칼에 베어버릴 것이니, 아무 염려 말고 일을 진행하시오."

비록 늙었다 하나 무인으로 살아온 장군이니, 뒤에 시립해 있다가 칼을 뽑아 두 사람의 목을 베는 것은 식은 죽 먹기였다.

그렇지만 수양 부자만 없앤다고 해서 성사가 되는 것은 아니었다. 조정의 요직이란 요직은 모두 그들 일파가 다 차지하고 있으니 그들의 날개를 다 쳐 없애야 할 것이었다. 그래서 상왕 복위 거사에 동조하는 사람들을 암암리에 규합하였다. 여기에 가담한 자는 집현전 출신 예조참판 하위지(河緯地), 박팽년의 사위 영풍군 전, 그리고 그의 형 한남군 어, 그를 따르는 시종, 박팽년의 아버지 박중림(朴仲林), 성균관 사예 김질, 상왕의 외삼촌 권자신(權自愼), 단종의 이모부 윤영손(尹玲孫), 이조정랑 허조, 공조참의 이휘(李徽), 단종비 송씨의 오라버니 송석동(宋錫東) 등으로 이들은 모두 목숨을 바치기로 하였다.

거사 일자는 6월 2일로 정하였는데 이 날은 명나라 고명사를 맞는 잔치가 베풀어지는 날로 장소는 수강궁 광연전(廣延殿)으로 정해졌다.

이들은 세부계획을 최종 점검하는 한편 생살부(生殺簿)를 최종 검토하였다. 죽이고 살릴 사람을 미리 정해 두자는 것이다. 사람이 많고 헷갈려 실수할 염려가 있기 때문에, 하나하나 명부에 적어서 죽이고 살릴 사람을 판정하는 것이다.

"영의정 정인지!"

"역적 수양과 부동한 원흉이오. 참수해야 하오"

"다음은 좌의정 이사철!"

"열 번 죽어도 모자랄 놈이오."

"신숙주, 세종대왕께서 총애하던 신하요, 문종대왕께서 그토록 아끼셨는데 수양에게 빌붙어 변절한 자요. 만 번 용서한다 하여도, 그놈 숙주만은 용서할 수 없는 놈이오."

"그러면 누가 처치하겠소."

"젊고 칼 잘 쓰는 윤영손이 적임자요."

이렇게 하여 거사 계획은 한 치의 틈도 없이 치밀하고 완전했다. 당대의 재사 성삼문과 박팽년이니, 그 모사나 계획에 있어 권람이나 한명회에게 뒤질 까닭이 없는 것이다.

그러나 성삼문의 지나친 치밀성 때문에 일이 실패로 돌아갈 줄은 누구도 생각지 못했다. 일을 뒤로 미루는 실수를 범했기 때문에 배신자가 생겨 탄로난 것이다.

마침내 6월 2일은 서서히 밝아왔다. 명나라 칙사들은 어김없이 당도했고, 수강궁 광연전에는 상왕과 금상을 비롯하여 종친과 대신들이 모두 모였다. 이날의 날씨는 무슨 불길한 일을 예고나 하듯 찌는 듯이 더웠다. 한명회는 간밤의 꿈자리가 좋지 않은데다 날씨까지 이러니 이상한 예감이 들었다.

"전하, 오늘 날씨가 좋지 않습니다. 행여 무슨 일이 있을까 염려되오니, 왕세자마마께오서는 그대로 경복궁에 계셨다가 만약의 사태에 대비함이 좋을 듯합니다. 그리고 별운검도 세우지 않는 것이 좋겠습니다. 성승이나 유응부는 별로 달갑지 않은 인물이기 때문입니다."

세조는 한명회의 말대로 세자를 경복궁에서 지키게 하고, 별운검도 세우지 않기로 했다.

이것은 연회 시각이 입박해서야 결정되었기 때문에 임금과 한명회만이 아는 사실이었고, 승지인 성삼문조차도 모르는 일이었다.

연회가 열리고 전각 입구에서는 승지 성삼문·한명회 등이 지켜 잔치를 진행하고 주선하였다. 별운검이 폐지된 것을 알 까닭이 없는 성승과 유응부가 거사할 결의를 가다듬고 연회장에 들어서려 하자 한명회가 말했다.

"대감, 오늘 운검은 폐지하기로 하였습니다."

"뭐라고요, 폐지되었다구요?"

"이 무더위에 무거운 갑주를 갖추고 서 있자면, 얼마나 고생이 되시겠소. 성상께서 이 점을 감안하시어 세우지 않기로 하신 것이니 들어가지 마시고 밖에서 기다리고 계십시오."

한명회는 그들을 입장시키지 않았다. 성승은 노기등등했다.

"아니! 우리 무인들은 안에 들어오지도 말라 그 말인가? 한승지는 어명을 구실로 우리 무관들을 이렇게 괄시할 셈인가?"

성승은 그 순간 한 손으로 칼집을 만진다. 단칼에 한명회의 목을 치려는 찰나였다.

"아버님, 왜 이러십니까? 어명으로 운검은 폐지되었습니다. 고정하십시오. 그리고 세자도 오지 않았습니다. 저까짓 한명회 한 놈을 죽인들 무슨 소용이 있겠습니까? 잠시 중지하심이 옳을 듯합니다."

"중지하라구?"

앞에서 이 광경을 보고 있던 유응부가 눈을 부릅뜨더니, 한명회를 뒤쫓아 목을 치려 하였다. 그러나 그 장소에 나타난 박팽년과 성삼문이 만류하였다.

"동지 영감, 잠시 기다려 보기로 합시다. 아직 세자가 오지 않았습니다. 만약 이곳에서 거사를 했다가 세자가 경복궁에서 많은 군사를 몰고 온다면 어찌하겠습니까?"

"그까짓 세자야 오든 아니 오든 무슨 상관인가? 지금 놈들이 낌새를 알아차리고 그러는 게 아닌가?"

"아니오, 이것은 완전한 계책이라 할 수 없습니다. 수양은 죽일 수 있지만 상왕을 잃어서야 되겠습니까?"

성삼문은 나이는 젊지만, 이번 거사의 총책임자였다. 장군은 그래도 화가 풀리지 않았다.

"오늘 이 자리에 수양과 그를 추종하는 난신적자들이 모두 모였으니, 그들을 전부 베면 그만이지 무슨 딴 계책이 있단 말인가?"

"아닙니다. 성 승지의 말을 따르셔야 합니다."

박팽년이 말렸다.

"왜들 이러나! 일은 신속할수록 성공률이 높은 것이야. 이렇게 미루면 탄로가 나네. 내 이 칼로 수양, 그 놈의 목을 쳐들고 나올 텐데 왜 그러나?"

"아닙니다. 세자가 군대를 움직이면 어렵소이다."

"허, 어렵다구! 여기서 난신적자를 다 베어 없애고, 상왕 명에 따라 그 군대를 인솔하고 경복궁으로 쳐들어가면 수양의 아들쯤 무엇이 두렵겠는가. 이거야말로 더없이 좋은 기회가 아닌가? 저리들 비키라고."

장군은 그대로 밀고 들어가려 하였다. 그러자 성삼문과 박팽년이 한사코 말리므로 허탈하게 멍하니 서 있었다. 이를 지켜보던 성균관 사예 김질은 가슴이 두근거리기 시작했다. 그는 남달리 겁이 많은 사람이었다.

이러고 있을 때 신숙주가 연회장으로 들어가기 위해 머리를 빗질하여 상투를 다시 틀고 있었다. 신숙주를 맡은 윤영손은 거사가 중지된 것을 모르고 이 기회를 노려 신숙주의 등 뒤에서 칼집에 손을 대고 다가섰다. 이것을 본 성삼문이 쫓아가서 윤영손의 옷을 잡고 눈짓을 보냈다. 윤영손이 어리둥절해서 어쩔 줄을 모르고 있을 때 박팽년이 달려와 그의 귀에 대고 거사가 연기되었음을 알렸다. 윤영손은 더 긴 말을 나눌 시간이 없었으므로 맥이 풀린 채 밖으로 걸어 나갔다.

성삼문의 결정적인 오판(誤判)이었다. 당대의 뛰어난 재사이며 학문이나 충성심이 그 누구보다도 뛰어났던 성삼문이 이렇게 오판을 하다니 천추의 한을 남긴 큰 실수였다. 운명의 장난이었는지도 모를 일이었다.

일이 여기에 이르자 기세등등했던 성승과 동조자들도 기세가 꺾이어 그대로 빈청으로 돌아와 맥이 풀린 채 멍하니 기다렸다.

아까부터 가슴이 방망이질치던 김질은 만사는 틀린 것이라고 판단했다. 먼저 고변(告變)해서 자기의 목숨이라도 보전해야겠다는 생각이 들자 장인인 우찬성 정창손을 찾아가 그동안의 밀모 사

박팽년의 유허지

실을 낱낱이 이야기하고 만약 일이 성공되면 정창손을 영의정에 앉히기로 했다는 사실까지 말했다.

"그자들이 나를 영의정에 앉힌다고? 나는 알지도 못하는 사이에 공모한 셈이 되었으니 큰일이로다."

세종의 총애를 받은 명신 정창손은 순간 어찌할 바를 몰랐다.

"빙부님, 아직 아무도 이 사실을 모르고 있습니다. 지금 상감께 고변하여도 늦지는 않습니다."

정창손은 사위 김질을 응시하였다. 당대의 석학이요, 의리에 밝은 정창손인지라 사위의 변절이 역겨웠던 것이다. 그러나 이런 생각은 잠시일 뿐, 현실의 영욕에 돌아온 정창손은 사위와 함께 경복궁으로 발길을 재촉했다.

이리하여 이 밀모사건은 한명회에게 알려졌고, 한명회가 즉시 세조에게 아뢰어 그 진상이 백일하에 드러나게 되었다.

사정전에는 육방 승지와 예조·형조의 당상관들이 모인 가운데 세조의 친국이 시작되었다.

"저 흉악한 역적의 괴수 성삼문을 계하에 잡아 꿇혀라!"

그 목소리는 서릿발같이 싸늘하고 차가웠다. 좌우에 있던 중신들은 영문을 전혀 몰라 어안이 벙벙하여 긴장해 있었다.

성삼문은 내심 생각했다.

'일이 이미 탄로났구나! 아아, 하늘도 너무 무심하구나!'

"이놈, 성삼문! 너는 어찌하여 역모를 꾀하여 나를 없애려 하였느냐? 그래도 할 말이 있느냐?"

"그 사실을 어떻게 아시었소?"

성삼문의 꿋꿋한 자세를 보자 세조는 노기가 등등하여 김질을 불러오도록 하여 대질 신문에 들어갔다. 김질을 보자 성삼문은 그를 쏘아보았다.

"이놈 김질아! 글깨나 읽었다는 선비놈이 하루도 못 되어 일신의 영화만을 노려 친구를 배반하느냐? 이 더러운 놈 같으니!"

김질을 꾸짖고 난 성삼문은 세조를 쏘아보았다.

"당신네들이 말하는 역모를 한 것은 사실이오."

세조의 앞에서 김질을 꾸짖고 임금을 당신이라 불렀으니, 그 기개는 가히 하늘을 찌를 듯 굽힘이 없었다. 아무도 성삼문의 말을 막지 못했다.

"성왕 전하는 아직도 나이가 젊으시오. 신하된 자가 자기의 임금을 다시 내세우려 하는 것은 충성된 일이거늘 역모라니 당치도 않소."

"저런, 죽일놈!"

세조는 분통이 터져 벌떡 일어서며 성삼문을 형틀에 맨 다음 갖은 극형을 다 가하였다. 그리고 역모에 가담한 일당을 모두 대라 하였다.

"우리 일당은 이미 충성스럽게 죽기를 각오한 사람들이오. 추호도 두려울 것이 없소."

박팽년, 하위지, 김문기, 유성원, 이개의 사육신이 모두 끌려나와 고문을 당하였다.

세조는 전부터 박팽년의 문재(文才)를 매우 사랑했다. 그리고 성삼문의 추호도 굽힘 없는 신념에 기가 질려 박팽년이 그 앞에서 잘못을 뉘우치고 사죄하는 척 굴복하면 살려주겠다고 한명회를 시켜 은밀히 귀띔해 주었다.

그러나 박팽년도 세조를 진사(進賜)라고 부르며, 상왕을 내세우는 것이 어찌 역모냐고 반문했다. 박팽년을 굴복시켜 살려준 다음 성삼문도 굴복시켜 보려던 세조의 한가닥 희망은 수포로 돌아가고 말았다. 세조는 화가 났다.

"너는 그동안 내게 칭신하고 녹까지 받아먹은 놈이 이제 와서 진사라고 부르고 상왕을 내세우려 하니 이치에 맞는 말이냐?"

"나는 진사에게 칭신한 일이 없소이다."

"무엇이 어쨌다고?"

"내가 충청감사로 있을 때 올린 장계가 있을 것이니 가져다 확인해 보시오. 신(臣)자 대신 거(巨)자를 썼음을 알 수 있을 것이외다."

의절사 단종의 복위를 꾀한 충신 성삼문, 박팽년, 하위지, 이개, 유성원, 유응부의 위패가 모셔져 있으며, 후에 김문위의 위패가 함께 모셔졌다.

이 말을 들은 세조는 눈이 뒤집힐 지경이었다. 그는 이성을 잃은 사람처럼 보였다. 세조는 무사들에게 명하여 박팽년의 주리를 틀고 단근질로 다스렸다.

세조는 모든 중형을 가하여 성삼문·박팽년의 기개를 굴복시키려 하였으나, 끝내 굴복시키지 못하고 한쪽으로 제쳐놓았다.

계속해서 이개와 하위지가 끌려 나와 고금에 없는 혹형이 가해졌으나 그들도 끝내 세조에게 칭신하지 않았다.

사육신 가운데 문신이면서 삼군도진무를 지낸 바 있는 김문기는 이들 중 가장 사회 경

험이 많은 원로로서 처음부터 단종복위운동에 적극적이었을 뿐 아니라 외부에서 병력동원의 책임을 지고 이 일을 처음부터 끝까지 진두지휘하였다. 그때 김문기는 일이 성숙되어가자 성삼문, 박팽년, 하위지, 유성원, 이개 등에게 당부했다.

"자네들이 안에서 거사를 잘 하시오. 그리하여 일을 잘 마무리지어 실수 없도록 단단히 결행하도록 하오. 나는 밖에서 모든 일을 책임지고 진행하겠소. 더욱이 가장 중요한 것은 군사를 지휘하는 문제가 아니겠소. 병력 동원은 내가 맡아서 조금도 차질이 없게 진행시키겠으니, 나머지 일에만 빈틈이 없게 하오."

김문기는 밖에서 병력을 동원하여 왕위 복위의 일을 성사시키는 결정적인 임무를 맡았다.

김문기도 함길도(함경도) 절제사로서 이징옥의 난을 평정하였다. 무예에 뛰어난 문무를 겸전하였을 뿐 아니라 성품이 통달하고 언변도 좋아 지도력이 있었다. 그는 성품이 악함을 미워하는 정의파 선비로서 세조의 왕위찬탈 등 불의와 부정을 차마 눈으로 볼 수 없어 다른 나이 적은 동지를 규합하여 단종복위 운동을 진두지휘하였던 것이다.

이때 김문기도 잡혀가 세조에게 문초를 받았다.

"네가 병력을 동원한 주모자인가?"

"…."

"모든 거사는 네가 계획하고 모의하였는가?"

"…."

세조가 자세하게 물어보아도 아무 대답이 없었다. 김문기는 끝내 주모자로서 입을 열지 않고 불복(不服)하였다. 이 거물 주모자는 끝내 입을 열지 않고 있다가 마지막으로 한마디 했다.

"저를 죽여주시는 것만이 모든 동지를 욕되게 하지 않는 길입니다."

이 말에 세조는 더욱 기가 차고 불쾌하기 이를 데 없었다. 화가 머리끝까지 치민 세조는 소리를 질렀다.

"어서 죽여라!"

그리하여 김문기는 단종을 위하여 충효를 다 바치다가 세상을 떠나게 되었다. 이 당시 단종을 위하여 죽은 사람은 이들을 포함하여 100여 명에 달했다고 한다.

이처럼 사정전에서 고금에 찾아볼 수 없는 혹독한 형벌이 가해지고 있다는 소식을 들은 유성원은 스스로 목숨을 끊어 그의 충성을 상왕에게 바쳤다.

이로써 상왕을 다시 내세운다는 임 향한 일편단심은, 결국 수많은 사람의 죽음으로 끝나고 그 후 단종도 노산군으로 강봉되어 영월로 쫓겨났다.

굳은 절개로 살아온 생육신

수양대군 세조가 왕위에 오르자 뜻있는 선비 가운데 앙천탄식하며 벼슬길에 나오지 않고, 초야에 묻혀 숨어 사는 이들이 많았다.

"국가의 대권이 어찌 한 사람의 손에 좌우된단 말인가. 나라는 백성을 근본으로 삼아 정치를 펴나가야 하거늘…."

지조 있는 선비들이 수양의 집권을 은근히 반대하여 하나둘 초야에 묻힌 것이다.

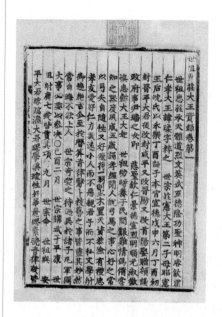

율정 권절(權節)은 문무를 다 갖춘 뛰어난 사람으로 세종 때 과거에 급제하여 사복시(司僕寺)의 직장(直長) 벼슬에 올랐던 사람이다.

남달리 재질이 뛰어난 권절을 자기 편 사람을 만들기 위해 수양은 여러 번 설득을 하고 찾아갔으나 그는 끝내 나오지 않았다.

어느 때 수양은 권절의 손을 잡으며 은근히 말했다.

"율정, 나와 함께 마음을 합하여 일을 하는 것이 어떻겠소?"

권절은 담담하게 거절하며 말했다.

"상감께서 비록 보령이 어리시나 나라가 태평한 이래 호걸들을 모은다는 것은 나라를 소란하게 만들 뿐입니다. 소인으로서는 추호도 생각할 수 없는 일로 생각되옵니다."

권절의 이 같은 태도에 수양은 쉽사리 포기하지 않았다. 그 후에도 여러 번 사람을 보내 설득했으나, 권절은 미친병을 핑계로 자취를 감추고 말았다.

원호(元昊)의 호는 관란(觀瀾)이요, 본관은 원주이다. 문과에 올라 벼슬이 직제학에 이르렀다. 수양대군이 왕위에 오르자 신병을 칭탁하여 벼슬자리를 사직하고 원주로 돌아가 세상과 등졌다. 그 후 단종이 노산군으로 강봉되어 영월에 쫓겨나자, 원호는 영월 서쪽에 집을 짓고 관란이라 이름지은 다음 흐르는 물과 자연을 벗삼아 풍월을 읊어 세월을 보내며 조석으로 단종이 있는 곳을 향하여 울며 일편단심을 불태웠다.

단종이 죽임을 당하자 그는 상복을 지어 입고 3년 동안 거상을 하면서 불운했던 단종 임금을 애도하며 조석으로 통곡하였다. 3년 거상을 끝내자 원호는 다시 원주의 옛집으로 돌아와 문밖 출입을 하지 않았다.

어느 날 그의 사촌이 원호를 찾아보기 위해 하인도 데려오지 않고 혼자서 찾아왔다.

"형님, 제가 인사드리러 왔습니다. 잠시 만나 뵙고자 하오니 문 좀 열어주십시오."

원호는 문을 열어주지도 않고 일언지하에 거절했다.

"오! 동생이 왔구나. 네 목소리만 들어도 본 것이나 다름없다. 나는 사람을 대할 낯이 없으니 그대로 돌아가게."

'과연 무서운 분이구나. 오직 단종을 생각하여 세상 사람들과 등을 지시다니…'

세조도 원호의 충성심에 감복하여 호조참의의 벼슬을 제수하여 불렀으나, 그는 벼슬 따위는 안중에도 없었다.

하루는 강원도 관찰사가 과객의 차림으로 원호를 만나보려고 하였으나, 관찰사임을 안 원호는 끝내 방문을 열어주지 않았다.

원주는 관부(官府)에서 거리가 가깝기 때문에 많은 사람들이 그를 찾았다. 원호는 이것이 마땅치 않아 더 깊은 산골로 숨어들어 맑은 물과 푸른 산을 벗삼아 일생을 마쳤다.

벼슬을 그만두고 향리로 돌아온 선비들을 다시 기용하려고 조정에서는 여러 가지로 회유하는 작전을 폈으나 한번 뜻을 굳힌 선비들의 마음을 돌이킬 수는 없었다.

이맹전(李孟專)은 거창현감(居昌縣監)으로 있을 때 수양이 단종을 죽였다는 소식을 듣고, 벼슬을 내던지고 고향 선산으로 돌아갔다. 고향으로 돌아온 이맹전은 오로지 책만 대할 뿐, 문을 닫고 외부 사람과의 접촉을 끊었다. 혹 누가 찾아오기라도 하면 그는 눈이 멀었다고 말하며 사람을 쳐다보지 않았다.

거창현감의 벼슬을 버리고 고향으로 돌아온 후에도 조정에서는 그를 여러 차례 불렀으나 응하지 않았고 대궐 쪽을 향해서는 앉지도 않았다.

일반 사람과는 전혀 접촉하지 않았으나, 오직 김숙자와는 서로 터놓고 지내며 때때로 세상사를 논하였다. 그러나 말년에는 김숙자와도 만나지 않고 김숙자의 아들 김종직 한 사람만을 만나 세상 이야기를 나누었다.

금오산(金烏山) 아래에 묻혀 산 이맹전은 젊은 후학들에게는 세상에 나가 불의와 싸워 올바른 정치를 해달라고 종용하였다.

조상치(曺尙治) 또한 세상을 등지고 방랑생활로 일생을 마친 사람이다. 그는 문과에 장원하여 부제학의 벼슬에 있었다. 단종이 수양에게 왕위를 물려주자 문을 꼭 닫고 신병을 핑계삼아 하례하는 반열에 한 번도 나가지 않았다. 아직 벼슬자리에서 물러날 때가 되지 않았음에도 세 아들이 모두 벼슬에 올라 복이 너무 과하니 자기는 마땅히 물러나야 한다고 상소를 올렸다.

세조는 조상치의 뜻을 가상히 여겨 예조참판을 제수하였으나 그는 병을 칭탁하고 참판 벼슬을 끝내 받지 않았다.

조상치는 격하지 않은 말로 벼슬을 내놓고 영천(永川) 마단(麻丹)으로 내려갔다. 마단으로 내려간 조상치는 단종이 있는 영월 쪽을 향하여 아침저녁으로 절을 올리며 슬퍼하였다.

조상치는 일생 동안 서쪽을 향해서는 앉지도 않았으며 자신이 얼마 살지 못할 것을 직감하여 자연석에 다음과 같이 비문을 새겨놓고, 자기가 죽은 후 무덤에 세워 달라고 유언하였다.

노산조 부제학 포인 조상치지묘

魯山朝 副提學 逋人 曺尙治之墓

여기에 담겨 있는 뜻을 풀이하면, 노산조라는 말은 세조의 신하가 아님을 은근히 뜻하는 것이고 품계(品階)를 쓰지 않은 것은 임금을 구하지 못한 죄인을 자처함이며, 부제학이란 관직에 있었다는 사실을 빠뜨리지 않기 위함이요, 포인이란 망명하여 도망한 신하라는 뜻이다.

조려(趙旅)는 수양이 단종의 선위를 받았다는 소식을 듣자, 평소 아끼던 서책들을 모두 불살라버리고 통곡하였다.

"이 더러운 세상에 공부는 해서 무엇하겠느냐. 내 더러운 이 세상의 벼슬자리에는 나가지 않겠다."

그 후 단종이 영월로 쫓겨나자 조려는 동문 유생들에게 작별 인사를 하였다.

조려는 문장이 탁월하여 선비들로부터 신망이 두터운 전도유망한 인물이었으므로 동문들은 의아하게 생각해 그의 행동을 주시하였다. 그는 인가라고는 찾아볼 수 없는 첩첩산중에 초라한 집을 짓고 스스로 어계(漁溪)라는 호를 붙였다.

조려는 이렇게 깊은 산속에서 살면서 두문불출, 사람을 대하지 않았다. 조려가 이렇게 두문불출하여 과거에도 응하지 않은 까닭은 세조의 신하가 되지 않으려는 심사이고 정도(定道)로 얻은 왕위가 아님에 의분을 느꼈기 때문이었다.

영월에 있는 단종의 거처를 가려면 여러 번 나룻배를 타고 강을 건너야 했다. 이 무렵 나라에서는 노산군 단종을 찾는 의사와 충신들의 왕래를 사전에 막기 위해 인위적으로 교통을 두절시켜 나룻배를 모두 없애버렸던 것이다.

조려는 어떻게 해서든지 단종이 있는 곳으로 찾아가기로 결심하였다. 지성이면 감천으로 어떻게든 갈 수 있을 것이라 자신했다. 어느 날 조려는 아침 일찍 영월을 향해 떠났다.

첫날은 거의 백리를 걸을 수 있었으나, 다음날부터는 점점 거북이 걸음으로 바뀔 수밖에 없었다. 조려는 피로도 잊은 채 걸음을 재촉하여 일주일 만에 영월에 닿았다. 500여 리를 걸어온 그의 몸은 극도로 피로해 있었고 눈은 십리나 들어가 있었지만, 단종의 거처가 저 멀리 바라보이자 그의 마음은 부풀어 올랐다.

"상감마마! 불초 신 조려가 멀리 용안을 우러러 뵙고자 먼 길을 달려왔사옵니다. 망극하나이다."

그는 단종이 있는 곳을 향해 사배를 올린 다음 원호를 찾았다. 원호는 단종이 영월로 오자 곧바로 이곳에 와 집을 짓고 매일 조석으로 단종이 있는 곳을 향해 절하면서 일편단심 충성을 불태우고 있었다.

원호는 조려의 방문에 놀라는 빛을 감추지 못하였다.

"이게 누구시오? 500여 리 먼 길을 불원천리 찾아오다니…! 그 충성이 하늘에 닿겠소이다."

"천만의 말씀을…. 귀양 와 홀로 계신 상감을 생각하면 내 고생쯤이야 무엇이 문제겠소. 상감께서는 요즈음 어떻게 지내고 계신지…. 며칠 신세를 져야겠소이다."

"별 말씀을 다하시오. 아무 염려 말고 몇 달이고 푹 쉬시다 가시오."

"감사하오이다. 이렇게 우정을 베풀어주시니. 그런데 상감께오서는 요즈음 옥체 만강하옵신지 궁금합니다."

"예, 상감의 안부가 궁금하와 상감께서 거처하시는 곳 가까이 사는 농부를 한 사람 사귀어 놓았습니다. 그의 말에 따르면 상감께서는 늘 동헌에 홀로 나와 앉아 계신다 하옵고, 곤룡포를 입으신 채 의젓이 앉아 계시니, 그 비참한 모습은 차마 뵈올 수가 없다 합니다."

조려는 단종의 용안을 머릿속에 그리며 성수무강하시어 다시 광명의 날이 찾아오기를 기원하였다.

조려와 원호 두 사람은 밤이 어두워지면 강가에 나와 저 건너편에 바라보이는 상감이 계신 동헌을 향해 사배를 올리고 성수만세(聖壽萬歲)를 불렀다.

원호의 집에서 며칠 쉰 조려는 다시 함안으로 돌아왔으나 상감을 그리는 마음은 일각이 여삼추라, 그대로 앉아 있을 수가 없어 다시 영월을 향해 떠났다. 그는 이처럼 영월과 고향을 몇 번이고 왕래하면서 단종을 그리워했다.

하늘도 울고 땅도 울던 단종 최후의 소식을 들었을 때, 그는 마침 함안에 와 있었다. 조려는 이 소식을 듣자 땅을 치며 통곡하였다.

"상감마마, 이렇게 망극할 수가 있겠습니까!"

재삼 통곡하였지만, 가슴속 깊이 스미는 원통함은 풀리지 않았다.

조려는 원통하게 죽은 단종의 마지막 용안이라도 뵈옵고, 옥체나마 염습(殮襲)하기 위해 영월로 길을 재촉했다. 불철주야 밤낮을 가리지 않고 걸음을 재촉하여 영월 강가에 닿은 것은 한밤중이었다.

강을 건너려 하였으나 배는 그림자조차 보이질 않았다. 강을 건너지 않고는 빈소로 들어갈 수가 없었으니 조려의 실망은 컸다. 어쩔 줄 몰라 우왕좌왕하다가 알몸으로 강을 건널 작정으로 의관을 묶어 머리 위에 올려놓고 막 강을 건너려하였다. 그때 무엇인가 뒤에서 슬그머니 잡아당기는 감각을 느껴 뒤를 돌아보았다. 순간 그는 기절할 정도로 놀랐다. 거기에는 커다란 호랑이가 앉아 있는 것이 아닌가. 조려는 두려운 마음을 누르고 호랑이에게 말하였다.

"너는 동물의 영장이라고 하는 호랑이다. 너는 영월 적소(寧越謫所)에서 한많은 세상을 하직하신 상감이 계심도 모르느냐? 나는 그 상감을 뵙고자 하여 강을 건너려는 참이니, 네가 영물이라면 내가 강을 건널 수 있게 도와다오!"

조려의 말을 가만히 듣던 호랑이는 마치 조려의 말을 다 알아들었다는 듯 고개를 끄덕이더니, 그의 앞으로 다가와 올라타라는 시늉을 하며 등을 내밀었다. 지성이면 감천으로 하늘의 도우심이라 생각하였다.

조려는 호랑이의 등에 올라탔다. 호랑이는 단숨에 강을 건너뛰어 맞은편 언덕에 닿았다. 호랑이는 조려의 고맙다는 인사말을 알아들었다는 듯이 고개를 끄덕이고는 산중으로 사라졌다.

단종의 시신 곁에는 개미 새끼 한 마리도 없었다.

"만백성의 어버이이신 국왕의 최후가 이럴 수 있단 말인가! 망극 망극하나이다…"

조려는 시체 앞에 다다르자 통곡을 터뜨렸다. 한참 통곡을 한 그는 사배를 올린 다음, 상감으로서는 너무도 초라한 염습을 정성 껏 마쳤다. 그리고 명복을 빌었다.

그는 이제 죽는다 해도 아무런 여한이 없을 것 같아 마음이 후련해졌다. 비록 생전에는 뵙지 못했을지언정 염습을 손수 마쳤기 때문이었다. 그는 어느덧 캄캄한 강가에 와 있었다. 강을 건너려 할 때 아까 그 호랑이가 다시 나타났다.

조려는 다시 호랑이의 등에 업혀 강을 건넜다. 함안에 돌아온 조려는 전보다도 더 큰 슬픔에 잠겨 세월을 보냈다.

성담수(成聃壽)의 본관은 창녕(昌寧)이다. 그는 아버지 성희(成熺)가 성삼문에 연좌되어 폐고(廢錮)되자 어버이 무덤 밑에 살면서 한 번도 서울에 오지 않았다.

그는 명문가의 자제이면서도 티를 내지 않아 그 고을 사람들 조차도 보통 농사꾼으로 알 정도였다.

전원 생활을 하고 있을 때, 그의 조카 성몽정(成夢井)이 경기 관찰사로 임명되었다. 성몽종이 그 고을을 순시하던 중 성담수를 만나보려고 찾았으나, 고을 사람들은 그가 거처하고 있는 곳조차 알지 못했다. 수소문한 끝에 겨우 성담수의 집을 찾았으나 다 쓰러져가는 초가에 토상(土床)이 겨우 무릎이나 놓을 정도였다. 성몽정이 탄식하고 돌아가 돗자리 몇 장을 담수의 집으로 보냈으나 담수는 이를 받지 않았다.

"이 돗자리는 우리집에 깔기에는 너무나 좋은 자리이니 즉시 돌려 보내도록 하여라."

그는 낚시질로 유유자적한 생활을 하였다. 나물죽으로 연명하며 낚시를 드리우고 시를 읊어 우울한 심사를 달했다. 어쩌다 관인들의 자제들과 만나게 되면 그런 더러운 벼슬은 받지 말라고 충고하였다.

"지금 세상에 자신의 부귀영화만을 위해 벼슬을 하는 것은 아버지나 선조에 대해 면목이 없는 일이고 가문을 욕되게 하는 것이다."

그의 이러한 말이 현실의 부귀에 노예가 되어 있는 무리들에게 받아들여질 리는 없었다. 그러나 그는 끝까지 절개를 지켰고 몸이 늙기도 전에 의분에 못 이겨 일생을 마치고 말았다.

김시습

이 밖에도 김시습, 남효은 등 무명의 선비들이 세조의 찬탈에 반대하여 세상을 등지고 초야에 묻혔다. 단종에 대한 일편단심을 안은 채 끝까지 지조를 지킨 사람의 수는 붓으로 기록할 수 없을 정도로 많았다.

북쪽에서 일어난 이시애의 난

세조 13년 길주 출신의 호족 이시애(李施愛)가 아우 이시합(李施合)과 공모하여 난을 일으켰다. 급보를 접한 세조의 가슴은 떨리고 있었다. 그것은 반란이 일어났다는 사실보다도 더 큰 충격적인 사실이 장계에 적혀 있었기 때문이다.

"절도사 강효문(姜孝文), 길주목사 설징신(薛澄新) 등이 반란을 일으켰으므로 신 이시애는 가만히 앉아 있을 수가 없어 그들 역적을 모두 목베어 죽이고, 일단 위급한 사태는 수습하였습니다.

그러나 유언비어로 함길도 전체가 흉흉하오니 이 지방 출신의 수령을 임명하여 민심을 안정시키옵고, 아울러 서울에서 내통하고 있는 자와 잔당을 소탕하시옵소서."

세조가 깜짝 놀란 것은 다음 내용이었다.

"한양의 신숙주 · 한명회 · 김국광 등이 내응하기로 되어 있다 합니다."

장계를 훑어 본 세조는 혼자말로 중얼거렸다.

"신숙주 · 한명회가, 신숙주 · 한명회라!"

무예별감에게 왕명이 내려졌다.

"신숙주 · 한명회 두 정승을 포박하여 하옥시키도록 하라. 지체해서는 안 되느니라."

10년 전에 성삼문 · 박팽년 등이 갇혔던 바로 그 옥에 신숙주와 한명회가 들어앉았다. 참으로 알 수 없는 일이었다.

"도대체 어찌된 일일까요?"

신숙주가 한명회에게 묻는 말이었다.

"낸들 어찌 알겠소? 어느 놈이 무고를 했든지, 아니면 무슨 오해하실 일이 생긴 모양이지요."

두 정승은 영문도 모른 채 한숨을 내쉬며 하회를 기다릴 수밖에 없었다.

이런 일이 있은 뒤 사흘째 되던 날, 함길도 관찰사의 서찰이 당도하였다. 사건의 주동은 바로 이시애라는 내용과 두 정승을 모함한 것도 이시애의 계략임이 밝혀진 것이다. 임금은 이 글을 읽고 곧바로 옥청으로 뛰어와 울음을 터뜨렸다.

"내가 정신이 빠졌소, 두 분 정승을 이렇게 하다니!"

임금의 오열에 신숙주 · 한명회는 어쩔 줄 몰라 흐느끼기 시작하였으며, 세 사람은 군신의 예도 잊은 채 하나가 되어 한동안 울었다.

이시애의 반간계(反間計)는 사흘 만에 들통나고 말았다. 세조는 즉시 토벌군 편성을 명하였다.

도총사에 귀성군(龜城君) 이준(李浚), 부총사에 조석문(曺錫文)을 임명하였으며 그 밑에 어유소(魚有沼)·남이(南怡)·강순(康純)·허종(許琮) 등 당대의 기라성 같은 장군을 모두 배속시켰다. 토벌군의 병력은 10만 대군이었다.

이시애는 대대로 길주에서 살아온 호족의 아들로 일가친척이 번성하여 길주에서는 세도가 당당하였다. 고을 수령이 부임하면, 맨 먼저 이시애를 찾아가 부임인사를 하는 것이 관습처럼 되어 있었다.

그러나 세조의 중앙집권 강화정책이 착착 시행되자 지방 호족들은 불만을 품게 되었다. 북도의 수령들을 중앙관리로 대체하고 호패법(號牌法)을 강력히 시행하자 이시애의 불만은 더욱 커져만 갔다.

이시애는 동생 이시합, 매부 이명효(李明孝)와 함께 은밀하게 작전을 짜기 시작했다. 먼저 유언비어를 퍼뜨려 민심을 흔들어 놓았다.

"하삼도(下三道;충청·전라·경상도) 사람들이 우리 북도 사람을 야인같이 취급하며 몰살시킬 기회를 노리고 있다."

"우리를 공격하기 위해 군사들이 이미 후라도(厚羅島)까지 쳐들어 왔다."

"황해도 군사들도 우리를 치기 위해 출동해서 이미 설한령(雪寒嶺)까지 쳐들어 왔다."

이러한 뜬 소문은 진원지조차 모른 채 꼬리에 꼬리를 물어 솜 덩어리처럼 부풀어 퍼지기 시작했다. 원래 세상이 흉흉하던 터라 북도의 사람들은 이 소문을 믿어버렸다. 혈기왕성한 젊은이들은 우리가 이대로 앉아 죽임을 당하느니, 차라리 병장기를 들고 일어 나 쳐들어오는 남도 사람들을 없애야 한다고 들고 일어났다.

　친척들도 이시애를 충동질하였다. 저렇듯 혈기에 넘치는 청 년들을 수합하여 일어나는 것이 어떠냐고 떠들어댔으나, 이시애 는 더 성숙되기를 기다리고 있었다.

　함길도 관찰사 오응(吳凝)은 휘몰아치는 유언비어의 회오리 바람을 막기 위해 밤잠을 이루지 못하였으며, 절도사 강효문(康 孝文)을 파견하여 민심 수습에 나섰다.

　강효문이 길주에 도착한다는 소문을 들은 이시애·이시합· 이명효는 회심의 미소를 짓고, 면밀한 작전계획을 세우느라 신경 을 곤두세우고 있었다.

　이시합 첩의 딸이 주기(州妓)로 있었다. 그녀는 재색과 가무 가 출중하여 길주에 잔치가 있을 때면 빼놓지 않고 불려나가 인기 를 모으는 기생이었다. 이시애 일당은 주기의 손을 빌려 강효문과 길주목사 설징신을 없애고, 그 기회에 행동을 개시할 계획이었다.

　그들은 우선 이시합의 첩의 딸을 시켜 강효문과 설징신을 녹 이게 한 다음 군사를 불러들여 두 사람을 목베기로 하였다.

　길주목사 설징신은 강효문을 환대하여 밤늦도록 주연을 베풀 었고, 밤이 이슥해지자 강효문과 설징신은 각각 주기 한 명씩을 끼고 단꿈을 꾸게 되었다. 이시애 등의 작전대로 이시합의 첩의 딸이 강효문의 침소에 들게 되었다. 이시합은 관아 부근에 50명의 부하를 매복시켜 대기하고 있다가, 신호가 나면 즉시 출동할 만반의 태세를 갖추고 있었다.

신호는 예상했던 대로 빨리 왔다. 강효문의 침소에 들었던 이시합의 첩의 딸은 안에서 잠근 문을 모두 열어젖혔다. 대기하고 있던 군사들이 안으로 쳐들어가 술이 고주망태가 되어 자는 두 벌거숭이 관리를 힘들이지 않고 목베었다.

다음날 이시애는 세조에게 거짓 장계를 올려 시간을 벌기 위한 작전을 펴는 한편, 유언비어에 속아 펄펄 뛰는 군중들을 끌어들여 함길도 일대는 자기들이 다스려야 한다고 반기를 든 것이다.

이시애의 음모에 말려들어 모인 북도인들의 수는 3만 명이 넘었다. 남도인들이 북도인들을 몰살시키기 위해 수륙 양면으로 쳐들어온다는 뜬 소문에 넘어간 이들은 목숨을 버리기로 작정하고 모여들었다. 이들은 먼저 조정에서 파견된 관리들을 모조리 죽여 없애고 관아들을 하나하나 손아귀에 넣으니 그럴 때마다 관군들 가운데서도 항복해 오는 사람이 많아 이시애의 군세는 날로 늘어만 갔다.

처음에는 병기가 없어 농기구까지 동원되었으나 한달도 못 가서 기치창검(旗幟槍劍)이 제법 갖추어져 위엄이 서게 되었다. 이시애는 벌써 왕이 된 기분이었다. 이러한 이시애에게 희소식이 계속 전해졌다.

여진에게 응원을 요청하러 갔던 밀사가 돌아와 여진이 호응해주겠다는 확답을 받았다는 소식이요, 또 하나는 조정 관군의 도총사 이준의 10만 군이 출정하기에 앞서 먼저 민심수습의 책임을 지고 선발대로 나온 최윤손이 투항해 왔다는 것이었다.

이시애는 최윤손을 반갑게 맞으며 조정의 현황을 상세히 물으니 최윤손이 대답했다.

"조정은 부패할 대로 부패해 있습니다. 이러한 기세로 밀고 들어가면 넉넉히 승리할 수 있습니다."

이시애는 백만 원군을 얻은 듯 입이 찢어질 정도로 웃었다. 이튿날부터 이시애는 병력을 동원하여 며칠 만에 함흥 이북의 땅을 모두 석권했다.

이 사이 이준의 대군이 진격해와 함흥 근교에서 숙명의 일대 접전이 벌어졌다.

이시애는 10만 관군의 위력을 잘 아는지라 가급적 정면 충돌을 피하고, 사면팔방에서 일진일퇴하는 유격전술로 관군에 맞서 싸웠다. 첫 대전에서는 관군의 희생이 더 많았으나 수적으로 우세한 관군은 공격을 멈추지 않고 계속 진격했다.

이시애의 반란군은 훈련을 제대로 받지 못한 오합지졸이라 밀려오는 관군의 기세에 눌려 후퇴를 거듭하여 홍원(洪原)까지 물러나게 되니 이시애는 더 이상 정면충돌을 주저할 수가 없었다. 전열을 가다듬고 홍원읍에서 최후의 일전을 벌였다. 일대공방전 끝에 쌍방의 희생자는 1천 명이 넘었다. 정말 피비린내 나는 전쟁이었다. 이시애는 이 싸움에서 패하여 북청에 진을 치고 또 한 번의 결정을 다짐했다.

이준은 관군을 4개 편대로 나누어 일군은 허종(許琮)에게 맡기어 서방에서 공격하도록 하고, 또 일군은 김교(金嶠)에게 주어 우회해서 북방에서 공격하도록 하고, 어유소의 일군을 동쪽 해로로 상륙하여 공격하도록 하고, 자신은 강순·남이 등과 함께 정면을 공격하였다.

죽고 죽이는 아비규환의 전투가 일주야를 끌며 계속되었다. 유혈이 성천하고 부상자들의 신음소리가 산골짜기를 울렸다.

이 전투에서 반란군의 병력은 반 이상이 희생되었고 관군도 그와 비슷한 희생자를 냈으나, 전체 병력에서 워낙 우세하였으므로 이시애의 반란군이 치명타를 입은 셈이었다. 반란군은 계속해서 패주하였다. 이시애는 만주로 망명할 각오로 길주의 가족과 재물을 모두 싣고 경성(鏡城)에 이르렀다.

도총사 이준은 일단 추격을 멈추고 평정지역의 민심을 수습하는 한편, 남이에게 일군을 주어 샛길로 나아가 이시애의 퇴로를 막게 하였다.

남이는 이준의 명에 따라 경성을 지나쳐 두만강 가의 회령에 진을 쳤다. 깊은 감회에 젖은 채 강 건너편을 응시하던 남이는 즉흥시 한 수를 지어냈다.

> 백두산 돌은 칼 갈아 다 없애고,
> 두만강 물은 말 먹여 없애리.
> 남아 20세 되어 나라 평정 못하면,
> 후세에 누가 대장부라 부르리.
> 白頭山石磨刀盡　豆滿江水飮馬無
> 男兒二十未平國　後世誰稱大丈夫

읊고 읊고 또 읊어 보아도 장부의 기개가 넘치는 시였다.

남이는 천하가 자기의 한 호통소리에 모두 굴복하는 환상에 사로잡혔다. 다시 한 번 읊고 난 남이의 곁으로 다가오는 한 그림자가 있었다.

"허허허, 과연 장부다운 시입니다."

크게 웃으며 다가선 사람은 갑사 유자광(柳子光)이었다. 그는 전에 호조 참의를 지낸 바 있는 유규(柳規)의 서자로, 무예에 남다른 재질이 있는 역사(力士)였다.

유자광의 눈꼬리가 남이를 쏘아보고 있었다. 힘이 넘쳐흐르는 남이의 시를 듣는 순간 질투심이 끓어올랐으나 그는 꾹 참았다. 그러나 남이는 이 한 수의 시가 후에 유자광이 자기를 모함하는 구실이 될 줄은 꿈에도 생각지 못했다.

세조는 토벌군을 보낸 다음 불면증이 더욱 악화되어 잠을 이루지 못했다.

단종이 왕위에 있을 때 이징옥(李澄玉)이 자칭 황제라 하고, 난을 일으켰으나 쉽게 평정이 되었다. 세조가 왕위에 오른 뒤 반란으로는 이번 이시애의 반란이 가장 큰 것으로 세조의 걱정은 태산 같았다.

그러던 중 허유례(許惟禮)가 운위원(雲委院)에서 계교를 써서 이시애 형제를 사로잡았다. 포박당한 이시애 형제는 곧바로 군진 앞으로 끌려 나갔고, 참형에 처해져 이시애의 난은 평정되었다. 반란군 평정의 장계가 조정에 전해졌고 뒤이어 이시애의 목이 운반되었다.

이준은 내친 김에 함길도를 두루 살피면서 민심을 수습한 다음 추석이 되어서야 한양으로 돌아왔다. 세조는 경회루에서 개선 장병들을 위로하는 잔치를 베풀었고 다음과 같은 조칙을 내렸다.

"토벌군의 승전을 진심으로 환영하노라. 그 충성이 가상하니 이준 이하 41인에게 적개공신의 영예를 내리노라. 길주는 길성현(吉城縣)으로 강등하고, 반적의 연루자들은 모두 원변(遠邊)에 유배하노라."

이로써 이시애의 반란은 완전 종결되었다.

호탕한 성종의 궁중 생활

예종이 왕위에 오른 지 1년 만에 승하하고 예종의 형이며, 덕종의
둘째 아들 자산군(者山君)을 왕으로 내세우니 그가 성종이다.

세조의 큰 아들인 덕종이 세자로 책봉된 후 갑자기 요절하였
으므로 다음 아들 예종이 세자로 책봉된 후 왕위에 오르게 되었
다. 그런데 예종 또한 왕위에 오른 지 1년 만에 승하하니 당시 사
람들은 세조가 단종을 죽이고 왕위를 찬탈했기 때문에 인과응보
로 그의 아들들이 모두 요절했다고 했다.

성종이 즉위하자 위로 세조의 왕비 윤씨를 비롯하여 생모와
양모가 살아 있어 궁중에는 세 왕비 과부가 있는 셈이었다.

어린 성종은 할머니와 두 어머니를 위하여 항상 궁중에서 잔
치를 벌이는 일이 많았다. 잔치에는 노래와 춤이 따르기 마련이므
로 궁중에서는 노랫소리와 장구소리가 떠날 날이 없었다.

성종이 나이가 들자 궁녀들은 왕의 사랑을 차지하려고 은근
한 교태를 부렸다. 성종은 술도 잘하고 풍류 기질이 있어 술에 취
하면 선비를 아낄 줄도 알고 유머도 곧잘 하였다.

세종 때부터 학문을 좋아하는 풍조가 이어져 내려와 성종도
학문을 좋아하였으므로 세조 때 폐지되었던 집현전을 다시 부활
시켜 홍문관이라 칭하였다.

왕은 문신들에게 명하여 《동국통감》, 《동국여지승람》, 《동문
선》 등을 편찬하였고, 나라의 기강이 되는 《경국대전》도 이때 완
성되었다.

어느 날 구종직(丘從直)이 처음으로 급제하여 교서관 정자

(正字)의 벼슬에 올라 경복궁 안에서 숙직하게 되었다. 시골 사람이 처음 서울에 올라온 지라 마침 시간도 한가해서 경회루 구경을 나갔다가 왕의 행차를 만나게 되었다. 어명 없이는 들어오지 못하는 곳에서 왕의 행차와 마주치자 구종직은 자리에 엎드려 대죄하였다.

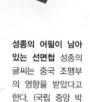

성종의 어필이 남아 있는 선면첩 성종의 글씨는 중국 조맹부의 영향을 받았다고 한다. (국립 중앙 박물관)

왕은 앞에 엎드린 사람을 보고 말했다.

"너는 누구길래 그렇게 하고 있느냐?"

"신은 시골의 천한 몸이옵니다."

"어찌하여 여기를 들어왔느냐?"

"경회루 경치가 좋다 하기에 구경하러 들어왔습니다."

"네 벼슬이 무엇이냐?"

"교서관 정자 구종직으로 아뢰옵니다."

"그럼 노래를 할 줄 아느냐?"

"격양가(擊壤歌)를 조금 부를 줄 아오나 장단이 맞지 않을까 하옵니다."

"그래도 불러 보아라."

구종직은 하는 수 없이 농부들이 부르는 격양가를 멋드러지게 불렀다. 왕은 매우 흡족했다.

"네가 경서(經書)를 읽을 줄 아느냐?"

"예, 알고 있습니다."

"무슨 경서를 잘 아는고?"

"《춘추(春秋)》를 잘 알고 있습니다."

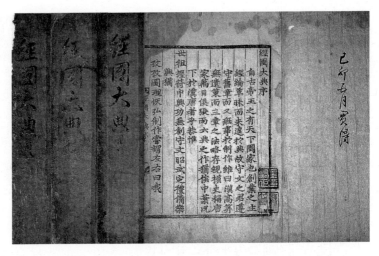

"그러면 어디 외워보도록 하라."

구종직은 목소리를 가다듬어 《춘추좌전》을 막힘 없이 줄줄 외워 내려갔다. 왕은 너무나 흡족한 나머지 어주(御酒)까지 하사하며 구종직을 칭찬하였다.

다음날로 왕이 구종직의 벼슬을 일약 부교리로 승격시키니 삼사에서는 반대하는 여론이 빗발쳤다. 그러나 왕은 끝내 듣지 않고 그를 부교리로 임명하는 한편 이렇게 말했다.

"경들이 급제한 지 얼마 안 되는 사람을 승격시켰다고 하여 반대 여론이 있는 듯한데 내 말을 들어보오."

그리고는 대사헌 이하 여러 관원에게 《춘추》를 외울 자신이 있는 자는 외워 보라고 하였다. 그러나 한 사람도 나서는 사람이 없었다. 왕은 다시 구종직으로 하여금 여러 사람 앞에서 《춘추》를 외우도록 명하였다. 구종직은 전날과 같이 자신 있게 줄줄 내리 외었다. 왕은 여러 신하들에게 말했다.

"경들도 글과 관련이 있는 부서에서 일하는 사람들인데 어찌

하여 한 가지 경전도 제대로 외우지 못하면서 신진에게 벼슬을 마음대로 승격시켰다고 반대만 하오. 무릇 사람은 실력이 가장 우선하는 것이오. 그런 줄 알고 경들도 글공부를 좀 하오."

신하들은 묵묵부답이었다.

성종은 재주도 있고 글을 좋아하여 선비들을 아낄 줄 알았으며 여러 가지 좋은 서적도 편찬하였으나 주색을 지나치게 좋아하여 30여 세의 젊은 나이인데도 피를 토하는 일이 많았다고 한다.

폭군 연산의 횡포

성종 25년 12월 29일 이날은 부왕 성종의 뒤를 이어 연산왕이 조선 제10대 임금으로 등극하는 날이었다. 조정의 문무백관이 넓은 대청과 뜰에 줄지어 지켜보는 가운데 연산왕이 용상에 올랐다.

열성조의 대를 이어 만백성의 어버이가 되고, 일국의 통치자가 되는 신왕의 등극 의식은 매우 엄숙하고 숙연하였다.

"국궁사배"

연산왕이 용상에 오르자 줄지어 서 있던 문무백관들은 일제히 허리를 굽혔다. 새 임금에게 충성을 다짐하는 것이었다.

해가 바뀌었다. 선왕 성종의 인산(因山)은 아직 아니했으나, 경복궁의 뒤뜰에는 벌써 봄의 밝은 햇살이 비치기 시작하였다.

그러던 어느 날 성종 임금의 능침 지문(誌文) 초안이 연산왕에게 올려졌다.

연산은 그 초안을 보자 자못 심각한 표정으로 읽어 내려갔다.

그 지문의 한 대목에는 다음과 같은 내용이 적혀 있었다.

"초비(初妃)는 청주한씨 명회(明澮)의 따님이셨고 계비는 파평윤씨 기무(起畝)의 따님으로 폐출되어 사사되었으며…."

여기까지 읽어 내려오던 연산은 가슴이 내려앉았다.

"아니, 이게 무슨 소리? 윤기무의 따님을 폐출하여 사사라?"

연산은 한숨을 몰아쉬었다. 지금까지 궁금했던 수수께끼가 풀릴 날을 고대했던 연산의 머릿속에는 전광석화와 같은 생각이 스쳐 지나갔다.

왕비 신씨가 연산의 심상치 않은 기색을 살피며 아뢰었다.

"왜 그렇게 놀라십니까? 혹시 지문의 초안이 잘못되어 있습니까?"

"내가 지금까지 알고 싶어 하던 폐비의 일이 이 지문에 기록되어 있구려."

칠흑 같은 장막에 가리워져 있던 폐비 윤씨의 비밀이 서서히 그 머리를 내놓기 시작한 것이다. 연산은 입직승지를 급히 불러들였다. 입직승지는 심상치 않은 예감에 급히 어전에 부복했다.

"이 지문에 윤기무의 딸 윤씨를 폐출하고 죽음을 내렸다는 내용이 적혀 있는데 폐비 윤씨가 도대체 누구요?"

승지는 등에서 식은땀이 흐름을 느꼈다. 말을 할 수도, 아니 할 수도 없는 난처한 입장이었다.

"답답하오…. 왜 대답을 못하오. 기군망상(欺君罔上)의 죄를 범하려오."

연산의 채근에 못이겨 입직승지는 겨우 입을 열었다.

"사실을 아뢰오면 윤기무는 폐비 윤씨의 아버지이옵고, 윤씨는 폐비가 되었다는 것만…."

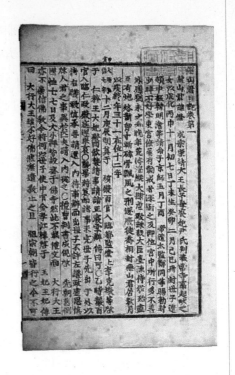

연산군에 관한 기록

연산은 어렴풋이 떠오르는 옛날의 기억을 되살리며 하나하나 그 의문을 풀 작정이었다.

"전하, 선왕마마의 엄명이오니 소신 같은 미관말직이 어찌 아뢸 수가 있겠습니까. 자세한 내용은 정승들에게 하문하심이 가할 줄 아옵니다."

예상대로 다음날 연산왕은 영의정 이극배, 좌의정 정괄, 우의정 신승선을 편전으로 불렀다.

왕명을 받은 세 정승은 근엄한 표정으로 편전에 들었다.

"어서 오시오, 세 분 정승."

연산은 이들을 반갑게 맞이한 후 말했다.

"선왕마마께서 폐비윤씨에게 사약을 내리셨다는데 그 자초 지종을 상세히 말해 주시오."

연산의 청천벽력 같은 물음에 세 정승은 흠칫 놀랐다. 선대왕 때의 일을 밝힐 수 없다고 아뢰자 노기를 띤 연산의 호령은 대단했다.

왕의 가경한 추궁이 있자 영의정 이극배가 아뢰었다.

"폐비 윤씨에 대한 사실은 선왕마마의 지엄하신 분부로 비밀에 붙여진 일입니다. 그 일의 자초지종을 전하께서 캐시려 함은 위로 종묘사직에 누를 끼치는 일이옵니다. 통촉해 주시옵소서."

"그래서 폐비 윤씨에 관한 일은 한마디도 말할 수 없다. 그 말씀이오."

"그러하옵니다."

영의정 이극배는 끝내 사실을 아뢰지 않았으나 이제 올 것이 왔다고 생각했다.

"기어코 그 사실을 밝히라 하시면 성상을 쾌히 보필하지 못한 죄로 사임을 하겠습니다."

그는 자리에서 물러나왔다. 뒤이어 좌의정 정괄과 우의정 신승선도 물러갔다.

연산은 긴 한숨을 몰아쉬었다. 과연 영의정이 말에도 일리가 있다고 생각되었다. 정승들이 물러간 후 그는 곰곰이 생각했다. 폐비 윤씨에 대해서 애매한 일을 밝히려는 왕에게 사임으로 맞서는 영의정의 소행은 그대로 묵과할 수가 없었다.

왕은 그날로 의정부에 대한 인사를 단행했다. 영의정에 노사신(盧思愼), 좌의정에 신승선, 우의정에 정괄을 각각 제수하였다.

이 소식을 듣자 지중추부사 김종직(金宗直)이 사임하고 그 뒤를 이어 뜻있는 선비들의 사임 선풍이 일었다. 그러나 연산에게 는 아주 간교한 심복이 한 사람 있었다. 바로 승문원 감정(監正) 으로 있는 임사홍(任士洪)이었다.

그는 종친인 보성군(寶城君)의 사위였다. 아들 광재(光載)는 예종(睿宗)의 부마이고, 숭재(崇載)는 성종의 부마로 왕실과는 가까운 사이였다. 그러나 성종은 그의 사람됨을 탐탁지 않게 여겨 등용하지 않았다. 그러던 임사홍이 이제 햇빛을 보게 된 것이다.

임사홍은 나라의 앞날이 어떻게 되든 연산의 환심을 사기 위 해 폐비 윤씨에 대한 기록이 남아 있다는 사실을 귀띔했다. 연산 은 뜻밖의 소식에 두 눈이 번쩍 띄었다.

천하의 간신 임사홍은 사람됨은 넉넉지 못하였으나 문장에는 아주 능했다. 왕의 백부인 월산대군의 신도비명(神道碑銘)까지 쓴 사람이었다. 그런 임사홍이 연산의 궁금증에 불을 붙였다.

"폐비 윤씨에 대한 사실이 어찌해서 지금껏 장막에 가리워져 있는지 속시원히 가르쳐 주오."

그러자 임사홍은 선왕 때 임인년(壬寅年)의 실록을 참고하라 고 하였다. 이 한마디가 만든 파문은 돌이킬 수 없는 사건의 불씨 가 되었다.

●

금삼의 피

왕조실록 임인년 임자조(壬子條)에는 폐비 윤씨에 대한 내용이 다음과 같이 기록되어 있었다.

上, 命 領敦寧 以上 議政府 六曹臺諫 御宣政殿 引見 謂曰 尹氏 離險惡
逆 不可勝言
世佐 出招, 內醫 宋欽曰 何藥 可以殺人, 曰, 無如砒霜

폐비 윤씨의 성질이 흉악함을 이루 말할 수 없다는 내용과 사
약에는 비상이 제일이라는 내용, 그리고 이세좌가 가지고 간 비상
을 마시고 폐비가 운명했다는 내용이다.

"음 좌승지 이세좌…, 좌승지 이세좌가."

연산은 한동안 중얼거렸다.

폐비 윤씨가 사약을 받고 죽었다는 사실을 알게 된 것은 연산
이 왕위에 오른 해 3월 16일의 일이었다.

다음날 아침 연산은 심사가 괴로웠던지 기침(起枕)을 하지
않고 잠자리에 그대로 누워 있었다. 왕비와 상궁들이 기침을 하시
어 정사를 돌보아야 한다고 간곡히 아뢰었으나, 상감은 수라도 들
지 않고 아침 경연을 생략했으며 정사도 오후로 미루겠다는 명을
내렸다.

이러한 소식을 들은 삼사의 언관들이 그 불가함을 간하였으
나 연산의 노여움만 샀을 뿐 연산의 태도는 누그러질 줄 몰랐다.

그는 심복인 임사홍을 불렀다. 연산의 부름을 받은 임사홍은
이 좋은 기회를 놓치지 않았다. 왕의 비위를 맞춰 권력을 쥐고 싶
었다.

"전하, 전하께서는 모후(母后)를 생각하시는 지극한 효성으
로 심기 불편하여 계신 것이옵니다. 그런데도 삼사의 관원들은 성
상의 높으신 뜻을 헤아리지 못하옵고, 저렇게 반대를 하고 있사오
니 전하께서는 추호도 괘념치 마시옵소서!"

연산의 마음은 흡족했다. 오직 임사홍 한 사람만이 자기 마음을 알아주는 것 같았다.

그 뒤 임사홍은 도승지로 임명되었고 그는 아직도 의문을 풀지 못해 궁금해 하는 폐비 윤씨 사약 사건의 전모를 밝힐 결정적인 정보를 제공하기에 이르렀다.

연산은 놀라움을 금치 못했다.

"아니, 외조모께서 살아 계신단 말씀이오?"

"그렇사옵니다. 지금 연화방 사저에서 쓸쓸히 지내시고 있다 하옵니다."

연산은 급히 중전상궁 김씨를 불렀다. 왕명을 받은 중전상궁 김씨가 어전에 대령하자 명령을 내렸다.

"지금 바로 연화방 윤기무의 집을 찾아내어 내 외할머니를 모셔오너라. 사인교를 대령시켜 각별히 모셔오도록 하라."

김상궁을 태운 보교(步轎)와 사인교가 윤기무의 사저에 이르렀다.

"수청하인은 여쭈어라! 궁중에서 항아님의 행차시다."

폐비 윤씨가 세상을 뜬 지 어언 15년이 지난 후의 일이었다. 오랫동안 인적이 끊겨 전 부부인 신씨가 전전긍긍 홀로 살고 있는 이 퇴락한 집에 15년 만에 비치는 햇빛이었다.

한참 후에야 맥이 빠진 노인의 목소리가 들려왔다.

"누구요?"

신씨는 두려움에 떨며 대문을 열었다. 구부러진 허리를 펴면서도 경계하는 눈빛을 감추지 못했다.

"마님, 마님이 전 부부인 신씨이옵니까?"

"그렇소만…"

"상감마마의 어명을 받자와 중전 상궁 마님께 문안드리옵니다."

"문안 인사라구요? 개만 짖어도 가슴이 덜컹 내려앉고, 아이들 싸우는 소리만 들어도 내 딸 죽던 소란이 생각나서 가슴을 조이더니, 궁중 항아님이 문안 인사라니! 어서 일어서십시오."

"황송합니다, 부부인 마님. 음지가 양지되고 양지가 음지된다는 옛말이 있듯이, 부부인 마님께서도 햇빛을 보시게 되었습니다. 금상께서 속히 외조모님을 모셔오라는 준엄한 교지를 내리셨습니다."

김상궁에게 이 말을 들은 부부인 신씨는 목을 놓아 울었다. 맺히고 맺힌 한이 터져 나온 것이다.

김상궁은 부부인 신씨를 모시고 나는 듯이 입궐했다.

연산은 내전에서 외조모를 맞이하였다.

"외할머니 그동안 어찌 지내셨습니까? 아직껏 살아 계시는 줄도 모를 뻔하였습니다."

눈물로 뒤범벅이 된 부부인 신씨의 얼굴은 얼룩져 있었다. 신씨의 오열은 마침내 흐느낌으로 변했다. 구중궁궐 지엄한 어전이었지만 외손자를 본 신씨 부인은 그런 것을 아랑곳 하지 않고 흐느꼈다. 줄지어 늘어서 있던 내관들까지도 옷깃에 눈물을 적셨다.

"자, 그만 진정하시고 궁금한 우리 어머니의 이야기나 좀 들려주십시오. 꿈에도 잊지 못할 어머니 생각이 외할머니를 뵈오니 더욱 간절해집니다."

연산은 격식을 무시하고 오직 사사로운 외손자와 외할머니의 신분으로 신씨를 대했다. 눈물을 진정한 신씨부인은 옷소매 속에서 낡은 헝겊 조각 하나를 꺼내 연산 앞에 놓았다.

연산은 그 헝겊 조각을 살펴보았다. 그것은 새빨간 선혈로 얼룩진 금삼(錦衫) 조각이었다. 왕은 놀라며 그 낡은 헝겊 조각을 뒤적였다.

"양위마마, 이것이 다 낡은 천으로 보이실 것이옵니다만, 이 천이야말로 이 세상을 원통하게 뜨신 우리 마마가 마지막 가시던 날 입고 계셨던 저고리의 비단 옷소매이옵니다."

"이것이 내 어머니 원혼이 담긴 옷 조각이라니요…. 이 헝겊에 얽힌 사연을 상세히 들려주십시오."

연산은 그렇게 잊지 못하던 어머니 윤씨의 이야기를 외할머니로부터 들었다. 피로 얼룩진 윤씨의 흰 비단 옷소매, 마지막 숨을 거두면서 어머니 신씨에게 찢어주며 당부하던 사연이 담긴 그 옷소매. 그 옷소매가 마침내 연산왕 앞에 놓여지면서 장막에 가리워져 있던 폐비 윤씨에 대한 진상이 하나하나 밝혀지게 되었다.

사건의 발단은 20년 전으로 거슬러 올라간다. 그 당시 연산군은 태어난 지 얼마 안 되었다.

선왕 성종은 왕비 윤씨로부터 원자를 얻고 매우 기뻐하였다. 윤씨를 사랑하면서도 주색을 좋아하는 성종은 정소용과 엄숙의를 총애하여 두 총희의 처소에서 지내는 시간이 많았다. 그러던 어느 날 왕이 내전에 들게 되었다.

왕은 내전으로 들어서며 원자 아기를 안아보려고 하였으나 왕비는 아기를 감추었다. 그리고는 아기를 부부인 신씨에게 안기어 새채로 물러가게 하니, 왕은 몹시 난처해져 용안을 붉혔다. 그러나 왕비는 왕비대로 불만이 있었다. 자기를 헐뜯는 정소용을 왕이 총애하기 때문이었다.

"마마, 어젯밤에는 누구 처소에서 침수드셨는지요?"

"어젯밤, 그건 왜 또 묻소?"

"다 알고 여쭙는 말씀이니 솔직히 말씀하여 주십시오."

왕은 몹시 언짢아 화를 벌컥 내고 말았다.

모처럼 원자 아기를 보러 내전으로 들었던 왕은 중전의 이 같은 행동이 매우 불쾌하였다.

그 뒤에도 싸움은 자주 있었다. 연산이 왕비 윤씨의 품에서 떨어져 동궁에서 봉보부인 안씨의 손에서 양육되고 있을 때의 일이다. 내전에 들었던 왕은 깜짝 놀랐다. 왕비 윤씨가 감추어 둔 종이뭉치에서 비상을 발견한 것이다.

"아니, 이게 뭐요? 비상이 아니오?"

정릉 성종의 능.

"예, 비상이 틀림없습니다. 신첩이 죽으려고 비상을 감추어

두었습니다."

"이런 고얀! 중전이 비상을 감추어 두다니!"

"왜요, 신첩이 잘못입니까? 후궁 비빈들만 사람입니까? 저도 역시 사람입니다. 원자 아기는 왜 못 돌려주십니까?"

원자 아기마저 빼앗긴 윤씨의 신경질은 극도에 달했다. 왕비는 분함을 참지 못하여 안달하다가 음식상을 엎는 바람에 김치국물이 용안에 튀었다. 왕은 수염에까지 튕겨 온 국물을 닦고, 탕국으로 더럽혀진 곤룡포를 털며 내전을 나왔다.

이것이 소위 김치국물 사건이다.

연산은 조용히 신씨에게 말했다.

"어마마마께서 좀 지나치셨던 것 같습니다. 비상을 지니고 계시다니요?"

"그렇지 않습니다."

부부인 신씨의 눈가에 눈물이 맺혔다.

"금지옥엽으로 기르시던 원자 아기를 빼앗긴 어머니의 심정은 누구도 헤아리지 못합니다. 원자 아기를 돌려주지 않으면 차라리 죽는 것이 낫다고 비상을 간직하신 것입니다."

"그렇다면 저로 인하여 두 어른의 싸움이 격하여졌군요?"

"그렇습니다. 이렇게 다투신 후 우리 마마께서는 청심재(淸心齋)에 감금당하는 신세가 되셨답니다."

부부인 신씨는 당시의 이야기를 다음과 같이 부연해 나갔다.

성종은 그래도 왕비 윤씨를 가끔 찾았으나 원자 아기를 빼앗긴 왕비 윤씨의 신경은 극도로 예민했고 안정을 잃은 상태였다.

그러다가 어느 날 왕비 윤씨는 고의적으로 원자 아기에게 상한 젖을 올리게 했다. 상한 젖을 먹고 아기에게 탈이 생기면, 자기에게로 아기를 되돌려 보낼 것이라고 믿었기 때문이었다. 얼마나 원자 아기가 그리우면 그렇게까지 했을까마는 이것은 잘못된 생각이었다.

왕은 노기를 띤 얼굴로 윤씨를 힐책했다.

"여보시오, 중전. 어찌하여 상한 젖을 원자에게 보내었소? 원자를 해칠 셈이었소?"

"원자 아기가 탈이 나면 신첩에게로 돌려줄 줄 알고 보냈습니다. 어미가 자식을 보고 싶어 하는 천륜을 어찌 인력으로 막을 수 있겠습니까?"

"사랑하면 고이 사랑할 일이지, 이미 쫓긴 신씨와 은밀히 서신 왕래를 하면서 원자를 해칠 셈이오? 앞으로는 청심재의 단속을 더 엄격히 하여 일체의 출입을 금하겠소."

"하루가 다하도록 개미새끼 한 마리 얼씬하지 않는 이곳에, 서신 왕래마저 못하게 하시오면 그것은 너무 심하옵니다. 그러실 바에는 차라리 죽이십시오. 죽여!"

"아니, 이 고얀 말버릇!"

성종 임금의 진노는 대단했다. 이와 맞서 왕비 윤씨의 앙칼진 목소리도 지지 않고 계속되었다.

"죽여요, 죽여!"

일종의 발악이었다. 왕비 윤씨는 제 정신이 아니었다. 그러다가 결국 성종의 용안에 손톱자국을 남기는 과오를 범하고 말았다.

성종의 진노는 머리끝까지 치솟았다.

"아니, 이런! 임금의 얼굴에 상처를 내다니!"

왕은 자리를 박차고 일어났다. 용안에 손톱 상처를 낸 일은 역사상 전무후무한 일이었다.

이 사실을 알게 된 인수대비의 노여움은 이만저만이 아니었다. 인수대비는 즉시 여러 중신들과 상의한 후 중전을 폐출시킨다는 교지를 내렸다. 이것이 성종 10년 6월에 일어났던 일이요, 세월은 흘러 3년이 지났다.

왕비 윤씨는 처참한 모습으로 후회의 눈물을 뿌리며 대궐의 부름을 고대하고 있었다. 그러나 회개의 눈물을 뿌리고 있던 왕비 윤씨는 점차 성종을 원망하게 되어 더욱 왕의 노여움을 사기에 이르렀다.

그러던 어느 날 왕명을 받들고 좌승지 이세좌가 나왔다. 왕비 윤씨는 대궐에서 다시 왕비로 복위시키기 위해 어명을 모시고 나온 것이라고 기뻐했다. 그러나 어명은 천만 뜻밖의 청천벽력이었다. 승지가 받들고 온 것은 사약이었다.

폐비 윤씨는 모든 것을 체념했다. 북향사배 임금께 하직 인사를 올리고 사약을 들이마셨다. 서릿발 같은 원한이 울컥 선혈로 엉켜 옷소매를 적셨다.

피를 토하고 쓰러진 폐비 윤씨는 가까스로 기력을 수습하여 옷소매를 찢어 신씨에게 내밀었다.

"어머니, 이것을…. 이 옷소매를 꼭 간직하였다가 몽매에도 잊지 못할 원자 아기에게 전해 주시오. 장성하여 용상에 오르시거든 말입니다. 이 원통한 사연을 알려 주시고 원수를 꼭 갚아 주십사 일러주시오. 아시겠습니까? 어머니."

이것이 폐비 윤씨의 마지막 유언이었으며, 때는 성종 13년 8월의 일이었다.

연산은 울음을 터뜨렸다. 부부인 신씨는 어전임도 잊고 오열했다. 연산은 이를 갈았다.

"괘씸하고 통분한 것은 당시 선왕마마를 보필하던 조정 대신들이오. 사약을 직접 마련하여 들리고 간 좌승지 이세좌 놈… 두고 보자. 이 역적놈들 같으니!"

연산의 눈에서는 시퍼런 불이 번쩍이고 있었다. 가공할 피바람이 시시각각 파도를 몰고 오기 시작했다. 천리의 순환이랄까, 인과응보라 할까. 20년 전의 비극이 그 아들 연산 때에 이르러 다시 참극을 연출하게 된 것이다.

피로 물든 사대사화

사초에서 비롯된 무오사화

조선 창업 이후 연산조(燕山朝)에 이르기까지 근 100년 동안 평화가 계속되어 정치적인 안정을 가져왔다. 이때에 이르러 고려 말기에 이름을 떨쳤던 대학자들은 모두 세상을 떠났고 그들의 제자들이 벼슬에 올라 신진세력을 형성하였다.

이들 선진 사림파(士林派)가 벼슬길에 올라 출세하기는 성종조 때부터였다. 중심인물은 김종직(金宗直)이었다. 김종직의 아버지는 김숙자(金淑滋)이고, 김숙자의 스승은 고려 말기의 대학자 길재였다.

김종직은 임금의 신임이 두터워 그의 제자 김일손(金馹孫), 김굉필(金宏弼), 정여창(鄭汝昌) 등 학자들을 등용하였다. 주로 삼사에서 세력을 형성하였기에 삼사는 강한 영남 선비들의 독무대처럼 되었다.

세월이 흐름에 따라 이들 영남의 학자들은 기성세력인 훈구파와 노골적으로 대립하여 훈구파 사람들을 소인배로 몰아 무시하기까지 했다.

일찍이 유자광(柳子光)은 서얼 출신이었으나 무예가 출중하여 공신이 되었고, 무령군(武靈君)의 봉작까지 받았다.

그가 함양에 놀러 갔다가 명승지

김일손의 글씨

를 돌아다니며 한 수의 시를 지어 군수에게 현판을 만들어 달게 하였는데 공교롭게도 이듬해 김종직이 함양군수로 부임해왔다. 유자광의 현판을 본 김종직은 기분이 언짢은 듯 말했다.

"유자광 같은 인물이 쓴 현판을 걸 수가 없다. 즉시 떼어 불살라 버려라."

유자광의 현판은 걸린 지 1년 만에 사라졌다.

이 소식을 들은 유자광은 가뜩이나 미운 영남학자들의 소행에 불만을 갖게 되었다. 이극돈(李克敦) 또한 자신이 전라감사로 있을 때 국상이 났는데도 향을 올리지 않고 기생과 놀았다는 사실을 당시 사관으로 있던 김일손이 사초(史草)에 일일이 기록한 관계로 영남학파를 미워하게 되었다.

유자광과 이극돈은 서로 김종직 일파를 증오하는 마음이 같아 보복을 결심하였다.

연산 4년 전례에 따라 실록청이 개설되어 성종실록의 편찬이 시작되었다. 당상관이 된 이극돈은 김일손이 기초한 사초에 삽입된 김종직의 조의제문(弔義帝文)이 세조가 단종으로부터 왕위를 빼앗은 사건을 비방한 내용이라며 문제삼아 연산왕에게 고해 바쳤다.

영남학자들의 잔소리가 싫었던 연산은 즉시 유자광을 시켜 문초하도록 하였다. 사건은 확대되어 김일손 일파의 가택 수색이 단행되었고, 그 관련자들을 모조리 잡아들였다. 여기에 관련된 사람은 대개 김종직의 제자들이었다. 권오복(權五福), 권경유(權景裕), 이목(李穆), 김굉필, 정여창 등 30여 명이 살해되거나 쫓겨났다. 그리고 이 일파의 죄악은 모두 김종직이 선동한 것이라고 이미 죽은 김종직을 부관참시하였다.

이 사건은 발단이 김일손의 사초라고 하여 사화(史禍)라고 부른다. 유자광과 일을 공모했던 이극돈은 수사관(修史官)으로서 문제의 사초를 보고도 보고하지 않았다는 이유로 파면되고, 유자광만이 홀로 그 위세를 떨쳤다. 감히 그 뜻을 어기는 자가 없을 정도로 그의 위세는 당당했다. 사화를 계기로 사림들의 사기는 땅에 떨어졌다.

생모의 원수를 갚은 갑자사화

연산은 폐비 윤씨에 대한 전후 전말을 상세히 알고부터, 더욱 심기가 풀리지 않았다. 연일 주지육림에 싸여 걸핏하면 신하들의 죄를 들추어 국문을 하거나 귀양을 보냈다. 조정의 기강은 무너지고 정사는 정도(正道)를 잃어가니 신하들의 불안은 더욱 커졌다. 그러던 어느 날 마침 연산이 취해 있을 때 부부인 신씨가 입궐했다.

"뭐라고요, 외할머니. 오늘이 바로 어머니께서 내쫓기시던 날이라구요?"

부부인 신씨가 앞가슴을 치며 통곡하자 연산은 정신이 번쩍 들었다. 낮에 마신 술기운이 가시지 않아 숨결이 거칠고 정신은 몽롱하였다.

"근래 술만 마시면서 세월을 보냈더니 아주 기억력이 없어졌습니다. 25년 전 오늘, 어머니께서는 무슨 일로 쫓겨나셨지요?"

부부인 신씨는 여전히 눈물을 흘리며 호소했다.

"지금은 어엿한 귀인으로 대궐에 계시지만 정소용·엄숙의 두 후궁들의 모함으로 쫓겨나신 거랍니다."

"그럼, 정소용·엄숙의 두 계집의 모함으로 어머니가?"

"그렇습지요. 세자도 상감을 제쳐놓고 저희 아들 안양군(安陽君)·봉안군(鳳安君)으로 세우려 했구요."

"그렇다면 이것은 역적 행위가 아닙니까?"

"역적이고 말구요. 역적 가운데서도 상역적입지요."

"알겠습니다. 하마터면 깜빡 잊을 뻔했습니다. 이 원수는 꼭 갚아 올리겠습니다."

연산은 내전으로 걸음을 옮기면서 내관들에게 추상 같은 엄명을 내렸다.

"속히 정 귀인과 엄 귀인을 내전 뜰 앞에 대령하도록 하라! 지체치 말 것이니라."

정 귀인과 엄 귀인을 보는 순간 연산은 미칠 듯한 노여움이 불끈 치솟았다.

"정 귀인!"

"예, 상감."

"엄 귀인!"

"예, 상감."

"오늘이 무슨 날인지 알고 있소?"

뜻밖의 물음에 두 귀인은 어리둥절했다.

"전혀 모른다, 그 말이오?"

"무슨 날인지 모릅니다. 오늘이 무슨 날이기에 그러십니까?"

"뻔뻔스럽구나!"

연산의 눈에서는 불꽃이 튕겼다.

"오늘이 바로 25년 전 두 계집의 참소로 말미암아 우리 어마마마께서 대궐에서 쫓겨나시던 바로 그날이니라."

이 말이 끝나자 두 귀인의 얼굴이 갑자기 창백해졌다.

"저 지독하고 악랄한 두 계집을 난장으로 쳐서 넋을 날려라."

지엄한 왕명이었으나 무감들은 움직일 줄을 몰랐다.

"왜들 꾸물거리고 있는 게야, 왕명을 거역할 소냐? 어서 난장을 치지 못하겠느냐?"

무감들은 땅에 엎드려 식은땀을 흘렸다.

"상감마마 통촉하옵소서."

"그러하옵니다. 대왕대비마마께 여쭈어 보시면 다 아실 것입니다. 명색이 서모인데 아래 것들 앞에서 난장이라니요?"

정 귀인과 엄 귀인이 울면서 호소했으나 이미 이성을 잃은 연산은 코웃음을 쳤다.

연산은 무감들을 소리쳐 꾸짖었다.

"너희들도 목을 베어 거리에 효수를 해야 알겠느냐!"

왕비의 전갈을 받은 인수대비가 내관들을 거느리고 부리나케 달려갔지만, 목불인견의 불상사는 이미 벌어지고 있었다.

　연산은 무감들을 호령하여 두 귀인을 엎어놓고 사정없이 난장을 쳤다. 연산은 그래도 화가 풀리지 않는 것 같았다.

　"저런 죽일 놈들 같으니! 어찌하여 사정을 두어 매질을 하느냐? 다시 사정 두어 매질하는 놈은 그놈의 목부터 베리라."

　"어이구! 살려 주십시오, 상감!"

　"살려 주십시오!"

　바로 이때 인수대비가 나타났다.

　"이놈들! 어느 놈이냐? 선왕마마의 후궁에게 감히 손을 대다니!"

　인수대비는 무감들을 호령하여 꾸짖었다.

　"어마마마!"

　두 귀인은 인수대비를 보자 통곡을 했다.

　연산은 노하여 호령했다.

　"누가 대왕대비전에 말씀을 여쭈었느냐?"

　인수대비는 노기를 띤 채 호령했다.

　"나는 눈도 귀도 없는 사람인 줄 아오? 불쌍한 두 귀인을 구하러 쫓아왔소."

　"아니, 할머니!"

　"말하시오, 무슨 말이오?"

　"듣자 하니 할머니께서는 언문교지로 제 어머니를 죽게 하였다더니 그 유감이 지금껏 풀리질 않으신 모양입니다."

　"뭐라구요?"

　"제가 하고자 하는 일에 간섭하지 마십시오. 할머니도 다를게 뭐 있습니까?"

벌벌 떨고 있는 두 귀인을 인수대비가 가로막자 연산은 몽둥이를 치켜든 채 인수대비를 동댕이쳤다.

연산이 무감들의 몽둥이를 빼앗아들자 인수대비가 만류하려다가 이 꼴을 당한 것이다. 할머니 인수대비도 몽둥이로 동댕이치니 두 귀인은 이제 죽었구나 싶어 살려 달라고 애원을 했다.

"상감 잘못했습니다. 지난 일이니 물로 씻어 버리시고 우리들을 살려 주십시오. 앞으로는 하라시는 대로 무슨 일이라도 다 하겠습니다. 안양군 · 봉안군 두 아우를 생각해서라도 살려 주십시오."

연산은 안양군 · 봉안군 소리에 더욱 분노를 느꼈다.

"나를 죽인 뒤에 안양군 · 봉안군을 임금 자리에 내세우려고 했다지. 닥쳐!"

호령과 동시에 몽둥이가 정 귀인의 정수리 위로 떨어졌다.

"악!"

정 귀인은 외마디 소리와 함께 쭉 뻗었다. 다시 한 번 내리치는 몽둥이에 엄 귀인이 쓰러졌다. 연산이 스스로 몽둥이를 휘둘러 두 귀인을 죽여버린 것이다.

연산의 분은 그래도 풀리질 않았다. 즉일로 안양군과 봉안군을 곤장 18대씩 때려, 항쇄족쇄(項鎖足鎖)를 찬 채 변방으로 귀양보냈다.

연산은 이 일이 있은 후 복수에 불을 태웠다.

연산은 정 귀인과 엄 귀인을 죽인 뒤 줄곧 주색으로 세월을 보냈다. 조정에 명하여 폐비 윤씨의 휘호를 극진히 올리라고 하였다. 응교 이행(李荇) 등이 이미 추숭하는 예가 극도에 이르러 다시 더 올릴 수 없다고 아뢰자, 이들을 잡아 국문하고 원방으로 귀양보냈다.

　연산은 이어 입직승지에게 어머니 윤씨의 폐비 시말과 사약의 경위를 적은 시말단자(始末單子)를 적어 올리라고 명하였다. 왕명이 전해지자 춘추관에서는 폐비 사약 시말단자를 뽑아올렸다. 윤씨의 죄를 얽으려고 한 사람과 윤씨 폐출을 반대하다가 벌을 받은 사람, 그리고 사사할 때 간쟁하지 못하고 어명을 받아 그대로 복종한 사람들의 명단을 모조리 뽑아올린 것이다.

　시말단자를 자세히 살피던 연산은 앞에 있는 신하를 향해 말하였다.

　"음, 이세좌. 이세좌가 우리 어머니에게 사약을? 이세좌는 지금 어디에 있느냐?"

　"지난번 무안과 온성을 거쳐 귀양살이하다가 지금은 거제도에 귀양가 있는 줄로 아뢰오."

　"그렇지, 그 놈이 과인이 내리는 술잔을 엎어버렸겠다. 의금부에 영을 내려 즉시 사약을 내리라 일러라."

　이세좌는 단순히 선왕의 명에 따라 사약을 받들고 나갔다는 이유로 대역죄인이 되어 사약을 받았다.

　연산은 다음날 좌의정에 유순, 우의정에 허침, 우찬성에 장귀손, 좌참찬에 시준, 예조판서에 김감, 병조참판에 윤구를 각각 임명했다.

　큰일을 하자면 폐비 윤씨 사건에 관계되지 않은 인물로 대체해야 했기 때문이었다.

　그리고 폐비 윤씨 사사 때 관련된 신하들을 모두 잡아들였다. 이들이 소위 26간(奸)이라는 이름으로 각각 벌을 받았다.

　26간은 윤필상을 위시하여 한명회 · 정창손 · 어세겸 · 심회 ·

이파 · 이극균 · 정인지 · 김승경 · 이세좌 · 권주 등 26명이다. 이 가운데 한명회 · 정인지 · 정창손 · 어세겸 · 심회 · 이파 · 김승경 · 한치형 등은 이미 죽은 사람이었다.

이들 26명의 연루자는 참수하거나 부관참시로 다스렸다. 그 거센 피바람은 삼천리 강토를 벌겋게 물들었다.

쫓겨난 연산군

연산의 황음무도함은 날이 갈수록 더해만 갔고, 그칠 줄을 몰랐다. 정사를 돌보지 않아 결재받을 서류가 산더미처럼 쌓였고, 지방으로 임명을 받은 관원들도 왕에게 부임 인사를 하기 위해 대궐 문밖에서 기다려야 했다.

이러한 연산의 실정을 더 이상 바라볼 수만은 없게 되자 마침내 대의를 위해 칼을 짚고 일어선 사람들이 나왔다.

전 경기관찰사 박원종, 이조참판 성희안(成希顔)을 비롯하여 유순정(柳順汀) 등이었다.

성희안은 연산이 지나친 행동을 후회하고 고치기만을 고대하였으나, 날이 갈수록 황음과 패륜의 행동은 더욱 심해만 갔다.

그는 하루라도 빨리 연산을 몰아내는 것이 종묘사직을 위하고, 백성을 살리는 길이라 판단했다. 반정을 생각한 것이다. 거사할 동지를 누구로 하느냐가 큰 걱정거리였다.

그러나 이 같은 중대사를 쉽게 누구한테 발설할 수도 없어 병을 칭탁하고 있었다. 그러던 중 같은 동리에 살고 있는 신윤무(辛允武)라는 사람을 시켜 은밀하게 박원종의 의향을 알아보라고 하였다.

박원종은 신윤무의 소개로 성희안을 찾았다. 두 사람은 몇 마디 인사말만 오고갔는데도, 이심전심으로 뜻이 통하여 동지가 되었다.

문(文)과 무(武)가 서로 합한 것이다. 박원종은 무장으로서 무인들에게 신망이 두터운 사람이었고, 성희안은 김종직의 제자로서 선비들의 신망을 받고 있는 유학자였다.

뜻을 합한 두 사람은 서둘러 반정의 계획을 은밀히 진행시켰다. 10여 년 동안 시달릴 대로 시달린 백성들의 원성에 힘입어 반정의 힘은 날이 갈수록 커져갔다.

박원종은 이미 정현 왕후 윤비의 내락까지 받아놓았다. 그는 대비에게 거사 계획을 아뢰러 처소로 찾아갔고, 대비는 그를 들게 했다. 대비는 남의 눈이 두려워 박원종을 안으로 불러들였다.

방안에 들어선 박원종은 대비에게 조용히 아뢰었다.

"황공하옵니다. 오늘 밤에 거사를 단행하여 나라를 바로잡기로 하였습니다."

"무엇이! 오늘 밤에 말입니까?"

대비도 예상하기는 한 일이었으나, 너무나 급작스러운 거사에 몸을 떨었다. 올 것이 당연히 온 것이었으나, 대비의 숨은 가쁘기만 했다.

9월 1일 마침내 반정의 깃발이 높이 올려졌다.

"자, 여러분! 칼을 뽑읍시다!"

박원종이 먼저 칼을 높이 쳐들자 훈련원에 모여 있던 반정군은 일제히 칼을 뽑았다. 정현 왕후 윤비의 승낙을 받은 지중추부사 박원종이 훈련원으로 나아가 반정군을 지휘하였다.

원래 거사는 9월 2일 장단 석벽에서 거행하기로 계획되었다.

9월 2일 연산은 장단 석벽에 새로 지은 정자에 거동하여 잔치를 벌이게 되어 있었다. 박원종 등 반정군은 이때를 이용하여 군사들을 중도에 잠복시켰다가 돌아오는 길에 왕을 잡아 가두고, 진성대군을 왕으로 추대할 계획이었다. 그러나 계획이 갑자기 바뀌어 연산의 장단 석벽 거동이 취소되고, 경복궁 대궐 안에서 잔치를 벌이게 되었다.

박원종을 비롯한 반정의 수뇌들은 당황하여 긴급히 모임을 갖고 의논을 모았다.

"어찌하면 좋겠소?"

"지체 말고 오늘밤 안으로 거사를 합시다. 만일 지체하면 사육신의 전철을 밟지 않는다고 누가 장담할 수 있겠습니까?"

"그렇게 합시다."

그들은 결정을 한 다음 곧바로 박원종이 대표로 정현 왕후 윤비에게 나아가 거사의 시간을 알리고 훈련원으로 모여들었다.

연산은 이날 밤늦도록 술을 마신 다음, 두 미희를 데리고 침전으로 들어가 단꿈을 꾸고 있었다. 반정의 거사 따위는 꿈에도 생각하지 않았다.

"여러분! 오늘의 이 거사는 하늘을 대신하여 불의를 없애고, 백성을 도탄에서 구하는 의거입니다. 이왕에 말피를 마시며 같이 살고 같이 죽기를 맹세한 이상, 모두 함께 앞으로 나아갑시다!"

박원종이 선창하자 군사들은 일제히 환호했다.

이미 밤은 칠흑같이 어두워졌으며 반정의 소식을 들은 백성들이 앞을 다투어 모여들었다.

박원종은 목소리를 가다듬어 부서를 정하고 각자의 임무를 부여했다. 만에 하나라도 실수가 생길 수 없는 치밀한 작전 계획이었다.

드디어 거사의 시각이 다가왔다.

훈련원은 경복궁 바로 옆이니 바로 지척의 거리였다.

반정군이 움직이자 새벽인데도 백성들이 수없이 몰려와 골목
과 길을 꽉 메웠다. 백성들은 모두 두 손을 들어 반정군에게 환호
를 보냈다.

"자칫 실수하다간 대역으로 멸문지화를 입는다. 너희들은 하
늘의 뜻을 행하는 반정군임을 명심하고, 절대로 대오를 흐트러뜨
리지 말라!"

박원종이 군사들을 독려했다.

민심은 천심인지라 수백을 헤아리던 반정군의 수는 순식간에
불어났다. 백성들이 앞을 다투어 반정군에 가담했기 때문이다.

반정군은 물밀듯이 경복궁을 향해 쳐들어갔다. 군사들의 기
세 높은 함성 소리가 온 장안을 뒤흔들었다.

"함부로 덤비지 마라! 경복궁을 에워싼 채 날이 밝기를 기다
린다! 날이 밝은 연후에 죄인들을 색출한다."

박원종의 명령에 또다시 군사들의 함성이 천지를 진동시킨
다. 그러나 연산은 이런 것을 전혀 모르고 있었다.

밤늦도록 술을 마시고 그 후에 또 두 계집을 불러들여, 음탕
한 놀음으로 지새다가 새벽녘에야 잠이 들었기 때문이었다.

함성에 잠이 깬 왕비가 소스라쳐 놀라며 김 상궁을 찾았다.

"지중추부사 박원종이 진성대군을 옹립하고 반정을 일으켰
다 하옵니다."

김상궁이 울면서 아뢰자 왕비의 가슴은 철렁 내려앉았다. 마
침내 올 것이 왔다고 생각하는 왕비였다. 왕비는 그와 같은 급박

한 상황에서도 왕의 거동이 먼저 걱정되었다.

"늦게 침소에 듭시어 아직도 모르고 계시는 모양입니다."

김상궁의 대답에 왕비는 또 한 번 가슴이 철렁했다.

"어서 앞장을 서거라. 침전으로 나가리라."

왕비는 걸음을 재촉하여 침전으로 나갔다.

군사들의 함성은 광화문 쪽에서도 건춘문, 영추문, 신무문 쪽에서도 들려오고 있었다. 경복궁을 완전히 포위한 것이다. 이런 상황을 알 까닭이 없는 연산은 그야말로 꼴불견인 모양으로 코를 곯고 있었다.

왕비는 발을 굴렀다.

"마마, 정신 차리시옵소서! 지중추부사 박원종이 거사를 하였다 하옵니다."

"무엇이? 박원종이 거사를!"

"마마, 경복궁을 겹겹이 에워싼 반정군의 함성이 천지를 진동하는 듯 하옵니다."

"천겹으로 에워싸든, 만겹으로 에워싸든 무슨 상관이오. 내 호령 한마디면 모두 풍비박산이오."

연산은 아직도 전날의 자신인 줄 착각하고 있음이 분명했다.

이윽고 연산은 입직승지를 불러 영을 내렸다.

"얼른 나가서 어느 놈이 난동을 피우는가 소상히 아뢰어라. 여차하면 목을 칠 터인즉 사실대로 아뢰어 일러라."

"갑시다. 이 판국에 이실직고라니, 삼십육계요, 삼십육계."

한밤중부터 함성 소리에 가슴을 조이던 입직승지 윤장(尹璋) · 조계형(曺繼衡) · 이우 세 사람은 밖의 동정을 살피고 오라는 왕명을 받자 때를 놓칠세라 달아났고, 그밖에 수직군사와 환관들도 모두 앞을 다투어 떠났다. 대궐을 지키는 총책임자인 도총관 민효증(閔孝曾)도 빠져 나간 지 이미 오래였다.

한편 경복궁을 에워싼 반정군의 지휘자 박원종은 보다 완벽을 기하기 위해 성희안을 우의정 김수동의 집으로 보내 사태를 설명하고 반정군의 거사에 협조할 것을 약속받았다.

입직승지가 물러간 뒤 아무 소식이 없자 연산은 화를 냈다.

왕비가 그 앞에 엎드려 울었다.

"겁에 질려 도망친 것이 분명하옵니다."

"도망을 치다니? 감히 왕명을 거역하고, 괘씸한 놈들!"

연산은 다시 김상궁을 불러 밖의 동정을 살펴오도록 했다.

김상궁이 영을 받고 대궐 안을 아무리 돌아보아도, 한 사람의 그림자조차 찾아볼 수 없었다. 궁정 안을 두루 살피고 온 김상궁이 이 같은 사실을 고하며 두 주먹으로 눈물을 씻었다.

9월 초하룻날의 밤이 서서히 걷히면서 동녘 하늘이 밝아오기 시작했다.

연산은 비로소 겁을 냈다. 그처럼 폭군이었던 연산은 이제야 와들와들 떨기 시작했다.

"중전, 이 노릇을 어찌해야 하오?"

"이제는 천명인가 하옵니다. 대궐 안에 남아 있는 사람이라 곤, 마마와 신첩 그리고 김상궁뿐이옵니다… 10여 년간 지켜온 종실이 이제는 마지막인가 보옵니다."

연산은 비로소 눈물을 흘렸다. 그러나 때는 이미 늦었다. 모든 백성과 신하들의 마음이 왕에게서 떠난 지 이미 오래였으니 눈물을 흘려 참회한들 무엇하리. 미친 임금은 이제서야 정신을 찾았지만 엎질러진 물은 다시 돌이킬 수 없는 일이었다.

박원종은 드디어 행동을 개시했다. 힘이 센 20명의 군사를 거느리고 광화문을 거쳐 침전으로 나아갔다. 앞을 가로막는 군사는 한 명도 없었다.

　　침전 앞으로 다가선 박원종과 군사들이 큰소리로 외쳤다.

　　"전하, 박원종이옵니다."

　　"엇!"

　　박원종이 계하에 무릎을 꿇자 연산은 당황했다.

　　"전하! 이미 때는 늦었습니다. 천명에 따라 순순히 옥새를 내놓으시옵소서."

　　겁에 질린 연산이 왕비를 돌아보았다.

　　"중전, 이 노릇을 어찌하면 좋겠소? 옥새를 내놓으라 하니 말이오."

　　"마마, 천명에 따르시옵소서. 어서 옥새를 내주시옵소서."

　　"아아! 이 노릇을 어찌할꼬! 으흐흐…."

　　연산은 끝내 옥새를 내놓지 않았다.

　　12년의 실정이 오늘에 이르렀건만 연산은 그 용상에 미련을 버리지 못하고 방문조차도 열어주지 않았다. 그는 군왕으로서의 체통도 잊은 채 벌벌 떨고 있을 뿐이었다.

　　박원종은 언제까지 이대로 기다릴 수만은 없었다.

　　"애들아. 폭군 연산을 방 밖으로 끌어내라!"

　　박원종의 호령이 떨어지자, 칼을 뽑아 든 군사들이 파랗게 질린 연산과 왕비를 끌어냈다.

　　연산은 밖으로 끌려나오면서도 저항했다. 사색이 다 된 연산은 마지막 안간힘을 썼다. 그러나 다 부질없는 짓이었다.

　　박원종은 준엄하게 연산을 꾸짖었다.

"12년 동안의 행적을 돌아보시오. 포악무도한 지난날의 학정을 생각하면 무딘 칼로 난도질을 하여도 한이 다 풀리지 않을 것이오…."

"그럼 12년 동안이나 임금 자리에 있던 나를 죽이겠다는 말이오?"

"죽이지 않겠소. 그러니 여러 말 마시고 옥새를 내놓으시오."

연산은 더욱 창백한 얼굴로 떨고 있을 뿐이었다.

박원종은 또 독촉했다.

"어서 옥새를 내놓으시오!"

연산은 박원종에게 숙용정으로 사람을 보내 옥새함을 받들어 오게 했다. 옥새가 등대되자 연산은 깊이 탄식하며 상서원의 낭관에게 내주었다. 박원종은 그 옥새를 받들어 대비전으로 나아갔다.

연산군과 부인 신씨의 묘

나이 20에 왕위에 올랐던 연산은 보령 31세였다. 폭군으로 군림한 것이 햇수로 따져 12년이었다. 그는 이 12년 동안에 엄청난 폭군 노릇을 했고, 미친 임금 노릇을 하다가 결국 쫓겨나 강화도 교동에서 세상을 떠났다.

연산 임금의 뒤를 이어 성종의 둘째 왕자이며 연산 임금의 이복동생으로 연산의 학정 밑에서 가까스로 목숨을 이어온 진성 대군 역이 신왕으로 추대되었다. 대소 제신들이 부복한 가운데 근정전에서 등극하니 이분이 곧 중종대왕(中宗大王)이요, 때는 연산왕 즉위 12년 9월 2일, 반정 거사가 성공한 바로 그날이었다.

진성대군 부인 신씨가 왕비로 추대되고 영의정에 유순(柳洵), 좌의정에 박원종, 우의정에 김수동(金壽童)이 제수되었다. 송교문(頌教文)을 팔도에 반포함으로써 중종 등극의 절차를 모두 마치었다.

기묘하게 일어난 기묘사화

연산왕이 쫓겨나고 새 임금 중종이 즉위했다. 왕비로 책봉된 신씨 부인은 바로 연산왕의 처남 신수근(愼守勤)의 딸이었다. 반정공신들은 역적의 딸인 신씨 부인을 왕비로 정할 수 없다 하여, 새 왕비를 맞아들여야 한다고 강력히 주장하였다. 반정공신들의 힘으로 왕위에 오른 중종은 내키지 않지만 새 왕비를 맞이하였다. 조강지처를 내보내는 중종의 마음은 찢어질 듯 아팠으나, 어찌할 도리가 없었다.

새 왕비는 박원종의 생질이며 파평 윤씨 윤여필(尹汝弼)의 딸로서 그때 나이 17세였다. 그런데 상감이 가례를 치른 후 근 한

달 동안이나 경연을 폐지하고 신하들을 만나려 하지 않았다.

떠도는 소문에는 왕이 새 왕비를 맞은 뒤 경빈 박씨와 희빈 홍씨 등 후궁들이 시샘하여, 갖은 아양과 기교로써 왕을 붙들어 놓는다는 것이었다.

그것은 헛소문이 아닌 사실이었다. 이에 조광조는 왕이 여색으로만 세월을 보내면 나라의 앞날이 큰일이라 생각하여 상소를 올렸다. 구구절절이 우국의 충정에서 우러나는 상소문을 본 중종은 그제야 자신을 돌아보고 다음날부터 경연에 나왔다.

중종이 왕위에 오른 지 10년이란 세월이 흘렀다. 처음에는 반정공신들의 손아귀에 쥐어 소신껏 일을 할 수 없었지만, 이제부터는 소신껏 임금 노릇을 해야겠다고 생각을 다졌다.

그리하여 왕은 조광조를 경연관으로 뽑아 나라를 다스리는 대경대법(大經大法)을 강론케 하고, 그의 건의를 받아들여 정사에 반영하였다.

이렇게 되자 중종의 치적이 날로 높아지고 조광조도 무릇 선비들의 추앙을 받게 되어 벼슬이 부제학에 올랐다.

조광조는 또 인재를 등용하는 과거 제도에 지금까지 실시하고 있는 대과 · 소과 외에 현량과(賢良科)를 새로 두어, 덕망 높은 선비들로 하여금 이 과에 응시하도록 건의하였다. 이를 왕이 반포하니 초야에 묻힌 선비들은 더 한층 조광조를 우러렀다.

왕은 국정 전반에 관해서 조광조의 말만 따랐다. 조광조는 왕의 신임에 깊이 감은하여 상감을 위해 분골쇄신 충성을 다할 것을 마음속 깊이 다짐했다.

그러나 호사다마라는 말이 있듯이 이러한 조광조의 신임에 시기하고 불안해하는 사람들이 생겼다. 그것은 보수 공신파인 남

조광조의 글씨

곤·심정 일파였다.

그때 마침 조정에 형조판서 자리가 비게 되었다. 남곤 일파는 자기 파를 그 자리에 앉히려 심정을 추천했다. 그러나 벼슬은 이조의 천형을 거쳐야만 되는 것이다. 그런데 이조판서에는 조광조 파인 이장곤(李長坤)이 버티고 앉아 있는지라 단번에 거절당하였다. 그러나 남곤·심정은 백방으로 줄을 대어 기어코 심정이 형조판서에 오르도록 하였다.

뒤늦게야 이 사실을 안 조광조는 급히 어전으로 달려가 형조는 법을 다스리는 자리이고 법이 공평을 잃으면 아무리 왕도정치를 하려 해도 백성이 따라오지 않을 것이라며 심정 같은 인물을 형조의 장인 판서 자리에 앉힐 수 없다고 아뢰었다.

조광조의 이 한마디로 심정은 형조판서로 임명되기 직전에 닭 쫓던 개 모양이 되었다. 조광조에 대한 그의 원한은 뼛속까지 사무쳤다. 심정은 이를 부득부득 갈며 남곤을 찾아갔다.

그들은 조광조 일파를 몰아낼 궁리를 하기 시작했다.

"그 사람들을 우리의 힘으로 어떻게 몰아낼 수 있을까? 우선 상감의 신임이 이만저만이어야지. 상감은 지금 조광조의 말을 듣고, 당신이 해동의 요순이 되시려고 하는 판국에 말이오."

"희빈 홍씨와 경빈 박씨를 붙잡고 상감의 마음을 녹이면 되지 않겠소."

이야기 한국사

'가만 있자…'

그제야 남곤은 머리를 끄덕거리며 무엇인가 궁리를 하기 시작했다.

이때 조광조가 다시 벼슬이 올라 대사헌(大司憲)에 제수되었다. 남곤 일파는 욱일승천하는 조광조의 기세를 하루라도 빨리 꺾지 않으면 안 되겠다고 생각해 일을 서두르게 되었다.

며칠이 지나자 남곤 등은 조광조를 해칠 결정적인 계교를 짜내기에 이르렀다.

그들은 희빈 홍씨의 아버지 홍경주(洪景舟)를 자기편에 끌어들였다. 홍경주는 홍빈을 만나 조광조 일당이 자기를 비롯하여 남곤·심정 등을 다 죽이고, 박원종·성희안 등의 무덤을 파 부관참시하려 한다며 우리가 선수를 써 그자들을 없애야 하니 이 일에 좀 도와주어야겠다는 말을 전했다.

"어떻게 도와드리는 방법이 있겠습니까?"

홍빈이 초조하여 물었다.

"우리 공신들이 밖에서 역적 고변을 할 터이니 안에서는 홍빈께서 무예청이나 심복들을 시켜 궁의 후원 나뭇잎에 꿀물로 주초위왕(走肖爲王)이라는 네 글자를 쓰도록 하시오. 그러면 벌레들이 단물을 빨아먹기 위해 글자를 좀먹듯 파먹을 것입니다. 이때 가서 홍빈께서는 상감으로 하여금 후원 동산에 납시어 이것을 보시도록 하면 됩니다. 주초(走肖) 두 글자를 합치면 조(趙)가 되지 않습니까. 즉 조광조가 임금이 된다는 뜻입니다."

홍경주가 홍빈을 만나고 돌아가자 후원 동산에는 늙은 무예청 하나가 나뭇잎마다 꿀물을 발라 주초위왕(走肖爲王)의 네 글자를 쓰고 다녔다.

며칠이 지나자 후원에서는 주초위왕의 네 글자가 새겨진 이 파리들이 여기저기서 발견되었다. 홍빈은 회심의 미소를 지으며 이러한 소문을 궁중에 퍼뜨렸다.

한편 경연 자리에서 조광조로부터 가짜 공신들을 사기에서 삭제해야 한다는 상소를 받고 그 결재를 다음날로 미루고 돌아온 왕은 이후 경연에 나가지 않았다.

그날부터 희빈 홍씨가 아양을 떨어 몸이 피로하기도 하였다. 또 경연에 나아가면 국사를 논하게 되어 다음날로 미룬 공신의 삭제 문제가 거론될 터라 고의적으로 피하자는 의도도 있었다.

왕이 경연에 나오지 않자 삼사에서는 하루 속히 경연에 납시어 가짜 공신들의 이름을 삭제하시라는 상소를 올렸다. 임금으로서는 비답을 내리지 않을 수가 없었다.

"과인이 몸이 불편하여 며칠 동안 경연에 나가지 못하니라. 삭훈(削勳) 문제는 이미 10년 전의 일이니 군이 소급해서 의논할 바 아니라."

이 비답을 받은 조광조 이하 삼사의 관헌들은 격분하지 않을 수 없었다.

조광조가 사퇴의 의사를 밝히자 사헌부가 총사퇴하고, 뒤이어 사간원 홍문관의 장들도 모두 사퇴를 해버렸다. 삼사가 텅텅 비었고 조정 안은 암운이 깃들었다. 백성들의 마음이 술렁이기 시작했다.

한편 삼사의 총사퇴서를 받아 쥔 중종의 마음은 아연하지 않을 수 없었다. 왕은 괘씸한 생각부터 앞섰다. 그렇지 않아도 홍빈으로부터 조광조 일당이 음모를 꾸미고 있다는 말을 듣고 조광조를 의심하던 판국에, 일이 이 지경에 이르니 홍빈의 말이 정말일

지도 모른다는 의혹이 드는 것이었다.

그러나 이 일을 수수방관만 할 수 없어 왕은 급히 의정부의 삼정승과 육조의 판서를 빈청으로 불렀다.

"조광조를 비롯한 삼사의 관헌들이 공신 가운데 가짜 공신을 깎으라 해서 과인이 듣지 않자 모두 사퇴를 하였으니 어찌하면 좋겠소?"

영의정 정광필(鄭光弼)이 앞으로 나가 아뢰었다.

"삼사가 모두 사퇴한 일은 일찍이 역대에 없던 일로서 그들의 상소가 전혀 근거 없는 사실이 아닐 것입니다. 자세히 조사하여 처리하는 것이 조정과 백성들을 위하는 일인가 하옵니다."

이에 좌찬성 이장곤도 역시 영의정의 의견에 찬동하였다.

영의정 정광필, 우의정 안당(安塘), 좌찬성 이장곤(李長坤) 등은 모두 선비 출신으로 조광조를 두둔하는 인물들이었다.

그들 반대파인 공신 가운데는 남곤이 예조판서 자리에 있어, 이 회의에 끼어 있었다. 그러나 중과부적으로 대세는 이미 그쪽으로 기울어 돌이킬 수 없는 사태에 이르렀다.

남곤은 이 자리에서 빠져 나와 곧바로 심정을 만났다.

"이거 큰일났네. 빨리 손을 쓰지 않으면 안 되겠네. 후원의 동산에 꿀물로 쓴 글씨는 어떻게 되었나?"

"이제 글자가 다 새겨졌다네."

남곤과 삼정은 홍경주를 시켜 이 같은 사실을 박빈과 홍빈으로 하여금 상감에게 고하게 하였다. 그리고 증거물로 문제의 나뭇잎들을 모아 상감 앞에 내놓았다.

"상감마마, 이게 바로 그 나무 이파리옵니다. 시비에게 일러 방금 따오라고 한 것입니다."

그것을 들여다 본 중종은 곧 자리에서 일어났다.

"주초면 조가라는 뜻이다. 기막힌 일이로다. 조가가 왕이 된다고, 내 친히 확인해 보리라."

임금이 옥교에서 후원의 나뭇잎을 바라보니, 과연 그 나뭇잎들에는 '주초위왕' 이란 네 글자가 새겨져 있었다. 중종은 놀라지 않을 수가 없었다.

"어느 때부터 이랬더냐?"

"여러 날 전부터인 줄로 아뢰오."

얼마 후 조광조는 금부 나졸들에 의해 옥에 갇히게 되었다.

세상에는 무죄한 몸으로 벌을 받는 일도 많거니와, 분골쇄신 충정을 다하고도 마침내 그 임금의 손에 죽는 수도 많은 법이다.

중종은 일단 조광조를 하옥시켜 놓고, 희빈 홍씨의 아버지 홍경주를 불렀다. 홍경주가 왕의 명을 받고 어전에 입시했다.

"조광조가 기어이 역적모의를 하였다네 그려."

"황공하여이다. 전하 만시지탄은 있사오나, 조광조의 무리들을 당장 박살을 내야 하옵니다."

"그래서 먼저 조광조만을 하옥시키도록 하였네."

"아니 되옵니다. 그 일당의 무리들을 모조리 잡아들여야 하옵니다. 만약 조광조만을 잡아들인다면, 남은 자들이 연통하여 큰일을 일으킬지 모르는 일입니다."

그리하여 결국 이날 밤으로 잡혀와 조광조와 함께 하옥된 사람들로는 우참찬 이자와 김정 · 홍언필 · 김구 등 여덟 사람이었다. 이날 밤 조광조까지 합하여 9명이 결박이 된 채 대궐 안 마당으로 끌려 들어갔다.

합문 안 편전에서는 홍경주와 남곤이 전하를 모시어 이날 밤에 급히 임명한 승지와 내시들에게 계속 영을 내렸다.

"전하, 빨리 선전관으로 하여금 금부 나졸들을 거느리고, 조광조 일당을 모조리 박살하라는 명을 내리시옵소서."

이들 하옥된 사람들을 하나하나 문초하여 다스릴 경우, 남곤·홍경주의 사전 음모가 들통이 날까 염려되어 서둘러 상감에게 박살형으로써 다스려야 한다고 말한 것이다.

"승지는 빨리 선전관을 시켜 죄인 조광조 일당을 모조리 잡아다가 대궐 마당에서 박살하도록 하라!"

왕명이 떨어지자 승지가 합문으로 뛰어나가, 선전관에게 영을 내렸다. 그런데 이때 박살 소리를 듣고 깜짝 놀란 병조판서 이장곤이 간곡히 아뢰었다.

조광조 신도비 선조 13년에 세워진 비석. 조광조는 선조 즉위 초에 신원되어 영의정에 추존되었다. 비석의 글은 노수신이 짓고 글씨는 당시의 영의정 이산해가 썼다.

"조광조는 나라의 막중한 책임을 맡은 대사헌입니다. 그런데 죄상도 확실히 가려지기 전에 박살한다는 것은 있을 수 없는 일이옵니다. 정승을 출두케 하여 상의하신 다음 처리하옵소서."

임금이 가만히 생각하니 이장곤의 말이 옳았다. 조광조 일당을 옥에 다시 가두고 삼정승을 들게 했다.

새벽이 되어서야 삼정승이 모두 모였으나 그때에는 임금이 이미 침수에 든 후였다. 다음날 아침에 이르러서야 조광조 등에 대한 국문이 시작되었다.

죄인들에 대한 공초는 형식적으로 한 시간쯤 걸려 끝났다.

공초문을 대역죄인으로 조작한 남곤과 홍경주는 삼정승에게 공초문을 잠깐 보인 다음, 편전으로 들어가 전하께 아뢰었다.

"조광조 일당을 문초한 바 극죄인임이 밝혀졌사오니, 모두 참형에 처하고 가산을 모두 몰수하는 것이 가한 줄로 아뢰오."

임금은 곧 조광조 이하 8명에게 모두 죽음을 내리라는 명하였다. 승지가 그것을 받아쓰는데 이때 궐문 밖에서 갑자기 통곡하는 소리가 울려 편전에까지 들려왔다.

왕이 놀라 물었다.

"성균관 선비들이 조광조를 살려달라고 떠들어 댑니다."

조광조를 살려달라고 호소하는 사람들은 유생들뿐이 아니라 일반 백성들까지 가담하여, 그 무리가 수천 명에 이르렀다.

"그자들을 모두 포박하여 옥에 가두고 조광조 일당을 처결하도록 하라."

그러나 조광조를 살려달라고 하는 군중은 더욱 불어나 수만이 넘었다. 그들은 여전히 통곡하며 조광조를 살려달라고 아우성이었다.

중종의 능인 정릉

이에 임금도 하는 수 없이 조광조 · 김정 · 김구 · 김식 네 사람에게는 유배형을 내리고, 나머지에게는 백대의 태형을 선고하였다. 그러나 남곤 · 심정 등은 조광조 등의 치죄가 너무 가볍다 하여 조광조를 죽여야 한다고 떠들어댔다.

마침내 조광조에게 사약이 내려져 억울한 죽음을 당하였다. 그때 그의 나이 38세였다. 이것이 기묘사화이다.

외척 간의 다툼, 을사사화

중종 39년 11월 줏대가 약하여 신하들에게 휘둘리던 중종은 무사제일주의로 많은 문제를 남긴 채 승하하였다. 뒤를 이어 30세의 세자가 왕위에 올랐다. 이분이 이조 12대 왕 인종(仁宗)이었다.

인종은 성품이 어질고 효성 또한 지극하였다. 좋은 시대에 왕위에 올랐으면 성군으로서의 자질을 갖춘 인물이었다. 그러나 그의 계모 문정 왕후의 극성 때문에 항상 전전긍긍 세월을 보내다가 부왕의 인산*을 마치자 몸져 누워버렸다.

인종 원년 6월이 되자 임금의 환후는 더욱 악화돼 갔다. 인종은 자신이 소생할 수 없음을 알고, 삼정승을 불러들여 유언을 하였다.

"과인의 병이 이렇게 중태인데 대를 이을 아들이 없으니, 나의 아우 경원대군을 세워 국사를 잘 다스리도록 하오."

두 정승이 속히 회춘하시어 국사를 살피소서 하고 울면서 아뢰었으나, 인종은 고개를 저었다.

"또 한 가지 조광조에 대한 일이오. 그는 어진 선비였는데 억울한 죽음을 당했으니, 내 마음이 아팠소. 내 조광조의 죄를 사

* 인산 : 태상왕과 그 비, 임금과 그 비, 황태자와 그 비, 황태손과 그 비의 장례

(敕)하고, 현량과를 부활시키려 하였으나 이루지 못하고 가니 조광조의 관직이나마 회복시켜 주기 바라오."

"명심하여 거행하겠나이다. 전하."

"그리고 나와 친한 사람은 윤임의 아들 홍인과 홍의 두 형제이니 그들에게 부탁하여 내 장사를 치르도록 하오."

인종이 즉위한 지 8개월 만에 병으로 승하하자 명종이 12세의 나이로 왕위에 올랐다. 명종의 어머니 문정 왕후가 대왕대비로서 수렴청정을 하게 되었다.

마침내 세상은 문정 왕후의 손에서 놀아났다. 그의 친정 동기인 윤원형 일파의 콧대가 높아질 대로 높아질 판국이었다.

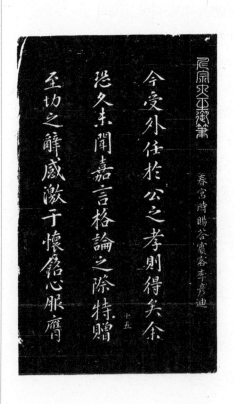

인종 어필 (한국학 중앙연구원 장서각)

윤원형의 형 윤원로는 해남에 귀양가 있었고 윤원형은 명종이 즉위하자 곧바로 예조참의로 등용되었다. 계급은 낮았지만 그는 소윤의 거두로서 위세가 당당하였다.

그의 일파에는 호조판서 임백령(林百齡), 병조판서 이기, 지중추부사 정순붕(鄭順朋), 대사헌 허자(許磁) 등 쟁쟁한 인사들이 조정의 각 요직에 버티고 있었다. 이들 소윤파들은 대윤인 윤임 일파를 없애려고 기회를 노리고 있었다.

윤원형 일파는 대윤의 반발을 사전에 막기 위해 윤원형의 첩 정난정(鄭蘭貞)을 궁중에 출입시켜 문정 왕후와 긴밀한 연락을 취하였다.

이렇게 하여 소윤의 두목 윤원형이 대윤인 윤임 일파를 칠 준비가 착착 진행되었다. 그들의 계교가 무르익어 문정 왕후와 밀약(密約)을 마친 다음날의 일이다.

이기·윤원형·정순붕 등이 나라에 크나큰 사건이 발생하였다며 대왕대비와 임금을 알현하고자 한다고 상주케 하였다. 미리 짜여진 각본대로 문정 왕후는 매우 놀라는 표정을 지으며 명종과 함께 충순당으로 나왔다.

"무슨 중대한 일이 발생했다는 거요? 그렇다면 당상관급의 대신들을 모두 입시하라 하오."

대신들이 입시하자 이기가 어전으로 나왔다.

"아뢰옵기조차 난감하옵니다. 우찬성 윤임이 계림군 유를 대행왕의 양자로 삼아 그를 옹립하고자 여러 차례 모의했다고 하옵니다."

본인인 윤임으로서는 어이없는 일이었다. 청천벽력도 유분수이지 이럴 수가 있단 말인가. 윤임은 가만히 있을 수가 없었다. 나서서 덤벼들 기세를 보이자 문정 왕후가 큰 소리로 꾸짖었다.

"존엄한 어전이오. 아직 상주하는 말이 끝나지 않았으니 기다리시오."

이기가 계속 말을 이어갔다.

"신이 듣자옵건대, 윤임은 중종대왕 때부터 이심(異心)을 품고 있었던 자로 아직도 그것을 추진하고 있는 중이옵니다. 그는 또한 좌의정 유관(柳灌)과 이조판서 유인숙(柳仁淑) 등과도 공모한 사실이 있다 하옵니다."

이리하여 싸움은 불이 붙었다.

윤임이 더 이상 참을 수 없어 어전에 부복하여 아뢰었다.

"대왕대비마마, 신은 대행 왕의 분부를 받자와 대왕대비마마를 사사로이 만나 뵌 일은 있사옵니다. 그리고 지난날 윤원형 형제와 다툰 것도 사실이오나, 오늘 계림군을 옹립하려고 역적모의라니요. 차라리 신에게 죽으라 하십시오!"

윤임의 이러한 태도를 보고 정순붕이 또 아뢰었다.

"지금 장본인 윤임은 저렇게 펄펄 뛰지만 목격한 증인이 있다 하옵니다. 바로 얼마 전에도 윤임이 왕대비의 처소에 들어, 내관들을 모두 물리치고 은밀한 말을 주고받았다 하옵니다. 생질부의 손을 나꿔 잡고 말씀입니다."

이 소리를 들은 대신들이 놀라 탄성을 발하며 혀를 찼다.

대윤파들은 너무도 엄청난 무고에 어찌할 바를 몰랐다.

"머리를 쓸어 주며 목덜미에 입을 대는 등 차마 못할 짓을…"

태릉의 신도비각

"예끼, 이 더럽고 무엄한 놈!"

윤임이 호통을 쳤으나, 정순붕은 태연한 자세로 각본대로 연출해 나갔다.

문정 왕후 또한 각본대로 다음과 같은 결단을 내렸다.

"윤임은 전부터 우리 모자를 없애려 하던 자요. 이제 그 흉계가 백일하에 드러났으니 하늘에 계신 조종(朝宗)이 우리 왕실을 살피신 일이오. 즉시 판서급 이상의 대신들을 불러 공표하도록 하오."

문정 왕후의 이 말이 떨어지자 윤원형 일파는 대신들을 불러들여 대윤들의 죄상을 논하기 시작했다.

여러 사람들이 의논한 결과 윤임을 처벌하여 귀양보내고 윤임과 관련된 자들은 체직(遞職)을 시키거나 혹은 귀양보내고, 중형은 가하지 말자는 데 의견이 모아졌다. 이것을 계기로 하여 대윤과 소윤의 연관들은 각기 자파를 두둔하는 상소문을 올렸다.

대윤파의 백인걸은 다음과 같은 상소문을 올렸다.

"윤임의 죄목은 어디까지나 무고에 지나지 않으니 그 무고한 자를 색출하여 엄벌에 처해야 하옵니다."

소윤파들로서는 사건이 애매하므로 잘못하다간 역습을 당할 우려가 있는지라 백인걸의 상소에 정신이 퍼뜩 났다.

소윤들은 이 기회에 아주 대윤들을 모조리 쓸어버릴 작정이었다.

"좌의정 유관, 좌찬성 이언적, 병조참의 이림, 이조판서 유인숙 등은 윤임과 함께 거사코자 한 자들이니 이들을 모두 극형에 처해야 하오."

소윤의 최후 공격이었다.

이래저래 문정 왕후의 심정은 윤임파의 세력이 더 크기 전에 잘라 버리는 것이 상책이라는 방향으로 기울어갔다.

문정 왕후는 다음날 왕을 앞세우고 충순당으로 나왔다. 소윤 일파로 하여금 대윤파들의 죄상을 상주하게 하고, 바로 처분을 내렸다.

"대역죄인 윤임과 유관·유인숙은 사사(賜死)하고, 기타 그들과 부동한 자들은 그 죄질에 따라 유배하도록 하오. 지체 말고 시행하도록 하라."

이로써 대윤의 거두로서 한때 세력을 누려오던 윤임은 목숨을 잃게 되었으며 대윤은 돌이킬 수 없는 결정타를 맞았다.

그러나 소윤의 우두머리 윤원형은 이것만으로는 직성이 풀리지 않았다. 그는 아주 대윤의 뿌리까지 뽑기 위해 모든 계략을 동원하였다. 계림군 유를 고문하여 대역의 사실을 실토하게 하는 방식으로 이 사건을 마무리하였던 것이다.

소윤의 뜻을 이룬 후에야 옥사가 끝나니 여기에 희생된 사람은 10여 명이 넘었다.

봉성군 완은 평창으로 귀양갔다가 2년 후에 사사되고, 계림군 유는 군기시(軍器寺) 앞에서 효수되었다. 윤임과 그의 아들 삼형제가 모두 사약을 받아 죽었고 뒤따라 유관·유인숙에게도 사약이 내려지는 등 대윤의 거목들이 모두 참형을 당했다. 이것이 을사사화였다.

신출귀몰한 명화적 임꺽정

임꺽정(林巨正)은 양주 고을 출신으로 기운이 천하장사였다. 명종 10년 전라도에 왜변이 일어났을 때 출전하여 큰 공을 세웠으나, 백정이라는 이유 때문에 아무런 보상을 받지 못하였다.

여기에 불만을 품었던 임꺽정은 나라가 부패하여 탐관오리들이 배만 채우고 백성들을 못 살게 구니 이에 의분을 참지 못하고 탐관오리들을 치기 위해 일어났다.

처음에는 힘이 약해 낮에는 숨었다가 밤에만 약탈을 하였다. 그러나 힘이 점점 커지자 낮에도 관가에 나타나 관군과 대항하기에 이르렀다. 조정에서도 임꺽정의 활동은 심각한 문제로 등장하였다.

어느 봄날, 평안도에서 서울로 올라가는 봉물짐이 말과 수레에 실려 황해도 어느 고을을 지나고 있었는데, 그 규모가 매우 컸다. 문정 왕후 윤대비의 생신 준비를 위해 팔도에서 거두어들이는 봉물이었다. 임꺽정의 도적떼가 황해도 땅에서 출몰하였기에 경계가 매우 삼엄하였다.

임꺽정이 그들 앞에 나타나자 호송책임을 맡은 관원이 소리를 질렀다.

"네 이놈, 무엄한 백정 따위가 들도둑이 되어 감히 관가의 행차를 가로막다니, 썩 비켜서지 못하겠느냐? 이 창이 네놈의 배를 꿰뚫으리라!"

"하하하…, 뭐 관청의 행차라구? 대왕대비인지 화냥년인지 계집년이 회를 쳐서, 백성들은 굶어 죽는 판국에…그것이 생일 봉물이렸다. 순순히 내놓고 달아나면 너희 버러지 같은 목숨은 살려 주마."

임꺽정의 이 같은 모욕적인 말에 호송의 책임을 맡은 관원이 창을 꼬나잡고 덤벼들었다.

"하하, 이놈이 하루 강아지 범 무서운 줄 모르고 날뛰는구나. 에익!"

임꺽정이 관원의 목을 단칼에 베어 버리자 부하들도 일제히 임꺽정의 무리들과 일대 접전을 벌였다. 그러나 그것도 잠시일 뿐 관군들의 목은 추풍낙엽처럼 모두 떨어졌다.

문정 왕후에게 보내질 봉물이 도적의 소굴로 들어갔으니 조정은 발칵 뒤집혔다. 그리하여 조정에서는 영의정 상진(尙震), 좌의정 안형(安玹), 우의정 이준경(李浚慶), 형조판서 조광원(曺光遠), 병조판서 이명규(李名珪) 등을 불러 놓고 임꺽정 소탕 방법을 강구하였다.

전라도 왜변을 진압한 경력이 있는 우의정 이준경이 계책을 내놓았다.

"도적의 무리는 백성들의 호응까지 얻어 매우 강성한 듯합니다. 황해도의 임꺽정을 잡기 위해서는 전번에 왜구를 무찌른 실전 경험이 있는 군사를 뽑아 보내는 것이 상책인가 하옵니다."

뒤이어 영의정 상진이 말했다.

"신의 생각으로는 조정에서 으뜸가는 용맹한 장수를 포도장(捕盜將)으로 삼아 왜구를 무찌른 병사를 거느리고 도적을 치게 하되 개성을 본거지로 삼아 그 일대의 군사를 수시로 동원하여 응원케 하는 것이 좋을 듯하옵니다."

"포도관은 누가 적임자로 생각되오."

"이억근(李億根)이 적임자로 아뢰오."

이리하여 이억근을 포도관으로 임명하고, 그에게 300명의 특공대를 주어 개성으로 떠나도록 했다.

포도관으로 임명된 이억근은 의기양양했다.

"임꺽정 이놈, 이제야 임자를 만나게 되었구나. 단칼에 목을 베리라."

나라에서 골라 보내는 이억근이니만큼 힘도 장사이고 용력도 대단하였다. 그러나 이때 임꺽정의 세력은 이미 서울에까지 들어와 첩자가 객주에 잠입해 있었다.

황해도 관찰사가 새로 부임하고, 이억근이 그들을 잡기 위해 300명의 특공대로 공격해 온다는 소식은 한발 앞서 임꺽정에게로 전달되었다.

"그렇다면 새로 부임해 오는 감사놈을 도중에서 잡아 없애든가 혼을 빼놓든지 해야겠다."

임꺽정은 이 같이 말하고 그의 부하들을 거느리고 구월산을 떠나 청석골로 모여들었다.

개성에 먼저 도착한 이억근은 이 같은 임꺽정의 작전을 전혀 모르고 있었다.

"옳거니 일은 잘 되어가는구나. 도적놈들이 제발로 걸어 들어오는구나…."

이억근은 부하 300명을 거느리고 무조건 적의 소굴 청석골로 쳐들어갔다.

임꺽정 일당은 미리 파수를 보고 있다가 관군이 깊이 쳐들어 오기를 기다려 험한 골짜기에 이르렀을 때 슬슬 하나둘씩 나타났다. 청석골은 인가와 멀리 떨어져 있는 깊은 산골인데 이억근은

병법을 무시한 채 너무 깊이 적의
소굴에 들어간 셈이 되었다.

도적의 무리는 처음에는 한두
명이 나타났다가 슬슬 피해 달아
나며 그 숫자가 자꾸자꾸 늘어만
갔다. 그러더니 갑자기 사방에서
튀어 나와 화살을 퍼붓고 공격해
들어왔다. 화살뿐 아니라 돌더미
가 마구 굴러 내려오니 이억근이
이끄는 관군이 하나둘 쓰러졌다.

고석정 임꺽정이 은거
했다는 곳이다. 후에
임꺽정을 기리는 이들
이 정자를 짓고 고석
정이라 이름붙였다.

이억근은 있는 힘을 다하여 싸웠으나 개성에 와서 기생들과
주색을 즐겨 힘이 빠진 터라 용력이 떨어졌다. 출전에 앞서 개성
유수가 걱정스러운 듯 말했다.

"여보 포도관, 큰일났소. 임꺽정의 무리가 개성부로 삼삼오
오 잠입하고 있다 하오. 개성부를 노략질하려는 게 아니겠소?"

이억근은 들고 있던 술잔을 놓고 껄껄 웃어댔다.

"하하하…, 유수께서는 겁도 많으시오. 임꺽정은 좀도둑이
커서 소도둑이 된 것에 지나지 않습니다. 제놈이 감히 개성부까지
야 넘보겠습니까?"

"그렇지 않소이다. 임꺽정은 그렇게 호락호락한 도둑이 아닙
니다."

"좀도둑이 클만치 컸으니 이제 죽을 때가 되어 제발로 청석
골로 오는 모양이구나. 얘들아, 출진고를 울려라. 내 이 술이 식기
전에 임꺽정의 수급*을 베어 오리라!"

이렇게 큰소리를 치던 이억근이었다. 그러나 부하들이 하나

* 수급 : 싸움터에서
얻은 적군의 머리

이야기 한국사

둘 거꾸러지고 무릎을 꿇자 이제는 제 몸조차 말을 듣지 않았다. 임꺽정의 부하들이 엉겨붙어 이억근을 죽이려 할 때 벼락치는 소리가 났다.

"가만두어라!"

임꺽정이 나타났다.

"하하하, 꼴 좋다. 이놈, 네가 임 장사의 목을 단번에 베겠다고 큰소리친 놈이냐?"

이억근도 지지 않고 응수했다.

"그렇다. 네가 바로 임꺽정이냐?"

"허, 제법 담이 큰 놈이구나. 죽기가 소원이라면 죽여주지!"

임꺽정이 칼을 뽑자, 이억근도 칼을 뽑아 결투가 벌어졌다. 그러나 삼합이 못 되어 이억근이 피를 뿜고 쓰러졌다. 임꺽정은 이억근의 목을 잘라 갖고 온 오동나무 상자에 넣어 살아남은 관군을 시켜 개성유수에게 보냈다.

이로써 임꺽정의 무리는 사기가 더욱 높아지고, 관군들은 벌벌 떨게 되었다. 이들 임꺽정의 무리들은 청석골과 장단의 삼각산에 따로 소굴을 두고 관군과의 정면충돌을 피하며 각 고을에서 올라가는 진상품은 모조리 털어갔다.

임꺽정 일당이 날로 창궐하는 것은 민심이 조정을 떠났기 때문이었다. 그러나 윤원형과 이량(李樑)의 싸움이 치열하여 민심 수습에 눈을 돌릴 겨를이 없었다. 이에 명종은 결단을 내려 그들의 싸움을 모두 중지시키고 도적을 소탕하는 일에만 전념하도록 어명을 내렸다.

명종의 명에 따라 좌포장 남치근과 우포장 이몽린이 많은 군사를 인솔하고 두 길로 나누어 토벌 작전에 나섰다.

토벌군이 온다는 정보는 즉시 임꺽정에게 자세히 전해졌다.

"급한 기별입니다. 좌포장 남치근과 우포장 이몽린이 청석골로 향했다 하옵니다. 총공격은 내일 새벽 축시라 하옵니다."

"알았다. 그렇다면 저들이 들어오기 전에 우리가 마중을 나가야지."

임꺽정은 그들의 무기와 보급품을 먼저 빼앗을 작정이었다.

임꺽정은 재빨리 전 부하를 가막재에 옮겨 진을 치고 청석골은 텅 비워 두었다. 이윽고 관군들이 많은 보급품을 싣고 좁은 길목인 가막재로 들어섰다.

관군의 지휘자 이몽린은 몸을 제대로 쓸 수가 없었다. 좁은 길목에서 지형에 익숙한 임꺽정의 일당들이 노도처럼 몰려드니 순식간에 골짜기는 아비규환으로 변했다.

불의의 기습을 당한 관군은 달아나기에 바빴고, 우포장 이몽린도 겨우 몸을 빼져 도망쳐 나왔다. 이 싸움에서 큰 수확을 거둔 임꺽정은 노획품을 챙겨 산채로 들어가기를 서둘렀다.

"서둘러라. 달아나는 적은 쫓지 말고 빨리 산채로 들어가라. 늦어지면 남치근의 부대에 산채가 점령된다."

그러나 산채는 이미 남치근에 의해 공격당하고 있었다. 깡그리 비워 둔 산채인지라 아무 저항도 받지 않고 산채를 점령했다. 크게 실망한 남치근은 뒤늦게야 임꺽정이 산채를 비우고 나가 이몽린의 후속 부대를 공격한 것을 알았다. 남치근은 산채를 모두 불질러 부수고 되돌아갔다.

한편 임꺽정은 청석골이 아무래도 위태로울 것 같아 겨울이 되기 전에 청석골의 산채를 몇몇 부하들에게 남겨 지키게 하고, 구월산 산채로 옮겨 갔다.

구월산으로 들어가면서 서림으로 하여금 몇몇 부하를 거느리고 서울에 잠입하여 먼저 잡혀간 임꺽정의 첩들을 구출해오라고 하였다. 서림은 남대문 밖 와주(窩主) 한온의 집에 묵으면서 모사를 꾸몄다. 그는 부하들을 동원하여 궁궐 속의 궁녀 둘을 칼로 찔러 죽이고, 사흘 뒤 임꺽정의 첩들을 내놓으라는 협박장을 꽂아놓았다. 그러나 사흘이 지나도 첩들을 내놓지 않자 서림은 자기 손으로 구출할 꾀를 내었다.

서림은 임꺽정의 밀정인 전옥서의 임석동으로 하여금 임꺽정의 첩들에게 밀서를 전했다.

"오늘밤 삼경에 옥사를 파괴하고 구출해 낼 터이니, 기다리고 있다가 재빨리 뛰어 나오십시오."

서림은 예정한 날 밤 삼경이 되자, 옥문을 부수고 첩들을 구출하러 나섰다. 그러나 포도청에 그렇게 바보들만 모여 있는 것은 아니었다. 남치근·이몽린의 후임으로 포도대장이 된 김순고는 여러 방면으로 탐문수사를 벌여 남대문 밖 와주 한온이 임꺽정과 내통하고 있으며 그곳에 임꺽정의 무리들이 자주 출몰한다는 사실을 알아냈다.

김순고는 좀 더 큰 고기를 낚으려고 모르는 채 건드리지 않았다. 때마침 전옥서 노비 임석동은 임꺽정의 무리들이 조정을 상대로 싸움을 벌이려 하자 불안을 느껴 거사하기 하루 전날, 포도청에 가서 김순고에게 모든 사실을 밀고했다.

그리하여 거사하기로 되던 날 밤 김순고는 서림이 막 객주 집을 나서려 할 때 서림과 임꺽정의 부하 행동대원 20여 명을 일망타진하고 이어 한온도 사로잡았다.

서림은 서울에서 잡혔지만 도적의 무리는 각처에서 날뛰었다. 12월에 들어서면서도 별다른 성과가 없었고, 도처에서 입는 피해는 늘어만 갈 뿐이었다.

그러던 중 황해도 순경사 이사증(李思曾)이 도적의 괴수 임꺽정을 잡았다 하여 온 나라가 떠들썩하였다. 그러나 서울로 데려다 문초해 보니 임꺽정의 형 가도치(加都致)였다.

서림과 가도치가 잡히고 임꺽정의 첩들도 구출하지 못하자 임꺽정의 무리들은 더욱 기승을 부렸다. 대낮에도 관청을 습격하여 물건을 약탈하고 불을 질렀다. 이에 피해가 있어도 보고를 제대로 못하는 형편이었다.

삼도 토포사 남치근은 어떻게든 하루빨리 임꺽정을 잡으려 노심초사했다. 그는 임꺽정의 모사 서림을 이용하기로 했다. 서림은 꾀가 많은 대신 죽음을 아주 무서워하는 위인이었다. 남치근은 이 점을 이용하여 자기 말만 잘 들으면 살려주겠다고 꾀어 서림을 참모로 쓰게 되었다.

처음 임꺽정의 무리는 남치근의 모사에 서림이 있는 줄을 모르고 싸움을 하다가 번번이 실패하였다. 이렇게 되니 남치근은 서림을 칙사 대접하듯 하는 수밖에 없었다. 서림의 말만 들으면 임꺽정을 잡을 수 있기 때문이었다.

명종 17년 1월 남치근은 지난 10월부터 넉달 동안이나 황해도 구월산 일대로 포위망을 압축해 갔다. 서림의 작전은 계속 맞아 떨어져 도적의 작은 가지들은 모두 투항하고 우두머리 임꺽정만 남다시피 하였다.

세궁역진(勢窮力盡)한 임꺽정은 마침내 구월산 본거지에서 홀몸으로 탈출하여 재령 방면으로 도망갔다. 이것을 알아차린 관군은 호위망을 압축하여 한 집 한 집을 이 잡듯이 수색했다. 천하

장사 임격정도 이제는 할 수 없었던지 어느 촌가로 숨어들었다. 관군은 때를 기다렸다는 듯 그 뒤를 쫓았다.

어쩔 줄 몰라 벌벌 떠는 주인 노파를 임격정은 위협했다.

"급히 도둑이 뒤로 도망갔다고 소리쳐라!"

노파는 겁에 질린 얼굴로 헐레벌떡 뛰어 문밖으로 나오며 소리쳤다.

"도적이야, 도적이야! 지금 도적이 이쪽으로 달아났소!"

그러자 임격정은 이 사이에 재빠른 동작으로 군관 복색으로 갈아입고 노파의 뒤를 따라 쫓아갔다. 그러면서 임격정 자신이 '도적이야' 소리를 지르며 달려가니 관군들은 진짜 임격정인 줄도 모르고 모두 도적이 달아났다는 쪽으로만 쫓아갔다.

임격정은 뒤에 처진 군사 한 사람을 죽이고, 그 말을 빼앗아 타고는 그들 뒤를 쫓아갔다. 감쪽같이 관군들을 속이고 관군 틈에 끼어 도적을 잡는 척하다가 얼마 후 배가 아프다는 시늉을 하면서 뒤로 처지기 시작했다.

"여보게, 아무리 배가 아프더라도 지금 임격정을 눈앞에 두고 그게 될 일인가? 어서 빨리 따라가세."

그러나 임격정은 배를 부둥켜안고 갈 수 없다는 시늉을 하며 점점 뒤떨어졌다. 그런데 바로 이때 멀리서 임격정의 이러한 행동을 지켜 보고 있던 서림이 손을 번쩍 들어 임격정을 가리켰다.

"저기 배가 아프다는 시늉을 하면서 뒤로 처지는 놈이 바로 임격정이다."

"뭣이, 저 놈이 임격정이라구!"

"저놈 잡아라!"

본색이 탄로난 임격정은 말을 달려 산속으로 도망갔다. 그러자 관군들이 일시에 뒤쫓으며 화살을 물붓듯 쏘아댔다. 천하장사 임꺽정도 별 도리가 없었다. 승천입지(昇天入地)하는 신이 아닌 인간 임꺽정인지라 마구 쏟아지는 화살을 칼로 쳐 막아냈으나, 그것도 잠시일 뿐 포위망이 점점 압축되었다. 임꺽정은 우뢰 같은 소리를 질렀다.

"이놈들 어서 덤벼 봐라. 어느 놈이고 붙잡히는 놈은 모조리 죽여버리겠다."

최후의 발악이었다. 이러한 임꺽정의 위세에 눌려 아무도 접근을 못하고 있는데 서림이 나타났다.

"뭣들 하느냐? 저게 바로 틀림없는 임꺽정이다. 빨리 잡아야 한다!"

"이놈 서림아, 네 놈 하나만 살기 위해 동료를 배반하고, 나까지 죽이려 하다니, 의리부동한 놈…, 네 놈부터 죽이겠다. 이 나쁜 놈!"

그 소리에 서림이 겁이 나 뒤로 물러서며 어서 활로 쏘아 잡으라고 소리쳤다. 토포사 남치근도 군사를 독려하면서 생포를 서둘렀다.

"누구든지 임꺽정을 사로잡는 자에게는 큰상을 내리리라."

그러나 아무도 감히 앞으로 나서지 못했다.

"생포가 어려우면 활로써 죽여라!"

남치근의 이 말이 떨어지자 군사들은 일제히 강궁(强弓)을 마구 쏘아댔다. 아무리 천하장사 임꺽정이었지만, 임꺽정 한 사람을 목표물로 쏘아대는 강궁에는 견딜 도리가 없었다. 임꺽정은 최후까지 환도 한 자루로 화살을 막아내다가, 고슴도치같이 화살이 몸에 박혀 쓰러지고 말았다.

의적 임꺽정이 이렇게 쓰러진 것은 명종 17년 정월 초승의 일이었다. 토포사 남치근은 정초이기 때문에 도적들의 마음이 풀어진 것을 이용하여 임꺽정을 잡은 것이다. 장장 5년에 걸쳐 온 나라를 공포의 도가니로 몰아넣었던 임꺽정은 이로써 최후를 맞이하게 되었다. 이제 임금과 백성들도 다리를 뻗고 잠 들었다.

선조의 등극과 당파의 시작

명종 22년, 명종이 아들 없이 승하하자 조정에서는 덕흥군의 셋째 아들 하성군(河成君)을 조선 14대 임금으로 내세웠다. 이 분이 민족사상 일찍이 없었던 임진왜란을 겪은 파란 많은 군주 선조대왕이다.

대행왕비 심비는 왕대비로 봉해지고 인성 왕후(仁聖王后)는 대왕대비가 되었다.

나이 16세에 임금이 된 선조는 궁중 일에 익숙지 못하였고, 세자로서 나라를 다스릴 교육도 받은 일이 없기에 모든 것이 서투를 수밖에 없었다. 이에 그의 양어머니 되는 왕대비 심비가 수렴청정을 하였다.

이듬해 왕대비 인순 왕후는 수렴청정을 거두고 임금에게 환정(還政)하니 선조 임금은 나이 17세에 국사를 친람(親覽)하게 되었다.

일찍이 명종 때부터 외척과 외척의 싸움이 심하여 소윤과 이량이 각각 득세하였다. 그중 이량은 인순 왕후 심비의 세력을 등에 업은 심강과 심의겸(沈義謙)에 의해 제거되었다.

이때부터 심의겸이 사림(士林)으로부터 호평을 받았고, 심의겸 일파의 세력이 점점 강성해졌다.

이에 대하여 영남의 거유 김종직 학파의 계통을 이은 김효원은 윤원형과 동서지간으로 그 문하에 자주 출입하였다.

이러한 사실을 안 심의겸은 놀라움을 금치 못했다. 그것은 당시 사람들로부터 명망이 있는 신진 선비 김효원이 윤원형의 문객으로 드나들며 아첨하는 것으로 생각했기 때문이었다. 이 뒤부터 심의겸은 김효원을 비열한 인간으로 생각하였다.

그 후 김효원은 과거에 올라 그의 명성이 날로 높아갔으며, 윤원형과의 접촉도 끊고 지냈다. 그러나 얼마 안 가 윤원형은 몰락하여 죽었으므로 김효원에 대한 심의겸의 오해는 풀릴 기회를 갖지 못했다. 참으로 애석한 일이다. 이들 두 사람의 오해가 동·서 분당의 실마리가 될 줄이야 누가 알았겠는가.

마침 이조정랑 자리가 비게 되자 이조참의로 있던 심의겸은 자기의 직속 부하이므로 당연히 자신이 선택하야 할 것으로 알았다. 그런데 같은 심의겸파의 대사헌으로 있던 김계휘(金繼輝)는 자기 부하인 지평 김효원을 추천하였고, 이조정랑으로 있다가 이번에 물러나게 된 오건(吳健)도 역시 김효원을 지목하였다.

김효원은 벼슬은 낮았지만 나이는 심의겸보다 세 살이나 위였다. 심의겸은 이조정랑에 임명할 사람을 심사하면서 김효원을 반대했다.

"김효원은 전에 세도재상 윤원형의 문객으로 있던 사람이니, 그와 같은 사람을 그 자리에 앉힐 수 없소."

"아니 그게 무슨 말씀이오? 김효원으로 말하면 김종직의 제자 김근태(金謹泰)의 문하생으로, 명망 높은 수재이며, 전도가 유망한 사람이오."

"모르는 말씀이오. 김효원이 윤원형의 문객 노릇을 한 것은 모르고 김근태의 문하생인 것만을 아니까 그러시는 겁니다."

심의겸은 사람됨이 청백하였으나, 남과 타협할 줄을 몰랐다. 그렇기 때문에 김효원과 친한 사이이면서도 김효원의 지난 일을 들추어 반대하는 것이었다.

또 바로 전 해에는 심의겸이 대사헌 자리에 올랐을 때, 김효원 일파에

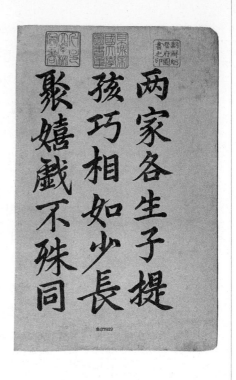

서는 외척이 대사헌 자리에 오르는 것이 타당치 않다 하여 반대한 일이 있었다. 이때의 개인적인 감정까지 겹친 심의겸이 김효원을 반박하여 결국 김효원은 정랑 자리에 오르지 못하였다. 김효원은 이 일로 매우 망신스러워했다.

그러자 김효원을 아끼는 신진 사류들이 심의겸이 외척으로서 국정에 지나치게 간섭을 한다고 반박하고 일어섰다. 그대로 두었다간 큰 싸움이 벌어질 기세인지라 붕당(朋黨)을 크게 염려한 대사간 이이(李珥)가 임금에게 아뢰어 김효원을 이조정랑에 임명하고, 심의겸을 타일러 일단은 무마되었다.

그 후 김효원이 이조정랑 자리에서 물러나게 되자 그 후임 문제로 또 입씨름이 벌어졌다. 심의겸은 그의 아우 심충겸(沈忠謙)

을 천거하였다. 심충겸은 3년 전에 문과에 장원하여 사간원 정언을 거쳐 옥당(玉堂)에 등용되어 있는 준재였다.

그러나 전부터 외척이 국정에 참여하는 것이 마땅치 못하다는 이유를 들어 김효원 일파들이 반대하였다.

특히 작년에 정랑자리에 들어올 때 심의겸에게 톡톡히 망신을 당한 김효원은 보복의 좋은 기회라 생각하고, 심충겸을 후임으로 천거하지 않고 다른 사람을 천거했다.

심의겸은 울화가 치밀었다.

"좋든 나쁘든 나에게 혐의를 둘 일이지, 내 아우에게까지 혐의를 두다니 정말 소인배들이 하는 짓이로구나. 그래도 세도재상의 문객보다는 낫지 않은가?"

그래도 김효원 일파에서는 끝까지 반대하여 심충겸은 결국 정랑자리에 오르지 못하였다. 작년에는 그래도 심의겸이 양보하여 김효원이 그 자리에 오를 수 있었으나, 이번에 심충겸은 그렇지 못하니 급기야 싸움이 폭발하였다.

김효원은 정랑으로 있던 1년간 공적인 일도 많이 했지만, 자기 고향인 영남의 학자들을 많이 등용하여 은연중 세력을 길렀다. 사림파 중에서 신진 세력들을 규합하여 그의 형세가 매우 컸다.

한편 심의겸은 사림파의 기성세력을 규합하여 그들의 절대적인 지지를 얻고 있었다.

이때 심의겸의 나이는 41세이고, 김효원은 44세이었다.

이와 같이 심의겸과 김효원의 사이가 표면화되자, 사람들은 두 편으로 갈라져 갑론을박 그들을 두호(斗護)*하였다.

* 두호(斗護) : 남을 두둔하여 감싸는 것

김효원 편에서는 이렇게 떠들었다.

"김효원의 말은 공적으로 하는 말이오. 심의겸의 발언은 사

이야기 한국사

사로운 혐의로 어진 학자들을 배척하는 것이다."

심의겸 편에서는 이렇게 반박하였다.

"심의겸의 말은 거짓이 아니오. 그는 사실의 실정을 실정대로 말한 것이다. 김효원은 지난 숙원(宿怨)을 가지고 외척을 배척한다는 구실을 들고 나오는 것이다."

당시 김효원의 집은 동대문 부근에 있었으므로 김효원의 집에 모여드는 사람들을 동인(東人)이라 하였고, 심의겸의 집은 서대문 근처에 있다 하여 서인(西人)이라 하였다. 이로써 동서의 분당이 생기게 되었으며 을해년에 일어났다고 하여 을해분당(乙亥分黨)이라고 한다.

신응시(辛應時)와 정철(鄭澈)은 서인이 되어 동인을 몰아냈다. 이때 송강 정철의 나이는 40세로 사헌부 지평으로 있었다.

이성중·허봉은 김효원의 동인이 되어 서인을 몰아냈다. 허봉은 허엽의 아들이며 허균의 형으로 이조좌랑이었다. 동인들은 주로 신진인 젊은 사람들이었고 서인은 노성(老成)한 사대부들이었다.

정철 비

서인의 주도 인물에는 박순(朴淳)·김계휘(金繼輝)·홍성민(洪聖民)·이해수(李海壽)·윤두수(尹斗壽)·윤근수(尹根壽)·이산보(李山甫)·이발(李潑)·허엽(許曄) 등 쟁쟁한 인물들이 가담하였다.

이때 부제학으로 있던 율곡 이이는 조정이 두 파로 갈라지는 것을 크게 걱정하여, 우의정 노수신(盧守愼)과 여러 가지 대책을 의논한 끝에 임금에게 탕평책(蕩平策)을 쓰도록 아뢰었다.

"전하, 붕당의 피해는 바로 망국의 근본입니다. 하루 바삐 탕평하소서."

"어떻게 하면 탕평할 수 있겠소? 과인도 염려하는 바이오."

"두 영수를 외직으로 내보내시옵소서."

임금은 이이의 진언에 따라 동인의 우두머리 김효원을 함경도의 부령부사로, 서인의 영수 심의겸을 개성유수로 삼아 내보내고 율곡에게 탕평의 책임을 일임했다. 율곡은 양당의 인사를 조정하여 관직을 안배하려 하였으나 실행에 옮기기가 어려웠다.

그러자 율곡의 행동을 주시하던 서인은 동인을 치지 않는다고 불평을 하였고, 동인들은 율곡의 태도가 애매하다고 비평을 하였다. 사실 이율곡은 대학자요, 현인이었지만 과감한 정치인은 못 되었다.

조정은 파당 싸움으로 들끓고, 임금은 후궁에만 빠져 있었다. 이것을 보다 못해 이이는 사직소를 올리고 벼슬을 떠나 강릉으로 내려갔다.

파당으로서 서인편에 있던 송강 정철도 동서의 영수 심의겸과 김효원이 외직으로 나갈 때, 벼슬을 내놓고 고향으로 내려갔다. 송강도 이후 3년간은 출사하지 않았다.

뜻있는 선비들은 이 같은 조정의 어지러움을 탄하였다. 율곡마저 떠난 조정은 동서 붕당의 싸움터가 되었다.

이 무렵 해주의 석담(石潭)에서 산수를 벗하며 살던 이이는 그 지방 사람들을 계몽선도하여 상부상조하는 향약회집법(鄕約會集法)과 사창(社倉)을 세웠다. 그러면서 율곡은 〈고산구곡가

(高山九曲歌))를 지어 읊었다.

  그러다가 선조 11년 3월에 이이는 다시 서울로 돌아왔다. 4월에는 이이와 함께 탕평책에 부심하던 노수신이 좌의정에 올랐으며, 서울에 올라왔던 율곡 이이는 조정에 돌아온 지 겨우 한 달 만에 당파 싸움의 괴로움을 보다 못해 다시 낙향하였다.

  5월에 임금은 율곡을 다시 불러 당파 싸움을 조정하게 하고자 대사간에 임명하였다. 그러나 응하지 않고 다만 장문의 상소를 올려 동서양당의 보합책(保合策)을 논하였다. 그러나 선조가 결단을 내리지 못해 흐지부지되었다.

  백인걸(白仁傑)이 율곡과 때를 같이하여 상소를 올렸다.

  "전하, 동서의 붕당은 바로 망국의 조짐입니다. 하루 속히 붕당을 없애고 국방을 튼튼히 하여 외침에 대비하소서."

  백인걸은 이 상소에서 율곡의 10만 양병설과 같은 주장을 하

문성사 율곡 이이가 태어난 오죽헌 내에 이이의 위패를 모신 사당.

였다. 그러나 조정에서는 당파 문제에 급급할 뿐 이 말에는 주의하지 않았다.

12월에 율곡은 다시 조정에 들어와 당쟁 수습의 중책을 맡고 대사간에 임명되었다. 율곡은 당시 동인의 소장 이발(李潑)과 서인 소장 정철(鄭澈)에게 간곡히 서신을 보내고 타일렀으나 그들은 듣지 않았다.

율곡 이이는 나라 일을 걱정하여 다음과 같은 진언을 하였다.

"전하, 신은 지금 중간에 있다고 하여 양당으로부터 미움을 받고 있습니다. 이제는 사람이 하나 있으면 동인이 되든지 서인이 되든지 해야만 관직을 가질 수 있게 되었습니다. 깊이 통촉해 주시옵소서. 지금 북으로는 여진족들이 기회를 엿보고 있으며 동쪽 바다 건너 왜구들은 1년이 멀다하고 노략질을 일삼고 있습니다. 어찌하여 전하께서는 작은 일에 용안을 붉히시고, 천하를 다스리는 대경대법(大經大法)을 모른 체 하십니까? 통촉하시옵소서."

또 율곡은 10만 양병설을 주장하면서 파당을 없애기에 전념하였으나 모두가 수포로 돌아갔다. 그 후 이이는 호조판서 겸 홍문관·예문관의 대제학이 되었으며 또 얼마 안 되어 이조판서가 되었다. 이이는 계속해서 당쟁을 막아보려고 갖은 애를 썼으나, 오히려 자기에 대한 여론만 나빠질 뿐 아무 성과가 없었다. 이에 율곡은 조정에 있는 것이 귀찮아 벼슬을 내놓고 시골로 내려갔다.

그는 다시 형조판서로 불려와 9월에는 우찬성(右贊成)에 올랐다. 이이는 다시 봉사(封事)를 올려 시폐(時弊)를 논하고 명나라로 보내는 공물의 개정을 청하였다.

10월에는 유성룡이 도승지가 되었고 12월에는 이이가 국방 정책을 담당하는 병조판서가 되었다.

어느 날 이이는 경연석상에서 다시 10만 명의 병력을 길러 뜻밖의 환난에 대비할 것을 임금에게 상주하였다.

"전하, 지금 국세의 떨치지 못함이 극심하옵니다. 10년을 넘지 못하여 반드시 땅이 무너지고 큰 화가 있을 것이오니 10만 명의 병력을 미리 길러두시옵소서."

그러자 같이 경연에 나와 있던 도승지 유성룡이 반박하여 절대 불가하다고 임금에게 아뢰었다.

"큰일 날 소리입니다. 지금 국가가 무사하온데 양병을 한다는 것은 병을 기르는 것이 아니라 화를 길러내는 일이옵니다."

이렇게 유성룡은 이이의 일을 방해하였다.

이이는 쓸쓸한 표정으로 오랫동안 무엇인가를 생각하고 있었다. 나중에 이이가 죽은 지 불과 8년 만에 임진왜란이 일어났다. 이때서야 유성룡이 깨우치며 탄식했다.

"이이가 참으로 성인이다."

선조 17년 이이는 병을 얻어 병석에서 신음하였다. 이이의 병이 심상치 않다는 소식을 듣고 서익(徐益)이라는 사람이 찾아갔다. 서익은 평안·함경도의 순무어사의 명을 받고, 길을 떠나면서 문병차 들렀던 것이다.

"내 수(壽)를 오래 타고 나지 못하였으니 이것이 마지막일지 모르겠소."

"무슨 말씀을 그렇게 하십니까? 선생님, 빨리 회춘하셔야지, 나라 일은 어떻게 하라고 그런 말씀을 하십니까?"

"내 한마디 당부하고 싶은 말이 있소."

"어서 말씀을 하세요."

"임금의 인덕(人德)을 선양하여 번부(藩部)를 편안케 하고,

왕위를 떨쳐 오랑캐를 섬멸하여, 민역을 완화(緩和)하고 미리 장재(將才)를 살펴 등용하였다가 위급에 대처해야 하오."

그로부터 이틀 뒤에 송강 정철이 문병을 가자, 이이는 송강의 손을 잡고 말했다.

"송강, 사람을 쓰는 데 파당을 가리지 말게."

송강 정철은 그 말에 고개를 끄덕였다.

그리고 그 다음날, 선조 17년 1월 16일 새벽 이이는 손톱을 깎고 몸을 씻은 다음 조용히 동쪽으로 머리를 두고 의건(衣巾)을 바로 잡은 뒤에 세상을 떴다.

이때 그의 나이 49세였다.

임금도 슬피 울고 선비들과 백성들은 친상을 당한 듯 슬퍼하였다.

이이는 30여 개 서원에 제향되었고 문묘(文廟)에 배향되었으며 나라에서는 그에게 문성(文成)이라는 시호를 내렸다.

임진왜란

부산성과 동래성의 처참한 전투

원숭이같이 생긴 얼굴에 가느다란 실눈을 뜨고 꼬장꼬장한 목소리로 도요토미 히데요시(豊臣秀吉)는 부하 장병들에게 조선 출정의 명령을 내렸다.

"각자 맡은 부서와 그 예하 병력을 보고하라."

도요토미의 명령은 추상 같았다.

"선봉장 대마도주 무네(宗) 병력 5천."

"그 다음."

"고니시 유키나가(小西行長)의 병력 7천."

이렇게 차례차례 점검을 끝낸 왜병의 총수는 무려 15만 8천 명이었다.

그들은 우선 대마도에 집결하여 조선국 안에 잠입해 있는 첩자들과 내통하면서 침략의 시기를 재고 있었다.

4월 12일, 마침내 왜군의 선발대가 대마도를 떠났고 4월 13일 새벽, 아직도 잠에서 깨어나지 않은 부산포 항구에는 지척을 분간할 수 없을 정도로 안개가 자욱이 깔려 있을 뿐이었다.

바다를 뒤덮은 왜선들이 새까맣게 몰려올 줄이야 누가 꿈엔들 생각했으리오.

부산성을 지키던 첨사 정발(鄭撥)은 전날 사냥을 나갔다가 안개 때문에 돌아오지 못하고 다음날 새벽에야 돌아오려는데 갑자기 부하가 소리를 질렀다.

도요토미 히데요시

"사또! 저기, 저게 뭡니까? 사또!"

"아니, 저건!"

배가 몰려오는 방향은 한 쪽만이 아니었다. 동쪽에도 배, 남쪽에도 배, 온 바다가 배로 뒤덮여 다가오고 있었다.

첨사 정발은 놀라지 않을 수가 없었다.

"속히 배를 몰아라, 빨리빨리!"

정발은 뱃전에서 발을 동동 구르며 호령하였다.

헐레벌떡 부산성에 돌아온 정발은 엄

하게 명을 내렸다.

"성문을 꼭꼭 잠그고, 민병들을 소집하라. 왜군의 습격이다."

곧 소라 나팔 소리가 고요했던 새벽 하늘에 퍼지자, 부산성을 지키는 3천 명의 군사와 민병들은 모두 성 위로 집결하였다.

왜병들은 일제히 함성을 지르며 상륙작전을 감행하였다.

바닷가에서 부산성까지는 적병의 말탄 군사들을 막기 위해 쇠못이 박힌 능철(菱鐵)을 깔아놓았는데, 왜병들은 이러한 정보를 사전에 알고 있었는지라 보병으로 능철을 교묘히 피해가면서 상륙했다. 그리고 성 주위에 파여 있는 못을 돌덩이와 흙덩이들로 메워 버린 다음 높은 사다리를 놓고 성벽을 기어오르기 시작했다. 그러면서 마구 조총을 쏘아대니 그 소리가 콩볶은 듯하였다.

우리의 군사들은 활이 있을 뿐이었다. 화살에 맞으면 즉사하지 않지만, 조총에 맞으면 그대로 죽으니 우리 군사들의 사기는 점점 떨어져 가기만 했다.

성 밑에서 왜군의 선봉장 고니시가 소리를 질렀다.

"부산 성주는 들으시오! 우리는 일찍이 원나라가 규슈(九州)를 침략했던 지난날의 원한을 씻으려 명나라를 치고자 하니 우리에게 길을 터주시오. 만약 불응할 시는 모조리 도륙하겠소!"

그러나 부산 첨사 정발은 마음이 단단한 사람이었다.

"터무니없는 오랑캐놈들아, 길을 비키라고? 어림없는 수작 말아라!"

그는 부산성을 굳게 지키며 급히 장계를 써서 파발을 띄우는 한편, 손수 선두에 나서 활을 당기고 칼을 휘둘러 장병들의 사기를 북돋웠다.

성을 단숨에 함락하고 아침을 먹으려던 왜병들은 그날 하루

부산진순절도 1592년 4월 13일 벌어진 부산진 전투를 그렸다. (육군 박물관)

해가 다 지도록 성이 끄떡하지 않자 일단 배 위로 물러갔다.

정발의 장계가 선조 임금에게 전해지자, 선조 임금의 손은 후들후들 떨렸다.

전하! 부산 첨사 신 정발 삼가 이 글월을 올리옵니다. 임진년 4월 임인일 묘시에 부산포 앞 바다에 모습을 드러낸 왜적의 함선 수천 척은 부산포 앞 바다를 완전히 메우고 들이닥쳐, 명나라를 치겠으니 길을 비키라고 신에게 강요하고 있사옵니다. 이에 신 정발은 성문을 굳게 닫고 죽음으로써 성을 지키고 있사오니 화급히 취할 바를 조치하시고 15만 8천 명이라는 저들 왜군을 대치해서 싸울 수 있도록 구원병을 급히 보내주옵소서.

장계를 읽고 난 선조는 몸이 돌처럼 굳어버렸고, 혼비백산 어찌할 바를 몰라했다.

4월 14일 일단 배 위로 퇴각했던 왜병들이 총공격을 감행하여 부산성을 쳤다. 정발이 최후까지 항전하였으나 온 몸에 총알을 맞아 벌집처럼 된 채 적병들 속으로 굴러 떨어졌다. 나머지 병사도 마치 골패짝 쓰러지듯 하였다.

정발이 죽자 왜병들이 까마귀처럼 밀려들어 부산성은 함락되었다. 부산성을 함락한 왜병은 바로 근처에 있는 다대포를 공략하였다. 다대포 첨사 윤흥신(尹興信)은 겨우 기백 명의 군사들을 지휘하여 최후까지 싸웠으나 중과부적으로 무너지고, 이 소식은 동래부사에게 전해졌다.

이때의 동래부사는 송상현(宋象賢)이었다. 그는 강직하고 의지가 굳세며 매우 치밀한 사람이었다. 일찍이 동래부사로 부임해

이야기 한국사

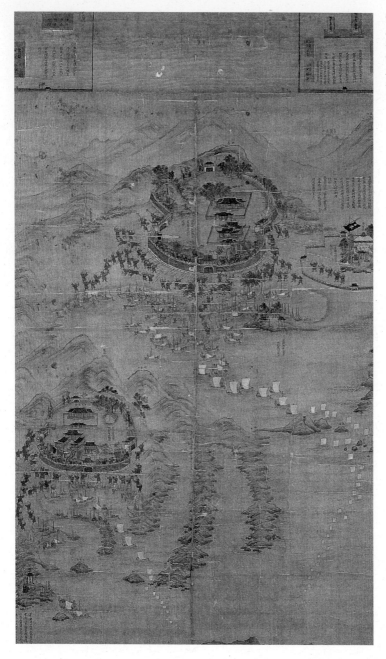

임진전란도 왜란 당시 부산진과 다대포진의 전투 장면 및 일대의 지세를 그린 그림. (서울대학교 규장각)

오자 그는 성곽과 못을 수리하고 군사를 조련시켰다. 성 밖에 참호를 파고 목책을 세우는 한편, 울창한 잡목숲을 만들어 성을 위장시켜 밖에서는 성이 안 보이도록 하였다. 그는 사당에 가서 죽을 것을 맹세한 뒤에 수하 장수들을 요소요소에 배치하고, 철통 같은 임전태세를 갖추었다.

고니시의 5만 병력이 동래성 남문 밖에 당도한 것은 14일 한낮이었다. 그들은 동래성 밖에 진을 치고 흰 나무판자에 '전즉전(戰則戰) 부전(不戰) 가아도(假我道)'라는 글자를 커다랗게 써서 남문 밖에 세웠다. '싸울 테면 싸우고 싸우지 않으려면 우리에게 길을 빌려 달라.'는 뜻이었다.

"동래부사 송상현이 여기 있는 한은 어림도 없는 말이다. 우리도 목판에 글을 써 왜놈들에게 우리의 결의를 보여주리라."

이윽고 송상현은 송판 위에 글을 썼다.

'사이(死易) 가도난(假道難)', 즉 '죽기는 쉬워도 길을 빌리는 것은 어렵다.'는 뜻이었다.

송상현의 이 같은 결의를 안 왜병의 진중에서는 공격 개시의 명령이 떨어지고 조총에서 불을 뿜기 시작했다.

동래부사 송상현은 문루에 올라서서 날아오는 총탄을 피하며 지휘하였다. 그러나 중과부적이었다. 동문·서문·북문이 모두 무너지고 마지막 남문을 향해 몰려오고 있었다.

왜병의 함성은 점점 더 높아만 갔고 총알은 비오듯 쏟아졌다.

송 부사는 통인에게 일러 조복을 가져오게 한 다음, 조복을 꺼내 입고 각대와 흉배를 바로 잡았다. 마지막으로 머리의 투구를 벗고 사모를 단정히 했다.

왜병은 마침내 남문으로 몰려들어 남문을 부수기 시작했다.

우지끈우지끈 하는 소리가 나며 문루가 흔들흔들 움직였다.

송상현은 자리에서 벌떡 일어나 북향사배를 올렸다. 송 부사의 눈에서는 눈물 한 방울이 뚝 떨어졌다. 송 부사는 다시 무릎을 꿇고 앉아 환도 끝으로 무명지를 꽉 찔렀다. 새빨간 선혈이 솟아오르자 그는 가지고 다니던 부채를 펴서 거기에 시 한수를 썼다.

죽음을 눈앞에 둔 긴박한 상황에서도, 그의 태도는 전혀 동요함이 없었다. 한 자 한 자 써 나가는 그의 손끝에는 나라에 대한 충성과 어버이에 대한 효심이 얼룩져 있었다.

외로운 성에는 달빛마저 흐렸는데
옆의 고을들은 잠자고 있네
임금과 신하의 의리는 무겁고
부모와 자식 간의 은정은 너무 가볍구나
孤城月暈　列鎭高枕
君臣義重　父子恩輕

이것은 사헌부 감찰로 있는 그의 아버지 송흥복(宋興福)에게 올리는 마지막 글이었다.

쓰기를 마친 송부사는 이것을 통인에게 건네주며 유언을 남겼다.

"이 부채를 내 아버님께 올리도록 하여라. 그리고 내 머리밑에 커다란 사마귀가 있으니, 내가 죽은 뒤에 이것을 증거삼아 시체를 거두도록 하라!"

이렇게 말하고 덤벼드는 왜장들의 목을 치며 호령하다가 장렬히 전사하였다.

마침내 동래성은 적의 수중에 들어갔다. 송 부사의 장렬한 의기와 충절로도 막아낼 수가 없었던 것이다.

일본군 선봉장 고니시는 송상현의 죽음에 관한 소식을 듣고 감복해 마지않았다.

"진실로 무장다운 죽음이구나! 우리 군사는 저럴 만한 인물이 과연 몇 명이나 있으랴!"

그는 수적으로 우세한 것과 조총이라는 신무기를 함부로 믿고 뽐낼 일이 아니라고 생각했다. 송상현 같은 인물이 한 사람뿐이 아닐 것이라 생각했기 때문이었다.

탄금대의 비극

조정에서는 신하들이 부중에서 기거를 같이 하며 왜적을 막아낼 대책을 강구했으나 뾰족한 수가 없었다.

"망극하나이다, 전하. 들려오는 소식마다 패전 소식뿐이요, 인근 수백 리에 사람의 그림자 하나 찾을 수 없다는 처참한 장계이옵니다."

유성룡도 울고 모두들 울고만 있었다.

"나라를 이 지경으로 만든 게 누구이길래 고작 울음뿐이오. 검은 것은 희다 하고 흰 것은 검다고 당쟁만을 일삼더니 어찌 천벌인들 없겠소? 왜적들은 불과 며칠 사이에 서울에 쳐들어 올 기세이니, 시급히 대책을 마련하도록 하오."

연일 구수회담을 열고 회의를 거듭하여도 좋은 대책은 나오지 않고 성화 같은 임금의 독촉에 못 이겨 병조판서에 김응남(金應南), 도체찰사에 유성룡을 임명하자는 건의뿐이니, 한심하기

이를 데 없었다.

　도체찰사로 임명된 유성룡은 대장감을 물색하였다. 당시 물망에 오른 사람은 이일(李鎰)과 신립(申砬)이었다. 유성룡으로서는 이들이 장재가 아님을 잘 알고 있었으나, 세상 사람들이 그렇게 인정하고 있는 터에 자기 혼자만 반대할 수도 없었다. 또 실제로 이보다 나은 사람도 없었다.

　이리하여 이일을 순변사로 임명하여 제1군의 고니시가 진격해 오는 중로(中路)인 양산·대구·새재의 길을 막게 하였다.

　이일은 일찍이 이순신(李舜臣)이 조산만호로 있을 때, 야인을 격퇴한 공로가 컸음에도 그 일을 사실대로 조정에 보고하지 않았다. 이순신의 명성이 자기보다 더 알려질 것을 시기하여, 포상은 고사하고 오히려 누명을 씌워, 군법까지 시행하려고 했던 위인이었다. 그렇기 때문에 군관들 사이에서도 평이 나빴고, 그의 부하로 출동하려는 군사도 없었다.

　조정에서는 하는 수 없이 이일에게 장기군관(壯騎軍官) 60명을 배속시키고, 군사는 가는 길목에서 모집하여 쓰도록 조치하였다. 이러는 동안에도 남쪽에서 올라오는 파발들은 급박한 소식만 전하였다. 고니시의 군대는 이미 대구를 깨뜨리고 안동을 쳐부쉈다. 가토의 군사는 21일에 경주를 무너뜨리고, 23일 영천을 함락하였다.

　임금 선조의 정신은 아찔하기만 하였다. 남쪽으로부터는 급보가 계속 올라오고 있었다. 적병이 이미 밀양을 지나 문경새재를 향해 육박해 온다는 소식이 전하여지니, 유성룡은 부체찰사인 병조판서 김응남, 대장 신립과 의논하였다.

　"적들이 저렇듯 파죽지세로 밀고 오니 어떻게 하면 좋겠소?"

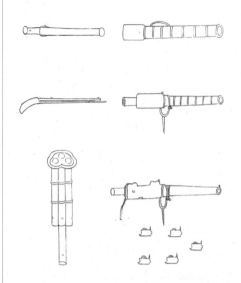

임진왜란 당시의 조총

신립이 나서며 말했다.

"이일이 군사를 이끌고 앞에 나가 있지만 뒤에서 응원하는 부대가 없으니 딱한 일이오!"

"내가 도체찰사의 자격으로 내려가는 것이 어떻겠소?"

유성룡이 말하자 신립은 매우 못마땅하게 생각하며 말했다.

"체찰사께서 내려가시는 것보다는 딴 장수를 보내 후원하도록 하는 것이 좋을까 합니다."

신립의 말하는 태도는 자기가 내려가고 싶다는 말투였다.

사실 신립은 자기의 능력을 과대평가하고 있었다. 한시 바삐 전쟁터에 나가 공을 세우고 싶은 마음은 간절한데, 임금이 곁에서 놓아주지 않는 것을 답답하게 생각하는 터였다. 또 한 가지 만약 이일이 자기보다 한발 앞서 공을 세우면, 그의 명성이 자신을 앞지를까 걱정하였다.

그래서 유성룡과 김응남은 임금에게 사실을 모두 아뢰었다.

마침내 신립은 도순변사로 임명되니, 이일보다 한 계급 높은 자리였다. 신립이 사은숙배를 드리자 선조는 친히 상방검(尙方劍) 한 자루를 하사했다.

"삼도 도순변사의 책임이 막중하오. 국가의 운명이 그대에게 달렸으니 그대의 명령을 어기는 자는 선참후계하라!"

신립이 상방검을 받아들고 빈청으로 나와 대신들과 작별인사를 한 다음 섬돌 아래로 내려서는 순간이었다. 불길을 예고라도

이야기 한국사

하는 듯 머리에 썼던 사모가 벗겨져 땅 위에 굴러 떨어졌다. 그러나 신립은 아무 거리낌 없이 종자가 집어주는 사모를 받아쓰고 궐문 밖을 나섰다.

신립은 길을 떠나 용인에 이르러 첫 장계를 올렸는데, 그 장계 끝에 자기의 이름을 빠뜨렸다. 이것으로 보아도 당시 신립의 마음이 착잡하고 혹시 딴 생각을 품고 있는 것이 아닌가도 의심이 간다.

한편 순변사의 막중한 임무를 띠고 상주(尙州)에 온 이일은 거기서 군대를 모아 창고에 있는 곡식을 풀어 먹이고, 올라오는 왜적을 막을 준비를 서둘렀다. 물론 이들 군사는 싸움이라곤 구경조차 한 일이 없는 무리였으나, 나라를 위하는 충정에서 자의반 타의반으로 모여든 군사들이었다.

이일은 이들 오합지졸을 인솔하고 적과 마주쳤으나 한번 제대로 싸워보지도 못하고 겁에 질려 말머리를 돌려 달아나 문경까지 왔다. 문경에 와서 가만히 생각해 보니, 싸움 한번 제대로 해보지 못하고 군사는 한 명도 남김없이 잃어 살아 있을 수는 없는 노릇이었다. 처음에는 무장답게 죽으려고 생각하였으나, 곰곰이 다시 생각해 보니 생에 대한 애착을 버릴 수가 없었다.

이일은 신립이 진치고 있다는 충주로 가서 신립을 만나, 자기의 처지를 하소연해 볼 생각으로 충주를 향해 달려갔다.

순변사 이일이 상주에서 패했다는 소식이 날아들자, 서울 장안은 한층 더 불안과 공포 속으로 빠져들었다. 대신 지위에 있던 자들도 남몰래 피난 보따리를 꾸몄고, 궁중에서도 김귀인을 비롯한 나인들이 수근거렸다. 김귀인은 기회 있을 때마다 임금에게 피난할 것을 귀띔하였다. 이렇게 되니 궁중의 기강은 무너지고 체통도 세울 수 없게 되었다.

한편 신립이 도체찰사 유성룡이 모집한 정예군사를 이끌고 충주에 다다르자 충청도 관내에서 8천여 명의 군사들이 모여들었다. 그의 명성과 새재를 지킴으로써 승기(勝機)를 잡을 수 있다는 생각에서 모여든 군사들이었다.

그러나 미처 충주를 떠나기 전에 순변사 이일이 패해 달아났다는 보고가 들어왔다. 신립은 곰곰이 생각하였다. 이일이 패했다면 자기에게도 힘에 겨운 왜적이라는 선입관에 그의 마음이 흔들렸다.

신립의 이런 행동을 보자 종사관 김여물이 참다못해 말했다.

"지금 이일이 패한 것은 새재의 요새를 지키지 아니하고 경솔히 상주까지 나아갔기 때문이오니, 장군께서는 속히 진군하여 새재를 지키도록 하시오!"

그러나 신립은 군사를 움직일 생각을 하지 않았다. 김여물은 안타까워 견딜 수가 없었다.

"새재 높은 곳에서 적을 막아낸다면 우리의 군사가 8천 명이지만 한 사람이 능히 백 명을 당해낼 수 있으니 왜병이 아무리 많다고 하나 겁낼 일이 아닙니다. 속히 문경으로 내려가 새재를 지킵시다."

당연한 말이었다. 그러나 신립은 기여코 충주 달래강 앞에 강을 등진 배수진(背水陣)을 치려고 하였다.

"모르는 소릴세! 왜적들은 보병이고 우리는 말탄 군사이니, 적병을 넓은 들판으로 유인하여 무찌른다면 문제없이 이길 수 있을 것일세."

이때 상주에서 패해 달아난 순변사 이일이 산발한 몸으로 헐레벌떡 달려왔다. 신립은 곧 군령을 발동하여 군법 시행의 좌기(坐起)를 차렸다.

신립은 이일의 초라한 모습을 보고 한편으로는 동정을 하였고, 한편으로는 군법 시행을 생각하였다. 그러나 신립은 이일의 장재(將才)를 누구보다도 잘 알고 있었으며, 나도 언젠가는 저 모양이 되지 않으리라는 보장이 없다는 사사로운 감정이 앞서 이일을 살려주었다.

종사관 김여물은 새재에 나가 진을 칠 것을 누차 간청했으나, 신립은 끝내 탄금대에 배수진을 치고 말았다. 참으로 안타까운 일이었다.

김여물은 배수진을 친 것이 아무래도 마음에 걸렸다.

"기왕 새재로 나가지 아니하시려면, 높은 언덕에 진을 치고 위에서 적을 내려다보며 막는 것이 좋겠습니다."

그래도 신립은 듣지 않았다. 또 한 사람의 군관 이운룡(李雲龍)이 말했다.

"사또, 배수진을 치는 것은 죽음을 자초하는 행위입니다. 종사관 김여물의 의견에 따라 높은 곳에 진을 치도록 합시다."

신립은 화를 벌컥 내면서 옛날 한(漢)나라 때 한신(韓信)의 고사를 예로 들면서, 그의 고집대로 달래강을 등지고 탄금대에 진을 쳤다.

신립이 이곳에 진을 치고 군사를 조련하고 있을 때 탄울역 쪽에서 왜병들이 몰려오기 시작했다. 한 무리는 동편 산길로부터 몰려오고, 또 한 부대는 강을 따라 몰려들었다.

산으로부터 공격해오는 자는 고니시 유카나가요, 강을 따라 공격해오는 장수는 무네 요시토모였다.

신립은 당황하는 빛이 역력했다. 그러나 두려움을 모르는 만용만은 살아 있었다.

"공격이다. 적진으로 돌격하라!"

그는 호령을 치며 직접 말을 달려 적중으로 돌격하려 했다. 그러나 밀물처럼 밀려오는 적을 돌격으로 막을 수는 없었다.

앞으로 돌격할 가망은 전혀 없었다. 뒤로 가자니 달래강이요, 앞에서는 조총을 마구 쏘아대면서 적병이 밀려오고 있었다.

신립은 죽기를 각오하고 적진으로 말을 달려 닥치는 대로 적병 수십명을 베었다. 그러나 군사들은 조총에 맞아 자꾸만 달래강으로 떨어져 죽어갔다. 옆을 보니 종사관 김여물도 역시 적병 수십 명을 쳐죽인 끝에 강벼랑으로 밀리고 있었다.

"종사관 미안하이! 자네의 충고를 들었더라면 이런 참패는 당하지 않았을걸…"

이렇게 말하는 신립의 눈에서는 눈물이 글썽거렸다.

"하는 수 없지요. 이제 후회한들 무슨 소용이 있겠소!"

김여물도 연신 창칼을 휘두르며 대꾸하였다.

"이일은 몰래 달아난 듯하오. 싸우는 모양을 보지 못했소."

"이운룡은?"

"이운룡은 아까 적장을 3,4명이나 죽이고 돌격해 들어가다가 총탄에 맞아 쓰러졌소!"

이운룡이 쓰러졌다는 말을 듣자 신립은 비장한 목소리로 말하였다.

"나도 이곳에서 죽을 작정이네, 자네는 몸을 피하도록 하게!"

"사나이 대장부가 나라를 위해 죽는 것 이상 보람된 일이 어디 있겠소. 나도 이곳에서 충절을 남기려오!"

이때 적진의 형세는 점점 불어나고 있었다. 경주를 거쳐 올라온 가토 기요마사의 군대가 고니시의 군대와 합류한 것이었다.

조선 군사들이 갈 곳이란 오직 달래강뿐이었다.

도순변사 신립과 종사관 김여물은 장렬한 최후를 마쳤다. 비록 적에게 패했을망정, 비겁한 행동은 하지 않겠다는 무장다운 데가 있었던 것이다.

다만 순변사 이일만은 이번에도 목숨을 보전하기 위해 달아났다. 그래도 공은 세우고 싶어서 산골짜기에서 만난 왜병 하나의 수급을 베어 소중히 간직하고 있었다.

이 소식이 서울에 전해지자 온 장안 사람들은 벌벌 떨기만 하였다.

이제 신립마저 패했다 하니 충주서 적병이 서울로 쳐들어오자면 잠깐 사이다. 오직 믿는 것은 신립뿐이었는데 이젠 그마저 패했다니, 더 이상 무엇을 믿을 것인가?

조정은 물론 온 서울이 갈팡질팡이었다.

피난 가는 선조 임금

신립의 패전 소식이 전해진 4월 29일 밤의 이야기다.

대신들이 빈청으로 들어가 보니, 선조 임금은 초췌한 모습으로 동편채 땅바닥에 거적을 깔고 펄썩 주저앉아 있었다.

영의정 이산해(李山海)가 아뢰었다.

"사세가 이에 이르렀사오니, 성상께옵서 잠깐 파하시와 평양으로 납시는 게 마땅한 일로 아뢰오."

영의정에 말에 임금은 아무런 대답도 없었다.

도승지 이항복(李恒福)이 어전에 부복하고 아뢰었다.

"신 이항복 아뢰오. 급히 서편으로 길을 취하시와 명나라에 구원병을 청하시어 충주 이남의 땅을 회복하시는 게 상책이라 생각하옵니다."

그제야 선조임금의 눈에 생기가 돌았다. 중신들의 의견에 따라 서울을 떠나 평양으로 갈 준비를 하느라 대궐 안에서는 밤을 꼬박 새웠다.

도승지 이항복이 촛불을 들고 앞에서 인도하였다.

병조판서 김응남이 호위해 갈 군사를 모집하려 했으나, 사람의 그림자조차 찾아볼 길이 없었다.

한참 만에야 임금은 말을 타고, 중전과 김귀인 그리고 후궁들이 가마에 올랐다. 날은 어둡고 비까지 억수같이 내려 앞을 분간할 수가 없을 정도였다.

이항복 신도비

이항복이 촛불을 들고 앞에서 인도하는데, 비에 촛불이 흔들려 길을 제대로 밝힐 수가 없었다.

대궐문 앞에서 수십 명의 서리들이 모여 있다가, 상감의 행차를 발견하자 발을 동동 구르며 말했다.

"상감, 서울을 버리고 어디로 가시오? 백성들을 버리고 어디로 가시오?"

어떤 자는 팔뚝을 걷어붙여 내두르는 사람까지 있었다.

일행이 돈화문을 나와 경복궁에 이르니, 양편 길가에 백성들의 울음소리가 처량하게 들려왔다. 돈의문을 지나 무악재에 이르렀을 때 화광이 충천하여 그 쪽을 바라보니, 선혜청 곡식 창고에 불이 붙어 타고 있었으며 뒤이어 경복궁·창덕궁에도 불길이 치솟았다.

억수같이 비가 쏟아지는데도 서울 장안은 온통 불바다로 환했다. 왜병이 쳐들어오기 전에 한양은 이미 잿더미가 되어버린 것이다.

이순신의 승전보

일찍이 이이가 살아 있을 때 그는 10만 양병설을 진언한 바 있었다. 그러나 이런 말은 들은 체도 않고 동인·서인으로 갈라져 당파싸움만 벌이다가 왜적이 침입해 오니, 그 무슨 수로 적을 막아낼 수 있겠는가.

그러나 오직 한 사람이 말 없는 가운데 왜적들의 칼에 대비할 무기를 만들고 있었으니, 전라좌수사 이순신(李舜臣)이었다.

그는 부임하자마자 거북선의 연구에 몰두하였다. 그는 거북과 자라를 잡아다가 헤엄치는 모습을 바라보고, 또 땅에 올라 기어다니는 모양을 세심히 관찰하였다.

또 거북과 자라의 등을 만져보기도 하고, 두꺼운 껍질을 딱딱 두드려보기도 하며 거북의 관찰에 열중하였다.

마침내 자신을 얻은 이순신은 설계도를 그리기 시작했으며, 설계도가 완성되자 그의 기쁨은 말할 수 없이 컸다.

날이 밝자 이순신은 도편수를 불러 제작에 박차를 가하였다.

이순신이 설계하여 만든 거북선은 세계 최초의 장갑선(裝甲船)이었다. 배 위에 덮개를 덮고, 쇠못을 박아 적병이 뛰어들지 못하게 하였으며, 좌·우현에 각 6개, 전·후현에 각 1개의 포가 장치되어 있었다. 크기는 대략 길이가 28미터, 폭이 8.75미터인데, 주로 돌격용으로 사용되었다. 보기에는 둔한 듯하나 화살같이 빨랐으니, 여기에 거북선의 비밀이 있는 것이다.

해가 바뀌어 임진년 새해가 되었다. 거북선도 거의 완성단계에 이르러 시승(試乘)을 거듭하면서, 미비점 보완에 여념이 없었다. 이순신 곁에는 언제나 송희립(宋希立)이 있어 팔다리 역할을 하였다.

"송희립 군관."

"예, 장군!"

"거북선의 시승 훈련은?"

"예, 무사히 끝났습니다. 철포의 명중률 백발백중입니다."

이렇게 훈련에 열중하고 있을 때 경상우수사 원균(元均)에게서 통보가 왔다.

왜선 350여 척이 부산 앞 바다에 버티고 있음.

계속해서 부산과 동래성이 함락되었다는 급보가 들어왔다.

경상우수사로서 거제도에 본영을 둔 원균은 적군을 맞아 싸웠지만 중과부적이었다. 이리하여 경상도 일대의 제해권은 왜군에게 넘어가고 왜군은 파죽지세로 우리의 땅을 짓밟기 시작했다.

마침내 원균은 율포만호 이영남(李英男)을 이순신에게 보내 구원을 청하기에 이르렀다. 이영남으로부터 원균의 패전 소식을 들은 이순신은 속에서 불덩이가 치밀었다.

"한 명의 군사를 얻기도 어려운 이 판국에 1만여 명이나 되는 군사를 다 날려 버리다니.”

이순신은 곰곰이 생각해 보았다.

'원균이 곤양에 있다면 여수와는 아주 가까운 거리이다. 그렇다면 전쟁의 제1선은 바로 여기가 아닌가.'

이제 이순신이 바로 제1선을 담당하게 된 것이다.

'아무도 없다. 혼자서라도 적과 대항해서 싸워야 한다.'

이순신은 출전에 앞서 전라감영에 이 일을 보고하고, 나라에도 장계를 올려 회보를 받은 다음, 출전계획을 자세히 써서 한양으로 보냈다. 또한 예하 부대에는 영을 내려 4월 29일 새벽에 좌수영 앞바다로 총집결하도록 하였다.

여수 앞 바다에는 85척의 배가 출동 준비를 끝내고 명령을 기다리고 있었다. 이 모든 배들은 이순신이 부임하면서 새로 만들거나, 수리를 한 후 황자총통(黃字銃筒)을 장착한 배들이었다. 이때 거북선은 아직 시승단계에 있어 출전하지 못했다.

그날 밤 이순신은 장병들의 사기를 돋우기 위해 소를 잡고 돼지를 잡아 군사들에게 먹였다.

해시(亥時)에 북이 둥둥 울리자 군사들은 일제히 배에 올랐다. 이순신은 일장 훈시를 내렸다.

“내일 새벽 축시(丑時)에 출동한다. 적을 가볍게 보아서도, 무섭게 보아서도 안 된다. 원균의 통문을 보면 왜적의 배는 무려 500여 척이나 된다고 한다. 그러나 배의 숫자보다도 얼마나 잘 싸우느냐에 따라 승패가 좌우된다. 죽음은 한 번뿐, 다시 죽지 아니한다. 몸을 던져 싸울 뿐이다!”

출정 시간이 되자 85척의 배 위에서는 일제히 닻줄이 풀리기 시작했다.

전부장 배흥립의 배가 횃불을 들고 선두에 서자 각 부서에 따라 대오를 정리하며 앞으로 나아갔다.

5월 6일 한산도 쪽에서 배 한척이 떠 왔다. 원균이 타고 있는 배였다.

"이 수사 고맙소!"

원균은 이순신을 보자 반가워하며 엉엉 소리내어 울었다. 가여운 생각에 이순신의 눈에도 이슬이 맺혔다.

5월 7일 옥포 선창에 적선 50척이 있다는 보고를 받은 이순신은 영기를 흔들어 장수들을 불러 모은 다음 다섯자 길이의 참도를 쑥 뽑아 햇빛에 번득이며 추상 같은 군령을 내렸다.

"적을 보고도 싸우지 아니하고 달아나는 자 있으면, 이 칼로써 베어 버리리라!"

명이 떨어지자 배들은 일제히 학이 날개를 펼치듯 하며 나아갔다. 좀 더 가니 선창에는 과연 왜적의 배가 무수히 늘어섰고, 배 위에는 창검이 숲을 이루고 있어 제법 군기가 삼엄해 보였다.

이순신이 독전기(督戰旗)를 흔들자 80여 척의 배에서는 일제히 황자포가 불을 뿜었다. 80여 개의 황자포 터지는 소리가 천지를 진동시켰다.

마음 놓고 육지에 올라가 노략질을 하던 왜병들과 배에 타고 있던 왜병들은 황자포 소리에 놀라 어찌할 바를 몰랐다. 황급히 육지의 군사들을 배에 싣고 허둥지둥 싸우려 하였으나, 선제공격을 당하고보니 두서를 차릴 수가 없었다.

적선과 우리의 배 140여 척이 한데 어울려 불을 뿜어대니 옥포 앞바다는 그야말로 아수라장이 되어갔다. 마침내 왜병 쪽에서는 최후를 외치는 소리가 들려오는가 하면, 물 속으로 뛰어드는 자가 부지기수였다.

사태가 이렇듯 불리하게 되자 적
장들은 달아나려 하였다.

판오선 위에서 이를 지켜보던 이
순신이 소리쳤다.

"달아나는 왜적의 배를 놓치지
말고 추격, 섬멸하라!"

명령과 동시에 우리 편 배들이 일
제히 그 쪽을 향해 공격하니, 왜장들
의 배는 삽시간에 불길에 휩싸였다.

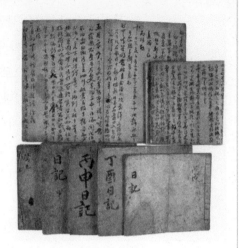

이 싸움에서 26척의 왜선이 침몰했으며, 나머지 패잔병들은 《난중일기》
부산 쪽으로 도망치거나 육지로 기어올라 달아났다.

그 뒤로도 산발적인 전투가 벌어져 이번 출동에서 쳐부순 왜
적의 배는 모두 42척이나 되었다. 전리품도 5간 창고에 가득 찰
정도로 큰 성과를 올렸다.

연정연패하던 우리 군사가 이순신의 충성과 치밀한 작전에
의해 처음으로 승리한 것이다. 우리나라의 조정은 물론 모든 백성
들에게 크나큰 희망이며 용기를 불어 넣어주었다.

이순신은 다음날, 왜적을 깡그리 없애기 위해 잠시 동안의 작
전 준비가 필요하였다. 그는 일단 함대를 이끌고 여수로 개선하기
로 하였다.

서울이 함락되고 임금이 파천하였다는 소식을 들었을 때에는
아찔하였으나, 우리만이라도 힘껏 싸워서 최후의 승리를 가져와
야 하겠다는 결의가 그의 용기를 북돋워주었다.

함대가 여수로 돌아올 준비를 끝내자 경상수사 원균은 처량

한 목소리로 이순신을 붙들며 애원했다.

"이 수사, 이렇게 가시면 나는 어찌하오!"

이순신도 개인적으로는 측은한 생각이 들었으나, 같이 가자고 할 수도 없는 일이었다.

"원 수사, 걱정 마시오. 적이 있다는 기별만 하시면 언제든지 달려오리다."

이렇게 위로하고 이순신은 앞날의 승리를 위해 여수 본영으로 돌아왔다.

한편 서울을 떠난 선조임금은 온갖 고통과 비통을 삼키면서 참담한 모습으로 황주를 거쳐 5월 7일 평양에 당도했다.

이때 평양감사는 송언신(宋言愼)이었다. 그는 이원익(李元翼)과 함께 평양성을 수축하고 있다가 어가의 도착 소식을 듣고 5천의 군사를 이끌고 나가 맞이하였다.

"평양가사 신 송언신, 삼가 문안 사배요."

선조임금은 피난길에 오른 후 처음으로 대우를 받는 것이 기뻤다.

"고맙도다, 송 감사. 예하 군사가 5천 명이라 하니, 그 병사들은 믿을 수 있겠는가?"

"황공하여이다. 성상을 위해서는 목숨을 아끼지 않는 일당백의 용사들이오니 안심하시고 어서 행궁으로 드시옵소서."

과연 평양은 아직 민심이 안정되어 있었고, 5천 군사는 믿음직스러웠다.

그러나 이것도 잠시일 뿐, 북상하는 왜군들은 서울을 함락한 데 이어, 도원수 김명원이 지키고 있던 임진강마저 격파하고 계속 북상하고 있었다.

"전하, 도순찰사 한응인, 도원수 김명원은 평양으로 후퇴해 오고 있으며, 경기감사 권징은 가평으로 도망을 했사오며, 병사와 장수의 시체는 임진강 물을 붉게 물들였다 하옵니다."

임진강이 무너졌다면 왜병들이 평양으로 들이닥칠 날도 멀지 않을 것이다. 조정 일부에서는 어가를 모시고 더 북상해야 한다는 의논이 나오고, 평양의 인심도 흉흉해지기 시작했다.

그런데 그로부터 며칠 후 펄쩍 뛸만한 기쁜 승전보가 평양의 행궁에 알려졌으니, 전라좌수사 이순신이 올린 장계가 이제야 도착한 것이다.

"오! 이순신이?"

"예. 쳐부순 왜적의 배가 모두 42척이나 되옵고, 섬멸한 적병의 수가 수천 명에 이른다 하옵니다."

선조는 곧 승지에게 명하여 이순신에게 가선대부의 가자(加資)*를 내리도록 하였다. 그러나 이순신은 벼슬이 높아지는 것쯤은 추호도 관심이 없었다.

옥포 싸움에서 대승을 거둔 뒤 여수 본진으로 돌아온 이순신은 한시의 쉼도 없이 거북선의 보완에 힘을 기울였다.

무게가 700톤이나 되고 거기에 지금까지 유례를 찾아볼 수 없는 거대한 천자포(天字砲)까지 설치하였다. 이와 같이 만반의 준비를 갖추고 있는 이순신에게 원균으로부터 다시 급보가 날아왔다.

"왜적들이 지난번 옥포 싸움에서의 패배를 설욕하기 위하여 장차 남해를 거쳐 서해로 나가 황해도와 평안도로 간다는 소문이 있더니, 이번에 왜적의 병선 10여 척이 사천과 곤양으로 육박해 들어오므로 소생 원균은 하는 수 없이 남해 땅 노량으로 피하였습

* 가자(加資) : 정 3품 통정대부 이상의 품계를 올리는 일

니다. 속히 구원해 주시오."

이순신은 출전 명령을 내렸다.

특히 이번에는 세계 최초의 거북선이 선을 보이는 출전이니만큼, 이순신의 마음은 더욱 자신에 넘쳐 있었다.

이순신은 군관 이언량(李彦良)으로 거북선의 돌격장을 삼고, 이수남(李壽男)으로 좌(左) 돌격장, 박이량(朴以良)으로 우(右) 돌격장을 삼았다.

선단이 노량 앞바다에 이르니 피신해 있던 원균이 달려 나와 일행을 맞이했다.

바로 그때 유선 한 척이 곤양 앞바다에 나오다가 무리의 선단을 보더니 사천 쪽으로 급히 달아났다. 이에 전부장 이순신(李純信)이 쫓아가 쳐부수고 바라보니 사천 항구 뒷산에 수많은 왜병들이 결집해 있었다. 왜병들은 왕래가 잦아 끊이지 않았으며, 선창 안에는 2·3층의 고루거각(高樓巨閣) 같은 배들이 12척이나 있었다.

전부장 이순신이 적정을 살펴보니 왜병들의 군사가 4, 500명쯤 되어 보이는데 그들이 산 위에 있고 우리 배는 바다에 있으니, 만약 왜병들이 육지에서 대포를 내리 쏘면 우리 쪽이 불리할 것이라 판단해 배를 뒤로 물리기로 하였다. 때마침 조수마저 빠져 있었다.

왜선들은 우리 배들이 겁이 나 달아나는 줄 알고 일제히 내려와 총과 활을 쏘아댔다.

조선 배들은 바다 복판으로 나왔다 싶을 때 이순신이 다시 기를 흔드니 거북선의 배꼬리가 스르르 바깥쪽으로 돌더니 괴상하고도 큰 용대가리가 왜적의 고루거각 같은 화려한 12척의 배를 향해 우뚝 마주 섰다. 그밖의 우리 배들은 거북선을 중심으로 좌우 편에 대오를 정리하였다.

거북선 돌격장 이언량이 명령을 내렸다.

"천·지·황 포수들은 일제히 발포하라!"

명령이 떨어지자 거북선 용대가리의 아가리가 번쩍 들리며, 천자포에서 쏘아대는 대장군전이 요란하게 터져 나갔다. 순간 적 의 배 세 척이 한꺼번에 박살났다.

계속해서 지자포·황자포에서도 포가 터졌다. 왜적선 12척이 산산조각이 나고 적병들은 그 파편 조각에 맞아 죽거나 부상당하고, 남은 자들은 산 위로 올라가 달아나기에 바빴다.

이순신이 이어 삼대첩의 하나인 한산도에서, 또 부산포의 싸움에서 연전연승을 거두고 있을 때 육지에서는 말이 아니었다.

이순신이 일본의 주력 함대를 격파하던 6월 6일 바로 그날, 고니시의 선봉군은 평양에서 멀지 않은 중화(中和)에 이르러 결진하였다. 그로부터 3일 후에는 대동강 언덕에 진을 쳤다.

왜병들은 강 저편에 대대적으로 진지를 구축하며 총공격을 감행할 준비에 바빴다.

유성룡이 어전에 들어가 눈물을 흘리며 아뢰었다.

"전하, 대가(大駕)가 이쪽으로 오게 된 것은 명나라에 구원병을 청해 다시 이 나라를 회복하기 위해서이옵니다. 이제 명나라에 청병(請兵)까지 하고 있는 터에 너무 깊이 북도로 행차심은 불가하오니 통촉하옵소서."

모두가 깊은 잠에 빠진 새벽에 임금의 어가는 평양성을 빠져나와 영변(寧邊)을 향해 떠났다. 이덕형은 구원병을 청하러 압록강을 건넜다.

영의정 최흥원과 우의정 유홍, 그리고 정철이 어가를 따랐고 좌의정 윤두수는 도원수 김명원과 순찰사 이원익과 함께 평양에 남았다. 남은 이들은 군대를 규합하고 각 부서를 정하여 왜적을 저지하는 데 총력을 기울였다. 그러나 역시 패하고 말았다.

그 후 우리 군사들이 평양성을 공격하여 왜군의 주력 부대와 처음으로 공방전을 벌였다. 비록 성공은 못하였으나 그만큼 여유가 생겼다는 점에서 역사에 길이 남을 일이었다.

이 무렵에 남쪽 바다에서는 한 바탕 통쾌한 전과가 오르고 있었다. 임진왜란 삼대첩의 하나로 역사에 길이 빛날 한산대첩(閑山大捷)이다.

이순신 장군이 옥포·사천·당포·당항포·영등포 싸움에 이어 왜군의 함대 160척을 부숴버리고, 수군의 맹장을 비롯하여 3, 4천 명의 왜군을 모조리 섬멸한 것은 왜적의 작전에 결정적 영향을 미쳤다.

이어 견내량에서 73척의 왜적 함대를 무찌르니, 세계의 해전 사상 이러한 승리는 일찍이 없었다.

기쁜 소식은 의주까지 가 있던 임금에게 전해졌다.

명나라 원군도 제대로 안 오고 그나마 몇천 명의 오합지졸이 압록강을 건너와 무위도식으로 소란만 피우고 있어 실망하던 판에, 이 승전보를 들으니 임금과 대신들, 그리고 백성들은 이제야 살길이 열리려나 하여 춤을 추며 좋아했다.

명나라의 참전

한편 명나라에서는 제독 이여송이 4만 3천 명의 대군을 거느리고 압록강을 건너왔다. 압록강을 건너는 데 꼬박 3일이 걸렸다. 그들의 대륙적인 기질과 위엄을 알 수 있었다.

12월 25일 선조는 친히 용만관 앞으로 나갔다.

제독 이여송은 인금포(仁錦袍)를 입고, 홍명교(紅明轎)에 올라 앉아 강을 건너왔다.

이덕형이 접반사의 자격으로 공손히 허리를 굽혀 예를 보내자 이여송은 가마 위에서 오른손을 내밀었다.

이덕형이 아무 말 없이 옷소매 속에 둘둘 말린 종이 한 통을 꺼내 이여송에게 건네주었다.

이여송이 그것을 받아 펼쳐 보니 조선 팔도의 중요한 요충(要衝)이 그려진 지도였다. 그제야 이여송은 만면에 미소를 띠고, 이덕형을 지그시 바라보다가, 지도를 말아서 옷소매에 간직하였다.

이여송의 군대는 12월 28일에 안주에 이르렀다. 평양성에 있는 왜적을 무찌르기 위해서이다.

이때 안주에는 유성룡이 도체절사의 자격으로 나와 있었다. 그러니까 순안이 우리의 최전방 기지였다면 안주는 야전군 총사령부인 셈이었다.

조선의 재상 유성룡이 들어온다 하니 이여송이 정중히 나와 맞았다.

두 사람은 서로 인사를 나눈 다음 탁자를 가운데 놓고 마주 앉았다.

유성룡이 이여송의 모습을 바라보니 키가 팔척이나 되는 당당한 체구에 눈은 화광같이 빛나 믿음직스러웠다. 유성룡이 옷소매 속에서 지도를 꺼내어 탁자 위에 펼쳤다. 평양성을 중심으로 그 주변의 지리를 소상하게 밝힌 지도였다.

이여송은 만족한 듯 지도를 훑어본 다음 웃으면서 말하였다.

"귀국에는 인재가 많소이다."

이쪽에서 청하기도 전에 미리 척척 알아서 거행하니, 마음이 흡족하였다. 이여송이 흡족해 하니 유성룡도 기뻤다.

유성룡이 설명을 마치자 이여송이 말했다.

"왜병들이 믿는 것은 오직 조총뿐이오. 우리는 대포를 사용할 작정이오. 이 대포는 모두 5, 6리씩이나 멀리 나가는 것이니, 왜적들이 감히 어찌 당해 내겠소?"

어느덧 임진년은 가고 계사년의 새해가 밝았다.

1월 8일 총공격이 시작되었다. 이제야말로 이 땅 위에서 한판 싸움이 벌어진 것이다.

이여송은 향을 살라 암축(暗祝)을 올린 뒤에 전령을 내려 대포를 몰고 일제히 평양 공격을 개시하였다. 예하 장수들은 모두 부서에 따라 행동을 개시하고 이여송이 친히 말을 달려 삼군을 지휘하니 포성은 천지를 진동하고 평양성 서북쪽은 완전히 연합군에 의해 포위되었다.

왜적들은 조총을 쏘았으나 연합군은 대포와 화살을 쏘았다. 검은 연기는 하늘에 가득하고 화약 냄새는 평양성 안팎에 뻗쳤다.

이때 적장 고니시는 모란봉을 지키고 있었다. 사태가 이 지경에 이른 것도 까맣게 모르고 있었다는 것이 분하기 짝이 없었다.

그는 아직도 명나라 이여송의 군사인 줄을 전혀 몰랐다.

"장군! 이여송 휘하의 명나라 군사 5만 명과 조선 군사 1만여 명의 연합군이라 합니다."

이 말을 듣는 고니시의 손발은 떨리고 정신은 아찔했다.

대포가 수없이 터지고 토굴이 와르르 소리를 내며 무너졌다.

보통 문과 칠성문은 거의 무너지기 일보 직전이었다. 이여송은 장검을 휘두르며 독전하였다.

"누구든지 먼저 성에 올라 기를 꽂는 자에게 후한 상금을 내리리라."

이여송의 이 같은 외침에 용역이 뛰어난 황장 낙상지가 장창을 비껴들고 몸을 솟구쳤다. 그는 단숨에 함구문 문루에 기어올라, 왜적의 깃발을 빼내고 명나라의 깃발을 꽂았다.

"와아!"

기쁨의 함성 소리가 천리를 진동하고 총소리를 무색하게 하였다.

연합군이 낙상자의 뒤를 따라 성으로 기어오르자, 당할 힘이 없어진 왜적들은 성 아래로 뛰어내려 달아나기 시작했다.

제독 이여송은 우협대장 장세직과 대포로 칠성문을 쏘아대니, 굳게 잠겼던 문이 일시에 부서져 박살이 났다. 이 포탄과 부서져 나가는 쇳조각·나무조각에 죽거나 부상당한 왜적이 부지기수로 많았다.

"돌격이다!"

이여송이 장검을 번득이며 뛰어 들어가고 그 뒤를 따라 1만여 명의 군사가 함성을 지르며 돌격해 들어가니, 왜적들은 총을 쏠 사이도 없이 안쪽으로 밀려 달아났다.

이어서 칠성문·보통문·함구문이 모두 뚫리어 6만 명에 이르는 연합군이 함성을 지르며 평양성 안으로 물밀듯이 쳐들어갔다. 이때 왜적의 수는 4만여 명이었다. 왜적들은 무수히 죽어가는 시체를 남긴 채 밀리고 밀려 하는 수 없이 연광정으로 퇴각했다.

왜적이 쏘아대는 유탄이 이여송이 탄 말에 명중하여 말이 어홍 소리를 내며 앞으로 고꾸라졌다. 모든 장수들이 달려들어 이여송을 호위했다.

좌협대장 양원이 이여송에게 작전계획을 말했다.

"평양성은 이미 수복한 것이나 다름없고 나머지는 연광정 내성뿐이니, 군사들에게 휴식을 취하게 한 다음 뒷일을 계획하는 것이 좋을 듯합니다."

이여송이 동의하자 양원이 사군에 영을 내려 일단 공격을 중지했다. 잠시 뒤로 물러나 식사를 하고 휴식을 취하는 한편, 왜적을 평양성 밖으로 몰아낼 계획을 짜내고 있었다.

이여송은 힘 안들이고 적을 몰아내기 위한 작전으로 부하 장수 장대선에게 왜적의 진으로 가서 사태의 불리함을 설명하고 왜장 고니시에게 항복하면 목숨을 살려줄 뿐 아니라 후한 보상을 내리겠다는 뜻을 전하도록 했다.

장대선이 왜적의 진으로 가자 고니시는 반갑게 그를 맞이했다. 장대선이 고니시에게 이여송의 말을 전했다. 고니시는 마침 궁지에 몰려 참도들과 대책을 세워보려 하였으나, 이렇다 할 묘안을 찾지 못해 초조해 하고 있던 터라 안도의 한숨을 내쉬었다.

그는 곧 그의 심복을 보내 항복하게 하였다.

"그저 우리 왜군은 평양에서 물러날 것이니 장군께서는 달아나는 길을 끊지만 마옵소서."

이여송이 말했다.

"그렇다면 너희들은 오늘 안으로 연광정을 내놓아야 하리라!"

"예, 알겠습니다."

이여송의 위엄 있는 소리에 고니시의 심복 부하는 백배 치사를 하고 물러갔다.

"중화(中和)에 매복해 있는 군사들은 모두 왜적의 달아나는 길목에서 철수하라!"

이 명령에 우리 조선 군사들의 분함은 말할 수 없었다. 달아나는 왜적을 섬멸하기 위해 요소마다 조선군을 배치해 놓았는데 이여송이 적장과의 약속을 지키기 위해 철수하라니, 다시 한 번 힘없는 조선의 고통을 겪어야 했다. 우리 조선군도 이여송의 명령에 따를 수밖에 없는 형편이니, 눈물을 머금고 철수하는 도리밖에 없었다.

그날 밤 왜적들은 연광정 토굴에서 철수하여, 대동강을 건너 서울 쪽으로 달아났다. 사실상 평양성은 힘 안들이고 탈환한 셈이 되었다. 왜적이 부산포 앞바다에 이르러 이 강산을 도륙한 지 9개월 만에 육지에서 처음 올린 개가이며, 평양성을 빼앗긴 지 반년 만의 일이었다.

이여송은 이어 개성을 수복하고 서울로 내려오던 중, 벽제관(碧蹄館)에서 왜병에게 포위되었다. 이여송이 적장의 칼에 맞으려는 순간 명나라 장수 이유승(李有昇)이 가까스로 육탄으로 막았다. 그 덕분에 이여송은 위기를 면했지만, 이유승은 왜장의 칼에 희생되었다.

이여송은 적을 너무 얕보다가 죽을 고비를 넘기자 겁이 났는지 주력 부대를 개성까지 물리고 군사를 움직일 생각을 하지 않았다. 뿐만 아니라 개성마저 부하 장수에게 맡기고 평양까지 물러나 버렸다.

한편 의주에서 안주까지 내려와 서울 수복의 소식이 오기만을 기다리던 선조 임금은 뜻밖에 이여송이 벽제관 전투에서 패했다는 소식을 들으니, 그저 아득할 뿐이었다.

행주대첩의 승리

바로 이 무렵 행주산성에서는 기적 같은 일이 일어나고 있었다.

전라감사 권율(權慄)은 근왕병 1만여 명을 이끌고 수원 독산성에서 우키다의 왜군을 크게 섬멸한 후, 명나라 대군이 평양·개성을 수복하고 서울을 수복하기 위해 임진강을 건넜다는 소식을 들었다. 그는 함께 힘을 합하여 서울을 탈환할 목적으로, 행주산성으로 진을 옮겼다.

이 소식이 전해지자 서울 부근 여기저기에 흩어져 있던 관군과 의병들도 모두 일어나 재기의 준비를 갖추었다. 전라도의 의병대장 김천일(金千鎰)은 강화도에서 출진 태세를 갖추었고, 충청수사 정걸(丁傑)도 수군을 인솔하고 권율을 도우려 하였다.

그런데 권율이 행주에 당도하던 날 명나라 제독 이여송은 임진강을 도로 건너갔다는 것이다. 권율의 실망은 이만저만이 아니었다.

권율의 형 권순(權恂)이 자리를 잘 살핀 다음, 다음과 같이 계책을 말하였다.

"주저하지 말고 여기서 싸우게. 뒤에는 푸른 강물이 흐르고 있으니 배수진(背水陣)이 되네. 산세가 협하니 급히 나무를 베어 책(柵)을 세우고, 적병이 총을 쏘거든 우리 편에서는 변이중이 발명한 화차(火車)로 대항해 보도록 하게."

권율은 힘껏 싸울 결의에 차 있었다. 변이중이 발명한 화차라는 것은 천·지·현·황의 대포를 갖춘 돌격용 포차(砲車)로 권율의 진지에는 이 포차가 300대 가량 있었다.

한강을 뒤에 등지고 나무를 베어 목책(木柵)을 겹겹이 세워 진지를 구축한 권율은 300대의 화차를 요소요소에 배치한 다음,

이야기 한국사

군사를 훈련시키니 사기는 충천하였다.

서울에 있는 왜적에게 이 소식이 전해지자 왜군들은 10만 명의 군사를 좌우의 두 진으로 나누어 붉은기와 흰기를 펄럭이면서 쳐들어왔다. 때는 계사년 2월 12일 새벽이었다.

권율은 급히 명을 내렸다.

"내 명령이 떨어지기 전에는 절대 움직이지 말라."

그런 다음 아장들과 함께 산성 꼭대기에 올라가 앞을 내려다보니, 적의 대부대가 이미 가까이 밀려오고 있었다. 권율은 다시 명을 내렸다.

"지금 우리는 배수진을 치고 있다. 뒤에는 시퍼런 강물이 있고, 앞에는 왜적 10만 명이 공격해오고 있다. 왜적에게 죽거나 강물에 빠져 죽을 수밖에 없다. 우리들이 살 수 있는 길은 오직 한 가지 왜적 50명씩을 죽이는 길뿐이다."

동이 틀 무렵 왜적의 선봉은 산성을 공격하기 시작했다. 나머지 주력부대는 세 갈래로 나누어 행주산성을 겹겹이 포위하고 공격했다.

권율은 다시 장대에 올라 영을 내렸다.

"우리가 만약 여기서 패한다면, 명나라 이여송은 영영 싸우려 하지 않고 물러갈 것이다. 그리되면 다시 왜적에게 짓밟힐 것인즉, 기어오르는 적병은 하나도 남김없이 모조리 쓸어버려야 한다. 전투를 개시하라!"

권율의 호령이 떨어지자 우리 군사는 일제히 활을 쏘고 돌을 굴려 적병을 사살하였다.

산성으로 올라오는 골짜기는 좁고 길었다. 왜적의 숫자가 아무리 많다 하나, 일시에 많은 군사가 올라올 수는 없었다. 그래서 왜군은 3열 종대로 조총을 쏘며 다가왔다.

산성 위에서는 한 방향을 목표로 집중 공격을 하기 때문에, 백발백중 적을 맞히었다. 돌에 맞고 화살에 맞아 쓰러지는 적병의 시체가 골짜기를 메웠다. 적병들은 후퇴하기 시작했다.

"후퇴하는 왜적들에게 대포를 발사하라!"

권율의 명이 떨어지자 300대의 화차가 일제히 불을 뿜었다. 천둥 번개가 한꺼번에 몰아치는 듯 굉음이 천지를 진동하니, 쫓기는 적들의 사지가 무수히 허공을 솟구치며 죽어갔다. 아군의 사기는 충천하였다.

선봉대가 패하자 이번에는 제2대가 또 사열 종대로 공격해 왔다. 적장이 올라오며 산성의 성책을 살펴보니 나무를 베어 둘러친 목책이 분명한지라, 그는 한 가지 계교를 생각하고 올라오는 군사들에게 퇴각 명령을 내렸다.

본진으로 퇴각한 왜적들은 손에 손에 횃대를 하나씩 가지고, 다시 몰려오고 있었다. 나무 울타리를 태워버리려는 계획이 틀림없었다.

이에 권율은 영을 내렸다.

"적이 화공법(火攻法)을 쓰려고 하니 물을 많이 준비하도록 하라!"

산성 뒤가 바로 한강이기 때문에 물은 충분하였다. 중군과 후군이 각기 군사를 나누어 물을 길어다 나무 울타리를 흠뻑 적셔 놓았다.

왜병들은 과연 적당한 거리에 이르자 일제히 횃대에 불을 붙여 성책 위로 던지기 시작하였다. 그러나 물로 흠뻑 축여진 울타리에 불이 붙을 수가 없었다. 수만 개의 횃불이 날아 떨어졌지만 울타리는 끄떡없었다. 횃불을 던지느라 총을 쏘지 못하는 틈을 타 우리편에서는 화살과 돌팔매가 백발백중 왜군을 쏘아 맞혔다. 선봉대의 공격 때보다 더 많은 왜적들이 쓰러졌다. 마침내 왜적들이 달아나자 300대의 화차에서 일제히 불을 뿜어댔다. 왜적들은 무수한 시체를 남긴 채 물러갔다.

산성 위에서는 승전고가 울려 퍼지고 환성이 메아리쳤다. 그러나 이것도 잠시일 뿐 왜적의 제3대가 다시 공격해 왔다. 이번에 공격해오는 왜적의 장수는 비범하고 흉악하기로 용명(勇名)이 높은 고바야가와였다.

권율은 영을 내렸다.

"이번에 공격해오는 왜장놈은 호락호락한 인물이 아니다. 승

행주산성 토성 권율 장군이 대승을 거둔 곳으로 삼국 시대에 축성되었다.

패가 오직 이 한 판에 달렸으니 모든 장병들은 죽을힘을 다해 싸
우자!"

최후의 일전임을 각오한 권율은 또 명을 내렸다.

"이번에는 화차부대로 처음부터 맹돌격하라!"

화전이 어지럽게 날고 대포알과 화살이 소나기 퍼붓듯 산성
아래로 쏟아져 내렸다. 그리고 권율 장군 자신도 활을 당겨 장창
을 비껴들고 왜적들을 지휘해 공격해오는 적장 고바야가와를 겨
누어 쏘았다.

권율의 첫 번째 화살은 고바야가와가 창으로 막아냈고, 두 번
째 화살은 몸을 옆으로 비끼며 피하는 바람에 맞추지 못하였다.
세 번째 활시위를 떠난 화살은 고바야가와의 오른쪽 어깨 죽지를

충장사 권율과 행주
대첩을 기리기 위해
건립된 사당이다.

이야기 한국사

정통으로 맞혔다. 고바야가와는 들고 있던 장창을 내동댕이치고 말 아래로 떨어졌다. 그의 아장들이 몰려들어 고바야가와를 떼메고 달아났다. 왜적의 명장 고바야가와가 쓰러지니, 서울에 있던 우기다가 급히 군사를 몰고 공격해 왔다.

권율은 영을 내렸다.

"이번에는 산성 위에서 싸울 것이 아니라 아래로 공격해 내려가면서 활을 쏘아라."

이에 우리 군사가 고함을 지르면서 산성 아래로 쳐 내려가니, 왜적들은 그 위세에 눌려 달아나기에 바빴다.

이때 행주강 위로 화약과 화살을 실은 배 10여 척이 거슬러 올라왔다. 경기수사 이빈과 충청수사 정걸이 강화도로부터 권율을 응원하기 위해 올라온 것이다.

왜장들은 배에다 보급물자를 싣고 올라오는 조선 군사들을 보자 사기가 떨어졌고, 다른 곳에서도 응원군이 오는 것으로 알고 서울로 황황히 달아나고 말았다.

권율은 4천 명 남짓한 군사로 10만 명을 대파하고, 적장을 3명이나 죽였으며 두 장수에게 중상을 입혔다. 이 소식이 임진강과 평양과 안주에 있는 임금 그리고 명나라에까지 전해졌다.

이여송의 벽제관 패배로 먹구름이 뒤덮여 있던 사기에, 권율의 이 같은 승전보는 조정을 물론, 조선에 주둔해 있는 연합군의 모든 장병과 온 백성들과 각지에서 일어나고 있는 의병들에게 커다란 희망이요, 충성의 표본이 되었다.

행주산성의 대첩은 이순신의 한산도 싸움, 김시민의 진주 싸움과 함께 삼대첩의 하나로 우리 역사에 빛나는 큰 승리였다.

다시 빼앗은 서울

평양에 있던 이여송은 권율이 행주산성에서 왜적을 무찔렀다는 소식을 듣자, 아차 잘못했구나 하고 후회했다.

'며칠만 더 파주에 머물러 있다가, 권율과 합세하여 왜적을 섬멸했더라면, 공신이 되었을 텐데…'

이런 생각으로 그는 곁에 있는 아장들에게 화풀이를 했다.

"너희들 때문에 큰일을 망쳤다! 조금만 더 파주에 있었더라면 지금쯤 서울을 회복했을 텐데!"

이여송은 이덕형에게 말하였다.

"나는 기회를 보아 서울을 수복할 계획이니, 그 작전에 차질이 없도록 공은 개성 등지로 내려가서 군량미 조달에 대비하도록 하시오."

이덕형은 지체하지 않고 각 고을을 돌아다니면서 군량미 조달에 눈코 뜰 사이가 없었다.

한편 권율의 용맹은 우리나라는 물론 중국에까지 널리 알려져, 이여송보다 더 훌륭한 장수가 조선에 있다고 모두들 칭찬이 대단했다.

행주산성에서 적을 무찌른 권율은 이때 파주에 와 있었다. 적은 군사로 서울을 공격하기는 어렵다고 판단했기 때문에 파주에 있는 도원수 감명원, 병사 이빈 등과 합세한 것이었다.

한편 함경도 함흥까지 북상해 있던 왜장 가토 기요마사(加藤淸正)는 남으로 내려가는 길이 막혀 전전긍긍하고 있었다. 각지에서 의병들이 일어나 사기가 높아가는 데 비해, 왜병들은 추위에 떨고 굶주려 전의를 상실했으며 서울로 내려가 다른 부대와 합류할 묘안이 없었기 때문이었다.

송응창은 이렇게 함경도에 고립되어 있는 가토의 군사를 전쟁을 하지 않고 말로 달래어 몰아낼 궁리를 한 끝에 명나라 경략 풍중영을 보내 가토를 달래도록 하였다.

풍중영이 화친을 제의하자 우선 서울로 내려가야겠다는 생각에 가토는 이렇게 말하였다.

"서울로 가서 도요토미 관백과 모든 일을 결정할 것이니, 우선 서울로 가게 해주시오. 그리고 볼모로 잡은 두 왕자도 서울에 도착하는 즉시 보내드리겠습니다."

"그러면 서울에 도착되는 대로 어김없이 두 분 왕자님을 보내겠지요?"

"그렇습니다. 어김없이 보내드리겠습니다."

이리하여 가토의 군사가 남으로 철수하게 되었다. 철수하는 도중 그들의 노략질은 이루 말할 수 없이 횡포했다.

이때 유성룡은 서울을 수복하기 위해 왜적들의 동태를 살피고 있었다. 정보에 의하면 용산창(龍山倉)에 곡식이 많이 쌓여 있어 왜적들이 서울에서 3개월 이상 더 버틸 수 있다는 것이었다.

유성룡은 이를 태워 버릴 계획을 세웠다. 그는 명나라 사대수에게 간청하여 화전 두 배와 포수 10명을 빌려 달라 요구하여 우리나라 장수와 합세하여 이들 곡식을 불태우는 데 성공했다.

왜장 고니시는 용산창에 비축된 곡식 수십 만석이 모두 불에 타버렸다는 보고를 듣고 초조한 마음을 가눌 길이 없었다.

왜장들은 회의를 열고 대책을 의논한 끝에 전날 평양성을 드나들며 강화를 교섭하던 심유경을 불렀다. 강화를 추진하는 척하면서 한편으로 군사를 한강 이남으로 물리자는 데 의견이 모아졌다. 그리하여 왜장들은 아직도 한양에 잡혀 있는 임해군의 종 장세(長世)를 강화도로 보내 강화를 제기할 듯 위장 전술을 썼다.

그리고 함경도에서 내려온 가토는 김천일(金千鎰)의 부하 이신충에게 편지 한 통을 전했다. 이 편지가 유성룡을 거쳐 사대수에게 전해지고, 마침내 이여송이 받았다.

"심유경을 적진으로 보내라."

명령을 내렸다.

이리하여 심유경은 왜장들과 담판을 짓고, 왜병들은 한양을 철수하기로 하였다.

왜병들이 한양에서 철수한 것은 4월 19일이었다. 임진년 4월 13일에 부산을 함락하고, 6월 1일 한양에 들어왔던 그들은 거의 1년 만에 한양에서 철수하였다.

왜병들이 한양에서 철수한다는 소식을 들은 창의사 기천일과 파주에 진치고 있던 권율이 화친에 반대하고, 물러가는 왜적들을 무찌르기 위해 한강 서빙고에 이르렀을 때는 이미 왜적들은 한강을 건너 부교(浮橋)마저 철거된 뒤였다.

권율은 발을 구르며 왜적의 뒤를 추격하고자 하니 이여송이 황급히 부하들을 보내 제지하였다. 권율은 주먹으로 가슴을 치며 이여송을 원망하였으나, 별다른 방책이 없었다.

다음날 이여송이 한양으로 들어오고 유성룡과 김명원도 함께 한양땅을 밟았다.

한양은 문자 그대로 폐허였다. 경복궁도 타 버렸고, 창덕궁도 타 버린 서울의 거리에 굴러다니는 건 해골이요. 코를 찌르는 건 송장 냄새였다.

서울에 들어온 이여송은 왜병을 추격할 생각은 하지 않고, 앞서 추진하고 있던 화친이 깨어질까 염려하며 왜적들이 부산까지

직행하도록 하는 데 급급했다. 각 요충지에 군대를 파견하여 진은 치도록 했지만 절대로 추격하지 않도록 명령하였던 것이다.

이여송이 왜병과의 싸움을 피하여 지지부진한 상태에 놓이고, 화친을 교섭하는 심유경은 개인의 이익만을 앞세웠다. 화친을 반대하고 왜적을 하루라도 빨리 섬멸해야 할 우리의 입장은 난처하기만 했다. 선조도 이여송의 이러한 태도에 실망한 나머지 자주 국방에 소홀했던 것을 후회하였다.

얼마 후 이여송이 건강을 핑계 삼아 명나라로 돌아갔다. 뒤따라 강화를 추진하던 심유경도 왜적의 강화사절을 데리고 본국으로 떠나버렸다.

왜적은 아직 물러가지 아니하고 명나라의 주력 부대는 가버리니, 실로 전쟁도 아니고 평화도 아닌 세월이 지루하게 흘러만 갔다.

선조는 서둘러 한양으로 향했다. 한양으로 오는 도중에 행주대첩의 영웅 권율을 도원수로, 바다의 영웅 이순신을 삼도수군 통제사로 임명하여 우리의 힘으로 왜적을 물리칠 태세를 갖추었다.

조정의 기풍을 쇄신하는 뜻에서 그동안 도체찰사로서 나라를 위해 크게 공훈을 세운 유성룡을 영의정에 임명했다.

서울에 돌아온 것은 10월 1일이었다.

눈부신 의병장들의 구국 정신

한편 관군이 왜적의 침입을 막지 못하고 쫓겨 북쪽으로 밀리자 애국심에 불타는 유생(儒生)과 승려, 명인(名人)들이 의를 부르짖고 일어나 군사를 모아 왜적을 무찌르는 데 앞장섰다.

유생 조헌(趙憲)은 충청도 옥천에서 의병을 일으켜 청주에서 왜병을 몰아내고 금산(錦山)의 왜병을 무찌르다가 700의 의사(義士)와 함께 장렬한 최후를 맞았다. 홍의장군 곽재우(郭再祐)는 경사도 의령에서 일어나 의령·창녕 등지에서 왜적을 물리쳤다.

곽재우는 이어 김시민(金時敏)과 함께 임진왜란 삼대첩의 하나인 진주의 싸움에서 왜적을 크게 이겼다.

고경명(高敬命)은 전라도 담양에서 군사를 일으켜 은진까지 올라왔다가 금산성에서 왜군과 싸우다 전사했다. 김천일(金千鎰)은 호남에서 일어나 수원에서 왜병을 격토하고 강화로 옮겼다가 이듬해 진주 싸움에서 장렬하게 전사했다.

또 묘향산의 노승 서산대사(西山大師)는 8도에 격문을 보내

칠백의총 충남 금산에 위치하고 있으며, 조헌과 700의사의 묘이다.

이야기 한국사

그의 제자 사명당(四溟堂)과 함께 1,700여 명의 승병을 이끌고 평양 수복 작전 때 많은 공을 세웠다. 이 밖에도 이름 없이 의를 부르짖고 일어나 왜적과 싸우다 죽은 의병들의 수는 헤아릴 수 없이 많았다.

일본의 재침입 정유재란

심유경과 일본의 관백 도요토미와의 강화 교섭은 도요토미의 과대망상적인 무리한 조건 때문에 결렬되고 말았다. 도요토미가 내세운 조건은 첫째 명나라 황녀(皇女)를 일본의 후비(后妃)로 삼을 것, 둘째 무역증서제(貿易證書制)를 부활할 것, 셋째 조선 8도 가운데 4도를 일본에 건네줄 것, 넷째 조선 왕자 및 대신 12명을 인질로 일본에 보낼 것 등이었다.

심유경은 이 조건을 명나라에서 받아들이지 않을 것이 뻔하므로 아예 그 요구를 숨기고 명나라 황제 신종(神宗)에게 보고하였다.

"도요토미가 바라는 것은 왜왕의 책봉입니다."

명나라에서는 심유경의 말만 믿고 양방형(楊方亨)을 정사로 심유경을 부사로 삼아, 도요토미를 왜국 국왕에 봉한다는 책서(冊書)와 금인(金印)을 가지고 왜국으로 가게 했다. 이것이 화근이었다. 도요토미는 크게 노하여 마침내 재침을 명령하였다. 이것이 곧 정유재란(丁酉再亂)이다.

선조 30년(1597년) 1월에 도요토미는 고니시, 가토 등에게 14만 명의 대군을 주어 도토가 이끄는 수군과 함께 재침략을 감행하여 동래성·울산성을 함락하고, 김해·사천·진주 등 경남 일대를 점령하였다.

그런데 이때 삼도수군통제사인 이순신은 원균의 모함으로 옥중에 갇혀 있고, 대신 원균이 삼도수군통제사가 되어 왜적과 대전했다. 그러나 적의 유인에 빠져 칠천량(漆川洋) 해전에서 막대한 피해만 입고 원균 자신도 죽었다.

이로 인해 우리 수군은 힘을 못 쓰게 되어 제해권을 왜적에게 빼앗겼다. 해전에서 승리한 왜군은 그 기세가 대단하여 육지에서는 호남과 호서 지방을 휩쓸고 수군은 전라도의 해남을 침공할 기세였다.

이 급보를 접한 명나라에서는 형개를 총독으로, 양호 · 마귀 등을 보내 대항케 하였다. 그러나 왜군은 그해 9월에 남원과 전주를 함락하고 공주 · 직산까지 북상하였다가 직산 북쪽 소사평(素砂坪) 전투에서 연합군에 패하여 일단 기세가 꺾였다.

천자총통

이야기 한국사

한편 이해 7월 삼도수군통제사로 재임명된 이순신은 남은 병선 12척과 흩어진 군사를 급히 규합하여 전열을 가다듬었다. 9월에 왜 수군의 주력부대가 서해로 회항하려 할 때 명량(鳴梁:울돌목) 해상에서 전투를 벌여 적선 30여 척을 격파하고 제해권을 다시 찾는 데 성공했다.

　이듬해 7월 이순신은 원군으로 온 명나라 수군 제독 진린(陳璘)과 합세하여 순천에 있는 적을 공격하고, 완도에서 왜의 수군을 대파하였다.

　연합군은 육지와 바다에서 총공격을 개시하여 마귀는 울산의 가토를, 동일원(董一元)은 사천의 시마즈(島津義弘)를, 유정은 순천의 고니시를 각각 공격하고 이순신과 진린은 수군을 공격하였다.

　이렇게 총공세를 벌이고 있을 때인 선조 31년(1598) 8월 왜국의 도요토미가 갑자기 병사(病死)함으로써 7년간이나 끌어오던 왜란은 그 종지부를 찍게 되었다.

　왜군은 도요토미의 유언에 따라 암암리에 철군하기 시작했다. 그러나 이순신은 노량에서 고니시의 퇴로를 끊고 왜적을 섬멸하기 위해 왜선 300여 척과 치열하게 싸워 200여 척을 격침시켰으나, 불행하게도 적의 유탄에 맞아 전사하였다(1598. 11. 19).

　이 싸움을 끝으로 7년간에 걸친 왜란은 끝났다.

　전후 7년간에 걸친 임진왜란은 정치 · 경제 · 문화 · 사회면에 커다란 영향을 끼쳐 일대 전환기를 맞이하였다.

　8도의 거의 전부가 왜적에게 짓밟혀 약탈과 살육으로 인한 피해를 입었는데, 그 가운데서도 경상도가 가장 심하였다. 인구는 감소되고 농촌은 황폐해져 굶주림과 병세에 시달려야 했다.

　　식량난으로 국가의 재정은 말이 아니었고, 매관(賣官)의 악
습까지도 생겼다. 이때에 천민은 양민이 되었고, 서자도 관직을
받게 되는 등 묶여 있던 신분 제도가 점차 흔들렸다. 또 각지에 도
적이 일어나 민심이 흉흉해졌다. '이몽학(李夢鶴)의 난'은 그러
한 민심을 나타난 대표적인 민란이라 할 수 있다.

　　국방을 강화가기 위해 서울에 훈련도감, 지방에 속오군(束五
軍)·초관(哨官)을 두어 군사훈련을 강화하였다. 비격진천뢰(飛
擊震天雷)와 화차(火車), 조총 등 무기의 발달과 연구도 진행하
였다.

　　명나라에서는 전란의 틈을 이용하여 여진의 청(淸)나라가 대
두되었다. 왜국에서는 도요토미가 몰락하고, 도쿠가와 이에야스
(德川家康)가 막부(幕府) 정치를 폈다.

이야기 한국사

다시 고개드는 당파 싸움

임진왜란으로 삼천리 금수강산이 초토화되어 가는 데도 사실상 당파 싸움은 끊이지 않았다. 전쟁이 치열하여 우선 전쟁을 대비하느라 급급하여 큰 당파 싸움이 나타나지 않았을 뿐이었다.

왜란이 있었던 7년 동안은 남인의 거두 유성룡이 국사를 잘 처리하고, 서울의 수복과 왜적의 섬멸에 많은 공을 세웠다. 그러나 왜란이 종식되자 소북의 김신국(金藎國)·남이공(南以恭) 등에 의해 밀려났다. 당시의 북인이 대북과 소북으로 갈려 소북 일파들이 득세하게 되었다.

선조 35년 유영경(柳永慶)이 우의정에 올랐고, 39년에는 영의정에 올랐다. 그해에 중전 김씨가 아들을 낳으니 영의정 유영경은 신생 왕자를 장차 이 나라의 대통을 이을 세자로 내세우려 하였다.

선조는 일찍이 중궁 박씨를 맞이하였으나 소생이 없었다. 반면 후궁인 공빈(恭嬪) 김씨에게서 임해군과 광해군을 낳았고, 또 인빈(仁嬪) 김씨가 왕자를 많이 낳으니, 이로 인하여 세자 책봉에 많은 혼란이 생겼다.

우여곡절 끝에 임해군의 아우 광해군을 세자로 책봉했다. 서열로 따진다면 정실인 중궁에서 아직 소생이 없으므로 큰 아들인 임해군이 세자로 책봉됨이 당연했으나, 임해군의 사람됨이 너무 광패(狂悖)하여 차자인 광해군이 세자로 책봉된 것이었다.

선조 39년 중전 김씨가 영창대군을 낳았다. 소북인 유영경 일파가 이 영창대군을 세자로 내세우려 하자, 소북과 대북의 싸움이 치열해졌다.

　대북파인 이이첨(李爾瞻) · 정인홍(鄭仁弘) 등은 소북이 광해군을 해치려 한다고 공격하였다. 그러나 당시에는 선조가 아직 살아 있었으므로 오히려 대북이 참패를 당해 이이첨 · 정인홍 등이 귀양을 가게 되었다. 그러던 중 선조가 죽으니 그날부터 대북의 세상이 되었다. 당시 대북의 거두로는 이산해(李山海)와 그의 아들 이경전(李慶全) 그리고 이이첨 · 정인홍 · 박건(朴楗) 등이 있었고, 소북의 거두는 유영경 · 박승종(朴承宗) 등이 있었다.

　소북과 대북은 본래 북인의 계통으로 다 같은 북인이었는데, 정권과 세도를 잡기 위해 반목과 대립이 심하여 원수지간이 되었다. 한 가지 예를 들면 이산해의 사위는 유영경의 조카인데, 같이 북인으로 있을 때는 가까이 지내다가 파당이 갈리고부터는 원수지간이 되었다.

　광해군이 즉위하자 대북의 시대가 열리게 되었다. 대북에서는 소북의 거두 유영경 · 기자헌(奇自獻) 등을 몰아내고, 그 다음 소북파의 일당 수십 명을 모조리 추방하였다.

　다음에 대북파는 임해군을 처치해야 한다고 진언하였다. 광해군은 처음에는 형제간의 정의를 생각하여 단호히 거절하였다. 그러나 대북일파의 강력한 요구에 굴복하여 임해군을 일단 교동으로 쫓아냈다가 마침내 죽이고 말았다.

　대북 일파들은 다시 광해군의 생모 공빈 김씨를 공성 왕후(恭聖王后)로 추존하고, 묘호(廟號)를 성릉(成陵)이라 하였다. 그리고 자파의 세력을 튼튼히 하기 위하여 박응서(朴應犀) · 서양갑(徐洋甲) · 심우영(沈友英) 등이 도적의 무리들과 결탁하여 영창대군을 왕으로 내세우려고 한다는 역모를 허위로 조작하였다. 영창대군을 귀양보냈다가 그 후 증살(蒸殺)하고, 김제남을 죽이는 등 당파 싸움은 쉴 날이 없었다.

왜란을 겪고 당파 싸움에 시달린 백성들은 세상의 허무함을 실감하게 되었다. 이러한 심리적 영향 때문에 풍수설(風水說)이 널리 퍼졌다. 부지런히 일을 하고 학문을 닦는 것보다는 오히려 풍수설에 따라 좋은 산소자리와 집터를 얻어 거저먹을 생각만 하는 사람들이 일부 계층에서 발생하였다.

일찍이 선조가 의주로부터 서울로 환도한 후 폐허가 된 궁궐을 다시 짓고자 하였으나, 뜻을 이루지 못하였다. 광해군 8년에 이르러 영건도감(營建都監)을 설치하고 경덕궁(慶德宮)과 자수궁(慈壽宮)을 신축하였다. 이로써 폐허가 되었던 한양의 모습이 새로운 면모를 갖추고 지체되던 토목 사업에 활기를 불어 넣고 재건 의욕에 불을 당겼다.

건축 사업이 활발해지자 부족한 재정을 조달하기 위하여 전부터 내려오던 매관매작(賣官賣爵)이 더욱 성행하였다. 이러한 불미스러운 사건의 진원은 모두 격렬한 당파 싸움 때문이었다.

당시는 대북이 득세하는 세상이었으므로, 이귀 · 김자점 같은 서인의 무리들은 항상 고양이 앞의 쥐였다. 이들 서인이 곤란한 일이나 옥사가 있을 때면 이귀의 딸이 광해군을 왕위에 올려놓은 데 큰 공을 세운 김상궁에게 말하여 위기에서 구해 주었다. 이러한 관계 때문에 대북에서 이귀 · 김자점을 제거하려 해도 끝내 제거하지 못했다.

10여 년간 눌려 있던 서인들이 광해군 14년 겨울부터는 득세하게 되리라는 소문이 퍼졌다. 광해군 15년 1월 정언 한유상(韓惟翔)이 서인 일당을 몰아내야 한다고 주장하였다.

"근자에 이르러 이귀·김자점 등이 딴 뜻을 품고 인목대비를 보호한다 하오니 이들은 처벌하여 후환을 없애도록 하옵소서."

이때 왕은 김상궁과 함께 후원에서 잔치를 벌이고 있었다. 김상궁이 왕에게 말하였다.

"밖의 정세가 미묘한 듯하옵니다. 김자점이 상감을 배반하고 역모를 꾸미고 있다 하니 그 진상을 가려 처벌하심이 가할 줄 아뢰오."

왕은 그 말을 옳게 여겨 서서히 하회를 보아 처리하자고 뒤로 미루었다.

"전하, 후일에 후회하셔도 소용이 없습니다. 만약의 사태가 발생한다 하더라도 신들을 나무라지 마시옵소서."

광해군의 묘

그들을 체포하라고 권하였다.

"확실한 증거도 없는데 어떻게 충성된 신하들을 해칠 수 있는가."

왕은 이렇게 말하고 그들을 놔두었다. 이것이 화근이었다.

광해군 15년 3월 마침내 이귀·김자점 등 서인이 반정(反正)을 일으켜 왕을 내쫓고, 인조(仁祖)를 내세우니 대북 일파는 몰락하고 서인의 세상이 되었다.

광해군은 제주도에 귀양 갔다가 67세의 나이로 한 많은 세상을 떠났다. 당쟁의 소용돌이에 왕가의 운명도 때때로 비참한 물결 속에 휘말리게 된다. 당쟁만을 되풀이하는 이 나라의 앞날은 더욱 암담해져 갔다.

인조반정과 이괄의 난

광해군을 내쫓고 인조를 왕위에 앉힌 반정공신들은 모두 일등공신이 되었다. 그러나 유독 이괄(李适)에게는 무슨 이유에서인지 이등공신에 한성판윤(漢城判尹)을 주었다. 논공행상이 공평을 잃었다며 이괄은 불만을 품었다.

"이놈들, 나에게 병조판서를 준다고 하더니 겨우 한성판윤이라니, 거기에 또 이등공신이라구."

얼마 후 다시 외직인 평안병사에 임명되자 그는 노골적으로 불만을 표시하였다.

"이놈들, 이제는 나를 아주 변방으로 쫓아버리는구나, 어디 두고 보자!"

이괄은 임지로 부임할 당시부터 마음속으로 역심(逆心)을 품었을지도 모른다. 영변으로 내려가 있던 평안병사 이괄이 반란을 꾀한다는 소문이 돌자 조정에서는 이괄의 아들을 먼저 잡아 가두고 금부도사를 보내 이괄을 잡아오도록 하였다. 금부도사가 내려가는 동안 이괄은 아들이 잡혔다는 사실을 알았다. 무장인 그는 분함을 이기지 못해 부하 장병들을 모두 모아놓고 다음과 같이 일장 연설을 하였다.

"나에게는 자식이 하나밖에 없소. 그런데 그 아들을 잡아 가두고, 나를 역적으로 몰아 금부도사가 잡으러 왔소. 나는 죽기를 각오하고 일어서려 하오. 남자가 한번 죽기를 각오한 이상 무엇이 두렵겠소. 일이 매우 급하오. 앉아서 죽기를 기다릴 수는 없소."

이괄의 말이 끝나자 그의 부하 장병들은 웅성거렸다.

"옳습니다! 거사를 합시다. 거사를 하려면 서울서 내려온 금부도사의 목부터 베시오. 이것을 신호로 하여 일어납시다."

그들의 함성 소리가 천지를 진동하였다.

갑자년 1월, 이괄은 칼을 뽑았다. 이괄의 군대는 영변에서 떠나 사잇길로 물밀듯이 밀려왔다. 황주에서 관군과 1차의 충돌이 있었으나, 여기서 관군은 막대한 피해를 입고 물러섰다. 두 번째 충돌은 평산에서 이중로(李重老)가 이끄는 관군과의 싸움이었다. 관군이 여지없이 패퇴하고 말았다. 관군이 패했다는 소식이 계속 들어오자 서울의 인심은 극도로 흉흉해졌다.

2월 8일에 이괄의 반란군이 벽제관까지 쳐들어오자 왕은 우선 공주로 몽진(蒙塵)했다.

이괄이 의기양양하게 서울에 입성하자 시민들은 모두 큰 길에 나가 구경하였다. 서울에 입성한 이괄은 우선 흥안군을 찾아내

왕으로 세웠다. 경기방어사 이홍립(李興立)은 전번 인조반정 때 내응(內應)한 자였다. 이번에도 이괄과 몰래 내통하여 반란군을 도왔다. 이괄은 이충길을 대장으로 삼아 신왕을 호위케 하고, 서울 시민에게 유고(諭告)를 내려 각자 생업에 충실할 것을 당부하였다.

세검정 인조반정의 공신들이 거사를 모의하며 칼을 씻고 결의를 다졌다 하여 세검정이라는 이름이 붙었다.

일단 이괄이 성공하자 서울에 남아 있던 그의 친구들이 모여들었다. 그들은 모두 요직에 올라 충성을 맹세하였다. 먼저 반정 때 불평하던 자들과 무뢰한, 그리고 북인들이 높은 관직에 올랐다. 그러나 이것도 잠시일 뿐, 다음날 장만(張晩)과 정충신(鄭忠信)이 대군을 몰고 서울로 돌진했다. 그들은 인왕산 줄기인 길마재(鞍峴)에 올라가 진을 치고, 도성을 내려다보며 이괄의 반란군을 단번에 쳐부술 계획을 세웠다.

한편 이괄은 아침밥을 먹기 전에 관군을 격퇴시킨다고 호언

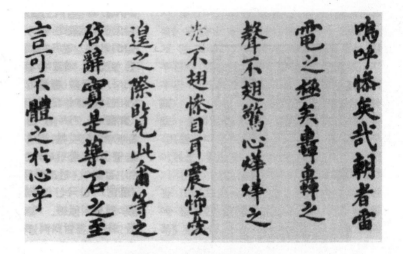

장담하면서 산 위로 공격을 개시하였다. 밑에서 위로 올라가며 치는 것은 작전상 불리하였다. 먼저 올라가 있는 관군은 훨씬 유리한 입장에 있었으나 한번 패한 군대이기에 적을 두려워하였다.

관군과 반란군이 일대 결전을 벌인다는 소문이 퍼지자 서울 시민 남녀노소는 싸움을 구경하려고 성 위로 올라갔다. 수만 명이나 북적이니 산꼭대기마다 사람들이 하얗게 모여 밀고 밀리는 혼잡을 이루었다.

"누가 이기나 보자. 저희들끼리 싸우는데 우리는 구경이나 실컷 해보자."

"홍안군이 왕이 되든, 정원군이 왕이 되든 우리는 관여할 바가 아니다."

"어느 것은 난 놈 있나. 모두 선조의 후궁소생인데 해볼 만한 일이야."

백성들의 야유와 무관심 속에 싸움은 시작되었다. 처음에 동풍이 불자 이괄의 군대는 바람을 등에 지고 거침없이 산 위로 쳐

올라갔다. 관군은 밀리고 밀려 후퇴하기에 바빴다. 관군편에서는 후퇴하지 말라고 독전하였으나, 형세가 불리하여 점점 밀리었다.

그런데 이때 갑자기 바람이 방향을 바꾸어 서풍이 강하게 불었다. 모래와 잔돌이 이괄의 진을 향하여 냅다 몰아쳤다. 더구나 이괄의 군대에서 한 장수가 관군의 화살에 맞아 쓰러졌다.

"이괄이 화살에 맞았다. 돌격이다!"

외침소리와 동시에 이괄의 군대는 후퇴하기 시작했다. 양쪽 군사가 모두 오합지졸이라 형세가 조금만 유리하면 용기가 솟아올랐다. 아침밥을 먹기 전에 관군을 섬멸하겠다고 호언장담하던 이괄은 전세가 불리해지자 도망치고 말았다. 이괄이 도망치자 관군은 작전상 이괄을 쫓지 않고 먼저 성 안으로 들이닥쳤다. 달아나는 이괄을 추격하면 희생이 더 클 것이라 판단하고 일단 싸움을 중지하였던 것이다.

쫓기던 이괄은 그날 밤 수구문으로 탈출하였다. 삼전도를 거쳐 광주 목사를 죽이고, 다시 경안역을 지나 이천에 이르렀다. 그러나 다음날 자기의 부하인 기익헌(奇益獻)·이수백(李守白)에게 살해되었다. 불평불만이 가득했던 이괄의 삼일천하도 막을 내렸다.

청태종의 침략

청나라 제1대의 황제인 누르하치가 아직 건주위(建州衛)의 추장으로 있을 때 조선은 임진왜란이 일어나 왜적에게 참패를 거듭하면서 북쪽으로 쫓기며 곤욕을 치르고 있었다. 우리나라가 곤경에 처해 있다는 소식을 들은 누르하치는 도와주겠다는 의사를 전해 왔다.

"안 될 말이오. 만주에 숨어 있는 일개 추장의 원조를 받다니."

조정에서는 일언지하에 거절하였다.

누르하치가 이때부터 점점 강성해져 20년 후에는 나라 이름을 후금(後金), 연호를 천명(天命)이라 정했다.

그리고 광해군 10년에 명나라에 대하여 7대한(七大恨)을 선언하고 총공격을 개시하였다. 명나라에서는 긴박한 사태를 해결하고자 광해군 11년에 조선에 원병을 청하기에 이르렀다. 이에 조선에서는 강홍립을 보내 명나라를 원조하도록 하였으나, 광해군의 밀명을 받은 강홍립은 적에게 항복하였다.

한편 명나라는 강제로 군대를 징집하여 10만 대병으로 맞섰지만 누르하치는 3만의 정병으로 명나라의 대군을 무찌르고, 파죽지세로 명나라 본토를 유린하였다.

인조 4년 누르하치가 죽고, 그의 아들 홍타이치가 누르하치의 뒤를 이어 더욱 세력을 확장했다.

광해군이 왕위에 있을 때는 명나라와 청나라에 대하여 양면 외교로 대처했기 때문에 별 탈이 없었다. 그러나 서인(西人)에 의해 광해군이 물러난 뒤 즉위한 인조는 광해군의 양면 외교 정책을 버리고, 명나라를 가깝게 하고 후금은 배척하는 정책을 취했다. 이에 후금에서는 조선의 태도를 마땅치 않게 여겼다.

원래 후금의 태종은 누르하치가 살아 있을 당시에도 조선과의 화친에 반대하는 주장을 폈다. 이유는 자기 나라의 남진 정책에 대한 배후의 근심을 없애기 위해서였다.

당시 명나라 장수 모문룡(毛文龍)이 철산(鐵山)의 가도(假島)에 주둔하여 후금에 대처하고 있었다. 후금으로서는 명나라를 치기 위해서는 우선 배후를 위협하고 있는 조선을 쳐서 모문룡을 고립시킬 필요가 있었다.

이렇게 준비하고 있을 때 마침 이괄의 난이 일어나고 반란에 실패한 이괄의 잔당들이 후금으로 도망하여 광해군의 폐위와 인조 즉위의 부당성을 호소하고 조선을 공략할 것을 은밀히 부채질하였다.

이러한 충동질은 명나라와의 싸움으로 물자 부족에 심히 고민하던 태종 홍타이치에게 조선 침략 의욕을 더욱 불붙게 하였다. 여기서 후금의 태종은 조선을 치기로 결정을 내리고, 강홍립과 한윤을 향도로 정하여 3만의 정병을 거느리고 쳐들어왔다.

조선에서는 이러한 험악한 정세도 모르고, 태조 이래 취해 오던 명나라와의 우호 정책을 내세워 후금을 오랑캐라 멸시하였다.

인조 5년 정묘(丁卯) 1월 13일 후금의 침략군이 의주에 이르렀다. 이들은 남산에 올라가 항복을 권유하며 큰소리를 외쳤으나, 의주성에서는 아무런 대답이 없었다. 이때 의주부윤(義州府尹)은 이완(李莞)이란 사람이었는데, 이날 기생과 더불어 단꿈을 꾸고 있어 의주성이 함락되는 줄도 몰랐다. 뒤늦게야 이 사실을 알고 관아로 달려가다가 적병에게 잡혀 죽고 말았다. 이완은 이순신 장군의 조카이다. 임진왜란 당시 이순신이 적의 유탄을 맞고 쓰러지자 이순신을 대신하여 지휘한 자다. 그 공을 참작하여 국가의 중요한 관문인 의주부윤을 제수하였다. 그런데 이 사람이 여색에 빠져 귀신도 모르게 죽고 만 것이다.

일단 북쪽의 관문이 무너지자 적은 파죽지세로 곽산 · 정주를 함락하고 안주를 향해 쳐들어왔다. 적은 "항복하면 살려주겠노라."고 외치며 안주로 향했다. 평안병사 남이흥(南以興)·안주목사 김준(金浚) 등이 끝까지 항전하다가 역부족으로 불에 타 장렬하게 최후를 마쳤다.

안주의 함락 소식이 전해지자 평안감사 윤훤(尹暄)은 도망치고, 황해병사 정호서(丁好恕)도 역시 달아났다. 평안도와 황해도의 수령들이 적을 막아 싸울 생각은 하지 않고 모두 피했다.

조정에서는 의논 끝에 신주를 모시고 강화도로 피난하였다. 왕이 강화도로 몽진했다는 소식을 들은 백성들은 이번에는 전번 임진왜란 때의 반대 방향인 남쪽으로 도망가고, 유도대장(留都大將)으로 임명된 김상용(金尙容)은 서울에 비축되어 있는 양곡을 적에게 넘겨주지 않으려는 얕은 계획으로 모두 불질러버렸다. 그밖에 국가에서 사용하는 어고(御庫)며 병조·호조의 창고는 물론 태창·선혜청의 창고까지도 모조리 불태우고 강화도로 도망하였다. 서울을 지키라고 남겨둔 유도대장이 고작 창고에 불만 질러버리고 달아나니, 일반 백성들의 심정이야 오죽했으리오.

적은 힘 안들이고 승승장구 평양을 거쳐 황주로 들어왔다. 선발대는 이미 평산에까지 다다라 있었다.

도원수 장만은 전날 이괄의 난을 평정한 장군이었으나 이번 싸움에서는 쫓겨다니는 신세가 되었다.

"장만이 구경할 만하구나!"

사람들은 한결같이 이런 말을 하며 야유했다.

당시 황해도 일대의 수령들은 거의 다 행방을 감추어 어디론가 달아나 버렸고, 조정에서도 그들의 소재를 알 수 없었다. 올라오는 보고를 보면 모두 적에게 잡혀 갔다는 내용이었다. 이러한 보고를 들은 김시양(金時讓)은 그 수령들은 절대로 잡혀가지 않았다고 단언하였다.

"지금 올라온 보고는 사실과 다른 것이 분명하오. 우리 조선 사람은 비록 싸움은 잘 못하지만, 삼십육계 놓는 데는 둘째가라면 서러울 정도요. 그들은 분명 어디엔가 숨어 있을 것이 분명하오. 만일 성을 끝까지 지키려는 사람이 있었다면 죽음을 당했을지 모르지만, 적이 성에 도착하기도 전에 미리 달아났음이 분명하니 아무 염려 없소."

과연 김시양의 말대로 수령들은 한 사람도 상하지 않고 무사하였다. 국가의 안위를 먼저 생각해야 할 수령들의 마음가짐이 이러하니 정말 한심하기 짝이 없었다.

정묘년 2월 9일 후금국의 부장 유해(劉海)는 강화도로 들어와 화의(和議)를 요청하고 그 조건을 제시했다.

이에 조정에서는 척화(斥和)와 화친(和親) 양론으로 갈려 의견이 분분하였다. 척화파의 대신들은 오랑캐와 화친을 맺는 것은 부당하다고 극구 반대하였는데, 대부분의 중신들이 척화의 방향으로 기울었다. 오직 최명길만이 우선 화친을 하고 힘을 길러야 한다는 의견을 제시하였다. 당시 힘이 없던 조정에서는 하는 수 없이 조건부로 화친을 체결하였다.

그 조건은 첫째, 조선은 금나라와 형제지국이 될 것이며, 둘째, 조선은 금나라와 화친하는 동시에 명나라와도 우호관계를 유지할 것 등이었다.

후금에서도 이 조건에 동의하여 화친 조약은 일단 성립되었다. 그러나 후금은 그 후에 더욱 방자해져 국경을 침범하고, 약탈을 자행하는 행위가 빈번하였다.

인조 10년에 이르러서는 형제지국을 군신의 나라로 정하자고 생떼를 쓰는 등 조선을 얕보고 멸시하는 태도를 취했다. 인조 14년 왕비 한씨가 죽자 조문사절이 들어와 조상하고, 후금국이 황제지국이 되었다고 통보했다.

조정에서는 척화파 신하들이 후금의 부당한 처사와 오만방자함을 힐난하였다. 사신을 죽이고 척화하는 동시에 대항하여 싸우자고 비분강개하였다.

척화파들의 이러한 기개만은 장하였지만, 후금과 싸울 실력은 하나도 없었다. 더욱이 후금의 사신 용골대와 마부대 등이 금천교에 임시로 마련된 왕후 한씨의 제청에 조상할 때 무사가 지키는 등 심상치 않은 분위기를 보이자 용골대와 마부대는 겁을 먹고 조상도 제대로 못하고 꽁무니를 뺐다. 이 모양을 구경하던 시민들이 일제히 일어나 큰 소리를 지르고 돌을 던졌다.

"오랑캐 놈들이 달아난다. 잡아죽여라!"

그러나 이것이 큰 화근이었다.

때를 같이 하여 비변사(備邊司)에서는 조선 팔도에 다음과 같은 내용의 통문을 내려 백성들의 궐기를 촉구하였다.

"국가가 졸지에 정묘년의 난을 당하매 부득이 그들과 화친을 맺어 형제지국이 되었다. 그 후 10년간 그들은 우리를 자주 괴롭혀 국경을 넘어와 약탈을 감행하고 공갈하였다. 참으로 일찍이 없었던 수치이다. 국민은 모두 이 치욕을 씻고자 분연히 일어섰다. 이제 오랑캐는 더욱 창궐하여 황제를 자칭하고, 우리와 군신지국이 되겠노라 하니 어디 들을 수 있는 말이냐. 강약존망(强弱存亡)의 형세를 생각할 여지도 없이 대의로써 결단하여, 그들의 서신을 물리치고 그 말을 배척했다. 그러자 오랑캐 사신들은 노하여

이야기 한국사

달아났다. 이것은 서울 시민들이 모두 목격한 사실이다. 오랑캐의 내습이 조석간에 있음은 명약관화한 일이다. 우리 신민이 이러한 정의의 의거를 알면, 즉시 궐기하여 원수를 없앨 것을 맹세해야 한다. 전에 쓰라린 난을 겪은 일이 있으므로 먼저 국민에게 고한다. 이 뜻을 각도에 유고(諭告)하노니 충의지사(忠義之士)들은 각각 책략을 다하고, 용감한 신민은 자원하여 정의와 싸움터로 나와, 같이 도적을 물리치는 데 총궐기하라."

이 글이 적의 사신을 통해 청태종에게 전해지니 이제는 꼼짝없이 또다시 무서운 전쟁의 소용돌이에 휘말리게 되었다.

이에 조정에서는 척화론이 강력히 대두하였다. 화친을 주장하던 최명길은 이래서는 종묘사직이 위태롭다고 생각했다. 그는 긴장을 풀고 화친을 계속하는 한편, 힘을 길러야 한다고 주장하였다. 그러자 척화파들은 최명길을 처벌해야 한다고 강력히 주장하였다. 대세를 판단할 줄 모르는 처사였다.

10월에 이르러 청나라에서는 조선이 맹약을 어겼다며 척화신과 왕자를 보내면 화의에 응할 용의가 있으나, 그렇지 않으면 쳐들어가 도륙하겠다고 공공연하게 말했다.

12월 9일 마침내 적병이 압록강을 건넜고, 10일에는 안주로 쳐들어왔다. 12일에 의주부윤 임경업(林慶業)으로부터 장계가 들어오고, 13일에는 평양에 쳐들어왔다는 소식이 전해졌다. 14일에는 벌써 장단에 이르렀다는 급보가 들어왔다. 문자 그대로 파죽지세였다.

적의 기병은 중간에 아무 저항도 받지 않고 무인지경같이 밀어닥쳤다. 말로만 떠들어대는 것이 조정의 벼슬아치들이었다. 지방의 수령들은 적을 막아 싸울 생각은 않고, 길을 비켜 주는 형편이었다.

12월 14일에는 우선 신주를 강화도로 옮기고, 빈궁과 원손, 봉림대군(鳳林大君), 인평대군 등을 딸려 보냈다. 서울은 이미 아수라장이 되어 있었다. 인조는 남대문 밖에서 강화로 피난하려 하였으나, 적병이 이미 양천강을 건넜다는 허위 정보 때문에 강화도를 포기하고 어디로 가야 할까 망설이고 있었다. 이때 전 철산 부사 지여해(池如海)가 나서며 아뢰었다.

"적이 3일도 못 되어 서울에 육박하였으니 그들도 매우 피로에 지쳐 있을 것입니다. 포병으로 사현(무악재 고개)에서 적의 선봉을 공격하여 일단 저지시키면, 그 사이에 강화로 들어가시옵소서. 신에게 500명의 군사만 주시옵소서."

왕은 묵묵부답이었다. 500명은 고사하고, 단 50명도 없는 형편이었다. 모두 뿔뿔이 달아나 제 목숨을 보전하기에 급급하였다.

최명길이 나서며 아뢰었다.

"신이 단기(單騎)로 적진에 들어가 적장과 회담하여 지연시키겠사오니 그 시간을 이용하여 남한산성으로 가시옵소서."

왕은 최명길의 뜻이 갸륵하여 궁중의 군사 20명을 주어 최명길을 보호하라 하였다. 그러나 군사들은 슬금슬금 달아났다. 최명길은 홍제원에 이르러, 적장 용골대와 마부대를 만나 여러 가지 이야기를 주고받으며 시간을 끄는 작전을 폈다. 왕은 그 사이에 남한산성으로 들어갈 수 있었다.

12월 16일 청나라의 대군은 마침내 남한산성을 겹겹이 포위하고, 한편으로 강화도의 수비가 허술한 틈을 타 강화도를 함락했다. 철통같이 믿었던 강화도마저 적의 수중에 들어가자 고립무원의 남한산성은 식량의 결핍과 추위에 시달렸다. 성내의 장병은 사

기가 떨어지고, 원군은 도중에 청군에 여지없이 격퇴되어 개미새
끼 하나도 오지 않았다.

이에 척화파와 화친파가 의논을 거듭한 결과, 화친을 주장하
던 최명길의 제의를 받아들여 성문을 열고 항복하기로 했다.

1월 10일 이후 최명길 등이 누차 청군과 화친의 조건을 놓고
교섭하였다. 청태종이 요구한 조건은 조선왕이 친히 성문 밖에 나
와 항복하고, 척화파의 대신 2, 3명을 인도하면 화친에 응하겠다
는 것이었다. 인조는 처음에는 이 조건을 받아들일 수 없는 것이
라 주저하였으나, 부득이 응할 수밖에 없었다. 국방의 힘이 얼마
나 중요한 것인가를 다시 한 번 느꼈을 것이다.

1월 30일 성문을 열고 인조는 왕세자와 함께 삼전도(三田渡)

삼전도비 청태종 공
덕비로, 인조의 항복
을 받은 청태종이 자
신의 승리를 기념해
지은 것이다. 서울 송
파에 위치해 있다.

에 설치된 수항단(受降檀)에서 청태종에게 항복하였다. 근세사상 처음 보는 치욕이었다. 청국의 요구는 다음과 같았다.

1. 조선은 청에 대하여 신(臣)의 예를 행할 것.
2. 조선은 금후로 명과의 우호관계를 끊을 것.
3. 기일을 어기지 않고 왕의 장자와 제2자 그리고 대신의 자녀를 보낼 것.
4. 청국이 명나라를 칠 때에는 원군을 보낼 것.
5. 내외 재신과 혼인을 맺고 친하게 지낼 것.
6. 황금 100냥, 백은 1천 냥을 비롯하여, 기타 20여 종의 물품을 세폐 (歲幣)로 바칠 것.
7. 성절(聖節)·정삭(正朔)·동지(冬至)·경조(慶弔)의 사신은 명나 라의 예에 따라 지킬 것.

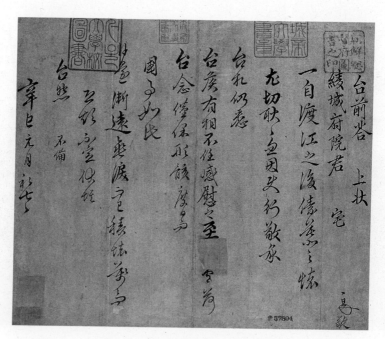

효종 어필 (서울대학 교 규장각)

이야기 한국사

이와 같은 조건에 따라 소현세자와 봉림대군 두 왕자가 인질로 갔다. 척화파의 홍익한(洪翼漢)·윤집(尹集)·오달제(吳達濟)의 삼학사(三學士)가 잡혀가 참형을 당했으며, 김사헌도 뒤에 잡혀가 오랜 옥고를 겪었다.

그 후 인조 17년(1639) 청은 삼전도에 청태종의 송덕비(頌德碑)를 강요하여 세우게 하였다. 이제 명에서 벗어나 완전히 청에 예속하게 된 것이다.

몽진 3회의 치욕을 겪은 인조는 그 후에도 선정을 펴지 못하고, 당파 싸움의 소용돌이에 휘말려 세월을 보냈다.

인조의 뒤를 이은 효종(孝宗)은 그가 일찍이 겪은 심양(瀋陽)에서의 굴욕을 씻기 위하여 왕위에 오르자 성을 개수하고 군비를 갖추어 비밀리에 북벌계획을 지행하기도 하였으나 뜻을 이루지는 못하였다.

상복을 둘러싸고 벌어진 싸움

효종이 승하하자 효종의 어머니 자의대비(慈懿大妃)가 아들 효종의 상복을 1년상을 입어야 하느냐, 2년상을 입어야 하느냐 하는 문제로 의견이 분분하였다. 이러한 예론 문제가 대두되면 우리나라에서는 《오례의(五禮儀)》를 참고하여 결정하는 것이 일반적인 방법이었다. 그러나 《오례의》 중에 대비의 복례가 실려 있지 않았기 때문에 문제가 생긴 것이다.

영의정 정태화(鄭太和)·좌의정 심지원(沈之源)을 비롯한 원로 대신들이 의논한 결과, 1년상이 적합하다는 결론을 얻었다. 그러나 이 원로들은 예학자(禮學者)가 아니었으므로, 학자들의 의견을 들어 최종적인 결론을 내리려 하였다.

이조판서 송시열과 우참찬 송준길은 고금의 예율은 변동이 있을 수도 있는 일이요, 제왕의 제도는 소홀히 다룰 수 없으나, 여러 대신들이 시왕(時王)의 제도로 정했으니 그대로 따르겠다는 뜻을 밝혔다. 역시 석연치 않은 점이 있어서였다. 이렇게 하여 왕도 그대로 시행하라고 하였다. 이때 송시열은 다음과 같은 근거를 제시하였다.

"의례(儀禮) 상복(喪服) 소에 비록 승중(承重)이라도, 3년상을 입지 않아도 가하다는 내용이 적혀 있소. 대행대왕은 계승을 이었다 할지라도, 차례로 따지자면 차적(次嫡, 次子로 嫡長)이니 대왕대비는 1년상으로 족하오."

이에 대하여 나인 윤휴는 의례(儀禮) 참최장(斬衰章)의 가공언(賈公彦)의 소를 근거로 제시하여 큰 아들이 죽은 후 둘째 아들을 세워도 역시 장자가 되므로, 대왕대비는 당연히 3년을 입어야 한다고 이론을 제기했다.

영의정 정태화는 예법에 대한 이론이 제기되었으므로 송시열에게 윤휴의 주장을 전하였다.

"윤휴가 예로 들은 소에 그런 말이 있는 것은 확실하나, 그것은 글 미에 적처(嫡妻)의 소생인 둘째 아들을 서자(庶子)라 하였소. 예에는 무릇 네 가지 종류의 글이 있으나, 모두 소를 쓴 사람들이 자기 의견을 진술한 것에 불과하니 그 본문의 뜻으로 보아 제1자가 죽으면, 제2자가 장자가 된다는 말은 아마 미성년을 가리킨 듯하오."

송시열은 자기의 주장을 굽히지 않았다.

정태화는 다시 네 가지 종류의 설을 물었다. 송시열은 확실한 설명을 하지 않고, 애매한 말로 중언부언하였다.

정태화는 손을 흔들며 말했다.

"이조판서, 큰일 났소이다. 예로부터 제왕의 일은 비록 사소

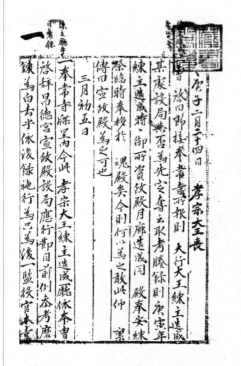

한 일이라도 잘못 처리하면, 큰 화를 불러일으키는 법이오. 만일 후세에 이 예론 문제로 예기치 못한 일이 일어날 경우 우리는 어찌되며 또 나라 일은 무엇이 되겠소? 네 가지 학설도 분명히 인용이 안 되니 답답하오!"

"영상대감 염려 마십시오. 한 가지 근거를 제시하리다. 대명률(大明律)이나 우리나라 제도에는 장자나 서자를 가리지 않고 모두 1년으로 정하고 있으니, 이것을 근거로 하면 되지 않겠습니까? 이것도 역시 성인의 뜻이지요."

학설로 안 되면 대명률이나 우리의 제도로 근거를 삼자는 말이다. 이 예론 문제가 제기된 내막은 이러하다.

인조의 정실 왕후 문에서 소현세자와 효종, 인평대군 등 삼형제가 태어났다. 장자인 소현세자는 인조가 살아 있을 때 죽었으므로, 제2자인 효종이 대통을 잇게 되었다. 이때 소현세자에게는 아들이 삼형제나 있었다. 어쨌든 효종이 인종의 대통을 이은 것은 틀림없는 사실로써 대통을 이은 이상 마땅히 장자가 되어야 하는 것이다. 그런데 송시열 일파에서는 효종을 차자로 대우하였다.

남인 허목(許穆)이 송시열을 반박하고, 윤휴의 주장에 동조하고 나섰다. 이에 원로대신 원두표가 자기들의 생각이 잘못된 것이니 다시 3년으로 정정하는 게 좋겠다는 의견을 제시하자, 원로

이야기 한국사

대신들은 대개 원두표의 의견에 찬성했다. 그러나 송시열과 송준길은 상소를 올려 여전히 1년 상을 고집하였다. 예에 관한 학설 논쟁이 벌어진 것이다.

윤선도(尹善道)는 윤휴의 학설이 옳다 하여 종통(宗統) 문제를 들고 일어났다. 즉 효종을 장자로 인정하지 않는 것은 소현세자가 있었기 때문이다. 서인들이 효종이 인조의 종통을 잇지 못할 사람이라 주장하는 것은 소현세자의 아들을 정통으로 삼으려는 저의가 있기 때문아라며 꼬집었다.

문제는 더욱 심각해져 심지어 우암편인 권사까지도 윤휴의 학설이 온당하다고 하였다. 결과적으로 윤선도는 귀양을 가게 되고, 송시열의 주장대로 1년 상이 낙착되었다. 그러나 그 후에도 이 예론에 대한 시비는 계속되어 쉴 새가 없었다.

얼마 후 송시열이 좌의정에 오르고, 송준길이 이조판서로 임명되었다. 한때 남인의 영수 허적(許積)이 좌의정으로 제수되어, 남인 일파가 다시 세력을 회복하게 되었다. 그러나 청탁(淸濁) 양파로 다시 분당되었다.

현종 15년, 효종의 왕비 장씨가 승하하자 또다시 시모가 며느리를 위하여 1년 상을 입느냐 9개월 상을 입느냐 하는 문제로 시비가 일어났다. 예문에는 시어머니가 큰 며느리에게는 1년 상, 작은 며느리에게는 9개월 상을 입기로 되어 있었기 때문이었다. 이때도 조정 대신들이 논쟁을 벌여 확실한 결론이 나지 않자 왕이 1년으로 결정을 내렸고, 서인들이 물러나게 되었다.

이후 남인과 서인이 서로 정권 다툼을 하는 시기로 접어들게 되었다.

당쟁에 휘말린 민비와 장희빈

숙종 15년에 이르러 남인들이 득세하게 되자 그들의 정권욕은 더욱 불붙었다. 서인편에 있는 왕비 민씨를 폐출하고, 희빈 장씨를 중전에 앉히고자 그들은 갖은 밀모를 꾸며 숙종을 움직였다. 마침내 숙종은 민씨에게 폐비의 명령을 내렸다.

"왕비 민씨는 덕이 없고 성질이 화순치 못하여, 궁에 들어온 후부터는 공공연하게 시기와 질투를 일삼았다. 특히 원자가 탄생한 후부터는 더욱 불평이 노골화되고, 조금도 회개하는 빛은 찾아볼 수 없다. 과인이 종사를 생각할 때 두려움이 앞선다. 생각컨대 이를 그대로 놓아 두면 후사(後嗣)에 대하여 어떠한 화를 끼칠지 마음 놓을 날이 없으니, 종묘사직의 앞날을 위하여 폐출하노라."

이에 반대한 오두인 · 박태보(朴泰輔) · 이세화(李世華) 등이 열렬히 반대하며 상소하였다. 이 상소문을 본 숙종은 크게 노하여 상소문을 지은 박태보를 혹독한 고문으로 치죄하였다.

"너는 간악한 무리들과 한 덩어리가 되어 이 같은 짓을 한 것이 아니냐? 누가 시켜서 한 짓인지 이실직고하여라."

형리들이 모여들어 기둥 위에 거꾸로 매달고, 벌겋게 단 쇠로 단근질을 했다. 혹독한 고문이었다. 부스스 소리를 내며 살이 지글지글 타들어갔다. 박태보는 실신한 상태로 말하였다.

"예로부터 이 같은 형벌은 역적질을 한 대역 죄인에게나 가하는 것이거늘, 신이 무슨 역모를 하였기에 이러한 형벌로 다스리옵니까?"

"네 상소문의 내용은 역적보다 더하다. 잠자코 벌을 받아라."

다시 단근질이 시작되었다. 그는 끝까지 굽히지 않고, 민비 폐출의 부당함을 역설하였다. 다음날 다시 악형을 가하려 하였으나 전날의 고문이 너무 심하여 인사불성의 상태여서 사형을 면하고 귀양보내도록 조치하였다. 그러나 단근질의 화상이 악화되어 곧 세상을 떠났다.

왕비까지 쫓겨나 서인 세력은 몰락을 거듭했다. 왕자를 낳아 세자로 책봉시킨 어머니 장씨가 정식으로 중전의 자리에 올랐다. 미천했던 장씨의 친정은 경사가 거듭 겹치게 되었다.

이미 죽은 장씨의 아버지 장현(張炫)에게 옥산부원군(玉山府院君)의 봉작이 내려지고, 어머니 윤씨에게는 파산부부인(坡山府夫人)의 작위가 주어졌다. 미모의 딸을 낳은 덕을 톡톡히 본 셈이다. 그러나 중궁에 오른 장씨의 호화스러운 생활도 6년 후인 숙종 20년에 이르러 깨지고 말았다.

서인의 김춘택(金春澤)·한중혁(韓重赫) 등이 폐비 민씨의 복위 운동을 하다가 남인에 의해 고발되었다. 당시 남인의 영수격인 우의정 민암 등은 대옥사(大獄事)를 일으켜 서인을 완전히 제거하려 하였다. 그러나 당시 숙종은 폐비 민씨에 대하여 반성하는 마음을 가지고 있었다. 옥사를 다스리던 민암을 파직해 사형시키고 권대운·목내선·김덕원을 귀양보냈다. 그리고 소론의 남구만(南九萬)·박세채(朴世采)·윤지완(尹趾完) 등을 등용하였다. 한편 장씨는 희빈으로 강등시키고, 폐비 민씨를 다시 중전으로 복위시켰다. 죽은 송시열·김수항 등은 복작(復爵)이 되고, 남인들은 정계에서 물러나게 되었다.

엎치락뒤치락 앞길을 예측할 수 없는 심한 파도가 일었다. 어제의 집권자가 오늘은 역적으로 몰리어 죽고, 어제의 역적이 오늘은 권좌에 오르니 정국은 편안할 날이 없었다.

한편 서인을 몰아내기 직전에 오히려 결정타를 얻어맞아 남인이 몰락하고, 자기도 희빈으로 강봉된 데 불만을 품은 희빈 장씨가 동생 장희재와 연락하여 민비를 해칠 음모를 꾸미다가 발각되었다.

조정에서는 논쟁을 벌인 끝에 장희재를 중벌로 다스리려 하였으나, 남구만·유지완 등 소론의 거두들이 세자에게 해가 미칠까 염려한 나머지 관대한 처분을 내려 귀양보내는 데 그쳤다.

이후 정계는 다시 노론과 소론의 결전장이 되었다. 숙종 27년 왕비 민씨의 병세가 점점 악화되자, 희빈 장씨는 또다시 중전 자리에 오를 망상에 사로잡혔다. 왕비가 빨리 죽으면 자기가 그 자리에 앉을 수 있다는 망상에 부푼 장씨는 취선당 서쪽에 신당(神堂)을 꾸며놓고 민비를 저주하는 요망한 짓을 하였다. 이 사실을

장희빈 묘

알게 된 왕은 희빈 장씨의 방에서 시중드는 나인들을 잡아다가 친국하기에 이르렀다.

이 사건으로 희빈 장씨와 장희재가 사사되고, 관련된 궁인·무당들이 모두 화를 당했다. 장희재가 왕비 민씨를 해치려고 한 음모 사건 때 관대한 처분을 내리게 한 소론 일파도 숙청되었다. 정권은 노론에게로 넘어갔다.

숙종이 승하하고 경종이 즉위하자 조정에는 먹구름이 드리워졌다. 경종이 그동안의 정치적 싸움에 시달려 성적인 불구가 되었기 때문이다. 여기에 대한 억측은 구구하다. 어떤 사람은 장희빈이 사약을 받고 죽을 때 음낭을 잡아뜯었기 때문이라고 했다.

그러나 이 같은 추측은 타당성이 없는 것으로 생각된다. 아무튼 경종의 성불구는 궁중에서의 미묘한 시기와 질투 때문이라고 전해진다.

경종 즉위 원년 이정소는 상소를 올려 후일 영조(英祖)가 된 동생을 왕세제로 책봉하라고 하였다. 이 상소로 노론과 소론의 싸움은 격화되었다. 노론은 이정소의 의견에 찬성하고, 소론은 반대하였다. 노론에서는 한 걸음 더 나아가 왕세제의 대리청정까지 요구하였다. 이에 대해 소론에서는 최석항(崔錫恒)·조태억(趙泰億)·이광좌(李光佐) 등이 일제히 일어나 노론에 대항하였다. 경종 때는 마치 노론과 소론의 결전장 같았다.

파쟁이 심하면 심할수록 여러 가지로 복잡 미묘한 문제가 발생하고 더 나아가 음흉한 음모가 꾸며진다. 소론이 승리하여 정권을 잡자 이번에는 노론을 완전히 제거하려 하였다. 노론에게 왕을 시역하려 한다는 죄목을 씌워 김창집·이이명·이건명·조태채 등을 죽이고, 그 밖에 백망(白望)·정인중(鄭麟重)·김용택(金

龍澤) 등도 없애버렸다. 결과적으로 소론이 대승을 거두어 노론의 사거두(四巨頭)가 사라진 셈이다.

영조의 탕평책과 이인좌의 난

영조가 즉위하자 당쟁(黨爭)의 폐를 없애기 위하여 탕평책을 폈다. 영조 즉위 초에는 소론이 계속 득세하였으나, 얼마 후 영조는 김일경·목호룡 등이 노론의 4대 거두를 역모로 몰아 죽였다 하여 사형시키고 소론의 4대신도 내쫓았다. 이후 영조는 당쟁을 근절시키기 위한 정책으로 누구든 당파를 위하는 행동이나 발언을 하면 무조건 정계에서 축출했다. 그러나 오랫동안 뿌리를 박은 당쟁이 그렇게 쉽사리 없어질 수는 없었고, 그 당쟁의 양상이 달라지게 되었다.

불만을 품은 소론의 잔당들은 영조 4년에 이인좌, 김일경의 아들 김영해, 정희량 등이 주동이 되어 동지를 규합해 소현세자의 혈손인 밀풍군(密豊君)을 추대하여 반란을 일으켰다. 그들은 영조가 전왕 숙종의 아들이 아니라고 주장하였다. 영조의 어머니 최씨가 이미 궁중에서 누군가와의 사이에 잉태한 영조를, 숙종이 억지로 왕자로 조작했다고 주장하였다. 실력 행사로 정권을 잡아보자는 허황된 꿈이었다. 여기에는 평안병사 이사성(李思晟), 총융사 김중기(金重器), 금군별감 남태징(南泰徵) 등 군권의 실력자들이 가담했다.

영조 4년 3월 15일 이인좌는 청주성에 그들의 무리를 집결시켜 청주성을 습격하였다. 전부터 난리가 일어날 것이라는 소문이 쉬지 않고 나돌고 있었으나, 청주병사 이봉상은 그런 것도 아랑곳하지 않고 이날 청주목사 박당(朴堂)과 함께 잔치를 벌여 술 마시기에 바빴다. 며칠 전에 이인좌의 부하들은 청주성 안으로 숨어들어가 청주병영에 있는 자들과도 내통하고 있었다. 거사 날짜를 알고 있던 청주 병영의 월례(月禮)라는 기생이 계획적으로 술을 권하여 고주망태가 되도록 아양을 떨었다.

"병사 영감, 어서 약주를 더 드사이다. 청주의 술은 옛날부터 이름난 청주(淸酒)라 하옵니다."

"술보다도 네 품이 더 좋을 듯하구나!"

슬금슬금 아양을 떨며 권하는 바람에 한잔 두잔 마시다 보니, 세상이 온통 자기 세상인 기분이었다.

탕평비각 1742년 영조가 탕평책을 널리 시행하며 세운 비각이다.

한편 이인좌는 치밀하게 작전을 세워 상여 속에 무기를 숨겨 상복을 입고 운반하였다.

　　청주목사 박당은 눈치를 채고 이봉상에게 말을 건넸다.

　　"병사 영감, 거리에 낯선 사람들이 모여들고 있다 하오. 사람을 보내 살펴보도록 함이 좋을 듯하오."

　　"원, 별 말씀을 다 하시오. 오늘이 바로 청주 장날이 아니오. 여러 곳에서 사람이 모여들다 보면, 별의별 사람이 다 모이기 마련이지요?"

　　어디까지나 무장으로서의 패기만 부리는 말투였다. 심상치 않은 밖의 실정에는 전혀 개의치 않고, 저녁이 되자 기생을 데리고 별당으로 들어갔다. 청주 병사는 아까부터 술을 권하던 월례를 데리고 단꿈을 꾸려 했다. 그러나 술이 취해 인사불성이었다.

　　"어서 금침으로 드사이다."

　　월례가 매달렸다.

　　"아이 취한다. 이거 도무지 말을 안 듣는구나, 어이 취해!"

　　삼월의 보름달은 방안을 훤히 비추었다. 월례의 흰 살이 달빛을 받아 더욱 아름다움을 과시했으나, 병사는 그대로 쓰러져 코를 골기 시작했다. 월례가 계획한 대로 일은 잘 풀리고 있었다. 월례는 살짝 방 밖으로 나가, 이러한 상황을 내통한 군관에게 알렸다. 연락을 받은 이인좌가 영문으로 쳐들어왔다. 이때의 시각은 삼경이 좀 지난 한밤중이었다. 사방이 쥐죽은 듯 고요한데 오직 이인좌의 부하들만 바삐 움직이고 있었다.

　　"공격하라!"

　　명령과 함께 수십 명의 부하들이 일시에 함성을 지르며 영문을 열어젖히고 뛰어들었다. 영내에는 군사 한 명의 그림자도 보이지 않았다. 내통한 군사의 안내를 받아 병사가 자는 별당은 쉽사리 찾을 수 있었다.

"이놈 이봉상아, 내 칼을 받아라!"

큰 소리로 호통을 쳐도 이 병사는 몰랐다. 방 안으로 뛰어 들어가 이불을 벗기자 알몸뚱이로 있던 병사도 그제서야 정신이 좀 드는지 하품 섞인 말투로 물었다.

"누구냐?"

그와 동시에 칼이 이봉상의 목을 쳤다. 병사는 비명과 함께 선혈을 뿜으며 쓰러졌다.

목사 박당은 술이 덜 취했던지 소란한 틈을 타서 기생이 만류하는 것을 뿌리치고 도망쳤다.

병사가 죽자 비장이 나서며 큰 소리로 호통을 쳤다.

"이 역적놈들 누가 역적의 괴수 이인좌냐? 썩 나오너라."

이인좌의 부하 한 사람이 나섰다.

"내가 이인좌다. 노략질만 일삼고 백성들을 못살게 구는 도둑놈들아!"

서로 호통을 치며 어우러져 싸웠다. 그러나 일개 비장이 여러 사람을 어떻게 당할 수 있으랴. 비장이 쓰러지고 영장(營將)도 싸우다가 죽으니 이인좌는 힘 안들이고 청주성을 점령하는 데 성공했다.

이인좌의 군대는 계속하여 진천·죽산을 거쳐 서울로 향해 진격하였다. 때마침 용인에 은거하고 있던 소론의 원로 최규서(崔圭瑞)가 이 같은 사실을 고변(告變)하여 조정에 알려왔다.

조정에서는 병조판서 오명항(吳命恒), 중군 박찬신(朴纘新), 종사관 박문수(朴文秀), 조현명(趙顯命) 등을 보내 토벌하도록

영조 어진

하니 관군은 안성에서 이인좌의 무리를 토벌하는 데 성공했다.

이로써 영조는 난리의 원인이 당쟁에 있음을 알고, 더욱 강력한 탕평책을 추진하기로 하였다.

영조는 노론의 영수 민진원과 소론의 영수 이광좌를 친히 불러 화해하라고 명령하였다. 두 사람은 어전에서도 자기들은 절대 파당을 일삼지 않았으니, 화해할 필요가 없다고 고집하여, 임금을 기만하는 불충을 저질렀다. 이와 같이 당파의 싸움은 고칠 수 없는 불치의 병이 되고 말았다. 왕은 할 수 없이 노론의 홍치중(洪致中)을 영의정, 소론의 조문명을 우의정으로 제수하여 서로 타협해서 정사를 하라고 하였다. 탕평책은 실효를 거두어 비교적 조정이 조용하였다.

그러나 구체적으로 말한다면, 이인좌의 반란에 소론이 많이 동조했다 하여 노론을 더 많이 등용하였다. 그러던 중 영조 31년 소론인 윤취상(尹就商)의 아들 윤지(尹志)가 나주로 귀양가 10여 년간 있었으나 조정에서 끝내 부르지 않자, 여기에 불만을 품고 전나주목사 이하징(李夏徵)과 함께 역모를 꾀했다가 발각되어 처형당한 사건도 일어났다.

뒤주 속에서 죽은 사도세자

영조는 자기 어머니 최씨의 신분이 미천하였기 때문에, 일찍부터 양반을 백안시하였다. 반면 일반 백성을 잘 다스려 보겠다는 정치적 소신을 가지고 있었다.

영조는 이러한 정치적 이념을 펴기 위해 먼저 세종조·세조 조 때 출간한 서적을 다시 만들고, 새로운 학풍을 일으키기로 하였다. 《삼강행실도》·《숙종보감》·《농가집성》·《소학훈의》·《동국문헌비고》 등 수백 권에 이르는 책을 만들어 펴냈다. 그 밖에 현재 실시하고 있는 형벌이 너무 가혹하다고 생각한 영조는 압슬형(壓膝刑) 등을 개정하고, 난장법(亂杖法) 등은 폐지하는 등 선정을 베풀었다.

특히 이때에 만들어진 균역법(均役法)은 역대에 처음 시도된 영단(英斷)이었다. 원래 국민은 신분의 고하를 막론하고 국가에 세금을 내는 것이 원칙이었으나, 실제적으로는 대개 양반계급에 있는 사람은 세금을 내지 않고, 일반 상민들과 노비계급만이 세금을 냈다. 이러한 불공평 때문에 누구나 한 번쯤 양반이 되려는 욕망을 갖게 되었다. 이러한 욕망이 격화되면서 역모를 꾀하는 등 엉뚱한 생각을 갖게 하였고, 이로써 사회적 혼란이 가중되었다.

국가의 경비도 일반 양민(良民)이 담당하였기 때문에 서민계급의 백성들은 이중삼중으로 생활의 위협을 받았다. 이러한 세제상의 모순을 간파한 영조는 종래 두 필 받던 군포(軍布)를 한 필로 내려 그 부족액을 어렵세(漁獵稅)나 염세(鹽稅), 은결(隱結)이라는 이름으로 숨겨받고 가난한 백성들의 세금을 많이 감면

해 주었다.

다시 균역청을 선혜청(宣惠廳)에 예속시켜 백성들로부터 받는 세금을 한곳에서 관장하도록 하였다. 본래 서혜청은 대동미(大同米)를 받던 곳이었는데, 이번에 모두 통제·통합한 것이다.

영조는 백성을 위한 정치를 하려면, 우선 조정의 대신들이 초당파적인 노력을 기울여야 한다는 것을 알고, 항상 탕평책으로 당론을 일체 금지시켰다. 이 때문에 문란했던 정치가 일시적으로 안정되어, 전날 세종조 때와 같은

영조 어필 1776년 영조가 쓴 시구를 인쇄하여 이회중에게 하사한 어필집. (서울대학교 규장각)

태평성대를 바라보았다.

이렇게 선정을 베풀려는 영조의 궁중에서는 일찍이 없었던 참사가 꿈틀거리고 있었다. 그것은 바로 사도세자(思悼世子)의 뒤주 사건이었다. 왕의 장자는 효장세자(孝章世子)였는데 일찍 죽었으므로 제2자인 사도세자가 세자로 책봉되었다. 영조의 성격은 본시 엄정하였으며 냉혹한 면도 있었다. 사소한 일에는 동요되지 않았지만 일단 결심한 일은 끝까지 밀고 나가는 성품이었다.

영조 25년, 영조는 사도세자로 대리청정(代理聽政)을 하도록 하였는데, 세자는 학문을 게을리하고 궁녀나 내시를 함부로 죽이며 기녀와 여승을 희롱하는 등 영조의 마음을 거스르는 행동을 일삼았다.

사도세자의 나이가 들어가자 그의 좌우에는 아첨하는 무리들이 많이 모여들었다. 이들은 사도세자를 관서 지방까지 놀러 다녀오게 하였는데, 이때 사도세자는 화류계의 여자들과 접촉하고 때로는 서울까지 데려와 음탕한 놀음을 하였다. 영조는 세자에 대하여 항상 불안한 마음을 갖고 있었기에 세자의 행동을 주시하였다. 그러나 그럴수록 사도세자의 마음은 거칠어지고, 부왕의 감시에서 벗어나려 하였다.

그러던 중 영조의 총희(寵姬) 문숙원(文淑媛)의 입을 통하여 세자가 관서 지방에 가서 놀고 돌아왔다는 사실과 평양 기생을 몰래 데려다가 어느 암자에 숨겨두고 음탕한 놀이를 한다는 사실이 알려졌다. 왕은 그렇잖아도 세자의 행동을 불만스럽게 여기던 중이라 크게 노하여 세자를 책망하였다.

설상가상으로 세자에 대한 나쁜 소문만 날아 들어오니 영조의 마음은 더욱 흥분되어 무슨 결단을 내릴 단계에 이르렀다.

때를 같이하여 영조 38년 윤오월 나경언(羅景彦)이 세자의 비행 10여 개 조목을 낱낱이 들어 임금에게 상주하였다. 영조는 더 참지 못하고, 5월 13일 세자를 폐하여 서인(庶人)으로 하고 뒤주 속에 가두어 굶어 죽게 하였다. 동서고금을 통해 일찍이 찾아볼 수 없는 궁중 참극이었다.

영조는 나중에 자기의 행동을 후회하고, 사도(思悼)란 시호를 내렸다. 이러한 사실로 보아 이 같은 비극은 세자 자신의 비행보다는 당파 싸움의 한 가지 형태로서 왕과 세자와의 사이를 이간질시킨 것이 아닌가 하는 의문을 품게 한다.

문예 부흥을 일으킨 정조

* 보령(寶齡) : 임금의
나이를 높여 부르는 말

영조의 보령(寶齡)*이 80에 이르자 사도세자의 아들 세손이 대리
청정을 하게 되었다. 이때 세손의 외할아버지인 홍봉한(洪鳳漢)
이 영의정으로 있었고, 동생인 홍인한(洪麟漢) 또한 정승 자리에
있어 홍씨들이 득세하였다. 일찍이 홍인한은 사도세자를 죽일 때
사도세자를 비호하지 않고, 영조편을 들어 사도세자를 죽게 한 인
물로 세손과 사이가 좋지 않았다. 이런 관계로 세손에게 양위하여
대리청정케 하는 것도 홍인한은 적극 반대하였다.

영조가 83세의 나이로 승하하고 세손이 정식으로 왕위에 오
른 정조는 얼마 안 되어 홍인한과 정후겸 등 사도세자의 참사 때
동조한 인물들을 모두 유배형에 처했다가 마침내 사사하여 아버
지의 원한을 풀었다.

그 후 정조는 정치에 대한 의욕을 상실하고 홍국영(洪國榮)
에게 모든 정치를 일임하였다. 그러나 홍국영의 횡포가 너무 지나
쳐 마침내 홍국영을 내쫓고, 홍씨의 세도 정치를 무너뜨렸다.

정조는 당파 싸움의 피해를 잘 아는지라 영조의 탕평책을 이
어 나갔다. 인사의 형평을 기하기 위하여 숙종 이후 실각되었던
남인을 등용하고, 서북인(西北人)들을 골고루 기용하였다.

총명한 왕은 학문의 진흥에도 관심을 기울여 학문적인 업적
을 많이 남겼다.

그는 왕실 연구 기관으로 규장각(奎章閣)을 만들어 선왕의
문장과 유서(諭書), 교서(敎書) 등의 저술을 수장하고, 중국의 서
적이나 우리나라의 서적을 많이 수집하여 도서관 같은 것을 만들

었다.

　정조는 원래 학문을 좋아하는 군주였으므로 서적의 편찬에 힘을 기울여 《국조보감》, 《홍재전서》, 《무예도보통지》, 《추관지》, 《대전통편》 등을 편찬하였다. 그는 재위 24년간 오직 학문으로 세월을 보냈다. 영조 52년과 정조 24년을 합한 76년간은 비교적 안정된 시기였다. 임금 자신이 태평성대를 이루기 위해 끊임없이 노력한 결과였다.

　특히 이때는 청나라의 전성기로서 고증학(考證學)이 우리나라에 들어와 새로운 학풍으로 자리 잡았다.

　양반 계급을 우선으로 하던 정책을 버리고, 일반 백성을 위하는 정책을 펼쳤다. 쌀값이 오르면 국가에서 저장했던 곡식을 국민에게 나누어 주는 등 서민계급의 생활 안정에 주력하여 국민들의 생활이 많이 향상되어 갔다.

규장각 학술 · 정책 연구기관이자 왕실의 도서관으로 정조 3년에 설치되었다.

천주교 탄압

정조가 승하하자 아들 순조가 11세의 어린 나이로 왕위에 올랐다.
궁중에는 순조의 증조모인 대왕대비 김씨, 왕조모 홍씨, 왕모 김
씨, 왕의 생모 박씨 등 여성들만 남았다.

　이때 우리나라에는 이미 천주교가 들어와 정조 7년에 남인의
학자 이승훈(李承薰)이 정식으로 입교하여 아버지 이동욱(李東
郁)을 따라 북경을 방문하고 북경 교구의 그라몽Grammont 신부로부
터 세례를 받았다. 이듬해 성서와 성상(聖像)을 가지고 돌아왔으
며, 서울 김범우(金範禹)의 집에 최초의 교회를 세웠다.

　당시 조정은 누적된 당파 싸움으로 정계 진출의 길이 막히자
염세적인 관념에 빠진 남인들과 침체에 빠진 주자학에 싫증을 느
낀 젊은 학자들이 천주교에 많이 가담하여 포교의 길이 열렸다.

　정조 10년에 이러한 천주교 포교의 기미를 안 대사헌 김이소
(金履素)는 상소를 올려 천주교를 탄압하라고 주장하였다.

> 요즈음 북경에서 사들여 오는 책 가운데 경서(經書) 아닌 이단의 책
> 이 많다 하온 바, 이러한 책들은 모두 정도가 아닌 사도를 선전하거나
> 혹세무민(惑世誣民)하는 서적이오니 엄중히 금지하도록 하시옵소서.

　왕은 이 상소를 받아들여 지금 이 시각 이후로는 경서 이외의
어떠한 책도 가져오지 말라는 금지령을 내렸다. 그러나 신도들은
은밀히 왕래하며, 천주교에 대한 서적을 가져다 포교와 선전용으
로 사용하였다.

정조 15년에는 더욱 강력한 금지령을 내려 소설류는 물론 경서와 사기·문집까지도 가져오지 말도록 영을 내렸다. 그리고 천주교에 대한 서적은 모두 불살랐다.

정조 18년 12월에는 청국인 신부 주문모(周文謨)가 상복으로 위장하고, 우리나라 신도의 안내를 받아 압록강을 건너 서울로 들어왔다. 그는 우리나라 사람과 모습이 비슷하였기 때문에 7년간이나 숨어서 포교 활동을 할 수 있었으며, 이로 인하여 신도의 수는 점점 늘어나 광주·제천·내포 등지에도 많은 신도를 갖게 되었다.

우리나라 조정에서 천주교를 반대한 이유는 부모의 제사를 지내지 않고 사당을 없애 인륜에 어긋난다는 것이었다. 당시 유교가 뿌리박고 있던 사회 통념으로 보면 이는 너무나 타당하였다.

천당과 지옥이 있다는 교리는 불교의 극락과 지옥설과 같은 것이어서 그다지 반발을 사지 않았다. 그렇기 때문에 일부 학자들은 천주교를 불교의 한 파가 아닌가 생각하였다.

순조가 즉위한 이듬해 신유년(辛酉年)에 천주교도를 크게 학살한 신유사옥(辛酉邪獄)이 있었는데, 이 사건은 따지고 보면 반대파를 몰아내기 위한 옥사라 볼 수 있다.

당시 천주교도 가운데는 남인들이 많았는데 이 남인 가운데는 풍산 홍씨도 들어 있었다. 이를 미워한 대왕대비 김씨가 모두 몰아죽인 것이다. 천주교도들을 치죄할 때 너희들이 순순히 자백을 하고 다시 믿지 않겠다는 다짐만 하면 목숨을 살려 주겠노라고 달랬지만 모두 끝까지 믿겠다고 버텨 서슴없이 형장으로 끌려갔다. 이 광경을 본 사람들은 모두 그들의 신앙심에 놀랐다.

청국인 신부 주문모는 자수하여 모든 죄가 나에게 있으니 자기에게 모든 죄를 주고 나머지 신도들을 석방해 달라고 요구하며, 추호도 죽음을 두려워하지 않는 침착한 태도로 천주교 교리까지 설명하였다.

얼마 후 황사영(黃嗣永)이라는 사람이 이 사건을 청나라에 알리고 서양의 힘을 빌려 우리나라 조정을 설득·억압하여 포교의 자유를 얻고자 여러 가지 꾀를 내었다. 무슨 수단으로든 청나라에 우리나라의 실정을 알리려고 흰 비단에 백반으로 글씨를 썼다. 비단을 물에 넣으면 글씨가 나타났다. 그러나 마침내 잡혀 처형되고 말았다.

황사영 사건을 계기로 천주교도들이 서양 오랑캐들의 힘을 끌어들여 나라를 망치게 하려 한다고 생각한 조정은 천주교를 더욱 박해하였다.

그 후 헌종 때에 이르러 프랑스 선교사 모방이 들어오고 이어서 샤스탕 엥베르 등이 들어와 포교에 힘써 교세를 확장하였다. 그러나 헌종 2년에 서양인 신부까지 죽이는 참화가 일어났다.

그 후 얼마 동안은 나라의 정치가 혼돈을 거듭하여 천주교도를 탄압할 힘이 없었기 때문에 공공연한 선교와 신앙 활동이 가능했다. 이 기회를 이용하여 산 속에 성당을 짓고, 조석으로 성가를 부르며 신앙 생활을 하였다.

그러나 국법에는 엄연히 금지되어 있었기 때문에 관헌에게 발각되면 처벌을 받았다. 하지만 정치가 문란하여 뇌물을 바치면 석방되는 경우가 많았다.

평등 외친 홍경래의 난

정조의 뒤를 이어 순조가 왕위에 오르고 순조 2년에 김조순의 딸을 왕비로 삼았다. 이를 계기로 안동 김씨 일문의 세도가 당당해졌다. 당시 정순 왕후는 경주 김씨이었으나, 순조의 생모인 박씨의 친정과 안동 김씨가 서로 결탁하여 반남 박씨와 안동 김씨의 시대가 되었다. 순조 5년에 정순 왕후가 죽으니 경주 김씨들은 더욱 힘을 못쓰게 되었다.

이에 안동 김씨와 반남 박씨들의 세도 정치가 시작되어 그들의 친척이나 동족이 아니면 아무리 유능한 사람도 과거에 합격할 수 없었다. 이때뿐 아니라 조선 초기부터 서북인들은 대체적으로 문무관의 높은 자리에 등용을 하지 않았기에 서북인들은 불평과 불만을 뿌리깊게 새겨 두었다.

평안도 가산(嘉山)에 사는 홍경래(洪景來)는 일찍이 사마시(司馬試)에 응시했다가 실패하였다. 그 후 사마시에 합격한 사람과 자기를 비교해 본 결과, 모두 귀족의 자제들로 무학둔재(無學鈍才)인 자들도 엄연히 합격했음을 알았다.

그렇잖아도 서북인의 차별에 대한 불만이 컸는데 직접 이런 일까지 당하고 보니, 그의 분노는 마침내 반란을 일으킬 극한 상황에까지 치밀어 올랐다. 홍경래는 마침내 동지를 규합하기 위하여 각지로 돌아다녔다. 그리하여 가산에 사는 재략이 뛰어난 우군칙(禹君則)·이희저(李禧著), 곽산(郭山)의 진사 김창시(金昌始) 등을 참모로 삼았으며, 태천(泰川)의 김사용(金士用), 개천(价川)의 홍총각(洪總角) 등 용맹이 있는 자들을 선봉장으로 뽑았다.

순조 11년 12월 홍경래는 자칭 평서대원수(平西大元帥)라 칭하고 우군칙을 참모로 정하였으며 본대는 가산·박천을 함락한 다음 서울로 남진 공략하기로 하였다. 제1대는 김사용을 부원수, 김창시를 참모, 박성간(朴聖幹)을 보급책임자로 정하여 곽산·정주를 점령하고, 선천(宣川) 서쪽의 여러 고을을 함락해 안주(安州)를 공략하기로 작전을 세웠다.

12월 18일 이들은 공격을 개시하여 먼저 이희저가 거느린 일대가 가산군청을 습격하였다. 가산 군수 정저(鄭著)와 그의 아버지 정노를 죽이고 군청을 점령하였다.

12월 20일 새벽 홍경래는 우군칙과 더불어 박천읍(博川邑)을 점령하였으며, 곽산에서도 공격을 개시하여 곽천·용천을 차지하였다. 점령하는 곳마다 창고를 풀어 가난한 백성들에게 곡식

이야기 한국사

을 나누어 주어 민심수습에 노력하였다.

이렇게 하여 청천강 이북의 가산·박천·곽산·정주·선천·태천·용천 등 8읍을 5~6일 만에 점령하였다. 그 여세를 몰아 안주를 공격하기 위하여 박천의 송림리로 홍경래군이 집결하였다.

그러나 안주에 있던 평안도 병마절도사 이해우(李海愚)와 목사 조종영(趙鍾永)이 홍경래군을 공격하였으며, 곽산 군수 이영식(李永植)의 원군도 합세해 홍경래군은 대패하였다. 이들은 정주성(定州城)으로 후퇴하여 농성에 돌입하였다.

급보가 평양에 전해지자 평양감사 이만수(李晩秀)는 곳곳에 있는 요새(要塞)를 지키게 하고 철저히 대처했다. 그러나 송림리 싸움에서 적을 쫓아 섬멸하지 못했다는 이유로 파면되고 말았다.

조정에서는 병조참판 정만석(鄭晩錫)을 양서위무사 겸 감진사로 임명하여 반란 지역을 위무케 하는 한편, 이요헌(李堯憲)을 양서순무사, 박기풍(朴基豊)을 중군으로 삼아 홍경래의 반란군을 토벌하도록 하였다.

순조 12년 1월 3일에 서울을 떠난 관군이 정주성 아래에 도착하였으며, 동시에 곽산읍에서도 관군이 승리를 거두어 박천·가산을 회복하였다. 이어 정주를 제외한 모든 고을을 되찾았다.

이렇게 되자 정주성은 완전히 고립되어 사기가 떨어진 반면 관군의 사기는 더욱 높아갔다. 그래도 홍경래는 항복하지 않았다. 이에 관군은 화약으로 성 밑을 폭파하고 성내로 들어가 마침내 정주성을 함락하니 홍경래가 군사를 일으킨 지 5개월 만이었다. 홍경래는 싸움 도중 총을 맞아 죽고, 우군칙·홍총각 등 다수는 서울로 압송되어 참형을 당했다.

순조가 왕위에 오르면서 매년 흉년이 들고, 나쁜 병이 유행하여 인심이 극도로 흉흉해졌다. 외척 김씨와 박씨들이 세도 정치를 시작하면서부터, 자기들의 사리사욕만 채우려는 데 그 원인이 있었다. 순조는 자신이 덕이 없기 때문이라는 자책감에 즉위 27년, 세자에게 양위하고 대리청정 하였으나 세자는 4년 만에 죽었다. 얼마 후 순조도 45세로 승하하니 헌종(憲宗)이 8세의 어린 나이로 왕위에 올랐다.

헌종이 즉위하자 조모되는 순조의 왕비 순원 왕후 김씨가 수렴청정하였다. 말로만 수렴청정일 뿐 안동 김씨가 마음대로 정권을 농락하였다. 그러나 헌종의 외가인 풍양 조씨 몇몇 사람이 등용이 되어 조인영(趙寅永)이 영의정에 올랐다.

이로써 조정은 풍양 조씨와 안동 김씨 두 외척의 싸움으로 편할 날이 없었다. 서로 싸움질하다가 조씨들이 지나친 욕심을 부려 얼마 후에는 쫓겨나고 말았다. 이때 정순 왕후의 친정인 경주 김씨도 몰락해 조정은 안동 김씨의 독무대가 되었다.

어린 왕 헌종의 왕비도 안동 김씨였으나, 아들을 낳지 못하고 세상을 떠났다. 이에 다시 홍씨를 계비로 맞이하였다. 그러나 홍씨도 역시 아들을 낳지 못하였다.

궁중에는 후궁도 수없이 많았건만 한 사람도 왕자를 낳지 못하였고, 헌종의 몸은 더욱 허약해지기만 하였다. 왕이 왕자를 낳지 못하면 사실상 대가 끊기게 되어 있었다.

지금까지 조선 왕가의 계통을 따져 보면, 태조 이래 명종까지는 모두 정실 출생의 왕통이었고, 명종은 일찍이 세자까지 두었으나 명종보다 일찍 세상을 떠났다. 명종이 승하하자 할 수 없이 중종의 서손 선조로 왕통을 잇게 했다. 그 후 광해군 · 인조가 모두

후궁 소생이었고, 효종·현종·숙종은 정실 소생이었다. 숙종 이
후 경종은 한때 중전의 자리에 올랐지만 희빈 장씨의 소생이었다.
영조는 미천한 궁인 최씨의 소생이었고, 순조도 정실 소생이 아니
었다. 지금까지는 정실 소생이 아니더라도 전왕의 혈통을 이은 왕
자가 대를 이었으나 헌종이 왕자를 낳지 못하고 승하하게 되면 사
실상의 왕통은 끝나는 것이었다.

　　이러한 이유로 헌종은 나이 20세가 되도록 왕자의 탄생을 고
대하였다. 그러나 소식이 없자 이번에는 김재청(金在淸)의 딸을
빈으로 맞이했으나, 김씨도 역시 딸만 낳았다.

　　헌종이 23세의 젊은 나이로 승하하니 궁중에 남자라고는 한
사람도 없었다. 부득이 양자로 대를 잇게 하는 도리밖에 없었으나
가까운 친척이 없었다. 친척을 찾다 생각난 사람이 얼마 전에 쫓
아냈던 이원범(李元範)이라는 사람으로, 그는 당시 강화도에 숨
어 살고 있었다.

강화 도령 철종의 등극

양자로 대를 잇게 하자면 혈통만 동일하다 해서 아무나 입양시키
는 게 아니고 부자간의 항렬을 맞추어야 한다. 그러나 여기에 해
당하는 사람은 한 사람도 없었다. 그동안 당파 싸움과 안동 김씨
의 세도 정치 때문에 왕손을 모두 역적으로 몰아 죽였기 때문이었
다. 강화섬에 숨어 사는 이원범은 항렬로 따지면 헌종의 7촌 아저
씨뻘이었다.

여기서 권돈인은 아주 촌수는 멀더라도, 덕흥 대원군의 종손 이하전이 총명하니 그가 뒤를 잇게 하자고 주장하였다. 이에 맞서 안동 김씨의 의견에 동조하는 정원용은 이원범을 맞이하자고 하였다. 결국 안동 김씨의 주장대로 항렬이고 무엇이고 가릴 것 없이 강화 도령 이원범을 모셔오기로 하였다. 총명한 사람을 왕위에 오르게 하면 자신들의 세도 정치가 위협받기에 이 같은 결정을 내린 것이었다.

강화 도령 이원범의 출신을 살펴보면 조부 은신군이 역적으로 몰려 죽었고, 은신군의 큰 아들 상계군도 역시 역적으로 몰려 죽었다. 한 사람이 역적의 누명을 쓰면 삼족이 역적으로 몰리는 세상인지라 상계군의 동생 또한 역적의 아들이었고, 삼형제 가운데 큰 아들 원경도 역적으로 죽고, 둘째 아들은 일찍 세상을 떠나고, 셋째 아들 원범만이 천애고아(天涯孤兒)가 되어 강화도에 살고 있었다.

10여 세의 원범은 완전히 농민이 되어 숨어 살았다. 19세가 되도록 글을 배우지 못했으며, 결혼도 못하고 나무하기와 짚신 삼는 일 등 농사일밖에는 아무것도 몰랐다.

대왕대비 순원 왕후의 명으로 원범은 덕완군(德完君)에 봉하여 인정전에서 즉위하였다. 왕으로 앉히기 위해 강화도로 모시러 갔던 사신들이 철종을 만나 왕으로 모신다 하여도, 왕이 무엇인지조차 몰랐던 철종은 겁이 나 달아났다. 때문에 설득하는 데 많은 시간을 허비했다.

강화 도령 이원범이 순조의 뒤를 잇자 순원 왕후가 수렴청정하게 되었다. 농사일밖에 모르는 철종이기에 왕후가 정치를 도맡았다. 2년 후 김문근(金汶根)의 딸을 철종비로 맞이하니 정권은

이야기 한국사

김문근의 손으로 넘어갔다.

김문근 일가의 세도는 당당하였다. 훈련대장은 김문근의 조카 김병국, 대제학은 김병학, 좌찬성은 김병기, 시교(侍敎)는 김문근의 아들이 차지하여, 다른 사람이 얼씬도 못하는 철옹성을 형성하였다.

정치는 김씨 일가의 손에서 놀아나고, 철종은 궁녀들의 치마폭에서 놀아났다. 나라의 정치는 부정부패가 점점 심해만 갔다. 철종은 궁녀와의 사이에서 아들과 딸을 많이 낳았으나 일찍 죽고 말았다. 왕은 처음 강화도에서 올라왔을 당시는 건강한 농부였지만 궁녀들의 치맛바람에 황음(荒淫)이 날로 계속되었음인지, 이제는 아주 쇠약한 사람으로 변해 있었다. 아들을 낳아 기르지 못하는 것이 김문근에게는 미안한 생각이 들어 철종은 양자라도 하여 세자를 책봉하자는 의견을 내놓았다. 철종에게는 사촌이 있어 사촌의 아들인 당질이 있었기 때문에 철종의 의중은 이 당질로서 세자를 삼았으면 하는 생각이 있었던 것이다. 그러나 그때의 형편으로는 철종의 의사야 어쨌든 김씨들 좋을 대로 처리하는 판국이었다.

김씨들끼리도 암투가 이어졌다. 결국 그들의 의견은 왕가의 세력이 강성해지면, 자기들 세도 정치에 장애물이 된다는 데 의견을 모아 종친 가운데 먼저 똑똑하고 인망이 있는 사람을 제거하기로 하였다. 첫째 제거 대상이 철종 대신 순조의 뒤를 잇게 하자는 물망에 올랐던 이하전이다. 김씨 일가들이 이하전을 역모로 몰아 죽이니 이것을 본 종친들은 벌벌 떨고 숨어 살았다.

삼정의 문란

안동 김씨 일문의 세도 정치가 오래 계속되어 김씨들의 세력이 점점 커지자 벼슬을 얻으려는 무리들이 김씨에게 아첨하여 돈을 바치고 벼슬자리를 얻어 지방관으로 임명되었다. 일단 지방관으로 임명되면, 그들은 밑천을 뽑기 위하여 백성들의 재물을 착취하였다. 자기가 벼슬을 얻을 때 바친 본전 정도만을 뽑는다면 이것은 그래도 양심적이고 청렴하다고 일컬을 정도로 당시의 지방관들은 재물을 긁어모으기에 급급했다.

여기서 삼정의 문란이라는 말이 나오게 되었다. 지방관들이 재물을 모으는 방법이 각양각색이어서 그 폐단을 나타낸 말이다.

예를 들면 군정(軍政)에 있어서는 법대로 하자면, 나이 16세 이상 60세 이하의 남자에게 군포(軍布)를 받게 되어 있었다. 그런데 이법을 악용하여 지방관들이 사복을 채우기 위해 나이를 더 내리어 군포를 받았다. 또 나이를 올리거나 죽은 사람까지도 받았다. 나이를 내려서 받는 것을 황구첨정(黃口簽丁)이라 하고, 나이를 늘리거나 죽은 사람의 몫까지 받는 것을 백골징포(白骨徵布)라 하였다. 이런 일이 비밀리에 행해진 것이 아니고, 모든 지방에서 공공연하게 행해졌으니, 이것이 당연한 것으로 여겨졌다.

전정(田政)은 토지에 부과하는 세금인데 토지 일결에 얼마씩을 징수하기로 되어 있었다. 은결이라 하여 법에도 없는 무거운 세금을 받았으니 토지에서 나오는 곡식의 3분의 1 정도가 되었다.

환곡(還穀)은 봄에 농민들의 양식이 떨어졌을 때 빌려 주었다가 가을에 받아들이는 법이다. 법정 이자는 연 1할로 되어 있었

다. 삼정 가운데도 이 환곡의 부정이 가장 많아 가난한 백성들이
골탕을 먹었다.

흉년이 들면 지방관들이 농민에게 대여해 준 것을 받지 못했
다 하여 나라에 탕감 요청을 하였고, 나라에서는 그대로 탕감을
해주었다. 그러나 지방관들은 이를 백성들에게 탕감해 주지 않고
그대로 받아들이니 그들의 행패는 이루 말할 수가 없었다.

나중에는 창고에 벼 한 섬의 저장도 없이 장부상으로만 수천
석·수만 석이 있었다. 이것은 양곡을 대여해 주거나 받을 때 실
물을 확인하고 대여해 주는 것이 아니고, 형식적으로 장부만 맞추
어 놓았기 때문이다. 실물을 가지고 사복을 채우는 수령은 청백한
사람에 속했었다.

이렇게 삼정의 문란으로 백성들의 불평이 극도에 달했을 때
진주 병사로 부임한 백낙신(白樂薪)은 더욱 가혹하게 백성들의
재물을 긁었고, 약탈과 공갈로 민폐를 더욱 조장하였다.

이에 분노를 참지 못한 유계춘(柳繼春)은 이계열(李啓烈) 등
과 공모하여 나뭇꾼과 목동들을 규합하는 한편, 격문과 선전문을
나누어 주고 한글 노래를 지어 사기를 북돋았다.

철종 13년 2월 18일 마침내 그들은 외부의 시장부터 문을 닫
게 하고, 읍내로 진격하여 관가를 습격하였다. 그리고 아전의 집
에 불을 질렀다. 진주병사 백낙신을 붙잡아 죄를 묻는 한편, 이속
(吏屬)의 무리들을 불태워 죽였다. 계속하여 관청을 습격하고 환
곡을 불태우는 등 그들의 난동은 23일까지 계속되었으나 아무도
이를 막지 못했다.

조정에서는 뒤늦게 이 보고를 받고 29일 관찰사와 현재 관원
을 처벌함과 동시에 부호군 개화파 박규수(朴珪壽)를 안핵사로

보내 사태를 수습하였다. 그러나 한번 폭발한 농민의 분노는 각처
에 두루 퍼져 삼남 지방에서 민란이 발생하였다.

흥선 대원군의 정치개혁

야심의 경륜가 흥선 대원군

국가의 정치가 안동 김씨의 손에 의해 농락되자 사회적 불안은 점
점 심해만 갔다. 민심이 불안하면 유언비어가 떠돌기 마련이다.
　"관상감 안에 왕기가 서려 있다네!"
　관상감이란 후에 서울 종로의 운현궁(雲峴宮)을 가리키는 말
로 당시 흥선군(興宣君)이 살고 있었다. 흥선군의 계보를 살펴보
면 그의 아버지는 남연군인데, 남연군은 능창 대군의 후손으로 정
조의 동생 은언군(恩彦君)의 아들로 들어갔다. 이렇게 따져 남연
군의 막내아들(넷째) 흥선군과 철종과의 관계는 9촌이 된다.
　흥선군은 왕실의 종친이라 하여 잠시 궁중에 출입하였으나,
기고만장하는 안동 김씨의 눈을 피하기 위한 보신책으로, 불량배
와 어울려 파락호(破落戶) 왕손 노릇을 하였다. '상가집의 개'라
는 혹참한 소리도 들었던 게 이때였다. 흥선군은 묵화를 잘 하였
는데, 특히 난초는 아주 유명하였다.
　이때 궁중의 동향은 철종의 왕비 김씨가 죽고 익종의 왕비 조
대비가 홀로 남아 있었다. 대비의 친정 조씨들은 전에 안동 김씨
에게 밀려난 집안이었다. 대비의 조카에 조성하(趙成夏)·조영하
(趙寧夏) 조강하 등이 있었으나, 20대로 아직 나이가 어려 중용되

지 못하고 있었다.

　철종 14년 12월 왕이 34세로 갑자기 승하하니 너무나 황당한 일이라 안동 김씨들은 철종의 후계자 문제로 갈팡질팡하였다. 이 때 조성하가 조대비에게 왕의 옥새를 간수하라고 은밀히 아뢰니, 조대비는 왕의 의식이 거의 떨어질 무렵에 먼저 손을 써서 옥새를 장악하였다. 안동 김씨로서는 그동안 미리 후계자를 정해 놓지 못한 것이 큰 실책이었다.

　홍선군은 그 사이 안동 김씨의 눈을 피해 가면서 조성하를 자기편으로 끌어들였다. 대비 조씨에 접근하면서 자기의 둘째 아들 명복(命福 : 고종)을 철종의 후계자로 삼겠다는 내락을 받아놓고 때를 기다리고 있었다.

　철종이 승하하자 조대비는 홍선군의 제2자 명복으로 대통을 잇게 한다는 교지를 내리니 안동 김씨들로서는 청천벽력이었다.

　"살아 있는 대원군은 둘 수 없소."

　안동 김씨들이 격렬하게 반대하였으나 때는 이미 늦어 있었다. 닭 쫓던 개 지붕 쳐다보는 격이 되고 말았다.

　홍선군의 둘째 아들 명복이 고종이 되어 왕위에 올라 7백만의 조선을 다스리게 되었다. 나이가 어려 그 부친 홍선군은 대원

운현궁 이도당 뒷뜰
홍선 대원군의 사가. 운현궁에서 고종이 출생했다. 대원군은 이곳을 중심으로 정치적인 영향력을 행사했다.

군에 봉해지고, 이어 조대비가 수렴청정을 하게 되었다. 표면상의 수렴청정이지 흥선 대원군이 섭정왕으로 실권을 장악하였다.

흥선군은 세태를 잘 아는 사람으로 안동 김씨에 대한 정치적인 숙청은 표면에 드러내지 않고, 은연중 누르는 노련한 솜씨를 발휘하였다. 영의정으로 온후한 덕망을 갖춘 조두순을 등용하여 원만한 정치를 펴는 한편 당파를 가리지 않고 4색을 적재적소에 기용하였다.

또한 국가의 재정을 낭비하고 당쟁의 온상이 되어 온 서원을 47개만 남겨놓고 모두 철폐하였으며, 《육전조례》,《종부조례》,《삼반예식》,《대전회통》 등을 간행하여 법에 의한 정치로 중앙집권적 정치 기강을 세웠다.

비변사를 없애고 의정부와 삼군부(三軍府)를 두어 행정권과 군권을 분리시켰고 세금의 법령을 고쳐 양반이나 상민들의 세금을 차별 없이 거두었다. 조세를 운반하는 과정에서 발생하는 지방 관들의 부정을 막기 위하여 사창(社倉)을 세워 백성들의 부담을 덜게 하고, 국민 생활의 안정을 기하였다. 이와 같이 대원군은 부패 정치의 일소와 서민층의 이익을 도모하는 개혁 정치를 과감히 추진해 나갔다.

경복궁의 중건

이태조 개국 이래 왕실의 권위를 상징하던 경복궁이 임진왜란 때 불에 타버렸으나 국가의 재정난으로 방치되었다. 그 뒤 순조 말년과 헌종 때에 이르러 중건할 계획을 세웠으나 실천에 옮기지 못했다. 결단성이 강한 흥선 대원군은 경복궁 중건의 대역사(大役事)

를 발표하고, 영건도감(營建都監)을 두어 공사에 착수했다. 국가적인 숙원사업이며 대공사였다.

오랜만에 옛 궁터에 새로운 궁전이 세워지게 된 것이다. 국가에서는 497만 냥의 원납전(願納錢)을 징수하고, 백성들은 자진하여 부역에 나왔다. 각지에서 모여든 백성들은 경복궁 타령을 흥겹게 부르며, 공사를 순조롭게 진행하였다. 공사의 어려움을 안 대원군은 현장에 자주 나와 공사를 감독하며, 집을 지어 인부들의 편의도 돌보았다. 일반 백성들의 심리 상태를 잘 아는 대원군은 술과 농악(農樂)까지 동원하니 일은 예상대로 빨리 진척되었다.

그러나 공사를 시작한 지 1년 만에 목재장(木材場)에 큰 불이 나서 목재가 많이 부족해서 공사에 차질이 생겼다. 대원군은 전국 각지에서 목재와 석재를 모아들이는 한편, 양반집 묘지의 목재도 마구 베어오고 서낭당의 나무나 돌까지도 전부 모아들였다.

원래 큰 공사인 까닭에 자금난이 점점 심해지자 원납전을 받고 벼슬을 팔기도 하였다. 서울의 성문을 출입하는 사람들에게 세금을 받고, 당백전(當百錢)을 발행하여 공사비에 충당하였다.

이로써 만 2년간에 걸친 큰 공사는 총규모 740만 냥의 공사비를 들여 완성되었다. 대원군은 다시 경복궁 앞에 육조(六曹)의 관아를 짓고 도성의 큰 문도 고치거나 신축하여 왕가의 위엄을 유감없이 과시하였다. 임진왜란 이후 피폐해 있던 수도 서울의 면목이 새로워지게 된 것이다. 사실 원래의 경복궁보다 크고 웅장하게 지었으므로 이를 중창건이라 함이 타당할 것이다. 이것이 고종 9년의 일이다. 경복궁 중건으로 조선 말기의 건축·공예·미술의 결정체가 탄생하였다. 그러나 양반에서 일반 백성에 이르기까지 원성(怨聲)이 높아져 대원군이 몰락하는 원인이 되었다.

대원군의 쇄국 정책

고종이 12세의 어린 나이로 왕위에 오르자, 실권을 장악한 대원군은 인재를 고루 등용하고 과감한 개혁 정책을 펴는 등 국내의 정사를 바로 잡아갔다. 그러나 그도 전제적인 성격은 버릴 수가 없었다. 건국 이래 중국과 맺어 온 우호 관계를 계속 유지할 뿐 다른 나라와의 국교를 맺지 않는 강경일변도의 쇄국 정책을 펼쳤다.

* 이양선(異樣船) : 모양이 다른 배라는 뜻으로, 다른 나라의 배를 일컫는다. 주로 조선시대에 외국의 철선을 가리키는 데 쓰였다.

특히 천주교에 대한 탄압을 더욱 강화하였다. 천주교는 철종 때에 이르러 그 탄압이 약간 누그러진 틈을 타 선교 사업이 활발

홍선 대원군

했고 대원군 집권 이후에도, 그 교세는 더욱 뻗어 나가고 있었다. 대원군 부인마저도 천주교 신자였고, 고종의 유모는 '마르다' 라는 교명까지 받은 독실한 신자였다.

당시 우리나라 주변 정세는 점점 복잡해지고 있었다. 북쪽에서는 러시아가 남하하려고 신경을 곤두세우고 서해에서는 수시로 이양선(異樣船)*이 나타나 통상을 요구하는 등 대원군의 쇄국 정책이 끊임없이 위협받고 있었다. 대원군은 이러한 외국 세력의 견제에 매우 신경을 썼다.

이때 전부터 대원군과 친교가 있었던 남인 남종삼(南鍾三)이 대원군에게 제의를 해왔다.

"영국이나 프랑스의 막강한 힘을 이용하여 러시아의 세력을 견제하는 조건으로, 선교의 자유를 허용하도록 하는 것이 좋겠습니다."

대원군은 이 제의를 긍정적으로 받아들이려 하였으나 프랑스 선교사 베르뇌가 이 제의를 거절하여 와해되었다. 동시에 러시아의 위협도 사라지게 되었다.

사태가 이렇게 변하자 대원군의 생각도 달라졌다.

'천주교는 이미 오래 전부터 금지시켜 왔다. 지금에 이르러 자유를 허용한다는 것은 우리나라의 전통으로 보아 마음에 걸리는 일이다.'

이렇게 생각한 대원군은 천주교 탄압 정책을 강력히 추진하였다. 프랑스 선교사는 물론, 이들과 같이 행동한 조선 신도들도 많이 희생되었다.

당시 우리나라에 와 있던 프랑스 신부는 모두 12명이었는데 이 가운데 9명이 희생되고, 3명은 중국으로 도망하였다. 이 소식을 들은 프랑스 극동함대 사령관 로즈Rose는 군함 3척을 이끌고, 인천 앞바다에 잠시 머물다가 다시 한강을 거슬러 양화진(楊花津)까지 올라와 시위를 벌였다. 조정에서 철저한 방비 태세를 보이자 그대로 물러갔다.

그해 9월에 로즈 제독은 다시 군함을 증강시켜 5척으로 쳐들어와 강화읍을 점령하고, 노략질을 감행하여 많은 서적과 금덩어리를 강탈해 갔다. 9월 18일 적군이 다시 공략해오자, 한성근(韓聖根)이 문수산성에서, 양헌수(梁憲洙)가 정족산성에서 공격하여 적군을 물리쳤다. 그러나 프랑스 군함에서 자주 함포사격을 하여 경기도 일대는 마음을 놓을 날이 없었다. 이 침입 사건을 병인

양요(丙寅洋擾)라고 한다. 이때 프랑스인들이 우리나라의 각종 서적을 다수 탈취해 갔다.

이보다 앞서 7월에는 미국 상선 제너럴 셔먼General Sherman 호가 대동강을 거슬러 평양까지 올라와 통상을 요구하다가 거절당하자 중국사람 이현익(李鉉益)을 감금하는 등 횡포를 부렸다. 이에 격분한 평양 군민들은 셔먼호를 불태워 버렸다.

미국은 이 사건을 트집 잡아 우리나라를 개항(開港)시키려 하였다. 고종 8년 북경 주재 로우Low 공사와 아세아 함대 사령관 로저스Rodgers는 군함 5척을 거느리고 강화도로 쳐들어왔다. 이때 대원군은 병인양요 이후 국방에 힘을 기울여 대비책을 강화하였다. 군사를 훈련시키고 성곽을 고치면서 포대(砲臺)를 쌓고 대포를 만든 것이다. 우리 수비병은 강화 해협을 거쳐 침입해 오는 미국 군함을 공격하였다. 미국은 초지진(草芝鎭)·광성진(廣城鎭)·갑곶(甲串) 등을 일시 점령하였으나, 어재연(魚在淵)이 이끄는 조선의 수비대가 광성진 싸움에서 끝까지 저항했다. 갑곶에 상륙한 미군도 강화 수비병의 공격을 당해 내지 못하고 쫓겨 달아났다.

이것을 본 대원군은 자신감을 갖게 되었고 각처에 척화비(斥和碑)를 세웠다. 척화비에는 다음과 같은 글귀를 새겨놓았다.

佯夷侵犯 非戰則和 主和賣國

이것은 '서양 오랑캐가 침입하는데 싸우지 않으면 화해할 수밖에 없고, 화해를 주장하면 나라를 파는 것이 된다.' 는 뜻이다.

물러가는 대원군

대원군이 집권한 10년 동안 그의 과감한 개혁 정치는 많은 효과를 거두었다. 정치적 부패를 일소함은 물론 의복이나 풍속까지도 개량하여 실용적 가치를 높였다. 대원군 집권 전에는 갑사(甲紗)로 만든 갓끈을 사용했었으나 이제 대에 실을 끼워 갓끈 대신 썼고, 긴 소매가 짧아지는 등 의복도 간소화되고 활동적인 것으로 바뀌었다. 이러한 변화를 대원군은 몸소 실천했다.

10년의 세월이 흘러 고종이 22세나 되어 정치적인 수련도 쌓았으니 대원군도 아들에게 정권을 넘길 생각을 혼자서 해보기도 했다. 그러나 대원군의 속마음과는 달리 왕비 민씨의 총명함이 지나쳐 벌써부터 정치적 수완을 발휘하였다.

권오창 화백이 그린 명성 황후 어진

왕비 민씨는 애국 선비 최익현(崔益鉉)으로 하여금 대원군의 내외 정책을 비판하는 상소를 올리게 하고, 대원군 집정의 부당함을 강력히 탄핵하였다.

대원군은 이에 반론을 펴고 계속 집권하려 했다. 그러나 최익현이 다시 만동묘(萬東廟)·서원의 철폐, 청전(淸錢) 사용의 폐단, 경복궁 중창건과 원납전 징수 등 실정을 내세워 상소를 올리자 고종이 친정(親政)을 선포했다. 대원군은 집정 10년 만에 정치에서 손을 떼고 물러나게 되었다.

이야기 한국사

처음 고종의 왕비를 간택할 때 대원군은 세도 정치의 피해를 누구보다도 잘 알았기에 친정에 형제자매가 없는 외로운 집안의 규수인 민비를 왕비(명성 황후)로 간택했었다. 그러나 결과적으로 완전히 믿는 도끼에 발등을 찍힌 셈이 되었다. 명성 황후에게는 친척이 무척 많았기 때문이다.

대원군이 은퇴하자 민비 일파로 지목되는 사람들이 두드러지게 정계에 등장하였다. 이유원(李裕元)·박규수(朴珪壽)·이최응(李最應)·조영하·김병국·민승호·민겸호 등이다. 대원군이 애써 쌓아온 10년 공든 탑이 무너지기 시작했다. 쌓기는 어려워도 파괴하기는 쉬운 일이다. 민비 일파는 또다시 세도 정치를 꿈꾸게 되고 이에 맞서는 대원군의 반대 또한 만만치가 않았다.

통상 개화론과 운양호 사건

대원군이 물러나고 민비 일파가 정권을 잡자 북학자(北學者)인 박제가(朴齊家)가 이렇게 주장하였다.

"청국과 일본 그리고 서양과의 통상을 통하여 국가의 부강을 도모하자."

"영국의 통상 요구를 받아들여 통상을 하는 것이 좋다."

이규경 역시 같은 주장이었다. 최한기(崔漢綺)도 서양 지식을 받아들여 《지구요전(地球要典)》을 저술하고, 문호개방의 필요성을 강력히 주장하고 나왔다. 이러한 해외통상론은 박규수·오경석(吳慶錫)·유홍기(劉鴻基 : 大致)·이동인 등에 의하여 거

듭 주장되었고, 후에 사회 발전에 대한 개혁론, 즉 개화사상으로
발전하였다.

이양선이라는 외국의 배가 우리나라 연안에 몰려와 시위를
하거나 발포를 하는 등 행패를 부린 이후 이번에는 일본의 배가
와서 통상을 요구하였다. 일본은 그동안 서양 여러 나라의 침략
정책을 모방하여 우리나라를 치겠다는 정한론(征韓論)을 내세우
는 등 침략주의적인 근성을 드러냈다. 정한론은 이미 오래 전에
조선 멸시론으로부터 싹텄던 침략 근성의 표본이었다.

고종 12년(1875) 9월 일본배 운양호는 인천의 영종도 근해에
이르러 강화도 남단에 있는 초지진을 거슬러 올라왔다. 이때 우리
수비병이 경고 포격을 가하자 일본 군함에서는 함포 사격으로 맹

초지진 병인양요 때
운양호 사건이 일어
났던 곳. 소나무와 성
벽에 포탄 흔적이 그
대로 남아 있다.

포 탄 흔 적

렬히 맞섰다. 이 사격으로 초지진 요새의 포대는 완전히 파괴되었고, 운양호도 조금 부서졌다. 운양호는 다시 뱃머리를 영종진으로 돌려 포격을 가하는 한편, 군대를 상륙시켜 살육·약탈을 감행하였다. 이러한 횡포는 통상을 강요하는 일종의 시위였으며, 우리를 얕잡아 보는 제국주의의 압력이었다.

이듬해 병자년(1876)에 드디어 일본과 불평등한 통상조약인 강화도 조약을 체결하였다.

조약의 주요 골자는 조선과 일본이 자주적인 국가로서, 평등한 권리를 가졌다는 점과 15개월 후에 통상 사절을 서울에 보내, 부산 이외의 두 곳(인천·원산)에 항구를 열자는 것, 그리고 치외법권, 해안측량권 등 우리에게는 절대로 불리한 내용이었다. 앞서 일본이 미국과 영국에게 당한 것을 이때 써먹은 것이다.

조약에 따라 수신사(修信使) 김기수(金綺秀)가 일본으로 건너갔다가 《일동기유》를 저술해 왕에게 바쳤다. 일본에서는 일본 공사 하나부사(花房義質)가 들어왔다. 우리나라 수신사 일행은 일본에서 서양의 새로운 문명을 접하고, 근대화되는 일본의 모습을 보고 듣고 하여 《수신사일기》를 저술하였다. 그들은 이 저술에서 새로운 문명에 대해 조심스럽게 비판하고, 일본에 대한 인식을 새롭게 하였다. 그 후 김홍집(金弘集)이 다시 수신사로 일본에 건너가 일본의 눈부신 발전과 급변하는 세계정세를 재인식하고, 청나라의 황준헌으로부터 《조선 책략》이라는 책을 받아가지고 돌아왔다.

《조선 책략》은 우리나라의 당면한 외교 정책을 피력한 것으로 조선이 러시아의 남침을 막으려면 서양의 발달된 제도와 기술을 받아들이고, 중국과 일본 그리고 미국과 친히 지내면서 힘을 길러야 한다는 내용이었다.

　　이러한 세계정세에 대처하기 위하여 우리나라는 개화 정책을 추진하지 않을 수 없었다. 1881년 박정양(朴定陽)·조준영(趙準永)·어윤중(魚允中)·홍영식(洪英植) 등으로 신사유람단(紳士遊覽團)을 편성하여 일본에 파견하였다. 이들은 약 4개월 예정으로 일본에 있으면서 문교·내무·외무·군무 등의 시설과 세관·제사(製絲)·양잠업(養蠶業) 등 메이지 유신 이후 그들의 발전상을 시찰하였다.

　　또한 신식 무기의 제조법과 사용법을 배우기 위하여 영선사 김윤식이 인솔하는 69명의 유학생, 전문가 등이 청나라에 파견되었다.

임오군란

개화의 바람은 점점 거세게 일어나 행정기구의 개혁이 단행되었다. 1881년 1월 군국(軍國)의 기밀과 외교통상을 총괄하는 기관으로 통리기무아문(統理機務衙門)을 설치하고, 그 밑에 12사(司)를 두어 사무를 담당케 하였다. 그 장관을 총리대신이라 하였고, 각 사(司)에는 당상관(堂上官)과 낭청(郎廳)을 두어 다스리게 하였다. 이렇게 급진적으로 개화를 서두르니 이에 반대하는 수구파와 개화파의 대립이 생겼다. 개화와 수구 두 세력은 대원군과 민비의 대립과 얽혀 정계를 혼란시켰고, 일본에 대한 민족 감정이 작용하여 임오군란(壬午軍亂)이 일어났다.

고종 19년 6월 때마침 호남 지방에서 세미가 도착하여 구군졸(舊軍卒)들에게 13개월이나 밀렸던 급료를 지급하였다. 그런데 그 분배가 공평하지 못했을 뿐 아니라 선혜청(宣惠廳) 관리들이 사복을 채우기 위하여 농간을 부렸다. 봉급미 안에 모래와 겨를 섞었으며, 그나마 수량이 부족하였다. 가뜩이나 신식군대인 별기군(別技軍 : 倭別技)과의 차별 대우로 불만이 많았던 군졸들은 이에 격분하였다. 포수(砲手) 김춘영(金春永) · 유복만(柳卜萬) · 정의길(鄭義吉) · 강명준(姜命俊) 등이 봉급미를 지급하고 있던 담당자를 구타하여 상처를 입혔다. 이 소식을 들은 선혜청 당상 민겸호(閔謙鎬)는 난동을 부린 자들을 체포하였는데, 서울 장안에는 '이 자들을 사형에 처할 것'이라는 소문이 자자하였다.

이에 구군졸들은 시위 운동을 크게 벌이고, 무위대장 이경하(李景廈)의 집에 몰려가 민겸호의 불법을 호소하였다. 이경하는 민겸호에게 서신으로 선처를 부탁했으나 아무런 효과도 없었다.

이경하는 모여 있는 군졸들에게 각자 민겸호의 집에 가서 호소하도록 하였다. 군졸들이 민겸호의 집에 이르렀을 때, 봉급미를 지급하던 문제의 선혜청 관리를 발견하였다. 그를 쫓아 민겸호의 집안으로 뛰어들었으나 마침 민겸호는 집에 없었고 관리까지 놓쳐버렸다.

이에 군졸들은 격분하였다.

"공연히 옥에서 죽는 것보다 백성들의 원망의 대상인 세도가라도 죽이고 죽자."

흥분한 군졸들은 민겸호의 저택을 파괴하고는 진퇴를 정할 목적으로 운현궁에 들어가 대원군에게 호소하였다.

그러자 대원군은 표면상으로는 이들을 달래는 척하면서 실제로는 난병의 주동자인 유춘만(柳春萬)·김장손(金長孫)에게 계책을 주는 한편, 그의 심복 허욱(許煜)으로 하여금 난병을 지휘하도록 하였다. 이로써 군졸들의 불평은 대원군과 연결되어 민씨와 일본 세력의 배척 운동으로 확대되었다.

난병은 먼저 동별영(東別營)의 무기고를 공격하여 병기를 탈취하고, 포도청과 의금부를 습격하여 죄수를 석방하였다. 경기감영(京畿監營)으로 달려가 여기서도 병기를 탈취하였다. 이들 난병들은 다시 2대(隊)로 나누어 제1대는 강화부 유수 민태호(閔台鎬)의 집과 척신들의 집을 습격하고, 제2대는 별기군 병영에 몰려가 일본인 교관 호리모토(掘本禮造)를 무참히 살해하였다. 날이 저물자 이들 난병들은 군중과 합세하여 일본공사관을 습격, 파괴하였다. 다급해진 일본공사 하나부사는 신발도 제대로 신지 못한 채 인천으로 도피하여 겨우 생명은 건졌으나 일본인 13명이 살해되었다.

다음날 성난 군중은 그 수가 더욱 늘어나 점점 기세가 커져갔다. 영돈녕부사 이최응(李最應)을 죽이고, 이어 창덕궁 돈화문을 향해 밀려드니 사태는 매우 험악해졌다.

고종은 할 수 없이 성난 군중을 수습하기 위하여 사실상 그들을 배후에서 조종하고 있는 대원군을 불러들여 사태를 수습하게 하였다. 그러나 이미 궁내에 난입한 군중들은 때마침 궁내에 입시(入侍)해 있던 민겸호와 경기감사 김보현(金輔鉉)을 참살하고, 왕비 민씨마저 해치려 하였다. 그러나 왕비 민씨는 무감(武監) 홍재희(洪在羲)의 도움으로 충주목사 민응식(閔應植)의 집에 변복하고 도피하는 데 성공했다.

고종의 부름으로 정권을 다시 장악한 대원군은 반란을 진압하고, 군제(軍制)를 개편하여 양영(兩營)과 별기군을 없앴다. 5군영(軍營)을 부활시켰으며 통리기무아문을 폐지하니 개화 정책 이전의 상태로 다시 돌아간 셈이었다.

또 맏아들 이재면(李載冕)에게 훈련대장·호조판서·선혜청 당상까지 겸임하게 하여 병권과 재정권을 한 손에 장악하였다.

민씨 일파는 이로써 큰 타격을 입었으나 그대로 앉아 있지는 않았다. 반격의 기회를 노리고 있던 민씨 일파는 천진에 가 있는 김윤식 등에게 통지하여 청국에 원조를 요청하도록 하였다. 김윤식 등은 대원군 집권의 부당성을 역설하였다. 속히 파병하여 왕의 친정을 회복하고 난동자들을 소탕함과 동시에 일본과의 중개도 아울러 청하였다.

당시 청국 정부의 입장으로서는 우리나라에 군대를 파견하여 일본을 견제할 필요성을 절실히 느끼고 있었다. 이에 이러한 요청을 해오니 주저할 필요가 없었다. 즉시 파명을 결정하여 정여창(丁汝昌)·마건충(馬建忠)·오장경(吳長慶) 등으로 하여금 '수많은 병력과 군함을 거느리고, 조선에 주둔하여 제반 사태를 감시하라.'고 하였다.

청나라 제독 오장경은 특히 우리나라 정치에 간섭하여 임오군란의 책임을 대원군에게 돌렸다.

"조선의 종주국으로서 조선을 보호할 의무가 있다."

그는 청나라의 명분을 내세웠으나, 속셈은 일본에 빼앗겼던 우리나라에서의 우월한 지위를 만회하려는 데 있었다.

한편 본국으로 돌아간 하나부사 일본공사는 임오군란의 사실을 정부에 보고하니 일본에서는 군함 4척과 1개 대대의 보병을 파견하여 강경한 태도로 나왔다.

청나라 제독 오장경과 일본공사 하나부사는 우리나라에 개입하여 서로 우위를 차지하려 충돌을 일으켰다. 오장경은 자기 군영(軍營)으로 찾아온 대원군을 군란 책임자로 몰아 강제 납치하여 천진으로 보냈다.

청나라에서는 대원군을 납치함과 동시에 대원군 일파도 체포하여 사형시키거나 유배형에 처했다. 군란에 가담했던 군졸들을 색출하여 죽였다. 이리하여 서울은 청나라 군사들의 유린장이 되었고, 충주로 피난했던 민씨가 돌아오니 정권은 다시 민씨 일파의 손에 들어갔다. 이러한 움직임을 계기로 우리나라와 일본 사이의 교섭이 다시 이루어져 제물포 조약이 체결되었다.

제물포 조약의 내용은 '군란의 주동자를 엄중 처단하고, 일본인 피해자에게는 보상금을 지불할 것이며, 일본 정부에 손해배상금 50만 원을 지불할 것과 일본 공사관의 안전을 위해 경비병을 주둔시킨다.' 는 것이었다.

임오군란은 이와 같이 대외적으로는 청국과 일본의 미묘한 국제 관계를 야기시켰고, 대내적으로는 개화 세력과 보수 세력이 맞서 갑신정변(甲申政變)을 낳게 하였다.

갑신정변과 열강 침략

고종 19년(1882)에 일어난 임오군란을 계기로 청국과 일본의 세력이 크게 대립하자, 조선의 정계도 크게 두 갈래로 갈라졌다. 일찍이 대원군의 쇄국 정책을 반대하던 민씨 일파들은 지금까지 내려온 사대 사상에 젖은 인습 때문이었는지, 이때에 이르러서는 청국에 기대는 보수 세력이 되었다. 이들 보수 세력의 수구당에는 민영익, 민승호, 김홍집, 김윤식, 어윤중 등이 있었는데, 이들 일파를 사대수구당(事大守舊黨)이라 칭한다.

여기에 대하여 일본의 메이지 유신을 본받아 하루속히 개화 정책을 실현하려는 개화파가 등장하였다. 급진적인 개화파를 개화당(開化黨) 또는 독립당이라고도 한다. 그들은 점진적인 개화 정책을 주장하는 사대구수당의 정책에 대립하여 정치를 쇄신하는 한편 청나라의 간섭을 배격하여 자주 독립 국가를 수립하려 하였다. 개화당의 대표적 인물로는 김옥균(金玉均), 박영효(朴泳孝), 서광범, 서재필(徐載弼), 홍영식(洪英植) 등 소장파 인물들이 있었다.

고종 21년(1884) 이들 개화당들은 청국의 국내 문제가 복잡한 계기를 이용하여 일본공사 다케조에와 밀의하며, 일본 주둔군의 힘을 빌려 정변을 일으켜 혁신정부를 세우기로 결정하였다. 때마침 새로운 우편 제도를 수입하여, 이 우편 제도를 담당할 우정국(郵征局)이 개국되었다. 이날 국내외 고관을 초청하여 개국 축하연을 베풀기로 되어 있었다.

이날 개국연에 참석할 사람으로는 미국 공사 후트, 서기관 스틸, 영국 영사 애스턴, 외부협판 묄렌도르프, 참찬관 담갱요, 일본 서기관 시마무라 등 외국 고관들은 거의 다 초청되었다.

개화당의 주모자들은 안국동 별궁에 방화한 뒤, '불이야!' 하는 소리를 신호로 정변을 일으켰다. 영사를 비롯한 민씨 일파를 처치하고, 궁궐로 들어갈 예정이었다. 그러나 별궁 방화의 실패로 민영익에게 중상을 입혔을 뿐, 예정대로 진행되진 못했다.

"청군이 변을 일으켰습니다."

김옥균, 박영효 등은 창덕궁으로 들어가 왕에게 거짓을 알리고, 처소를 경우궁(景祐宮)으로 옮길 것을 청하였다. 그들은 왕을 일본 군사들로 하여금 호위케 하고, 영사(領事)들과 수구파 대신들을 입시케 하여 민영목(閔泳穆), 조영하(趙寧夏), 민태호(閔泰鎬), 이조연(李祖淵), 윤태준(尹泰駿) 등을 제거하였다.

이로써 김옥균, 박영효 등의 개화당 정부가 수립되었다. 이때 김옥균의 나이는 35세, 박영효는 26세이었다. 이들은 다음날 다시 창덕궁으로 들어가 각국 공사들에게 새로운 정부의 수립을 통고하는 한편, 조각 명단을 발표하였다. 이들 조각에 들어간 주요 인물을 보면, 좌의정에 이재선(李載先), 우의정에 홍영식(洪英植), 호조참판에 김옥균, 한성판윤에 박영효, 외무독판(外務督辦)에 서광범(徐光範) 등이었다. 이들이 제시한 14개 혁신정책의 주요 내용은 다음과 같았다.

첫째, 문벌(門閥)의 폐지와 사민평등(四民平等).
둘째, 대원군의 송환 요구.
셋째, 내시부·규장각의 폐지와 세법의 제정.
넷째, 4영(四營)을 1영으로 통합하고, 경찰(警察)제도의 실시, 혜상공국의 폐지, 감형.

그러나 개화당의 정책은 청병의 무력간섭으로 실패로 돌아갔다. 청국의 원세개(袁世凱)는 청군 1,500명을 거느리고, 궁중에 들어가 창덕궁을 호위하던 150명 규모의 일본군과 싸워 일본군을 격퇴시키고, 왕을 민비가 있는 북관종묘(北關宗廟)로 모셨다. 이

이야기 한국사

에 김옥균·서광범·서재필 등은 일본군을 따라 일본공사관으로 피난하였다. 그러나 일본공사관은 조선 군대와 난민의 습격을 받아 수명의 일본인이 학살되고, 김옥균, 박영효, 서재필 등은 급히 일본으로 망명하였다. 3일 천하, 즉 하루살이 정권은 이렇게 무참히 무너지고 말았다.

그 후 개화당을 모두 밀어낸 수구당은 더욱 보수적인 정책을 취했고, 청나라와 일본의 조선 쟁탈전은 한층 더 치열해졌다. 정변 후 조선 정부에서는 일본과 협상하여 한성 조약(漢城條約)을 체결하고, 손해배상의 지불과 공사관 신축에 필요한 비용의 부담, 그리고 소란의 책임자를 엄중 처벌한다는 약속을 하였다.

김옥균

"양국의 군대가 주둔해 있는 한 충돌은 불가피하다."

일본은 불리한 세력을 만회하려고 노리던 중 이토(伊藤博文)가 청을 방문하여 이홍장(李鴻章)과 회담한 끝에 톈진(天津) 조약을 맺었다. 이 조약에서 청·일 양국은 장차 조선에 파병(派兵)할 필요가 있을 때는 서로 통고하기로 하였다. 이 조약에 따라 양국의 군대는 일단 철수하였다.

톈진 조약에 의해 청국과 일본의 군대가 철수하자 이번에는 러시아가 우리나라에 대한 야심을 품고 머리를 내밀었다.

1860년 북경 조약(北京條約)에

의해 연해주(沿海州)를 차지하게 된 러시아는 일본의 조선 침략을 견제하기 위해 청나라의 권고에 따라 우리나라와 통상조약을 맺은 뒤 조선을 넘보기 시작하였다. 서울에 온 웨베르 공사는 능숙한 외교적 수완으로, 묄렌도르프의 협력을 얻어 청나라의 내정 간섭에 싫증을 느끼던 우리나라의 정계에 친러 세력을 심어놓았다. 고종과 민비(명성 황후)도 친러항청의 방향으로 흐르고, 러시아의 보호를 요청하는 한러 비밀협정설이 나돌 정도로 러시아의 세력은 커져갔다.

1888년에 이르러 준비가 완료되어 러시아의 육로통상조약(陸路通商條約)이 체결되었다. 이에 따라 육로를 통한 무역이 자유롭게 행하여지고, 함경도의 경흥(慶興)이 러시아에 개방되었다. 또 러시아는 한걸음 더 나아가 위산 등지에 저탄장을 마련하는 등 그들의 세력을 확장하려 하였으나, 청국의 간섭으로 저지되었다.

세계 여러 곳에서 러시아의 남하정책에 제동을 걸어온 영국은, 러시아가 조선 반도에 침략하려는 야심을 드러내자 청나라와의 사전 양해 아래 1885년부터 2년간 우리나라의 거문도를 불법 점령하여 병영을 설치하고 포대를 쌓는 등 군사기지를 마련하였다. 영국의 저의는 러시아 동양함대 견제와 조선 침략에 있었다.

여기에 당황한 러시아에서는 우리나라 정부를 통하여 영국에 항의하는 한편, 청나라를 위협하였다.

"만약 청나라가 영국의 이 같은 행동을 인정한다면 러시아도 영국과 같이 조선을 점령하겠다."

이에 청국이 개입하여 2년 동안 교섭을 벌였다.

"어떠한 나라도 조선의 영토를 점령하지 않는다."

이 같은 러시아의 다짐을 받고 1887년 영국함대는 철수했다.

청·일 두 나라 이외에도 러시아·영국·미국 등 외세가 자꾸 침투하여, 우리나라를 둘러싼 국제적 이해관계가 복잡해졌다. 그러자 두 개의 중립화론(中立化論)이 대두되었다. 조선의 국제 정치 중립화의 제1안은 당시 주한 독일 부영사(副領事) 부들러가 제안한 것이다.

"청국·러시아·일본이 상호 조약을 맺어, 조선을 영원히 보호한다. 조선은 스스로 군대를 길러 국경 수비와 치안을 유지하고, 밖으로 여러 나라와 통상을 활발히 함으로써 자주적 발전과 번영을 얻을 수 있다."

부들러는 당시 독판교섭 통상사무(督辦交涉通商事務)로 있던 김윤식에게 외교 문서로써 중립화를 권고하였다.

제2안은 세계 일주를 마치고 온 유길준이 구상한 것이었다.

두 개의 안은 모두 한반도의 지정학적 위치 문제에 근거를 두어 영세중립화를 꾀한 것이었다. 그러나 이 같은 두 가지 중립론은 정부에 의해 묵살되어 햇빛을 보지 못하였다.

동학과 동학 혁명

19세기 조선은 유교적 지배 체제에 대한 불신과 반대, 서양 각국에서 들어온 사상적·무력적 갈등에 휘말렸다. 이에 위기의식이 고조되어 민중의 의식 수준과 자각이 향상되었다.

더욱이 개항 이후부터 일본의 독점적 통상무역은 조선의 경제 상태를 더욱 곤궁하게 만들었다. 세금을 징수하는 관리들의 횡포도 심하여 농민들은 이중삼중으로 피해를 보았다.

이러한 민중의 자각과 정치에 대한 불신이 뒤엉킨 전환기에 서학(西學)을 능가하는 동학(東學)이 수운 최제우에 의해 1860년 4월 5일 창도되었다. 동학은 재래의 토속 신앙을 바탕으로 유교·불교·도교·천주교의 4교의 장점을 통합한 것이었다.

동학은 전통적인 신분 제도의 철폐와 인간 평등주의를 내세웠다. 보국안민(輔國安民)과 제폭구민(除暴救民), 인내천·시천주 등 사회개혁 운동을 내걸어 민중의 요구에 부합하였기에 그 교세가 날로 확장되어 갔다.

그러나 고종 때 백성을 속이는 요사스런 종교라 하여 제1세 교조 수운 최제우를 처형하고 동학을 탄압하였다. 제2세 교조 해월 최시형(崔時亨)은 최제우의 뒤를 이어 포(包)·장(帳)·접(接)이라는 특수한 조직망을 설치하는 데 성공했다. 이 조직을 통해 최시형은 30여 년간 포교를 추진하여 그들의 세력은 커다란 사회적 조직으로 성장해 갔다.

1892년 이들 수천의 교도는 전라도 삼례(參禮)에 모여 교조 최제우에 대한 신원(伸冤)은 물론 신앙과 교단의 자유를 요구하고, 관리와 군졸들의 탄압에 대해 항의하였다.

이에 대해 정부의 태도가 미온적이자 박광호, 손병희를 선두로 각지의 교도들이 서울에 모여 복합상소를 올려 그 목적을 달성하려 하였으나, 정부의 탄압으로 해산되었다. 이에 다시 충청도 보은에 6만의 교도와 농민이 모여 척왜양창의(斥倭洋倡義)를 부르짖었다. 이때 김구도 가담하였다.

"왜국과 서양 오랑캐를 배척하라!"

"탐관오리를 숙청하라!"

"기강을 바로잡아라!"

정부에서는 이들을 회유하여 해산시켰다. 그들이 내세운 것은 이를테면 내정의 쇄신과 외세 배격이라는 일종의 정치 운동이었다.

1890년대에 들면서 사회 상태와 재정 형편이 보다 더 악화되어 도적이 들끓고, 민투(民鬪)가 다시 일어나는 등 관리들의 토색질은 민중의 봉기를 자꾸 부채질하였다.

1892년 전라도 고부군에 부임해 온 군수 조병갑(趙秉甲)은 농민들의 긴박한 사정은 아랑곳하지 않고, 갖은 수단을 써서 농민들을 괴롭혔다.

그는 아버지의 비각을 세우겠다며 1천여 냥을 불법으로 거두어 착복하였고, 구보(舊洑) 밑에 신보(新洑)를 쌓으면서 농민들을 동원하고, 700석의 물세(水稅)를 농민들로부터 강제로 징수하

최제우의 묘

였다. 이러한 조병갑의 처사에 농민들은 격분하여 수차 진정을 했으나, 아무런 효과가 없었다.

이에 동학교도 요접주인 전봉준(全琫準)의 지휘 아래 1천여 명의 교도와 농민들이 봉기하였다. 그의 격문에서 지적하였듯이 그 목적은 창생의 구제에 있었다.

관아(官衙)를 습격, 무기를 빼앗고 부당하게 거두어들인 세곡(稅穀)을 농민들에게 나누어주고 만석보를 파괴해 버렸다. 그리고는 10일 만에 일단 해산하였다.

이 보고를 접한 정부에서는 민투의 책임을 동학교도들에게 돌렸다. 그들을 체포하여 죽이고, 그들의 가옥을 불사르는 등 폭압이 심해지고 탄압이 더욱 커져갔다. 이에 격분한 전봉준 · 김개남(金開男) · 손화중(孫化中) 등 동학교도를 중심으로 한 교도와 농민들이 재차 봉기하였다.

"우리는 보국안민과 제폭구민을 최대의 목표로 내세운다."

그들은 창의문(倡義文)을 살포하고 궐기할 것을 호소하였다.

전봉준의 고택 동학 혁명을 이끈 전봉준의 집. 전라북도 정읍에 위치해 있다. 전봉준은 전라도를 중심으로 사회개혁의 뜻을 펼쳤으나 일본군에 잡혀 사형당했다.

이에 정읍·태인·부안 등 각지의 농민들이 합세하여 동학군의 세력은 수천에 이르렀다. 대부분은 곤봉이나 죽창을 들고, 일부는 각읍의 군기창에서 탈취한 총과 창을 들고 있었다.

교도들은 백산(白山)을 점령하고 축멸왜이(逐滅倭夷)의 구호를 내걸고, 관군과 대결할 태세를 갖추었다. 그들은 5월 초순에 이르러 제1차로 전주에서 출동한 관군을 황토현(黃土峴)에서 쳐부수고, 이어 정읍·고창을 거쳐 무장(茂長)을 점령하였다. 이어 영광을 거쳐 함평에 이르렀다.

이때 정부에서는 홍계훈(洪啓薰)을 양호초토사(兩湖招討使)로 삼아 중앙군의 정예부대 약 8천 명을 거느리고 이를 토벌케 하였다.

그러나 중앙군이 전주에 도착하였을 때는 도망한 자가 많아 그 숫자는 4백 명 정도밖에 안 되었다. 동학군은 홍계훈의 관군을 장성 싸움에서 격멸하였다. 이어 관군의 저항을 받지 않고 전주를 점령하였다.

당황한 정부는 청나라에 군사 파견을 요청하였다. 청은 텐진 조약에 따라 이를 일본에 알려 일본군도 우리나라에 오게 되었다.

정부에서는 승산 없는 전투임을 알아차렸고, 또 청국과 일본군이 출동하여 양군 간의 험악한 분위기가 벌어지자 동학군을 회유하여 해산시킬 필요를 느끼고 휴전을 제의하였다. 이것이 전주 화약이다. 휴전의 조건으로는 동학군이 처음부터 내세웠던 12개의 폐정개혁을 들어주는 것이었다.

폐정의 개혁이란 양반들의 부당한 토색질을 없애고, 외국상인의 부당한 침투를 반대하는 것으로 요약할 수 있다. 동학군은 이 휴전의 조건에 따라 전주에서 철수하여 각기 출신지로 돌아가

* 집강소(執綱所) : 상
설개혁 민정기관

고, 충청도에서 봉기한 동학군도 해산하였다. 또한 전라도 53주·읍에 집강소(執綱所)*를 두어, 동학교도들에게 이를 관장케 하여 폐정개혁에 착수하였다. 이 집강소에서 제기한 요강은 모두 12개 폐정개혁안으로서 탐관오리·양반부호의 횡포 근절, 노비문서의 소각, 신분 차별의 개선, 과부 재가의 허용, 토지 균분제(均分制)의 실시 등이 주요 내용이었다.

동학군의 지도자 전봉준은 집강소를 통하여 폐정의 개혁을 도모하면서 정부의 움직임과 청군과 일본군의 움직임을 주의 깊게 지켜보고 있었다. 그러던 중, 청나라에 이어 1894년 6월 일본군이 갑자기 궁궐에 침입하여 민씨 정권을 제거하고 대원군을 옹립하여 새 정부를 수립하는 한편, 청에 대하여 도발하는 등 심상치 않은 사태가 벌어지게 되었다. 이에 동학도는 또다시 남북접이 합작하여 대대적으로 항일민중 구국 투쟁을 벌이게 되어 두 번에 걸친 혁명이 일어났다.

전봉준은 우리나라를 침략하려는 의도가 분명한 일본에 대한 투쟁을 결심하고, 10월에 동학군을 전주에 집결시켜 다시 일어났다. 이들 동학군의 수는 충청도 지방의 동학군이 합세하니 10만여 명에 이르는 대단한 숫자였다. 그들의 항일구국정신은 하늘을 찌를 듯 사기가 충천하였다. 동학군은 11월 중순 논산에 모여 척왜(斥倭)를 외치며 북진하였다.

"일본군을 모조리 축멸하자!"

이때 우리 조선군은 일본에 의해 무장 해제를 당한 후였다.

"동학군이 다시 일어나 북진하고 있다."

조선군은 이런 보고를 받고서도, 여기에 대처할 묘안이 없었다. 하는 수 없이 일본군이 동학군을 진압하기 위하여 남쪽으로 나왔다. 동학군은 논산을 거쳐 공주의 우금치(牛金峙)에서 관군과 일본군을 만나 7일간 전투를 벌였으나 근대적 무기와 훈련으로 무장된 일본군을 당할 수가 없었다.

이 싸움에서 결정적인 피해를 입은 동학군의 주력 부대는 후퇴를 거듭하여 전주, 태인을 거쳐 전라도 남단까지 후퇴하였다. 재봉기를 꿈꾸었으나, 12월 28일 전봉준이 체포되어 서울로 압송되자 동학군은 더 버티지 못하고 달아났다. 충청도· 황해도· 평안도의 농민군들도 모두 일본군에 의해 해산되었다.

우금치 동학비 우금치에서 퇴각한 동학군은 패퇴를 거듭하였다. 전라도 장흥에 동학군의 넋을 기리기 위해 동학비를 세웠다.

동학 혁명은 초기에는 민투의 양상을 띠었으나, 정부의 수습책이 미흡하자 점차 대대적인 민중 혁명의 성격으로 변해갔다. 동학 혁명은 안으로는 봉건적 체제에 반대하여 노비 문서의 소각, 토지의 평균분작 등 개혁 정치를 요구하였고, 밖으로는 외세의 침략을 물리치려는 반봉건, 반침략의 근대 민족 운동의 성격을 띤 것이다.

동학 혁명은 반봉건적 성격과 반침략적 성격 때문에 당시의 집권 세력과 일본 침략 세력의 탄압을 동시에 받아 실패하고 말았다. 그러나 양반들에 대항하는 개혁 정신과 외세의 침투에 정면으로 항쟁한 반침략성과 반봉건투쟁을 내포했다는 점에서 역사적으로 큰 의의를 가진다. 그 후 동학 혁명의 정신을 이어 3· 1 운동 등 민족 운동이 8· 15까지 줄기차게 일어났다.

침략을 전제로 한 청·일 전쟁

3일 천하의 갑신정변이 실패로 돌아가자 우리나라에 대한 정치적 침략을 저지당한 일본은 이를 만회하려고 기회를 엿보고 있었다. 때마침 조선에서 동학 혁명이 일어나자 일본은 이 기회를 놓치지 않았다. 고종이 청국에 원병을 요청하자 청국에서는 즉시 요청을 받아들여 군함과 원병을 보내는 한편, 앞서 일본과 체결한 톈진 조약에 의거하여 '군사를 조선에 출동시켰다.' 는 내용을 통고하였다. 그러자 일본은 '일본인을 보호한다.' 는 구실로 대대적인 병력을 조선에 주둔시켰다.

당시 동학 혁명군은 정부와의 휴전이 성립되어 진주에서 철수하게 되자 조선 정부는 청국과 일본에 '군대를 철병하라.' 고 요구하였다. 동학 혁명군이 휴전으로 철수하였으니 애당초 원병을 요청한 때와는 정세가 달라져 원병이 주둔할 필요가 없으니 철수하라는 내용이었다. 그러자 일본은 청나라에 조선의 내정에 공동 관여하여 내정을 개혁하자고 제의하였다. 그러나 청이 이를 거절하자 단독으로 내정 개혁을 선언하고, 병력을 더욱 증파하여 서울과 인천에 주둔시키기에 이르렀다. 일본군은 주둔지에서 위협적인 시위를 벌여 그들의 우월성을 과시하였다.

이와 때를 같이하여 일본의 세력을 등에 업은 개화당 친일파들이 암약하였다. 정권을 잡으려고 일본과 접촉을 벌여 그들의 침략 야욕을 부채질한 것이다.

일본공사는 6월 21일 새벽 일본군 2개 대대의 병력을 인솔하고 궁중으로 난입하여 왕에게 배알하고, 10시에는 대원군을 모셔

들어왔다.

"그동안 올바른 정치를 하지 못하였다."

왕은 이 같은 이유로 민씨 일파를 몰아내고, 정치를 대원군에게 위임하였다. 일본군의 세력에 의해 대원군이 다시 정권을 잡게 되었으며, 민씨 정권도 일본군에 의해 무너지고 말았다.

민씨 정권을 몰아낸 일본군은 7월 25일 남양만 풍도 앞바다에서 청국 군함에게 포격을 가하여 해전을 벌였다. 이로써 침략을 전제로 한 청·일 전쟁의 막을 열었다. 이 해전에서 청국 군함이 피해를 입어 청국군 900여 명이 숨졌다. 전쟁은 의외로 일본에게 유리하게 전개되어 도처에서 승리를 거두었다.

일본의 육군은 성환 전투와 평양 전투에서 연전연승하였다. 그 여세를 몰아 요동(遼東)을 공격했고, 일본 해군은 아산만과 서해에서 청국 해군을 격파하였으며 여순과 위해위(威海衛)에서는 육군과 해군이 합동작전을 벌여 승리하였다.

이에 힘의 열세를 느낀 청국에서는 화의할 것을 제기해, 1895년 4월 17일 마침내 화의가 설립되어 시모노세키 조약(下關條約)을 체결하였다.

이로써 일본은 우리나라에서 위치를 확고히 굳혔으며, 승전의 대가로 청국으로부터 요동 반도, 대만, 팽호 열도 등을 물려받았다.

그러나 하관 조약이 체결된 지 일주일도 못되어 러시아·프랑스·독일 등 3국이 요동 반도의 할양을 중지시켰다(3국 간섭). 당시 일본은 힘의 열세를 깨닫고, 3국의 간섭에 굴복하여 요동 반도를 내주었다. 이를 계기로 러시아의 남하 정책이 본격화되고, 뒤에 러·일 전쟁이 일어나게 되었다.

이렇게 러시아의 세력이 두드러지게 나타나자 우리나라 정계에도 친일파가 주춤하고, 친러파가 득세하였다. 러시아 공사 웨베르는 더욱 정치적 수완을 발휘하여 왕비 민씨의 환심을 사 궁중을 무대로 비밀외교를 벌였다.

웨베르의 외교가 성공을 거두어 친일파 내각인 김홍집(金弘集) 내각이 물러나고, 박정양(朴定陽)이 내각을 조직하였다. 이 조각에는 박영효의 힘이 뒤에서 작용하여 대부분이 친서구파로 된 내각이 탄생하였다. 이 내각에 이완용(李完用)이 처음으로 등장하였다. 대부분의 사람들이 예전 갑신정변 때 민씨 일파를 제거한 신지식이라 민비와 사이가 좋지 못했다.

여기서 민비는 정치적 수완을 발휘하여 제1차로 박영효를 역적으로 몰아 내쫓고, 친일파들을 하나둘씩 내보냈다. 이러한 민비의 속셈을 안 친서구파들은 당시 가장 세력을 떨치고 있는 러시아파를 중심으로 친러 내각을 조직하고자 하였다. 이에 맞서 친일파들은 일본 세력을 배경으로 자기들의 세력을 회복하고자 하였다.

청일 전쟁 때의 청군 포로

이야기 한국사

이때 대원군은 갑오년에 잠시 정권을 잡았다가 청국의 세력과 제휴했다는 이유로 쫓겨나 공덕리 별장에서 구차하게 여생을 보내고 있었다. 일본의 낭인(浪人)들이 자주 대원군을 별장으로 찾아가 대원군과 야합하여 민비 제거의 음모를 꾸몄다는 소문도 뒤에 나돌았다.

을미년 9월 일본 공사 미우라(三浦)가 부임해 왔고, 그해 10월 8일 새벽에 일본의 낭인 오카모토(岡本) 등이 지휘하는 일당들이 경복궁으로 향하였다.

홍계훈의 궁중 시위대와 일본 군인과 낭인의 일대가 처음으로 충돌을 일으켰고 이를 저지하던 홍계훈이 쓰러졌다. 일본군 일당은 계속하여 건청궁(乾淸宮)으로 침입하여 궁내대신 이경직을 죽이고, 이어 숨어 있는 민비를 잔혹하게 제거했다. 그들은 명성황후의 시체마저 그대로 태워 버렸다. 10여 년간 대원군과 엎치락뒤치락하는 골치 아픈 전쟁을 벌였던 여걸 명성 황후는 마침내 푸른 연기로 변했다.

갑오 · 을미개혁

동학 혁명을 핑계로 우리나라에 침입한 일본은 군대를 출동시켜 경복궁을 강제로 점령하고 명성 황후를 중심으로 한 수구파를 몰아내고 대원군을 입궐시켜 정권을 맡도록 하였다. 일본은 우리나라에 대한 지배력을 공고히 하기 위해 공동으로 군대를 철수하자는 청국의 요구를 거절하고, 단독으로라도 개혁하겠다고 나섰다.

일본공사 오토리는 국왕을 만나 우리나라의 내정개혁을 단행하겠다고 제의하고, 그 개혁의 방안으로 5개의 기본 방침을 제시하였다.

1. 중앙과 지방 제도의 개정 및 인재 등용
2. 재정의 정리와 부원(富源) 개발
3. 법률의 정돈과 재판법의 개정
4. 안녕 질서의 보존과 군비 시설의 확충
5. 교육 제도의 확립 등

또 정치적으로는 청국과의 주종 관계를 끊을 것을 강요하였다. 청국의 원세개가 청국이 불리함을 미리 알고 본국으로 돌아가자 조정에는 다시 친일파인 김홍집 내각이 조직되었다.

7월에는 개혁의 중추기관인 군국기무처(軍國機務處)가 설치되었고 관제를 고쳐 궁중과 부중을 분리시켜 의정부와 궁내부를 두었다. 의정부 밑에 내무 · 외무 · 탁지(度支) · 군무 · 법무 · 학무 · 공무 · 농상무(農商務)의 여덟 개 아문(衙門)과 부속기관으로 군국기무처와 도찰원(都察阮) · 중추원(中樞阮) · 의금사(義禁司) · 회계심사원(會計審査阮) · 경무청(警務廳)을 배치했다. 궁내부 아래에 왕실의 사무를 분담하는 여러 기관을 두고, 의정부 장관을 총리대신, 궁내부와 여덟 개 아문의 장관을 대신이라 불렀다. 이와 같은 관제의 개혁 이외에도 여러 조항이 있었다.

1. 청국과의 조약을 폐지할 것
2. 개국 기원을 사용할 것

3. 문벌과 신분계급을 타파할 것

4. 인재를 등용할 것

5. 문존무비(文尊武卑)의 사상을 없앨 것

6. 복제(服制)를 개정할 것

7. 노비 제도를 폐지할 것

8. 조혼을 금지할 것

9. 부녀의 재가를 허용할 것

그러나 국민의 신뢰를 받지 못해 실효를 거두지 못하였다.

경제적 개혁으로는 통화의 정비와 세금의 금납(金納制) 실시 및 도량형의 통일, 은행·회사의 설립 등이 시도되었다.

이러한 여러 항의 개혁안은 사실상 조선 근대화에 긴요한 것이었으나, 한 번도 실행에 옮겨지지 못했다. 그리하여 제2차 개혁인 을미개혁(1895)이 개시되었다. 군국기무처가 없어지고 김홍집·박영효의 연립내각이 이를 합동으로 추진하였다.

얼마 후 대원군이 청나라와 내통했다는 이유로 정계에서 쫓겨나고, 갑신정변 때 망명했던 박영효·서광범 등을 귀국시켜 친일내각을 구성하였다. 한편 군국기무처를 폐지하고, 왕으로 하여금 종묘에 나아가 독립서고문을 바치고 홍범(洪範) 14조를 들어 개혁의 추진을 서약하도록 하였다.

홍범 14조의 내용은 다음과 같다.

1. 청국에 의존하지 말고 자주독립의 기반 확립

2. 왕실과 국정 사무의 분리

3. 예산의 편성으로 재정 확립

4. 지방 행정 구역을 13도로 개편

5. 사법권의 독립

6. 경찰권의 일원화

7. 연좌제·고문제의 폐지

8. 과거 제도의 폐지

9. 소학교의 설립

10. 각 관아의 직무와 권한의 구분

11. 징병법 제정과 실시

12. 관제의 개혁과 인재의 공정한 등용

13. 민법과 형법의 제정

14. 세법에 의한 세금 징수

그러나 이 같은 개혁의 조항은 내각의 무력함과 청·일 전쟁에서 승리한 일본이 지나치게 간섭하였기 때문에 점점 주체성을 잃었고 민중의 지지를 얻지 못하였다. 더구나 박영효가 주도한 이 개혁은 민씨에 의해 그가 축출되자 맥없이 흐지부지되고 말았다. 특히 민비를 시해한 을미사변을 계기로 의병이 일어났고 동학 혁명에 참여했던 사람들도 이에 합류하였다. 민중의 반감을 산 친일 내각은 무너지고, 개혁도 중단되었다.

갑오개혁의 내용은 개항 후 일어난 개혁 운동과 일맥상통 한다. 하지만 추진 과정에서 일본이 주도함으로써 일본 침략의 계기가 되기도 하였고 갑오개혁, 을미개혁의 추진은 일본의 강요에 의하여 착수되었다. 뿐만 아니라 그 결과도 일본의 조선 침략을 용이하게 하려는 체제 개편에 불과했다고 하여 부정적으로 평가되기도 한다. 타율적인 개혁이었다는 것이다.

그러나 일본의 개혁 강요가 있기 이전에 이미 갑신정변이나 동학 농민 혁명에 의하여 개혁 운동이 일어났고, 갑오개혁, 을미개혁은 사실상 조선의 개화파 관료들에 의하여 이루어졌다. 또한 개혁의 결과도 근대화 과정에 있어서 대단히 중요한 정치, 경제, 사회의 일대 개혁이었다는 점에서 제한적이나마 그 개혁의 자율성이 인정되고, 개혁의 방향이 긍정적으로 평가되고 있다.

아관파천

민비(명성 황후)를 시해한 을미사변(1895)을 계기로 하여 일본에 대한 조선의 감정은 극도로 악화되었다. 각지에서 의병항쟁이 일어나자 정국이 소란해졌다. 러시아의 웨베르 공사는 공사관을 보호한다는 구실로 수병(水兵) 100명을 서울로 데려왔다. 기회를 노리고 있던 친러파인 이범진(李範晋) 등은 웨베르 공사와 공모하여 1896년(건양 원년) 2월 11일 새벽, 국왕과 세자를 여성용 교자에 숨겨 러시아 공사관으로 들어갔다. 이는 차라리 유폐나 다름없었다. 국가의 상징인 왕이 남의 나라 공사관 밀실에서 유폐 생활을 하게 된 것이다. 강대국과 신하들의 정권 싸움에 휘말린 왕의 운명도, 앞길을 헤아릴 수 없게 되었다. 왕을 일개 정권의 상징으로밖에 보지 않은 당시의 정객들은 친일파나 친러파를 막론하고 모두 왕을 어떻게 하면 자기들 마음대로 움직여 정권을 잡아볼까 하는 생각뿐이었다. 왕의 아관파천 내면에는 다음과 같은 음모가 있었다고 한다.

을미사변으로 명성 황후가 시해되자 정식으로 왕을 모실 사람이 없었으므로, 자연 지밀(至密) 상궁이 왕의 좌우에서 시중을 들게 되었다. 이때 상궁은 엄상궁으로서 그의 출신은 미천하였으나, 일찍이 궁중에 들어와 왕의 총애를 받았다. 엄상궁도 명성 황후가 생존했을 때에는 한때 생명의 위협까지 받았으나, 명성 황후가 피살된 후부터는 왕비나 다름없이 위세를 부리며 왕을 모시게 되었다.

　　친러파인 이범진, 이윤용, 이완용 등은 엄상궁에게 은밀히 돈 4만 냥을 뇌물로 주어 왕을 건청궁에서 러시아 공사관으로 모시게 하였던 것이다.

　　명성 황후가 살해된 후 왕의 심경은 불안하기 짝이 없었다. 일본 잔당들이 어느 때 또 나타나 자기에게 무슨 해를 입힐지 모른다는 불안과 공포 속에 싸였던 것이다. 이러한 왕의 심정을 꿰뚫어 본 엄상궁이 잠시 몸을 피하자는 제의를 하니 왕은 즉시 실행에 옮겨 건청궁에서 신무문까지 걸어 나와 러시아 공사관 지하 밀실로 들어갔던 것이다. 밝은 곳을 버리고 어두운 곳으로 들어가는 왕의 심사도 가련하였다.

　　왕의 일행이 러시아 공사관에 도착하자 대문 밖에 대기하고 있던 친러파들이 왕을 옹호하여 들어가려 하였다. 러시아 공사는 왕과 세자만을 들여보내고 다른 사람은 접근도 못하게 제지하였다. 왕은 완전히 감금 상태에 있었다. 왕은 "그래도 나는 여기가 편안해." 할 정도였다. 이후부터 왕을 배알하기 위해서는 누구를 막론하고 러시아 공사의 승인을 받아야 했으며, 오직 통역 김홍륙(金鴻陸)만이 출입할 수 있게 되었다.

　　정치는 하루아침에 변하여 친러파의 손으로 넘어갔다. 지금까지 정권을 잡았던 친일 세력의 총리대신 김홍집과 상공대신 정병하(鄭秉夏)는 역적의 죄명으로 경복궁 앞에서 군중들에 의해 무참히 살해되고, 어윤중(魚允中)은 용인에서 목숨을 잃었다. 유길준, 조희연, 장박, 권영징, 이두황, 우범선, 이진호, 이범래 등의 친일파는 일본으로 망명하기에 이르렀다.

새로운 친러 내각에는 이범진이 법무대신, 안경수가 경무사(警務使)가 되어 실권을 장악하였다. 특히 통역 김홍륙은 일찍이 러시아 지방으로 달아나 러시아어를 잘 하였기 때문에 이때의 정치는 러시아공사 웨베르와 김홍륙의 손에 의해 좌우되었다.

이와 같이 러시아는 우리나라 내정에 강한 영향력을 행사하여 각부의 고문을 모두 러시아인으로 임명하고, 러시아 무기가 수입되어 은행, 러시아어 학교까지 설립되었다. 세상은 완전히 친러파의 시대로 돌아갔다. 탁지부 고문인 러시아인 알렉세프ALekccev는 마치 재무부 장관처럼 이권을 농락하여 경인철도 부설권은 미국인 모어스에게, 경의선은 프랑스 사람 그릴르에게 넘겨주었다. 함경도의 광업은 러시아 사람 니시첸키스에게, 압록강 유역의 벌채권은 역시 러시아의 푸리넬에게 나누어 주었다. 또 평북의 운산 금광은 미국인에게, 강원도 금성군 당현(堂峴)의 금광권은 독일 사람에게 넘겨주는 등 이권에 관여하여 막대한 소개료를 착복하였다.

우리 국민은 이러한 상태를 맹렬히 비난하였으며 특히 독립협회의 국왕 환궁 요구와 이권양도 반대 운동은 거국적인 지지를 얻었다.

민권 운동 펼친 독립협회

아관파천에 의하여 김홍집의 친일 내각이 무너지고 친러파 정권이 성립되자 일본의 침략 세력은 일단 견제되었다. 그러나 국왕이 러시아 공사관 지하실에서 눈치만 보며 머무르고 있는 동안 러시아를 비롯한 열강의 이권 침탈은 더욱 심해졌고, 집권층은 친러 수구적인 모습을 드러냈다.

이러한 시기에 갑신정변의 주동자로 미국에 망명했던 서재필이 12년 만에 귀국하였다. 그는 자유 민주주의적 개혁 사상을 민중에 보급하여 민중의 힘으로 자주 독립 국가를 수립하고자 동지를 앞세워 〈독립신문〉을 창간하고, 독립협회를 창립하였다 (1896).

독립협회는 서재필을 비롯하여 윤치호, 이상재, 남궁억 등 근대 사상과 주체적 개혁 사상을 지닌 진보적 지식인들이 그 지도부를 형성하였다. 이에 따라 자본주의 열강의 침탈과 수구적 지배층의 압제에 불만을 가진 도시 시민층이 주요 구성원을 이루었다. 그리고 학생, 노동자, 부녀자 및 해방된 천민 등 광범한 민중 사회 계층의 지지를 받았다.

독립협회의 지도층은 갑신정변과 갑오개혁 같은 개혁 운동이 여성을 포함한 민중의 지지기반이 없어 실패로 끝난 사실을 거울삼아 우선적으로 민중을 일깨우기 위한 민중적 저변 확대 운동을 벌였다.

그들은 첫 민중 계몽 사업으로서 국민의 성금을 모아 치욕의 대명사인 청나라 사신을 맞아들인다는 영은문을 헐어버리고 무악재가 보이는 그 자리에 독립문을 세웠다. 이어 독립문 근처에 있던 모화관을 독립관으로 개조해 활용하는 등 국민의 자주 독립의식을 고취시켰다. 또 각종 크고 작은 강연회와 토론회를 개최하고 신문과 잡지를 발간하여 근대적 지식과 국권·민권 사상을 고취시켜 민중을 계도하였다. 이러한 애국 계몽 운동으로 점차 민중의 근대적 정치의식이 향상되고, 시민들의 호응과 참여도가 높아졌다. 독립협회는 민중 속에 뿌리를 내리게 되었다. 그 후 독립협회와 독립신문이 정부의 외세 의존적인 자세를 비판하자 독립협회에 참여하였던 관료들은 대부분 이탈하였지만, 독립협회는 오히려 민중적 사회단체로 발전되어 갔다.

독립협회 회원은 국권과 민권 운동을 전개해 나갔다. 이 무렵 러시아의 침략적 간섭은 여전하였고, 열강의 이권 침탈은 더욱 심해져 갔다. 이에 독립협회 회원들은 우리나라 최초의 근대적 민중 대회인 만민공동회를 서울 종로 중심지에서 열었다(1898). 비록 백정 출신이나 박성춘은 1898년 만민공동회에서 이렇게 외쳤다.

나는 대한의 가장 천한 사람이고 무지 몰각합니다. 그러나 충군 애국의 뜻을 대강 알고 있습니다. 이에 이국편민(利國便民)의 길인 즉, 관민이 합심한 연후에야 가하다고 생각합니다. 저 차일에 비유하건대, 한 개의 장대로 받친즉 역부족이나, 많은 장대를 합한즉 그 힘이 공고합니다. 원컨대 관민이 합심하여 우리 황제의 성덕에 보답하고, 국운(國運)이 만만세 이어지게 합시다.

1만여 명의 시민과 학생들이 모인 가운데 종로 광장에서 열린 만민 공동회에서는 러시아의 침략 정책을 규탄하고, '대한의

〈독립신문〉

자주 독립권을 지키자.'는 내용의 결의안을 채택, 정부에 강력히 건의하여 관철시켰다.

이후 독립협회는 수시로 만민공동회를 열고, 민중을 배경으로 외국의 내정 간섭과 이권 요구 및 토지 조차(租借) 요구 등에 대항하였다. 그들은 우리의 국권과 국익을 수호하려는 자주 국권 운동을 전개해 나갔다.

자주 국권 운동이 전개되는 과정에서 민중의 힘이 증대되고 민권의식이 고양되어 자유 민권 운동도 동시에 힘차게 전개되었다. 국민의 기대 속에 독립협회는 국민의 신체 자유권, 재산권, 언론·출판·집회·결사의 자유 등을 확보하려는 운동을 전개하여 큰 성과를 거두었다.

민의를 국정에 반영하여 근대 개혁을 추진하려는 국민 참정 운동은 만민공동회의에서 채택된 '헌의 6조'에 잘 나타나 있다.

그 후 독립협회는 전국 각지에 지회를 설치하고, 4천여 명의 회원을 가진 민중의 대표기관으로 성장하였다. 놀라운 신장세였다. 독립협회는 민중 운동을 통하여 수구파 내각을 퇴진시키고, 박정양의 진보적 내각을 수립하게 하는 데 뜻을 모았다. 나아가 정부와 협상을 벌여 관선 의원과 민선 의원을 같은 수로 하는 의회식 중추원 관제를 반포하게 하여 우리나라 역사상 최초로 민의의 전당인 국회가 설립될 단계까지 이르렀다.

그러나 위기에 몰린 보수 세력은, 고종에게 독립협회가 왕정을 폐지하고 공화정을 실시하려 한다고 모함하여 박정양 내각을 무너뜨리고 독립협회도 해산시키고 말았다. 이에 서울 시민들은, 만민공동회를 열어 50여 일간의 시위 농성을 통하여 독립협회의 복설, 개혁과 내각의 수립, 의회식 중추원의 설치 등을 요구하면서 격렬한 투쟁을 벌였다. 그러나 정부는 황국협회를 이용하여 만민공동회를 무력으로 탄압하였고, 병력을 동원하여 민중들의 활동을 봉쇄하였다. 더욱이 열강 세력의 압력이 가중되어 서재필은 다시 미국으로 떠났고, 거기서 세상을 떠났다.

1994년 4월 미국에 있던 그의 유해는 전명운 의사의 유해와 함께 들여와 국립묘지에 안장되었다.

독립협회가 갖는 역사적 의미는 독립협회의 활동 과정에서 나타난 자주 국권 사상, 자유 민권 사상, 자강 개혁 사상으로 요약될 수 있다.

첫째, 자주 국권 사상은 국가의 자주와 평등 및 국가 주권의 확립을 통하여 자주 독립의 주된 국가를 수립하려는 선각자들의 애국적이고 근대적 민족주의 사상이었다.

'열강의 침략으로부터 민족적 위기를 극복하는 길은, 외국에 의존하지 않고 스스로의 힘으로 국권을 지키는 것이다.'

　독립협회는 이같이 굳게 믿었다. 독립협회는 민중을 배경으로 정부에 압력을 가하여 열강의 내정 간섭과 무수한 이권 요구를 물리치는 등 주체적이고 우리 실정에 맞는 자주 국권 운동을 펴나갔다.

　둘째, 자유 민권 사상은 국민의 자유와 평등 및 국민 주권의 확립을 통하여 근대 국민 국가를 수립하려는 민주주의 사상이었다. 독립협회는 민중에게 민권 의식을 고취시키고 자유 민권의 민주주의 이념을 사회 일반에 전파하였다.

독립문 독립협회가 우리나라의 독립을 선언하기 위해 세운 문. 청나라 사신을 영접했던 영은문에 세워졌으며, 비용은 국민 모금을 통해 충당했다. 프랑스의 개선문을 본뜬 것으로, 서재필이 직접 스케치했다.

그로부터 20여 년 뒤인 1919년 4월 민족 독립투사 이동녕, 김구, 이시영 등 40여 명은 중국 상해에 대한민국 임시정부(1919~1945)를 수립 27년간 민주공화정 체제를 계속 유지해 왔다.

셋째, 자강 개혁 사상은 정치·경제·사회·문화 등 국정 전 분야에 걸친 일대 변혁을 통해 국력을 배양하려는 주체적인 근대화 사상이었다. 독립협회는 과거의 개화 세력과는 달리, 민중을 개화 운동과 결합시켜 근대적 민중 운동을 전개한 것에서 민족 발전사적 의미를 찾아야 할 것이다.

대한제국의 출범

아관파천 1년 만인(375일) 1897년 2월에 고종은 내외의 여론과 독립협회의 자주적 제국 건설 열망에 힘입어 러시아 공사관 지하실에서 지금의 덕수궁으로 환궁하였다. 이어 8월 국호를 대한제국, 연호를 광무라 고친 다음 왕을 황제라 칭하여 자주 국가임을 내외에 선포하고, 10월 12일 정식으로 즉위식을 거행하였다. 대한제국은 안으로는 외세의 간섭을 막고 자주 독립의 근대 국가를 세우려는 국민적인 자각을 바탕으로 밖으로는 조선에서 러시아 독점 세력을 견제하려는 국제적인 여론의 뒷받침을 받아 성립되었다.

대한제국의 집권층은 갑오·을미개혁의 급진성을 재검토해야만 올바른 개혁을 기약할 수 있는 것이라며 점진적인 개량을 추구하였다. 광무 정권의 시정 원칙을 살펴보면 옛 제도를 본체로

하고, 새로운 제도를 참작한다는 구본신참(舊本新參)이었다. 이 원칙은 정치면에서 전제 황권의 강화로 구체화되고 이러한 복고적 정책은 입헌 군주제와 의회 설립을 주장하는 독립협회의 정치 개혁 운동을 탄압할 수밖에 없었다. 그리고 대한제국이 1899년에 제정한 대한국제(大韓國制)는, 대한제국이 전제 정치 국가임을 나타낸다. 통수권·입법권·행정권·사법권·외교권 등을 모두 황제의 대권으로 규정하였다.

또한 대한제국은 경제면에서 양전(量田) 사업과 상공업 진흥책을 전개해 나갔다. 국가적인 사업인 양전 사업은 과거의 누적된 폐단의 하나인 전정(田政)을 개혁하여 민생을 안정시키고, 국가 재정을 확보하려는 것이었다. 이 양전 사업으로 최초로 근대적 토지 소유권 제도라 할 수 있는 지계(地契)가 발급되었다.

정부의 상공업 진흥책이 실시되어 섬유, 철도, 운수, 광업, 제지, 금융 분야에서 근대적인 공장과 회사들이 각지에서 설립되었다. 상공업 진흥책에 따라 실업 교육이 강조되었고, 근대 산업 기술을 습득하기 위해 외국에 유학생이 파견되었으며 각종의 실업 학교와 기술 교육 기관도 설립되었다. 이어 교통, 통신, 전기, 사회사업, 의료 등 각 분야에 걸친 근대적 시설이 도시를 중심으로 서서히 다른 지역에까지 확충되어 갔다.

당시 대한제국으로서는 새롭게 고친 것이 많았다. 우선 왕후의 호칭은 황후로, 왕세자는 황태자로, 대원군은 대원왕으로 승격하여 부르게 하였다. 신하들은 황제를 부를 때는 폐하로, 황태자에게는 전하라는 존칭을 쓰게 되었다.

대한제국은 수립과 함께 정부에서는, 국민의 자주 독립 의식의 고조에 힘입어 서울에 무관학교(武官學校)를 새로 설립하고,

근대식 군사훈련을 통한 국방 체제의 확립을 꾀하였다.

또 국어와 국사교육을 강화하여 민족 문화를 수립하고자 하였다. 근대식 교육을 보급하는 한편 유학생의 해외 파견에도 힘을 기울였다. 그러나 이러한 개혁 정책은 입헌적 전제체제를 수립하기 위한 것이었으므로 한계가 분명히 드러났다.

대한제국의 경제, 교육, 시설면에서 이루어진 근대화 시책은 실제적으로는 별 효과를 거두지 못하였다. 대한제국의 집권층은 진보적 정치개혁 운동을 탄압하여 국민적 결속을 이루지 못하였고 외국의 침략을 적극적으로 저지할 수 있는 자체의 힘이 없었으므로 결국 일제에 강점당하는 비운을 맛보게 되었던 것이다.

러·일 전쟁

한반도에서는 남진 정책을 펴는 러시아와 대륙 진출을 꾀하는 일본의 충돌이 아관파천을 계기로 더욱 치열해졌다. 동삼성(만주)에서 각종 이권을 얻은 러시아는 다시 한국에서 일본의 우위를 위협하였다. 이러한 러시아의 위협에 청·일 전쟁의 참화(慘禍)만은 피해보자는 의도 아래 협상을 시작하였다. 러시아의 니콜라이 2세 대관식에 참석한 일본 대표는 39도선을 경계로 러시아와 일본이 우리의 의사와는 관계없이 서로 분할 점령할 것을 제의했으나 러시아는 이를 거절하였다. 그러나 일본은 러시아의 남진 정책을 극력 저지하려는 영국과 영·일 동맹을 맺었다. 형세가 유리해지자 이번에는 한 걸음 더 나아가 일본의 우위권 인정과 조선 철

도의 동삼성 연장 부설을 요구하였다. 이에 대해서 러시아는 조선
의 독립을 보존하고 군사적인 목적으로 조선 영토를 이용하는 것
에 반대하였다. 이어 한반도를 39도선을 경계로 분할하여 이북의
중립화를 유지하고 만주에서 이익권을 거부하겠다고 주장하였다.

러·일 양국의 양보 없는 이권 쟁탈전은 이와 같이 서로 엇갈
려 타협할 수 없었다. 마침내 광무 8년(1904) 2월 6일 일본은 러
시아에 최후통첩을 보내고 10일의 선전포고에 앞서 8일 인천 근
방에서 러시아 군함을 공격하였다. 이로써 전쟁이 벌어졌다. 전쟁
은 예상을 뒤엎고 일본측에 유리하게 전개되었다. 서울에 주재하
던 러시아 공사는 서울을 떠나 인천으로 달아났으며, 그 밖의 러
시아 사람들도 당황하여 러시아 공사와 함께 도망하였다.

13일에는 일본군 5만 명이 서울로 들어오게 되었다. 대단한
병력이었다. 형세가 이렇게 되자 친러파들은 갑자기 친일파로 변

하여 일본공사관으로 모여들었다. 갑자기 들이닥친 일본군 5만 명을 수용하기 위하여 학교와 공공건물이 징발되었다. 그뿐 아니라 일본군이 보급품을 운반하는데 10리에 10전씩의 임금이 지불되었으므로 농민들은 모두 앞을 다투어 보급품을 운반해 주었다. 당시 대한제국의 물가와 비교해 보면, 10전의 임금은 비교적 비싼 운임이었기 때문에 동원 책임자들은 중간에서 중개료로 5전씩을 떼어 먹는 일까지 있었다. 일본군은 휴식을 취하거나 야영을 하게 되면 말의 사료나 연료 등도 모두 후한 값으로 사서 사용하는 등 침략의 발판을 마련하기 위해 간사한 선심공세를 폈다.

1904년 2월 23일 한국과 일본은 전문 6조로 된 한일의정서 (韓日議定書)를 체결하였다. 이 조약의 내용은 다음과 같다.

일본이 한국의 독립과 영토의 보증, 시설의 개선에 대한 권고 등을 비롯하여 일본군에 적극 협력하고 전략상 필요한 지점은 언제든지 사용할 수 있다.

이는 일본의 강압에 못 이겨 체결된 것이었다.

8월 23일에는 제1차 한일협약이 맺어져 한국 정부의 재무·외교·문교 등의 주요 부문에 일본이 적극 간섭할 것을 승인하게 되니 사실상 일본의 고문통치가 시작된 것이다.

그해 9월 4일 일본군은 요양(遼陽)전투에서 승리하고, 14일에는 사합(砂合) 전투에서 계속 승리하였으며, 광무 9년(1905) 3월 10일 봉천(奉天)의 대회전에서 러시아군이 결정적인 타격을 입었다. 이어 5월 27일에는 일본 해군이 러시아의 주력 함대를 대마도에서 격파하여 대승을 거두었다. 이 무렵 러시아에서는 혁명이 일어나 전쟁은 확실히 일본의 승리로 굳어지게 되었다. 그리하여 8월 10일 미국 대통령 루스벨트의 중재로 포츠머스 강화조약이 체결되고, 러·일 전쟁은 막을 내렸다.

이 조약에 의하여 일본은 미국·영국으로부터 한국에서의 정치·군사·경제상의 특수 이익을 보장받았다. 또한 필요에 따라 한국을 지도, 보호, 감리(監理)할 수 있는 권리까지 가지게 되었다. 이를 계기로 일본은 한국을 식민지화할 수 있는 확고부동한 발판을 마련하고 동삼성으로 침략할 수 있는 길을 터놓았다.

원천 무효, 을사 조약

러시아·미국·영국 등 강대국으로부터 한국에 대한 지배권을 승인받은 일본은 일진회(一進會) 등 친일단체를 조직 포섭하여 을사 조약의 필요성을 여론화였다. 한편 이 조약의 체결을 위해 이토(伊藤博文)를 한국에 파견하였다. 이들 일행은 군대로 궁궐을 포위하고, 황제와 대신들을 위협하여 을사 조약에 조인할 것을 강요하였다.

이에 참정대신 한규설(韓圭卨) 등 몇몇 대신은 완강히 조인을 거부했으나, 박제순(朴齊純), 이지용(李址鎔), 이근택(李根澤), 이완용(李完用), 권중현(權重顯) 등 다섯 명의 대신이 조약 체결에 찬성함으로써 1905년 11월 17일 을사 조약이 체결되었다. 이들을 을사오적(乙巳五賊)이라 한다.

을사 조약의 내용은 다음과 같다.

1. 일본 외무성이 한국의 외국에 대한 관계 및 사무를 통리 지휘 한다.
2. 차후로는 한국 정부가 일본정부를 거치지 않고는 어떠한 국제적 조약이나 약속도 할 수 없다.
3. 한국 황제 밑에 1명의 통감을 두어 한국의 외교에 관한 사무를 관리한다.

이로써 대한제국은 독립 국가로서의 지위를 잃고, 일본의 보호국이 되고 말았다. 우리 역사의 치욕이었다.

다음날 이 소식이 전해지자 언론이 앞장서 여론을 환기시켰고, 조약의 취소를 호소하는 상소문이 날아들었다. 연설과 시위로 조약을 반대하는 시위가 일어났으나, 일본군의 무력에 밀리고 말았다.

울분을 참지 못한 시종무관 민영환(閔泳煥)은 '동포에게 고함(訣告同胞)'이라는 유서를 써놓고 자결하였으며, 조병세도 뒤따랐다. 영국 주재 한국공사 이한응은 을사 조약이 체결되기 전에 의분을 참지 못해 먼저 자결하였다.

크게 일어나는 의병 운동

최초의 의병 활동은 을미사변과 단발령을 계기로 시작되었다. 충주 · 제천 등지에서 유인석, 이소응, 허위 등이 일어난 이후 전국에서 항일 투쟁 의식이 높아지고 있었다. 이런 분위기 속에 을사 조약이 체결되자 이를 무효화해야 한다는 강력한 의병 운동이 일어났다.

　홍주에서는 민종식이 의병을 일으켰다. 전북 순창에서는 최고 선비 최익현(崔益鉉)이 제자 임병찬(林炳瓚)과 더불어 의병을 일으켜 항전하다 대마도로 유배되어 단식 끝에 죽었다.

　평민 출신 신돌석 의병대장은 3천 명을 이끌고 평해·울진 등지에서 일본수비대를 맞아 격렬하게 싸워 이겼다. 조병세, 이상설, 안병찬 등은 상소를 올렸고, 나철, 오기호 등은 5적 암살단을 조직, 적극 항쟁을 폈다. 이후부터 우국지사들이 들고 일어나 항일의 기세는 들판의 거센 불길처럼 꺼질 줄을 몰랐다.

　1907년 8월 1일에 군대가 강제로 해산되자 서울에 주둔해 있던 시위대 소속 제1대대 대대장 박성환(朴星煥)이 서소문 병영에서 항일을 외치고 자결했다.

　"더 이상 버틸 수 없다. 이런 비통한 일이 어디 있겠는가."

신돌석 생가 구한말 의병대장인 신돌석은 을사 조약 체결 후 일본에 무력으로 저항하며, 일본군에 큰 타격을 주었다.

이것을 계기로 한일 양국 군대 간에 일대 격투가 벌어져 양쪽에 많은 사상자를 냈다. 이 같은 거사는 한국 군인으로서의 용감한 의기를 보여주는 쾌거라 할 수 있으나, 기울어져 가는 국운을 바로잡기에는 너무나 힘이 부족하였다.

해산된 군인들이 의병에 가담하니 최신 전술·전략으로 전력이 많이 보강되었고, 규모는 더욱 확대되었다. 국내 각 지방은 물론 러시아 지방과 간도까지 뻗어나갔다. 관리 출신의 지휘관과 유생 지휘관 이외에도 사냥꾼 출신의 김수민(金秀敏), 심노술(沈魯述), 차도선(車道善) 등이 있었으며, 군인 출신의 민긍호(閔肯鎬), 민용호, 김덕제(金德濟), 평민 출신의 윤저(尹姐) 등 훌륭한 의병장이 나왔다.

의병 운동은 1907~1909년에 더욱 활발하여, 전국 13도 의병이 이인영(李麟榮), 이은찬(李殷贊), 허위(許蔿) 등을 중심으로 1만여 명이 양주에서 연합전선을 펼쳐 서울 진격 작전을 계획하였다. 그러나 일본군의 반격으로 더 이상 나가지 못하고 말았다. 이들은 서울 주재 각국 영사관에 글을 보내면서 독립군임을 강조하였다.

"우리의 의병을 국제법상의 교전 단체로 인정해 달라."

이범윤, 홍범도가 지휘하는 간도 의병들은 한때 국내로 쳐들어올 작전까지 세울 정도로 그 세력이 강대하였다. 의병중장으로 항일 투쟁을 하던 안중근은 이토를 사살하는 큰 성과를 거두기도 하였다.

1910년 국권 피탈 이후에도 국제적인 지원이 없이 고립된 가운데 채응언 등이 산악 지대를 근거로 유격전을 펴서 1915년 전후까지 20여 년간 의병 전쟁은 크게 그 기세를 떨쳤다. 이는 애국

운동의 대표적인 형태였고 이로써 민족정신의 강인성을 만방에 과시하였다. 이와 같이 우국지사가 이끄는 의병들은 기울어져 가는 국운을 회복하기 위해 항일에 몸을 바치려 하였다. 그러나 일부 몰지각한 의병들은 민폐를 많이 끼쳐 민중을 괴롭히고 횡포가 심하여 민중의 지탄을 받기도 하였다. 이에 기강확립을 위해 빈축을 산 의병을 그들 자신이 가려내 사형에 처한 일도 있었다.

의병을 돕기 위한 군자금은 전국 각지에서 자발적으로 제공되었다. 예를 들면 경기도 파주군 교하면 문발리의 이선우(李善雨) 부자는 상당액을 경기 의병장에 제공하였다.

융희 2년(1908) 미국인 스티븐스는 대한제국의 외교권이 일본으로 넘어가자 그가 재직했던 외부의 고문직을 내놓고 미국으로 돌아갔다. 그는 3월 21일 미국 샌프란시스코에 내려 일본의 식민지화 정책을 찬양하는 무책임한 발언을 서슴지 않고 지껄였다.

"일본이 한국의 정치에 간섭한 후 한국 국민의 생활이 보다 안정되고 일반 민중들은 일본의 보호 정책을 환영하고 있다."

이에 격분한 샌프란시스코의 한국인들은 스티븐스를 찾아가 그의 부당한 발언을 반박하였다. 그 후 스티븐스가 역에서 기차를 타고 출발하려 할 때 한국인 장인환(張仁煥)과 전명운(田明雲)이 총격을 가하여 사살하였다. 이 사건이 발생한 후 국내에서 발행되는 〈대한매일신보〉에서는 두 사람을 보기 드문 열렬한 우리 대한의 애국지사라고 찬양하는 동시에 항일 정신을 고취시켰다. 이것을 계기로 민중들의 항일 정신이 높아져 일본인 정객의 거물들을 암살하려는 우국지사들이 나오게 되었다.

융희 3년(1909)에 초대 통감 이토가 귀국하였다. 그는 일본 정계의 거물로서, 정계를 이끌고 있는 최대의 비중 있는 정략가

(政略家)였다. 당시 동삼성 문제가 일본과 러시아 간에 중요 쟁점으로 대두되자 이 문제를 해결하고자 러시아 대표 코코프체프와 동삼성의 하얼빈에서 회담하기로 되어 있었다.

이러한 사실이 신문에 보도되자 전부터 이토를 없애고자 기회를 노리던 안중근은 굳은 결심을 하고 동삼성으로 들어섰다. 안중근은 을사 조약이 체결되자 국운을 회복해 보겠다는 큰 뜻을 품고 상해로 들어갔다. 그러나 일이 여의치 않자 다시 러시아 영토인 블라디보스토크에서 의병을 양성하고, 우국의 동지들을 규합하는 등 힘을 기르고 있었다.

그는 10월 26일 동지 우덕순과 함께 을사 조약의 원흉 이토를 사살할 목적으로 가슴 속에 권총을 지니고 하얼빈 역으로 나갔다. 이토의 도착이 임박해지자 벌써 하얼빈 역두에는 러시아의 고관과 주민들이 많이 나와 맞이할 준비를 하였고, 일본인들도 많이 나와 환영하는 인파로 인산인해를 이루었다. 안중근은 사람들 틈에 끼어 역 구내로 잠입하는 데 성공했다.

아침 9시경에 이토의 열차가 큰 소리를 내면서 서서히 역에 도착하자 일본과 러시아의 고관들이 차내에 들어가 마중하였다. 서로 인사를 나눈 후 이토는 차에서 내려 러시아 군대를 사열하기 시작했다. 안중근의 예리한 눈과 이토를 겨냥한 총구는 그를 놓치지 않고 추적하고 있었다. 군악소리가 요란하게 역 구내를 흔들어 총을 쏘아도 모를 지경이었다. 천우신조의 좋은 기회였다.

이토의 몸뚱이가 점점 가까이 다가오고 있었다. 권총을 발사할 적당한 거리에 이토가 이르자 안중근은 그의 가슴을 겨누어 방아쇠를 당겼다.

"이놈 이토야! 나 안중근이 우리 민족의 원수를 갚아주마!"

안중근 이토 저격 후 재판을 받고, 여순 감옥에서 사형당했다.

　연이어 3발을 발사했다. 이토가 가슴에 총탄을 맞고 쓰러지자 현장은 순식간에 수라장으로 변했다. 당황한 러시아 군대와 헌병들이 달려들어 안중근을 체포했다. 얼마 후 한국 침략의 원흉 이토는 응급치료의 효과도 없이 죽어갔으며 수행원도 중상을 입었다.

　이 소식이 일본에 전해지자 일본 조야는 경악을 금치 못했으며 한국에 대하여 더욱 강력한 식민지화 정책을 추진하게 되었다. 이때 한국 정부에서는 황제가 친히 통감관저에 나아가 통감에게 조의를 표했으며 3일 동안 노래와 춤을 금한다는 명령과 3일간 철시하라는 조치까지 내렸는데 이는 이토를 조상하는 뜻이 아니라 뒤에 닥칠 보복이 두려워 취한 조치였다.

　그해 12월 4일 이토의 장례가 일본에서 거행되자 한국 정부에서는 조문사절을 파견했으나, 이들 조문사절은 일본인들의 보복이 두려워 외부 출입도 못하였다고 한다.

　안중근은 1910년 3월 26일 여순 감옥에서 사형당하였다. 그는 죽는 순간에도 의사답게 의연한 모습으로 세상을 떠났다.

1909년 12월 22일에는 총리대신 이완용이 명동성당에서 거행되는 벨기에 황제의 추도식에 참석했다가 인력거를 타고 돌아오는 길에 이재명(李在明)에게 칼로 저격당하였다. 이완용은 이재명이 휘두른 칼에 등과 배를 찔려 중상을 입었다.

헤이그 특사

1907년 6월 네덜란드의 수도 헤이그Hage에서 26개국 대표가 참석한 가운데 제2회 만국평화회의가 열렸다. 한국은 이 회의에 참석하여 억울한 사정을 호소하기 위해 특사의 파견을 결심하였다. 이회영, 이동녕이 건의하여 특사 파견이 검토되었다. 처음에는 이상설, 이준, 이위종 외에 김좌진 등 2명이 더 선발되었다가 앞의 3명으로 결정되었다.

전 의정부 참찬 이상설(李相卨)이 고종의 신임장과 친서를 받아 이준과 함께 러시아의 블라디보스토크·시베리아를 거쳐 러시아 수도인 페테르부르크에 가서 러시아 주재 공사관 서기관이었던 이위종(李瑋鍾)을 만나 세 사람이 평화회의에 참석하기로 하였다.

이위종은 프랑스어에 능통하였으므로 동행하였다. 이들 일행은 회담을 개최되기 며칠 전에 도착하여 고종의 신임장을 제시하고 한국의 전권위원으로서 회의에 참가하기를 요구하면서 일본의 부당성을 호소하였다.

을사 조약은 오로지 일본의 협박에 못 이겨 체결된 것이지, 대한제국 황제의 자주적 입장에서 승낙한 것이 아니므로 마땅히 무효화되어야 한다.

그들은 이 조약의 무효화를 회의의 정식 의제로 상정시키고 자 하였다. 그러나 일본대표 고무라(小村壽太郎)의 방해 공작으로 회의 개최 당사국인 네덜란드와 평화회의 의장인 러시아 대표 넬리도프는 '동조약이 이미 국제적으로 승인된 이상 다시 국제회의에 상정하여 왈가왈부 의논할 수 없으며 한국 대표도 참석할 수 없다.'고 거절하였다.

이에 한국 대표들은 열강의 여론을 환기시키기 위하여 영국·미국·프랑스의 대표들을 개별 방문하여 을사 조약의 부당성을 역설하고, 혹은 각국 신문을 통하여 일본의 침략행위를 폭로하였다. 이위종은 평화회의 위원들의 비공식 회합이나 국제협회에 출석하여 일본의 침략 행위를 규탄하는 열변을 토하였다. 이는 각국 대표들로부터 많은 동정을 얻었으나 구체적인 성과는 얻지 못

헤이그 특사

하였다. 이준은 울분을 참지 못해 병을 얻어 그곳에서 죽었다.

특사 의거의 배후에는 고종의 근신(近臣)으로서, 전에 러시아 공사를 지냈던 이범진과 고용교사로서 〈코리아 리뷰KoreaReview〉를 서울에서 발행하여, 배일 운동을 선도한 미국 사람 헐버트Homer B. Hulbert와 기타 몇몇 외국인이 관여했었다.

이 사실을 알게 된 일본은 통감 이토를 통하여 고종을 문책하였다. 고종은 이를 자신은 모르는 일이라고 회피했으나, 이토는 이완용과 비밀 접촉을 벌여 몇 차례 내각회의를 소집한 끝에 고종에게 황태자의 섭정을 진언하기에 이르렀다. 고종은 이 진언을 완강히 거부하였으나, 일본의 태도가 강경하여 부득이 7월 19일 조서를 내려 황태자의 섭정을 발표하였다. 그러나 일본은 섭정을 양위하는 것으로 왜곡 선전하고, 섭정을 양위로 조작해 고종을 몰아냈다. 이에 격분한 민중은 그날 밤 친일 단체인 일진회의 기관지 국민신보사를 습격하고, 각처에서 일본인을 저격하였다. 성난 군중들은 을사 조약을 체결할 때 찬성한 대신들의 집으로 몰려갔다.

"이 같은 매국노의 집은 모두 불태우고 잡아 죽여야 한다."

하늘을 찌를 듯한 기세로 군중들은 대신들의 집을 불사르고, 약현의 이완용 집도 모두 불살라 버렸다.

대한제국의 최후

일제는 대한제국에 대한 식민화 정책을 착착 진행시켰다. 을사 조약으로 외교권을 빼앗긴 우리나라는 국제적으로 고립 상태가 되어 외국에 주재하던 사신들이 소환되었다.

고종 황제가 퇴위하고 순종이 즉위하자 일본은 한일신협약(정미7조약)을 맺어 통감이 내정을 간섭하고, 각부에는 일본인 차관을 두어 차관통치를 강행하였다. 그리고 한국의 군대를 완전 해산시켰다.

이때 한국의 군대는 서울과 지방을 합쳐 1만 명 내외에 불과했다. 이들 군졸들은 숫자적으로도 적었지만 군기가 문란하고 사기가 떨어져 방위 능력도 제대로 갖추지 못하였다.

군대 해산 후 경찰권과 사법권이 통감부로 넘어가니 한국은 완전히 허수아비 정권이 되었다. 이러한 가운데 이완용 내각에 상공부대신 · 내부대신을 지낸 일진회의 송병준(宋秉畯)은 일본으로 건너가 국권피탈의 상주문 · 청원서를 제출하는 등 나라를 팔아먹는 행위를 자행하였다. 일본 정부는 이제 자기들의 계획을 아무 거리낌 없이 추진할 수 있게 되었다. 쓰러져 가는 대한제국은 대항할 힘조차 없어졌다.

얼마 전까지만 해도 각 지방에서 유생들의 상소문이 빗발치듯 올라왔으나 이젠 그럴 기력도 없었다. 그 대신 시세에 영합하는 무리들이 진고개 통감부로 눈치껏 출입하면서 이권을 챙기고 출세의 바람을 일으키는 등 악질적인 친일파 무리들만 늘어갔다.

융희 4년(1910) 5월 일본의 육군대신 테라우치가 통감으로 부임함과 동시에, 2개 사단의 군대를 한국에 배치하였고, 한국 주재 일본 헌병대도 새로 편성하였다. 일본인 헌병과 헌병보조원 2만 2천 명을 채용해서 한국에 있어서의 군사 · 경찰권을 통감 밑에 두고, 직접 지휘하여 항일 운동을 진압하려 하였다. 이러한 정책은 한국을 강점하기 위한 조치였다.

1910년 8월 22일 일본은 이완용과 한국 강점의 조약을 맺고, 그 다음날 외국에 통고하였다. 그러나 국내에는 일주일간 발표를 하지 않고 눈치를 살피다가 무장군대의 호위를 받으면서 8월 29일에 정식으로 발표하였다.

이 조약은 전문 8개조로 되어 있는데, 한국에 대한 일제 통치권을 영원히 일본에게 양도할 것과 한국의 황제 및 황족과 정부 요인에게는 상당한 대우와 세비(歲費)를 지급한다는 내용이었다.

이로써 조선왕조와 대한제국은 이성계가 나라를 세운 이래 27대 519년 만에 종말을 고하게 되었다. 전날 고려가 망할 때는 많은 충신들이 두문동으로 들어가 끝까지 충절을 지켜 고려의 망국을 슬퍼했지만, 대한제국 강점 때는 76명의 새로운 귀족이 생겨 모두 작위(爵位)를 받고 세비와 상금을 받게 되었다. 그것도 우리 민족이 아닌 다른 민족에게 나라를 팔고, 그 대가로 말이다. 당시 정부의 고관으로서, 국록을 먹던 자로서 누구 한 사람 국가와 운명을 같이한 사람이 없었으니 너무나 쓸쓸하고 어이없는 망국이었다.

나라를 구하려는 애국 계몽 운동

갑신정변과 독립협회 운동에 가담했던 선각자들은 기울어가는 국권을 되살려 보고자 소리 높여 외쳤다.

"국민의 평등권과 재산권을 보장하는 풍토가 조성되어야 한다."

"기울어가는 나라를 되찾으려면 먼저 백성들을 타이르고 가르쳐야 한다."

실제로 독립협회에서는 국민 평등권, 국민 자유권, 국민 참정권 등 체계적이고 일원적인 민권 사상을 가지고 민중을 계몽하여 근대적인 민중 운동을 발생시키고자 하였다. 이에 따라 민중을 기반으로 하여 국권·민권·개혁 운동을 추진하여 나갔다.

그러나 수수파와 열강의 압력으로 독립협회가 해체된 뒤에 수구정권의 압제 체제가 더욱 강화되었다. 그중 일본의 이권 침탈이 더 격화되어 가던 시기에도 개화 자강 계열의 민족 운동은 의연히 계속되었다.

보안회는 토지 약탈을 목적으로 한 일본의 황무지 개간권 요구에 반대 운동을 벌여 이를 저지하는 데 성공했다. 그러나 끝내 일본측의 방해 책동과 압력으로 해산되었다. 헌정연구회는 국민의 정치의식 고취와 입헌 정체의 수립을 목적으로 설립되었는데 일진회의 반민족적인 행위를 규탄하다가 해산당하고 말았다.

개화 자강 계열의 민족 운동은 그 후 애국 계몽 운동, 곧 국권 회복을 위한 실력양성 운동으로 보다 구체적인 계획하에 전개되었다. 이때 애국 계몽 운동을 주도한 전국 규모의 단체는 대한자강회와 대한협회, 그리고 신민회가 대표적이었다.

대한자강회는 독립협회 운동의 맥락을 이어 헌정연구회를 모체로 하고, 사회단체와 언론기관을 주축으로 하여 창립되었다. 또한 교육과 산업을 진흥시켜 독립의 기초를 만들 것을 목적으로 하여 월보 간행과 연설회의 개최 등을 통하여 국권 회복을 위한 실력양성 운동을 전개하였다. 개화 자강 계열의 민족 운동은 을사조약을 계기로 국정 개혁을 위한 헌정 연구로부터 국권 회복을 위한 자강계몽 운동으로 바뀌어갔던 것이다.

대한자강회는 전국 각지에 지회를 설치하고, 1,500여 명의 회원을 확보하기에 이르렀다. 당시 일제는 이토를 보내 헤이그 특사 파견을 구실로 고종 황제의 양위를 강요하였다. 이에 격렬한 반대 운동을 주도하다가 대한자강회는 강제로 해체되었다.

김가진의 대한협회도 역시 이 운동에 적극 동참하고 대한자강회를 계승하였다. 교육의 보급, 산업의 개발, 민권의 신장, 행정의 개선 등을 강령으로 내걸고, 대한자강회와 유사한 실력양성 운동을 전개하였다. 그러나 일제의 한국 지배권이 더욱 강화되자 대한협회의 국권 회복에 대한 의지가 약화되었다. 따라서 국권 회복 운동의 정신적 계승은 신민회로 이어졌다.

비밀결사로 그 이름이 널리 알려진 신민회는 사회 각계각층의 인사 20여 명을 망라하여 서울에서 조직한 단체였다(1907. 4.). 이동녕, 안창호, 양기탁 등을 지도부로 한 신민회는 국권의

105인 사건

회복과 공화정제의 국민국가 수립을 궁극적인 목표로 삼았다. 그러나 표면적으로는 문화적·경제적 실력양성 운동을 전개하면서 실질적으로는 해외에 독립군 기지의 건설에 의한 군사력 양성을 기도하였다. 그러나 신민회는 일제가 뒤집어씌운 105인 사건으로 그 조직이 무너지고 말았다.

이러한 사회·정치 단체와 긴밀한 관련을 가지고 을사 조약 이후에 서북학회, 기호흥학회 등 각 지역의 명칭을 딴 교육 단체들이 앞다투어 설립되었다. 이들 학회는 교육 진흥을 통한 향토의 발전과 민족의 실력 양성을 통한 국권회복에 목표를 두고, 민중의 계몽과 신교육의 보급에 온 정력을 쏟았다. 이들 학회는 명칭은 비록 교육 단체라고 내걸었으나, 실상은 국권 회복을 목적으로 정치와 교육을 결합시킨 구국 운동 단체로서 큰 열의와 업적이 남아 있다.

신문을 통해서도 애국 계몽 운동이 이루어졌다. 〈제국신문〉, 〈황성신문〉, 〈대한매일신보〉 등 언론기관도 국민 계몽과 애국심 고취에 큰 몫을 담당하였으며, 본격화된 일제의 국권침탈에 항거하였다.

특히 〈황성신문〉은 주필 장지연이 을사 조약에 분개하여 쓴 논설 '시일야방성대곡'이 유명하다.

우리가 지닌 민족적 역량을 배양하여 국권을 회복하려는 목적에서 전개된 애국 계몽 운동은 우리 민족의 독립 운동 역사에 있어서 큰 의미를 지닌다.

첫째, 민족 독립 운동의 올바른 이념과 목표를 제시하였다. 국권 회복과 동시에 근대적 국민국가 수립을 목표로 내세워 당시의 민족적 과제에 충실하고 근대사의 발전 방향에 합치되는 민족 운동의 새로운 이념을 나타냈다.

둘째, 민족 독립 운동의 첩경이 될 수 있는 전술·전략을 제시하였다. 신민회는 국내에서의 문화적, 경제적 실력 양성과 더불어 해외에서의 독립군 기지 건설에 의한 군사력 양성을 당면의 목표로 삼았다. 이것은 적절한 기회에 일제로부터 독립을 쟁취하려는 독립 전쟁론에 따른 것이다.

셋째, 제도적인 민족 독립 운동의 기반을 닦았다. 그들은 근대적 민족 교육을 발흥시켜 독립 운동의 인재를 양성하고, 근대적 민족 산업을 진흥시켜 독립 운동의 경제적 토대를 마련하고자 계획하였던 것이다.

그러나 애국 계몽 운동은 일제에 의하여 정치적, 군사적으로 예속된 보호국 체제하에서 전개되었기 때문에 항일 투쟁에 있어서 한계성을 지닐 수밖에 없었다. 참으로 아쉬운 일이었다.

개항 이후 사회, 경제, 문화의 변화

경제 침탈에 눈먼 열강들

19세기 중반 개항 이후 침투한 일본 상인들이 무역을 독점함으로써 우리는 큰 손실을 입게 되었다. 외국의 상품은 개항 이전부터 중국을 통하여 국내에 유입되었으나, 1879년 이래 부산, 원산, 인천이 개항되면서 아무런 제한 없이 수입되었다. 이러한 외국 상품은 근대적 생산 단계에 이르지 못하였던 국내의 산업계에 큰 손해를 입혔다.

개항 초기에는 일본 상인의 활동 범위가 개항장에서 10리 이내로 제한되어 조선 상인을 매개로 하는 거류지 무역의 형태를 띠었다. 이 시기의 일본 상인들은 거의가 쓰시마 섬과 규슈 지방 출신으로, 몰락 상인과 불평 무사층이 대부분이었다. 이들은 일확천금을 노리는 전형적인 모험 상인들로서 일본의 영사재판권, 일본 화폐의 사용권 등을 인정한 강화도 조약의 불평등 조약 내용을 배경으로 일본 정부의 정책적인 지원을 받으면서 약탈적인 무역 활동을 도처에서 자행하였다.

일본 상인들은 주로 영국의 면직물을 상하이에서 매입하여 조선에 가져다가 팔고, 조선에서 귀금속 등을 반출해 가는 중계무역으로 거대한 이익을 챙겼다. 그러나 1882년 임오군란 이후로는 조선에 대한 청의 정치적 영향력이 강화되면서, 청의 상인들이 대거 들어와 조선 시장에서 일본 상인들과 경쟁을 벌였다.

일본이 한창 국력의 팽창을 보이던 1890년을 전후하여 일본 상인들은 내륙으로 침투하였다. 농촌에까지 활동 무대를 넓혀 감으로써 곡물 수매에 특히 신경을 썼다. 일본이 식량 부족을 해결하기 위하여 조선의 곡물을 수입이라는 미명하에 가져가자 조선 내에 곡물값은 폭등하고 도시 빈민층과 빈농층의 생계는 위협을 받았다.

외국 상인들의 내륙 침투로 인하여 종래 수입 상품의 내륙 판매를 담당하던 조선 상인들은 큰 타격을 받았다. 이에 서울 상인들은 시장 문은 닫아버림으로써 외국 상인들의 내륙 침투에 저항하였다. 그러나 일본은 청·일 전쟁의 결과에 힘입어 조선 상인의 반발과 청국 상인의 경쟁을 모두 억누르고, 조선 시장을 독점적으로 지배하게 되었다.

열강의 이권 탈취는 1896년 아관파천 시기부터 더욱 두드러졌다. 러시아와 일본을 비롯한 열강은 철도 부설권, 광산 채굴권, 삼림 채벌권 등 중요한 국가의 동맥인 이권을 빼앗아갔다.

외국 금융 기관의 조선 침투는 개항 직후부터 시작되었다. 일본은행은 은행 업무 외에 세관 업무, 화폐 정리 업무 등을 장악하여 일본의 경제적 침략의 첨병 노릇을 해냈다. 특히, 일본인 재정 고문 메가다는 고도의 경제 침략 전술로 화폐 정리를 단행하여 국내의 중소 상공업자들에게 큰 타격을 주었다.

일본의 조선에 대한 차관 제공도 그 침략 정책이 본격화됨에 따라 적극성을 보여 우리를 괴롭혔다. 청·일 전쟁 이후 조선에 대한 내정 간섭을 시작한 일본은, 조세징수권과 해관세 수입을 담보로 차관을 제의하여 실현시켰다. 러·일 전쟁 이후에는 전쟁에서 승리한 여세를 몰아 화폐 정리의 명목으로 차관을 강요하였다.

일본의 차관제공 정책은 대한제국을 재정적으로 일본에 완전히 예속시키려는 가장 악랄한 수법이었다. 일본의 토지 약탈 역시 우리를 위해 사업을 해준다는 억지를 썼지만, 그것은 분명 토지를 송두리째 빼앗자는 계산된 음모였다.

19세기 개항 직후에 일본 상인들은 개항장 안의 일부 토지를 빌려쓰는 데 그쳤다. 그러나 그들의 활동범위가 개항장 밖으로 확대되면서 곡물을 사들이기 위해 조선 농민들에게 돈을 빌려주었고, 농토를 저당잡고 고리대금업을 하다가 그것을 빼앗기도 하였다. 이로써 일본 상인은 점차 조선의 토지를 자신들의 소유로 만들어갔다. 청·일 전쟁 이후, 일본이 조선에서 강력한 영향력을 가지게 되자 일본의 대자본가들이 대거 진출하였다. 전주, 군산, 나주 일대에서 대규모의 농장을 경영하여 착취에 혈안이 되었다.

일본인에 의한 대규모의 토지 약탈은 1904년 러·일 전쟁의 어수선함을 틈타 재빠르게 본격화되었다. 일본은 철도 부지와 군용지의 확보를 구실로 토지 약탈을 자행하였다. 일본은 경인선과 경부선을 부설하면서 철도 부지 중 국유지는 무상으로 약탈하였고, 사유지는 조선 정부가 소유자로부터 사들여 제공하도록 강요하였다. 그들은 군용지에 필요한 지역을 거의 제한 없이 무상으로 차지하였다. 더욱 군용지를 핑계로 주둔지 근처의 토지를 대량으로 약탈하기도 하였다.

일본은 조선의 황무지 개간과 역둔토(驛屯土)의 수용을 핑계로 토지를 빼앗았다. 국권이 피탈당할 무렵에 일본인이 조선에서 소유한 토지는 무려 1억 5천만 평에 이르렀다. 이와 같이 일본이 막대한 토지를 약탈한 것은 우리나라를 식민지화하기 위해 토대를 마련하려는 것이었다.

경제적 침탈에 맞선 애국 투쟁

우리 국민은 일본의 경제적 침탈에 대응하여 여러 측면의 저항 운동을 일으켰다. 그 대표적인 것이 방곡령의 시행을 비롯하여 독립 협회의 이권 수호 운동, 보안회 등의 황무지 개간권 반대 운동, 국채 보상 운동 등이다.

방곡령의 시행은 일본 상인의 농촌 시장 침투와 지나친 곡물 반출을 막기 위하여 내린 어쩔 수 없는 애국적 조치였다. 조선에 있어서 방곡령은 흉년이 들면 지방관의 직권으로 실시할 수 있었다. 개항 이후 곡물의 일본 침투가 늘어나면서 곡물 가격의 폭등 현상이 나타났다. 여기에 흉년까지 겹쳐 특히 함경도, 황해도 등지의 지방관들은 방곡령을 내렸다.

그러나 방곡령에 대하여 일본 측이 트집을 잡아 외교 문제로 번졌다. 일본측은 방곡령을 실시하기 1개월 전에 지방관이 일본 영사관에 통고해야 한다는 조·일 통상 장정의 규정을 구실로, 조선 측을 강압하여 결국 방곡령을 철회하도록 압력을 넣었다. 이때 일본 상인들은 방곡령 탓에 손해를 입었다며 거액의 배상금을 요구하였고, 결국 조선 정부는 일본에 배상금을 줄 수밖에 없었다.

여러 강대국의 이권 탈취에 저항하여 이권 수호 운동이 일어났다. 이때 러시아가 일본의 선례에 따라 저탄소 설치를 위해 부산 절영도(영도)의 조차를 요구하였다. 독립협회는 만민공동회를 배경으로 일본의 저탄소 철거까지 주장하여 마침내 러시아의 요구를 묵살시켰다. 또 한국의 화폐 발행권과 국고 출납권 등 각종의 이권 획득을 목적으로 서울에 설치된 러시아의 한러은행을 없애버렸다. 그리고 군사 기지 설치를 위해 러시아의 목포, 증남포 부근의 도서에 대한 매도 요구를 금지시키고, 프랑스의 광산 채굴권 요구도 묵살했다. 나아가 미국, 독일 등이 차지한 철도, 광산, 삼림에 관한 이권에도 적극적으로 반대 운동을 펼쳤다.

보안회는 일제의 황무지 개간권 요구에 반대 운동을 벌여 일제의 토지 약탈 음모에 제동을 걸었다. 일제의 경제적 침탈이 노골화되면서 일본인에게 황무지의 개간권을 주도록 요구하자, 국민들은 적극적인 반대 운동을 전개하였다(1904). 일부 민간 실업인과 관리들은, 농광 회사를 설립하고 황무지를 우리 손으로 개간하자고 외쳤다. 이때 보안회는 매일 가두 집회를 열고, 일제의 침략적 요구를 규탄하면서 거족적인 반대 운동을 전개하였다. 마침내 일제로 하여금 황무지 개간권 요구를 철회하게 하였다.

일제는 통감부 설치 후 그들의 식민지 시설을 갖추기 위하여 시설 개선 등 명목을 내세워 한국 정부로 하여금 일본으로부터 거액의 차관을 들여오게 하였다. 1907년까지 들여온 차관 총액은 대한제국의 1년 예산과 맞먹는 1,300만 원이라는 거액에 달하였다. 이에 국민의 힘으로 국채를 갚고, 국권을 지키려는 국채 보상 운동이 대구에서부터 시작되어 전국으로 퍼져 나갔다. 국채 보상 기성회를 중심으로, 각종 애국 계몽 단체와 언론기관이 모금 운동에 참여하였다. 모금을 위해 금연 운동이 전개되었고, 부녀자들은 비녀와 가락지까지 내어 호응하였다. 그러나 일제 통감부의 간교한 탄압과 방해 공작으로 이 운동은 성공하지 못하였다.

그런 가운데도 근대적인 상업자본은 점차 무르익어갔다. 개항 이전에 일부 형성되었던 상업 자본은 외국 자본주의의 침략 앞에서 여러 가지로 변해 갔다.

서울의 시전 상인은 특권 상인으로서 전통적인 상업 체제를 유지하려 했다. 그러나 외국 상인들이 도시로 침투해 그들과 항쟁하면서 근대적 상인으로 변모해 갔다. 그들은 황국중앙총상회를 조직하여, 독립협회와 더불어 상권 수호 운동을 전개하였다.

개항 후 정부의 세곡 운반이 일본인의 증기선에 독점되어 경강 상인이 큰 타격을 받게 되자 그들도 증기선을 사서 일본 상인에 대항하려 했으나 성공하지는 못하였다. 개성 상인의 인삼 재배업도 일본인의 약탈적인 상업에 의하여 활발하지 못하였다.

토착 상인 가운데 객주와 여각 및 보부상은 개항 이후에 크게 활기를 띠었다. 문호 개방 초기에는 외국 상인의 활동 범위가 개항장에 한정되었으므로 이들은 외국 상품을 개항장과 내륙 시장을 연결, 유통시켜 재미를 톡톡히 보았다. 그러나 외국 상인의 내류 상업이 허용됨에 따라 이들 상인들은 큰 타격을 받게 되었다. 결국 자본 축적에 성공한 일부 상인들은 상회사(商會社)를 설립하기도 하였다.

개항 이후로 외국 상인이 침투하고 무역이 확대되면서 상업 자본이 일정 정도 성장하였다. 그리고 개화사상가들이 외국 회사의 제도를 소개하여 많은 회사들이 설립되었다. 그 발전 상황을 살펴보면 1880년대 초기부터 대동상회, 장통회사 등 상회사가 나타나기 시작하여 갑오개혁 이전에 회사 수가 전국 각지에 40여 개에 달하였다. 초기의 회사는 대부분 동업자 조합의 성격을 띤 상회사였으나 점차 근대적 형태의 주식회사도 설립되었다.

1890년 후반기의 대한제국 때는 정부의 식산흥업 정책에 맞추어 내국인의 기업 활동이 더욱 활발해졌다. 문호 개방 이후 일본 자본가들이 조선에 진출하여 대규모의 운수회사를 설립하고, 해상과 육상의 운수업을 지배해 갔다. 이에 국내 기업가들은 외국의 증기선을 구입하여 그들에 대항하려 하였고, 해운회사, 철도회사, 광업회사 등을 설립하여 민족 자본의 토대를 굳히고자 다각적으로 애를 썼다.

이때 나타났던 대표적인 회사로는 대한협동우선회사(1900), 인천윤선주식회사(1900) 등 해운회사와 이운사(1899), 통운사(1901) 등 육운회사 등이 설립, 운영되었다. 그 외에 철도 부설권이 외국에 넘어가는 상황에서, 일부 기업가들은 부하(釜下)철도회사(1898), 대한철도회사(1899) 등 내국인 자본에 의한 철도회사를 설립하였다. 광산 채굴권이 외국인에게 넘어가는 데 자극을 받아 해서철광회사(1900), 수안금광합자회사(1903) 등 광업회사가 설립되었고, 기타 각종 회사가 무수히 만들어졌다.

　따라서 개항 이후 여러 가지의 제약된 조건 아래에서도 근대적 산업자본이 커졌다. 개항 이전에 이미 발달했던 유기 공업과 야철(冶鐵) 공업을 계승하여, 서울에 조선유기상회라는 합자회사도 설립 운영되었다. 개항 이전에 농가 부업 수준에 머물러 있던 면직물의 생산은 외국산 면직물의 수입으로 큰 타격을 받았다. 그렇지만 민족 자본에 의하여 대한직조공장, 종로직조사 등 직조공장이 설립되어 발동기를 이용한 생산에 몰입했다. 또한 이를 전후하여 연초공장, 사기공장 등도 설립되었다.

　19세기 개항 직후부터 일본의 금융기관이 침투하고, 일본 상인에 의한 고리대금업이 성행하였다. 이에 대응하기 위하여 우리 자본으로 은행들을 설립하였다. 최초로 설립된 조선은행은 관료 자본이 중심이 된 민간 은행으로서 국고 출납 업무를 대행하고 지방에 지점도 두었으나 오래 가지 못하였다. 이어서 한성은행, 천일은행 등 민간 은행이 설립되기도 하였다. 그러나 이들 은행은 1905년에 일제가 실시한 화폐 정리 사업을 계기로 몰락하여 사실상 일제에 접수당하였다.

사회의 급격한 변화

사회면에서도 신분 제도와 사회 의식이 크게 변화되었다. 1884년 갑신정변 이래 갑오개혁, 을미개혁을 통하여 양반 중심적 신분 제도가 법제상 폐지되었다. 더욱 독립협회의 자유 민권 운동에 의하여 사회 일반에 민주주의 사상이 전파되었고, 국민 평등의 근대 의식이 보편화되어 근대 사회로 나아가고 있었다.

뿐만 아니라 새로운 근대 문화인 전신, 전화, 전등, 기차, 의학, 건축, 교육, 신문학, 예술, 종교 등도 보급되어 국민의식 수준이 더욱 높아졌다.

이는 사상면에도 영향을 미쳐 새로운 사회를 건설하려는 움직임이 나타났다. 일부 선각적인 양반, 중인 출신의 인사들은 새로운 발전을 기약하는 개화사상을 수용하고, 개화당을 조직하여 위로부터의 사회 개혁을 강력히 추진하였다.

1884년 12월 갑신정변 당시의 개화당 정부는 14개조의 개혁 정강에서 문벌의 폐지, 인민 평등권의 확립, 지조법(地租法)의 개정, 행정 기구의 개편 등을 내걸고, 근대 사회의 건설을 위한 대개혁을 단행하려 하였다. 그러나 수구세력의 방해와 청의 무력 개입으로 실패하고 말았다.

조선 후기의 민투(民鬪)에서 비롯된 민중의 저항 운동도 계속되었다. 양반 중심의 신분 제도와 봉건적 수취 체제에 불만을 가진 농민의 저항 운동은 인간 평등과 사회 변혁에 기초한 동학 사상과 결합하여 동학 농민 혁명으로 발전하였다.

동학 농민 혁명은 양반 중심의 전통적 신분제 사회를 무너뜨리는 하나의 계기가 되었다. 갑신정변과 동학 농민 혁명이 수구세력의 방해와 외국의 무력에 의하여 좌절되었으나, 신분 차별이 없는 평등한 사회를 추구하는 노력은 갑오개혁과 을미개혁으로 이어졌다. 갑오개혁과 을미개혁은 정치, 경제, 사회 등 국정의 모든 분야에 걸친 개혁이었으나, 그중 양반 중심의 신분 제도를 폐지한 사회 개혁은 획기적인 것이었다.

차별적 신분 제도가 폐지되었다고 하여 곧바로 평등 사회가 이루어지는 것은 아니었다. 사회 일반의 의식 변화와 보다 구체적인 제도가 마련되어야 했다. 이를 위한 노력은 독립협회의 민권 운동에서 구체성을 가지게 되었다.

독립협회는 근대적 지식과 국권 · 민권 사상으로 민중을 계몽하였다. 이러한 민중 계몽 운동에 의하여 민중의 근대적 정치, 사회의식이 높아졌고, 높아진 민중 의식을 바탕으로 하여 근대적 민중 운동이 발생하였다. 그것은 민족 독립 운동의 근간을 이루어 민족의 진로를 제시하기도 하였다. 이에 독립협회와 민중은 국권 수호 운동과 민권 보장 운동을 전개했을 뿐만 아니라 의회 설립에

번사창 근대 공장 조선말 무기 제작 관청인 기기국의 무기고로 사용하던 것이 바로 번사창이다. 근대 공장에서는 근대식 무기를 제작하였다.

이야기 한국사

의한 국민 참정 운동까지 벌이게 되었다. 이와 같은 독립협회의 국권·민권 운동에 의하여 제한된 범위나마 자유 민권에 입각한 민주주의 사상과 근대적 민족주의 사상이 보급되었고, 자주적 근대 개혁 사상이 발산되기 시작하였다.

근대 문물의 유입

서양의 과학 기술에 대한 관심은 17세기 이후 실학자들에 의하여 싹트기 시작하였다. 개항 이후에는 서양 과학 기술의 우월성이 인정됨에 따라 우리의 정신 문화는 지키되 서양의 과학 기술은 받아들이자는 동도서기(東道西器)를 개화의 목표로 삼았다.

개화사상가들은 과학과 기술이 나라를 부강하게 한다는 생각에서 서양의 기술을 수용하고자 하였다. 당시의 개화사상가들은 외세의 침략을 막고, 사회 발전을 이루기 위해서는 무엇보다도 서양의 과학 기술을 수용해야 한다고 강조하였다.

개항 이전의 흥선 대원군 집권기에도 서양의 침략에 대응하기 위하여 박규수 등 개화파의 건의에 따라 무기 제조술에 많은 관심을 기울였다. 개항 이후에는 무기 제조 기술 이외에 산업 기술의 수용에도 관심이 높아져서 1880년대에도 양잠, 방직, 제지, 광산 등에 관한 기계를 도입하고 외국 기술자를 초빙하는 등 서양의 기술을 도입하는 데 힘썼다.

1890년대에 이르러 개화 지식인들은 근대적 과학 기술의 수용을 위해서는 교육제도의 개혁이 급선무라고 인식하게 되었다. 1894년 갑오개혁 이후에 정부는 이를 위하여 유학생의 해외 파견을 장려하고, 교육 시설을 갖추는 데 힘을 기울였다. 그 결과로 경성의학교, 철도학교, 광업학교 등 각종의 근대적인 기술 교육 기관이 도시를 중심으로 각각 설립되었다.

신사유람단의 일본 파견과 영선사의 청국 파견은 근대적 기술 도입에 중요한 계기가 되었다. 정부는 박문국, 기기창, 전환국 등 근대 시설을 갖추어 신문을 발간하고 무기를 제조하며 화폐를 주조하였다.

근대적 인쇄술의 도입은 박문국의 설립에서 비롯되었다. 이곳에서 발간된 최초의 신문 형태인 〈한성순보〉는 새로운 지식의 확대에 기여하였다. 이 무렵 광인사 같은 민간 출판사도 설립되어 근대 기술에 관한 서적이 다수 출판되었다.

또한 새로운 통신 시설도 갖추어져 갔다. 전신은 서울과 인천 사이에 전선이 가설됨으로써 시작되었다. 그 후에 중국, 일본과 연결하는 국제 통신망까지 이루어졌다. 전화는 처음에 궁궐 안에 가설되었고, 그 후 서울 시내의 민가에도 가설되었다. 갑신정변으로 중단되었던 우정국도 다시 운영되었고, 만국우편연합에 가입하여 외국과도 우편물을 교환하였다.

근대적 교통 시설로서 철도는 1899년 경인선이 최초로 부설되었는데, 이것은 외국인에 의해 이루어졌다. 경부선과 경의선은 러·일 전쟁 중에 일본의 군사적 목적에 의하여 부설되었다. 황실과 미국인의 합자로 설립된 한성전기회사가 발전소를 건설하여 전기를 쓸 수 있게 되었다. 이때 우리나라 최로의 전차가 서대문에서 청량리까지 운행되어 새로운 변화를 실감하게 되었다.

새로운 의료 시설과 기술도 도입되었다. 정부는 근대식 병원인 광혜원을 설립하고, 선교사 알렌으로 하여금 이를 효율적으로 운영하도록 하였다. 그 뒤에 정부는 광제원과 대한의원 등을 설립하여 신식 의료기술을 보급하였고, 전국 각지에 자혜의원을 세워 의료시설을 확장하였다. 또한 세브란스에 의해 세브란스 병원이 세워져 의료 보급에 기여하였다.

건축 부문에서도 예외는 아니어서 서구 양식의 건물들이 세워졌다. 오늘날까지 남아 있는 독립문은 프랑스의 개선문을 본따서 건립한 것이고, 르네상스식의 건물인 덕수궁 석조전, 중세 고딕식의 건물인 명동성당도 모두 이 시기에 반대를 무릅쓰고 세워진 것이다.

이처럼 문호 개방 이후로 각 분야에 걸쳐 마련된 근대적 시설은 민중들의 사회·경제적 생활 개선에 이바지하였다. 그러나 이러한 문명 시설은 외세의 이권 또는 침략 목적과 관련되어 있었다는 데에 문제점이 있었다.

근대 교육과 국학 운동

우리 것을 찾는 운동은 교육이나 한국학 연구로 구체화되었다.

근대 교육은 개화 운동의 일환으로 1880년대부터 본격화되었다. 덕원 주민들은 개화파 인물 정현덕 등의 권유를 받아들여 개항으로 사람들의 왕래가 잦아진 원산에 원산학사(元山學舍)를 세워 근대 학문과 무술을 가르쳤다. 같은 시기에 정부는 동문학(同文學)이라는 영어 강습 기관을 세워 영어를 가르쳤다. 그 후 정부는 육영 공원을 세우고, 미국인 교사를 초빙하여 상류층의 자제들을 뽑아 영어를 비롯한 수학, 지리학, 정치학 등 각종 근대 학문을 교육하였다.

1894년 갑오개혁에 의해 근대적 교육 제도가 마련되었다. 이어서 국가의 부강이 국민의 교육에 있다는 내용의 교육입국조서가 반포되었다. 교육입국의 정신에 따라 정부는 소학교, 중학교, 사범학교 등 각종 관립학교를 세웠다. 한편, 개신교 선교사의 입국을 계기로 하여, 배재학당, 이화학당, 경신학교, 정신여학교, 배화여학교, 숭실학교, 숭의학교, 기전·호수돈·미리흠여학교 등 여러 사립학교가 설립되어 근대 교육의 발전에 이바지하였다. 이들 근대 학교에서는 근대 학문을 가르치는 한편, 일본의 침략에 대응하는 민족의식을 깨우쳐 주었다.

1905년 이후 자주 국권을 수호하려는 애국 계몽 운동을 추진한 민족 운동가·선각자들은 근대 교육이 민족 운동의 기반이며 본질이라 단정하였다. 그리하여 오산·대성·보성·양정·휘문·중앙학교와 진명·숙명·동덕 여학교 등 많은 사립학교가 곳곳에 세워졌다.

대한제국 말기에 근대 학교 설립을 통한 민족주의 교육이 크게 발흥한 데에는 신민회 등 정치·사회단체와 서북학회, 호남학회, 기호흥학회, 교남교육회, 관동학회 등 많은 학회의 교육 구국 운동의 힘이 되었다.

우리 것을 배우고 알고자 했던 국학 연구는 실학에서 그 원류를 찾을 수 있다. 실학파의 민족의식과 근대 지향 의식은 개화사상으로 연결되어, 대한제국 말기의 근대적 민족주의와 독립사상으로 발전하였다.

을사 조약 이후 일제의 침탈로부터 국권을 회복하려는 국민들의 자각은 국사와 국어를 연구하여 민족의식을 고취시키는 국학 운동으로 구체화되었다.

한국사 분야에 있어서는 장지연, 박은식, 신채호, 김택영, 현

채, 문일평 등이 연구에 힘써 근대 계몽사학을 성립시켰다. 이들 계몽사학자들은 우리 역사상 외국의 침략에 대항하여 승리한 영웅들의 전기를 써서 널리 보급시킴으로써 일본의 침략에 직면한 국민들의 사기를 북돋우고 애국심을 불러일으켰다. 또 외국의 건국 영웅이나 독립 운동, 흥망사, 혁명 운동의 역사를 번역해 소개함으로써 국민들의 독립의지와 역사의식을 높이려고 다각적으로 노력하였다. 특히 신채호는 《독사신론》을 저술하여 민족주의 역사학의 연구 방향을 제시하였다. 최남선은 박은식과 함께 조선광문회를 만들어 민족 고전을 정리, 간행하였다.

　　근대 의식과 민족의식이 성장함에 따라 국어에 대한 관심도 새로워졌다. 갑오개혁 이후 관립 학교의 설립과 함께 국·한문 혼용의 교과서가 간행되면서 국·한문체 또는 국문체의 문장이 각지에 보급되어 갔다. 이때 유길준의 《서유견문》은 새로운 국·한문체의 보급에 크게 공헌했다. 그러나 그것은 그의 일본인 스승의 책을 표절했다는 논란이 일기도 했다. 이때 나온 〈독립신문〉과 이

일제 강점기의 독립 운동가 신채호 생가

종일이 만든 〈제국신문〉은 한글을 전용하였다. 그 밖의 여러 신문에서 국문과 한문을 혼용함으로써 전통적인 한문체를 탈피하는 획기적이고 과감한 문체의 변혁을 가져왔다.

문체의 변화에 따라 우리말 표기법 통일의 필요성이 높아져서 국어 연구가 크게 진전되었다. 특히 지석영, 주시경 등은 국문연구소를 설립하여 국문의 정리와 국어의 새로운 이해 체계 확립에 이바지하였다.

국학 운동은 일제의 보호국 체제라는 정치적으로 어려운 상황 속에서 전개되었던 만큼 학문적인 깊이에 있어서는 일정한 한계성을 드러낼 수밖에 없는 아쉬움이 있다.

그럼에도 이러한 운동은 시대적 요청에 맞추어 애국 자강 계몽 운동의 노선에 따른 것이었기 때문에 사회 일반에 근대 의식과 민족의식을 심어 주었다.

박은식 사학자이자 독립운동가. 〈황성신문〉의 주필이자 독립협회 회원이었다. 실학 사상을 받아들였으며, 교육개혁을 주장했고, 국사 연구를 통해 조국의 독립을 염원했다.

문예와 종교의 변화

사회의 변화는 문예와 종교에도 영향을 미쳤다. 문학에서는 고전 문학에서 신문학으로 옮겨가는 새로운 풍조가 일어나 한글로 쓰인 신소설이 나타났다.

신소설은 그 주제들이 아직 구소설의 틀에서 크게 벗어나지는 못하였으나 언문일치의 문장을 사용하였다. 봉건적인 윤리 도덕의 배격과 미신 타파를 주장하고, 자주 독립 의식을 고취하여 계몽 문학의 구실을 하였다. 이인직의《혈의 누》, 이해조의《자유종》 등이 대표적인 작품으로 손꼽히고 있다. 또, 최남선은 〈해(海)에게서 소년에게〉라는 신체시(新體詩)를 발표하여 근대시의 형식을 마련하였다.

신문학의 발달과 더불어 외국 문학의 번역물도 등상했다. 《성경》, 《천로역정》과 같은 그리스도교 계통의 책과 《이솝 이야기》, 《로빈슨 표류기》 등 문학 작품이 외국에 대한 호기심을 가지고 널리 읽혀졌다. 문학 활동은, 대한제국 말기의 역사적 상황 속에서 일부 외국 문화에 대한 분별없는 수입과 소개로 인하여 식민지 문화의 터전을 만들어 주기도 하였다. 그러나 대체로 민족의식과 독립자존의 사상을 높여주었다.

예술 분야에서도 변화가 일어났다. 음악 부문에 있어서는 크리스트교가 수용되어 찬송가가 불리면서 서양의 근대 음악이 자연스럽게 소개되었다. 서양식 악곡에 맞추어 부르는 신식 노래인 창가가 유행하였다. 〈독립가〉, 〈권학가〉, 〈애국가〉, 〈거국가〉 등이 유명하였다. 그중에서도 '동해물과 백두산이 마르고 닳도록'으로 시작되는 〈애국가〉는 국민 사이에 널리 애창되었다.

연극 부문에서는 양반 사회에서 천시되었던 민속 가면극이 민중들 사이에 성행하였다. 우리나라 최초의 서양식 극장인 원각사가 서울에 세워졌고, 〈은세계〉, 〈치악산〉 등 작품을 공연하였다.

미술 부문에서는 미술가들이 직업인으로서의 위치를 굳혀 갔으며, 서양의 화풍이 소개되어 서양식 유화도 그려졌다.

종교도 개항 이후부터 새로운 변화를 가져오기 시작하였다. 오랫동안 박해를 받아 오던 천주교가 1880년대에 선교의 자유를 얻은 뒤 고아원과 양로원을 설치, 운영하였다. 그들은 종교를 앞세우고 교육과 언론을 통하여 애국 계몽 운동의 대열에 참여하기도 하였다.

종교 운동은 개신교의 수용과 발전으로 크게 활기를 띠어 갔다. 국내외에서 많은 경험을 가지고 있던 개신교의 선교사들은 서양 의술을 보급시키고, 학교를 설립하여 우리나라 근대 교육의 발전에 크게 기여하였다. 선교 과정에서 번역 성경을 통해 한글을 보급한 이래 미신의 타파, 근대 문명의 소개 등 문화면에서도 적지 않은 업적을 남겼다.

개항 이후 1860년 4월 5일, 농민을 기반으로 하여 민족 종교로 창도된 동학은, 1890년대에 동학 농민 혁명군을 조직하여 반봉건, 반침략 혁명을 전개함으로써 전통 체제를 무너뜨리는 데에 크게 기여하였다. 그러나 동학은 동학 농민 혁명의 실패로 커다란 타격을 받았다. 그 후 이용구 등 친일파가 일진회를 조직하고 동학 조직을 흡수하려 하자 동학의 지도자인 손병희는 일본에서 갑진개화 신생활 운동(1904)을 일으키면서 동학을 천도교로 개명하고(1905), 동학의 정통을 계승하여 민족 종교로 발전시켰다.

위정 척사 운동의 중심체였던 유교는 외세에 저항하는 반침략적 성격은 강하였으나, 시대의 흐름에 역행한다는 비판을 받게 되었다. 이에 개명한 유학자들은 유교의 개혁을 주장하였는데, 박은식의 유교구신론(儒敎求新論)이 그 대표적인 것이다. 박은식은 유교구신론에서 국민의 지식과 권리를 계발하는 새로운 유교 정신을 강조하고, 진취적인 교화 활동의 전개와 간결하고 실천적인 유교 정신의 회복을 주장하였다.

이어 개화기의 불교는 조선 왕조의 억불 정책에서 벗어났으나, 그 후 통감부의 간섭으로 일본 불교에 심하게 예속당하게 되었다. 이에 한용운 등은 조선불교 유신론(朝鮮佛教維新論)을 내세워 불교의 자주성 회복과 근대화를 위한 개혁 운동을 추진하였다.

　순수한 선비 출신인 나철, 오기호 등은 단군 신앙을 발전시켜 대종교(大倧敎)를 창시하였다. 대종교는 보수적 성격을 지니고 있었으나, 민족적 입장을 강조하는 종교 활동을 벌였다. 특히 간도, 연해주, 상해 등지에서의 해외 항일 운동과 밀접한 관련을 가지면서 민중과 더불어 동고동락하였다.

10
일제 강점하의 광복 투쟁

일제 강점하의 광복 투쟁

20세기 초 우리나라는 국권 회복을 위한 구국 계몽 운동, 의병, 종교, 언론 투쟁 등 각종 민족 운동을 일으켰으나 결국 일제에 강점당했다. 이로 인해 우리나라의 무수한 민족지도자들이 체포, 투옥, 고문당하였으며 민족의 생존권마저 철저히 침해당하였다.

그러나 한민족은 이와 같은 민족적 위기를 벗어나기 위하여 국내외에서 각 방면을 통해 다양하게 민족 독립 운동을 전개하였다. 무장독립투쟁, 민족실력양성 운동, 신문화창달 운동, 외교 활동, 여성 운동 등 여러 가지의 방략을 세워 줄기차게 불법적인 일제 침략에 대항하여 싸웠다. 이러한 민족적 대항이 마침내 3·1 운동을 가능케 하였다.

이에 대한 최대 성과가 이동녕, 김구 등이 주축이 된 대한민국 임시정부(1919~1945)였다. 일본에 대한 민족적 대항은 끊임없이 계속되어 동삼성과 연해주에서의 독립 전쟁, 민족협동전선 운동, 항일 무력 투쟁 등으로 확대되었다.

제2차 대전이 일어나자 일본의 탄압은 더욱 잔악해졌으나 우리 민족은 강인하게 저항했다. 결국 일본이 태평양 전쟁에서 패배함으로써 민족의 광복이 이루어졌다.

1945년의 8·15 민족 광복은 곧 우리 민족의 피의 대가였다.

잔혹한 헌병 경찰 통치

1910년 8월 29일 한일 합방조약이 공포됨과 동시에, 일제는 서울 남산에 조선총독부를 설치하고, 그들의 헌병 경찰권을 통하여 헌병 경찰 통치를 실시하였다. 총독은 일본 천황에 직속, 육해공군의 통솔권을 가지며, 직권으로 총독부령을 제정할 수 있는 권한을 가졌다. 중앙의 경무총장에는 헌병사령관, 각 도의 경무부장에는 헌병대장을 배치하였다.

제1대 총독 데라우치(寺內正毅)는 무단정치가로서 관용을 모르는 잔혹한 사람이었다. 그는 한국인의 정치적인 모임은 말할 것도 없고, 단순한 집회마저도 금지하였다. 〈대한매일신보〉 등 항일적인 언론기관을 모두 조선총독부의 기관지인 〈매일신보〉에 흡수하였다.

지방에서 유생들이 아이들을 모아 《계몽편》이나 《동몽선습》 등을 가르치던 서당까지 민족의식을 깨우친다며 통제하였다. 당시 보통소학교는 서울을 비롯하여 큰 도시에만 있었고, 지방에는 각 군에 하나가 있을 정도였다. 보통소학교의 수는 100개 정도에 지나지 않았고, 수업 연한은 4년이었다. 교장은 모두 일본인이었고, 교원들도 대부분이 일본인이었다. 한국인은 매우 적은 숫자였다. 교원들에게도 모두 제복을 입히고 금테 모자에 칼을 차고 교단에 서서 군국주의적인 위압감을 줌으로써 민중을 억압하였다.

또한 일본은 한국을 일본의 식량 공급지, 원료 공급지, 상품 시장으로 만들기 위하여 철도와 항만·도로·통신 등 사업을 독점했으며, 화폐와 금융 제도도 통제하고 일본식으로 고쳤다.

한편 토지약탈 사업을 하기 위하여 이미 1908년경에 동양척식회사를 앞세워 많은 토지를 강제로 빼앗았다. 이들의 책동은 모두 철저한 식민지 사회구조의 형성에 초점이 맞추어져 있었다.

그들은 의병을 불령지도(不逞之徒), 독립운동가를 완미지도(頑迷之徒)라고 멋대로 이름 붙여, 재판절차도 거치지 않고 초법적인 무뢰한인 헌병 경찰 마음대로 고문을 가하고, 형벌·과료(科料) 등을 처분하게 하였다. 그들은 또 자문기관으로 중추원을 두었으나 1919년까지 한 번도 소집하지 않은 친일 괴뢰기관이었다.

3·1운동의 폭발

일제의 탄압으로 민족적 자각이 첨예화되고, 제1차 세계대전 후 미국 대통령 윌슨이 약소국민에게 민족자결주의를 제창하면서, 한국인들은 독립의식에 눈을 뜨게 되었다. 이러한 민족자립의 의지는 조직적 정치 운동으로 이어지는 바탕이 되었다.

중국 상해에서는 여운형(呂運亨), 김철(金澈), 김규식(金奎植), 조동호(趙東祜) 등이 파리에서 열리는 강화회의에 김규식을 파견해 한국의 독립을 호소하게 하였다. 미국에서는 안창호(安昌浩), 이승만(李承晩), 정한경(鄭翰景) 등이 독립 운동을 전개하였다. 또 이동휘(李東輝)는 연해주에서 활약하였다.

1919년 1월 고종이 갑자기 세상을 떠나자 그 사인(死因)이 일본이 독살한 것이라는 소문이 떠돌아 민중들이 매우 격분해 있었다. 한편 일본에 유학 중인 한국 학생들은 정치 단체를 조직하여 활동을 하고 있었다.

이들 유학생은 1919년 최팔용(崔八鏞), 김도연(金度演), 서춘(徐椿), 이종근(李琮根), 백관수(白寬洙), 윤창석(尹昌錫), 최근우, 김철수, 김상덕, 이광수 등을 대책위원으로 뽑았다. 그리고 송계백을 본국으로 보내 운동 자금과 인쇄활자를 준비하도록 했다. 또한 최원순(崔元淳), 정광호(鄭光好) 등은 이광수(李光洙)가 기초한 독립선언서를 인쇄하였다. 이들은 2월 8일 일본 도쿄의 조선기독교청년회관(YMCA) 강당에 모여 조선청년독립단의 이름으로 선언서를 낭독함으로써 2·8 독립선언식이 거행되었다.

이날 이 운동에 관련된 사람들은 모두 일본 경찰에 체포되었다. 그리고 도쿄 남녀 유학생들은 모두 귀국할 것을 결의하였다. 이들은 귀국하여 1919년 3월 1일에 일어난 독립만세 대열에 참가하였다.

한편 도쿄 유학생들의 독립선언 운동은 국내 애국지사들에게 결정적인 자극을 주었다. 이들 우국지사들은 1919년 2월 상순, 손병희(孫秉熙), 권동진(權東鎭), 오세창, 최린(崔麟), 이종일 등이 독립선언에 관한 일을 의논하였으며, 다시 송진우(宋鎭禹), 현상윤(玄相允), 최남선(崔南善) 등은 중앙학교 기숙사에서 독립선언 진행 방법에 관하여 의논하였다.

이들은 천도교·기독교·불교

유관순 1919년 3·1 운동에서 가두 시위를 벌였고, 아우내 장터에서 만세 운동을 주도하다 일본 헌병에게 체포되었다. 서대문 형무소에서 숨졌다.

유지들을 민족 대표로 정하였다. 그리고 민족 대표의 이름으로 독립을 선언함과 동시에, 그 취지를 각국에 보내기로 결정하였다. 이어서 독립선언서에 서명할 인사들을 교섭하였다.

송진우, 최남선이 구한말 유지들과 접촉을 벌였으나 큰 성과를 거두지 못했다. 결국 기독교 측에서는 이승훈(李昇薰), 천도교 측에서는 최린이 담당하여 교섭한 결과, 많은 동지를 모았다. 이 사실을 안 불교 측에서도 한용운(韓龍雲), 백용성(白龍城)이 가담하게 되니 이로써 기독교 측 16명, 천도교 측 15명, 불교 측 2명으로 모두 33인이 되었다.

이들 33인이 민족 대표로서 독립선언서에 서명하고, 총대표에 손병희를 추대하였다. 그들은 서울 가회동 손병희 저택에서 첫 번째 모임을 갖고 거사 문제를 다각도로 협의하였다.

때마침 고종의 인산(因山)이 3월 3일로 결정되었다. 그들은 이 날의 인산에 참석하고자 많은 사람이 서울로 모일 것을 감안하여 이 기회를 이용하기로 했다. 3월 1일 정오를 기해 대표들이 탑골공원에 모여 독립선언서를 낭독하고, 인쇄물을 뿌리며 시위 운동을 벌이기로 하였다. 또 각 지방에도 비밀리에 조직을 구성하고 구체적인 날짜와 시간 등을 전달해 두었다.

이보다 앞선 1919년 2월에는 동삼성에서 민족지도자 김교헌, 이동녕, 조소앙 등 39명의 이름으로 독립선언서가 발표되어 국내에서의 3 · 1 운동을 더욱 촉진하는 계기가 되었다.

독립선언서와 일본 정부에 대한 통고문 및 미국 대통령, 파리 강화회의 대표들에게 보내는 의견서는 최남선이 맡아 기초하기로 하고, 내용과 인쇄는 천도교 측에서 담당하기로 하였다. 이종일, 김홍규의 감독 아래 2월 26일 보성사(普成社)에서 3만 5천 부를

두 번에 걸쳐 인쇄하였다. 인쇄물의 배부는 종로 이북은 불교계 학생 10명, 남대문 밖은 천도교계 10명이 각각 담당하였다.

한편 일본 정부에 대한 통고문의 제출은 천도교 측에서, 미국 대통령에게 보내는 의견서는 기독교 측에서 담당하기로 했다. 2월 28일 민족 대표들은 가회동 손병희 집에 모여 마지막 의논을 했다.

그들은 탑골 공원에는 너무 많은 사람이 모여 혼란이 예상되므로, 독립선언 장소를 인사동에 있는 태화관으로 결정하였다. 이날 김원벽을 비롯한 인쇄물 배포 담당 학생들은 승동 교회(勝洞敎會)에 모여 이갑성(李甲成)으로부터 독립선언서 1,500매를 받아 강기덕이 학생들에게 나누어 주었다. 학생들은 3월 1일 정오에 탑골공원에 모여 만세를 부르고 시위에 앞장 설 것을 다짐하였다.

3월 1일 정오, 마침내 독립을 외치는 함성은 터져 나왔다. 아침부터 탑골공원에는 4, 5천의 학생들이 모여들었다. 오포(午砲)

한용운 승려이자 독립운동가. 국권 침탈에 대한 불교의 참여를 주장, 항일 단체를 주도하였다. 민족 대표 33인 중 한 명으로 《님의 침묵》 등을 통해 저항 문학에도 앞장섰다.

소리가 울리자 학생대표 정재용(鄭在鎔)이 독립선언서를 낭독하고 독립만세를 부르니 학생들은 일제히 태극기를 흔들며 만세를 외쳤다. 이들 학생이 만세를 외치며 공원을 나서자 수많은 군중이 시위행렬에 가담했고, 그 대열이 대한문 앞에 이르렀을 때는 서울 장안은 온통 흥분의 도가니로 변해 갔다. 이들 행렬은 대한문에 이르자 고종의 빈전(殯殿)을 향해 삼례(三禮)를 행하고 대열을 나누어 일대는 미국 영사관 쪽으로, 일대는 조선총독부 쪽으로 향하였다. 그러다 일본 군경과 충돌하였다.

한편 민족 대표들은 명월관 지점 태화관에 모여 오후 2시경 한용운이 독립선언문을 낭독하고, 만세를 부른 다음 전화로 경찰에 자진 통고함으로써 체포되었다. 시위 운동은 오후 6시에 일단 끝났으나 8시에 마포에서 1천여 명이 다시 만세를 부르며 시위했고, 11시경에는 예수교 부속학교 학생 500여 명이 만세를 불렀다.

이 운동은 서울에 그치는 것이 아니고, 전국 방방곡곡에 퍼져 3월 1일에는 개성·평양·진남포·선천·안주·의주·원산·함흥·대구·황주 등지에서 일어났고, 이어 다음날에는 전국으로 확대되어 시위가 벌어졌다. 학교는 휴교하고 시장은 문을 닫고, 공장은 파업했으며 관공서는 휴무에 돌입하였다.

3월 28일에는 옛 대한제국 정치가 김윤식(金允植)이 총독부의 조선 독립 승인 최촉장(催促狀)을 보냈으며, 유림대표 김창숙(金昌淑), 곽종석(郭鍾錫), 장석영(張錫英) 등이 독립을 외치고 일어났다.

이러한 만세 시위나 독립 운동에 대해 총독부는 무력탄압으로 일관하여 전국 각지에서 수많은 사람들이 학살되거나 부상을 입었거나 투옥되었다. 가장 대표적인 예가 수원 제암리에서 29명이 불에 타죽은 학살 사건이다. 일본군은 제암리 사람들을 모두 제암리 교회에 몰아넣고 출입구를 봉쇄한 다음 늙은이나 어린이를 가리지 않고 무차별 총격을 가한 후 그래도 부족하여 불까지 질러 제암리 동민을 일시에 몰살시켰다.

이 밖에도 화수리 · 정주 · 맹산 · 함안 · 사천 · 남원 · 합천 등지의 집단 학살과 유관순의 서대문 형무소 순국의거 등 잔학상은 말할 수 없을 정도였다.

이 거족적인 3 · 1 운동은 3월과 4월에 걸쳐 최고조에 달했으며, 국내뿐 아니라 동삼성과 하와이 등지까지 퍼져나갔다. 3 · 1 운동 당시 만세 시위에 참가한 인원은 총 202만 3,098명이며 일본 군경에게 피살당한 사람은 7,509명, 부상자는 1만 5,961명, 체포된 사람은 4만 6,948명, 헐리고 불탄 가옥은 715호, 교회 47개소, 학교가 2개교였다.

이러한 거국적 3 · 1 운동은 일본군의 무력 앞에 눌리어 금방 독립을 달성하지는 못하였으나, 상해에 대한민국 임시정부 (1919~1945)를 수립하는 성과를 거두었다. 또한 우리 민족의 자주의식과 독립의식을 세계만방에 드러내는 계기가 되었고, 국내적으로는 민족의 결속을 한층 강화할 수 있게 되었다.

3 · 1 운동은 우리나라 독립 운동의 분수령으로서, 우리 민족

에게 독립·자립할 수 있다는 희망을 안겨 주었다. 우리 민족은 3·1 운동을 통하여 주체성을 확인하였고, 민족의 슬기와 지혜·용기·독립의 의지를 전 세계에 과시할 수 있었다.

3·1 운동은 민족의 저력을 국내외에 보여준 쾌거였으며, 일제에 동조하던 세계 여러 나라에 우리 민족의 독립 문제를 올바르게 인식하게 하는 계기를 마련했다. 또 중국, 인도 및 중동 지역에서 반제국주의 민족 운동을 일으키게 한 선구적인 운동이 되기도 하였다. 나아가 민족 독립 운동을 국내외의 거족적인 항쟁으로 유도하여 보다 조직적이고 체계적인 독립 운동을 발전시켰다.

얼마 뒤 일본은 민족 정신을 무단 정치와 헌병통치 같은 무력의 탄압만으로는 제압할 수 없다는 것을 깨닫고 이간책동인 문화 통치책으로 전환하였다.

대한민국 임시정부

3·1 운동 후 일본의 통치에 조직적으로 항거하는 대표·핵심 기관이 필요하다고 느낀 애국지사들은 각처에서 하나둘 국제 도시 상해로 모여들었다. 미국·중국·러시아 등지에서 나라를 찾으려고 망명 생활을 하던 이동녕 등은, 1919년 4월 10일 상해에 임시정부를 세우기로 합의하여, 프랑스 조계(租界) 보창로에 임시사무소를 두고, 김신부로 22호(현재, 서금 2로)에서 먼저 임시의정원을 구성하였다. 이 의정원에 각도 대의원(국회의원) 29명이 회합하여 10개조로 된 임시헌장을 채택, 발표하고, 13일쯤 선포하였

다. 이어 17일에는 임시정부 부서를 발표했다. 그 외에도 임시정부는 국내외에 6~8개가 설립될 찰나에 있었다.

당시의 각료로는 임시 의정원 의장에 이동녕(李東寧), 국무총리에 이승만(李承晩), 내무총장에 안창호(安昌浩), 외무총장에 김규식, 법무총장에 이시영, 재무총장에 최재형(崔在亨), 군무총장에 이동휘(李東輝), 교통총장에 문창범(文昌範) 등이었다. 그러나 9월 11일 임시헌법 전문과 8장 58조에 달하는 제1차 개헌인 대통령제 헌법을 개정 공포하였다. 이에 따라 내각을 개편하고 대통령에 이승만, 국무총리에 이동휘, 내무총장에 이동녕 등이 취임하게 되었다.

임시정부는 출범 초부터 재정의 곤란과 사상적인 대립으로 많은 타격을 받았다. 당시 러시아에서는 혁명이 성공하여 제정 러시아가 무너지고, 노동 정부가 탄생하였다. 그 영향으로 우리 임시정부 안에도 공산주의 일파와 민족주의 일파가 혼재되어 있었다. 그러나 공산계는 자금 횡령, 이념 혼선 등으로 인해 척결되고 민족계가 시종 인도해 나갔다.

임시정부가 추진한 주요 활동은 국내의 무장 활동과 사상적 투쟁이었다. 임시정부 교통부 안에 지부(支部)를 두고, 전국 각 군(郡)에 1개의 교통국을 두며, 1개면(面)에 1개의 교통소를 신설하여 교통부 차장의 책임하에 국내와의 연락 활동을 하였다. 또 국내 각 도에 독판(督辦), 각 군에 군감(郡監), 각면에 사감(司監)을 두어 지방 세포 조직에 힘써

이동녕 제1차 한일협약 이후 계몽 운동을 했으며, 서전서숙, 신민회, 신흥강습소 등을 설립하여 독립군 양성 및 교육에 힘썼다. 이후 임시정부에 참여하여 핵심적인 역할을 했다.

1921년에는 전국 각지에 완전한 조직을 갖게 되었다. 또 연통제를 두었는데 홍성익, 김인서 등이 이에 관련되었다가 체포된 일도 있었다. 그 밖에 재정, 군사, 사료 편찬, 언론기관, 외교 활동 등을 각 부에서 담당하여 많은 활동을 하였다.

임시정부는 1919년 4월 18일 김규식을 전권대사로 삼아 파리 강화회의에 나가 일본의 침략 행위를 규탄하고 한국의 독립을 청원하였다. 1919년 7월에는 스위스에서 개최되는 만국사회당 대회에 조소앙(趙素昂)을 보내 대한민국 임시정부의 승인을 정식으로 얻게 했다. 주미 외교위원장 서재필도 미국에서 외교 활동을 벌여 미국 의회에 4회에 걸쳐 한국 독립안을 상정하게 하였다. 1921년 1월에는 미국 대통령과 직접 만나 한국의 독립을 호소하였다.

1921년 10월에는 광동(廣東)에 세운 손문의 호법정부(護法政府)에 신규식(申圭植), 민필호 등 외교통을 파견하여 양국 정부가 서로 승인할 것과 중국 군관학교에 한국인 유학생을 받아들여 한국독립군을 양성할 것 등을 상호 제의하여 성공을 거두었다.

1920년 국무원령으로 시정 방법을 결정하였는데 그 주요 방법을 들면, 시위 운동의 적극 추진, 납세 거부, 일본 법령 거부, 임시작탄(臨時炸彈) 사용, 국내외의 감사대 조직(敢死隊組織), 각 종교 단체에 대하여 침투 공작을 적극화하는 내용이었다. 그것은 적극적이고 무력적인 독립투쟁 방법의 채택을 의미하였다.

1925년 의정원의 결정으로 대통령제가 폐지되고, 이승만이 탄핵당해 대통령직에서 면직당하였다. 제2대 대통령에 박은식이 취임하여 이동녕 대행 체제가 정비되었다. 이어 또다시 제2차 개헌에 따라 국무령제(國務領制)를 택하고 뒤에 김구가 국무령이 되었다. 그 뒤 제3차 개헌 국무위원제(1927)와 제4차 개헌에서 주석제(1940)로 주석에 김구(金九), 제5차 개헌을 통해 1944년에 주석 외에 부주석에 김규식이 임명되었다.

1932년 1월 이봉창(李奉昌)은 이동녕, 김구 등과 협의한 후에 일본 왕을 저격하고, 4월에는 윤봉길(尹奉吉)이 일본의 육군대장 시라카와(白川義則)를 비롯한 20여 명의 고급 관리 장교를 상해 홍구공원에서 폭살, 폭상하였다. 이 의거가 있은 후, 일본의 탄압이 극심하여 임시정부는 이를 피하여 절강성 항주로 옮겼다. 이어 강소성 진강으로 이동하였다가 장사, 광주, 유주, 기강을 거쳐 얼마 후 중국정부를 따라 중경(重慶)으로 이동하여 장제스와 협력하고 항일전을 벌였으며, 1940년에는 광복군을 창군하였다. 1941년에는 일본과 독일에 선전 포고를 하고, 여러 독립 단체를 통합하였다. 1944년에는 광복군이 직접 버마 인도 전선에 파견되어 연합군으로서 크게 용명을 떨쳤다. OSS 작전에 참여하였고 김원봉 등 좌익계를 영입, 좌우익 연립내각을 구성한 일도 있다.

1945년 8월 일본이 항복하자 11월에는 임시정부의 주요 간부가 환국했으나, 국내 사정의 혼란으로 임시정부의 정책은 즉각 계승하지 못하였다. 임시정부의 법통성을 이어 1948년 대한민국이 건국되었다.

문화 통치의 음모

3·1 운동을 계기로 일제는 우리 민족의 단결과 저력에 놀라 갑자기 지금까지 고수해 오던 헌병 경찰 통치를 소위 문화 통치로 바

꾸기로 하였다. 이러한 대한 정책의 변화는 국내적인 사정도 있었겠지만, 국제적으로 일제의 헌병 경찰 통치를 비판하는 여론이 비등한 데도 그 원인이 있었다.

그들이 내세운 문화 통치란 지금까지 무관으로만 임명하던 총독을 문관으로도 임명하는 것과 헌병 경찰 제도를 폐지하고, 보통경찰 제도를 실시한다는 것, 교육령을 개정하여 일본과 교육 수준을 동일하게 한다는 것이었다. 그리고 언론 통제를 완화하여 한국인이 경영하는 언론기관을 허가하였다. 또한 한국인의 정치 참여를 허용한다는 것 등 표면적인 이유는 그럴듯하였다.

그러나 실질적인 목적은 한민족을 회유, 무마하기 위한 교활하기 짝이 없는 정책이었다. 문관 출신 총독을 임명한다고 하였지만, 그들이 이 땅에서 물러날 때까지 단 한 사람의 문관 총독도 임명하지 않았다.

보통경찰 제도를 실시한다 하였으나, 오히려 한술 더 뜬 이간책인 고등경찰 제도를 실시하여 애국지사와 독립운동가에 대한 탄압이 더욱 심해만 갔다.

교육 정책도 완전한 식민지 국민 양성에 주안점을 두었다. 기존에 착용했던 교원의 제복과 대검은 폐지하였지만 각 학교의 교장은 모두 일본인으로 임명하였고 한국인에게 차별 교육을 실시하면서 일본어의 해독을 강요하였다. 1924년에 경성제국 대학이 설립 개교되었으나, 한국인 학생의 입학은 제한되어, 그 혜택을 별로 받지 못하였다. 오히려 일본으로의 유학을 장려하여 유학생의 수가 3천여 명에 달한 때도 있었다. 당시 교육 목표는 각급 학교를 총망라해서 철저한 황국식민을 강요하는 바보 교육이었다.

언론기관으로는 〈조선일보〉, 〈동아일보〉, 〈시대일보〉 등 한국인의 한글신문을 발간하였으나 검열제를 실시하여 그들의 비위에 거슬리는 기사는 삭제하거나 압수, 폐간하는 등 횡포가 심했다. 드물게 몇몇 친일 한국인에게도 정치참여를 허용함으로써 한국인을 이간시키려 하였다.

이와 같이 허울만 좋은 문화 통치는 한국인을 더욱 어렵게 하였다. 일제의 차별 대우로 우리 민족은 수난을 거듭했으며, 관동 대지진 때는 한국인들이 방화했다는 억지를 써서 대량학살을 감행하여 그들의 야만적 잔학성을 드러냈다. 이때 학살된 한국인은 6,600명 이상이었다(1923년 9월 1일). 이를 계기로 국내에서는 다시 한 번 대대적인 민족 독립 운동이 계획되었으나 크게 실현되지는 못하였다.

봉오동·청산리 대첩

1920년 6월 홍범도가 이끄는 대한독립군이 봉오동에서 일본군 1개 대대 병력을, 최진동의 군무도독부군·안무의 국민회군과 함께 포위 공격하여 큰 승리를 거두었다. 이를 봉오동의 대승이라고 한다.

그해 10월에는 청산리 대첩이 있었다. 이는 우리 역사에 길이 남을 항일 독립전투였다. 김좌진(金佐鎭), 나중소(羅仲昭), 이범석(李範奭) 등이 거느린 독립군이 우리나라 독립군을 소탕하기 위해 공격해오는 일본군 2개 사단을 청산리·갑산(甲山) 등지에서 반격하여 크게 10여 차례 이겼다.

　　3·1 운동 후 일제의 탄압이 점점 심해지자, 이에 의분을 참
지 못한 우국지사들은 동삼성 등지로 많이 모여들었다. 한편 러시
아의 자유시로부터 무기 수입이 수월해지자, 독립군의 세력 팽창
을 걱정한 일본은 중국 정부가 동삼성에서 한국의 독립군을 보조
육성하고 있다고 항의하였다. 이 항의에 굴복한 중국 정부는, 한
국독립군에 대하여 일본군의 눈에 띄지 않는 산속으로 들어가라
고 권유하였다. 이에 김좌진 휘하의 북로군정서(北路軍政署)는
1920년 9월 20일 장백산에 들어가 독립군을 정예부대로 양성하기
로 하고, 여행단(旅行團)을 편성하여 이범석을 단장으로 이동을
개시했다.

　　그러나 이때 일본군은 이미 우리 독립군에 대하여 협공 작전
을 개시하고 있었다. 함경북도 나남에 주둔해 있던 제21사단이 북
쪽으로 공격해오는 한편, 시베리아에 출전했던 일본군 제19사단
은 장고봉(張鼓峰)을 넘어 남쪽으로 내려오며 공격해왔다.

이 정보를 입수한 북로군정서는 부득이 장백산으로 들어갈 계획을 포기하고, 일본군의 협공에 대항할 작전 계획을 세웠다. 10월 16일 총사령관에 김좌진, 참모장에 나중소, 연성대장(研成隊長)에 이범석을 임명하고, 전투 태세를 갖추었다. 18일 독립군은 화룡현(和龍縣) 청산리 백운평(白雲坪)의 우거진 숲 속의 유리한 지형을 골라 잠복하고, 부대를 2개 중대로 나누어 제1중대는 김좌진이 지휘하고, 제2중대는 이범석이 지휘하기로 하였다. 19일에 일본군은 삼면에서 청산리를 포위했고, 다음날 전위부대인 기병 1개 대대가 마침내 백운평 숲 속으로 공격해 들어왔다. 우리 독립군은 이들 기병대를 숲 속 깊숙이 있는 독립군 앞으로 유인하고, 일제히 사격을 가하여 500여 명의 적을 섬멸했다.

승리를 거둔 독립군은 이날 밤 2시 40분까지 160여 리를 강행군한 끝에 갑산촌에 도착함으로써 일본군의 포위망에서 벗어났다. 그곳에서 김좌진 총사령관과 이범석 장군은 다시 작전 계획을 세워 천수평(千水坪)에 있는 일본의 기병대를 습격하기로 하였다. 천수평은 우리나라 사람들이 살고 있는 부락인데 일본 기병대 1,200명이 주둔하고 있었다. 20일 새벽 독립군이 전격적인 공격을 가하자 적은 완전히 마비상태에 빠져 일본군의 시체와 군마가 곳곳에서 나뒹굴었다. 이 싸움에서 일본군 가운데 살아 도망간 자는 겨우 4명뿐이었고, 중대장 이하 나머지 전원이 섬멸되었다. 이에 비해 우리 독립군의 희생자는 130명에 지나지 않았다. 또한 이 전투에서 일본군 중대장이 가지고 있던 극비문서를 통해 일본군의 사단 사령부가 어랑촌(漁郎村)에 있음을 알았다. 즉시 부대를 몰아 어랑촌 전방에 있는 마록구(馬鹿溝) 고지를 먼저 점령해 버렸다. 일본군은 전사단의 병력으로 공격해오니 실로 1천 대 1만의

청산리 전투에 패해
후퇴하는 일본군

대혈전이었다.

일본군의 포탄이 김좌진 장군의 군모를 날려버렸으며 이범석 장군의 군도를 두 동강이로 갈라놓았다. 독립군의 기관총 대장 최인걸(崔仁杰)은 기관총수가 모두 부상을 입자 자신의 몸을 총열에 묶어 놓고 기관총과 운명을 같이 하기로 작정한 뒤 기관총을 쏘아 댔다. 모자라는 병력으로 가장 위험한 전방의 길목을 방어하기 위해 독립군 1개 소대는 40명 전원이 전사하는 등 치열한 전투가 벌어졌다. 전투가 끝나고 보니 독립군의 대승이었다. 22일 마침내 일본군은 연대장 이하 1천여 명의 사상자를 내고 피흘린 채 퇴각하고 말았다. 이틀 밤낮을 계속 싸운 10여 곳의 청산리 대첩은, 세계 전사상 드문 전과였다. 나라를 잃은 10년의 원한에 불탄 우리의 독립군 전사들이 이역만리 동삼성 땅에서 거둔 겨레의 승리로서 우리 역사에 길이 빛날 쾌거였다.

1920년대를 전후하여 동삼성에서는 대한독립단, 서로군정서, 북로군정서, 대한독립군, 대한독립군비단, 의군부, 광복단, 태극단, 광한단, 광복군사령부, 광복군총영, 대한통의부, 광정단 등 붉은 띠를 두른 독립군 조직이 연해주에서는 혈성단, 경비대, 신민단 등이, 미국에서는 국민군단, 비행사 양성소, 소년병 학교 등이 각기 설립되어 눈부신 독립 전쟁을 폈다.

6 · 10 만세 운동

1920년대는 학생의 시대라 할 만큼 학생 항일 운동이 활발했다.

3 · 1 운동의 정신을 이어 받아 1920년대 학생들의 단결과 조직을 목적으로 한 단체가 많이 조직되어 민족 운동에 앞장섰다.

1926년 6월 10일은 조선왕조 최후의 왕인 순종의 국장일이었다. 이날을 기해 사회주의 운동자들이 주동이 되어 반일 시위가 벌어질 예정이었으나, 사전에 발각되어 계획했던 대로 시위는 벌이지 못했다. 그러나 민족계 학생 중심으로 한 사직동, 통동계의 학생과 고보생(高普生)을 중심으로 한 학생들의 시위 운동은 예정대로 진행했다. 서울 9개 처에서 시위를 벌여 대한 독립 만세를 외치고 격문(檄文)을 뿌렸다. 이 시위 항쟁으로 210여 명의 학생이 현장에서 검거되었다. 그 가운데 75명이 송치되고, 주동자로 박용규 등 11명이 기소되었다. 이것이 이른바 6·10 만세 운동으로 그동안 침체된 민족 운동의 활력소가 되었다.

학생들의 민족 운동은 동맹휴학으로 양상을 바꾸어 전국적으로 전개되어 갔다. 1928년경에는 6·10 정신을 이은 학생 항일 운동이 수원고농(서울농대 전신) 학생 우종휘, 남영희 등 10여 명에 의해 3차에 걸쳐 상록수 운동과 함께 거세게 일어났다.

이 같은 학생 운동이 절정에 달한 것은 1929년에 광주를 중심으로 한 전국 학생 운동이었다. 1929년 10월 나주역에서 한국인 여학생이 일본인 남학생에게 희롱을 당하고 모욕을 당하자 이를 지켜보던 한국인 학생들은 격분을 참지 못해 일본인 통학생들과 충돌하였다. 이것이 도화선이 되어 11월 3일 광주 시내에서 한국과 일본 학생 간에 시가전의 양상을 띤 유혈 충돌이 벌어졌다. 사태수습에 나선 일본 경찰은 일본인 학생을 두둔하고, 일방적으로 한국인 학생들을 검거하자 학생들의 반일 감정이 격화되었다. 이에 광주 학생들이 총궐기하여 검거 학생의 석방과 민족 차별의 철폐, 제국주의 타도 등 보다 강경한 항일 구국의 구호를 외치며 시위를 벌였다. 이 운동은 전국적으로 확산되어 이 운동에 참가한 학생수는 194개교에 5만 4천 명에 달했으며, 1930년까지 전국 각지에서 계속되었다.

1927년에 조직된 신간회(新幹會)와 근우회는 이에 조사단을 파견하고, 민중 대회를 계획하는 등 학생들과 보조를 같이 하다 간부 전원이 구속되었다. 이로 인해 신간회 운영이 곤경에 빠졌다. 전국 항일 학생 운동은 3·1 운동 후 가장 큰 민족 운동이었다.

거듭되는 항일 투쟁

1919년 3·1 운동 이후, 무장 항일 투쟁의 본거지는 동삼성과 연해주가 그 중심이었다. 그러나 국내에서도 독립군 부대가 결성되어 일본 군경과 치열한 전투를 전개하였다.

그 대표적인 무장 단체로는, 평북의 동암산을 근거로 무장 활동을 하던 보합단, 평북의 천마산을 근거지로 한 천마산대, 그리고 황해도 구월산의 구월산대 등을 손꼽을 수가 있다. 국내에서 편성된 이들 독립군 부대는, 동삼성에 근거지를 두고 있던 독립군과 긴밀한 연락을 취하며 일제의 식민 통치 기관 파괴, 일본 군경과의 교전, 친일파 밀정 제거, 군자금 모집 등 무장 항일 투쟁을 전개하였다.

그중 천마산대는 일제 군경에 대한 유격전을 전개함으로써 상당한 전과를 거두었다. 이들은 동삼성에 설치된 광복군 사령부와 긴밀하게 협조하였다. 그 후 천마산대는 일제 군경의 집요한 반격으로 활동이 여의치 않게 되자 동삼성으로 이동하여 대한 통의부에 편입되었다.

무장 항쟁 중에는, 애국지사들이 개별적으로 전개하였던 의거도 여러 차례 있었다. 이들은 주로 국외에 조직된 항일 단체에 소속되어 특수 임무를 부여받고 국내로 들어와 일제에 항거하였다. 그중에서 좌파의 김원봉 등이 조직한 의열단과 김구가 중심이 되어 조직한 한인 애국단원들의 활동이 가장 두드러졌다.

이들은 일제 요인의 사살, 식민 통치 기관 파괴, 군자금 쟁취, 군사물자 탈취와 파괴 등의 활동을 전개하였다. 그중에서 대표적

김구

인 것은 김상옥의 종로 경찰서 투탄, 김익상의 조선총독부 투탄, 나석주의 동양척식회사 투탄 의거 등이다.

한편, 국외에서는 김지섭의 일본 도쿄 궁성 투탄, 이봉창·윤봉길의 의거, 조명하의 타이중 의거 등이 있었다. 이 밖에 수많은 독립투사들이 자신을 희생하면서 일제에 항거하였다.

민족 지도자들은 이미 3·1 운동 이전부터 무장독립 운동의 지역적인 이점을 고려하여 간도를 비롯한 동삼성이나 연해주 일대를 무장 세력의 육성 기지로 삼아왔다. 따라서 이들은 이 지역에 살고 있는 100여만 명의 동포 사회를 기반으로 많은 항일 단체를 조직하여 독립 운동 기지화를 꾸준히 추진하였으며 수백 개의 무장 독립군을 편성하고 군사 훈련을 강화하였다.

독립군들은 편제를 재정비, 강화한 다음 무장을 갖추어 압록강과 두만강을 건너와서 일제 군경과의 항전을 활발히 전개하였다. 이와 같은 소식이 국내에 전해지자 수많은 청년들이 동삼성과 연해주 등지로 건너가 독립군에 가담하였다.

봉오동·청산리의 대승으로 독립군의 사기가 드높아지자 일제는 간도 참변을 일으켜 무차별 학살을 가행하였다. 그 당시 간도 지방에서 일본군에 의하여 학살된 한국인은 훈춘현에서 242명, 연길현에서 1천124명, 화룡현에서 572명, 왕청현에서 347명, 영안현에서 17명, 그 밖의 현에서 804명이나 되었다.

동삼성의 한민족에 대한 대량 학살과 촌락의 방화, 약탈, 파괴는 잔인한 일본의 복수극이었다. 이에 독립군은 한때 각지로 분산하여 대오를 재정비하였다. 그중 400여 명 규모의 주력 부대는 소·만 국경에 위치한 밀산부에 집결하여, 서일을 총재로 하는 대한독립군단을 조직한 뒤 소련 영토 내로 이동하였다. 그들은 그곳에서 약소 민족을 지원한다고 하는 적색군에게 이용당하였다. 따라서 끝내는 무장 해제까지 당하는 이른바 자유시 참변을 겪었다(1921).

윤봉길

　그러나 독립군은 이에 굴하지 않고 조직을 재정비하면서 역량을 강화하여 통합 운동을 추진하였다. 그리하여 압록강 건너편 지역에는 대한민국 임시정부 직할하에 육군 주만참의부가 성립되었다. 길림(吉林)과 봉천, 남만주에는 정의부가 성립되어 투쟁의 거점이 되었다. 북만주에는 신민부가 형성되었다. 따라서 이곳의 독립군은 참의부, 정의부, 신민부의 셋으로 뭉쳤다. 이들은 민정기관과 군정기관까지 두고 항쟁하며 후에 국민부로 합쳤다. 그러나 독립군은 미쓰야(三矢) 협정으로 큰 타격을 입었다.

　1931년 9·18 사변 후 독립군은 중국군과 연합 작전을 펴 난국을 타개해 나갔다. 지청천의 한국독립군은 중국의 호로군과 손잡고 쌍성보, 대전자 등에서 대승을 거두었다. 양세봉의 조선 혁명군은 중국 의용군과 손잡고 홍경성 영릉가 전투에서 일군을 대파하였다. 이들은 대개 임시정부의 한국광복군 성립시 참여함으로써 군의 정통성을 더 해주고 있다.

일제의 침략 전쟁 도발

1930년대에 이르러 전 세계에 경제 공황이 닥치자 일본도 예외일 수는 없었다. 일본 군부는 국내적 불만을 외부로 몰아내기 위해 1931년 9월 만주 철도 폭파 사건의 조작극을 연출하여 이를 구실 삼아 만주(동삼성) 일대를 점령하기에 이르렀다.

1932년 일본은 청조(淸朝)의 마지막 황제 부의(溥儀)를 내세워 이듬해 만주국이란 허수아비 정권을 세우고, 앞으로 침략 정책의 발판이 될 병참기지로 만들려 하였다. 이러한 침략 정책을 알아차린 미국·영국 등 강대국들은 일본의 군사 행동을 비난하고, 국제연맹에도 조사단을 파견하여 선후책을 권고했으나, 일본은 1933년 3월 국제연맹의 타협안을 거절하고 국제연맹에서 탈퇴해 버렸다. 이때부터 일본의 대륙 침략 정책은 노골화되어 갔다.

일본은 1932년 1월 28일 상해사변을 일으켜 상해를 점령하였다. 다음 1937년 7월 7일 일본군은 북경 근처 노구교(蘆溝橋)에서 중국군을 습격하여 중·일 전쟁을 도발하였다. 일본군은 계속 공격을 감행하여 북경을 점령하고, 다시 남쪽 상해에서 충돌을 일으켜 중국과 전면전에 돌입하였다. 초반의 전세는 일본군에 유리하여 중국의 중요 도시가 일본군에 의해 점령되었다. 남경이 함락되고 개봉(開封)·서주(徐州)·무한삼진(武昌·漢口·漢陽)이 함락되자 중화민국 국민당 정부는 장기전을 목적으로 멀리 중경으로 이동했다. 전쟁이 계속될수록 전선은 넓고 길어져 일본군은 광활한 중국의 대평원에서 지리멸렬한 전쟁을 벌여야 했다.

중·일 전쟁이 이렇게 장기화되면서 일본은 우리나라에서의 군수 산업을 한층 촉진하여 대륙 침략의 병참기지로 삼았다. 일제는 염치없게도 전시동원 체제의 실시로 우리나라 장정들에게도 징병 제도를 실시하였다.

또 교육령을 개악하여 한국과 일본의 동화정책을 추진하여 내선일체(內鮮一體)니 일시동인, 동조동근(同祖同根)이라는 등 이제는 한 집안이라는 억지 수작까지 부렸다.

1939년에는 국민정신총동원 조선연맹을 결성하였다가 1940년에 국민연맹으로 개칭하였는데, 총재를 총독으로 하여 도·부·군·읍·면·동리·관청·학교에 연맹을 구성하고 말단에 애국반(愛國班)을 두었다.

이와 같은 조직은 전쟁이 장기화함에 따라 조선의 전시동원을 도모하고, 활발히 전개되는 국내외의 항일 운동에 따른 민심의 동요를 막아보자는 데 그 목적이 있었다.

1939년 9월에는 독일과 이탈리아가 동맹을 맺고, 유럽에서 전쟁을 벌였다. 전쟁은 유럽에서도 시작된 것이다.

독일군은 전격적으로 폴란드를 점령하는가 하면 1940년에 프랑스 파리를 석권하는 등 맹렬한 기세로 연합국을 강타했다. 일본은 호전적인 독일·이탈리아와 군사동맹을 맺어가며 침략 야욕에 불타있었다.

1941년에는 독일과 소련이 선전포고를 하여 세계대전의 규모는 더욱 확대되어 갔다. 일본은 중·일전쟁을 벌이고 있으면서도, 미국과 영국에 선전포고를 계획하고 있었다.

1941년 12월 8일 마침내 일본은 선전포고도 없이 하와이의 미국 해군기지 진주만을 기습 공격하였다. 미국으로서도 전혀 예기치 않던 불의의 습격이었다. 일본이 만약 전쟁에 승리했더라면,

후일 억지 춘향으로라도 이 기습 사실을 정당화했겠지만, 진주만 폭격은 잠자는 호랑이를 건드려 놓은 결과가 되었다.

일본은 하와이를 공격하면서 미국과 영국에 선전포고를 하였다. 이와 동시에 일본은 각 전선에서 공격을 감행하여, 홍콩을 함락하고 말레이시아, 필리핀을 점령하고, 난공불락의 요새로 알려진 싱가포르를 함락하는 등 초반의 전세는 매우 유리하였다. 전쟁은 완전히 전 세계적으로 확대되어, 전쟁에 대한 공포로 인심은 극도로 흉흉하였다.

제2차 세계대전이 일어나자 조선총독부의 탄압은 한층 더 심해졌다. 경제적·사상적 탄압 정책은 일본에 대한 민족의 원한을 더욱 부채질하였다. 민족말살 정책의 실현을 위해 우리말·우리 역사 교육을 금지시키고, 민족지 〈동아일보〉와 〈조선일보〉 등을 폐간시키는 한편, 신사참배(神社參拜), 궁성요배(宮城遙拜), 창씨개명(創氏改名) 등을 강제로 실시하였다.

부족한 인적·물적 자원을 보충하기 위해 지원병·징병·징용·학병·근로보국대·여자정신대 등의 강제적 징발과 식량·유기(鍮器) 등을 공출이란 명목으로 강제 징발하였다.

미국과의 싸움은 이듬해 6월로 들어서자 일본 측에 불리하게 전개되었다. 미드웨이 해전에서 결정적인 치명타를 입은 일본은 만회할 기력조차 없었다.

1943년에 이르러 일본과 독일의 패색이 짙어지자, 11월 22일 이집트의 카이로에서 미국·영국·중국의 세 거두가 모여 카이로 회담을 열었다. 여기서 중국의 장제스가 처음으로 일본 패망 후 조선을 적당한 시기에 독립국으로 인정한다는 의제를 제기하여 문서로 보장되었다.

전세는 일본에 더욱 불리해져 태평양상의 여러 기지에서 일본군이 전원 옥쇄했다는 보도가 계속 들어오고 있었다. 그럴수록 일본 군부는 최후의 발악으로 가미카제(神風)라는 결사특공대를 편성하였다. 육탄전으로 미군의 진격을 저지하려 하였으나, 희생만 늘어날 뿐 아무런 전과도 올리지 못하였다.

　　한편 미국의 B-29 폭격기는 처음 대만을 폭격한 이후 계속해서 일본 본토의 상공을 유유히 비행하며, 마음대로 융단 폭격을 가하였다. 일본은 최후 수단으로 고무풍선에 폭탄을 달아매어 띄워보내는 등 갈팡질팡하였다.

　　1945년 4월에 독일의 히틀러가 패배하여 수도 베를린이 연합군의 수중에 들어갔다. 5월에 독일이 무조건 항복을 하니 유럽 천지를 휩쓸던 전쟁은 종지부를 찍었다.

　　이제부터는 일본이 홀로 고군분투해야 했다. 8월 6일에는 일본 히로시마(廣島)에, 그리고 3일 후에는 나가사키(長崎)에 원자폭탄이 떨어졌다. 당시 이것이 무슨 폭탄인지 몰라 신형폭탄이라고만 떠들어댔다. 8일에는 소련이 대일 선전포고를 하고, 동삼성과 북한 일대를 공격 점령하였다.

　　지금까지 한 번도 전쟁에 패한 일이 없다고 장담하던 일본은 이제 항복할 도리밖에 없었다. 전쟁의 패망을 눈앞에 두고도 큰소리치는 일본 군국주의자들의 말로가 어떻게 될 것인가?

　　마침내 8월 15일 정오 일본 왕 히로히토는 떨리는 목소리로 전쟁에 진 것을 공포하며, 무조건 항복을 하였다. 포츠담 선언을 수락한다는 것이다. 이에 따라 조선총독부도 해체됨과 동시에 악질적인 조선 통치에 종지부를 찍었다.

11
대한민국의 성장

대한민국의 성장

8 · 15 광복 이후 한반도는 제2차 세계대전의 종식과 더불어 찾아온 동서 냉전의 소용돌이에 휘말리고 말았다. 남한에서는 3년간의 미 군정 통치를 끝낸 뒤 대한민국 정부가 들어서고 이승만 정권이 탄생하였다. 새 정부는 건국 초기의 혼란과 무질서를 수습하며 국가의 평화 정착에 노력하였으나 친일 부역자 문제와 임시정부의 정통성 문제에 대해서는 국민을 만족시켜주지 못하였다. 이런 상황에서 한국 전쟁이 일어나 동족상잔의 비극을 초래하였다.

한국 전쟁이 어느 일방의 승패 없이 휴전에 들어가자 다시 전쟁 복구와 경제 재건에 박차를 가하게 되었다. 이후 3 · 15 부정 선거로 학생과 시민들에 의한 4월 혁명이 일어났고, 이승만 정권이 물러났다. 다시 민주화의 봄이 찾아왔으나 곧 일부 정치 군인들에 의해 5 · 16 쿠데타가 일어났다. 박정희 정권은 절대적 빈곤에서 벗어나려는 경제 정책에 중점을 두었으나 민주 정치에는 역행하고 있었다. 1979년 10 · 26 사태 이후 민주화의 열기가 드높아졌으나 다시 한 번 정치 군인들에 의해서 민주헌정사가 짓밟히고 말았다. 이에 국민들은 1988년 14대 총선거에서 여소야대의 의정사를 만들었다. 이는 결국 민정 · 민주 · 국민 3당의 합당이라는 결과를 만들었고, 1993년 마침내 김영삼 정부가 탄생하였다. 1998년 김대중이 그 뒤를 이었다.

대한민국 정부의 수립

1945년 8월 15일 일본의 무조건 항복으로 제2차 세계대전이 종결됨으로써 우리나라는 35년간의 일본 식민지 통치에서 벗어나 광복이 되었다.

앞서 제2차 세계대전중인 1943년 11월 미국 · 영국 · 중국의 세 거두가 카이로에 모여 '적당한 시기에 한국을 해방 · 독립시킨다.'는 카이로 선언을 발표하였다. 이어 미 · 영 · 소의 3거두에 의해 확인되고, 다시 1945년 7월 미 · 영 · 소 참가의 포츠담 선언으로 한국을 독립시킨다는 것이 재확인되었다. 한국 독립에 대한 국제적 보장은 일본 패망의 결과이기도 하지만, 우리 민족의 꾸준한 희생적인 항일 독립 운동과 단결력이 국제적으로 인정되었기 때문이다.

일본 제국주의의 학정에 시달렸던 우리 민족은 광복이 곧 독립이라 굳게 믿고, 환희와 감격에 휩싸이게 되었다.

중경의 임시정부는 한국독립당을 여당으로 해서 건국강령을 통해 보통선거로 민주공화국을 수립하고 정치 · 경제 · 교육의 삼균주의를 국정에 반영시키기로 했다. 한편 중국 화북 지방에서는 사회주의 인사에 의해 독립동맹이 결성되어 그 아래 조선의용군을 인솔했다.

국내에서는 광복과 더불어 들뜬 민중의 과격한 흥분과 환호 속에 정당과 사회단체가 난립하기 시작했다. 무슨 단체가 생기느니 무슨 정부가 들어선다는 등 근거 없는 유언비어가 활개를 쳤으며, 이들을 통일 · 영도할 만한 구심체가 없어 민중은 우왕좌왕 하였다. 여운형, 조동호, 최근우 등은 1944년 서울에서 건국동맹을 조직, 일제하 항쟁의 구심점을 마련했다가 이를 기반으로 해서 건국준비위원회를 조직하였다. 민족주의 세력에서는 조선국민당과 송진우를 중심으로 한 한국민주당이 생겨났다. 좌익세력은 인민공화국이라는 정치 단체를 만들어 임시정부에 대립하였다.

지금까지 숨겨져 있던 일제 군부의 창고에서 물건이 터져 나와 거리에는 물건이 넘쳐났다. 거리는 하루아침에 술집이 난립하는 등 모든 것이 어리둥절할 뿐이었다. 아직도 일본인들이 질서 유지를 위해 총칼을 가지고 있었지만, 패전한 일본인들은 질서보다는 자기들의 생명과 재산을 보호하는 데 눈치만 살피면서 목숨 부지에만 급급했다.

국내에서 해방감에 들떠 질서가 문란하고, 좌 · 우익이 분열되어 대립이 시작되고 있을 무렵, 북위 38도선을 경계로 남 · 북에는 미 · 소 양군이 각각 들어와 차지하였다. 일본 패망을 며칠 앞두고 대일 선전 포고를 한 소련은, 동삼성과 한반도에 공격을 개시하여 파죽지세로 밀고 들어왔다. 이 같은 소련의 진격에 당황한 미국은 38도선을 경계로 한반도를 분할 점령할 것을 제의하여 소련이 이에 동의하였다. 남 · 북한을 점령한 미 · 소 양군은 점령 지역에서 군정을 실시하였다. 이로써 38도선은 군사경계선에서 정치 분할선으로 변하여 한민족 분단의 비극을 만들어 놓았다.

미국의 24군 군단장 하지 중장은 9월 9일 인천에 상륙하여 서울로 들어왔다. 서울 심장부에 일(日)자 형의 총독부 청사는 미군 군정청으로 바뀌었다. 군정이 실시되자 좌파적 건국준비위원회는 자연 해체되었다.

1945년 12월 15일 미국 · 영국 · 소련의 3개국 외상(外相)들은 모스크바에서 회의를 열고, 패전국 일본 문제 등을 토의하는 과정에서 한국 독립에 관한 구체적 절차를 결정하였다.

> 한국에 민주주의적 임시정부를 수립하고, 한국을 최장 5년간 미국·영국·중국·소련 4개국의 신탁통치(信託統治)하에 둘 것이며, 그 준비를 위하여 미국과 소련의 현지 주둔군 사령관은 2주일 이내에 미·소 공동위원회를 개최하도록 한다.

이 소식이 국내에 전해지자 모두 반대 성명을 발표하며, 즉시 독립을 주장하였다. 줄 사람은 생각도 않는데, 김칫국부터 마시는 격이었다. 처음에는 민족주의 진영에서나 좌익에서 모두 반대한다고 나섰다. 그러나 다음 달 초부터 좌익 계열에서는 태도를 바꾸어 적극 지지하는 방향으로 나갔다.

이때부터 좌익과 우익이 선명하게 드러났다. 신탁에 찬성하는 사람은 좌익이고, 반대하는 사람은 우익이라 하였다. 이 광경을 처음 당하는 국민들은 좌익이 무엇이고, 우익이 무엇인지 어리둥절하였다. 일제에 항거할 때는 좌우를 가리지 않고 독립이라는 대명제 아래 항일 운동을 벌였으나, 이번에는 매우 격렬하게 대립하였다.

모스크바 협정에 따라 1946년 2월 20일 서울 덕수궁에서 제1차 미·소 공동위원회가 개최되었다. 매일 회담을 계속하였으나, 신탁통치에 반대하는 정당이나 사회단체들은 장차 수립될 임시정부에서 제외시켜야 한다는 소련 측 주장과 신탁통치에 반대·찬성을 막론하고, 모두 참가시켜야 한다는 미국 측 주장이 맞서 결국 합의를 보지 못하고, 5월 6일 무기 휴회로 들어가고 말았다.

사태가 이렇게 되자 좌익과 우익이 합작을 시도하였으나, 말뿐이고 오히려 좌익들의 남한 파괴공작은 더욱 악랄해지기만 하였다. 이러한 혼란을 틈타 인플레가 심하여 물가가 치솟는 바람에 서민들의 생활이 어려웠고, 공무원들의 부정이 싹트기 시작하여 조선 말기의 부패상이 되살아날 기미를 보였다.

1947년 5월 21일에는 미·소 양국 정부의 고위층 사이의 절충으로 미·소 공공위원회가 서울에서 다시 개최되었다. 그러나 이번에도 참가 단체의 문제로 의견이 대립되어 합의에 이르지 못하고 유엔에서 한국 문제의 토의가 끝날 때까지 무기 휴회에 들어갔다.

같은 해 10월 한국 문제가 유엔에 상정되었다. 이어 유엔총회에서는 한국 문제를 토의하기 시작했고, 11월 14일에 유엔총회는 한국의 독립정부 수립을 돕기 위한 유엔 임시 한국위원단의 설치를 가결하였다.

1948년 1월 유엔 임시 한국위원단은 서울에 도착하였으나, 김일성과 소련은 자기들의 점령 지역인 38도선 이북에 대하여 위원단 입국을 거부하였다. 서울에 도착한 한국위원단은 덕수궁 석조전에서 회의를 열고, 한국 총선거 방법에 대해 토의하였다. 이때 이승만은 남한에서만이라도 총선거를 실시하여 독립 자율 정부를 세워야 한다고 단독정부의 수립을 강조하였다. 이에 관해 김구·김규식 등 임시정부 핵심의 한독당 세력은 남북이 협상하여 외국군이 완전 철수한 후 선거를 실시하자는 주장을 하였다. 그러던 중 2월 25일에 미국의 유엔 대표가 가능한 지역 내에서의 총선거 실시안을 제의하여 가결하였으나, 소련 측에서는 이 결정을 거절하였다.

1948년 5월 10일, 38도선 이남의 선거 가능 지역에서 총선거를 실시하여, 북한의 의석 100명을 남겨 둔 채 198명의 국회의원을 선출하고 제헌국회를 구성하여 5월 31일 개회하였다. 제헌국회는 대한민국 임시정부의 정통성을 이어 헌법을 제정하고, 7월 17일 이를 공포함으로써 대한민국이 수립하게 되었다. 이어 초대 국회의장에 이승만을 선출하였다.

7월 1일, 국호(國號)를 대한민국으로 정하고 7월 20일, 국회는 대통령에 이승만, 부통령에 이시영을 선출하여 24일에 취임식을 거행하였다.

8월 15일 조국 광복 기념을 맞아 대한민국의 건국을 내외에 선포하니 이로써 대한민국이 임시정부에 이어 정식으로 건국되었다. 12월 9일 유엔 총회는 46대 6으로 대한민국을 유일한 합법국가로 승인하였고, 미국 · 프랑스 · 중국 · 영국을 비롯한 우방진영 국가들은 정부 수립과 때를 같이 하여 외교사절을 교환하였다. 그후 계속해서 개별적으로 대한민국을 승인하는 나라가 나왔고 국교를 수립하였다.

1949년 봄부터 미군 철수가 시작되어 6월에 철수를 완료하고, 로버츠 준장을 단장으로 하는 소수의 고문단만 서울에 남게 되었다.

미군정 시절부터 편성되었던 국방경비대는 정부 수립과 동시에 국방군으로 편성되어 명실 공히 광복군의 정통 맥을 이어 대한민국의 국방을 담당하였다.

건국 당시의 정치 제도는 삼권 분립, 대통령의 국회 선출, 대통령은 국가원수로서 행정의 수반, 국무회의 의장이 되며, 정부기구는 11부(部) 4처(處) 3원(院), 행정구역은 1특별시 9도로 하였다.

대한민국은 출범 초부터 여러 가지 어려움을 겪어야 했다. 1946년 10월에는 대구 폭동이 일어나 수많은 인명이 살상되는 비극이 있었다. 이어 4 · 3 제주도 살상 사건을 비롯하여 여수 · 순천에서 좌익계 군인이 반란을 일으켜 한때 두 곳을 점거하였다. 이로써 많은 살상자를 냈으며 며칠 후 반란이 진압되자 또다시 보복적인 살상이 감행되어 동족상잔의 비극을 겪었다.

6월 26일에는 김구가 안두희의 흉탄에 맞아 쓰러졌고, 훨씬 전에 송진우와 여운형이 살해되고 장덕수가 암살되는 등 동족을 살해하는 사건이 일어나 국민들의 마음을 아프게 하였다.

●

동족의 피를 부른 한국 전쟁

남한에서 대한민국 정부와 국가가 정식으로 수립 · 건국되고 있을 때 북한에서는 1946년 2월 소련의 지원을 받은 북조선 인민위원회가 조직되었으니 이것이 실질적인 남북 분단의 시초였다. 북한에서는 이것을 모체로 공산주의 정부 수립에 박차를 가하였다.

1948년 9월 9일 소련군에서 활약한 30대 초반의 김일성이 동지들을 숙청, 제거하고 소련과 중국의 지원을 받아 실력자로 급부상한 뒤 이내 인민위원회를 고쳐 조선민주주의 인민공화국을 세웠다. 그는 한반도 전역을 공산화시킬 목적으로 소련 · 중국의 지원하에 군비를 증강하고, 병력을 증가하는 등 전쟁 준비에 광분하였다.

1950년 6월 25일 새벽, 북한 공산군은 소련의 군사 지원하에 38선 155마일 전역에서 남침을 개시하였다. 남한에선 그 전까지만 해도 점심은 평양에서 먹고 저녁은 신의주에서 먹겠다고 호언장담하던 사람들은 어디로 갔는지 조수같이 밀려오는 적군을 무방비 상태로 내버려 두었다.

　　한국군은 후방사단에서 5개 연대를 급히 일선에 보냈으나, 26일 옹진반도의 국군 제17연대는 철수를 해야 했다. 의정부 전투에서도 패하여 27일 저녁에는 서울 동북방 미아리 고개를 방어하는 국군 제5사단과 제7사단의 진중에 적군이 침투하여 피차 적을 식별할 수 없는 육박전이 벌어졌다. 이 혼란을 틈타 소련제 전차부대가 미아리 고개와 무악재를 넘어 이미 수도 서울에 침입하였으며 이승만 정부는 대전으로 후퇴하였다.

　　그러나 정부에서는 여전히 서울 사수를 부르짖으며, 국민들

한국 전쟁의 희생자들

에게 안심할 것을 되풀이하여 호소하였다. 28일 새벽 3시 한강 인도교가 예정시간보다 앞서 푸른 섬광을 내며 굉음과 함께 폭파되자 정부를 믿고 있던 서울 시민은 또 한번 놀랐고 격분하였다. 이제는 남으로 피난하려 해도 갈 길이 막혀 버린 것이다. 국군은 한강 폭파에 앞서 총퇴각을 시작 도하작전(渡河作戰)을 감행하여 철수를 완료하니 28일에 서울은 완전히 적의 수중에 들어갔다. 육군본부는 수원으로 후퇴하고, 도강한 국군 부대는 통합 재편성되어 한강 남안에 방어선을 구축했다.

한편 정부는 25일 새벽 공산군이 남침을 개시한 즉시, 주미 한국 대사 장면(張勉)에게 긴급 훈령을 보내 미 국무성에 사태의 절박성을 알렸다. 급보에 접한 미국은 이날 유엔 안전보장이사회를 열어 한국 문제에 대한 대책을 건의, 북한 공산군에게 즉시 전투를 중지, 국경 이북으로 철수하라는 결의를 하였으나, 아무런 효과가 없었다.

27일 안전보장이사회를 다시 개최하여 공산군의 무력 침략을 배제하는 데 필요한 원조를 할 것을, 모든 유엔 가입국에 권고하자는 미국 대표의 제안을 7대 1로 가결하였다. 이어 미국은 맥아더 전투 사령부를 한국에 설치하고, 해군과 공군을 우선적으로 한국 전선에 투입 파견하기에 이르렀다. 이어 29일에는 영국과 네덜란드의 해군이 출동하고, 30일까지 16개국의 군대가 유엔군으로 참전하는 등 32개국의 한국 원조를 의결했다.

7월 7일에는 유엔의 결의에 따라 미국은 일본 도쿄에 유엔군 총사령부를 설치, 맥아더 장군을 유엔군 총사령관에 임명하니 이날로 국군도 유엔군에 편입되어 전투 태세는 완전 통일·정비되었다.

한편 우리나라에서는 6월 30일자로 삼군 참모총장 채병덕(蔡秉德)소장을 전임시키고, 정일권 준장이 참모총장이 되어 한강 이남의 방어선을 재정비, 반격을 꾀했으나 경부선 가도를 따라 소련제 전차를 앞세우고 밀려오는 적을 저지하지 못하였다.

7월 5일에는 미군 선발대 1개 대대가 1개 포병대와 함께 오산(烏山) 남방에서 충돌했으나, 적 전차대대에 완전 포위되어 많은 전사자를 내고 후퇴하였다. 국군은 부득이 낙동강을 최후의 방어선으로 삼아 반격의 태세를 갖추었다. 8월 7일에는 마산지구에서 강력한 반격을 개시하고 3일 동안 60리를 진격하여, 하동지구 탈환에 성공하니, 이것은 6월 25일 이후 아군이 승리한 최초의 반격 작전이었다. 8월 13일에는 포항에 돌입한 적군을 수도사단과 제3사단이 격퇴시켰다.

한편 대구 지구는 당시 적의 주요 공격 지점이라 적군은 낙동강 도하 작전을 위해 10여 일 동안 4개 사단의 병력이 집결, 인해 전술로 밀고 들어왔다. 이에 유엔군은 하루 동안에 B-29폭격기 99대를 출동시켜 적의 집결지인 왜관에 수천 개의 폭탄을 퍼부었다. 그러나 적은 결사적으로 대구 가까이 육박해 왔다. 정부는 부득이 부산으로 후퇴하고, 대구 시민에게 소개령을 내렸다.

국군 제1사단과 영국·미국군의 맹렬한 공격으로 대구 북방의 전세는 유리하게 전개되어 낙동강 이남 지역이 우리 수중으로 들어왔다. 이후 적은 정면 공격을 피하고 동서로 부대를 나누어 최후의 결전인 제2차 협공작전을 시도했다.

그들은 서남 지역의 진주 방면과 동부 전선 포항 북방에 각각 4개 보병사단과 1개 전차사단을 배치하여 9월 3일 12시를 기해 동시에 공격해 왔다. 그러나 적은 연일 이어진 전투에 패배하여 사기가 극도로 저하된 데다, 훈련이 안 된 신병들로 보충되었기 때문에 전력이 약화되었다. 서남 방면에서 미 제2사단과 25사단이 적을 격퇴시켰다. 동부 전선에서는 국군 제2군단이 최강을 자랑하던 적 15사단과 1개 포병연대를 영천(永川) 지구에서 포위 공격하여, 4,800여 명의 적군을 사살하고 수많은 노획물을 얻어 일거에 15킬로미터까지 진격, 적의 기세를 완전히 꺾어 놓았다. 이로써 적의 남침공세는 완전히 꺾이고 말았다.

결정적인 반격과 수복의 기운은 인천 상륙작전으로 새바람을 일으키게 되었다. 9월 15일 새벽 유엔군과 국군 해병대가 맥아더 장군의 진두 지휘 아래 인천 상륙 작전을 감행하여 서울로 향해 진격했다. 김일성은 최용건을 서울 방위사령관으로 임명하여 2만의 병력으로 최후까지 저항하도록 명령하였으나, 20일에 이미 우리 수색대가 한강을 건너 서울에 침투했다. 이어 23일에는 국군 해병대와 미 해병사단이 서울 서북방의 안산을 점령하고, 다음날 마포를 건너 북아현동과 서대문을 거쳐 시내로 들이닥쳤다. 25일에는 국군 제17연대와 제7사단이 한강을 건너 서울 시내로 돌입하여 적군을 협공하니 적은 시가전을 벌여 결사적으로 항거했으나, 이미 병력의 대부분이 섬멸되어 서울에서 퇴각했다. 9월 28일 역사적인 서울 탈환이 이루어져 중앙청*에 태극기가 휘날렸다.

* 중앙청 : 옛 조선총독부 자리

서울을 완전 탈환한 유엔군은 다시 수원 방면으로 남하하여 적의 배후를 찔렀으며, 중부와 동부 전선에서도 계속 북진하니 적군은 사실상 후퇴할 길마저 끊긴 채 완전히 마비상태에 빠졌다.

9월 30일 유엔군 총사령관 맥아더 장군은 북한의 김일성에게 항복 권고문을 보냈으나, 김일성은 이를 거부하고 다만 남한 지역에 있는 공산군의 전면 퇴각만을 명령했다.

같은 날 유엔군 사령부는 휘하 전장병에게 38선을 돌파하여 북진할 것을 명령했다. 10월 1일 국군 3사단은 이종찬 대령의 지휘 아래 최초로 38선을 돌파하여 북진을 개시했다. 이어 수도사단이 인제를 거쳐 북상하여 원산을 점령하는 등 각 전선에서 북진 공격이 시작되었다.

10월 26일 오후 5시 50분에 우리 국군의 수색대가 압록강에 이르렀으며, 제3사단은 원산에서 다시 북진하여 10월 17일에 함흥, 22일에 북청, 28일에 성진을 점령하고, 길주를 거쳐 백두산을 향해 합수(合水)로 진격하고, 11월 25일 수도사단은 청진에 돌입했다. 이로써 국토의 전역이 거의 수복되고 조국의 통일이 눈앞에 보였다.

그러나 중공이 아무런 통고도 없이 한국 전선에 병력을 투입하기 시작했다. 중공군은 50만의 병력으로 인해전술로 밀고 내려왔다.

1월 4일에 서울이 또다시 공산군의 손에 들어갔다. 이것이 1·4후퇴였다. 얼마 후 공산군도 막대한 손실을 입고 38선 이북으로 다시 물러났다.

1951년 7월에 휴전회담이 시작되면서, 한국 전쟁은 세계 전사상 처음 보는 제한 공격이라는 전법을 채택하게 되었다. 당사국인 한국의 반대에도 불구하고, 공산군과 유엔군은 휴전을 희망하여 관망하는 태도를 취하였기 때문이다. 그러나 이 전투는 다만 진격을 감행하지 않을 뿐으로, 거의 고정된 전선에서 고지 쟁탈을 위한 치열한 싸움이었다. 한 능선 한 고지에서 20여 회 이상 퇴각과 탈환을 되풀이 하는 것이 보통이었다. 백마고지, 철마고지 전투 등이 그 대표적인 전투였다.

정전협정의 조인

정전협정의 조인　　　1953년 7월 27일 마침내 정전협정이 판문점에서 정식 조인되어 포성이 멈추었다. 3년 1개월에 걸친 처참한 한국 전쟁은 종전이 아닌 휴전으로 막을 내리고, 대한민국 국민은 휴전선으로 정해진 제2의 38선을 경계로 민족 분단의 비운을 다시 맞이하게 된 것이다.

　　　이 전쟁은 한국 역사상 가장 처참한 동족상잔의 비극이었다. 유엔측은 제1차 대전의 전비(戰費)에 해당하는 150억불의 비용을 지출하였고, 한국과 유엔 측의 총 사상자 수는 33만여 명에 달하였다. 공산측은 그 5배에 해당하는 180만에 이르렀다. 만 3년간의 혈전에서 국토는 초토화되고, 산업 시설은 마비 상태에 빠졌으며, 민족 통일의 길이 더욱 어려워지게 되었다.

독재에 항거한 4월 혁명

한국 전쟁으로 인해 국가가 위기에 봉착하고 있을 때, 내부에서는 정치적 혼란이 일어나고 있었다. 이승만 대통령의 독재성이 나타나기 시작한 것이다. 이승만 대통령은 제2대 대통령 선거를 앞두고 1952년 대통령 국민투표안을 내용으로 하는 개헌안을 제출하였다.

야당에서는 이 개헌안을 적극 반대하여 대통령의 권한을 줄이고 국무총리제로 하자고 맞섰다. 이러한 정치적 싸움으로 한때 부산의 정치 파동이라고 하여 거리가 소란하였다.

결국 이승만 대통령의 주장대로 제2대 대통령 선거는 국민투표로 하도록 헌법이 개정되었다. 이것이 소위 '발췌 개헌안' 으로 계엄하에서 통과시킴으로써 부끄러운 정치 파동을 일으켰다. 1954년에는 다시 사사오입(四捨五入) 개헌안을 통과시켜 대통령의 중임 제한을 폐지시켰다. 또 1958년 12월에는 야당 의원을 서울 태평로의 국회의사당 지하실에 연금한 채 2·4 파동을 일으켜 국가보안법과 지방자치법을 강제 통과시켜 명실상부한 독재 정권을 만들었다.

1960년 3월 15일 정·부통령 선거를 앞두고 자유당과 정부는 관권을 이용하여 야당과 언론을 탄압하고 전 국민을 자기들 편에 끌어들이려는 갖은 수단과 방법을 다 동원하였다. 공무원과 공공 단체는 완전히 자유당의 앞잡이가 되었다.

그러던 중 야당의 대통령 후보 조병옥이 신병으로 수술 중 타계(他界)하자 선거의 양상은 달라졌다. 대통령은 당선된 거나 다

름없으니 선거 목표를 오로지 자질 미달인 부통령 후보 이기붕의 당선에 두게 되었다.

자유당의 횡포를 보다 못한 대구 학생들은 2월 28일, 처음으로 시위를 벌였다. 3월 15일, 자유당의 부정 투표 공작이 전국 방방곡곡에서 자행되자 이날 마산에서는 시민들이 일어나 선거 무효 시위를 벌였다. 그러자 경찰은 시위 군중에게 발포할 뿐 아니라 다수의 시민·학생을 검거·감금했다. 그리하여 일단 사태는 수습되는 듯하였으나, 앞서 시위 때 행방불명이 되었던 마산의 고등학생 김주열군의 시체가 최루탄이 눈에 박힌 비참한 모습으로 부둣가에서 떠올랐다. 이 참상을 목격한 시민들의 분노는 전국적으로 번져 마침내 부정 선거 규탄 집회가 전국적으로 확산되었다. 마산의 제1차, 제2차 의거로 인해 전후 20여 명의 학생과 시민이 죽었고 200명이 중경상을 당했다. 결국 이로 인해 4월 혁명의 불꽃은 타오르기 시작하였다.

서울에서는 4월 18일 3천여 명 고려대생들의 시위가 있었는데 이날 학생들이 귀교 중 깡패에게 습격을 당하여 많은 부상자를 내는 사태가 발생하였다. 그러자 다음날 19일에는 서울 시내 전 학생이 총궐기하여 시위를 일으켜 경찰과 충돌하였다. 경찰은 발포로 저지하려 하였으나, 사태는 더욱 심각하여 악화일로를 치닫고 있었다. 정부에서는 계엄령을 선포하여 소강상태에 들어간 듯했으나, 4월 25일 대학교수들의 대대적인 가두 시위에 자극을 받아 시위는 재연되기 시작했다. 이날 대학교수들은 시위에 앞서 시국선언문(時局宣言文)을 채택하였다.

학생들의 시위는 국민의 울분을 대신하여 궐기한 정의감의 발로이며, 부정·불의에 항거하는 민족 정기의 표현이다. 그러므로 이러한 민족적 참극을 초래한 당사자들이 모두 책임을 지고 물러나야 한다.

이 내용은 4·19 혁명의 본질을 가장 정확하게 나타낸 것이었다.

26일에 이르러 또다시 대규모의 시위가 일어나고, 사태는 점점 급박해졌다. 그러는 동안 이승만은 허정(許政)을 외무부장관으로 임명하는 한편, 사태 수습을 위해 이기붕의 부통령 당선 사퇴, 3·15선거 무효 등을 발표하였다. 그러나 사태 수습에 아무런 진전을 보지 못하고 마침내 이승만은 사의를 표명하였다. 4월 27일 국회에 사임서를 제출, 수리되어 제1공화정 자유당 정부는 무너지고 허정을 수반으로 하는 과도 정부가 수립되었다.

특기할 것은 학생들이 솔선 자진하여, 사후 사태수습에 참가

하였다는 사실이다. 3 · 15 마산 의거 이후 4 · 19 및 4 · 26 등의 시위로 희생된 사람은 모두 185명이고, 총 부상자 수는 1,196명에 달했다.

5 · 16 군사 쿠데타에서 문민 정부까지

제2공화정은 국민의 지지와 참여하에 형성되어 진취적인 출범을 시도하였다. 야당의 영수인 윤보선을 대통령으로 선출하고 장면을 국무총리로 하는 내각책임제의 민주당 정부를 구성하였다.

그들은 무엇보다도 민심의 소재를 파악하고 독재 정권의 유산인 부패와 부정 비리를 일소하여 경제 자립의 길을 모색해야 했다. 4월 혁명 전후의 정치적 불안과 무질서를 완전히 진정시킴으로써 반공 국방 안보 체제를 확립하고, 민족의 숙원인 평화 통일을 위한 국력 신장과 외교 자립에 전력을 기울여야 했던 것이다.

이와 같은 국민적 열망에 부응하여 정치적 질서와 사회 안정을 꾀하기 위해서는 집권당이 우선 일치단결하여 건전한 정강 정책을 펴나가야만 했다. 그럼에도 불구하고 집권 초부터 민주당 내 (윤보선 · 장면계)의 신 · 구파가 파쟁을 일으켜 국민의 성원과 기대를 외면하고 말았다. 더욱이 일부의 분별없는 정치 세력이 개입되어 책임 없는 자유를 절규하면서 가지각색의 자기 주장을 지나치게 요구하는 대소의 강 · 온건적인 시위가 벌어졌다. 심지어 어떤 시위대는 국회의사당을 점령하는 등 매일 시위대가 시가지를 누비며 농성 · 강요 · 성토 · 규탄 등으로 밤낮을 지샜다.

'시위하지 맙시다.' 라는 이색 시위도 있을 정도였다.

이처럼 혼란스러운 상황에서 육군소장 박정희와 예비역 중령 김종필 등 정치 성향이 짙은 일부 군인들이 1961년 5월 16일 새벽 군사 쿠데타를 일으켰다.

"국가를 위기로부터 구하고 국민을 부정부패와 불안에서 해방시켜 민주국가를 건설하기 위해서 혁명을 일으킨다."

학생과 시민들이 피를 흘리며 쟁취한 민주 헌정사가 소수의 군인들에 의해 다시 한 번 위기를 맞는 순간이었다.

쿠데타군은 즉각 국가재건최고회의를 구성하여 국민에게 6개 항목의 공약을 공포하면서 그 이념의 실천과 당면 과제를 과감하게 제시하였다. 국가재건최고회의는 당초의 혁명 정신에 입각하여 의욕적으로 국정을 과감하게 계획 · 실천해 나갔다.

이들은 먼저 반공을 국시로 정하여 승공 태세를 정비하고, 사회 기풍을 쇄신하는 데 힘썼다. 폭력배를 숙청하였으며 밀수품의

적발, 부정 선거 원흉과 부정 축재자의 처단, 농어촌 고리채 정리, 부실기업 및 사학 정비 등 사회 모순과 구악을 제거하였다. 뿐만 아니라 경제 5개년 계획을 추진하여 경제 자립을 최대의 목표로 지향하는 등 제3공화국의 터전을 닦아놓았다. 군부 세력은 사전에 민주공화당을 창당하고 헌법을 고친 뒤 1963년 박정희가 민간 대통령에 당선됨으로써 제3공화정이 성립되었다.

제3공화정의 정치 체제는 강력한 대통령 중심제와 단원제의 권력 구조를 바탕으로 하여 출범한 것이다. 제3공화정은 군사 정권의 기본 정책을 계승하여 조국 근대화를 표방하면서 성장 위주의 독재적 경제 정책을 채택하였고 공업 중심의 개발 정책을 우선의 실천 과제로 삼았다. 그러나 야당과는 한 · 일 국교 문제 등에 있어서 현실 인식과 시국관의 차이를 나타내고 있었기 때문에 갈등과 대립이 심화되었다. 더욱이 1969년에 장기 집권을 위한 3선 개헌이 이루어지자 여 · 야는 극단적인 불신과 대립으로 치닫게 되었다.

과도한 욕심을 자제하지 못한 박정희는 주한 미군 철수에 따른 국가 안보상의 위기를 핑계로 집권체제를 개편하려 하였다. 그리하여 1972년 10월 이른바 10월 유신을 선포하였다. 이로써 제4공화정이 성립되었다.

유신 체제는 능률을 극대화하고 국력을 집약한다는 명분 아래 자유민주주의 체제를 변질시킨 권위주의 체제였다. 이것은 민주 헌정 체제로부터의 이탈을 의미하는 것이었다. 대통령의 권한으로 좌우할 수 있는 통일주체국민회의가 대통령을 독단적으로 선출하게 함으로써 대통령의 종신 집권을 마음대로 조종할 수 있었다.

따라서 유신 체제는 권위주의적 체제의 경직성과 각종 역기능이 심화됨으로써 국내외로부터 많은 도전을 받았다. 특히, 국내에서는 학원, 언론, 종교, 정계 등 각 분야에서 민주 회복과 개헌 및 반체제 인사의 석방을 요구하는 반체제 운동이 가열되었다. 국제적으로는 대미, 대일 외교 관계가 악화되었다.

이에 정부는 대통령 긴급 조치를 선포하여 반체제 운동에 체포, 구속 등 강경하게 대처하였으나, 정치적 긴장은 풀리지 않았다. 그러나 독재는 언제나 말로가 비참한 법이다. 결국 10·26 사태가 일어나 유신 체제하의 제4공화정은 허무하게 막을 내리게 되었다(1979). 10·26 사태 이후 불안을 느낀 신군부는 전두환 등에 의해 12·12 사태를 일으켰다. 이를 전후하여 민주화를 요구하는 학생들의 시위가 계속되었고, 그 과정에서 5·18 광주민주화운동이 일어났다.

한편 개헌 작업이 추진되어 대통령 임기 7년의 단임제와 대통령 간접 선거를 골자로 하는 헌법이 공포되었다. 이로써 힘 안들이고 12·12 사태에서 실권을 장악한 전두환이 육군소장에서 대통령이 되는 제5공화정이 1981년 성립되었다.

제5공화정은 복지 사회의 건설, 정의 사회의 구현 등을 통치 이념으로 한다고 했다. 그러나 따져보면 민주화 운동의 탄압과 부정사건 비리 모순이 가중되어 국민적 지지기반을 닦지 못했다. 대통령 직선제의 개헌이 이루어져 민주헌법이 공포 시행되었다.

1988년 전두환 대통령의 지명을 받은 노태우 후보가 당선되어 제6공화정이 성립되었다. 제6공화정은 민족자존, 민주화합, 균형발전, 통일 번영을 표방하면서 지방자치제 실시 등 정치 발전을 꾀하고 제24회 서울 올림픽을 개최, 국위를 선양하였다. 더욱 동

5·18 민주화 운동

구권 국가와 소련, 중국과 수교하는 등 북방 외교를 전개하였다.

그러나 제13대 국회의원 선거 결과 야당의 승리로 끝났다. 국회에서의 여소야대의 현상을 타개하고자 노태우, 김영삼, 김종필이 모여 3당을 합당해서 민주자유당을 창당하였다. 이를 배경으로 1992년 12월 민자당의 후보 김영삼이 제14대 대통령에 당선되어 1993년 2월 마침내 32년간의 군부 출신 정부가 물러나고 문민정부가 출범하게 되었다.

새 정부는 신한국 창조를 위한 깨끗한 정부, 강한 경제, 건강한 사회, 통일조국 건설을 국정지표로 삼아 누적된 사회의 모순을 제거하면서 개혁을 추진하여 상당한 성과를 거두었으나 지속적인 경제 불안정으로 1997년 국제금융위기(IMF)를 맞이하게 되었다.

평화통일을 향한 노력

박정희의 제3공화정은 경제 성장에 주력하면서 자주국방에도 정책을 펴 국력을 신장해 나갔다. 월남파병(1965)에 이어 한·미 행정협정을 맺고 1970년부터는 비동맹 국가, 비적성 공산국가와도 교섭을 해왔다. 박정희 대통령 이후 1980년대에는 헝가리, 폴란드 등 동유럽 공산국가와 수교하였다. 1990년대에는 소련, 중국과도 손잡고 남북한이 동시에 유엔에 가입하였다.

1969년 닉슨독트린에 의거 주한미군이 감축되자 자주 국방 정책을 펴면서 평화 정책을 위한 대북 정책을 펴왔다. 1970년 박정희 대통령은 8·15 선언을 통해 남북한이 선의의 경쟁을 펴자고 강조했다. 뒤이어 대한적십자사는 북한에 대해 이산 가족 찾기를 위한 남북 적십자 회담을 제의하였다(1971). 적십자 회담으로 협상의 길을 연 남북한 당국은 1972년 7·4 남북공동성명을 발표하여 자주통일, 평화통일, 민족적 대단결의 통일을 위한 3대 원칙과 통일 문제를 협의하기 위한 남북조절위원회의 설치에 합의하였다. 그 뒤 1973년에는 남북 대화가 진행되는 가운데 남북한의 유엔 동시 가입과 호혜 평등의 원칙하에 모든 국가에 대한 문호 개방을 내용으로 하는 6·23 평화통일 선언을 발표하였다. 따라서 1974년에는 평화통일 3대 기본 원칙에 입각하여 북한에 대해 상호불가침 협정 체결을 제안하였다. 남북 적십자회담과 남북조절위원회는 그 후 북한 측의 일방적 대화 중단으로 교착 상태에 빠졌으나, 우리 정부의 평화통일 노력은 지속되었다.

1980년대에 이르러 정부는 통일 논의를 재개하면서 남북 적십자 회담 외에도 남북 총리 회담, 남북한 당국 최고 책임자 회담, 남북 국회 회담, 남북 체육 회담, 남북 경제 회담 등을 제기하였다. 이와 같은 노력이 부분적으로 실효를 거두어 남북 이산가족 고향방문단 및 예술 공연단의 교환 방문이 성사되기도 하였다 (1985).

제6공화정은 서울올림픽의 개최와 북방 정책의 활발한 추진으로 대북 자신감이 제고되어 통일 정책에도 전진적 자세를 취하게 되었다.

따라서 1989년에 자주 · 평화 · 민주라는 통일원칙하에 남북 연합을 구성하여 남북평의회를 통해 헌법을 제정하여 총선거로 통일민주 공화국을 설립하자는 한민족공동체 통일방안을 제기하여 북한측의 개방적인 자세의 수용을 고대하고 있다.

1993년 김영삼 정부에 이어 1998년 김대중 정부는 2000년 6 · 15 남북공동성명을 끌어내는 등 대북포용정책을 폈다. 그러나 북한의 핵개발 문제로 남북화해와 협력의 분위기는 냉기류 속에 있다. 북한의 평화통일 노력이 가시화되어야 통일의 실마리가 풀릴 것이다.

찾아보기

자

차